리액트, Next.js로 완성하는 프론트엔드

저자 강경석

리액트, Next.js로
완성하는 프론트엔드

Copyright ⓒ 2025 by Youngjin.com Inc.

B-1001, Gab-eul Great Valley, 32, Digital-ro 9-gil, Geumcheon-gu, Seoul, Republic of Korea
All rights reserved. No part of this book may be reproduced or transmitted in any form or by any means, electronic or mechanical, including photocopying, recording or by any information storage retrieval system, without permission from Youngjin.com Inc.

저작권법에 의하여 한국 내에서 보호를 받는 저작물이므로 무단 전재와 무단 복제를 금합니다.
이 책에 언급된 모든 상표는 각 회사의 등록 상표입니다.
또한 인용된 사이트의 저작권은 해당 사이트에 있음을 밝힙니다.

ISBN: 978-89-314-8110-5

독자님의 의견을 받습니다.

이 책을 구입한 독자님은 영진닷컴의 가장 중요한 비평가이자 조언가입니다. 저희 책의 장점과 문제점이 무엇인지, 어떤 책이 출판되기를 바라는지, 책을 더욱 알차게 꾸밀 수 있는 아이디어가 있으면 팩스나 이메일, 또는 우편으로 연락주시기 바랍니다. 의견을 주실 때에는 책 제목 및 독자님의 성함과 연락처(전화번호나 이메일)를 꼭 남겨 주시기 바랍니다. 독자님의 의견에 대해 바로 답변을 드리고, 또 독자님의 의견을 다음 책에 충분히 반영하도록 늘 노력하겠습니다.

파본이나 잘못된 도서는 구입처에서 교환 및 환불해드립니다.

이메일 : support@youngjin.com
주   소 : (우)08512 서울특별시 금천구 디지털로9길 32 갑을그레이트밸리 B동 1001호
등   록 : 2007. 4. 27. 제16-4189호

STAFF

저자 강경석 | **총괄** 김태경 | **기획** 김용기 | **디자인·편집** 김소연 | **영업** 박준용, 임용수, 김도현, 이윤철
마케팅 이승희, 김근주, 조민영, 김민지, 김진희, 이현아 | **제작** 황장협 | **인쇄** 제이엠

지은이의 글

어느 날, 주니어 개발자로부터 이런 질문을 받았습니다.

– 좋은 개발자가 되려면 어떻게 해야 할까요?
– 경석님처럼 되려면 뭘 해야 하나요?"

이 질문은 생각보다 오래 제 마음속에 남았습니다.

나는 좋은 개발자인가?

나처럼 된다는 것이 과연 바람직한 일일까?

나는 효율적이고 지속 가능한 방식으로 학습하고 성장해왔는가?

개발을 시작한 이후, 이처럼 나 자신을 깊이 돌아보게 만든 질문은 없었습니다. 그리고 오랜 고민 끝에 내린 하나의 결론은 이렇습니다.

'좋은 개발자가 되는 방법'은 아직도 잘 모르겠습니다.

하지만 분명히 말할 수 있는 것이 하나 있습니다. 저는 '좋은 개발자가 되기 위한 나만의 철학과 방법'을 발견했고, 지금도 그것을 기준 삼아 나아가고 있다는 점입니다. 이 책은 그 철학과 방법을 다른 사람에게 온전히 전달할 수 있을지에 대해 고민한 결과물입니다.

이 책을 집필하게 된 계기는 '블로그'였습니다. 처음 블로그를 시작할 때만 해도 책을 쓰게 될 줄은 몰랐습니다. 단지 제가 얻은 지식과 경험을 다른 사람에게 좀 더 친절하고 구조적으로 설명하고 싶다는 마음뿐이었습니다. 그런 작은 기록들이 쌓이고, 어느새 질문을 받고, 답하고, 글을 다듬다 보니 결국 '책'이라는 형태로 여러분 앞에 서게 되었습니다.

빠르게 변화하는 프론트엔드 생태계 속에서도 흔들리지 않는 기준과 방향을 갖고 싶었던 한 개발자의 고민이며, 저와 같은 고민을 하고 있는 이들에게 하나의 기준점이자 나침반이 되기를 바랍니다.

강경석 드림

이 책에 대하여

이 책의 구성

이 책은 프론트엔드 개발을 처음 시작하는 개발자가 리액트 중심의 기술 스택을 실무 관점에서 이해하고, 적용할 수 있도록 구성된 실용서입니다. 단순한 사용법을 나열하는 것을 넘어, 개발자가 스스로 기술을 해석하고 선택할 수 있는 기준을 세울 수 있도록 철학, 개념, 실전 예제, 도구 활용 그리고 미래 전략까지 폭넓게 다루고자 노력했습니다.

총 14장으로 구성된 이 책은 크게 세 가지 파트로 전개됩니다.

1~6장: 프론트엔드 개발의 기초

프론트엔드 개발자로서 반드시 이해하고 넘어가야 할 언어적 기초와 핵심 개념들을 다룹니다. JavaScript와 TypeScript의 주요 개념은 물론, 리액트의 컴포넌트 구조, 상태 관리, 렌더링 방식 등 리액트 철학의 근간이 되는 기초 기술과 설계 사고방식을 배울 수 있습니다

7장~10장: 프론트엔드 개발의 실무

실제 서비스를 구성하는 관점에서, 컴포넌트 스타일링과 디자인 시스템의 구현, Next.js를 통한 프로젝트 구성까지 실질적인 앱 구조 설계와 프레임워크 응용을 중심으로 다룹니다. 특히 9~10장은 하나의 프로젝트를 시작부터 배포 직전까지 직접 구현해보는 실습형 구성입니다.

11장~14장: 프론트엔드 개발의 협업과 미래

프론트엔드 개발자로서의 실력을 완성도 있게 끌어올리는 도구 사용법과, 개발자로서의 성장 전략을 중심으로 구성되어 있습니다. Git과 CI/CD, 디버깅 도구 등 실무 환경에서 필요한 생산성 도구의 활용법을 다루며, 마지막 14장에서는 AI 시대에 개발자가 어떤 철학과 기준을 가져야 하는지에 대한 필자의 고찰을 담았습니다.

책을 읽는 방법

각 파트와 장은 서로 긴밀하게 연결된 주제로 구성되어 있으므로, 전체적인 흐름을 이해하기 위해서는 순서대로 읽는 것을 권장합니다. 다만, 특정 장이나 파트에서 이미 익숙한 내용이 있다면 과감하게 건너뛰셔도 무방합니다.

이 책은 500페이지가 넘는 분량이지만, 모든 페이지를 처음부터 끝까지 빠짐없이 정독하는 것을 목표로 하지는 않습니다. 자신에게 필요한 내용을 선별하여 읽는 유연한 접근이 오히려 더 효율적인 학습이 될 수 있습니다. 책을 집필하는 데에는 약 1년의 시간이 소요되었습니다. 그리고 그 과정에서 전체 구조와 내용을 세 차례나 대대적으로 수정하였습니다.

그 이유는 두 가지입니다.

1. 프론트엔드 생태계가 빠르게 변화하고 있어 어느새 낡은 지식이 되었기 때문입니다.
2. 집필 과정에서 저 스스로 개발 철학과 방향을 재정립했기 때문입니다.

이 책이 출간되는 이 순간에도 프론트엔드 기술 환경은 여전히 빠르게 바뀌고 있습니다. 특히 AI의 등장 이후 그 변화는 더욱 폭발적인 양상을 보이고 있습니다.

따라서 이 책은 단지 "현재 기준으로 옳은 답"을 알려주는 책이 아니라, 변화 속에서도 스스로 판단하고 선택할 수 있는 기준을 세우는 것을 목표로 합니다.

이 책의 내용을 학습의 출발점으로 삼되, 더 나아가 다양한 기술 매체와 공식 문서, 커뮤니티, 실무 경험을 통해 폭넓고 최신의 지식을 지속적으로 습득하길 바랍니다.

예제 소스 다운로드

이 책에서 작성된 모든 소스 코드는 깃허브 저장소(https://github.com/Youngjin-com/react_Next.js)나 영진닷컴 자료실(https://youngjin.com/reader/pds/pds.asp (영진닷컴 〉 고객센터 〉 부록 CD 다운로드))에서 다운로드할 수 있습니다.

> **동영상 강의**
> 이 책을 기반으로 심화 내용은 영진닷컴 유튜브 채널 (https://www.youtube.com/@IT-Youngjin)을 통해 제공되고 있습니다.

감사 인사

이 책을 집필하는 과정에서 주변의 많은 분들을 번거롭게 했습니다. 특정 단락을 예고 없이 보내며 평가해 달라는 무례한 요청에도 불구하고, 객관적인 피드백과 구체적인 수정 방향을 기꺼이 전달해준 동료 및 선·후배 여러분께 깊이 감사드립니다.

특히 이 책의 집필을 제안하고, 구성과 일정 전반에 걸쳐 아낌없이 지원해주신 김용기님께 진심으로 감사의 뜻을 전합니다. 또한 퇴근 후 늦은 시간까지 집필 작업을 이어가는 저를 이해하고 응원해준 아내 안혜진님께도 각별한 감사를 보냅니다.

마지막으로, 이 책을 완성할 수 있도록 지식과 경험을 나누어 준 수많은 지인들, 동료들, 제가 몸담은 회사, 그리고 온라인을 통해 지식을 공유해준 모든 개발자 여러분께 이 자리를 빌려 감사의 마음을 드립니다.

목차

1장 리액트(React)란   009
1.1 리액트의 인기   010
1.2 리액트의 철학과 등장   012
1.3 리액트의 한계   017
📍 리액트(React)란 정리   021

2장 자바스크립트   023
2.1 자바스크립트 역할   024
2.2 자바스크립트 현황   025
2.3 변수와 함수   028
2.4 객체와 배열   040
2.5 클래스와 프로토타입   047
2.6 비동기와 싱글 스레드   053
2.7 모듈 시스템과 import/export   066
📍 자바스크립트 정리   070

3장 타입스크립트   071
3.1 타입스크립트 개요   072
3.2 타입스크립트 도입   076
3.3 타입 시스템   083
3.4 타입 별칭과 인터페이스   092
3.5 제네릭(Generic)   100
3.6 덕 타이핑(Duck Typing)   103
3.7 유틸리티 타입   106
📍 타입스크립트 정리   112

4장 리액트 기초편   113
4.1 리액트 앱을 만드는 방법   114
4.2 컴포넌트   120
4.3 State와 Props   131
4.4 JSX   135
📍 리액트 기초편 정리   146

5장 리액트 심화편   147
5.1 함수 컴포넌트 vs 클래스 컴포넌트   148
5.2 Props Drilling   154
5.3 Built-in Hooks   159
5.4 Custom Hooks   180
5.5 Rendering   185
📍 리액트 심화편 정리   194

6장 리액트 실무편(패턴과 상태 관리)   195
6.1 디자인 패턴(Design Pattern)   196
6.2 상태 관리 라이브러리(상)   213
6.3 상태 관리 라이브러리(하)   229
📍 리액트 실무편(패턴과 상태 관리) 정리   246

7장 리액트 실무편(컴포넌트)   247
7.1 특이한 컴포넌트   248
7.2 CSS와 스타일링   262
7.3 모듈화된 스타일링   271
7.4 컴포넌트 스타일링   276
7.5 컴포넌트 라이브러리   283
📍 리액트 실무편(컴포넌트) 정리   294

8장 Next.js — 295

- 8.1 Next.js를 사용해야 하는 이유 — 296
- 8.2 SPA와 MPA — 302
- 8.3 CSR과 SSR — 311
- 8.4 Next.js 톺아보기 — 315
- ✈ Next.js 정리 — 327

9장 Next.js 실전 프로젝트(상) — 329

- 9.1 소프트웨어 개발 방법론 — 330
- 9.2 기술 스택(tech stack) — 335
- 9.3 프로젝트 시작하기 — 339
- 9.4 Next.js로 서비스 만들기 — 347
- 9.5 전기차 충전소 검색 서비스 — 381
- ✈ Next.js 실전 프로젝트(상) 정리 — 395

10장 Next.js 실전 프로젝트(하) — 397

- 10.1 기능 정의 및 계획 — 398
- 10.2 데이터 페칭과 관리 — 400
- 10.3 UI 개선 작업 — 420
- 10.4 서버 상태와 클라이언트 상태 — 433
- ✈ Next.js 실전 프로젝트(하) 정리 — 462

11장 Git과 GitHub — 463

- 11.1 버전 관리 시스템 — 464
- 11.2 Git — 468
- 11.3 GitHub — 477
- 11.4 브랜치 관리 전략 — 488
- ✈ Git과 GitHub 정리 — 496

12장 CI/CD — 497

- 12.1 CI/CD 개요 — 498
- 12.2 프론트엔드의 CI/CD — 500
- 12.3 테스트 코드 — 511
- ✈ CI/CD 정리 — 526

13장 개발자 도구와 디버깅 — 527

- 13.1 리액트 개발자 도구 — 528
- 13.2 개발자 도구 — 546
- ✈ 개발자 도구와 디버깅 정리 — 566

14장 AI와 개발자 — 567

- 14.1 AI — 568
- 14.2 에필로그 — 575
- ✈ 마무리 인사말 — 582

1장
리액트 React 란

1.1 리액트의 인기
1.2 리액트의 철학과 등장
1.3 리액트의 한계

이번 장에서는 리액트에 대한 기본적인 지식과 리액트가 인기를 얻게 된 이유에 대해 살펴볼 것입니다. 그리고 리액트와 함께 프론트엔드 생태계에 대해 알아보고 마지막으로 리액트가 가진 한계를 알아보겠습니다. 이를 통해 여러분은 리액트에 대한 폭넓은 이해를 가질 수 있게 될 것입니다.

1.1 리액트의 인기

프론트엔드 개발자는 웹 애플리케이션의 사용자 인터페이스를 구성하고, 사용자와의 상호작용을 구현하는 역할을 맡습니다. 최근 몇 년간 웹 서비스의 복잡성이 증가하면서 프론트엔드 개발자에 대한 수요도 지속적으로 증가하고 있습니다.

이러한 흐름 속에서 주목할 점은 프론트엔드 기술 스택 중에서도 리액트(React)에 대한 수요가 압도적으로 높다는 사실입니다. 2024년 9월 기준, 국내 주요 채용 플랫폼의 공고 수를 비교해 보면, 리액트 개발자를 찾는 공고가 약 1,200건에 이르며, 이는 Vue(370건), Angular(107건)를 모두 합한 수보다도 세 배 이상 많은 수치입니다.

단순히 공고 수가 많다는 점 이상으로, 이 수치는 현재 많은 기업들이 팀의 기술 기반을 리액트로 전환하거나, 신규 프로젝트에서 리액트를 기본 선택지로 채택하고 있음을 보여줍니다. 특히 실무에서는 "Vue에서 React로 마이그레이션 중입니다" 또는 "Next.js 기반으로 이전하고 있습니다"라는 문구를 공고에서 자주 볼 수 있습니다. 아마 여러분도 이런 문장을 채용 공고나 기술 블로그에서 여러 차례 접했을 것입니다.

이는 곧 기업들이 리액트를 단순한 트렌드가 아니라, 유지보수성과 인력 수급 측면에서도 유리한 기술로 인식하고 있음을 방증합니다. 팀 내부의 기술 일관성을 확보하고, 채용 시 더 많은 선택지를 확보하기 위해 리액트를 선택하는 사례는 앞으로도 계속 늘어날 것으로 예상됩니다.

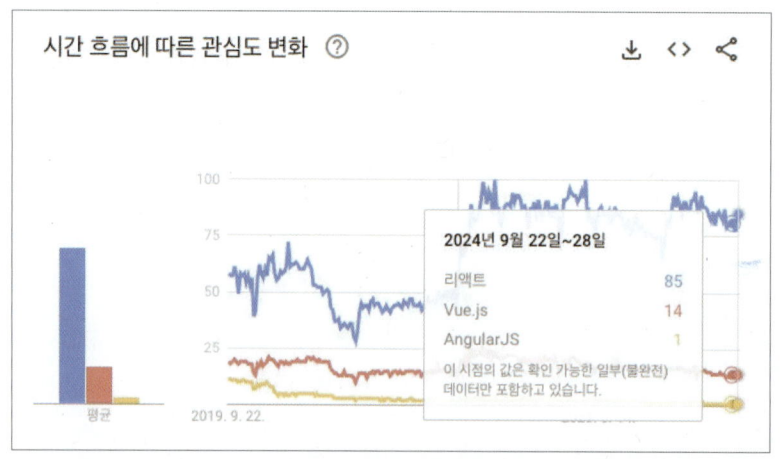

그림 1.1 리액트, Vue, Angular 기술 스택에 대한 관심도 변화(https://trends.google.co.kr/trends/explore?date=today%205-y&q=React,%2Fg%2F11c0vmgx5d,%2Fm%2F0j45p7w&hl=ko)

이러한 추세는 기존 기술 스택을 유지하던 팀들에게도 영향을 주고 있습니다. 실제로 Vue나 Angular를 사용하던 팀들이 점차 리액트로 전환하는 사례가 늘어나고 있으며, 이는 단순한 기술 유행 때문만은 아닙니다.

하나의 팀에서 사용하는 기술 스택이 통일되어야 유지보수와 협업이 수월해진다는 점은 실무 경험을 통해 누구나 공감하게 되는 부분입니다. 여기에 더해, 최근 채용 시장에서는 리액트와 Next.js에 익숙한 개발자들이 다수 분포하고 있기 때문에, 팀의 역량을 극대화하고 안정적으로 인력을 확보하기 위해 리액트를 선택하는 경우가 많습니다.

또 하나 주목할 만한 흐름은 AI 기반 개발 도구의 보급입니다. 깃허브 코파일럿, 챗GPT 등의 도구들이 개발자 생산성을 실질적으로 높여주고 있는 가운데, 리액트는 AI가 가장 정확하게 이해하고 코드 생성을 지원하는 기술 중 하나로 꼽힙니다. 컴포넌트 기반 구조, 풍부한 생태계, 예측 가능한 패턴 덕분에, 리액트 코드는 AI와의 협업에 최적화되어 있습니다. 이러한 기술적 특성은 앞으로 리액트의 활용도를 더욱 높이는 요인이 될 것으로 보입니다.

마지막으로 리액트의 인기를 이끄는 요소는 기술 선택의 안정성입니다. 단일 기업(Meta)에 의해 유지되면서도, 수많은 기업과 오픈소스 커뮤니티의 참여로 생태계가 지속적으로 진화하고 있습니다.

기업들은 리스크를 줄이기 위해 검증된 기술을 선택하는 경향이 있으며, 리액트는 이미 수많은 레퍼런스를 보유하고 있는 '검증된 선택지'로 작동합니다.

특히, 프론트엔드 기술이 빠르게 변화하는 와중에도, 리액트는 핵심 API의 변화 폭이 상대적으로 작고, 점진적 업데이트 전략을 고수하고 있습니다. 이는 기술 부채를 최소화하려는 팀에게 매력적인 선택지입니다.

실제로 필자의 지인 중 한 명은 Vue를 사용하는 것이 커리어에 도움이 되지 않는다고 판단하고 이직을 시도했으며, Angular를 사용하는 한 팀의 리더는 신규 개발자가 지원하지 않는다고 하소연하기도 합니다.

이렇게 리액트는 이제 더 이상 '선택지 중 하나'가 아니라, 현대 프론트엔드 개발에서 기본 전제로 여겨지는 표준 기술로 자리잡고 있습니다. 그리고 이러한 표준화는 기술 도입, 문서화, 채용, 유지보수 측면에서 일관된 전략을 세우는 데 큰 강점으로 작용합니다.

1.2 리액트의 철학과 등장

리액트는 2013년 Facebook(현 Meta)에서 처음 공개된 오픈소스 UI 라이브러리입니다. 리액트가 등장하게 된 직접적인 계기는, 당시 페이스북 내부에서 겪던 UI 복잡성과 상태 관리 문제를 해결하기 위함입니다.

그림 1.2 리액트가 처음 등장한 컨퍼런스 영상(https://www.youtube.com/watch?v=GW0rj4sNH2w)

당시의 웹 애플리케이션은 점점 더 동적으로 변해가고 있었고, 사용자의 행동에 따라 즉각적으로 UI를 갱신해야 하는 상황이 빈번해졌습니다. 페이스북과 같은 대형 서비스에서는 DOM 업데이트가 빈번하게 발생하면서 성능 저하와 코드 복잡성이 눈에 띄게 증가했습니다.

이를 해결하기 위해 페이스북의 엔지니어였던 조던 워크(Jordan Walke)는 두 가지 핵심 아이디어를 제시했습니다. 첫째, UI를 독립적인 컴포넌트 단위로 분리해서 재사용할 수 있도록 만드는 구조, 둘째는 Virtual DOM을 도입하여 실제 DOM 조작을 최소화하고 효율적으로 관리하는 방식이었습니다.

이 두 가지 접근법은 당시로서는 새롭고 실험적인 개념이었지만, 결과적으로 리액트를 관통하는 핵심 철학이 되었고, 현대 프론트엔드 개발의 패러다임 자체를 바꾸는 계기가 되었습니다.

리액트는 사용자 인터페이스를 컴포넌트(Component)라는 단위로 나누어 개발하도록 유도합니다. 컴포넌트는 화면의 일부분을 독립된 코드 블록으로 정의하는 방식이며, 이 구조 덕분에 UI를 보다 체계적이고 재사용 가능한 방식으로 구성할 수 있습니다.

실제 서비스에서는 다양한 버튼, 카드, 폼 등 비슷한 UI 요소들이 반복되는데, 이때 컴포넌트로 분리해두면 동일한 동작을 여러 곳에 일관되게 적용할 수 있고, 변경도 훨씬 수월해 집니다. 특히 규모가 커질수록 이런 구조적인 접근은 유지보수성과 협업 효율성을 극적으로 높여줍니다.

또 하나의 중요한 개념은 Virtual DOM입니다. 브라우저의 실제 DOM(Document Object Model)은 조작할 때마다 성능 부담이 크기 때문에, 리액트는 먼저 메모리 상의 가상 DOM에서 변경 사항을 계산한 뒤, 실제 DOM에는 필요한 부분만 최소한으로 반영합니다.

이처럼 Virtual DOM을 활용하면 불필요한 렌더링을 줄이고, 화면 업데이트를 최적화할 수 있습니다. 특히 상태 변화가 자주 일어나는 대규모 애플리케이션에서 사용자에게 더욱 부드럽고 빠른 UI 경험을 제공할 수 있는 장점이 있습니다.

리액트의 컴포넌트 기반 구조는 단순히 웹 개발 방식만 바꾼 것이 아닙니다. 이후 등장한 다양한 프레임워크와 플랫폼들도 이 구조에서 영감을 받아, UI를 독립적인 단위로 나누고 조합하는 방식을 표준처럼 받아들이게 되었습니다.

대표적인 예로, 구글에서 개발한 크로스 플랫폼 애플리케이션 프레임워크 Flutter 역시 화면을 위젯이라는 단위로 구성하는데, 이 개념은 리액트의 컴포넌트 철학과 매우 유사합니다. 데스크톱 애플리케이션을 위한 프레임워크나, 크로스 플랫폼 개발 도구들에서도 유사한 흐름이 이어지고 있습니다.

이처럼 리액트가 제시한 구조적 사고방식은 단지 기술 구현 방식에 그치지 않고, 사용자 인터페이스를 어떻게 설계하고 유지할 것인가에 대한 근본적인 접근법으로 받아들여지고 있습니다.

리액트의 발전과 변화

리액트는 2013년 공개 이후 꾸준한 개선을 거치며, 프론트엔드 개발의 중심 도구로 자리 잡았습니다. 특히 2018년에 발표된 React Hooks의 도입은 그야말로 리액트의 2막을 여는 전환점이었습니다.

초기 리액트에서는 클래스 기반 컴포넌트(class component)가 주로 사용되었고, 상태 관리나 생명주기 처리도 모두 클래스 문법 안에서 이루어졌습니다. 하지만 이 방식은 문법이 복잡하고, 재사용성이 낮다는 단점이 있었습니다.

이를 해결하기 위해 도입된 것이 바로 함수 컴포넌트(function component)와 Hooks입니다. useState, useEffect, useCallback과 같은 훅을 통해 상태 관리와 라이프 사이클 제어를 함수 내부에서 선언적으로 처리할 수 있게 되었고, 이로 인해 코드가 훨씬 간결하고 예측 가능해졌습니다.

지금은 거의 대부분의 리액트 프로젝트가 함수 컴포넌트 중심으로 작성되고 있으며, 클래스 컴포넌트는 신규 프로젝트에서는 거의 사용되지 않습니다. 가끔 레거시 코드를 다룰 때 보게 될 수 있으므로, 클래스 컴포넌트의 기본 구조 정도는 알고 있는 것이 좋습니다.

참고로, 리액트 팀은 훅(Hooks) 도입 당시 "훅이 클래스의 모든 사용 사례를 포괄하도록 하되, 당분간 클래스 컴포넌트 지원을 유지한다"고 밝혔습니다.

프론트엔드 개발 패러다임의 변화

리액트는 프론트엔드 개발 방식 자체를 바꿨습니다. 과거에는 서버에서 HTML을 렌더링해 보내는 구조가 일반적이었지만, 클라이언트 측 렌더링이 주류가 되면서 프론트엔드의 복잡성과 책임 범위가 급격히 확대되었습니다.

이 과정에서 리액트는 가볍고 유연하며, 반복 가능한 UI 패턴을 손쉽게 구성할 수 있는 솔루션으로 주목받았고, 빠르게 채택되기 시작했습니다. 이후 등장한 Vue.js, Angular 등도 리액트의 컴포넌트화 철학을 반영하며 프론트엔드 전반의 패러다임 자체가 컴포넌트 기반 개발로 전환된 것입니다.

서버 측 렌더링(SSR)과 정적 사이트 생성(SSG)의 부상

한편, 프론트엔드 개발은 클라이언트 렌더링 중심에서 다시 서버 측 렌더링(SSR)과 정적 사이트 생성(SSG) 같은 하이브리드 방식으로 확장되고 있습니다.

이러한 흐름 속에서 리액트는 Next.js 같은 프레임워크와 결합되어 다양한 렌더링 전략을 유연하게 지원할 수 있게 되었고, 초기 로딩 속도나 검색 엔진 최적화(SEO)와 같은 요구 사항에도 대응할 수 있게 된 것입니다.

리액트는 이제 단순히 브라우저에서 실행되는 UI 라이브러리를 넘어, 웹 전체를 구성할 수 있는 플랫폼 수준의 도구로 발전하고 있습니다.

리액트 개발 환경

리액트는 리액트 단독으로만 작동하지 않습니다. 실제로 리액트 기반 애플리케이션을 개발하려면, 이를 뒷받침하는 다양한 도구와 개발 환경이 함께 구성되어야 합니다.

예를 들어, ES6 이상의 자바스크립트 문법은 모듈화나 비동기 처리 코드를 더 간결하게 만들었고, 이러한 코드를 브라우저에서도 안정적으로 실행할 수 있도록 해주는 도구가 바로 Babel과 Webpack 같은 빌드 도구입니다. 이들은 코드를 변환하고 묶어주는 역할을 하며, 우리가 리액트를 쓸 수 있도록 기반을 제공합니다.

여기에 TypeScript가 결합되면 코드에 정적 타입을 부여해 컴파일 시점에 오류를 잡을 수 있습니다. 초급 개발자일수록 실수로 인한 버그를 줄이기 어렵기 때문에, 타입스크립트는 리액트 학습 이후 반드시 익혀야 할 도구 중 하나로 꼽힙니다.

즉, 리액트 개발의 생산성과 안정성은 이런 도구 생태계와 함께 구성될 때 비로소 제대로 발휘됩니다.

> 💡 **시니어 코멘트**
> 실무에서는 주니어 개발자가 프로젝트 셋업 단계에서 Webpack이나 Babel 설정을 직접 건드릴 일은 거의 없습니다. 하지만 이 도구들이 어떤 역할을 하는지 개념적으로는 반드시 이해해두는 것이 좋습니다. 나중에 문제 상황이 생겼을 때, 어디서부터 접근해야 하는지 감이 생기기 때문입니다.

리액트의 버전 호환성은 매우 뛰어나다

리액트는 새로운 기능이 도입되더라도 기존 코드가 안정적으로 작동하도록 설계되는 경우가 많습니다. 이를 통해 개발자들은 최신 기능을 활용하면서도 기존 프로젝트를 크게 수정하지 않고 유지할 수 있는 이점을 누릴 수 있습니다.

특히 대규모 애플리케이션을 운영하는 팀에게는 '마이그레이션 비용'이 굉장히 큰 리스크가 되기 때문에, 리액트의 버전 호환 철학은 매우 실용적입니다. 이전 API를 제거하거나 파괴적인 변경을 최소화하려는 리액트 팀의 정책은, 실무에서의 신뢰를 높이는 중요한 요소 중 하나입니다.

덕분에 리액트는 새로운 기능을 점진적으로 도입하면서도 기존 사용자 경험을 그대로 유지할 수 있는 유연한 구조를 제공합니다.

리액트는 현대 프론트엔드 생태계의 핵심입니다.

리액트의 인기에는 단지 기술 그 자체뿐 아니라, 이를 둘러싼 방대한 생태계와 활발한 커뮤니티도 중요한 역할을 했습니다. 라우팅, 상태 관리, 폼 처리, 디자인 시스템 등 거의 모든 기능에 대해 신뢰할 수 있는 서드파티 라이브러리가 존재하며, 실무에서 바로 적용할 수 있습니다.

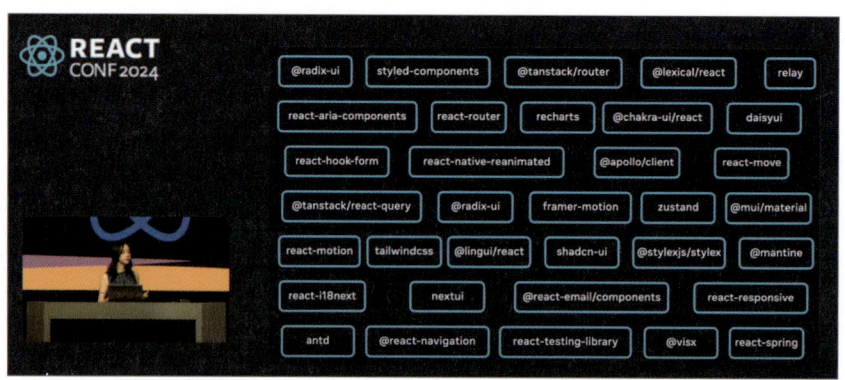

그림 1.3 매년 진행하는 React conf에서 발표한 리액트의 방대한 라이브러리 목록

예를 들어, React Router는 라우팅을, Redux나 Zustand는 상태 관리를, Formik이나 react-hook-form은 폼 처리를 간결하게 도와줍니다. 디자인 측면에서도 Material UI나 shadcn/ui 등과 함께 사용하면 일관되고 재사용 가능한 UI를 빠르게 구축할 수 있습니다.

이렇게 다양한 선택지를 제공하는 리액트 생태계는 개발자의 생산성을 실질적으로 끌어올려 줍니다. 초급 단계에서는 다소 복잡하게 느껴질 수 있지만, 하나씩 익히다 보면 필요한 기능을 빠르게 찾고 도입할 수 있는 능력이 자연스럽게 길러집니다.

이처럼 리액트는 프론트엔드 생태계의 변화와 함께 발전하며 시너지를 이루어 왔습니다. 필자가 웹 개발을 처음 시작했던 2010년대에만 해도, 선배 개발자들 사이에서는 프론트엔드를 두고 "브라우저 전쟁의 희생자", 혹은 "백엔드의 JSON 상하차"라는 자조적인 농담이 오갔을 정도였습니다.

그도 그럴 것이, 당시는 각 브라우저가 표준을 무시한 채 각자 다른 방식으로 동작하면서, 개발자들은 같은 기능을 브라우저별로 따로 작성해야 했고, 코드의 절반이 호환성 처리에 소모되곤 했습니다. 이를 흔히 브라우저 전쟁(Browser war)이라고 불렸습니다. 이후 W3C와 같은 표준화 기구의 노력과 브라우저 엔진의 통합(예: Blink, WebKit, Gecko 등) 덕분에 이 문제는 점차 완화되었고, 현대에는 대부분의 주요 브라우저가 웹 표준을 준수하는 방향으로 수렴하게 되었습니다.

이처럼 브라우저 간 혼란이 줄고, 프론트엔드 기술이 독립적인 영역으로 성장해 나가면서 리액트 같은 라이브러리가 등장했고, UI 개발에 구조적 접근이 가능해지기 시작했습니다. 리액트는 이러한 환경 변화 속에서 프론트엔드를 더 이상 '보조 역할'이 아닌, 제품 완성도를 좌우하는 핵심 기술 영역으로 끌어올리는 데 중요한 역할을 해왔습니다.

⚛ 브라우저 전쟁(Browser war)이란?

1990년대부터 2010년대 초반까지 웹 브라우저 간 점유율 경쟁이 치열하게 벌어지던 시기를 말합니다. Internet Explorer, Netscape, Firefox, Chrome 등이 각기 다른 렌더링 엔진과 독자적인 기술을 도입하면서, 웹 표준을 따르지 않고 브라우저별로 동작 방식이 달라지는 문제가 심각했습니다. 이로 인해 개발자들은 한 기능을 구현하더라도 브라우저별로 따로 호환성 코드를 작성해야 했고, 그만큼 유지보수 부담도 컸습니다.

예전부터 웹개발을 하신 선배들의 말을 들어보면 현재 프론트엔드 개발이 체계적인 복잡성을 가지고 있다면, 브라우저 전쟁 시절의 복잡성은 더러운 혼란만 가득했다고 회상합니다.

1.3 리액트의 한계

지금까지 살펴본 것처럼 리액트는 프론트엔드 개발에서 매우 강력한 도구입니다. 하지만 실무에서는 "강력한 도구가 항상 최선의 선택은 아니다"라는 점도 함께 고려해야 합니다.

리액트의 불편함

먼저 리액트는 UI를 구성하기 위한 라이브러리이지, 프레임워크는 아닙니다. 상태 관리, 라우팅, 데이터 요청 등은 기본적으로 제공하지 않기 때문에, 개발자는 이를 해결하기 위해 Redux, React Router, TanStack Query 같은 서드파티 도구를 직접 선택하고 구성해야 합니다.

이러한 구조는 유연성과 선택권을 제공하는 동시에, 프로젝트가 커질수록 의존성과 복잡성이 증가할 수 있는 위험도 동반합니다. 특히 서드파티 도구 간의 버전 호환성이나 유지보수 문제가 발생하면, 개발자가 직접 해결해야 하는 경우도 많습니다.

또한 리액트의 핵심 개념 중 하나인 Virtual DOM 역시 무조건적인 성능 향상을 보장하지는 않습니다. 가상 DOM은 변경 사항을 효율적으로 계산하고 실제 DOM에 최소한으로 반영하지만, 오히려 잦은 상태 변화나 대량 렌더링 상황에서는 성능 병목이 발생할 수도 있습니다. 최근 브라우저의 성능이 향상됨에 따라, Virtual DOM 자체의 필요성에 대한 의문도 제기되고 있습니다.

Virtual DOM이 진짜 필요할까?

리액트가 도입한 Virtual DOM은 프론트엔드 성능 최적화의 대표적인 방식으로 잘 알려져 있습니다. Virtual DOM은 데이터 변화에 따라 가상 트리 구조에서 변경 사항을 먼저 계산한 후, 실제 브라우저 DOM에는 꼭 필요한 부분만 반영하는 방식입니다. 이를 통해 불필요한 렌더링을 줄이고, 전체 UI의 반응성을 높일 수 있습니다.

하지만 모든 상황에서 Virtual DOM이 이상적인 해법이 되는 것은 아닙니다. 예를 들어 상태 변화가 잦고, 수많은 요소가 동시에 갱신되는 대규모 애플리케이션에서는 Virtual DOM 자체의 계산이 오히려 병목이 될 수 있습니다.

더불어 최근 브라우저 엔진의 성능이 향상되면서, DOM 조작 자체에 대한 부담이 예전보다 줄어들었습니다. 이 때문에 "굳이 Virtual DOM이 필요한가?"라는 질문이 다시 제기되고 있으며, 실제로 Svelte와 같은 프레임워크는 컴파일 단계에서 직접 DOM 조작을 최적화하는 접근 방식을 통해, 더 나은 성능을 보여주기도 합니다.

중요한 점은, 기술에는 항상 장단점과 적절한 사용처가 존재한다는 것입니다. 리액트의 Virtual DOM은 여전히 대부분의 상황에서 강력하고 효율적인 도구이지만, 다른 접근 방식이 존재한다는 사실도 함께 인식해두는 것이 중급 개발자로 성장하는 데 도움이 됩니다.

리액트의 갈라파고스화

리액트는 워낙 생태계가 크고 빠르게 성장해온 만큼, 리액트 중심으로 발전한 기술들이 많습니다. 이 현상을 설명할 때 종종 사용하는 표현이 바로 '갈라파고스화'입니다.

갈라파고스화란 특정 기술이 다른 흐름과 단절된 채 독자적인 방식으로 진화하는 현상을 의미합니다. 실제로 리액트 기반으로만 동작하도록 설계된 라이브러리들이 많아지면서, 순수 자바스크립트 환경이나 다른 프레임워크에서는 사용하기 어려운 경우가 많아졌습니다.

예를 들어, 어떤 유용한 UI 라이브러리가 있다고 해도 내부 구현이 useState나 useEffect같은 리액트 훅에 의존하고 있다면, Vue, Svelte, 혹은 바닐라JS 프로젝트에서는 재사용이 사실상 불가능합니다.

이는 초기에 리액트 중심으로 개발을 시작한 팀에게는 큰 문제가 아니지만, 점차 프로젝트가 확장되거나 다른 프레임워크와 연동이 필요한 상황에서는 기술 선택의 유연성을 제약할 수 있습니다. 리액트의 성공이 오히려 기술적 다양성을 해치는 요소가 될 수 있다는 지적도 여기에 기반합니다.

따라서 개발자는 특정 생태계에 종속되기보다는, 기술의 범용성과 목적에 맞는 선택을 고려할 수 있어야 합니다. 리액트는 분명 강력한 도구지만, 도구는 항상 문제를 해결하기 위한 수단임을 잊지 않는 것이 중요합니다.

> 💬 **시니어 코멘트**
> 최근에는 이런 문제를 인식하고, TanStack Router, TanStack Query 같은 일부 라이브러리들은 core 기능을 프레임워크와 분리하여, @tanstack/router-core, @tanstack/react-router, @tanstack/vue-router처럼 각 프레임워크에 맞춰 adapter를 따로 두는 구조를 채택하고 있습니다. 이는 기술의 범용성을 높이고 생태계 종속성을 줄이기 위한 움직임이며, 앞으로 다양한 라이브러리에서도 이런 방향성이 점차 확산될 것으로 보입니다.

복잡한 프론트엔드 생태계

프론트엔드 개발은 예전보다 훨씬 더 복잡한 분야가 되었습니다. 그래서 처음 리액트를 배우는 입장에서는 "왜 이렇게 배울 게 많지?"라는 의문이 자연스럽게 생길 수 있습니다.

단순히 컴포넌트를 만들 줄 안다고 해서 끝이 아닙니다. 상태 관리를 위한 도구(Redux, Zustand 등), 라우팅을 위한 도구(React Router), 서버 데이터 동기화를 위한 도구(TanStack Query), 스타일링 도구(Styled Components, Tailwind CSS) 등, 프로젝트를 실제로 구성하려면 다양한 기술을 함께 익혀야 합니다.

게다가 이 도구들은 각각 독립적으로 설계되었기 때문에, 통합 과정에서 충돌이나 예외가 발생하는 경우도 많습니다. 결과적으로 개발자는 각 도구의 사용법뿐 아니라, 도구들 사이의 관계와 아키텍처 구성 방식까지 고민해야 합니다.

하지만 이러한 복잡함은 단지 기술이 많아서 생긴 것이 아닙니다. 오늘날의 웹 애플리케이션은 단순한 정적 페이지가 아니라, 사용자 경험(UX), 성능, 접근성, 보안 등 다양한 요구 사항을 만족시켜야 하는 고도로 정교한 시스템이 되었기 때문입니다. 복잡한 문제를 해결하기 위해 다양한 도구가 필요한 것은 자연스러운 흐름입니다.

중요한 것은 이 모든 도구를 한 번에 익히려 하기보다, 실제 프로젝트를 통해 차근차근 필요한 기술을 도입하고 익히는 방식으로 접근해야 합니다. 프레임워크를 선택하고 필요한 도구들을 구성해 나가는 경험 자체가 중급 개발자로 성장하는 과정이기도 합니다.

> 💡 **시니어 코멘트**
>
> 기술을 배우는 목적은 '도구 자체를 잘 다루는 것'이 아니라 '문제를 잘 해결하는 것'입니다. 실제로 좋은 개발자는 도구를 많이 아는 사람이 아니라, 지금 이 상황에 어떤 도구가 가장 적절한지 판단할 수 있는 사람입니다. 이 책의 내용을 차근차근 따라가다 보면, 그러한 판단을 스스로 해낼 수 있는 시야와 감각을 자연스럽게 갖게 될 것입니다.

⚛ 개발자라면 알아야 할 개념: 라이브러리 vs 프레임워크

리액트를 본격적으로 학습하기 전에, 먼저 리액트가 무엇인지를 정확히 짚고 넘어갈 필요가 있습니다. 많은 초급 개발자들이 리액트를 프레임워크로 오해하기 쉬운데, 실제로는 "라이브러리(library)"에 가깝습니다. 이 차이는 단순한 분류의 문제가 아니라, 기술을 어떻게 쓰고, 어떤 역할을 맡기는지를 결정짓는 중요한 기준이 됩니다.

라이브러리(Library)

라이브러리는 특정 기능을 수행하는 코드 집합이며, 개발자가 필요할 때 선택적으로 가져와서 사용하는 도구입니다. 애플리케이션의 전체 구조를 결정하지 않으며, 개발자가 주도권을 갖고 코드를 작성합니다.

예 리액트, Lodash, Axios

프레임워크(Framework)

프레임워크는 애플리케이션의 아키텍처와 흐름을 정의하는 틀입니다. 개발자는 그 틀 안에서 코드를 작성해야 하며, 일정한 규칙과 제약을 따르는 방식으로 개발을 진행합니다.

예 Next.js, Django, Spring

한 마디로 정리하자면 "라이브러리는 내가 호출하고, 프레임워크는 나를 호출합니다."
리액트는 UI를 구성하는 데 필요한 최소한의 도구만 제공하며, 나머지는 개발자가 직접 구성하는 방식입니다. 반면, Next.js 같은 프레임워크는 라우팅, 렌더링 방식, 디렉터리 구조 등 전체적인 개발 흐름을 규정합니다.
앞으로 리액트를 학습하면서 "왜 어떤 기능은 직접 구현해야 하고, 어떤 기능은 프레임워크를 써야 하지?"라는 의문이 들 때 이 구분을 기억해 두면 많은 도움이 될 것입니다.

리액트(React)란 정리

이번 장에서는 리액트가 처음 등장하게 된 배경과, 프론트엔드 생태계에서 리액트가 왜 하나의 표준처럼 자리 잡게 되었는지를 살펴보았습니다.

컴포넌트 기반 설계와 Virtual DOM, 그리고 React Hooks의 도입은 단순한 문법 변화가 아니라, UI 개발을 구조적으로 재정의한 접근 방식이었습니다.

리액트는 빠르게 성장하며 방대한 생태계를 구축했고, 다양한 서드파티 도구와 함께 사용되면서 생산성과 확장성 면에서 실무에 적합한 도구가 되었습니다. 그러나 동시에, 도구 간 의존성과 복잡성이라는 새로운 과제도 함께 등장했습니다.

오늘날 리액트를 "기본값처럼 사용하는" 시대가 되었지만, 그 선택이 언제나 최선이 되는 것은 아닙니다. 기술은 도입 그 자체보다, 왜 사용하는가를 이해하는 것이 중요합니다.

이제 여러분은 리액트가 왜 사랑받는지뿐만 아니라, 어떤 한계와 고민이 존재하는지도 폭넓게 이해하게 되었을 것입니다.

앞으로 이어질 장들에서는 이러한 기초 위에 리액트의 핵심 개념들을 하나씩 쌓아가며, 실제 문제를 해결할 수 있는 중급 개발자로 성장하기 위한 여정을 함께할 것입니다.

2장
자바스크립트

- 2.1 자바스크립트 역할
- 2.2 자바스크립트 현황
- 2.3 변수와 함수
- 2.4 객체와 배열
- 2.5 클래스와 프로토타입
- 2.6 비동기와 싱글 스레드
- 2.7 모듈 시스템과 import/export

이번 장에서는 리액트를 제대로 이해하기 위해 꼭 알아야 할 자바스크립트 개념들을 정리합니다.

이미 자바스크립트를 학습한 경험이 있는 독자도 많겠지만, 리액트를 본격적으로 다루기 전에 자주 혼동되거나, 실무에서 오류를 유발할 수 있는 부분들을 다시 짚고 넘어가는 것이 중요합니다.

이 장에서는 변수 선언 방식, 함수 선언 방식, 비동기 처리 방식, 모듈 시스템 등 리액트 개발에서 자주 마주치는 개념을 중심으로 설명합니다. 리액트의 동작 원리와 사용법을 제대로 이해하려면, 이들 개념이 어떻게 연결되는지 이해하는 것이 큰 도움이 될 것입니다.

이제 리액트를 위한 자바스크립트 기초 다지기를 시작해 보겠습니다.

2.1 자바스크립트의 역할

웹 프론트엔드는 전통적으로 HTML, CSS, JavaScript 세 가지 기술로 구성됩니다.

1. HTML은 콘텐츠의 구조(Structure)를 정의하고,
2. CSS는 콘텐츠의 시각적 표현(Style)을 담당하며,
3. JavaScript는 사용자와 상호작용하며, 웹페이지를 동적으로 반응하게 만드는 역할(Interaction)을 합니다.

자바스크립트는 원래 웹페이지에 간단한 인터랙션을 추가하기 위해 만들어진 언어였지만, 지금은 웹의 핵심 기술로 자리잡았고 그 영향력은 웹을 넘어서 모바일, 데스크톱, 서버, IoT까지 확장되었습니다.

그렇다면 현재 자바스크립트는 어디에 쓰이고 있을까? 필자가 정리해 봤습니다.

- **웹 프론트엔드:** HTML 요소 조작, 사용자 이벤트 처리, 상태 변화에 따른 화면 렌더링 등 (리액트, Vue, Angular)
- **웹 백엔드:** Node.js 기반으로 서버 개발, API 구축, 실시간 처리 (Express, NestJS)
- **모바일 앱 개발:** React Native, Expo, Ionic 등을 통해 iOS/Android 앱 개발
- **데스크톱 애플리케이션:** Electron, Tauri 등을 통해 Slack, VSCode와 같은 데스크톱 앱 개발
- **테스트 및 자동화:** Playwright, Puppeteer로 브라우저 자동화, Jest로 단위 테스트
- **디자인 도구/AI 툴 연동:** Figma Plugin, AI Code Assistant 등에서 JS로 기능 확장

단순히 프론트엔드 기술로 시작한 자바스크립트는 이제 하나의 보편적인 소프트웨어 기본 언어가 되었습니다. 특히 리액트는 자바스크립트 위에서 동작하며, JSX 문법도 결국 자바스크립트의 확장일 뿐입니다. map, filter, 구조분해 할당, 스프레드 문법 등 우리가 JSX 내에서 사용하는 표현들은 전부 자바스크립트 문법입니다.

따라서 리액트를 잘하고 싶다면, JSX 문법이나 훅을 먼저 파고들기보다 자바스크립트 자체를 먼저 명확히 이해하는 것이 더 빠른 길일 수 있습니다. 실무에서 발생하는 대부분의 문제는 "리액트를 몰라서"라기 보다 "JS 문법을 정확히 몰라서" 생깁니다.

2.2 자바스크립트의 현황

자바스크립트는 원래 브라우저에서 실행되는 클라이언트 측 스크립팅 언어로 시작되었습니다. 하지만 오늘날에는 프론트엔드를 넘어서 서버, 모바일, 데스크탑까지 아우르는 범용 프로그래밍 언어로 진화했습니다.

이 확장성의 중심에는 Node.js가 있습니다. Node.js는 자바스크립트를 브라우저가 아닌 서버 환경에서 실행할 수 있도록 만들어준 런타임입니다. 이전까지는 Java, PHP, Python 등 다른 언어가 서버를 담당했지만, Node.js의 등장 이후 자바스크립트만으로 프론트엔드와 백엔드를 모두 개발할 수 있는 시대가 열렸습니다.

예를 들어, 리액트로 UI를 구성하고, Express로 API를 만들고, MongoDB와 연동하는 전체 흐름을 모두 자바스크립트 하나로 작성할 수 있게 된 것입니다. 이로 인해 개발자는 하나의 언어만으로 전체 시스템을 이해하고 구성할 수 있는 개발 생산성과 일관성을 얻게 되었습니다.

대기업은 자바를, 스타트업은 Node.js

한국 개발 씬에서는 다음과 같은 말이 자주 회자됩니다. "대기업은 자바, 스타트업은 Node.js." 이 표현은 단순한 농담처럼 들릴 수 있지만, 실제로 한국 기업의 기술 선택 경향을 꽤 잘 요약하고 있습니다.

대기업은 오랜 시간 동안 Java + Spring을 중심으로 서버를 구축해 왔습니다. 전자정부를 비롯한 공공/엔터프라이즈 시스템들이 자바 기반이기 때문에, 이를 경험한 개발자 풀도 풍부합니다. 이런 배경 속에서 "자바 공화국"이라는 말까지 생겼습니다.

반면 스타트업은 개발 속도와 팀 유연성을 중시하기 때문에 Node.js를 선호하는 경우가 많습니다. 프론트엔드 개발자가 익숙한 JavaScript를 그대로 백엔드로 확장할 수 있기 때문에, 새로운 언어를 배우지 않고도 서버 구축, API 설계, DB 연동을 진행할 수 있습니다.

물론 대기업이라고 해서 자바만 고집하지는 않습니다. Netflix는 자바와 Node.js를 병행 사용합니다. 고성능이 요구되는 마이크로서비스는 자바로, 실시간 요청 처리와 유연한 백엔드는 Node.js로 구성함으로써 유연성과 성능의 균형을 유지하고 있습니다.

⚛ 풀스택 개발자의 미래

풀스택 개발자란 프론트엔드와 백엔드를 모두 다룰 수 있는 개발자를 말합니다. 리액트, Next.js, Node.js, Express, MongoDB 등 현대 자바스크립트 생태계에서는 한 명의 개발자가 하나의 언어(JavaScript)로 웹 전체를 개발하는 것이 가능합니다.

과거에는 "풀스택 개발자는 어느 것 하나 깊이가 없다"는 시선이 있었고, 대기업에서는 프론트/백엔드/인프라가 나뉜 전문 구조가 일반적이었습니다. 그러나 최근 AI 기술의 발전은 이런 인식을 빠르게 바꾸고 있습니다.

- 깃허브 코파일럿, 챗GPT, 커서(Cursor) 등 AI 기반 코딩 도구는 이제 기본적인 CRUD API나 데이터 흐름은 자동으로 만들어줍니다.
- 데이터 모델링, API 설계, 간단한 배포는 자연어로도 상당 부분 수행할 수 있습니다.

이로 인해 반복 작업보다 서비스 흐름, 사용자 경험, 문제 해결 능력이 더욱 중요한 역량으로 떠오르고 있습니다. 즉, 풀스택 개발자는 "다 할 줄 아는 사람"이 아니라, **"기술을 목적에 맞게 통합할 수 있는 사람"**으로 평가받는 시대가 도래하고 있는 것입니다. 앞으로는 하나의 프레임워크나 도구만 깊게 파기보다, **"어떤 문제에 어떤 조합이 가장 효율적인가"**를 판단할 수 있는 사고력이 더 큰 가치를 지닐 것입니다.

필자 역시 이러한 흐름을 체감하고 있으며, 프론트엔드 중심의 커리어를 시작했지만 백엔드와 인프라까지 함께 다룰 수 있는 풀스택 역량을 확장해 나가고 있습니다.

ES6+와 현대 자바스크립트

자바스크립트는 ECMAScript 사양을 바탕으로 표준화되며 발전해 왔습니다. 특히 2015년에 발표된 **ES6(ECMAScript 2015)**는 자바스크립트 역사에서 중요한 전환점으로 평가받습니다.

let, const, 화살표 함수, 클래스 문법, 템플릿 리터럴(Template literals), 모듈 시스템 등 현대적 언어 기능이 본격적으로 도입되었고, 이후 매년 업데이트가 이루어졌습니다.

- ES2016(ES7): includes()
- ES2017(ES8): async/await

이렇게 ES6 이후 등장한 기능들을 통칭하여 **ES6+**라고 부릅니다.

ES6 이전의 자바스크립트는 변수 스코프가 명확하지 않거나, 객체지향 구조를 표현하기 어렵고, 모듈화 지원이 부족하다는 점에서 코드 재사용성과 유지보수성이 떨어지는 한계가 있었습니다.

ES6+는 이러한 문제를 해결하며 개발자 친화적인 문법, 특히 UI 중심의 프론트엔드 개발에 적합한 문법들을 대거 도입했습니다.

특히 리액트는 ES6+ 문법을 전제로 설계되어 있으며, map, filter, 구조 분해 할당, 스프레드 연산자, 화살표 함수, async/await와 같은 문법은 JSX와 함께 매우 자주 사용됩니다.

이들 문법에 익숙해지는 것은 단순한 문법 암기 이상의 의미를 갖습니다. 리액트를 읽고 쓰는 문법적 감각의 기반을 다지는 과정이라고 할 수 있습니다.

⚛ JavaScript가 아닌 ECMAScript인 이유

우리가 흔히 사용하는 "JavaScript"는 공식 명칭이 아닙니다. 실제로 자바스크립트의 기술 사양은 ECMAScript(ECMA-262)라는 이름으로 정의되어 있으며, 이 명칭이 문서, 릴리스 사양, 브라우저 구현 기준 등에 사용됩니다.

그 이유는 상표권 때문입니다.

"JavaScript"라는 명칭은 1995년, 당시 선풍적인 인기를 끌던 Java 언어의 이름을 마케팅적으로 차용해 붙여졌고, 이후 이 명칭의 상표권은 Oracle이 보유하게 되었습니다.

브라우저 벤더나 국제 표준 기구가 이 명칭을 공식적으로 자유롭게 사용할 수 없었기 때문에, 중립적 명칭인 ECMAScript가 탄생하게 되었습니다.

2024년 9월, 이 문제를 비판하는 블로그 글(https://javascript.tm/) "Oracle, it's time to free JavaScript."가 공개되었고, 전 세계 개발자들의 주목을 받았습니다. 이 서명 운동에는 자바스크립트를 만든 브렌던 아이크(Brendan Eich), Node.js 창시자 라이언 달(Ryan Dahl), npm 창시자 아이작 슐루터(Isaac Z. Schlueter) 등 자바스크립트 생태계를 대표하는 인물들이 다수 참여했습니다.

아직 Oracle이 상표권을 포기하진 않았지만, "ECMAScript"라는 표현이 기술 문서나 릴리스 노트 등에서 계속 사용되는 이유는 여기에 있습니다.

물론 일상 대화나 개발 실무에서는 여전히 JavaScript라는 명칭을 더 많이 사용합니다. 하지만 기술적으로는 ECMAScript가 공식적인 명칭임을 이해하고 있으면, 문서를 읽거나 스펙을 공부할 때 훨씬 수월합니다.

2.3 변수와 함수

변수와 함수는 대부분의 프로그래밍 언어에서 기본이 되는 요소지만, 자바스크립트에서는 특히 중요한 의미를 갖습니다. 자바스크립트는 동적 타입 언어이며, 함수가 일급 객체(First-Class Citizen)로 취급되기 때문에 함수의 활용 범위가 매우 넓습니다.

함수는 변수에 할당하거나, 다른 함수의 인자로 전달하고, 반환값으로도 사용할 수 있습니다. 이런 특성 덕분에 자바스크립트에서는 콜백 함수, 고차 함수, 클로저, 함수형 프로그래밍 패턴을 쉽게 구현할 수 있습니다.

또한 리액트에서의 함수는 단순한 유틸리티를 넘어서, 컴포넌트의 렌더링 흐름, 이벤트 처리, 상태 업데이트에 이르기까지 UI 구성 전반에 관여하는 핵심 도구입니다. 따라서 리액트를 제대로 사용하기 위해서는 자바스크립트의 함수와 변수 개념을 명확히 이해하고 있어야 합니다.

이제 자바스크립트의 변수 선언 방식과 함수의 선언, 구조, 그리고 다양한 활용 방식에 대해 구체적으로 살펴보겠습니다.

변수 선언 방식과 스코프의 이해

자바스크립트에서 변수를 선언하는 방법에는 var, let, const 세 가지가 있습니다. 과거에는 var만 존재했지만, ES6 이후부터는 let과 const가 추가되었고, 지금은 이 둘을 주로 사용합니다.

먼저, var는 함수 스코프(function scope)를 가지고 있습니다. 이는 var로 선언한 변수는 해당 함수 전체에서 접근이 가능하다는 뜻입니다. 하지만 이 방식은 코드가 길어지거나 블록이 많아질수록 예상치 못한 변수 값 변경이나 변수 중복 선언으로 인한 오류가 자주 발생할 수 있습니다. 그 이유는 var가 선언된 위치와 관계없이 변수 선언이 코드의 맨 위로 끌어올려지는(호이스팅) 동작 때문입니다.

예를 들어 다음과 같습니다.

```
console.log(x); // undefined
var x = 10;
```

이 코드는 에러를 내지 않고 undefined를 출력합니다. 왜냐하면 자바스크립트는 실행 전에 var x;를 코드의 맨 위로 끌어올리기 때문입니다. 실제로는 이렇게 동작합니다.

```javascript
var x;
console.log(x); // undefined
x = 10;
```

이처럼 var는 동작이 예측하기 어렵고 실수를 유발하기 쉬워서, 현재는 거의 사용하지 않습니다.

ES6 이후 도입된 let과 const는 블록 스코프(block scope)를 가집니다. 즉, 변수는 선언된 블록({ … }) 내부에서만 유효합니다. for, if, 함수 내부 등 어떤 블록에서 선언했는지가 매우 중요합니다.

```javascript
if (true) {
  let a = 1;
}
console.log(a); // ReferenceError: a is not defined
```

위 코드는 a가 블록 밖에서 보이지 않기 때문에 에러가 발생합니다. var였다면 오류 없이 출력됐을 것입니다. 이런 스코프의 명확함 덕분에 let과 const는 훨씬 더 안정적인 코드 작성을 가능하게 해줍니다.

그렇다면 let과 const는 어떻게 다를까요?

- let은 나중에 값을 바꿀 수 있습니다.
- const는 한 번 값을 정하면 그 변수에 다시 다른 값을 넣을 수 없습니다.

예를 들어 다음과 같이 작성할 수 있습니다.

```javascript
let count = 1;
count = 2; // OK

const name = "Alice";
name = "Bob"; // ✗ TypeError: Assignment to constant variable
```

하지만 여기서 주의할 점이 있습니다. const는 값 전체가 바뀌지 않는다는 뜻이 아니라, 변수 자체가 바뀌지 않는다는 뜻입니다.

특히 배열이나 객체처럼 값 안에 내용이 더 있는 경우, 그 내부는 자유롭게 바꿀 수 있습니다.

```
const numbers = [1, 2];
numbers.push(3); // 가능
console.log(numbers); // [1, 2, 3]

const user = { name: "Alice" };
user.name = "Bob"; // 가능
```

이처럼 const는 배열이나 객체 내부의 데이터를 바꾸는 것은 막지 않습니다.

그래서 자바스크립트에서는 const를 썼다고 해서 값이 절대 바뀌지 않는다는 오해를 자주 합니다.

> 📍 **시니어 코멘트**
> const는 변수 이름을 다른 값에 바꾸지 못하게 막을 뿐, 내부 값이 바뀌는 걸 막는 건 아닙니다.
> 리액트에서 상태를 다룰 때, 이 개념을 잘못 이해하면 복잡한 버그로 이어질 수 있습니다.

지금까지 살펴본 세 가지 변수 선언 방식 var, let, const을 한 줄로 정리하면 다음과 같습니다.

"일단 const를 씁니다. 값을 바꿔야 할 때만 let을 쓰고, var는 더 이상 쓰지 않습니다."

이 규칙은 자바스크립트의 변수 선언에서 가장 실무적인 기준이자, 코드의 안정성과 예측 가능성을 높이는 습관입니다. 또한, 객체나 배열을 const로 선언했다고 해서 그 내부 내용까지 자동으로 보호되는 것은 아닙니다. 객체나 배열을 완전히 불변하게 만들고 싶다면 Object.freeze() 같은 방법을 추가로 사용해야 합니다.

아래는 var, let, const의 차이를 간단하게 비교한 표입니다.

키워드	유효범위	재할당 가능	완전한 불변성	사용 권장
var	함수(function)	○	X	X
let	블록(block)	○	X	△
const	블록(block)	X	△	○

표 2.1 변수 선언 키워드 특징

함수 선언 방식 비교

자바스크립트에서 함수를 정의하는 방법은 여러 가지가 있습니다. 코드 스타일과 상황에 따라 다양한 방식이 사용되며, 각각의 방식에는 호이스팅 여부, this 바인딩, 가독성 등의 차이가 있습니다.

자바스크립트에서 함수를 선언하는 주요 방식은 다음과 같습니다.

함수 선언식(Function Declaration)

```javascript
function greet(name) {
  return `Hello, ${name}`;
}
```

가장 전통적인 함수 선언 방식입니다. 함수 이름을 붙여 명확하게 정의하며, 가장 큰 특징은 호이스팅이 발생한다는 것입니다. 즉, 함수가 선언되기 전에 호출해도 에러가 발생하지 않습니다.

```javascript
sayHi(); // 실행 가능

function sayHi() {
  console.log("Hi!");
}
```

함수 표현식(Function Expression)

```javascript
const greet = function (name) {
  return `Hello, ${name}`;
};
```

위 코드는 함수를 변수에 할당하는 방식입니다. 이 경우 호이스팅이 되지 않습니다. 선언 전에 함수를 호출하면 ReferenceError가 발생합니다.

```javascript
sayHi(); // (X) ReferenceError

const sayHi = function () {
  console.log("Hi!");
};
```

함수 표현식은 동적으로 함수를 구성하거나, 조건에 따라 함수를 선언해야 할 때 유용합니다.

화살표 함수(Arrow Function)

```javascript
const greet = (name) => `Hello, ${name}`;
```

화살표 함수는 ES6에서 도입된 문법으로, 함수를 더 간결하게 표현할 수 있고, 특히 this를 바인딩하지 않는다는 점이 가장 큰 특징입니다.

이 때문에 클래스 내부나 콜백 함수에서 this를 다룰 때 매우 유용합니다.

```javascript
const user = {
  name: "Alice",
  sayHi: () => {
    console.log(this.name); // undefined
  },
};

user.sayHi(); // 화살표 함수는 this를 외부 스코프에서 가져오기 때문에 의도한 결과가 아님
```

리액트에서 화살표 함수는 컴포넌트 외부 유틸 함수나, 간단한 이벤트 핸들러에서 자주 사용됩니다. 필자가 간편해서 가장 좋아하는 함수 선언 방식입니다.

즉시 실행 함수 표현식(IIFE)

```
(function () {
  console.log("이 함수는 바로 실행됩니다.");
})();
```

이 방식은 함수를 정의하자마자 즉시 실행하는 패턴입니다.(IIFE: Immediately Invoked Function Expression)

초기화 코드, 모듈화 전 스코프 보호 등에 사용되었지만, 현재는 모듈 시스템이 발전하면서 자주 쓰이지는 않습니다.

상황별 함수 선언 추천

자바스크립트에는 다양한 방식으로 함수를 선언할 수 있고, 각 방식은 특정한 상황에서 더 적합합니다. 다음은 실무에서 각 함수 선언 방식을 언제 사용하면 좋은지를 정리한 가이드입니다. 하지만 가이드일뿐 정답이 아니니 상황과 여건에 따라 골라서 적용하도록 합니다.

화살표 함수 – 현대적이고 간결한 방식

화살표 함수는 코드가 간결하고 가독성이 높아 최근 가장 널리 사용되는 방식입니다. 특히 this가 고정된 스코프를 상속하기 때문에, 콜백 함수나 이벤트 핸들러에서 자주 사용됩니다. 함수의 몸체가 짧고 한 줄로 표현 가능한 경우 매우 유용합니다.

- **추천하는 상황**: 콜백 함수, 이벤트 핸들러, 리액트의 useEffect, map 내부 렌더링 등
- **주의할 점**: this가 상위 스코프에서 고정되기 때문에, 객체의 메서드에서 동적 바인딩이 필요한 경우에는 적절하지 않습니다.

```
const counter = {
  count: 0,
  increment: () => {
    this.count++; // (X) this는 counter가 아님
  },
};
```

함수 표현식 – 명확한 함수 선언 방식

함수 표현식은 함수를 변수에 할당하는 방식으로, 선언과 사용 위치를 명확히 할 수 있습니다. 호이스팅되지 않기 때문에 코드 흐름을 엄격하게 관리하고 싶은 프로젝트에 적합합니다. 특히 대규모 프로젝트에서 디버깅 시 매우 유용합니다.

- **추천하는 상황**: 함수의 선언과 호출 순서를 엄격하게 관리하고 싶은 경우.
- **주의할 점**: 함수 표현식은 선언 이후에만 호출 가능하므로, 이를 명확히 이해하고 사용해야 합니다.

```
console.log(subtract(5, 3)); // ReferenceError: Cannot access 'subtract' before initialization

const subtract = function (a, b) {
  return a - b;
};
```

함수 선언식 – 공용 유틸 함수에 적합

함수 선언식은 호이스팅되는 특징 때문에, 함수가 선언되기 전에 호출할 수 있습니다. 이 덕분에 여러 곳에서 호출될 유틸성 함수나 전역적으로 쓰이는 로직에는 적합합니다. 단, 무분별하게 사용하면 호이스팅으로 인한 호출 시점이 예측하기 어려워질 수 있으니 신중하게 사용해야 합니다.

- **추천하는 상황**: 전역적으로 사용되는 함수나 자주 호출되는 함수일 때 (ex. 유틸성 함수)
- **주의할 점**: 호이스팅과 함수 호출 시점에 대한 이해가 필요합니다.

```javascript
// MathUtils.js
export function divide(a, b) {
  return a / b;
}

// 사용하는 곳에선
import { divide } from "./MathUtils.js";
```

즉시 실행 함수 표현식 - 전역 스코프 오염 방지

즉시 실행 함수 표현식은 함수를 정의하자마자 실행하는 방식으로, 과거에는 전역 스코프를 보호하고 변수 충돌을 방지하기 위해 많이 사용되었습니다. 특히 ES6 이전에는 클래스와 모듈 시스템이 없었기 때문에 모듈 패턴으로 정보를 은닉하거나 상태를 캡슐화하기 위해 자주 활용되었습니다.

- **추천하는 상황**: 외부에서 접근할 수 없는 변수나 함수를 만들어야 할 때, 전역 스코프 오염을 방지할 때
- **주의할 점**: 현재는 import, export, class, let, const 등의 기능이 등장하면서 사용 빈도는 줄었지만, 여전히 레거시 코드나 라이브러리 내부에서 자주 볼 수 있습니다.

```javascript
const counterModule = (function () {
  let privateValue = 0;

  return {
    increment() {
      privateValue++;
      return privateValue; // 1231231
    },
    decrement() {
      privateValue--;
      return privateValue;
    },
  };
})();

console.log(counterModule.increment()); // 1
console.log(counterModule.decrement()); // 0
```

앞의 예시에서 privateValue는 외부에서 직접 접근할 수 없으며, 오직 increment와 decrement를 통해서만 조작이 가능합니다. 이는 객체지향에서 말하는 정보 은닉의 대표적인 구현 방식 중 하나입니다.

함수는 일급 객체(First-Class Citizen)

자바스크립트에서 함수는 단순히 호출만 가능한 특별한 문법 요소가 아닙니다. 자바스크립트에서는 함수를 값처럼 다룰 수 있습니다. 이 말은 함수가 변수에 할당될 수 있고, 함수의 인자로 전달되며, 또 다른 함수의 반환값이 될 수도 있다는 뜻입니다. 이런 특성을 갖는 대상을 프로그래밍 언어에서는 일급 객체(First-Class Citizen)라고 부릅니다.

함수를 변수에 할당하기

```javascript
const sayHello = function () {
  console.log("Hello");
};

sayHello(); // Hello
```

여기서 sayHello는 단순한 이름이 아니라, 값처럼 저장된 함수입니다. const로 선언했지만 숫자도 아니고 문자열도 아닌 함수가 들어 있습니다.

함수를 인자로 전달하기(콜백 함수)

```javascript
function greet(callback) {
  console.log("Before greeting");
  callback();
  console.log("After greeting");
}

greet(function () {
  console.log("Hi there!");
});
```

앞의 코드에서는 함수를 다른 함수의 인자로 전달하고, 내부에서 실행하고 있습니다. 이런 방식은 비동기 처리, 이벤트 처리, 애니메이션, 리액트의 useEffect, map 렌더링 등에서 매우 자주 등장합니다.

함수를 반환값으로 사용하기(고차 함수)

```
function multiply(factor) {
  return function (x) {
    return x * factor;
  };
}

const double = multiply(2);
console.log(double(5)); // 10
```

이 예시에서는 함수를 반환하는 함수, 즉 고차 함수(higher-order function)를 사용했습니다. 실제로 리액트에서도 withAuth(Component), connect(mapState)(Component)와 같은 고차 함수 (HOC: Higher Order Component) 패턴이 자주 쓰입니다.

이처럼 자바스크립트에서는 함수가 마치 숫자나 문자열처럼 자유롭게 이동하고 조작될 수 있습니다. 이것이 바로 함수가 일급 객체라는 말의 의미이며, 자바스크립트가 함수형 프로그래밍 스타일을 지원할 수 있는 기반이기도 합니다.

this와 화살표 함수의 차이

자바스크립트를 배우면서 매우 혼란스러운 개념 중 하나가 바로 this입니다. 특히 화살표 함수에서는 this가 기존 함수와 다르게 동작하기 때문에 처음에는 이해하기 어렵습니다.

간단히 말해, 일반 함수는 호출되는 방식에 따라 this가 달라지고, 화살표 함수는 this가 고정됩니다. 이 차이는 특히 객체의 메서드나 이벤트 핸들러에서 중요한 역할을 합니다.

일반 함수에서의 this는 함수가 어떻게 호출되었느냐에 따라 동적으로 결정됩니다. 예를 들어, 어떤 객체의 메서드 안에서 일반 함수를 사용할 경우, this는 해당 객체를 가리킵니다.

```
// 일반 함수에서의 this
const user = {
  name: "Alice",
  sayHi: function () {
    console.log(this.name); // "Alice"
  },
};

user.sayHi();
```

이 경우 this는 user 객체를 가리킵니다.

화살표 함수는 자신만의 this를 가지지 않습니다. 대신에 함수가 선언된 위치의 상위 스코프에서 this를 가져옵니다. 이런 특성 덕분에 화살표 함수는 콜백 함수나 이벤트 핸들러에서 this 혼란을 줄이기 위해 자주 사용됩니다.

그러나 객체의 메서드로 사용할 경우에는 예상하지 못한 동작이 발생할 수 있습니다.

```
// 화살표 함수에서의 this
const user = {
  name: "Alice",
  sayHi: () => {
    console.log(this.name); // (X) undefined
  },
};

user.sayHi();
```

위 코드에서 this는 user를 가리키지 않고, sayHi가 정의된 외부 스코프의 this, 즉 전역 객체(window)를 참조하게 됩니다. 이런 이유로 객체 메서드에는 화살표 함수는 적합하지 않습니다.

마지막으로 DOM 이벤트 핸들러에서도 일반 함수와 화살표 함수는 this의 의미가 달라집니다.

```javascript
// 이벤트 핸들러에서의 차이
const button = document.querySelector("button");

button.addEventListener("click", function () {
  console.log(this); // 클릭된 button 요소
});

button.addEventListener("click", () => {
  console.log(this); // (X) 외부 스코프의 this (window)
});
```

일반 함수는 이벤트가 발생한 대상 요소를 this로 바인딩합니다. 반면 화살표 함수는 외부 스코프에서 가져온 this를 그대로 사용하기 때문에 window가 출력됩니다.

요약하자면, 일반 함수의 this는 호출될 때 결정되고, 화살표 함수의 this는 정의될 때 고정됩니다. 이 차이를 이해하면 자바스크립트의 동작 방식은 물론, 리액트에서의 함수 설계까지도 훨씬 명확하게 이해할 수 있게 됩니다.

> 💡 **시니어 코멘트**
> 리액트에서 함수 컴포넌트를 쓸 경우엔 대부분 화살표 함수를 사용하고, this를 직접 다룰 일은 거의 없습니다. 하지만 레거시 코드나 클래스 컴포넌트, 바닐라 JS 프로젝트에서는 this와 바인딩 개념이 중요한 역할을 합니다. 특히 객체 메서드에서 화살표 함수를 습관적으로 사용하는 것은 주의해야 합니다.

2.4 객체와 배열

자바스크립트에서 객체와 배열은 데이터를 구조화하고 관리하는 데 가장 핵심적인 데이터 구조입니다. 객체는 키-값 쌍으로 정보를 표현하며, 배열은 순서가 있는 리스트 형태로 데이터를 다룹니다. 특히 ES6 이후에는 이 두 가지 구조를 보다 간결하고 직관적으로 다룰 수 있는 다양한 문법들이 도입되었고, 리액트 개발에서도 매우 자주 사용됩니다.

객체(Object)

```js
const person = {
  name: "John",
  age: 30,
  job: "Developer",
};
```

객체는 {} 중괄호 안에 key: value 형태로 속성을 정의하는 구조입니다. 값에는 문자열, 숫자, 배열, 다른 객체, 심지어 함수도 올 수 있습니다.

위의 예시에서 person 객체는 name, age, job이라는 키를 가지고 있으며, 각각 'John', 30, 'Developer'라는 값을 저장하고 있습니다.

객체의 기본 메서드

자바스크립트에서 객체는 다양한 기본 메서드를 제공하여 객체의 속성을 쉽게 관리하고 조작할 수 있습니다. 이러한 메서드는 객체의 속성에 접근하거나 수정하고, 객체의 구조를 효율적으로 탐색하는 데 유용합니다. 다음은 자바스크립트에서 자주 사용하는 객체의 기본 메서드와 기능들입니다.

```js
console.log(person.name); // "John"
console.log(person["job"]); // "Developer"

person.age = 31; // 값 수정
person["job"] = "Senior Dev"; // 값 수정
```

속성 접근과 수정: 객체의 속성(프로퍼티)에 접근할 때는 점 표기법(.) 또는 대괄호 표기법([])을 사용할 수 있습니다.

```javascript
delete person.age;
console.log(person); // { name: "John", job: "Senior Dev" }
```

속성 삭제: 객체의 속성 값을 점 표기법이나 대괄호 표기법을 통해 추가하거나 수정할 수 있습니다.

객체의 ES6+

ES6 이후 객체를 다루는 새로운 문법들이 도입되었으며, 이를 통해 더 간결하고 직관적으로 객체를 다룰 수 있습니다.

```javascript
const { name, job } = person;
console.log(name); // "John"
console.log(job); // "Senior Developer"
```

객체 구조 분해 할당(Destructuring Assignment): 객체의 속성을 쉽게 추출하여 변수에 할당할 수 있습니다.

```javascript
const name = "Alice";
const age = 25;
const user = { name, age }; // { name: "Alice", age: 25 }
```

객체 리터럴 개선: ES6에서는 속성 이름과 변수 이름이 같으면 짧은 구문으로 객체를 정의할 수 있습니다.

```javascript
const obj1 = { a: 1, b: 2 };
const obj2 = { b: 3, c: 4 };

const mergedObj = { ...obj1, ...obj2 };
console.log(mergedObj); // { a: 1, b: 3, c: 4 }
```

객체 병합(스프레드 연산자): 여러 객체를 하나로 병합할 수 있으며, 동일한 키를 가진 속성은 뒤에 오는 객체의 값으로 덮어씌워집니다.(b의 값은 2가 아닌 3)

배열(Array)

배열은 [ ] 대괄호 안에 순서대로 나열된 값들의 리스트입니다. 숫자 인덱스로 각 요소에 접근합니다.

```
const fruits = ["Apple", "Banana", "Cherry"];
```

배열의 기본 메서드

배열 또한 객체와 비슷하게 기본 메서드를 제공합니다.

```
const fruits = ["Apple", "Banana", "Cherry"];
console.log(fruits[0]); // "Apple"
```

배열 요소 접근: 배열은 인덱스를 사용해 각 요소에 접근하며, 인덱스는 0부터 시작합니다.

```
fruits[1] = "Blueberry";
fruits.push("Mango");
fruits.pop(); // 마지막 요소 제거
fruits.splice(1, 1); // 인덱스 1의 요소 제거
```

배열 요소 수정/추가/삭제: 인덱스를 통해 배열의 요소를 수정하거나, push() 메서드로 배열 끝에 새 요소를 추가할 수 있습니다.

배열의 ES6+

ES6 이후 배열을 다루는 다양한 기능이 추가되어 배열 작업이 훨씬 더 직관적이고 효율적으로 개선되었습니다.

```javascript
const [first, second] = fruits;
const combined = [...fruits, "Mango"];
```

배열 구조 분해 할당(Destructuring Assignment): 배열의 요소를 변수에 쉽게 할당, 이런 문법은 리액트의 useState, props, setState(prev => ({ ...prev, ... })) 같은 패턴과도 직접 연결됩니다.

```javascript
const users = [
  { name: "Alice", age: 28 },
  { name: "Bob", age: 17 },
  { name: "Charlie", age: 33 },
];

// 1. forEach - 요소 하나하나에 대해 로그 출력
users.forEach((user) => {
  console.log(`${user.name} is ${user.age} years old.`);
});

// 2. map - 이름만 추출한 새 배열 만들기
const names = users.map((user) => user.name);
console.log(names); // ["Alice", "Bob", "Charlie"]
// 3. filter - 성인(20세 이상)만 필터링
const adults = users.filter((user) => user.age >= 20);
console.log(adults);
// [
//   { name: "Alice", age: 28 },
//   { name: "Charlie", age: 33 }
// ]
```

- **forEach**: 배열을 순회하며 부수 효과(side effect)를 줄 때 사용. 반환값 없음
- **map**: 배열을 변형하여 새 배열을 반환
- **filter**: 조건을 만족하는 요소만 골라 새 배열을 반환

자바스크립트에서 배열은 이터러블(iterable)한 객체입니다. 즉 내부 요소들을 하나씩 순서대로 꺼낼 수 있는 구조를 가지고 있고, 이러한 동작은 이터레이터라는 객체를 통해서 이뤄집니다.

예시 코드를 한번 살펴보겠습니다.

```javascript
const arr = ["a", "b", "c"];

// 이터레이터 생성
const iterator = arr.values();

console.log(iterator.next()); // { value: 'a', done: false }
console.log(iterator.next()); // { value: 'b', done: false }
console.log(iterator.next()); // { value: 'c', done: false }
console.log(iterator.next()); // { value: undefined, done: true }
```

그리고 이터레이터는 보통 for…of와 함께 사용하곤 합니다.

```javascript
for (const value of arr.values()) {
  console.log(value);
}
// 출력:
// a
// b
// c
```

사실 대부분의 상황에서는 forEach, map 같은 고수준의 반복 구문이 더 직관적이고 편리하기 때문에, 이터레이터를 직접 다뤄야 할 일은 많지 않습니다.

그럼에도 불구하고 자바스크립트에서 배열이나 객체가 반복 가능한 구조라는 점, 그리고 이러한 반복이 내부적으로 이터러블(iterable)과 이터레이터(iterator)라는 개념에 기반하고 있다는 사실은 알고 있으면 도움이 됩니다.

특히 for...of문이 내부적으로 iterator.next()를 호출한다는 구조를 이해하면, 향후 Map, Set, 제너레이터, 커스텀 이터러블 객체 등을 다룰 때 자바스크립트의 데이터 흐름을 더 깊이 있게 이해할 수 있습니다. 실무에서는 이터레이터보다는 map, forEach, filter 등의 기본적인 메소드들을 훨씬 많이 사용합니다.

> **추가 학습**
>
> 사이트 – https://developer.mozilla.org/ko/docs/Web/JavaScript/Reference/Global_Objects/Array
> 사이트 – https://developer.mozilla.org/ko/docs/Web/JavaScript/Reference/Global_Objects/Object
> 사이트 – https://developer.mozilla.org/ko/docs/Web/JavaScript/Guide/Iterators_and_generators

객체와 배열의 복사

자바스크립트에서 객체와 배열은 참조 타입(reference type)입니다. 즉, 어떤 객체나 배열을 변수에 할당한다고 해서 실제 값을 복사하는 것이 아니라, 그 데이터가 저장된 메모리 주소(참조)를 복사하는 것입니다.

```javascript
const original = { name: "Alice" };
const copy = original;

copy.name = "Bob";
console.log(original.name); // "Bob"
```

위 코드에서 copy를 수정했더니 original도 함께 변경됩니다. 그 이유는 두 변수 모두 같은 객체를 바라보고 있기 때문입니다. 이런 동작은 상태를 복사했다고 착각하고 값을 수정하면 원본까지 바뀌는 버그로 이어질 수 있습니다.

얕은 복사(Shallow Copy)

얕은 복사는 가장 바깥 객체만 복사하고, 중첩된 객체나 배열은 여전히 같은 참조를 공유하는 복사 방식입니다. 자주 쓰이는 방법은 Object.assign()이나 스프레드 연산자(…)입니다.

```
const user = {
  name: "Alice",
  address: { city: "Seoul" },
};

const shallowCopy = { ...user };
shallowCopy.address.city = "Busan";

console.log(user.address.city); // "Busan" (같이 바뀜!)
```

표면적으로는 다른 객체처럼 보여도, 안에 있는 address 객체는 여전히 원본과 공유 중입니다. 특히 이 부분은 리액트에서 상태 업데이트 시에 실수가 자주 발생하는 부분입니다.

깊은 복사(Deep Copy)

깊은 복사는 중첩된 객체나 배열까지 모두 새로운 참조로 복사하는 방식입니다. 완전히 독립된 복사본이 만들어지므로, 원본을 안전하게 보호할 수 있습니다.

또한 얕은 복사는 중첩 객체는 복사하지 않고 참조를 복사하므로 메모리나 CPU의 부담이 적습니다. 하지만 깊은 복사는 모든 중첩 구조를 포함하여 재귀적으로 복사를 수행하기에 리소스의 부담이 상대적으로 큽니다.

```javascript
// structuredClone() (최신 브라우저 지원)
const deepCopy = structuredClone(user);

// JSON 기반 복사 (모든 브라우저 지원)
const deepCopy = JSON.parse(JSON.stringify(user));

// lodash 라이브러리 사용
import _ from "lodash";
const deepCopy = _.cloneDeep(user);
```

위 코드와 같이 일반적으로 세 가지 방법이 있습니다. 또는 직접 필요에 따라 개발하여 사용하기도 합니다. 하지만 이 중 주의해야 할 점은 "JSON 기반 복사"의 경우 함수, undefined, Date, Map, Set 등은 정확히 복사되지 않습니다. 따라서 실무적으로는 상황에 맞게 구현하거나 상용된 deepCopy 라이브러리 사용을 권장합니다.

2.5 클래스와 프로토타입

자바스크립트는 본래 클래스 기반 언어가 아닌 **프로토타입 기반 객체지향 언어**입니다. 즉, 객체가 객체로부터 상속을 받으며 동작합니다. 하지만 ES6(ECMAScript 2015)에서 class 문법이 도입되면서 자바스크립트에서도 클래스 기반 객체지향 프로그래밍을 훨씬 더 직관적으로 사용할 수 있게 되었습니다.

ES6의 클래스 문법: 문법적 설탕(Syntactic Sugar)

ES6의 클래스 문법은 사실 완전히 새로운 기능이라기보다는 기존 프로토타입 기반 상속 방식을 감싸는 '문법적 설탕'입니다. 즉, 클래스는 결국 내부적으로 프로토타입을 기반으로 동작합니다.

```js
class Car {
  constructor(brand, model, year) {
    this.brand = brand;
    this.model = model;
    this.year = year;
  }

  getCarInfo() {
    return `${this.year} ${this.brand} ${this.model}`;
  }

  static compareCars(car1, car2) {
    return car1.year > car2.year
      ? `${car1.model} is newer`
      : `${car2.model} is newer`;
  }
}

const car1 = new Car("Tesla", "Model S", 2020);
const car2 = new Car("Hyundai", "Ioniq 5", 2021);

console.log(car1.getCarInfo()); // "2020 Tesla Model S"
console.log(Car.compareCars(car1, car2)); // "Ioniq 5 is newer"
```

위 예시는 클래스, 생성자(constructor), 인스턴스 메서드, 정적 메서드의 구조를 보여줍니다. 리액트에서도 이전에는 클래스 컴포넌트를 이런 방식으로 작성하곤 합니다.

> **시니어 코멘트**
>
> 문법적 설탕(Syntactic Sugar)은 프로그래밍 언어가 제공하는 편의 문법으로, 개발자가 코드를 더 간결하고 직관적으로 작성할 수 있도록 도와줍니다. 본질적으로는 기존에 존재하던 기능을 더 짧고 읽기 좋은 형태로 표현할 수 있도록 만든 문법적 단축 표현일 뿐입니다.

ES6 이전의 프로토타입 방식

ES6 이전에는 클래스를 만들 수 없었기 때문에, 생성자 함수와 프로토타입을 직접 이용해 유사한 구조를 만들었습니다.

```javascript
function Car(brand, model, year) {
  this.brand = brand;
  this.model = model;
  this.year = year;
}

Car.prototype.getCarInfo = function () {
  return `${this.year} ${this.brand} ${this.model}`;
};

Car.compareCars = function (car1, car2) {
  return car1.year > car2.year
    ? `${car1.model} is newer`
    : `${car2.model} is newer`;
};
```

이처럼 ES6의 클래스 문법과 ES6 이전의 프로토타입 방식을 비교해 보면, 클래스 문법이 왜 문법적 설탕으로 불리는지 명확합니다. 두 방식 모두 동일한 동작을 수행하지만, 클래스 문법은 훨씬 더 간결하고 직관적입니다.

프로토타입 체인

모든 자바스크립트 객체는 프로토타입(Prototype)이라는 숨겨진 연결고리를 가지고 있습니다. 객체가 특정 속성이나 메서드를 가지고 있지 않으면, 자바스크립트는 그 객체의 프로토타입을 따라가며 속성을 찾게 됩니다. 이 과정을 **프로토타입 체이닝(Prototype Chaining)** 이라고 합니다.

```javascript
function Person(name) {
  this.name = name;
}

Person.prototype.greet = function () {
  console.log(`Hello, my name is ${this.name}`);
};

const john = new Person("John");
john.greet(); // Hello, my name is John
```

여기서 john 객체는 greet() 메서드를 직접 갖고 있지 않지만, 프로토타입을 통해 Person.prototype의 메서드를 사용할 수 있습니다.

```javascript
console.log(john.hasOwnProperty("name")); // true
console.log(john.hasOwnProperty("greet")); // false
```

캡슐화: getter/setter와 private field

객체의 내부 데이터를 보호하기 위해 캡슐화(Encapsulation)를 사용하는 것도 중요합니다. ES6 이후에는 getter, setter, 그리고 최신 자바스크립트에서는 프라이빗 필드(private field)도 사용할 수 있습니다. 다음은 프라이빗 필드와 getter/setter를 활용한 예시입니다.

```javascript
class Car {
  #brand;

  constructor(brand) {
    this.#brand = brand;
  }
  getBrand() {
    return this.#brand;
  }

  updateBrand(newBrand) {
```

```
    if (newBrand.length > 0) {
      this.#brand = newBrand;
    }
  }
}

const car = new Car("Hyundai");
console.log(car.getBrand()); // "Hyundai"
console.log(car.#brand); // (X) SyntaxError: private field
```

일반적으로 변수나 함수 이름 앞에 _(언더스코어)가 붙으면, 해당 식별자를 내부 구현(Private 혹은 Protected)으로 간주하는 개발자 규칙(컨벤션)이 있습니다. 다만 이 방식은 자바스크립트의 최신 버전 ES2022부터 프라이빗 필드(private field)가 지원되면서 자바스크립트에는 더 이상 사용하지 않는 규칙이 되었습니다. 하지만 레거시 코드나 일부 라이브러리에서 종종 마주치게 됩니다.

상속 vs 조합

자바스크립트에서 클래스 문법은 상속을 매우 간단하게 사용할 수 있도록 해주지만, 그렇다고 무조건 상속을 사용하는 것이 좋은 설계는 아닙니다.

```
class Animal {
  speak() {
    console.log("Some sound");
  }
}

class Dog extends Animal {
  bark() {
    console.log("Woof!");
  }
}
```

이처럼 extends를 통해 간단하게 부모 클래스의 기능을 재사용할 수 있습니다. 하지만 상속 구조가 깊어지거나 계층 구조가 복잡해지면 하위 클래스가 부모 클래스에 지나치게 의존하게 되어 유지보수가 어려워지는 문제가 생기게 됩니다.

이러한 문제를 해결하기 위해, 자바스크립트에서는 조합(Composition) 방식을 선호하는 경우가 많습니다. 조합이란, 여러 개의 객체나 함수를 필요에 따라 조립해서 사용하는 설계 방식을 말합니다.

예를 들어 다음과 같이 기능별 모듈을 조립하는 방식이 조합의 대표적인 형태입니다.

```javascript
const canBark = (state) => ({
  bark: () => console.log(`${state.name} barks!`),
});

const canRun = (state) => ({
  run: () => console.log(`${state.name} runs!`),
});

const createDog = (name) => {
  const state = { name: name };
  return Object.assign({}, canBark(state), canRun(state));
};

const dog = createDog("Buddy");
dog.bark(); // Buddy barks!
dog.run(); // Buddy runs!
```

이 방식은 클래스 상속보다 더 유연하게 기능을 재사용할 수 있고, 필요한 기능만 선택적으로 조립할 수 있기 때문에 더 유지보수에 강한 구조입니다.

> 📍 **시니어 코멘트**
> 클래스 상속은 이해하기 쉬워 보이지만, 설계가 커질수록 의존성과 결합도가 높아져 유지보수가 어려워집니다. 반면 조합은 설계가 다소 번거롭더라도 유연성과 테스트 용이성에서 더 좋은 선택이 되는 경우가 많습니다. 실무에서는 "이걸 상속할 이유가 정말 있는가?"를 항상 먼저 고민해야 합니다.

추가 학습
사이트 – https://developer.mozilla.org/en-US/docs/Web/JavaScript/Inheritance_and_the_prototype_chain

2.6 비동기와 싱글 스레드

웹 애플리케이션은 서버에서 데이터를 가져오거나, 파일을 읽고, 사용자 입력을 기다리는 등 다양한 비동기 작업을 수행해야 합니다. 자바스크립트는 싱글 스레드로 동작하기 때문에, 시간이 오래 걸리는 작업이 메인 스레드를 차단하지 않도록 비동기 처리를 위한 다양한 방법을 제공합니다.

종종 우리가 웹사이트에서 볼 수 있는 화면 중 하나가 스켈레톤 UI나 로딩 스피너입니다. 이는 서버에서 데이터를 기다리는 동안 사용자에게 로딩 중임을 알리기 위해 표시되는 UI 요소들입니다.

그림 2.1 스켈레톤 UI와 Loader 예시(출처: 유튜브)

자바스크립트의 싱글 스레드와 비동기 처리

자바스크립트는 기본적으로 **싱글 스레드(Single-threaded)** 언어입니다. 즉, 한 번에 하나의 작업만 처리할 수 있으며, 모든 코드는 하나의 호출 스택(Call Stack)을 통해 순차적으로 실행됩니다. 이런 구조에서는 시간이 오래 걸리는 작업이 있을 경우, 다른 작업은 대기해야 하므로 사용자 경험(UX)에 치명적인 영향을 줄 수 있습니다.

하지만 실무에서는 서버에 데이터를 요청하거나, 타이머를 설정하거나, 이벤트를 기다리는 등의 비동기 작업이 매우 흔합니다. 이때 자바스크립트가 사용하는 구조가 바로 이벤트 루프(Event Loop)입니다.

이벤트 루프(Event Loop)와 비동기 처리

자바스크립트는 비동기 작업을 위해 이벤트 루프를 사용합니다. 이벤트 루프는 자바스크립트 엔진이 비동기 작업을 처리하는 방식으로, 백그라운드에서 비동기 작업이 완료되면 그 결과를 콜백 큐(callback queue)에 넣고, 메인 스레드가 비어 있을 때 그 콜백을 실행합니다.

이 구조 덕분에 자바스크립트는 싱글 스레드임에도 불구하고, 비동기적으로 여러 작업을 동시에 처리할 수 있는 것처럼 보입니다.

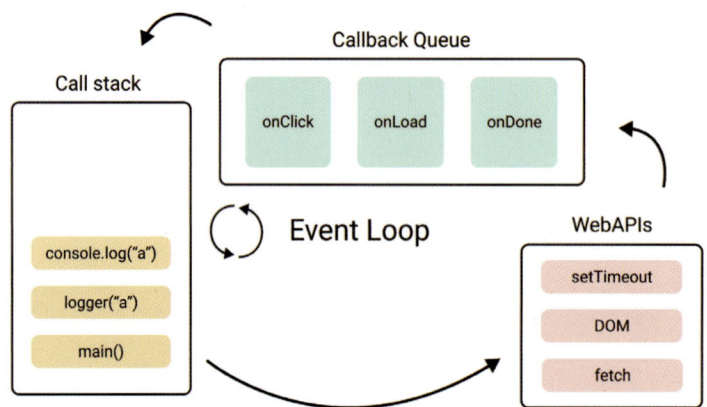

그림 2.2 이벤트 루프 흐름도(출처 https://www.webdevolution.com/blog/Javascript-Event-Loop-Explained)

그림 2.2는 이벤트 루프, 콜 스택, 콜백 큐, 그리고 WebAPI 간의 상호작용을 설명하고 있습니다.

유저의 상호작용이나 특정 동작으로 인한 순서흐름은 다음과 같습니다.

1. 동기 함수 실행: 함수가 호출되면, 자바스크립트 엔진은 이를 콜 스택에 추가하고 순차적으로 실행합니다. 다이어그램에서는 console.log("a"), logger("a"), main() 함수가 차례로 실행됩니다.

2. 비동기 작업 처리: setTimeout, fetch, onClick 등의 비동기 작업이 발생하면, 이 작업들은 Web APIs로 넘겨져 비동기적으로 처리됩니다. 이 동안 메인 스레드는 다른 작업을 계속 처리할 수 있습니다.

3. 콜백 큐로 전달: Web APIs에서 비동기 작업이 완료되면, 해당 작업의 콜백 함수가 콜백 큐로 이동합니다.

4. 이벤트 루프: 이벤트 루프는 콜 스택이 비어 있는지 확인하고, 비어 있을 경우 콜백 큐에서 작업을 꺼내어 콜 스택으로 이동시킵니다.

5. 콜백 실행: 콜 스택으로 들어간 콜백 함수가 실행되며, 비동기 작업의 결과가 처리됩니다.

이 과정을 통해 자바스크립트는 하나의 스레드로 여러 작업을 동시에 처리하는 것처럼 동작할 수 있습니다.

이벤트 루프 흐름도를 코드로 재작성해보고 실행 순서를 출력해 보겠습니다.

```javascript
console.log("1");

setTimeout(() => {
  console.log("2 (비동기)");
}, 0);

console.log("3");

// 출력 결과
// 1
// 3
// 2 (비동기)
```

정리하자면 setTimeout은 Web API에 위임되고, 나중에 콜백 큐 → 이벤트 루프 → 콜 스택 순으로 실행됩니다.

동기 작업이 오래 걸릴 때의 문제점

자바스크립트는 싱글 스레드이기 때문에, 하나의 동기 작업이 오래 걸리면 전체 흐름이 멈추게 됩니다. 이를 블로킹(blocking)이라고 하며, 대표적인 문제는 다음과 같습니다.

- **UI 멈춤**: 렌더링이나 사용자 입력이 반응하지 않음
- **브라우저 경고**: "페이지가 응답하지 않습니다" 메시지 발생
- **전체 애플리케이션 지연**: 모든 이벤트 처리 지연

예를 들어 다음과 같은 코드가 있을 때, 일부러 블로킹 코드로 작성해 보겠습니다.

```javascript
function heavyTask() {
  for (let i = 0; i < 1_000_000_000; i++) {
    // 무거운 연산
  }
}

heavyTask();
console.log("작업 완료");
```

이 코드는 heavyTask()가 완료될 때까지 브라우저가 멈춘 것처럼 느껴집니다. 스크롤도, 클릭도, 입력도 동작하지 않습니다.

이제 해결 방법을 잠깐 고민해 보겠습니다.

```javascript
// 해결 방법: 비동기로 분할 처리하기
let i = 0;

function lightTask() {
  if (i >= 1_000_000_000) return;

  for (let j = 0; j < 100_000; j++) i++;

  setTimeout(lightTask, 0); // 작업을 다음 틱으로 넘김
}

lightTask();
```

이 방식은 한 번에 처리하는 작업량을 줄이고, 그 사이에 이벤트 루프가 다른 작업을 처리할 여유를 만듭니다. 결과적으로 사용자에게는 UI가 멈추지 않고 동작하는 것처럼 보입니다.

혹은 Web Worker를 사용하여 개선할 수도 있습니다. 이 책에서는 간략화된 코드를 통해 어떤 방식으로 동작하는지만 확인해 보겠습니다.

```javascript
// worker.js

self.onmessage = function (e) {
  const n = e.data;
  let sum = 0;
  for (let i = 1; i <= n; i++) {
    sum += i;
  }
  self.postMessage(sum); // 메인 스레드로 결과 전송
};

// 메인 스크립트
const worker = new Worker("worker.js"); // 워커 인스턴스 생성

worker.onmessage = function (e) {
  console.log("총합은:", e.data); // 워커로부터 받은 결과 출력
};

worker.postMessage(1_000_000_000); // 워커에게 데이터 전달 (비동기 처리)
```

이 코드는 메인 스레드를 멈추지 않고, 백그라운드에서 합계를 계산한 뒤 작업이 끝나면 콜백으로 알려주는 구조입니다.

다만 Web Worker는 DOM을 조작할 수 없고, 메인 스레드와 데이터를 직접 공유하지 않으며 메시지로만 통신합니다. 무거운 연산, 이미지 처리, 데이터 분석 같은 작업을 분리하고 싶을 때 적절한 선택입니다. 필자의 경우 오디오 연산 처리를 위해 Web Worker를 열심히 사용합니다.

추가 학습

사이트 – https://developer.mozilla.org/ko/docs/Web/API/Web_Workers_API

콜백, 프로미스, async/await

자바스크립트에서 비동기 작업을 처리하는 방식은 시대에 따라 점차 발전해 왔습니다. 과거에는 콜백(callback) 방식이 표준이었지만, 가독성과 유지보수의 어려움이 생기며 프로미스(Promise)가 등장했고, 이후에는 이를 더 직관적으로 사용하기 위해 async/await 문법이 도입되었습니다.

이 세 가지 방식은 모두 현재도 사용되며, 상황에 따라 적절히 선택해야 합니다.

콜백 함수 - 비동기의 시작

콜백 함수는 어떤 작업이 끝난 후 실행될 함수를 인자로 넘기는 방식입니다. 예를 들면 다음과 같습니다.

```javascript
function fetchData(callback) {
  setTimeout(() => {
    callback("데이터 수신 완료");
  }, 1000);
}

fetchData(function (result) {
  console.log(result); // "데이터 수신 완료"
});
```

간단한 작업에서는 유용하지만, 여러 비동기 작업이 연속되면 코드가 깊이 중첩되는 문제가 발생합니다. 이를 콜백 지옥(callback hell)이라고 합니다. 다음 절에서 더 자세히 알아보겠습니다.

```javascript
login(user, function () {
  getUserData(id, function () {
    showProfile(data, function () {
      // ...
    });
  });
});
```

프로미스(Promise) - 비동기 흐름을 직선으로

Promise는 비동기 작업의 결과를 하나의 객체로 감싸는 방식입니다.

작업이 완료되면 resolve, 실패하면 reject를 통해 결과를 전달하며, .then()과 .catch()를 통해 후속 처리를 연결할 수 있습니다.

```javascript
function fetchData() {
  return new Promise((resolve, reject) => {
    setTimeout(() => {
      resolve("데이터 수신 완료");
    }, 1000);
  });
}

fetchData()
  .then((result) => console.log(result))
  .catch((error) => console.error(error));
```

이 방식은 중첩 없이 체이닝 방식으로 로직을 나열할 수 있어 가독성이 좋고, 에러도 일관되게 처리할 수 있습니다. .then().then().catch() 방식은 단일 흐름을 직관적으로 표현할 수 있다는 점에서 매우 강력합니다.

async/await - 비동기를 동기처럼 읽는다

async/await은 프로미스를 기반으로 하되, 비동기 코드를 마치 동기 코드처럼 작성할 수 있도록 도와줍니다.

코드 흐름이 자연스럽고, try/catch로 에러 핸들링이 직관적이라는 장점이 있습니다.

```javascript
async function getData() {
  try {
    const result = await fetchData();
    console.log(result);
  } catch (err) {
    console.error("에러 발생:", err);
  }
}

getData();
```

이 방식은 특히 비동기 로직이 길어질수록 체이닝보다 가독성이 훨씬 좋아지며, 조건문이나 반복문 안에서도 유연하게 사용할 수 있습니다.

비동기 작업 리팩터링

비동기 작업을 처리할 때 가장 흔히 마주하는 문제는 "콜백 지옥(callback hell)"입니다. 복잡한 작업 흐름을 단순한 콜백 함수로 연결하면 코드가 중첩되고, 가독성이 떨어지며, 유지보수도 어려워집니다.

이를 해결하기 위한 리팩터링 방법은 다음 세 단계 방법으로 정리할 수 있습니다.

```javascript
// 리팩터링 전: 콜백 지옥 구조
fetchA((a) => {
  fetchAA(a, (aa) => {
    fetchAAA(aa, (aaa) => {
      console.log(aaa);
    });
  });
});
```

- 구조가 중첩될수록 가독성이 심각하게 떨어짐
- 에러 처리도 어렵고 일관성이 없음

지금은 3개의 중첩뿐이지만 실무에서는 중첩이 어디까지 있을지 모릅니다. 1차로 다음과 같이 리팩터링해 보겠습니다.

```
// 리팩터링 1단계: Promise 체이닝
fetchA()
  .then((a) => fetchAA(a))
  .then((aa) => fetchAAA(aa))
  .then((aaa) => console.log(aaa))
  .catch((err) => console.error("에러 발생:", err));
```

- 중첩 없이 선형적인 흐름으로 표현 가능
- 에러는 .catch() 하나로 일관 처리

```
// 리팩터링 2단계: async/await 사용
async function fetchAll() {
  try {
    const a = await fetchA();
    const aa = await fetchAA(a);
    const aaa = await fetchAAA(aa);
    console.log(aaa);
    console.log(aaa);
  } catch (err) {
    console.error("에러 발생:", err);
  }
}
```

- 가장 직관적이고 동기 코드처럼 읽힘
- 조건문, 반복문 안에서도 자유롭게 사용 가능
- 코드 테스트와 디버깅이 쉬워짐

자 여러분은 앞의 코드 중에 어떤 것이 가장 마음에 드시나요? 그리고 여기서 한 번 더 나아갈 수 있습니다.

```
// 리팩터링 3단계: API 설계 자체를 최적화

// 기존 방식: 클라이언트가 세 번 요청
const a = await fetchA();
const aa = await fetchAA(a);
const aaa = await fetchAAA(aa);

// 개선 방향: 서버에서 한 번에 처리
const result = await fetchAllData();
```

각 요청이 이전 요청의 결과를 기반으로 동작한다면 굳이 프론트에서 세 번 요청하지 마시고 백엔드와 협의하여 한 번에 API 결과를 처리하는 것으로 리팩터링을 고민해 보세요. 여기까지 async/await을 통해 얼마나 깔끔하게 비동기 작업을 처리할 수 있는지 살펴보았습니다.

하지만 이쯤 되면 이런 의문이 들 수 있습니다.

"그렇다면 모든 비동기 코드는 async/await만 쓰면 되는 거 아닌가요?"

먼저 정답을 말하자면, "아닙니다." 많은 경우 async/await은 깔끔한 해답이지만, 모든 상황에 최적은 아닙니다. 코드로 살펴보겠습니다. 예를 들어 병렬 실행이 필요한 경우가 있을 것입니다.

```
// (X) 순차적으로 실행됨 - 비효율적
const a = await fetchA();
const b = await fetchB();
const c = await fetchC();

// (O) 병렬로 실행
const [a, b, c] = await Promise.all([fetchA(), fetchB(), fetchC()]);
```

혹은 API의 실패를 처리하기 위해서도 Promise를 사용합니다. Promise.all()을 사용하면 여러 비동기 작업을 동시에 병렬로 처리할 수 있어 성능이 향상됩니다.

```
// (0) 각 작업의 결과를 개별적으로 보고 싶다면 Promise.allSettled()
const results = await Promise.allSettled([
  fetchSafe(1),
  fetchSafe(2),
  fetchSafe(3),
]);
```

이렇게 sync/await은 매우 강력한 도구지만, 항상 더 좋은 선택은 아닙니다. 반복되는 구조, 병렬 처리, 조건부 분기 등에서는 Promise 체이닝이 더 단순하고 명료한 경우도 많습니다. 중요한 건 한 가지 스타일만 고집하는 것이 아니라, 맥락에 맞게 도구를 선택하는 판단력입니다.

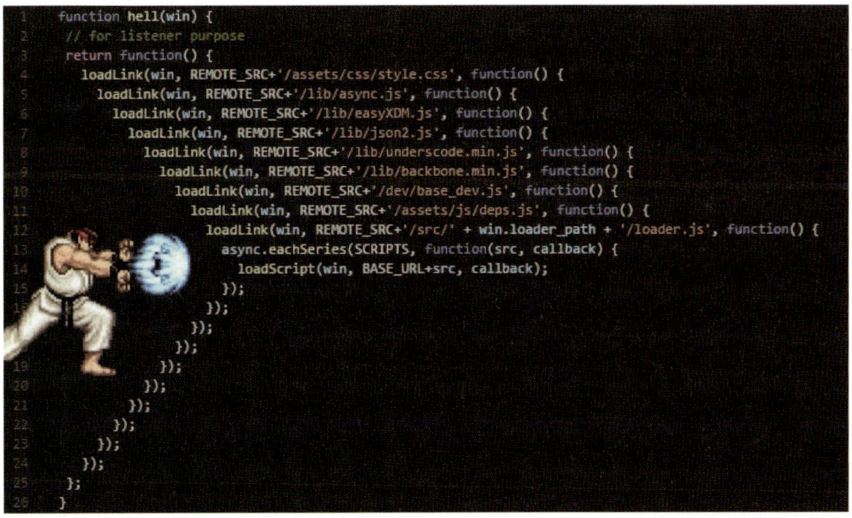

그림 2.3 콜백 지옥 밈(출처: https://dev.to/jerrycode06/callback-hell-and-how-to-rescue-it-ggj)

비동기 주의사항

비동기 작업은 자바스크립트의 중요한 특징이자 강력한 도구이지만, 그만큼 실수할 가능성도 많습니다. 특히 초보자가 자주 놓치는 실수는 코드 실행 결과에는 오류가 나타나지 않더라도, 실제로는 성능 저하, 순서 꼬임, 예외 처리 실패로 이어질 수 있습니다.

여기서는 필자가 실무에서 자주 마주했던 대표적인 3가지 문제와 그 해결책을 소개하겠습니다.

```
// await를 forEach 안에서 사용하는 실수
const items = [1, 2, 3];

// (X) 순서 보장되지 않음
items.forEach(async (item) => {
  await doSomething(item);
});

// (O) 순차적으로 실행됨
for (const item of items) {
  await doSomething(item);
}
```

forEach는 비동기를 기다려주지 않습니다. 순서가 중요할 땐 for...of를 써야 하고, 순서가 상관없다면 오히려 Promise.all()이 더 낫습니다.

그 다음은 병렬 작업을 순차적으로 처리하는 실수입니다.

```
// 병렬 작업을 순차적으로 처리하는 실수

// (X) 순차적으로 실행됨 - 비효율적
for (const user of users) {
  await sendEmail(user); // 하나 끝날 때까지 다음 시작 안 됨
}

// (O) 병렬로 실행
await Promise.all(users.map((user) => sendEmail(user)));
```

이 경우에는 모든 작업이 동시에 실행되어 전체 처리 시간이 줄어듭니다. 단 모든 작업이 반드시 성공해야 할 때만 적합합니다.

```javascript
// then과 await를 혼용하는 실수
// 잘못된 방법
const result = await fetchData()
  .then((res) => res.json())
  .catch((err) => console.error("에러:", err));

// 올바른 방법
try {
  const res = await fetchData();
  const data = await res.json();
  console.log(data);
} catch (err) {
  console.error("에러:", err);
}
```

await와 .then()을 섞어 쓰면 코드 흐름이 모호해지고, 에러 처리 누락 위험이 있습니다. 따라서 통일하는 것이 좋습니다.

마지막으로 한 번 더 말씀드리고 싶은 것은 비동기 로직은 눈에 보이는 오류보다 "보이지 않는 논리 오류"가 더 위험합니다. 따라서 작동은 하는 것처럼 보여도, 정말 의도한 대로 작동하고 있는지 항상 확인하는 자세가 필요합니다.

추가 학습

사이트 – https://developer.mozilla.org/ko/docs/Web/JavaScript/Reference/Global_Objects/Promise
키워드 – Promise.all, Promise.allSettled, Promise.race, Promise.any

2.7 모듈 시스템과 import/export

프로그래밍에서 모듈화란 하나의 코드를 작고 독립적인 단위로 나누고, 필요한 곳에서 가져와 사용하는 구조를 말합니다. 자바스크립트도 이런 모듈화를 지원하며, 이를 통해 코드의 재사용성, 유지보수성, 가독성이 크게 향상됩니다.

자바스크립트에 모듈 시스템은 크게 두 가지가 있습니다. 이것을 알아보겠습니다.

CommonJS(require/module.exports)

Node.js에서 처음 사용된 모듈 시스템으로, 다음과 같은 문법을 사용합니다.

```js
// math.js
const add = (a, b) => a + b;
module.exports = { add };

// main.js
const { add } = require("./math.js");
console.log(add(2, 3)); // 5
```

- require()로 모듈을 가져오고,
- module.exports로 내보냅니다

이 방식은 브라우저에서 직접 사용할 수 없으며, Webpack, Babel 같은 번들러 설정이 반드시 필요합니다.

ESM(ECMAScript Modules)

ES6부터 자바스크립트 표준으로 도입된 모듈 시스템입니다. 브라우저에서도 점차 지원되며, 정적 분석이 가능해 트리 쉐이킹(사용하지 않는 코드 제거) 등의 최적화가 가능합니다.

```javascript
// math.js
export const add = (a, b) => a + b;

// main.js
import { add } from "./math.js";
console.log(add(2, 3)); // 5
```

- export로 모듈을 내보내고
- import로 모듈을 가져옵니다.

export 방식

export는 모듈에서 외부로 내보낼 함수, 변수, 클래스를 정의할 때 사용됩니다. 이를 사용하는 방식은 크게 두 가지로 나눌 수 있습니다.

```javascript
// Named Export (여러 항목을 이름으로 export)
export const add = () => {};
export const subtract = () => {};

import { add, subtract } from "./math.js";
```

```javascript
// Default Export (하나만 export)
// greet.js
export default function greet(name) {
  return `Hello, ${name}`;
}

// main.js
import greet from "./greet.js";
```

Default export는 자유도가 높은 대신 이름 충돌을 유발할 수 있고, 리팩터링 시 자동 완성이 잘 되지 않는 단점도 있습니다. 일반적으로 커뮤니티 내에서는 Named export를 권장하는 경우가 많습니다. 하지만 필자는 Default export를 사용합니다. 이유는 하나의 파일에는 하나의 export default가 있는 컨벤션을 선호하기 때문입니다.

실무에서 사용법

import와 export 각각 default와 named를 통한 기본 사용법을 제공합니다. 이번에는 기본 사용법을 바탕으로 실무에서 사용되는 몇 가지 확장 사용법에 대해 알아보겠습니다.

```js
// export와 import의 혼합 사용
// mixedExports.js
export const PI = 3.14;
export default function calculateArea(radius) {
  return PI * radius * radius;
}

// main.js
import calculateArea, { PI } from "./mixedExports.js";
console.log(calculateArea(5)); // 78.5
console.log(PI); // 3.14
```

위 예시처럼 Default export와 Named export를 함께 사용하면 유연하게 모듈을 가져올 수 있습니다.

다음으로는 Barrel 파일을 활용한 re-export 방식입니다. Barrel 파일이란, 여러 모듈의 export를 한 파일에 모아 다시 export하는 방식입니다.

주로 index.ts 또는 index.js 파일이 이런 용도로 사용되며, 이를 Barrel 패턴이라고 부릅니다.

```ts
// src/hooks/useFetch.ts
export default function useFetch() { ... }

// src/hooks/useModal.ts
export default function useModal() { ... }

// src/hooks/index.ts (Barrel 파일)
export { default as useFetch } from './useFetch';
export { default as useModal } from './useModal';
```

Barrel 패턴은 파일 구조가 변경되더라도 barrel 파일만 수정하면 외부에서 사용하는 코드를 수정할 필요가 없습니다. 따라서 파일 경로 변경에 유연하게 대응할 수 있다는 장점이 있습니다.

다만, barrel 파일을 만드는 것은 번거로운 작업입니다. 각 파일을 구현하고 나서, barrel 파일도 함께 수정해야 하기 때문입니다. 이를 자동화하기 위한 도구들이 존재하며, VSCode 익스텐션 중에는 "Auto Barrel for VSCode"와 같은 도구들이 이 작업을 더 쉽게 도와줍니다. 이러한 도구들은 파일 추가 및 변경 시 자동으로 barrel 파일을 생성하거나 수정해 줌으로써 개발자의 부담을 줄여줍니다.

⚛ CommonJS와 ESM의 공존

현재 자바스크립트 생태계에서는 CommonJS(CJS)와 ECMAScript Modules(ESM) 두 가지 모듈 시스템이 공존하고 있습니다.

CommonJS는 Node.js의 기본 모듈 시스템으로 오랫동안 널리 쓰였고, 수많은 레거시 패키지들이 여전히 CJS 형식으로 배포되고 있습니다. 반면 ESM은 자바스크립트의 공식 표준으로, 최신 브라우저와 대부분의 프론트엔드 빌드 도구(Vite, Rollup, Webpack 5+)에서 기본값으로 채택되고 있습니다.

이러한 상황에서 최근에 **유지보수되는 라이브러리들은 두 방식을 모두 지원하는 형태**로 개선되고 있습니다. 예를 들어, 하나의 라이브러리가 dist/cjs 폴더에는 CommonJS 빌드를, dist/esm 폴더에는 ESM 빌드를 따로 제공하는 방식입니다.

하지만 모든 라이브러리가 이렇게 이중 지원을 하지는 않으며, 특정 환경에서는 여전히 모듈 시스템 불일치로 인한 오류가 발생할 수 있습니다.

필자가 생각하기로 장기적으로 보면 **ESM이 자바스크립트의 미래 방향**이고 또 밀고 있는 방향입니다. 따라서 ESM을 기본 전제로 개발하고 CommonJS는 호환성 고려 수준으로 이해하는 것이 현 시점에서 적당한 절충점이라고 보고 있습니다.

추가 학습
사이트 – https://nodejs.org/api/packages.html#determining-module-system

자바스크립트 정리

이번 장에서는 자바스크립트의 동작 방식과 핵심 문법들을 하나하나 살펴보았습니다.

자바스크립트가 싱글 스레드 기반 언어임에도 불구하고, 이벤트 루프와 비동기 처리 구조를 통해 어떻게 유연하게 동작하는지를 이해했고, 콜백 → 프로미스 → async/await으로 발전한 비동기 처리 방식의 흐름과 리팩터링 전략, 그리고 CommonJS와 ESM의 모듈 시스템 차이와 실무 적용 방법까지 짚어보았습니다.

프론트엔드 개발자로서 자바스크립트를 이해하는 것은 기초를 닦는 과정입니다. 하지만 점점 복잡해지는 코드와 팀 단위 협업, 규모가 커지는 프로젝트에서는 더 견고하고 명확한 코드 작성이 필수입니다.

이를 가능하게 해주는 도구가 바로 타입스크립트(TypeScript)입니다. 다음 장에서는 자바스크립트 위에 올라간 강력한 정적 타입 시스템인 타입스크립트를 통해, 코드를 사전에 검증하고, 더 안전하게 만들며, 실수를 줄이는 방법에 대해 본격적으로 살펴보게 될 것입니다.

3장
타입스크립트

3.1 타입스크립트 개요
3.2 타입스크립트 도입
3.3 타입 시스템
3.4 타입 별칭과 인터페이스
3.5 제네릭(Generic)
3.6 덕 타이핑(Duck Typing)
3.7 유틸리티 타입

타입스크립트(TypeScript)는 끊을 수 없는 마약과 같습니다. 필자가 경험했던 것처럼 여러분도 타입스크립트를 사용하면 그 매력에서 빠져나오기 힘들 것입니다. 일반적으로 타입스크립트뿐만 아니라 정적 타입 시스템이 제공하는 안정성과 예측 가능성, 그리고 코드 작성 생산성의 향상은 대부분의 개발자에게 강한 설득력을 가지고 있습니다. 이 장에서는 타입스크립트의 핵심 개념과 철학을 이해하고, 자바스크립트와의 차이점, 그리고 실제 도입 시 얻게 되는 이점을 정리합니다. 특히, 정적 타입이 코드 품질과 협업 효율성에 미치는 영향을 구체적으로 살펴보고, 실무 환경에서 점진적으로 적용할 수 있는 방식을 함께 다룰 예정입니다.

타입스크립트는 단순한 문법 습득을 넘어, 코드의 구조와 설계를 개선하고 오류를 사전에 방지할 수 있도록 도와주는 도구입니다. 자바스크립트 기반의 개발자라면, 타입스크립트의 도입을 통해 보다 안전하고 유지보수가 용이한 코드를 작성하는 데 도움을 받을 수 있습니다.

3.1 타입스크립트 개요

스택오버플로우의 2024년 개발자 설문에 따르면, 타입스크립트는 69.5%의 사용자 만족도와 33.8%의 학습 선호도를 기록하며 상위권에 위치했습니다. 이는 단순히 인기 있는 언어를 넘어, 실질적인 개발 경험 측면에서 높은 평가를 받고 있다는 점을 시사합니다. 반면, 자바스크립트는 여전히 광범위하게 사용되지만, 만족도 면에서는 상대적으로 낮은 수치를 보입니다.

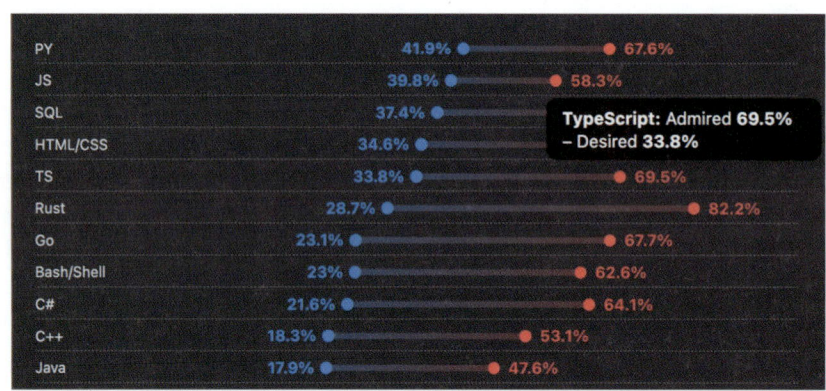

그림 3.1 스택오버플로우의 2024년 조사 결과
https://survey.stackoverflow.co/2024/technology#most-popular-technologies-language

이러한 평가 차이는 타입스크립트가 자바스크립트의 상위 집합(superset)이라는 구조적 특성과 관련이 있습니다. 즉, 기존 자바스크립트 문법을 그대로 활용하면서도 정적 타입 시스템과 같은 추가 기능을 제공하기 때문에, 개발자는 별도의 학습 없이 점진적인 도입이 가능합니다. 이는 자바스크립트 개발자들이 타입스크립트를 쉽게 받아들이고, 결국에는 완전한 마이그레이션으로 이어지게 하는 중요한 요인입니다.

타입스크립트의 가장 큰 강점은 정적 타입 시스템을 기반으로 한 오류 방지 기능입니다. 코드 작성 시점에 타입 오류를 사전에 검출할 수 있기 때문에, 런타임 오류 발생 가능성을 크게 낮출 수 있습니다. 자동 완성, 타입 추론 등의 기능은 개발 생산성을 향상시키고, 특히 팀 단위 협업 시 코드의 구조와 계약을 명확하게 정의하는 데 도움이 됩니다.

필자만 하더라도 주니어 개발자 시절에는 자바스크립트로 프로젝트를 진행했지만, 타입스크립트를 도입한 이후로는 모든 프로젝트에 타입스크립트를 사용하고 있습니다. 또한 점진적 도입이 가능하기 때문에 기존 프로젝트를 유지보수할 때도 새롭게 작성한 코드는 타입스크립트로 작성하고 있습니다.

요약하자면, 타입스크립트는 단순한 "문법 확장"을 넘어, 더 안정적이고 협업에 적합한 코드 작성 환경을 제공하는 현대 프론트엔드 개발의 핵심 도구로 자리잡고 있습니다.

⚛ 타입스크립트보다 순수한 자바스크립트가 좋다?

일부 개발자는 타입스크립트의 도입이 오히려 개발 복잡성을 증가시킨다고 주장합니다. 실제로 일부 유명 오픈소스 프로젝트에서는 타입스크립트에서 순수 자바스크립트로의 회귀 사례가 존재합니다. 이들은 타입 시스템을 도입하는 과정에서 발생하는 초기 비용과 복잡도가 생산성을 저하시킬 수 있다고 지적합니다. 특히 작은 규모의 프로젝트나 잦은 프로토타이핑 환경에서는 타입 선언이 오히려 개발 속도를 제한할 수 있다는 비판이 있습니다.

필자 역시 타입스크립트 도입 초기에는 설정 및 타입 정의의 복잡성으로 인해 학습 곡선이 존재한다고 생각합니다. 그러나 이러한 초기 복잡성은 장기적으로 프로젝트의 구조적 일관성, 오류 예방, 협업 효율성 향상이라는 이점을 통해 상쇄됩니다. 특히 중대형 규모의 프로젝트에서는 타입 시스템이 사양 정의서 역할을 수행함으로써 유지보수 비용을 줄이고, 팀 간 커뮤니케이션을 명확하게 합니다.

따라서 필자는 타입스크립트를 일률적으로 '더 낫다'고 보지는 않지만, 규모가 커질수록 선택의 필요성이 높아지는 기술적 투자라고 판단합니다.

타입스트립트 핵심 개념 3가지

타입스크립트는 마이크로소프트에서 개발한 언어이며, GitHub에 공개된 공식 저장소에는 다음과 같은 설명이 포함되어 있습니다.

"TypeScript is a superset of JavaScript that compiles to clean JavaScript output."

이 문장은 다음 세 가지 핵심 개념을 담고 있습니다.

- **Superset of JavaScript**: 자바스크립트의 모든 문법을 포함하고 있으며, 기존 자바스크립트 코드와 100% 호환됩니다.
- **Type System**: 변수, 함수, 객체 등에 타입을 명시하여 정적 분석과 자동 완성을 지원합니다.
- **Clean Output**: 작성된 타입스크립트 코드는 컴파일 과정에서 타입 정보가 제거된 순수 자바스크립트로 변환됩니다.

이제 이 문구들의 의미를 간단한 코드 예시를 통해 알아보겠습니다.

예를 들어, 다음과 같이 작성된 타입스크립트 함수가 있습니다.

```ts
// ts
function greet(name: string): string {
  return `Hello, ${name}`;
}
```

컴파일 후 다음과 같은 순수 자바스크립트 코드로 변환됩니다.

```js
// js
function greet(name) {
  return `Hello, ${name}`;
}
```

이는 타입스크립트가 런타임 환경에 어떠한 영향을 주지 않고, 오직 개발 시점에서만 개입하는 언어임을 의미합니다. 또한 타입스크립트는 ECMAScript 사양에 따라 다양한 자바스크립트 버전으로 트랜스파일할 수 있도록 지원하며, tsconfig.json 파일을 통해 대상 버전과 모듈 시스템을 세부 설정할 수 있습니다. 다만, 최신 문법의 변환만 제공할 뿐, 런타임 기능(Promise, includes 등)에 대한 폴리필은 제공하지 않기 때문에, Babel이나 core-js와 같은 도구와 병행하여 사용하는 것이 일반적입니다.

마지막으로, 타입스크립트는 기존 자바스크립트 프로젝트에 점진적으로 도입할 수 있다는 점에서 실무 적용성이 높습니다. 자바스크립트 파일의 확장자를 .ts로 변경한 뒤, 중요한 모듈부터 타입을 명시하고, 개별 파일이나 모듈 단위로 strict 모드를 적용해 나가는 방식으로 안정적인 전환이 가능합니다. 이 과정을 통해 기존 코드 베이스에 큰 위험 없이 타입 안정성을 점차 확보할 수 있습니다.

그리고 타입스크립트가 자바스크립트로 변경되는 것도 실시간으로 확인할 수도 있습니다.

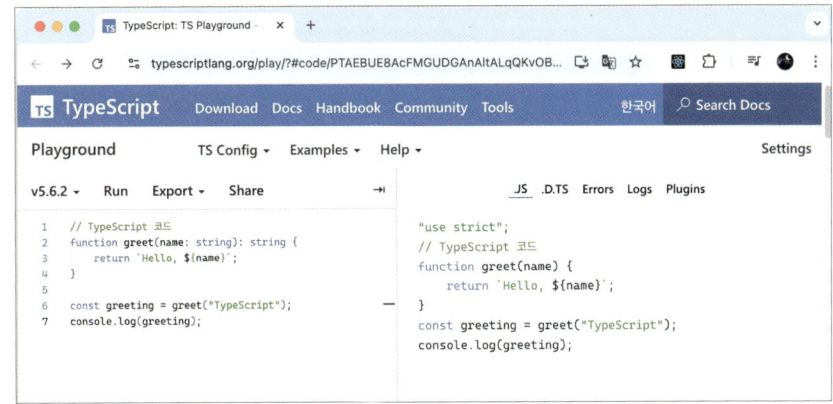

그림 3.2 타입스크립트의 컴파일러 결과를 실시간으로 확인할 수 있는 사이트(www.typescriptlang.org/play)

다양한 자바스크립트 버전으로

타입스크립트는 다양한 ECMAScript(ES) 버전으로의 컴파일을 지원합니다. tsconfig.json 파일의 target 옵션을 통해 ES5, ES6, ES2020 등 특정 자바스크립트 버전으로 코드를 변환할 수 있습니다. 이를 통해 최신 문법을 활용하면서도 구형 브라우저나 특정 실행 환경에 맞는 코드로 트랜스파일링할 수 있는 유연성을 제공합니다.

타입스크립트의 기본 컴파일러인 tsc는 이 과정을 담당하며, 문법 수준에서의 변환(syntax transformation)을 중심으로 동작합니다. 예를 들어, class, arrow function, async/await와 같은 문법은 설정된 target에 맞게 자동으로 변환됩니다.

그러나 주의할 점은 tsc가 런타임 기능(polyfill)을 포함하지 않는다는 점입니다. Promise, Array. prototype.includes와 같은 ES6 이후 도입된 내장 객체나 메서드는 타입스크립트 자체에서 지원되지 않으며, 실행 시점에 해당 기능이 없는 환경에서는 오류가 발생할 수 있습니다. 타입스크립트는 이러한 기능을 트랜스파일링하지 않고, 단지 타입만 검사할 뿐입니다.

이러한 이유로 실무에서는 tsc를 문법 변환용으로 설정하고, Babel을 함께 사용하여 런타임 환경 호환성과 최신 자바스크립트 기능에 대한 폴리필을 적용하는 방식이 널리 사용됩니다. 특히 core-js와 같은 폴리필 라이브러리를 Babel과 함께 구성하면, 다양한 브라우저 환경에서도 안정적인 동작을 확보할 수 있습니다.

> ⚛ **구형 버전일수록 브라우저 지원이 많아 좋은가?**
>
> 낮은 ECMAScript 버전으로 컴파일하면, 구형 브라우저까지 포함한 넓은 범위의 실행 환경에서 자바스크립트 코드를 동작시킬 수 있습니다. 이러한 호환성은 일부 프로젝트에서 중요한 이점이 될 수 있습니다. 그러나 낮은 버전 사용이 항상 최선의 선택은 아닙니다. 기술적 트레이드오프가 존재하기 때문입니다.
>
> **성능 저하 가능성**: 최신 자바스크립트 기능을 구버전 문법으로 변환하는 과정에서, 컴파일된 코드는 원래보다 복잡해지고 실행 성능이 저하될 수 있습니다. 예를 들어, async/await, class, spread operator와 같은 기능을 ES5로 변환하면 내부적으로 Promise, 헬퍼 함수, 임시 변수 등이 추가되어 런타임 오버헤드가 발생할 수 있습니다.
>
> **파일 크기 증가**: 낮은 버전으로 컴파일할수록 코드가 길어지고 보일러플레이트가 늘어납니다. 이로 인해 번들 크기가 커지며, 네트워크 대역폭 사용량 증가와 초기 로딩 지연 등의 문제가 발생할 수 있습니다. 특히 모바일 환경이나 네트워크 속도가 느린 환경에서는 사용자 경험에 직접적인 영향을 미칩니다.
>
> 현재 크롬, 사파리, 파이어폭스, 엣지 등의 최신 브라우저는 대부분 ES6 이상의 문법을 네이티브로 지원합니다. 따라서 일반적인 프론트엔드 프로젝트에서는 target: "ES6" 또는 그 이상을 설정하는 것이 권장됩니다. 이는 코드 성능, 가독성, 유지보수성을 모두 고려한 선택입니다.

3.2 타입스크립트 도입

특정 기술을 도입할 때 가장 중요한 판단 기준은 해당 기술이 실질적으로 어떤 생산성과 안정성, 그리고 협업 효율성을 제공하는가입니다. 타입스크립트도 마찬가지입니다. 단순히 자바스크립트의 상위 호환 언어라는 설명만으로는 부족합니다. 실무 환경에서 왜 타입스크립트를 도입하는지, 어떤 점이 개발자들에게 실질적인 도움을 주는지 살펴볼 필요가 있습니다.

타입스크립트를 사용해야 하는 이유

개발자마다 타입스크립트에 대한 호불호와 그 이유가 다르겠지만 필자는 그중에 사용해야 하는 이유를 네 가지 기준으로 설명해 보겠습니다.

정적 타입 검사로 인한 오류 예방

타입스크립트의 가장 큰 강점은 정적 타입 시스템입니다. 코드 작성 시점에 타입 오류를 사전에 감지함으로써, 런타임에서 발생할 수 있는 예기치 않은 오류를 효과적으로 방지할 수 있습니다. 이는 단순한 편의 기능을 넘어, 코드의 안정성과 신뢰성을 크게 향상시키는 핵심 요소입니다.

특히 협업 환경에서 여러 개발자가 동시에 코드를 작성할 때, 명확한 타입 정의는 서로 간의 오해를 줄이고 의사소통 비용을 줄이는 데 매우 효과적입니다.

```
// 변수 타입 명시
let age: number = 25;
age = "twenty-five"; // 에러 발생    Type 'string' is not assignable to type 'number'.

// 함수 매개변수와 반환값 타입 명시
function add(a: number, b: number): number {
    return a + b;
}

let result = add(a: 10, b: 20); // 정상 동작    'result' is assigned a value but never used.
let wrongResult = add(a: 10, b: "20"); // 에러 발생    Argument of type 'string' is not assignable
```

그림 3.3 비주얼 스튜디오 코드(Visual Studio Code)에서 에러를 보여주는 타입스크립트 파일

일반적으로 자바스크립트 코드에서 이러한 오류는 실행 시점에서야 비로소 드러날 수 있으며, 이로 인해 문제를 사전에 발견하기 어려운 점이 있습니다. 하지만 타입스크립트를 사용하면 코드 작성 시점에서 정적 타입 검사가 이루어져, 타입 불일치로 인한 오류를 사전에 파악할 수 있습니다.

예를 들어, 사진에서 age 변수에 숫자가 아닌 문자열을 할당하려고 하거나, 함수 add에 잘못된 타입의 인수를 전달할 때, 타입스크립트는 즉시 경고를 표시하여 잘못된 코드가 실행되지 않도록 방지합니다. 이러한 기능은 개발자가 실수를 줄이고, 보다 안정적이며 신뢰성 높은 코드를 작성하는 데 큰 도움을 줍니다.

> 💬 **시니어 코멘트**
> 타입스크립트는 사람 간의 의사소통 비용을 줄이는 뿐만 아니라 AI와도 비용을 줄이는데 매우 효과적입니다. 특히, 타입스크립트의 타입은 AI를 위한 '문서화된 인터페이스' 역할을 할 수 있습니다. 복잡한 도메인이나 API 스펙처럼 명확한 정의가 중요한 영역에서 타입정의 하나로 AI의 맥락 이해도와 코드 완성도가 크게 달라집니다.

개발자 도구와의 강력한 통합

타입스크립트는 자동 완성, 타입 추론, 실시간 에러 감지 등의 기능을 통해 IDE와의 시너지를 극대화합니다. 특히 Visual Studio Code 같은 편집기에서는 타입 정보 기반의 문맥 인텔리센스가 매우 강력하게 작동합니다. 이는 생산성 향상은 물론, 코드 품질까지 함께 개선하는 요소입니다.

```
let user = {
  name: "John",
  age: 30,
};

user.
       ⊕ age                                        (property) age: number
       ⊕ name
```

그림 3.4 코드 편집기에서 자동 완성을 지원하는 타입스크립트

앞의 그림은 코드 편집기에서 user라는 객체를 선언한후 객체의 프로퍼티를 가져오기 위해 코드를 작성한 예시입니다. 이는 타입스크립트의 자동 완성 기능과 정적 타입 검사의 유용성을 잘 보여줍니다. 자동 완성을 통해 개발자는 객체의 속성에 대한 명확한 정보와 타입을 쉽게 확인할 수 있으며, 타입스크립트는 이러한 속성에 잘못된 접근을 사전에 방지하는 데 도움을 줍니다.

만약 타입스크립트가 아닌 자바스크립트 파일이라면 개발자는 코드를 작성하기 위해 user라는 객체의 프로퍼티를 사전에 인지하고 있어야합니다. 사진상으로는 user 객체 아래에서 프로퍼티를 사용하기에 문제가 되지 않지만 코드 베이스가 커지게 된다면 이는 번거로운 작업이 됩니다. 물론 자바스크립트 파일이라고 무조건 자동 완성을 안되는 것은 아닙니다. 요즘의 코드 편집기는 내부적으로 코드를 분석하고 변수나 객체의 속성에 대해 자동 완성을 제공합니다. 하지만 이는 자바스크립트의 기능이 아닌 코드 편집기의 기능입니다. 그리고 타입스크립트의 자동 완성보다 정교하지 않습니다.

하나의 예시를 살펴보겠습니다.

```
const user = {
  name: "John",
  age: 30,
  birthday: new Date(1990, 1, 1),
  birthdayString: "1990-01-01",
};

const 태어난연도; // 어떤값에서 어떻게 가져와야할까?
```

user 객체에서 birthday와 birthdayString의 타입을 모른다면 "태어난연도"를 둘 중에 어떤 값으로부터 가져와야 할지 추가적인 고민이 필요합니다.

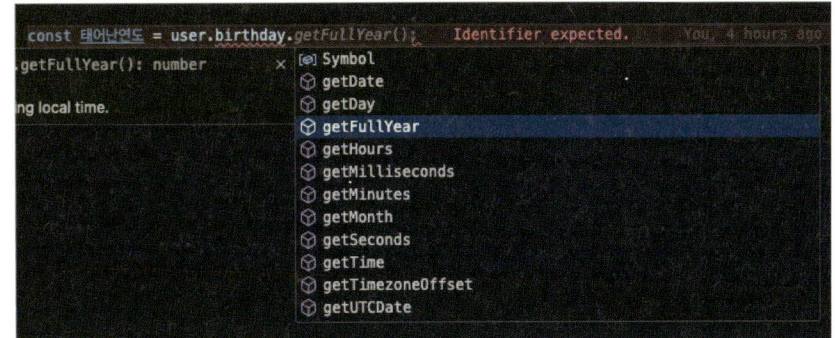

그림 3.5 user 객체의 birthday 프로퍼티와 메서드 자동 완성

우리가 이전에 배운 자바스크립트의 프로토타입 체인에 의해 birthday는 date 객체에 해당하는 메서드를 가지고 있습니다. 그리고 타입스크립트는 birthday가 date 타입이라는 것을 알고 사용 가능한 메서드를 자동 완성 리스트로 제공합니다. 개발자는 getFullYear라는 메서드를 사용하여 코드를 완성할 수 있습니다.

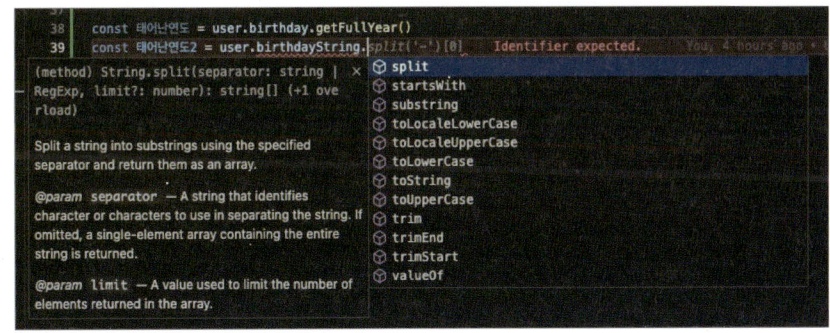

그림 3.6 user 객체의 birthdayString 프로퍼티와 메서드 자동 완성

그리고 birthdayString는 string이라는 것을 알기에 string의 메서드를 조합하여 파싱하여 사용할 수 있을 것입니다. 물론 birthdayString는 변수명에 String이라는 내용이 들어가있기에 String이라는 것을 알 수도 있습니다.

> 💡 **시니어 코멘트**
> 변수명에 해당 변수의 타입이 있는 표기법을 헝가리안 표기법(Hungarian Notation)이라고 합니다. 이 표기법의 목적은 변수 이름만 보고도 타입이나 목적을 파악할 수 있도록 하는 것이었지만, 타입스크립트와 같은 정적 타입을 지원하는 언어의 경우 안티패턴이 된 표기법입니다.

만약 타입스크립트가 아닌 자바스크립트라면 아무런 에러 없이 코드를 작성하고 배포한 뒤, 런타임 환경에서 에러가 발생하여 프로젝트가 멈췄을 것입니다.

```
> let user = {
    name: "John",
    age: 30,
    birthday: new Date(1990, 1, 1),
    birthdayString: "1990-01-01",
  };

  const 태어난연도 = user.birthday.split('-')[0];
  const 태어난연도2 = user.birthdayString.getFullYear();
⊗ ▶ Uncaught TypeError: user.birthday.split is not a function
      at <anonymous>:10:29
```

그림 3.7 런타임에서 birthday의 split은 에러를 발생

JSDoc과 타입스크립트의 통합

자바스크립트에서 런타임에서 발생할 수 있는 타입 오류를 줄이기 위한 전통적인 방법 중 하나는 JSDoc을 사용하는 것입니다.

JSDoc은 코드 내 주석을 활용하여 변수, 함수, 객체 등에 대한 타입 정보를 명시적으로 기술할 수 있도록 도와주는 주석 기반 도구입니다. 이를 통해 일부 정적 분석 도구나 코드 편집기(예: VSCode)에서 타입 추론, 자동 완성, 경고 표시 등의 기능을 지원받을 수 있습니다.

```
/**
 * @type {string}
 */
const birthdayString = "1999-08-23";

birthdayString.getFullYear(); // 런타임 오류 발생
```

JSDoc은 주석 기반 도구이기 때문에 컴파일러 수준에서의 타입 검증 기능이 없습니다. 그래서 개발자의 실수를 줄이는 데는 분명 도움을 줄 수 있으나, 컴파일 시점에 오류를 차단하지는 못합니다.

앞의 예제에서 birthdayString은 문자열임에도 불구하고, Date 객체의 메서드인 getFullYear()를 호출하고 있습니다. JSDoc은 해당 타입 주석을 통해 이 코드가 비정상이라는 힌트를 줄 수는 있

지만, 컴파일 에러를 발생시키지 않기 때문에 실제 오류는 런타임에 이르러서야 확인됩니다.

```
/**
 * @type {string}
 */
const birthdayString: string = "1999-08-23";

birthdayString.getFullYear(); // 코드 작성시 오류 발생
```

같은 코드를 타입스크립트의 타입만 추가하여 재작성했습니다. 필자가 생각하기에 타입은 타입스크립트에게, 설명은 JSDoc에게 맡기는 것이 실무에서 안정성과 가독성을 모두 확보하는 길입니다.

라이브러리와의 시너지

현대 프론트엔드 개발은 수많은 외부 라이브러리의 도움 없이는 사실상 불가능에 가깝습니다. 기능 구현의 효율성과 유지보수 편의성을 높이기 위해 다양한 라이브러리를 도입하지만, 해당 라이브러리의 사용법을 정확히 이해하지 못하면 오히려 오류의 원인이 되기도 합니다.

다음은 필자가 사이드 프로젝트에서 사용한 wavesurfer.js 라이브러리의 예입니다. 이 라이브러리는 오디오 파형(waveform)을 시각화하는 기능을 제공하며, 다음 코드는 waveColor 속성을 설정하는 구간입니다.

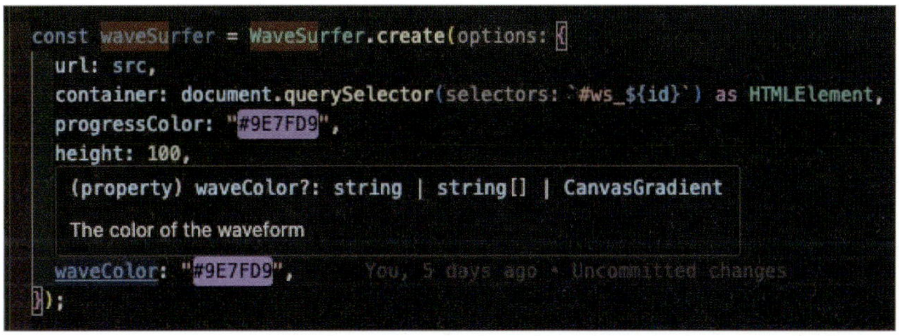

그림 3.8 타입스크립트로 작성된 라이브러리(wavesurfer)의 타입 추론

과거에는 이 속성의 값이 어떤 형태를 취해야 하는지 공식 문서를 직접 확인해야 했지만, 타입스크립트를 도입하면서 상황이 달라졌습니다. 타입 정의가 포함된 라이브러리의 경우, 코드 편집기에서 자동 완성을 통해 허용 가능한 값의 범위를 바로 확인할 수 있습니다. 이는 곧 문서 검색

없이도 안정적인 API 사용이 가능해졌다는 의미입니다.

또한 wavesurfer.js는 JSDoc 기반의 주석을 통해 각 속성에 대한 설명까지 코드 편집기에서 제공하고 있습니다. 예를 들어 waveColor는 "The color of the waveform"이라는 정보를 직접 확인할 수 있어, 문서 없이도 기능의 목적을 이해할 수 있습니다.

하지만 여기에도 문제가 있는데, 모든 라이브러리가 타입스크립트를 지원하지 않는다는 점입니다.(많은 라이브러리들이 타입스크립트를 지원하는 방향으로 개발하고 있습니다) 그래서 아직은 자바스크립트 기반 라이브러리들은 여전히 타입 정의 파일을 제공하지 않거나, 타입스크립트를 공식적으로 지원하지 않는 경우가 존재합니다. 이런 상황에서는 개발자가 직접 타입을 선언하거나, 타입 지원 없이 라이브러리를 사용할 수밖에 없습니다.

이 문제를 해결하기 위해 커뮤니티 주도로 운영되는 DefinitelyTyped 프로젝트가 등장했습니다. 이는 전 세계 개발자들이 자발적으로 작성하고 유지보수하는 타입 정의 모음집으로, 공식적으로 타입스크립트를 지원하지 않는 라이브러리라도 @types 패키지를 설치하면 정적 타입 검사 및 자동 완성 기능을 사용할 수 있습니다.

예를 들어, wavesurfer.js가 공식적으로 타입스크립트를 지원하지 않는다면, @types/wavesurfer.js 패키지를 통해 타입 정의 파일을 추가할 수 있습니다.

```
npm install @types/wavesurfer.js
```

일부 라이브러리는 초기에는 DefinitelyTyped를 통해 타입 정의 파일을 제공받다가, 이후 자체적으로 타입스크립트를 지원하는 방식으로 발전하기도 합니다. 실제로 wavesurfer.js도 한동안 @types/wavesurfer.js 패키지를 통해 타입 정보를 제공하다가, v7 버전부터는 공식적으로 타입스크립트를 지원하게 되었습니다.

3.3 타입 시스템

프론트엔드 개발에서는 사용자 입력, 상태 변화, 서버 통신 등 다양한 데이터 흐름을 처리하게 됩니다. 이 과정에서 변수에 어떤 값이 들어오는지, 그 값이 올바른지 확인하는 것이 매우 중요합니다. 이러한 안정성을 확보하기 위해 도입되는 개념이 바로 **타입 시스템**(Type System)입니다.

동적 타입 시스템과 정적 타입 시스템

자바스크립트는 **동적 타입**(dynamic typing) 언어입니다. 변수의 타입은 선언 시점이 아니라, 값이 할당되는 시점에 결정됩니다. 따라서 하나의 변수에 숫자, 문자열, 불리언 등 다양한 타입의 값을 순차적으로 넣을 수 있습니다.

```javascript
let value = 100; // 처음에는 숫자
value = "hello"; // 이후 문자열로 변경
value = true; // 불리언도 가능
```

이런 방식은 유연하고 빠르게 코드를 작성할 수 있다는 장점이 있습니다. 그러나 이 유연함은 동시에 위험 요소이기도 합니다. 타입 오류가 코드 실행 중에야 발견되기 때문에, 규모가 큰 애플리케이션에서는 예상하지 못한 런타임 에러가 자주 발생할 수 있습니다.

반면 타입스크립트는 **정적 타입**(static typing) 언어입니다. 변수나 함수의 타입을 코드 작성 시점에 명시하고, 컴파일 시점에서 오류를 사전에 차단합니다. 다음은 타입스크립트의 예시입니다.

```typescript
let score: number = 100;
score = "hello"; // (X) 오류: string은 number에 할당할 수 없음
```

이처럼 타입을 명시하면, 잘못된 값이 들어올 때 즉시 에러를 확인할 수 있습니다. 타입스크립트는 이러한 정적 타입 검사 덕분에 개발 초기 단계에서 실수를 빠르게 발견하고, 런타임 오류를 줄일 수 있는 구조를 제공합니다.

동적 타입 시스템은 초기 학습이나 프로토타이핑에는 효율적이지만, 정적 타입 시스템은 장기 유지보수와 협업에 강합니다. 필자의 경험상, 자바스크립트 프로젝트에서 발생한 많은 버그가 "타

입을 잘못 이해해서" 생긴 경우였습니다. 특히 협업 중에 누군가 객체 구조를 바꾸면, 어디서 오류가 나는지 예측하기 어렵습니다. 정적 타입 시스템은 이런 상황을 사전에 차단할 수 있는 강력한 방어막이 됩니다.

타입스크립트: 동적과 정적 타입 사이의 균형

타입스크립트는 자바스크립트의 상위 집합(superset)입니다. 자바스크립트 코드 대부분을 그대로 사용할 수 있으면서도, 타입 시스템이라는 안전망을 추가로 제공합니다.

그러나 타입스크립트는 단순히 "정적 타입 언어"로만 분류되지는 않습니다. 자바스크립트의 유연함을 그대로 수용하면서, 점진적인 정적 타입 도입을 가능하게 하는 절충적인 언어 설계가 되어 있기 때문입니다.

그 대표적인 사례가 바로 any 타입입니다.

```typescript
let data: any = 123;
data = "hello"; // 가능
data = { key: true }; // 이것도 가능
```

any는 말 그대로 어떤 타입이든 허용합니다. 이 타입을 사용하면 타입스크립트의 정적 검사 기능은 해당 변수에 대해서는 사실상 작동하지 않게 됩니다. 빠른 코드 작성에는 유리하지만, 타입스크립트를 사용하는 근본적인 이유를 무력화시킵니다.

실무에서는 any를 남용하는 코드 베이스를 "AnyScript"라고 부르기도 합니다. 타입 안전성이 무너진 코드에서 버그가 런타임까지 숨어들 수 있으며, 오히려 디버깅은 자바스크립트보다 더 어려워질 수 있습니다.

> 💡 **시니어 코멘트**
> any는 "급한 불을 끄는" 용도로는 괜찮습니다. 하지만 그 불을 껐다고 믿고 그냥 넘어가면, 나중에 큰 화재가 터지는 일이 생기게 됩니다. any는 기술 부채라기보다 신뢰도 부채가 되기 쉽습니다. 가능하면 대안을 우선 고려해 보시기 바랍니다.

타입스크립트는 any 대신 더 안전한 타입도 제공합니다. 대표적으로 unknown이 있습니다.

```
let value: unknown = "hello";

// 아래는 오류 발생
// value.toUpperCase(); (X) 오류

if (typeof value === "string") {
  console.log(value.toUpperCase()); // (✓)
}
```

unknown은 모든 값을 받을 수 있다는 점에서는 any와 같지만, 직접 사용하려면 타입 검사를 거쳐야 한다는 차이가 있습니다. 즉, 타입 안정성을 확보한 뒤에만 조작이 가능합니다. any보다 훨씬 안전하고, 실수할 가능성도 줄어들게 됩니다.

이 외에도 타입스크립트는 제네릭을 통해 함수나 객체가 다양한 타입에 대해 동작하도록 만들면서도 타입 안정성을 유지하는 방법을 제공합니다. 이 부분은 뒤에서 자세히 다루겠습니다.

타입스크립트의 진짜 강점은 강제적인 정적 타입 시스템이 아니라, 점진적으로 타입을 도입할 수 있는 유연함에 있습니다. 필요한 만큼 정적 타입을 적용하고, 점차 안전한 코드로 나아갈 수 있도록 설계되어 있다는 점을 기억하시기 바랍니다.

동적 타입과 정적 타입, 모두 경험해 보는 것이 중요하다

프론트엔드 개발자는 자바스크립트를 통해 동적 타입 시스템의 유연함을, 타입스크립트를 통해 정적 타입 시스템의 안정성을 동시에 경험할 수 있습니다. 이 두 가지는 서로 다른 철학을 가지고 있으며, 각각의 장단점이 분명합니다.

자바스크립트의 동적 타입은 코드 작성이 빠르고 유연합니다. 타입 선언 없이도 자유롭게 값을 바꿀 수 있어 프로토타이핑과 실험에 적합합니다. 개발자에게는 빠른 결과를 얻을 수 있다는 점에서 만족감이 큽니다.

하지만 프로젝트가 커질수록 동적 타입의 한계도 드러납니다. 타입 오류가 실행 중에 발생하기 때문에, 디버깅 시간이 길어지고 시스템 전체의 안정성도 낮아질 수 있습니다. 특히 협업 환경에서는 변수나 객체 구조가 언제, 어디서 바뀌는지 추적하기가 어렵습니다.

반면, 타입스크립트의 타입을 설계하고 복잡한 타입 추론을 다루기 위한 학습 비용은 존재합니다. 그러나 이 과정은 실력을 한 단계 끌어올리는 데 반드시 필요한 통과의례라고 볼 수 있습니다.

필자는 특정 타입 시스템이 더 우월하다고 보지 않습니다. 프론트엔드 개발자라면 자바스크립트의 유연함과 타입스크립트의 안정성을 모두 익혀, 상황에 맞게 선택할 수 있는 능력을 갖추길 권합니다.

타입스크립트의 기본 타입

타입스크립트는 자바스크립트를 기반으로 만들어진 언어입니다. 따라서 자바스크립트에서 사용되는 기본 타입들을 모두 포함하며, 여기에 타입 안정성을 보장할 수 있는 문법이 추가됩니다.

자바스크립트의 타입 시스템

자바스크립트는 동적 타입(dynamically typed) 언어로, 변수에 저장된 값의 타입이 고정되지 않고 변경될 수 있습니다. 자바스크립트는 기본적으로 다음과 같은 기본 타입(primitive types)을 제공합니다.

```javascript
// 문자열 (string)
let username = "Alice"; // → typeof username === "string"

// 숫자 (number)
let score = 95.5; // → typeof score === "number"

// 불리언 (boolean)
let isLoggedIn = true; // → typeof isLoggedIn === "boolean"
// undefined
let temp; // 선언만 했고 값은 없음 → typeof temp === "undefined"
// null
let selected = null; // → typeof selected === "object" (자바스크립트의 역사적 버그)

// 심볼 (symbol)
let uniqueId = Symbol("id"); // → typeof uniqueId === "symbol"

// 객체 (object)
let user = { name: "Bob", age: 30 }; // → typeof user === "object"
```

대부분의 경우 typeof 연산자를 사용하면 변수의 타입을 직접 확인할 수 있습니다. 하지만 예외적으로, null 값의 타입은 "object"로 표시됩니다. 이는 자바스크립트 초창기 설계에서 발생한 내부 구현 오류 때문입니다.

당시 자바스크립트는 값을 메모리에 저장할 때 특정 비트를 기준으로 타입을 구분했는데, null은 객체와 동일한 비트 패턴을 사용했습니다. 이로 인해 typeof null === "object"가 된 것입니다. 이 문제는 후속 버전에서 수정되지 않았고, 웹 호환성을 이유로 현재까지 유지되고 있습니다. null을 올바르게 판별하려면 value === null과 같은 직접 비교 방식을 사용하는 것이 바람직합니다.

타입스크립트의 기본 타입

자바스크립트의 기본 타입을 타입스크립트로 표현하면 다음 코드처럼 됩니다. 추가로 이런 기본 타입의 경우 대부분 자동으로 추론됩니다. 따라서 모든 변수에 타입을 추가하지 않아도 됩니다.

```typescript
// 문자열 (string)
let text: string = "Hello, world!";

// 숫자 (number)
let count: number = 42;

// 불리언 (boolean)
let isDone: boolean = true;
// undefined
let value: undefined = undefined;
// null
let emptyValue: null = null;
// 심볼 (symbol)
let uniqueKey: symbol = Symbol("key");

// 객체 (object)
let person: { name: string; age: number } = { name: "John", age: 30 };
```

이처럼 변수 뒤에 : 를 이용하여 타입을 정의하는 방식을 타입 표기(Type Annotation)라고 합니다.

타입스크립트의 고급 타입

타입스크립트는 자바스크립트의 기본 타입(7개) 외에도 tuple, enum, void, never, unknown 같은 고유한 타입을 추가로 제공하며, 보다 엄격한 타입 검사를 지원합니다. 그리고 타입의 조합을 위해 유니언 타입(Union Type)과 인터섹션 타입(Intersection Type)를 지원합니다. 이러한 확장 타입은 정적 타입 시스템의 표현력을 높이고, 다양한 상황에서 명확한 타입 의도를 전달하는 데 사용됩니다.

배열 타입 (Array)

타입스크립트에서 배열은 특정 타입의 값들로 구성된 리스트를 나타냅니다. 배열을 선언하는 방법은 두 가지가 있습니다.

```typescript
let numbers: number[] = [1, 2, 3, 4];
let strings: Array<string> = ["one", "two", "three"];
```

- number[]는 배열 요소의 타입 뒤에 대괄호를 붙이는 축약형 문법입니다.
- Array<string>는 제네릭(Generic) 형태로 배열을 표현하는 방식입니다.

두 가지의 배열 타입 선언 방법은 완전히 동일한 타입으로 처리됩니다. 즉, number[]와 Array<number>는 기능적으로 차이가 없습니다. 필자는 개인적으로 number[]를 선호하지만, 팀의 컨벤션에 따라 맞춰가는 것이 더 현명한 선택입니다.

튜플 타입 (Tuple)

```typescript
let personTuple: [string, number] = ["John", 30];
```

튜플은 고정된 길이와 각 위치의 타입이 명확히 정해진 배열입니다. 타입스크립트에서 정확히는 튜플이란 타입은 없습니다. 하지만 실무적으로 길이가 2인 배열을 튜플이라고 표현합니다.

튜플은 배열과 비슷하지만, 순서와 타입 모두 중요하게 취급된다는 점에서 차이가 있습니다.

> 💡 **시니어 코멘트**
> "2-tuple"이란, 길이가 2이고 각 위치의 타입이 고정된 튜플을 의미합니다. 이 구조는 리액트의 훅에서 자주 사용됩니다. 대표적인 훅인 useState의 반환값은 [state, setState]가 2-tule인 전형적인 사례입니다.

열거형 타입(Enum)

enum은 연관된 상수들을 그룹화하는 문법입니다. 코드 가독성을 높이고, 매직 넘버(magic number)를 없애는 데 효과적입니다.

매직 넘버란, 코드에 특정 의미 없이 하드 코딩된 숫자나 문자열을 지칭하는 표현입니다. 예를 들어, if (userRole === 3)처럼 숫자 3이 무엇을 의미하는지 명확하지 않은 경우, 이 숫자가 매직 넘버입니다. 매직 넘버는 코드의 의도를 파악하기 어렵게 만들며, 유지보수 시 오류를 유발할 수 있습니다.

```
enum Direction {
  Up,
  Down,
  Left,
  Right,
}

let dir: Direction = Direction.Up;
```

enum은 내부적으로 숫자를 할당하며, Up은 0, Down은 1부터 자동 증가합니다. 문자열 기반 enum도 가능합니다. 단, enum은 런타임에 실제 객체로 남기 때문에 번들 크기에 영향을 줄 수 있다는 점을 고려해야 합니다. enum 타입 또한 컨벤션에 따라 사용하지 않는 경우도 있습니다.

void 타입

void는 함수가 아무 값도 반환하지 않음을 명시할 때 사용합니다.

```typescript
function logMessage(msg: string): void {
  console.log(msg);
}
```

void를 반환하는 함수는 보통 로그 출력, 이벤트 처리 등 부수 효과(side effect)를 위한 작업에 쓰입니다. undefined와 혼동하지 않도록 주의해야 합니다.

never 타입

never는 절대 실행이 끝나지 않거나, 절대 반환되지 않는 함수의 반환 타입입니다.

```typescript
function throwError(): never {
  throw new Error("예외 발생");
}

function infiniteLoop(): never {
  while (true) {}
}
```

never는 매우 제한적으로 쓰이지만, 조건부 타입 추론에서 유용하게 활용됩니다. 일반 함수에서 직접 사용하는 경우는 드뭅니다. 필자 또한 never를 명시적으로 사용할 일은 거의 없었습니다.

unknown 타입

unknown은 any와 비슷하게 모든 값을 받을 수 있지만, 직접 사용하려면 타입 검사를 먼저 수행해야 한다는 점에서 훨씬 안전합니다.

```typescript
let input: unknown = "hello";

// input.toUpperCase(); (X) 오류 발생

if (typeof input === "string") {
  console.log(input.toUpperCase()); // (✓)
}
```

unknown은 외부 입력, 사용자 이벤트, API 응답 등 타입이 불확실한 상황에서 유용합니다. any 대신 unknown을 사용하는 습관은 코드의 안전성을 높이는 데 효과적입니다.

유니언 타입 (Union Type)

유니언 타입은 하나 이상의 타입 중 하나일 수 있음을 표현할 때 사용합니다. | 기호로 여러 타입을 나열합니다.

```typescript
let status: "success" | "error";

status = "success"; // (✓)
status = "error"; // (✓)
status = "pending"; // (X) 오류: 허용되지 않은 값
```

유니언 타입은 주로 문자열 리터럴 타입을 제한할 때 또는 함수 매개변수로 여러 타입을 받을 때 유용합니다.

```typescript
function printId(id: number | string) {
  if (typeof id === "string") {
    console.log(id.toUpperCase());
  } else {
    console.log(id.toFixed(2));
  }
}
```

위처럼 유니언 타입을 사용할 때는, 실제 타입에 따라 분기 처리하는 로직이 필수적입니다. 이를 타입 가드(type guard)라고 부릅니다.

인터섹션 타입(Intersection)

인터섹션 타입은 여러 타입을 동시에 만족하는 객체를 만들 때 사용합니다. & 기호로 타입을 조합합니다.

```typescript
type HasName = { name: string };
type HasAge = { age: number };

type Person = HasName & HasAge;

const p: Person = {
  name: "Alice",
  age: 28,
};
```

인터섹션 타입은 공통 필드가 있는 개체 타입을 조합할 때 매우 유용합니다. 특히 다양한 타입을 조합해 복잡한 구조를 설계할 때 자주 사용됩니다.

구분	기본 타입	고급 타입
설명	단일 데이터 값을 표현하는 타입	여러 타입을 조합하거나 구조화된 데이터를 표현
정의 방식	값의 타입을 명확히 지정	타입을 결합하거나 확장하여 새 타입 생성
적용 범위	JavaScript에서 기본적으로 제공되는 타입	타입스크립트에서 추가된 타입 시스템 기능
예시	string, number, boolean	union, intersection, enum, tuple

표 3.1 타입스크립트 타입의 2종 분류법

3.4 타입 별칭과 인터페이스

자바스크립트에서는 객체 구조를 명시적으로 표현할 수 없습니다. 하지만 타입스크립트는 객체 구조에 타입을 부여할 수 있는 문법을 제공합니다. 그 핵심이 바로 타입 별칭(type alias)과 인터페이스(interface)입니다.

이 둘은 객체의 구조를 정의하는 데 자주 사용되며, 겉보기에는 비슷하지만 의도와 확장성 측면에서 중요한 차이점이 존재합니다.

타입 별칭(type)

```typescript
type User = {
  name: string;
  age: number;
};

const user: User = {
  name: "Alice",
  age: 25,
};
```

type 키워드를 사용하면 타입에 이름을 붙일 수 있습니다. 특히 유니언 타입이나 튜플, 함수 타입 등 다양한 형태에 활용 가능합니다.

type은 객체 타입 외에도 유니언, 인터섹션, 프리미티브 타입에도 사용 가능하다는 것이 장점입니다.

```typescript
type ID = number | string;
type Point = [number, number];
```

단, 타입 별칭은 재선언이나 확장이 불가능합니다.

```typescript
type User = {
  name: string;
};

// 오류: 동일한 이름의 타입 별칭은 다시 선언할 수 없음
type User = {
  age: number;
};

// 확장하려면 새로운 이름으로 조합해야 함
type ExtendedUser = User & { age: number };
```

type은 선언된 이후에는 재선언할 수 없고, 확장하려면 새로운 이름으로 조합해야 합니다. 반면 뒤에 배울 interface는 같은 이름으로 여러 번 선언하면 자동으로 병합되며, 기존 구조를 점진적으로 확장할 수 있습니다.

인터페이스(interface)

interface는 객체의 형태를 정의하기 위한 전용 문법입니다.

```
interface Product {
  name: string;
  price: number;
}

const item: Product = {
  name: "Keyboard",
  price: 12000,
};
```

interface는 다음과 같은 장점이 있습니다.

- 확장이 가능합니다. (interface merging)
- 클래스와 함께 사용할 수 있습니다.
- 라이브러리 타입 선언에 자주 사용됩니다.

```
interface A {
  name: string;
}

interface A {
  age: number;
}

// 결과적으로 A는 name과 age를 모두 갖는 타입이 됩니다.
```

이렇게 type과는 달리 같은 이름으로 사용할 수 있습니다.

```typescript
interface Person {
  name: string;
  age: number;
}

interface Employee extends Person {
  employeeId: number;
}

const employee: Employee = {
  name: "Alice",
  age: 25,
  employeeId: 101,
};
```

그 다음으로는 클래스에서 사용하는 예시입니다. 이렇게 인터페이스를 구현(implement)하여 인터페이스에서 정의한 속성 및 메서드를 강제할 수 있습니다.

타입 별칭 vs 인터페이스

type과 interface는 모두 타입스크립트에서 타입을 정의할 때 사용되며, 특히 객체의 속성과 구조를 정의할 때 거의 동일한 방식으로 사용됩니다.

```typescript
// 타입 별칭으로 Product 정의
type Product = {
  name: string;
  price: number;
};

// 인터페이스로 Product 정의
interface Product {
  name: string;
  price: number;
}
```

앞의 두 코드는 완전히 동일하게 동작합니다. 기본적인 객체 구조 정의만 놓고 보면 둘 사이에 기능적인 차이는 없습니다.

상황별 사용 전략

타입 별칭과 인터페이스는 인터섹션(&), 선언 병합 등 특정 기능을 제외하면 대부분의 상황에서 상호 대체 가능합니다. 따라서 중요한 기준은 문법적 차이보다 코드의 목적과 팀의 컨벤션입니다.

필자는 다음과 같은 기준으로 사용을 구분하는 것을 추천합니다.

- 객체의 구조를 정의할 때는 interface를 우선 고려합니다.
- 클래스가 해당 구조를 구현해야 하는 경우, interface가 더 자연스럽고 문법적으로도 강제 가능합니다.
- 반면, 튜플, 유니언 타입, 프리미티브 타입 조합 등은 type으로만 표현 가능하므로, 이 경우에는 타입 별칭이 적합합니다.

이제 예시를 통해 확인해 보겠습니다.

```
// 튜플: 인터페이스로는 표현 불가능
type Point = [number, number];

// 유니언 타입: interface로는 불가능
type ID = string | number;
```

인터페이스는 같은 이름으로 여러 번 선언하여 자동 병합할 수 있는 기능(interface merging)이 있습니다. 반면, 타입 별칭은 재선언 불가이며, 타입 확장 시 반드시 & 연산을 사용해야 합니다.

```typescript
// 인터페이스 병합
interface User {
  name: string;
}
interface User {
  age: number;
}

const u: User = {
  name: "Alice",
  age: 30,
};

// 타입 별칭은 병합 불가
type UserType = {
  name: string;
};
// 오류 발생
// type UserType = { age: number }; ×
```

실무에서의 타입 관리

타입 별칭과 인터페이스는 타입스크립트의 어디에서나 자유롭게 선언할 수 있습니다. 하지만 프로젝트가 커질수록 타입이 파일 곳곳에 흩어지게 되면, 중복 선언이나 관리 어려움 같은 문제가 발생할 수 있습니다.

특히 인터페이스는 같은 이름으로 여러 번 선언할 경우 자동으로 병합되는 특성이 있어, 무분별하게 사용할 경우 의도하지 않은 타입 오염이 발생할 수 있습니다.

따라서 실무에서는 타입 일관성과 유지보수성을 확보하기 위해 보통 다음 두 가지 방식 중 하나, 혹은 두 가지를 조합해 타입을 관리합니다.

중앙화된 타입 관리 방식

가장 일반적인 방식은 /types 디렉터리와 같이 공통 타입을 모아서 관리하는 전용 폴더를 운영하는 것입니다. 이 방식은 다음과 같은 구조를 가지고 있습니다.

```
src/
├── components/
│   └── UserComponent.tsx
├── services/
│   └── userService.ts
├── types/
│   ├── userTypes.ts
│   ├── apiTypes.ts
│   └── commonTypes.ts
└── index.ts
```

그리고 사용하는 곳에선 다음과 같이 사용합니다.

```ts
// types/userTypes.ts
export interface User {
  id: number;
  name: string;
  email: string;
}

import { User } from "../types/userTypes";
export const getUser = async (): Promise<User> => {
  const response = await fetch("/api/user");
  const user: User = await response.json();
  return user;
};
```

이 방식은 코드 전반에 타입 재사용성이 높아진다는 강력한 장점이 있습니다. 또한 모든 타입이 한 곳에 있어 탐색과 유지보수가 쉽습니다.

하지만 모든 모듈이 중앙 타입에 의존하게 되면서, 모듈 간 결합도가 높아지고 독립성이 떨어집니다. 또한 단일 타입이 여러 모듈에 걸쳐 있어 수정할 경우 변경 영향 범위가 넓어집니다.

모듈별로 타입을 관리 방식

두 번째 방식은 각 기능 또는 도메인 단위로 타입을 로컬에서 관리하는 방식입니다. 다음과 같은 구조로 구성됩니다.

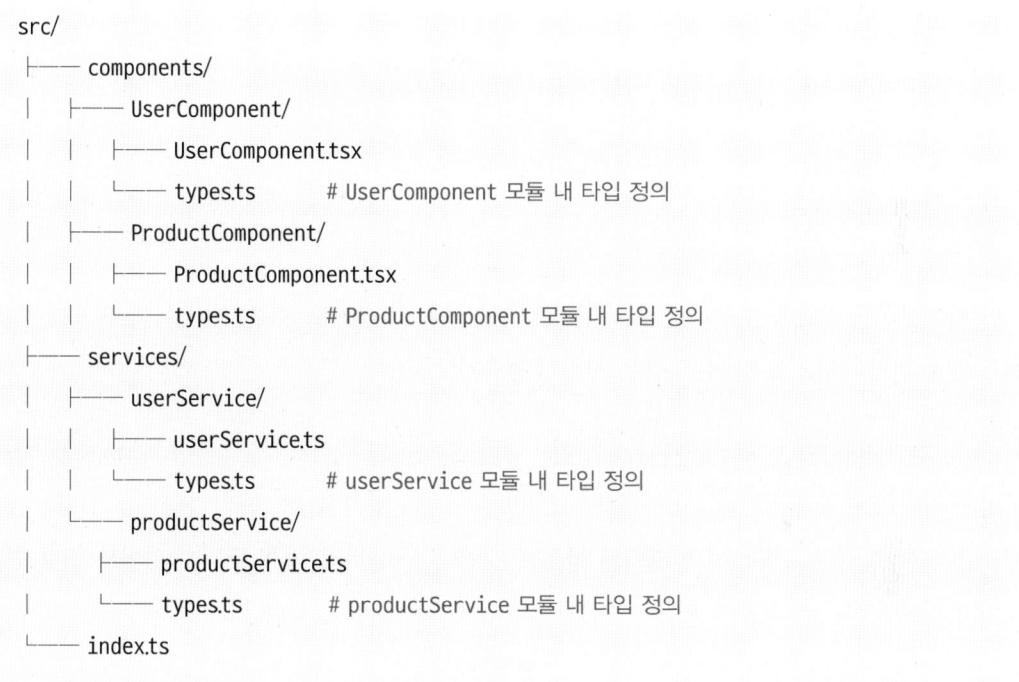

이 방식은 타입이 해당 모듈 근처에 위치하여 관리가 직관적입니다. 또한 모듈 단위로 작업하는 팀 단위 병렬 개발에 편합니다.

하지만 다른 모듈에서 유사한 타입이 선언하면 타입 중복이 발생할 가능성이 높아집니다. 그리고 동일한 타입이 여러 위치에서 조금씩 다른 형태로 반복 선언될 수 있습니다. 그래서 필자가 추천하고, 실무에서도 주로 사용하는 방식은 **하이브리드 전략**입니다.

공통으로 쓰이는 타입(User, ApiResponse, Error, Pagination 등)은 /types 디렉터리에 모아두고, 특정 모듈에만 쓰이는 타입(ProductDetailProps, ChartDataRow 등)은 해당 모듈 폴더 내에서 정의합니다.

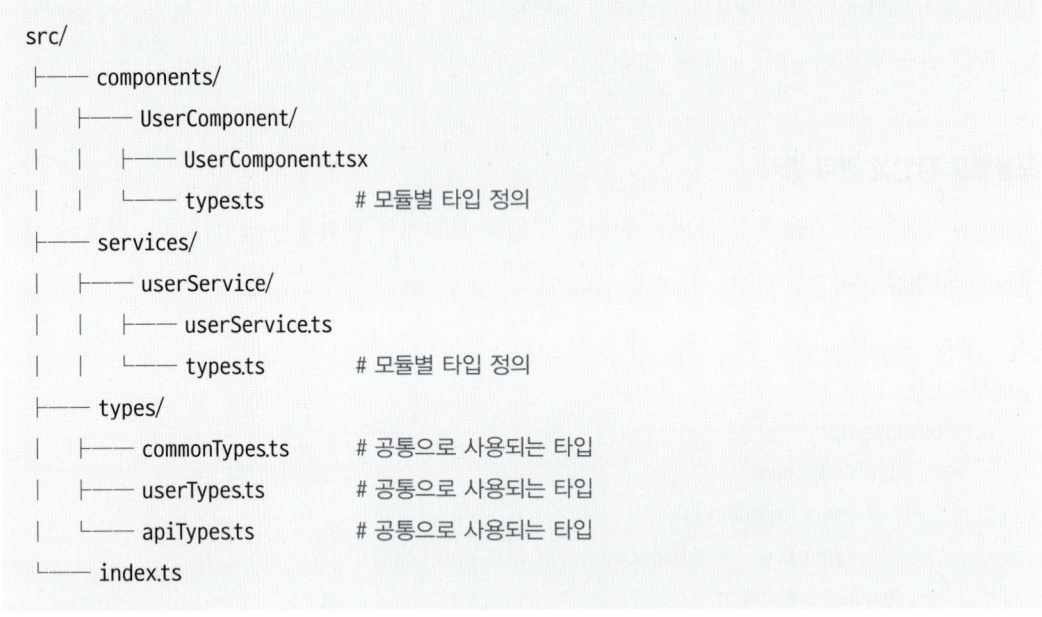

이런 하이브리드 전략을 사용하면 공통성과 재사용성을 확보할 수 있을 뿐만 아니라 모듈 독립성과 개발 편의성 유지를 할 수 있다는 장점이 있습니다.

정리하자면 "여러 모듈에서 재사용될 수 있는 타입은 /types에, 그렇지 않은 타입은 로컬 디렉터리에서 관리해라"라고 할 수 있습니다. 하지만 무엇보다 중요한 건 팀의 컨벤션을 정하고, 그 기준을 모든 팀원이 공유하며 일관되게 따르는 것입니다. 아무리 좋은 규칙이 있어도 컨벤션을 지키지 않으면 아무런 소용이 없다는 것을 다시 한번 상기해야 합니다.

3.5 제네릭(Generic)

타입스크립트에서 제네릭(Generic)은 타입에 이름을 붙여 재사용 가능하게 만드는 기능입니다.

함수, 타입, 클래스 등에서 다양한 타입에 대해 유연하게 대응하면서도 타입 안정성을 유지할 수 있도록 돕습니다. 쉽게 말해, 타입에도 변수처럼 이름을 붙여서 쓰는 기능이라고 이해하면 됩니다.

제네릭이 어떤 상황에서 필요한지 코드를 통해 필요성을 알아보겠습니다. 다음과 같은 함수가 있다고 가정해 보겠습니다.

```typescript
function identity(value: any): any {
  return value;
}
```

이 함수는 입력된 값을 그대로 반환하지만, 타입이 any이기 때문에 입력과 출력이 어떤 타입인지 알 수 없습니다.

이런 경우, 제네릭을 사용하면 더 안전한 타입 설계를 할 수 있습니다.

```typescript
function identity<T>(value: T): T {
  return value;
}

identity<number>(123); // T는 number로 추론됨
identity<string>("hello"); // T는 string으로 추론됨
```

그리고 당연하게도 제네릭 타입에도 기본값을 지정할 수 있습니다.

```typescript
type Optional<T = string> = T | undefined;

const name: Optional = "hello"; // string으로 기본 적용
const count: Optional<number> = 10; // number로 재지정 가능
```

제네릭의 활용

다시 제네릭의 기본 문법을 살펴보겠습니다.

```typescript
function example<T>(input: T): T {
  return input;
}
```

〈T〉: 타입 매개변수. 함수 호출 시 실제 타입으로 대체됩니다. 여기에서 T는 이름일 뿐이며, U, K, V, Type 등 어떤 이름도 사용 가능합니다.

```
function example<ABCD>(input: ABCD): ABCD {
  return input;
}
```

ABCD 같은 이름도 가능하지만 일반적으로 제네릭 타입 매개변수의 대문자 한 글자만 쓰는게 일반적인 컨벤션입니다.

그리고 이런 제네릭은 방금 위에서 배운 타입 별칭과 인터페이스와 함께 쓰입니다.

```
type Wrapper<T> = {
  data: T;
};

interface ApiResponse<T> {
  status: number;
  payload: T;
}

const response: ApiResponse<string> = {
  status: 200,
  payload: "ok",
};
```

제네릭은 처음에는 어렵지만, 익숙해지면 타입스크립트의 진정한 강력함을 체감할 수 있는 핵심 기능이 됩니다. 특히 우리가 뒤에서 배울 Partial〈T〉, Record〈K, T〉, Pick〈T, K〉 같은 유틸리티 타입이 모두 제네릭으로 구현되어 있다는 점을 이해하면, 이들을 단순히 "암기"하지 않고 "직접 만들거나 응용"할 수 있는 수준으로 올라갈 수 있습니다.

3.6 덕 타이핑(Duck Typing)

덕 타이핑은 "만약 어떤 무언가가 오리처럼 걷고, 오리처럼 꽥꽥거린다면, 우리는 그것을 오리라고 부른다"는 철학에서 유래된 개념입니다.

철학에서 유래된이 이 개념을 프로그래밍적으로 설명하자면 객체가 특정 타입으로 선언되지 않았더라도, 필요한 속성과 메서드를 가지고 있다면 해당 타입으로 간주할 수 있다라고 할 수 있습니다.

글로 보면 느낌이 와닿지않습니다. 그러니 코드로 살펴보겠습니다.

다음 코드는 Duck, Robot, Chicken이라는 클래스를 정의하고, quack()이라는 메서드가 있는 객체를 인자로 받아 해당 메서드를 호출하는 함수 makeItQuack()을 정의한 예시입니다.

```typescript
class Duck {
  quack(): void {
    console.log("Quack!");
  }
}

class Robot {
  quack(): void {
    console.log("Robotic Quack!");
  }
}

class Chicken {
  cluck(): void {
    console.log("Cluck!");
  }
}

function makeItQuack(animal: { quack(): void }) {
  animal.quack();
}
```

```
let duck = new Duck();
let robot = new Robot();
let chicken = new Chicken();

makeItQuack(duck); // Quack!
makeItQuack(robot); // Robotic Quack!
makeItQuack(chicken); // (X) 오류 발생
```

이 예시에서 핵심은 다음과 같습니다.

- makeItQuack() 함수는 형식상 'quack 메서드를 가진 객체'만을 요구합니다.
- Duck과 Robot은 해당 메서드를 갖고 있으므로 정상 작동합니다.
- 하지만 Chicken은 quack() 메서드가 없기 때문에, 타입스크립트는 오류를 발생시킵니다.

여기서 주목할 점은 Robot 클래스가 Duck 클래스를 상속받거나 Duck 타입을 구현하지 않았음에도 불구하고, 속성(메서드) 구조만 일치하기 때문에 동일한 타입으로 간주되었다는 점입니다. 이러한 타입 판단 방식이 바로 덕 타이핑(Duck Typing)이며, 이는 타입스크립트의 구조적 타입 시스템(structural typing) 덕분에 가능합니다.

덕 타이핑과 타입 좁히기

덕 타이핑은 "구조만 맞으면 그 타입으로 간주한다"는 개념입니다. 하지만 현실에서는 객체가 어떤 구조를 가지고 있는지 명확히 판별해야 할 상황이 자주 발생합니다.

이때 사용하는 것이 타입 좁히기(type narrowing)입니다. 즉, 덕 타이핑이 타입을 유연하게 판단할 수 있게 해주는 기반이라면, 타입 좁히기는 그 유연한 타입을 안전하게 분기하고 사용할 수 있게 도와주는 기술입니다.

타입스크립트에서는 typeof, in, instanceof 같은 연산자나 사용자 정의 타입 가드를 활용하여 값을 점점 더 구체적인 타입으로 좁히는 것이 일반적입니다.

다음 예시처럼, 덕 타이핑을 전제로 한 객체가 실제로 어떤 타입인지 확인하고 안전하게 사용하는 것이 바로 타입 좁히기의 대표적인 사례입니다.

```typescript
function isQuackable(animal: any): animal is { quack: () => void } {
  return "quack" in animal;
}

function makeItQuack(animal: unknown) {
  if (isQuackable(animal)) {
    animal.quack(); // 타입이 좁혀진 상태에서 안전하게 호출
  }
}
```

덕 타이핑과 인터페이스

덕 타이핑은 구조만 맞으면 타입으로 간주하는 유연한 방식입니다. 하지만 이런 유연함이 때로는 코드 가독성을 떨어뜨리고, 의도를 모호하게 만들 수도 있습니다.

이를 보완하기 위해 인터페이스(interface)를 활용하면 덕 타이핑을 명확하게 적용하면서 코드의 일관성과 안정성을 높일 수 있습니다.

다음은 quack() 메서드를 가진 객체를 표현하는 Quackable 인터페이스를 정의하고, 이를 통해 makeItQuack() 함수의 인자 타입을 지정하는 예시입니다.

```typescript
interface Quackable {
  quack(): void;
}

class Duck implements Quackable {
  quack() {
    console.log("Quack!");
  }
}

class Robot implements Quackable {
  quack() {
    console.log("Robotic Quack!");
  }
}
```

```
function makeItQuack(animal: Quackable) {
  animal.quack();
}

makeItQuack(new Duck()); // Quack!
makeItQuack(new Robot()); // Robotic Quack!
```

Quackable 인터페이스를 도입하면, makeItQuack() 함수는 구조가 아닌 명시된 타입 기준으로 매개변수를 제한할 수 있습니다. 그리고 Duck과 Robot 클래스는 Quackable을 구현함으로써 자신의 타입이 의도적으로 해당 기능을 만족함을 선언합니다.

타입스크립트의 구조적 타입 시스템은 명시적 타입 구현이 없어도 속성만 맞으면 덕 타이핑을 허용합니다. 하지만 실무에서는 앞의 예시처럼 인터페이스를 적극 활용하는 것이 좋습니다.

추가 학습
키워드 – 타입스크립트 type guard, 타입스크립트 branded type

3.7 유틸리티 타입

타입스크립트는 다양한 유틸리티 타입을 기본적으로 제공하여 타입 선언을 더 간결하고 유연하게 만들 수 있도록 돕습니다.

대표적인 유틸리티 타입으로는 Partial, Required, Readonly, Pick, Omit, Record 등이 있으며, 이들은 타입 변형을 통해 코드의 효율성과 유지보수성을 크게 높여줍니다.

유틸리티 타입 분석

유틸리티 타입은 단순한 축약 문법이 아니라, 타입스크립트의 핵심 기능인 제네릭(Generic)과 매핑된 타입(Mapped Types)을 바탕으로 동작합니다.

내부 구현 방식을 이해하면 유틸리티 타입을 단순히 "외워서 쓰는 도구"가 아니라, 직접 만들고 조합할 수 있는 확장 가능한 구성 요소로 활용할 수 있습니다.

다음은 대표 유틸리티 타입 중 하나인 Partial<T>의 내부 구조입니다.

```
type Partial<T> = {
  [P in keyof T]?: T[P];
};
```

타입스크립트 코드인데도 읽기가 어려워보입니다. 다음과 같이 세 부분으로 나눠서 읽으면 훨씬 명확합니다.

```
keyof T
```

T 타입의 모든 키를 가져옵니다. 예를 들어 T가 { name: string; age: number }일 경우, keyof T 는 "name" | "age"와 같은 유니언 타입이 됩니다.

```
[P in keyof T]
```

이 구문은 매핑된 타입(Mapped Type)의 핵심입니다. T의 각 키를 하나씩 순회하면서 P라는 이름으로 바인딩합니다. 즉, "name"과 "age"에 대해 각각 반복(loop)하는 것과 유사합니다.

```
?: T[P];
```

마지막으로 P라는 키에 해당하는 값의 타입(T[P])을 설정하는데, ?를 붙이면 그 속성이 선택(optional)이 된다는 뜻입니다. 즉, 원래 필수 속성이던 것이 이 구문으로 선택적으로 바뀌게 됩니다.

이 코드를 실제 타입 코드에 적용해 보면, 조금 더 구체화될 것입니다.

```
type User = {
  name: string;
  age: number;
};
```

```
// Partial<User>
{
  name?: string;
  age?: number;
}
```

이처럼 Partial<T>는 T의 모든 속성을 선택적 속성으로 바꾸는 타입이라는 의미를 가지고 있습니다.

대표 유틸리티 타입

방금 자세히 살펴본 Partial 외에도 Required, Readonly, Pick, Omit, Record 등이 있으며, 이들은 타입 변환을 통해 코드의 효율성을 높이는 데 사용됩니다. 이제 대표 유틸리티 타입에 대한 설명과 긴단한 예시를 통해 알아보겠습니다.

Partial<T> - 부분만 가져오겠다

기존 타입의 모든 속성을 선택적(optional)으로 만듭니다.

주로 수정 요청(Request Body)이나 부분 상태 업데이트에서 사용됩니다.

```
type User = {
  id: number;
  name: string;
};

const patchUser: Partial<User> = {
  name: "Bob", // id는 생략 가능
};
```

Required<T> - 무조건 가져오겠다

모든 속성을 필수(required)로 바꿉니다. Partial의 반대 개념입니다.

초기화 누락을 방지할 때 사용합니다.

```
type Config = {
  debug?: boolean;
};

const strictConfig: Required<Config> = {
  debug: true,
};
```

Pick<T, K> - 선택한 것만 가져오겠다

타입 T에서 일부 속성만 선택(pick)하여 새로운 타입을 만듭니다. User 타입에서 id와 name만 필요한 경우에 유용합니다.

```
type UserPreview = Pick<User, "id" | "name">;
```

Omit<T, K> - 선택한 것만 제외하고 가져오겠다

T에서 특정 속성을 제외(omit)한 타입을 만듭니다. 비밀번호 같은 민감한 정보를 제외할 때 자주 사용됩니다.

```
type SafeUser = Omit<User, "password">;
```

여기서 한 가지 Pick과 Omit은 부분 타입을 선언할 때 명확한 의도를 전달할 수 있다는 점에서 Partial보다 안전합니다.

Record<T, K> - 키-값 매핑 구조를 만들겠다.

지정된 키 집합 K에 대해 값 타입 T를 가지는 객체 타입을 생성합니다. 객체의 키-값 매핑 구조를 선언적 타입으로 만들 때 자주 사용됩니다.

```
type StatusMap = Record<"loading" | "success" | "error", boolean>;
```

여기까지 주로 사용하는 다섯 가지에 대한 사용법과 예시를 살펴보았습니다. 실제로 타입스크립트는 다섯 가지 외에도 Exclude, Extractm, ReturnType 등 다양하고 실용적인 유틸리티 타입을 제공합니다. 이 모든 내용을 책 한 권에 담기엔 많으니 직접 학습해 보길 적극 추천합니다.

> **추가 학습**
> 사이트 – https://www.typescriptlang.org/docs/handbook/utility-types.html#uppercasestringtype
> 키워드 – 고급 유틸리티 타입, ReturnType, Parameters, InstanceType

직접 만드는 유틸리티 타입

타입스크립트는 다양한 빌트인 유틸리티 타입을 제공하지만, 프로젝트의 요구 사항이 복잡해지면 직접 유틸리티 타입을 정의해야 할 상황이 생기게 됩니다.

이런 커스텀 유틸리티 타입은 보통 제네릭(Generic), 조건부 타입(Conditional Type), 맵드 타입(Mapped Type), 템플릿 리터럴 타입 등을 조합해서 작성합니다.

다음은 필자가 실무에서 사용하는 커스텀 유틸리티 타입의 예시로, 문자열의 하이픈(-)을 언더스코어(_)로 변환하는 타입을 정의한 것입니다.

```typescript
type ReplaceHyphenToUnderscore<T extends string> =
  T extends `${infer A}-${infer B}` ? `${A}_${B}` : T;
```

이 타입은 다음과 같이 작동합니다.

```typescript
type A = ReplaceHyphenToUnderscore<"user-id">; // "user_id"
type B = ReplaceHyphenToUnderscore<"access-token">; // "access_token"
type C = ReplaceHyphenToUnderscore<"email">; // "email"
```

이 코드가 사용되는 예시를 살펴보면, RESTful API에서는 일반적으로 URL 경로에 하이픈을 사용하는 경우가 많습니다. 하지만 내부적으로 언더스코어를 사용하는 시스템과 연동하거나, 데이터 처리 시 일관성을 위해 하이픈을 언더스코어로 변환해야 할 때가 있습니다.

앞의 예시는 첫 번째 하이픈만 변환합니다. 만약 모든 하이픈을 순차적으로 변환하고 싶다면, 다음처럼 재귀 타입을 활용할 수 있습니다.

```typescript
type ReplaceHyphenToUnderscoreRecursive<T extends string> =
  T extends `${infer A}-${infer B}`
    ? `${A}_${ReplaceHyphenToUnderscoreRecursive<B>}`
    : T;

type A = ReplaceHyphenToUnderscoreRecursive<"a-b-c">; // "a_b_c"
```

이처럼 커스텀 유틸리티 타입은 다음과 같은 실무에서 특히 유용합니다. 문자열 키 포맷 정규화, 데이터 소스 간의 형식 통합 등 다양한 곳에서 사용할 수 있습니다.

하지만 유용하게 사용하기 위해선 조건부 타입, 제네릭, 템플릿 리터럴 등의 기본기를 정확히 이해해야 합니다. 그리고 과도하게 복잡한 커스텀 타입은 오히려 가독성과 디버깅 난이도를 높일 수 있으니 적절한 수준으로 사용해야 함을 기억하시기 바랍니다.

타입스크립트 정리

타입스크립트는 자바스크립트의 자유로운 문법 위에 정적 타입 시스템이라는 안전망을 더한 언어입니다.

이 장에서는 자바스크립트의 기본 타입부터 시작하여, 타입스크립트가 제공하는 다양한 확장 기능과 실무 적용 방식까지 순차적으로 살펴보았습니다.

우선 동적 타입 시스템의 유연함과 정적 타입 시스템의 안정성의 차이를 이해하고, 이 둘을 동시에 경험하는 것이 프론트엔드 개발자에게 얼마나 중요한지 짚었습니다.

이후, 타입 별칭과 인터페이스, 유니언과 인터섹션, 그리고 실전에서 자주 활용되는 유틸리티 타입들을 통해 타입 선언의 실용성과 설계 전략을 배웠습니다.

특히 다음 개념들은 실무에서 반드시 체득하고 활용할 줄 알아야 합니다.

- 타입 별칭과 인터페이스의 차이점과 선택 기준
- 제네릭을 활용한 재사용 가능한 타입 구조 설계
- 덕 타이핑과 타입 좁히기를 활용한 안전한 분기 처리
- 유틸리티 타입을 통한 타입 간결화와 커스텀 타입 조합
- 실무에 적합한 타입 관리 전략(중앙 집중형 vs 모듈 분산형)

책을 덮고 스스로에게 질문해 보세요. 이 내용들을 말할 수 있다면 타입스크립트에 대한 입문을 제대로 시작한 것입니다.

타입스크립트 입문자의 경우 타입스크립트를 단순히 "타입 붙이기 도구"로 생각하면 금방 한계를 느끼고, '굳이 사용해야 할까'라는 회의감에 빠질 수 있습니다. 하지만 이 장에서 살펴본 다양한 타입 설계 기법과 전략을 익힌다면, 타입스크립트는 코드 품질을 지키는 가장 강력한 무기이자, 팀 전체 생산성을 끌어올리는 도구가 될 수 있습니다.

4장
리액트 기초편

4.1 리액트 앱을 만드는 방법
4.2 컴포넌트
4.3 State와 Props
4.4 JSX

타입스크립트를 통해 코드를 정적 타입으로 보호하는 방법을 익혔다면, 이제는 사용자 인터페이스(UI)를 보다 효율적이고 예측 가능하게 구축할 수 있는 도구를 배워야 합니다.
그 도구가 바로 리액트(React)입니다.
리액트는 자바스크립트로 UI를 구성하는 방식을 획기적으로 바꿔놓은 선언형 UI 라이브러리입니다. 기존에는 DOM을 수동으로 조작해야 했던 작업을, 데이터의 상태(state)에 따라 자동으로 UI를 갱신하는 방식으로 바꿔 주었습니다. 이로써 프론트엔드 개발자는 UI가 아니라 "상태를 설계"하는 데 집중할 수 있게 된 것입니다.
이 장을 마치면 독자는 리액트를 사용하여 간단한 애플리케이션을 제작할 수 있으며, 여러 컴포넌트를 조합하고 데이터를 주고받는 기본 흐름을 이해하게 될 것입니다. 또한 리액트의 선언형 사고 방식과 JSX의 구조를 익혀, 상태 변화에 따른 UI 업데이트를 자연스럽게 받아들이는 기반을 갖게 하는 것이 목표입니다.

4.1 리액트 앱을 만드는 방법

프로그래밍 언어를 처음 배울 때 가장 많이 접하는 예제는 "Hello World!"를 출력하는 코드입니다. 리액트 역시 마찬가지입니다.

가장 간단한 컴포넌트를 만들어 화면에 "Hello World!"를 출력해 보는 것부터 시작합니다. 필자는 이 문구를 매우 좋아합니다. 마치 프로그래밍의 세계에 처음 입장하는 사람을 환영하는 초대장처럼 느껴지기 때문입니다.

매번 "Hello World!"를 출력할 때마다 새로운 가능성과 도전의 문을 여는 기분이 들고, 이 감각을 여러분도 느꼈으면 합니다.

```jsx
import React from "react";

const App = () => {
  return (
    <div>
      <h1>Hello World!</h1>
    </div>
  );
};

export default App;
```

이 코드는 매우 단순해서 바로 실행될 것 같지만, 실제로는 브라우저에서 바로 실행되지 않습니다. 그 이유는 리액트가 사용하는 JSX(JavaScript XML) 문법 때문입니다. 이제 이 문법을 비롯해 브라우저에서 "Hello World!"를 출력하기 위해 필요한 설정과 과정들을 함께 알아보겠습니다.

과거에는 리액트 프로젝트를 시작할 때 가장 널리 사용되던 도구가 Create React App(CRA)이었습니다. CRA는 복잡한 설정 없이 리액트 앱을 빠르게 시작할 수 있도록 도와주는 CLI 도구로, 초보자에게 특히 유용했습니다.

하지만 이 책을 집필하는 동안 CRA는 공식적으로 사용 중단(Deprecated) 되었고, 그 자리를 Next.js, Remix와 같은 리액트 기반 프레임워크들이 빠르게 대체하고 있습니다.

프레임워크를 사용하는 이유

리액트는 UI 라이브러리이기 때문에, 라우팅, 데이터 페칭, 상태 관리는 개발자가 직접 설정해야 합니다. 그런 이유로 앱이 커지고 복잡해질수록 다음과 같은 문제들이 발생하게 됩니다.

중구난방인 라우팅과 데이터 페칭

단일 컴포넌트에서 시작한 프로젝트라도, 페이지가 늘어나면서 라우터 설정과 코드 분할, 데이터 로딩 로직이 중구난방이 되기 쉽습니다.

또한 데이터 캐싱, 로그인을 활용한 라우팅 처리 등 다양한 라이브러리들의 조합이 필요함으로, 단순히 리액트가 아닌 다른 라이브러리와의 조합도 신경 써야 합니다.

클라이언트 중심 처리의 한계

모든 데이터를 클라이언트에서 불러오면 네트워크 지연이 발생하고, 초기 렌더링 속도가 저하될 수 있습니다. 서버에서 HTML을 미리 렌더링하거나 데이터를 사전 생성하는 구조가 필요합니다.

복잡한 설정으로 인한 유지보수 어려움

직접 설정한 번들러, 라우터, API 클라이언트 등은 규모가 커질수록 유지보수가 어려워집니다. SSR(서버사이드 렌더링), SSG(정적 사이트 생성) 등의 기능을 추가하려면 더욱 복잡한 설정을 감수해야 합니다.

이러한 문제는 리액트만의 특성이 아니라, Vue.js에서도 Nuxt.js, Svelte에서도 SvelteKit이 등장한 것처럼, 프레임워크가 필요한 이유는 복잡한 개발 환경을 일관되고 효율적으로 관리하기 위해서입니다.

첫 리액트 앱 만들기

이제 리액트 앱을 직접 만들어 보며, 리액트를 경험해 보겠습니다. CRA가 사라진 이후 리액트 앱을 생성하는 방식 또한 다양해지고 있습니다. 그중에서 필자가 주로 사용하기도 하며 2025년 현재 기준으로 널리 사용되고 있는 Vite의 프로젝트 생성 방식을 사용하도록 하겠습니다.

Node.js 설치

리액트 프로젝트를 실행하려면 먼저 Node.js가 설치되어 있어야 합니다. Node.js는 자바스크립트 런타임 환경으로, 리액트 프로젝트에서 필요한 패키지를 설치하고 프로젝트를 실행할 수 있게 도와 줍니다.

1. Node.js 공식 웹사이트(https://nodejs.org)에 접속합니다.
2. 웹사이트에 접속하면 두 가지 LTS(Long-Term Support) 버전과 최신 버전 중 선택할 수 있습니다. 안정성과 장기 지원을 위해 LTS 버전을 설치하는 것을 권장합니다.
3. 다운로드한 설치 파일을 실행하고, 화면의 안내에 따라 Node.js를 설치합니다.

2024년의 LTS 버전은 v20.18.0입니다. 설치가 완료되면, 터미널 또는 명령 프롬프트에서 다음 명령어를 입력해 Node.js가 정상적으로 설치되었는지 확인할 수 있습니다.

```
node - v;
npm - v;
```

정상적으로 설치되었다면 Node.js와 npm의 버전이 출력됩니다. 예를 들어 필자의 경우에는 node v20.17.0, npm 10.8.2가 출력됩니다.

Vite를 사용한 리액트 앱 생성

이제 Vite를 이용해 리액트 프로젝트를 생성해 보겠습니다. Vite는 빠른 번들링과 간단한 설정으로 최근 리액트 개발에서 가장 선호되는 빌드 도구입니다.

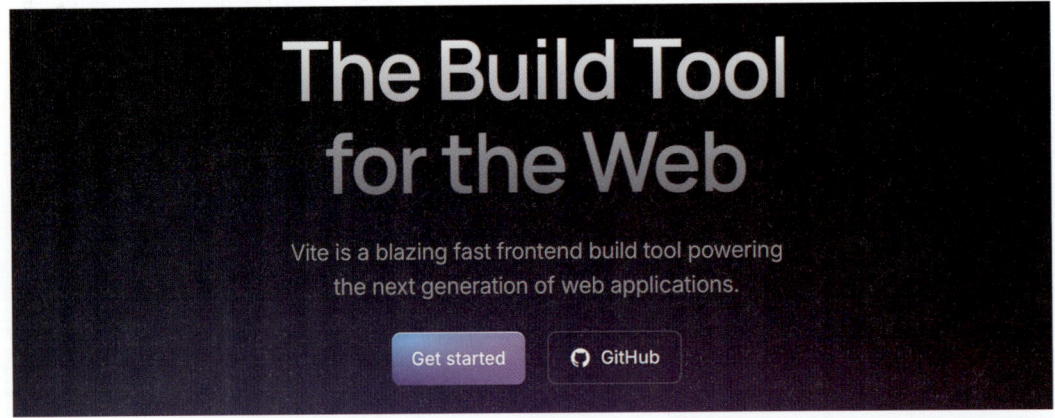

그림 4.1 Vite의 공식 화면

```
npm create vite@latest my-app -- --template react-ts
cd my-app
npm install
npm run dev
```

- react-ts는 타입스크립트 기반 템플릿입니다.
- npm run dev로 개발 서버를 실행하면 브라우저가 자동으로 열리고, http://localhost:5173에서 리액트 앱을 확인할 수 있습니다.

간혹 설치가 제대로 진행되지 않는 경우가 종종 발생하는데, 이 경우에는 터미널 내부를 살펴보면 이유를 파악할 수 있습니다.

```
↳ toy npm create vite@latest my-app -- --template react-ts
> npx
> create-vite my-app --template react-ts

◆ Target directory "my-app" is not empty. Please choose how to proceed:
● Cancel operation
○ Remove existing files and continue
○ Ignore files and continue
```

그림 4.2 리액트 앱 생성 도중에 발생한 에러 화면

필자의 경우는 "Target directory "my-app" is not empty."의 에러가 발생했는데, 의역하자면 같은 이름 폴더가 있고, 그 안에 충돌이 발생할 파일을 있기 때문에 설치가 중단되었습니다.

정상적으로 리액트 앱을 생성하고 "npm run dev"까지 입력하고 나온 로컬호스트를 브라우저로 들어가보면 다음과 같은 화면이 출력될 것입니다.

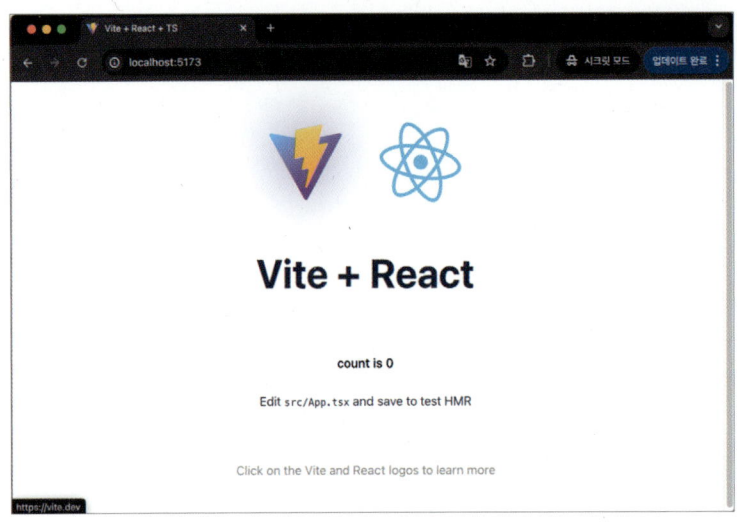

그림 4.3 http://localhost:5173에서 실행된 리액트 앱

리액트 앱의 프로젝트 구조

이제 프로젝트 구조를 한 번 살펴보겠습니다. 기본적으로 많은 파일이 자동으로 생성됩니다. 만약에 이런 도구가 없다면 이 모든 파일을 하나씩 만들어야 할 것입니다.

```
├── README.md              // 프로젝트 소개 및 사용법
├── eslint.config.js       // ESLint 설정 파일
├── index.html             // 앱이 렌더링될 HTML 파일 (진입점)
├── package-lock.json      // 의존성 잠금 파일 (npm 전용)
├── package.json           // 의존성, 스크립트, 메타정보
├── public/
│   └── vite.svg           // 공개 자산 디렉터리 (빌드 시 그대로 복사됨)
├── src/                   // 실제 개발 소스 코드
│   ├── App.css            // App.tsx 스타일
│   ├── App.tsx            // 루트 컴포넌트 (사용자 UI 시작점)
│   ├── assets/            // 이미지, 폰트 등 자산 보관
│   ├── index.css          // 전역 스타일
│   ├── main.tsx           // 앱 진입점. ReactDOM.render 역할
│   └── vite-env.d.ts      // Vite 환경 타입 정의 파일
├── tsconfig.app.json      // 앱 관련 TypeScript 설정
├── tsconfig.json          // 전체 TypeScript 설정
├── tsconfig.node.json     // Vite와 Node 관련 설정
└── vite.config.ts         // Vite의 핵심 설정 파일
```

각각의 파일이 지닌 의미와 역할을 지금 당장 모두 알 필요는 없습니다. 필요한 기능과 설정이 있을 때마다 해당 기능에 대해 학습하고 적용하면 됩니다.

이제 기존 코드를 수정해 보겠습니다.

```tsx
// src/App.tsx
import "./App.css";

function App() {
  return (
    <div>
      <h1>Hello World!</h1>
    </div>
  );
}

export default App;
```

이렇게 코드를 작성하고 저장하면 "Hello World!"라는 문구가 화면에 출력되는 것을 확인할 수 있습니다. 일반적으로 코드를 수정하고 저장하는 즉시 화면에 변경 사항이 반영되는데, 이는 Hot Module Replacement(HMR) 기능 덕분입니다.

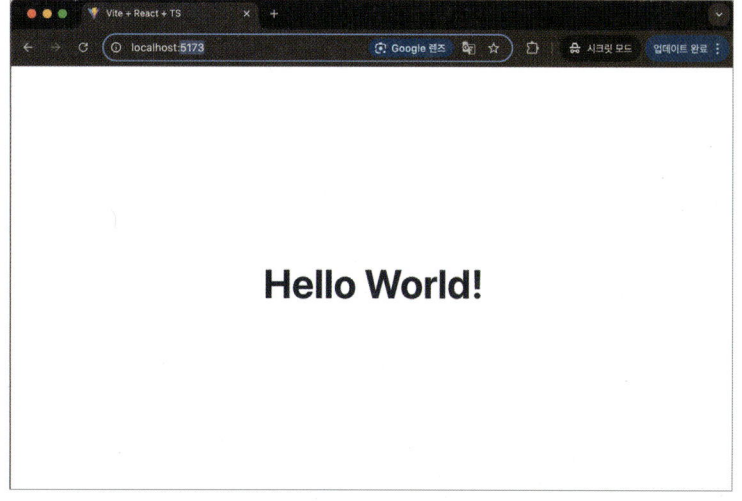

그림 4.4 Hello World 코드를 작성한 후 리액트 앱의 모습

Hot Module Replacement(HMR)이란?

App.tsx 파일을 수정하고 저장하면, 브라우저가 자동으로 변경된 내용을 반영하는 것을 확인할 수 있습니다. 별도로 새로고침을 하지 않아도 화면이 갱신되며, 기존의 상태(state)도 그대로 유지됩니다. 이러한 동작은 Hot Module Replacement(HMR) 덕분입니다.

HMR는 코드가 변경될 때 애플리케이션 전체를 다시 로드하지 않고, 변경된 모듈만 브라우저에 실시간으로 반영하는 기능입니다. 코드를 저장하면 Vite는 수정된 파일만 다시 빌드하고, 이를 브라우저에 빠르게 반영합니다. 이 과정은 매우 빠르게 일어나며, UI가 깜빡이거나 앱이 초기화되지 않기 때문에 개발 효율성을 크게 높여줍니다.

예를 들어 버튼의 텍스트를 수정하거나 스타일을 변경한 경우, 브라우저는 전체 페이지를 새로 로드하지 않고 수정된 부분만 실시간으로 반영합니다. 이 덕분에 상태가 유지된 채로 화면이 업데이트되며, 컴포넌트 단위로 반복 테스트하거나 UI를 조정할 때 매우 유용합니다.

다만 HMR이 항상 완벽하게 동작하는 것은 아닙니다. 전역 상태가 복잡하게 연결된 경우, 혹은 라우팅 변경이 포함된 구조에서는 HMR이 예상대로 작동하지 않을 수 있습니다. 이런 경우에는 수동으로 페이지를 새로고침해야 변경 사항이 제대로 반영되기도 합니다.

4.2 컴포넌트

리액트의 가장 핵심적인 개념은 컴포넌트(component)입니다.

컴포넌트는 화면을 구성하는 작고 독립적인 UI 단위이며, 리액트 애플리케이션은 수많은 컴포넌트를 조합해 하나의 사용자 인터페이스를 구성합니다.

리액트 컴포넌트는 HTML을 반환하는 함수처럼 동작합니다. 예를 들어, 앞서 작성한 App 컴포넌트는 단순히 "Hello World!"를 화면에 출력했습니다.

```
function App() {
  return <h1>Hello World!</h1>;
}

export default App;
```

이처럼 컴포넌트는 함수로 정의되고, 반환값으로 JSX(JavaScript XML)를 사용합니다. JSX는 자바스크립트 안에 HTML처럼 생긴 코드를 작성할 수 있게 해주는 리액트에서 가장 널리 사용되는 확장 문법입니다.

여러 컴포넌트 조합하기

리액트의 강점은 컴포넌트를 조합해 복잡한 UI를 구성할 수 있다는 점입니다. 하나의 컴포넌트 안에 다른 컴포넌트를 포함시키는 방식으로 UI를 계층 구조로 만들 수 있습니다.

다음은 Header, Footer라는 두 개의 컴포넌트를 새로 정의하고, 이를 App 컴포넌트에서 조합한 예시입니다.

```
function Header() {
  return <header>헤더 영역입니다</header>;
}

function Footer() {
  return <footer>푸터 영역입니다</footer>;
}

function App() {
  return (
    <div>
      <Header />
      <main>본문 콘텐츠입니다</main>
      <Footer />
    </div>
  );
}
export default App;
```

이 코드를 실행하면 Header, main, Footer 세 부분이 순서대로 출력됩니다. 각 부분은 별도의 컴포넌트로 정의되어 있기 때문에 재사용성과 유지보수성이 높아집니다.

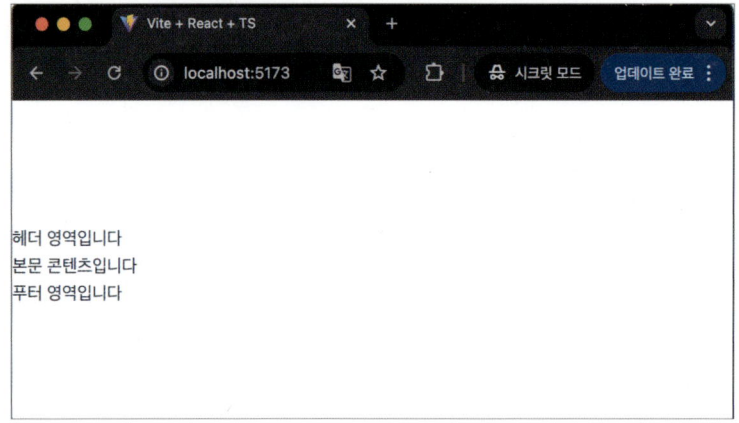

그림 4.5 여러 컴포넌트를 조합한 리액트 앱

> 💡 **시니어 코멘트**
> 리액트 컴포넌트는 단순한 UI 덩어리가 아닙니다. 명확한 책임을 가진 독립 모듈입니다. 구조적으로 잘 쪼갠 컴포넌트는 나중에 재사용되거나 외부로 분리되어도 그대로 작동합니다. 따라서 "어떤 책임을 가진 단위인가"를 기준으로 컴포넌트를 나누는 습관을 들이는 것이 중요합니다.

Props를 사용하여 데이터 전달하기

리액트에서 컴포넌트는 계층적으로 구성됩니다. 부모 컴포넌트는 자식 컴포넌트를 포함할 수 있고, 이때 부모가 가진 데이터를 자식에게 전달할 경우가 있습니다.

이러한 역할을 담당하는 것이 바로 props(프로퍼티, 속성)입니다. props는 컴포넌트에 값을 전달할 수 있게 해주는 매개변수와 같은 역할을 하며, 자식 컴포넌트에서는 이를 읽기 전용으로 사용할 수 있습니다.

다음은 Greeting이라는 컴포넌트에 이름을 전달하고, 이를 화면에 출력하는 예제입니다.

```
// 자식 컴포넌트
function Greeting(props: { name: string }) {
  return <h2>안녕하세요, {props.name}님!</ h2>;
}
```

```
// 부모 컴포넌트
function App() {
  return <Greeting name="개발자" />;
}

export default App;
```

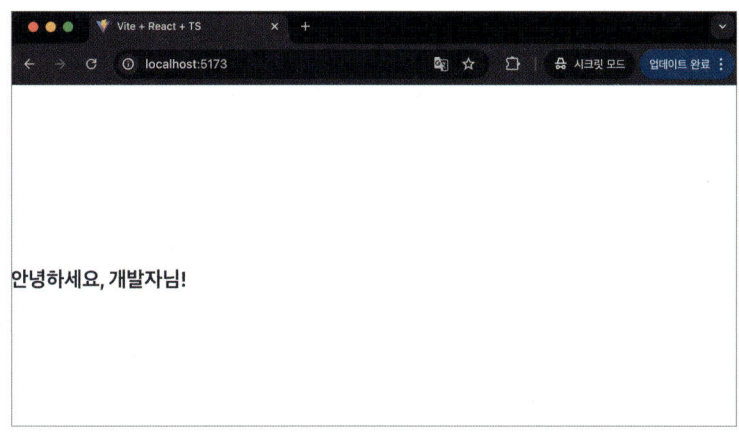

그림 4.6 props를 통해 값을 전달하여 렌더링한 리액트 앱

함수와 컴포넌트의 유사성

리액트 컴포넌트는 본질적으로 자바스크립트 함수입니다.

일반적인 함수는 입력값을 매개변수로 받아 어떤 동작을 수행하고, 그 결과를 반환합니다. 컴포넌트 역시 props를 매개변수처럼 받아 UI를 반환합니다.

```
function greet(name: string): string {
  return `안녕하세요, ${name}님`;
}
```

이 함수는 name이라는 인자를 받아 인사 메시지를 반환합니다.

```
function Greeting(props: { name: string }) {
  return <h2>안녕하세요, {props.name}님!</h2>;
}
```

이 컴포넌트 역시 name이라는 props를 받아 해당 값을 기반으로 UI를 생성합니다.

함수와 마찬가지로, 컴포넌트는 입력 값(props)에 따라 출력(UI)을 달리할 수 있으며, 다양한 상황에 맞게 재사용 가능한 단위로 동작합니다.

Props는 컴포넌트의 매개변수

리액트에서 props는 컴포넌트 간에 데이터를 전달하기 위한 매개변수 역할을 합니다. 부모 컴포넌트는 자식 컴포넌트를 호출할 때 props를 전달하며, 자식 컴포넌트는 이를 받아 화면에 표시하거나 로직에서 사용할 수 있습니다.

예를 들어, 부모 컴포넌트에서 자식 컴포넌트에 서로 다른 title 값을 전달할 수 있습니다.

```
const App = () => {
  return (
    <div>
      <Header title="Welcome to My Website" />
      <Header title="Hello World!" />
    </div>
  );
};
```

이 예시에서 Header 컴포넌트는 각각 다른 title 값을 받아 서로 다른 텍스트를 렌더링합니다. 이처럼 props는 외부에서 전달되는 값이며, 내부에서 그 값을 바탕으로 UI를 구성합니다.

리액트에서 props는 읽기 전용(read-only)으로 간주됩니다. 함수 컴포넌트는 props를 받아 사용할 수는 있지만, 직접 수정해서는 안 됩니다. 그럼 한번 확인해 보겠습니다.

```
const App = () => {
  return (
    <div>
      <Header title="Welcome to My Website" />
      <Header title="Hello World!" />
    </div>
  );
};

const Header = ({ title }: { title: string }) => {
  title = "변경할 수 없을까?"; // props는 변경 불가
  return (
    <header>
      <h1>{title}</h1>
    </header>
  );
};

export default App;
```

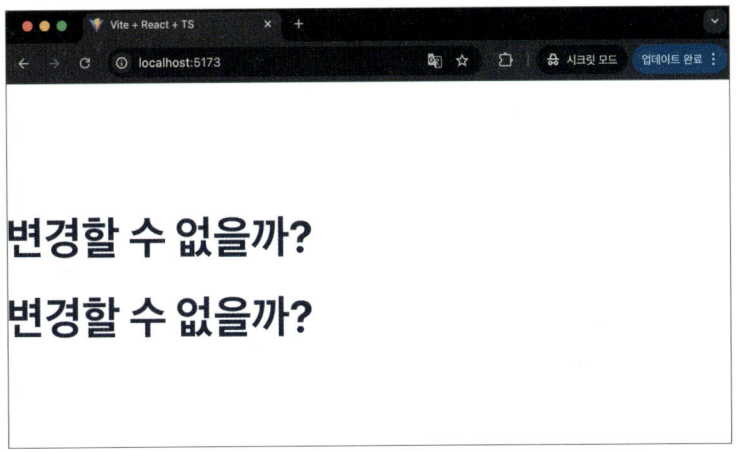

그림 4.7 props가 수정된 화면

실제 앱에서 확인해 볼 수 있듯이 읽기 전용으로 취급하지만 실제론 수정된 값으로 동작합니다. 이것은 바로 자바스크립트의 특성때문에, 자바스크립트 함수의 매개변수는 기본적으로 수정이 가능합니다. 따라서 리액트에서도 기술적으로는 props를 변경할 수 있습니다.

하지만 변경이 가능할 뿐이지, 이는 명백히 잘못된 사용 방식입니다. 일부 개발자는 리액트가 props를 강제로 불변으로 만들지 않는 점을 "설계상의 허점"이라 지적하기도 합니다. 이론적으로는 Object.freeze(props)와 같이 props 객체를 동결해 변경을 막을 수 있지만, 성능 비용이 발생하고 실용성도 떨어집니다.

리액트는 이러한 접근 대신, 개발자가 단방향 데이터 흐름을 자발적으로 지키도록 권장하는 설계 철학을 선택했습니다. 이는 자바스크립트의 유연함을 유지하면서도 실무에 필요한 성능과 확장성을 위한 절충이라고 생각합니다.

또한, 방금 살펴본 단방향 데이터 흐름(one-way data flow) 개념은 리액트 전반을 관통하는 중요한 철학 중 하나입니다. 이 개념은 이후 6장 "리액트 실무편"에서 더 복잡한 컴포넌트 구조와 상태 관리 패턴을 설명할 때 자세히 다룰 예정입니다.

여기에서는 우선 props가 컴포넌트 간 데이터를 전달하기 위한 읽기 전용 매개변수이며, 부모 → 자식 방향으로만 흐른다는 원칙을 이해하는 데 집중하시기 바랍니다.

State를 사용하여 데이터 변경하기

title 값을 동적으로 변경하려면 부모 컴포넌트에서 상태(state)를 관리하고, 이를 props를 통해 자식 컴포넌트에 전달해야 합니다. 이렇게 하면 자식 컴포넌트는 여전히 props를 읽기 전용으로 사용하면서도, 데이터 변경은 부모 컴포넌트에서만 이루어집니다. 이를 통해 리액트의 단방향 데이터 흐름을 유지하면서도 동적인 UI를 구현할 수 있습니다.

```tsx
import { useState } from "react";

const Header = ({ title }: { title: string }) => {
  return (
    <header>
      <h1>{title}</h1>
    </header>
  );
};

const App = () => {
```

```
  const [title, setTitle] = useState("Welcome to My Website");
const changeTitle = () => {
    setTitle("New Title");
  };

  return (
    <div>
      <Header title={title} />
      <button onClick={changeTitle}>Change Title</button>
    </div>
  );
};

export default App;
```

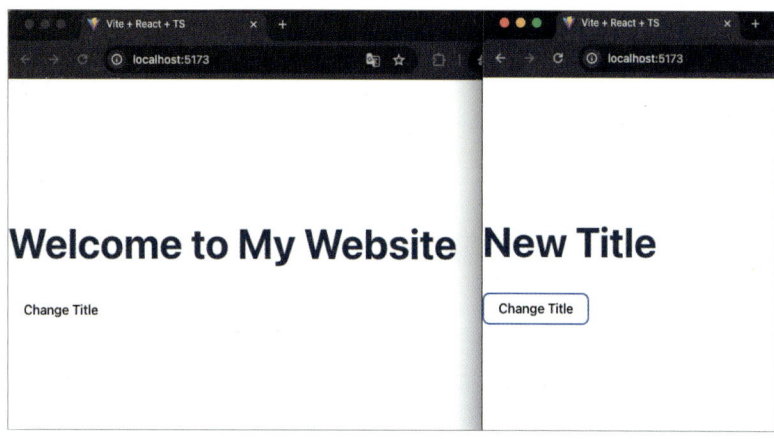

그림 4.8 버튼을 클릭하면 title의 내용이 변경됩니다.

컴포넌트 필수 규칙

props와 state에 대해 깊이 알아보기 전에, 리액트 컴포넌트를 작성할 때 반드시 지켜야 하는 기본 규칙 세 가지를 먼저 살펴보겠습니다.

이 규칙들은 리액트 컴포넌트가 정상적으로 렌더링되고 예측 가능한 방식으로 작동하기 위해 반드시 필요한 문법적인 약속입니다.

컴포넌트 이름은 반드시 대문자로 시작해야 한다

리액트는 JSX에서 컴포넌트와 HTML 태그를 구분할 때 이름의 첫 글자를 기준으로 판단합니다. 대문자로 시작하면 컴포넌트, 소문자로 시작하면 HTML 태그로 인식합니다.

```
// 잘못된 예: 소문자로 시작한 컴포넌트 (X)
function header() {
  return <h1>헤더입니다</h1>;
}

function App() {
  return <header />; // HTML 태그로 인식됨
}
```

```
// 올바른 예: 대문자로 시작 (O)
function Header() {
  return <h1>헤더입니다</h1>;
}

function App() {
  return <Header />; // 컴포넌트로 인식됨
}
```

소문자로 시작하면 JSX에서 해당 요소를 HTML 태그로 처리하므로, 컴포넌트가 의도한 대로 동작하지 않습니다. 이 규칙은 필수이며, ESLint 등 린팅 도구에서도 오류로 감지됩니다.

컴포넌트는 반드시 하나의 최상위 요소를 반환해야 한다

JSX 문법에서는 하나의 컴포넌트가 여러 개의 요소를 개별적으로 반환하는 것이 불가능합니다. 모든 JSX 요소는 반드시 하나의 부모 요소 안에 감싸져 있어야 합니다.

```
// 잘못된 예: 두 개의 요소를 나란히 반환 (X)
function App() {
  return <h1>제목</h1><p>내용</p>; // 오류 발생
}
```

최상위 요소가 하나가 아닐 경우, "JSX expressions must have one parent element."라는 에러가 발생합니다.

```
// 올바른 예: 하나의 최상위 요소로 감싸기 (O)
function App() {
  return (
<div>
  <h1>제목</h1>
  <p>내용</p>
</div> );
}
```

훅(Hook)은 최상위에서만 호출해야 한다

훅은 함수 컴포넌트의 상태나 생명주기를 관리하는 기능이며, 사용 시 반드시 두 가지 규칙을 지켜야 합니다.

1. 훅은 컴포넌트의 최상위에서만 호출해야 합니다.
2. 훅은 리액트 함수 컴포넌트 또는 커스텀 훅 내부에서만 호출할 수 있습니다.

```
// 잘못된 예: 조건문 내부에서 훅 호출 (X)
function App() {
  if (true) {
  const [count, setCount] = useState(0); // 오류
  }
}
// 올바른 예 (O)
function App() {
  const [count, setCount] = useState(0);
}
```

하지만 React 19 이후 일부 훅(use)에 대해 조건부 호출을 허용하는 변화가 생겼습니다. 그래도 기존의 useState, useEffect 등은 여전히 최상위에서만 호출해야 한다는 규칙은 여전히 적용됩니다.

```
import { use } from "react";

const MyComponent = ({ shouldFetch }) => {
  if (shouldFetch) {
    const data = use(fetchData()); // 조건문 안에서도 호출 가능
  }

  return <div>{data ? data : "Loading..."}</ div>;
};
```

이렇게 세 가지가 리액트 컴포넌트에서 지켜야 할 필수 규칙입니다. 중요하니 다시 한 번 요약하고 넘어가 보겠습니다.

1 컴포넌트 이름은 반드시 대문자로 시작해야 합니다.
2 컴포넌트는 반드시 하나의 최상위 요소를 반환해야 합니다.
3 훅(Hook)은 최상위에서만 호출해야 합니다.

이 세 가지 규칙은 리액트 컴포넌트가 정상적으로 동작하기 위해 꼭 지켜야 하는 문법적인 약속입니다. 이와 함께 실무에서는 컴포넌트를 순수 함수처럼 작성하고, 가능하면 상태를 외부로 분리하며, 재사용 가능한 구조로 만드는 것을 권장하는 듯 다양한 권고 규칙들이 있습니다.

4.3 State와 Props

리액트에서 컴포넌트는 UI를 구성할 뿐 아니라, 내부적으로 데이터의 흐름과 상태 변화를 다루는 중요한 단위입니다. 이 데이터 흐름을 구성하는 두 핵심 개념이 바로 state와 props입니다.

앞서 간단히 다뤘듯, props는 부모 → 자식으로 데이터를 전달하는 수단이며, state는 컴포넌트 내부에서 데이터를 관리하는 역할을 합니다. 이제 이 두 개념을 실제 사용 예시와 함께 조금 더 깊이 살펴보겠습니다.

State - 컴포넌트 내부의 동적인 상태

State는 컴포넌트 내부에서 정의되며, 사용자 상호작용, 비동기 데이터 처리 등으로 변화할 수 있는 값입니다. 변경 시 리액트는 컴포넌트를 자동으로 다시 렌더링하여 UI를 최신 상태로 유지합니다.

```jsx
import { useState } from "react";

function Counter() {
  const [count, setCount] = useState(0);
  return (
    <div>
      <p>현재 카운트: {count}</p>
      <button onClick={() => setCount(count + 1)}>+1 증가</button>
    </div>
  );
}

export default Counter;
```

- useState(0)은 count라는 이름의 상태를 0으로 초기화합니다.
- 버튼 클릭 시 setCount를 통해 상태를 변경하면 컴포넌트가 다시 렌더링됩니다.
- 리액트는 변경된 state에 따라 자동으로 UI를 업데이트합니다.

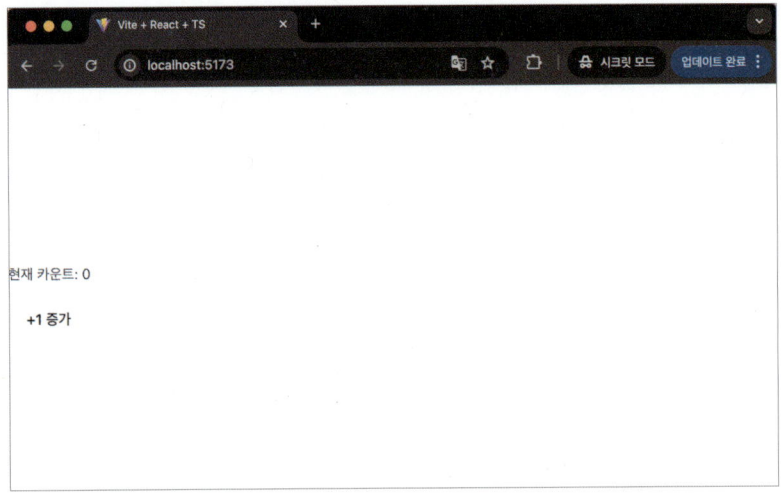

그림 4.9 증가 버튼을 클릭하면 카운트가 하나씩 증가하는 화면

증가 버튼을 클릭할 때마다 카운트가 계속해서 증가하는 것을 확인할 수 있습니다. 여기에서 살펴볼 수 있는 State의 주요 특징은 다음과 같습니다.

- **동적 데이터 관리**: 사용자 입력, 네트워크 응답 등에 따라 실시간으로 변할 수 있는 데이터를 관리합니다.
- **컴포넌트 내부 전용**: 외부에서 직접 접근하거나 수정할 수 없습니다.
- **재렌더링 트리거**: state가 변경되면 해당 컴포넌트만 다시 렌더링됩니다.

실무적인 팁을 하나 드리자면, state는 "누가 이 값을 소유해야 하는가?"에 따라 결정해야 합니다. 공유할 필요가 없다면 자식에 넘기지 말고 해당 컴포넌트 내부에서만 관리하는 것이 가장 이상적입니다.

Props – 컴포넌트 간의 데이터 전달 수단

Props(속성)는 부모 컴포넌트가 자식 컴포넌트에 전달하는 읽기 전용 데이터입니다.

JS 함수의 매개변수처럼 작동하며, 컴포넌트가 동일한 구조를 유지하면서 다른 값을 표현할 수 있도록 도와줍니다.

```
function Greeting({ name }: { name: string }) {
  return <h2>안녕하세요, {name}님!</h2>;
}

function App() {
  return <Greeting name="React 개발자" />;
}
export default App;
```

- App이 Greeting에 name 값을 전달
- Greeting은 해당 값을 읽어 UI에 출력

여기에도 실무 팁을 드리자면, 복잡한 데이터를 props로 넘길 때는 구조를 명확히 정의하고, 타입스크립트를 활용해 props의 형태를 정확히 명시하는 것이 좋습니다.

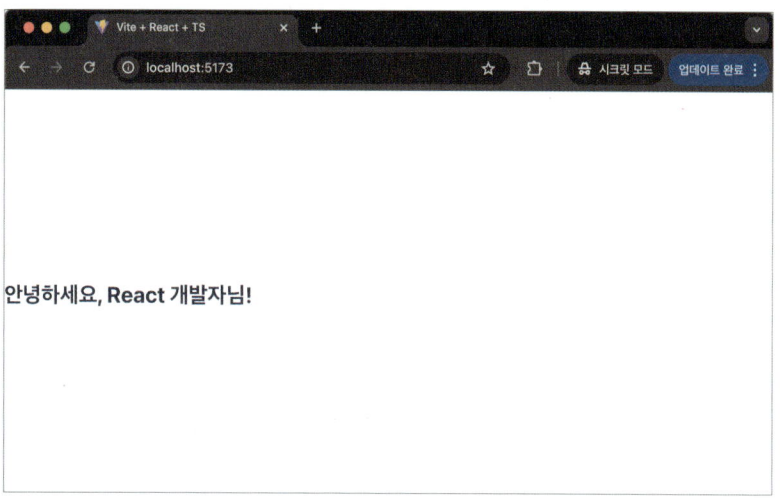

그림 4.10 props로 데이터를 전달하는 화면

Props의 주요 특징은 다음과 같습니다.

- **부모 → 자식 방향 전달**: 데이터 흐름은 단방향이며, props는 자식이 수정할 수 없습니다.
- **재사용성 향상**: 같은 컴포넌트라도 props에 따라 다른 결과를 렌더링할 수 있습니다.
- **예측 가능한 데이터 흐름**: 컴포넌트의 동작이 외부에서 전달받은 값에 따라 결정되므로 추적이 쉽고 디버깅이 용이합니다.

State와 Props의 차이점

State와 Props의 차이점을 표로 정리하면 다음과 같습니다.

항목	State	Props
정의	컴포넌트 내부에서 정의한 동적 데이터	부모 컴포넌트가 자식에게 전달하는 값
제어 주체	내부(자기 자신)	외부(부모 컴포넌트)
수정 가능성	수정 가능(setState)	읽기 전용(수정 불가)
용도	사용자 상호작용, 데이터 변경 추적	데이터 전달, 렌더링 기반 설정값

표 4.1 State, Props의 비교

마지막으로 정리해 보겠습니다. props와 state는 리액트의 단방향 데이터 흐름(one-way data flow) 구조를 유지하는 데 핵심적인 역할을 합니다.

- 부모 → 자식으로 값을 전달할 때는 props
- 컴포넌트 내부에서 직접 값을 바꿔야 할 때는 state

이러한 구분은 애플리케이션의 데이터 흐름을 명확하게 설계하는 데 결정적인 기준이 됩니다.

그리고 특정 값을 props로 관리해야 하는가 아니면 state로 관리해야 할 것인지 애매하다면 다음 기준으로 생각하면 명확해집니다.

- 변하지 않고 외부에서 주어지는 값은 props
- 컴포넌트 내부에서 직접 변경하는 값은 state

4.4 JSX

리액트에서 UI를 구성하는 가장 기본적인 도구는 JSX(JavaScript XML)입니다.

JSX는 자바스크립트에 HTML 문법을 결합한 형태로, 화면에 표시할 구조를 함수처럼 작성할 수 있게 해주는 문법입니다.

```
function App() {
  return <h1>Hello, React!</h1>;
}
```

이처럼 JSX를 사용하면 마치 HTML을 작성하듯 UI를 표현할 수 있습니다. 하지만 JSX는 브라우저가 직접 이해하는 문법이 아니므로, 트랜스파일링(transpiling) 과정을 거쳐 일반 자바스크립트 코드로 변환됩니다.

JSX가 바꾼 프론트엔드 개발 방식

전통적인 프론트엔드 개발 방식에서는 HTML, CSS, 자바스크립트가 각각 분리된 파일로 존재했습니다.

- HTML은 웹 페이지의 구조를 담당하는 뼈대 역할을 합니다.
- CSS는 스타일을 적용하여 시각적 요소를 꾸미는 가죽 역할을 합니다.
- 자바스크립트는 상호작용과 동적 동작을 처리하는 뇌 역할을 합니다.

이러한 분리된 구조는 역할이 명확하다는 장점이 있었지만, 컴포넌트 단위로 개발할 때는 관련 로직이 서로 다른 파일에 흩어져 있어 관리가 어려워지는 문제도 있었습니다.

하지만 JSX는 자바스크립트 안에서 HTML처럼 보이는 UI 코드를 작성할 수 있게 해주는 문법입니다. 이를 통해 리액트에서는 하나의 파일 안에서 UI 구조, 스타일, 동작을 통합적으로 정의할 수 있습니다.

다음은 JSX의 특징을 잘 보여주는 간단한 타이머 컴포넌트입니다. 이 예시는 JSX를 통해 구조, 동작, 스타일을 한 눈에 볼 수 있도록 구성된 전형적인 리액트 컴포넌트입니다.

```jsx
import { useEffect, useState } from "react";

// CSS 스타일 정의
const styles = {
  container: {
    textAlign: "center",
    marginTop: "50px",
  },
  heading: {
    color: "navy",
    fontFamily: "Arial, sans-serif",
  },
};

const App = () => {
  const [currentTime, setCurrentTime] = useState(
    new Date().toLocaleTimeString()
  );

  useEffect(() => {
    const timerId = setInterval(() => {
      setCurrentTime(new Date().toLocaleTimeString());
    }, 1000);

    return () => clearInterval(timerId);
  }, []);

  return (
    <div style={styles.container}>
      <h1 style={styles.heading}>Hello World!</h1>
      <p>The current time is {currentTime}</p>
    </div>
  );
};

export default App;
```

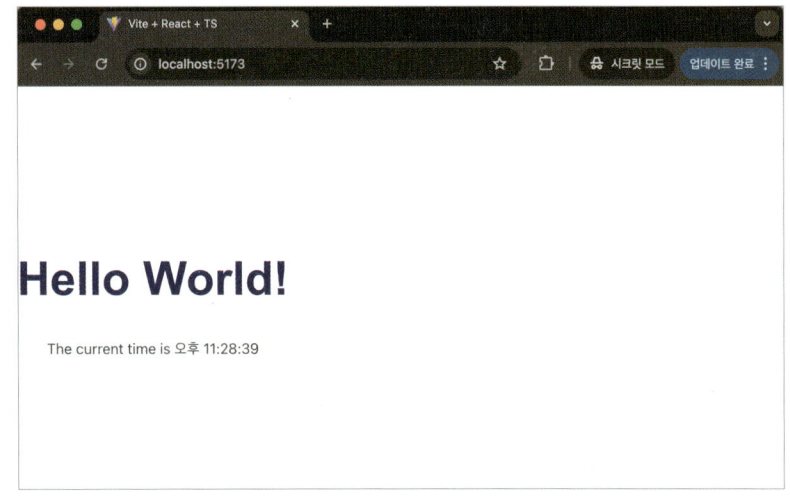

그림 4.11 현재 시간을 1초 간격으로 표시하는 타이머 앱

앞의 코드에서 우리는 다음과 같은 요소를 하나의 파일에서 확인할 수 있습니다.

- **UI 구조(〈h1〉, 〈p〉 등)**: JSX로 HTML처럼 선언
- **동작 정의(useState, useEffect)**: 자바스크립트의 상태 관리와 타이머 구현
- **스타일 정의(styles 객체)**: CSS-in-JS 방식으로 직접 지정

이처럼 JSX 기반 개발 방식은 다음과 같은 점에서 전통 방식과 명확히 다릅니다.

- 관련된 코드가 물리적으로도 가까이에 위치하여, 이해하기 쉬움
- 컴포넌트 단위로 코드가 잘게 쪼개지기 때문에 재사용성과 유지보수성이 높아짐
- 전통적인 '파일 분리' 중심이 아니라, 관심사의 분리(Separation of Concerns)를 중심으로 사고함

이러한 변화 덕분에 리액트는 UI를 선언형으로 구성하면서도 상태와 동작을 함께 관리할 수 있는 유연한 개발 경험을 제공합니다. 앞으로도 우리는 리액트의 다양한 기능을 활용해, UI 구조와 상태 관리가 자연스럽게 연결되는 방식으로 애플리케이션을 구성해 나가게 될 것입니다.

> 📍 **시니어 코멘트**
> JSX는 "HTML과 JS를 섞는 문법"이 아닙니다. 오히려 UI의 동작, 구조, 스타일이 밀접하게 연관되어 있다면 이들을 하나의 파일에 함께 두는 것이 더 자연스럽다는 사고방식에서 출발한 개념입니다.
> 컴포넌트 중심의 개발 방식에서는 이와 같은 통합된 작성 방식이 훨씬 직관적이고 실용적입니다.

> ⚛ 하나의 파일에서 html, css, js를 작성하는 방식은 안티패턴?

리액트에서는 하나의 파일에서 구조(JSX), 동작(JavaScript), 스타일(CSS-in-JS)을 함께 작성하는 방식이 자주 사용됩니다. 이러한 방식은 컴포넌트 단위로 관련된 코드를 응집력 있게 관리할 수 있어, 빠르게 개발하거나 작고 단순한 UI를 다룰 때 유리합니다.

하지만 이 방식이 항상 옳거나, 모든 상황에 적합한 것은 아닙니다. 프로젝트 규모가 커지고 협업이 늘어날수록 구조, 스타일, 로직을 역할별로 나누는 방식이 더 적절할 수 있습니다. 예를 들어 복잡한 비즈니스 로직이 있는 경우, 파일을 분리하면 각 기능을 명확하게 구분할 수 있어 유지보수가 쉬워집니다.

필자가 리액트를 처음 사용했을 때는, 기존의 분리된 개발 방식보다 하나의 파일에서 모든 것을 처리하는 구조가 훨씬 직관적이라고 느꼈습니다. 하지만 시간이 지나며 다시 분리된 구조의 필요성을 체감하게 된 것입니다. 마치 "합쳐지면 흩어지고, 흩어지면 다시 합쳐진다"는 말처럼, 개발 방식도 트렌드와 프로젝트 상황에 따라 자연스럽게 변화합니다.

결국 중요한 것은 정답을 찾는 것이 아니라, 프로젝트에 맞는 구조를 선택할 수 있는 기준을 갖는 것입니다.

JSX의 주요 특징

JSX는 문법적 설탕(Syntactic Sugar)으로, 브라우저가 직접 해석할 수 없습니다. 대신 Babel과 같은 트랜스파일러가 JSX를 React.createElement() 형태의 자바스크립트 코드로 변환한 뒤 실행합니다. JSX는 HTML과 매우 유사하지만, 몇 가지 중요한 차이점과 고유한 규칙이 있습니다.

HTML과 유사한 문법

JSX는 HTML 태그와 유사한 형태로 UI를 정의할 수 있습니다. 이는 기존 웹 개발자에게 익숙하게 느껴집니다.

```jsx
function App() {
  return <h1>Hello, world!</h1>;
}
```

이 코드에서는 <h1> 태그를 사용하여 "Hello, world!"라는 텍스트를 렌더링합니다.

자바스크립트 표현식 사용 가능

JSX 내부에서는 중괄호 {}를 사용해 자바스크립트 표현식을 삽입할 수 있습니다. 이를 통해 변수, 연산 결과, 함수 호출 등을 UI에 반영할 수 있습니다.

```
const name = "React 개발자";

function Greeting() {
  return <h2>안녕하세요, {name}님!</h2>;
}
```

단, if 문이나 for 문처럼 문장(statement)은 사용할 수 없으며, 표현식(expression)만 허용됩니다.

하나의 루트 요소만 반환 가능

JSX 문법에서는 하나의 컴포넌트가 반드시 하나의 최상위 요소를 반환해야 합니다. 여러 요소를 병렬로 작성하려면 〈div〉 또는 〈React.Fragment〉 (혹은 〈〉...〈/〉)로 감싸야 합니다. 이전에 배운 컴포넌트의 필수 규칙은 사실 JSX의 규칙이었습니다.

```
// 오류 발생
return (
  <h1>제목</h1>
  <p>내용</p>
);
// 올바른 예
return (
  <>
    <h1>제목</h1>
    <p>내용</p>
  </>
);
```

이 규칙은 리액트 컴포넌트의 구조적 안정성과 렌더링 최적화를 위한 설계 방식입니다.

스타일링 방식의 차이

JSX에서는 HTML에서 사용하는 class 속성을 사용할 수 없습니다. 자바스크립트에서 class는 예약어이기 때문에, 대신 className을 사용합니다.

또한 인라인 스타일은 문자열이 아니라 자바스크립트 객체 형태로 작성해야 합니다.

```
<div className="container">내용</div>

<div style={{ color: "blue", fontSize: "16px" }}>스타일 적용</div>
```

스타일 객체에서는 background-color처럼 하이픈(-)이 있는 CSS 속성도 camelCase로 작성해야 합니다.(예: backgroundColor)

이러한 특징들을 이해하면 JSX가 단순한 템플릿 언어가 아니라, 상태 기반 UI를 선언적으로 표현할 수 있는 문법 도구임을 알 수 있습니다. JSX는 리액트에서 UI를 구성하는 가장 기본적인 표현 수단이며, 개발자가 로직과 표현을 자연스럽게 연결할 수 있도록 도와줍니다.

결국, JSX는 리액트의 주요한 구성 요소이므로, 리액트 개발자라면 이 문법의 장단점을 이해하고, 각 프로젝트에 맞게 JSX를 적절히 활용하는 능력이 중요합니다.

> 💡 **시니어 코멘트**
> 예약어(reserved word)란, 자바스크립트 언어 차원에서 이미 특정 의미나 문법적 용도로 예약되어 있는 단어를 말합니다. 예를 들어 class, function, return 같은 키워드는 자바스크립트 문법의 일부이기 때문에 변수명이나 속성명으로 자유롭게 사용할 수 없습니다. JSX는 자바스크립트의 문법 위에서 작동하기 때문에, HTML처럼 class를 그대로 쓸 수 없고, 충돌을 피하기 위해 className으로 명명 규칙을 바꾼 것입니다.

JSX의 호환성과 발전

JSX가 처음 등장했을 때부터 JSX 문법을 브라우저가 직접 해석하지 못했기 때문에, 반드시 Babel 등의 트랜스파일러를 사용하여 변환해야 한다는 점이 대표적인 단점으로 꼽혔습니다.

이러한 의존성으로 인해 파일 확장자도 .jsx 혹은 .tsx를 사용해야 하며, 그렇지 않으면 JSX 문법 자체가 동작하지 않았습니다.(잠깐 언급하지만 tsx는 타입스크립트가 사용 가능한 JSX입니다.)

하지만 최근 몇 년 사이에 프론트엔드 빌드 환경이 급격히 발전하면서 JSX의 활용 방식도 훨씬 유연해졌습니다. Babel뿐만 아니라 SWC, esbuild와 같은 새로운 트랜스파일러들이 등장하면서 JSX 문법을 자동으로 인식하고 처리할 수 있게 되었으며, Vite, Next.js, CRA와 같은 현대 개발 도구들은 JSX 문법을 확장자와 관계없이 자동으로 감지하고 빌드 과정에서 올바르게 변환해줍니다. 특히 타입스크립트 프로젝트에서도 .ts 파일 내에서 JSX 문법을 사용하는 것이 기술적으로 가능해졌고, 이는 tsconfig.json에서 jsx: react-jsx와 allowJs: true 같은 설정을 통해 뒷받침됩니다.

이러한 흐름 덕분에 이제는 JSX 문법 자체에 대한 제약이 거의 사라졌다고 해도 과언이 아닙니다. JSX는 더 이상 특별한 확장자나 복잡한 설정 없이도 대부분의 개발 환경에서 기본적으로 지원되며, 브라우저가 직접 이해하지 못하더라도 빌드 시스템이 알아서 변환해 주기 때문에 개발자는 오직 컴포넌트 작성에만 집중할 수 있게 되었습니다.

하지만 필자는 정확한 확장자를 사용하는 것이 바람직하다고 주장하는 개발자 중에 하나입니다. 이는 기술적인 이유보다는 파일의 역할을 명확히 표현하고, 팀원과의 협업에서 의도를 쉽게 전달할 수 있는 명시성 때문입니다. JSX 문법을 포함한 파일이라면 .tsx로, 그렇지 않은 경우에는 .ts로 구분하는 방식은 프로젝트 전체의 구조와 일관성을 유지하는 데 도움이 됩니다.

> ⚛ **주니어 개발자는 따로 HTML을 학습해야 합니다**
>
> 리액트를 처음 배우는 주니어 개발자 중에는 JSX만 익히고 HTML은 따로 학습하지 않는 경우가 많습니다. 하지만 JSX는 HTML처럼 보일 뿐, 실제로는 자바스크립트에 결합된 확장 문법입니다. JSX에서는 자바스크립트 표현식을 사용할 수 있고, class 대신 className을 쓰는 것처럼 HTML과는 다른 규칙도 존재합니다.
> HTML은 웹의 기본 구조를 정의하는 핵심 기술이며, JSX도 그 위에서 동작합니다. HTML에 대한 이해 없이 JSX를 사용하는 경우 코드 작성 중 혼란이나 오류를 겪기 쉽습니다. 따라서 리액트를 배우기 전 또는 함께 학습하며 HTML의 기본 구조와 의미를 충분히 익히는 것이 바람직합니다. 이는 장기적으로 더 안정적인 프론트엔드 개발 실력을 쌓는 데 큰 도움이 됩니다.

추가 학습

사이트 - https://developer.mozilla.org/ko/docs/Learn/HTML/Introduction_to_HTML/Getting_started
사이트 - https://www.w3schools.com/html/

JSX와 리액트 코드

JSX로 작성된 코드는 브라우저가 직접 실행할 수 없기 때문에, 리액트는 이를 내부적으로 변환하여 DOM에 HTML 형태로 렌더링합니다.

```
function ReactComponent() {
  return (
    <div>
      <h1>Hello, World!</h1>
      <p className="greeting">Hello React</p>
      <button onClick={() => alert("Clicked!")}>Click Me</button>
    </div>
  );
}
```

이 JSX는 리액트에 의해 변환되어 실제 DOM에서는 <div>, <h1>, <p>, <button> 등의 HTML 요소로 구성된 구조가 렌더링됩니다. JSX에서 className은 HTML의 class, onClick은 브라우저 이벤트와 연결된 형태로 바뀌는 등 일부 문법 차이는 있지만, 결과적으로는 HTML과 매우 유사한 구조가 브라우저에 표시됩니다.

중요한 점은 JSX는 단지 보기 좋은 템플릿이 아니라, 자바스크립트 문맥 안에서 표현되는 구조화된 UI 코드라는 점입니다. JSX로 작성한 컴포넌트는 결국 브라우저가 해석할 수 있는 HTML로 변환되어 렌더링되며, 리액트는 이 과정을 자동으로 처리해 줍니다.

컴포넌트가 DOM에 보이기까지

이제 리액트가 자동으로 처리해 주는 과정을 하나씩 되짚어 보는 시간을 가져보겠습니다. 예를 들어 다음과 같은 JSX 코드가 있다고 가정하겠습니다.

```
const element = <h1 className="title">Hello, React!</h1>;
```

이 코드는 Babel에 의해 다음과 같은 자바스크립트 코드로 변환됩니다.

```
const element = React.createElement(
  "h1",
  { className: "title" },
  "Hello, React!"
);
```

이처럼 JSX는 내부적으로 React.createElement 함수를 호출하는 코드로 바뀌며, 이 반환 값은 실제로 가상 DOM(Virtual DOM)의 노드 구조를 의미합니다. 리액트는 이 가상 DOM을 기반으로 UI 상태를 추적하고, 필요할 때만 실제 DOM을 최소한으로 업데이트하여 성능을 최적화합니다.

실제로 Vite로 생성된 프로젝트의 파일을 살펴보면 다음과 같습니다.

```tsx
import { StrictMode } from "react";
import { createRoot } from "react-dom/client";
import "./index.css";
import App from "./App.tsx";

createRoot(document.getElementById("root")!).render(
  <StrictMode>
    <App />
  </StrictMode>
);
```

여기서 ReactDOM.createRoot는 HTML 문서 내 id="root"인 DOM 요소를 기준으로 리액트 컴포넌트를 렌더링하는 작업을 시작합니다. JSX로 작성된 <App /> 컴포넌트는 Babel을 통해 React.createElement(App)로 변환되고, 그 결과 생성된 가상 DOM은 브라우저의 실제 DOM에 연결됩니다.

리액트는 이 렌더링 과정에서 Reconciliation(조정)이라는 핵심 과정을 수행합니다. 이 과정은 이전 가상 DOM과 새롭게 생성된 가상 DOM을 비교하여 변경된 부분만을 실제 DOM에 반영함으로써, 전체 페이지를 다시 그리는 데 따른 성능 저하를 피할 수 있게 해줍니다.

더 나아가 현재 프로젝트를 빌드하면 (Vite 프로젝트 기준으로 "npm run build" 명령어) "/dist" 디렉터리가 생성되고 결과물이 나옵니다.

그리고 해당 프로젝트의 진입점이 되는 "index.html"을 살펴보면 다음과 같습니다.

```html
<!doctype html>
<html lang="en">
  <head>
    <meta charset="UTF-8" />
    <link rel="icon" type="image/svg+xml" href="/vite.svg" />
    <meta name="viewport" content="width=device-width, initial-scale=1.0" />
    <title>Vite + React + TS</title>
    <script type="module" crossorigin src="/assets/index-Ds6UaeVF.js"></script>
    <link rel="stylesheet" crossorigin href="/assets/index-Dtn62Xmo.css">
  </head>
  <body>
    <div id="root"></div>
  </body>
</html>
```

〈body〉 태그 내부에 id가 "root"인 〈div〉가 보일 것입니다. 이 엘리먼트를 기준으로 리액트가 가상 DOM을 비교하여 변경된 부분을 반영합니다. 그리고 리액트의 소스코드는 〈script type="module" crossorigin src="/assets/index-Ds6UaeVF.js"〉〈/script〉 여기에 위치해 있습니다.

자바스크립트 코드 변환도구

리액트 프로젝트에서 JSX나 최신 자바스크립트 문법을 사용할 수 있는 것은 컴파일러 또는 트랜스파일러 덕분입니다. 이 두 도구는 모두 코드를 다른 형태로 변환하는 역할을 하지만, 약간의 차이가 있습니다.

컴파일러(Compiler)는 고수준 언어(예: Java, C++)를 저수준 언어(기계어, 바이트코드)로 변환하여 실행 가능한 형태로 만드는 도구입니다. 반면 트랜스파일러(Transpiler)는 고수준 언어를 동일 수준의 다른 언어, 또는 같은 언어의 다른 버전으로 변환하는 도구를 의미합니다. 예를 들어 최신 자바스크립트(ES6+)를 구버전 자바스크립트(ES5)로 변환하는 Babel은 대표적인 트랜스파일러입니다. 이 과정은 흔히 소스-투-소스(source-to-source) 컴파일링이라고 부릅니다.

Babel은 트랜스파일러다

그림 4.12 바벨 공식 사이트의 슬로건

앞의 구분법에 따라 Babel은 명확히 트랜스파일러에 속합니다. 그러나 Babel은 내부적으로 AST(Abstract Syntax Tree)를 생성하고 이를 바탕으로 코드를 분석하고 재구성하는 등, 동작 방식 자체는 전통적인 컴파일러와 매우 유사합니다. 실제로 Babel 공식 문서에서도 자신을 "컴파일러"라고 표현하고 있으며, 이로 인해 실무에서도 "트랜스파일러 vs 컴파일러"라는 용어 논쟁이 종종 발생합니다. 하지만 실용적 관점에서는 이러한 용어 차이보다 도구의 역할을 이해하는 것이 더 중요합니다.

최근에는 프론트엔드 개발 도구들이 진화하면서 Babel 외의 트랜스파일링 도구들도 등장했습니다. 그 대표적인 예가 우리가 지금까지 사용한 Vite입니다. Vite는 개발 서버와 번들러 역할을 동시에 수행하는 빌드 도구로, 빠른 모듈 핫 리로딩과 빌드 속도 최적화로 널리 사용되고 있습니다. 중요한 점은 Vite는 기본적으로 Babel을 사용하지 않는다는 것입니다. 대신 훨씬 더 빠른 esbuild나 SWC를 활용하여 JSX나 TypeScript를 실시간으로 변환합니다.

예를 들어, 예전에는 JSX를 사용하려면 반드시 Babel이 필요했지만, Vite는 .js나 .ts 파일에서도 JSX 문법을 인식하고 자체 트랜스파일링 처리를 수행합니다. 이로 인해 Babel은 이제 "필수 도구"가 아닌 "선택 도구"가 된 것입니다. 여전히 Babel을 사용하는 경우는 존재합니다. 구형 브라우저 지원이 필요한 프로젝트, Emotion이나 styled-components처럼 Babel 플러그인을 요구하는 스타일링 라이브러리 사용 시, 혹은 AST 기반 정밀한 코드 최적화가 필요할 때 Babel은 여전히 유효한 선택지입니다.

> 💡 **시니어 코멘트**
> 토스(Toss)의 경우 Babel를 이용해 로깅 플러그인을 만들어 개발자 경험을 향상시킨 내용을 자사 블로그에 게시한 적이 있습니다. 이렇게 Babel를 코드 최적화나 변환하는 기능에 있어서 아직도 유용하게 사용됩니다. (Toss tech : Transpiler, "사용"말고 "활용"하기)

리액트 기초편 정리

리액트의 기본 개념을 중심으로, 컴포넌트를 어떻게 구성하고 렌더링하는지를 학습했습니다. JSX 문법은 HTML과 유사하지만 자바스크립트에 결합된 확장 문법이며, Babel과 같은 트랜스파일러를 통해 브라우저가 이해할 수 있는 코드로 변환됩니다. Vite는 이러한 변환 과정을 더 빠르게 처리하는 최신 빌드 도구로, Babel 없이도 JSX를 실시간으로 다룰 수 있도록 합니다.

또한 리액트 컴포넌트가 props와 state를 통해 데이터를 관리하며, 단방향 데이터 흐름에 따라 UI를 선언적으로 구성할 수 있음을 확인했습니다.

이제 5장에서는 이러한 기초 위에서 렌더링, 리액트 훅과 같은 심화 개념을 다루며, 실제 애플리케이션을 구성하는데 필요한 내용을 익히게 될 것입니다.

⚛ 저수준 언어(Low-level languages)와 고수준 언어(High-level languages)란?

프로그래밍 언어는 크게 고수준 언어와 저수준 언어로 나눌 수 있습니다. 고수준 언어는 사람이 이해하기 쉽고, 읽고 쓰기 편한 형태로 구성된 언어를 말합니다. 예를 들어 Java, Python, JavaScript, C++와 같은 언어들은 사람이 직관적으로 코드를 작성하고 해석할 수 있도록 설계되어 있으며, 복잡한 하드웨어 동작을 추상화한 것이 특징입니다.

반면, 저수준 언어는 기계에 더 가까운 형태로, CPU의 명령어 집합과 직접적으로 대응되는 어셈블리어나 바이너리 코드가 대표적입니다. 이러한 언어는 사람이 이해하기 어렵고, 작성과 유지보수가 까다롭지만, 시스템 자원을 정밀하게 제어할 수 있다는 장점이 있습니다.

프로그래밍 언어를 이해할 때 이러한 구분은 컴파일러나 트랜스파일러가 어떤 수준의 언어로 변환하는지를 판단하는 데 중요한 기준이 됩니다.

5장
리액트 심화편

5.1 함수 컴포넌트 vs 클래스 컴포넌트
5.2 Props Drilling
5.3 Built-in Hooks
5.4 Custom Hooks
5.5 Rendering

이 장에서는 리액트 기초에서 배운 내용을 바탕으로, 컴포넌트 설계, 상태 관리, 렌더링 구조 등 보다 깊이 있는 주제를 다룹니다. 특히 함수 컴포넌트와 클래스 컴포넌트의 차이점, Props Drilling 문제와 해결 방법, 리액트의 내장 훅과 커스텀 훅, 그리고 렌더링 최적화 구조에 대해 살펴본다.

이 내용을 통해 독자는 리액트를 단순히 사용하는 수준을 넘어, 내부 동작을 이해하고 실무에서 유연하게 활용할 수 있는 개발자로 성장할 수 있게 될 것입니다.

5.1 함수 컴포넌트 vs 클래스 컴포넌트

리액트는 두 가지 방식으로 컴포넌트를 작성할 수 있습니다. 함수 컴포넌트(Function Component)와 클래스 컴포넌트(Class Component)입니다. 리액트가 처음 등장했을 때는 클래스 컴포넌트가 중심이었고, 상태 관리나 생명주기 처리를 위해서는 반드시 클래스를 사용해야 했습니다. 하지만 React 16.8에서 Hooks가 도입된 이후, 함수 컴포넌트에서도 상태와 생명주기를 처리할 수 있게 되면서 함수 컴포넌트가 사실상 표준으로 자리잡았다.

함수 컴포넌트는 문법이 간결하고 가독성이 뛰어나며, 테스트와 재사용 측면에서도 유리합니다. 대부분의 최신 리액트 코드는 함수 컴포넌트를 기반으로 작성되고 있으며, 공식 문서와 커뮤니티 예제들도 함수 컴포넌트를 중심으로 구성되어 있습니다. 반면 클래스 컴포넌트는 레거시 프로젝트나 특정 기능(예: Error Boundary)에서 여전히 사용될 수 있으며, 리액트를 깊이 있게 이해하기 위해서는 그 구조를 알아둘 필요가 있습니다.

필자가 처음 리액트를 접했던 시기가 딱 React 16.8이 발표되던 2019년 2월 무렵이었습니다. 당시엔 "Hooks라는 게 나왔대"라는 이야기를 듣긴 했지만, 리액트를 이제 막 시작한 입장에선 그게 얼마나 대단한 변화인지 와닿지 않았습니다. "그냥 쓸 수 있는 새로운 문법이 나왔나 보지 뭐…" 그런 생각을 하며 가볍게 넘겼던 기억이 있습니다. 하지만 훗날 클래스 컴포넌트를 본격적으로 다뤄보고 나서야 깨달았습니다. this 바인딩과 생명주기 메서드 사이에서 고통받던 시절, useEffect 하나로 모든 게 해결되는 걸 보고 진심으로 감탄하게 되었습니다.

함수 컴포넌트(Function Component)

함수 컴포넌트는 말 그대로 자바스크립트 함수로 정의된 리액트 컴포넌트입니다. 외부에서 전달받은 props를 인자로 받아 처리하고, 이를 기반으로 UI를 반환하는 구조를 가지고 있습니다. React 16.8에서 Hooks가 도입되기 전까지 함수 컴포넌트는 순수하게 UI만을 반환하는 제한된 용도로 사용되었지만, Hooks의 등장 이후로는 상태 관리와 생명주기 처리를 모두 담당할 수 있게 되었습니다.

아래는 4장에서 실행했던 대표적인 함수 컴포넌트의 예시로, 버튼을 클릭할 때마다 숫자가 증가하는 간단한 카운터 컴포넌트입니다.

```jsx
import { useState } from "react";

const Counter = () => {
  const [count, setCount] = useState(0); // useState로 상태 정의

  return (
    <div>
      <h1>{count}</h1>
      <button onClick={() => setCount(count + 1)}>Increment</button>
    </div>
  );
};

export default Counter;
```

이 컴포넌트는 useState 훅을 통해 상태를 선언하고, 상태가 변경될 때마다 리렌더링되어 최신 UI를 유지합니다. 클래스 컴포넌트와 달리 this 바인딩이 필요 없으며, 코드 구조가 훨씬 간결하고 직관적입니다.

리액트 생태계에서는 함수 컴포넌트와 훅을 사용하는 것이 점점 더 표준으로 되어가고 있습니다. 함수 컴포넌트는 클래스 컴포넌트에 비해 코드가 훨씬 간결하고 읽기 편하기 때문입니다.

클래스 컴포넌트(Class Component)

클래스 컴포넌트는 ES6의 클래스 문법을 기반으로 작성되며, React.Component를 상속받아 컴포넌트를 정의합니다. 이 방식은 리액트 초창기부터 사용된 전통적인 컴포넌트 구조로, 상태(state) 관리와 생명주기 메서드(lifecycle methods)를 직접 사용할 수 있다는 특징을 가지고 있습니다. 함수 컴포넌트에서 훅이 등장하기 전까지, 상태를 갖는 컴포넌트는 반드시 클래스 형태로 작성해야 했습니다.

다음은 클래스 컴포넌트로 구현한 카운터 예시입니다.(함수 컴포넌트와 같은 결과물입니다.)

```
import { Component } from "react";

class Counter extends Component {
  constructor(props) {
    super(props);
    this.state = { count: 0 }; // 초기 상태 정의
  }

  increment = () => {
    this.setState({ count: this.state.count + 1 }); // 상태 업데이트
  };

  render() {
    return (
      <div>
        <h1>{this.state.count}</h1>
        <button onClick={this.increment}>Increment</button>
      </div>
    );
  }
}

export default Counter;
```

이 코드에서 볼 수 있듯 클래스 컴포넌트는 state 속성을 통해 상태를 관리하고, setState를 사용하여 상태를 갱신합니다. 컴포넌트가 렌더링되거나 갱신되는 시점에 특정 코드를 실행하려면 componentDidMount, componentDidUpdate, componentWillUnmount와 같은 생명주기 메서드를 활용할 수 있습니다.

클래스 컴포넌트는 세밀한 상태 제어와 렌더링 타이밍 관리에 유리하지만, 구조가 복잡하고 this 키워드 사용이 필요하다는 단점이 있습니다. 이러한 복잡성은 초급 개발자에게 진입 장벽이 될 수 있으며, 함수 컴포넌트의 훅(Hook) 도입 이후에는 상대적으로 덜 선호되는 방식이 되었습니다.

> ⚛️ **리액트 기술 면접 트렌드**
>
> 흥미롭게도, 2020년대 초반까지만 해도 리액트 관련 기술 면접에서는 componentDidMount, componentDidUpdate, componentWillUnmount와 같은 클래스 컴포넌트의 생명주기 메서드를 설명하는 질문이 정석처럼 여겨졌습니다. 이후에는 리액트의 주류가 함수 컴포넌트와 훅으로 전환되면서, useState, useEffect, useRef 등 훅의 종류와 사용법을 묻는 질문으로 초점이 옮겨갔습니다.
>
> 하지만 필자가 리액트를 사용한 지 약 6년이 된 지금, 면접에서 단순한 API 사용법보다는 앱 구조 설계, 상태 관리 전략, 디자인 시스템 구성 방식과 같은 설계 중심의 질문이 훨씬 더 많아졌다는 것을 체감하고 있습니다. 이처럼 리액트는 단순히 애플리케이션을 만드는 하나의 도구일 뿐이라는 점을 명심했으면 좋겠습니다.

Error Boundary

클래스 컴포넌트를 설명하는 흐름 속에서 갑자기 Error Boundary가 등장하면 다소 어색하게 느껴질 수 있습니다. 하지만 현재 시점에서 Error Boundary는 클래스 컴포넌트가 여전히 필요한 기능이기 때문에 반드시 언급할 필요가 있습니다.

리액트에서는 오류 발생 시 앱 전체가 중단되는 것을 방지하고, 오류가 발생한 컴포넌트만 격리할 수 있도록 에러 경계(Error Boundary)라는 기능을 제공합니다. 그런데 이 기능은 오직 클래스 컴포넌트를 통해서만 구현할 수 있습니다.

Error Boundary는 리액트 컴포넌트 트리 내부에서 자식 컴포넌트에서 발생한 렌더링 오류를 감지하고, 해당 오류를 처리하거나 대체 UI를 보여주는 역할을 합니다. 일반적인 컴포넌트에서는 오류가 발생하면 전체 UI가 깨질 수 있지만, Error Boundary를 사용하면 오류가 발생한 부분만 감싸고 대체 UI를 렌더링함으로써 앱의 안정성과 사용자 경험을 보호할 수 있습니다.

다음은 가장 기본적인 Error Boundary의 구현 예시입니다.

```jsx
import React, { Component } from "react";

class ErrorBoundary extends Component {
  constructor(props) {
    super(props);
    this.state = { hasError: false };
  }
```

```
  static getDerivedStateFromError(error) {
    return { hasError: true }; // 다음 렌더링 시 fallback UI를 보여줌
  }

  componentDidCatch(error, errorInfo) {
    console.error("Error caught:", error, errorInfo);
    // 외부 로그 서버로 에러 전송 가능
  }

  render() {
    if (this.state.hasError) {
      return this.props.fallback || <h1>Something went wrong.</h1>;
    }
    return this.props.children;
  }
}

export default ErrorBoundary;
```

사용 시에는 다음과 같이 원하는 컴포넌트를 감싸주면 됩니다.

```
import ErrorBoundary from "./ErrorBoundary";
import MyComponent from "./MyComponent";

function App() {
  return (
    <ErrorBoundary fallback={<div>Error</div>}>
      <MyComponent />
    </ErrorBoundary>
  );
}
```

앞의 예시에서 MyComponent 내부에서 오류가 발생하면, 전체 앱이 멈추는 대신 Error Boundary가 이를 감지하고 "Error"라는 폴백 UI를 대신 렌더링하게 됩니다.

현재 대부분의 리액트 기능은 함수 컴포넌트와 훅만으로 구현할 수 있습니다. 그러나 Error Boundary만큼은 아직 함수 컴포넌트로 완전하게 대체할 수 없습니다. 그 이유는 Error Boundary가 내부적으로 componentDidCatch와 getDerivedStateFromError 같은 클래스 컴포넌트 전용 생명주기 메서드에 의존하기 때문입니다. 함수 컴포넌트에는 이와 같은 에러 감지 메커니즘이 없으며, 현재로서는 훅을 통해 이를 구현하는 방법도 공식적으로 제공되지 않습니다.

이러한 이유로, 함수 컴포넌트가 주류가 된 지금도 클래스 컴포넌트는 특정한 역할에서 여전히 의미 있는 존재로 남아 있습니다. 특히 대규모 서비스나 사용자 기반이 넓은 앱에서 안정성을 확보하기 위해 Error Boundary를 적극적으로 사용하는 경우가 많기 때문에, 클래스 컴포넌트를 완전히 배제하는 것은 아직 이르다고 할 수 있습니다. 방식을 모두 학습하되, 실제 프로젝트에서는 함수 컴포넌트를 우선적으로 고려하시기 바랍니다.

⚛ 키워드 논쟁? 함수형 컴포넌트 혹은 함수 컴포넌트

리액트에서 함수로 작성된 컴포넌트는 처음 등장했을 때 functional component(함수형 컴포넌트)라는 용어로 불렸습니다. 그래서 많은 한국 개발자들도 자연스럽게 "함수형 컴포넌트"라는 표현을 사용해 왔습니다. 하지만 2018년, 리액트 커뮤니티 내부에서 이 용어에 대한 논의가 진행되었고, 이 컴포넌트가 함수형 프로그래밍의 원칙을 따르는 것은 아니며, 단지 함수의 형태를 가진다는 점이 대두되었습니다. 그 결과, 공식 문서에서는 function component(함수 컴포넌트)라는 용어를 사용하는 것으로 결론지어졌습니다. 개인적으로는 "함수형 컴포넌트"와 "함수 컴포넌트" 중 어느 용어를 사용하든 큰 문제는 없다고 생각합니다. 다만, 용어의 정확성을 지키고자 하는 커뮤니티의 노력은 충분히 존중할 만하며, 필자 역시 이러한 흐름에 따라 "함수 컴포넌트"라는 표현을 사용하는 편입니다. 하지만 누군가 "함수형 컴포넌트"라는 용어를 사용한다고 해서 그것이 틀렸다고 단정할 필요는 없습니다. 중요한 것은 용어 자체보다 그 의미를 정확히 이해하고 서로 원활하게 소통하는 것입니다.

참고 | https://github.com/reactjs/react.dev/pull/863

5.2 Props Drilling

리액트는 부모 컴포넌트에서 자식 컴포넌트로 데이터를 전달할 때 props를 사용합니다. 이 방식은 간단하고 직관적이지만, 컴포넌트 구조가 깊어질수록 문제가 생깁니다. 상위 컴포넌트의 데이터가 하위 컴포넌트에 도달하려면, 중간 단계의 컴포넌트들이 그 데이터를 직접 사용하지 않더라도 계속 전달해 줘야 하기 때문입니다. 이러한 현상을 Props Drilling(프롭스 드릴링)이라고 부릅니다.

예를 들어 다음과 같이 3단계 중첩된 컴포넌트 구조가 있다고 가정해 보겠습니다.(참고로, 실제 코드에서는 다음과 같은 이름은 사용하면 안됩니다.)

```jsx
function ChildCounter({ initialCount, increment }) {
  return (
    <div>
      <h2>Child Counter</h2>
      <ChildChildCounter initialCount={initialCount} increment={increment} />
    </div>
  );
}

function ChildChildCounter({ initialCount, increment }) {
  return (
    <div>
      <h3>Child Child Counter</h3>
      <ChildChildChildCounter
        initialCount={initialCount}
        increment={increment}
      />
    </div>
  );
}

function ChildChildChildCounter({ initialCount, increment }) {
  return (
    <div>
      <h4>Child Child Child Counter</h4>
      <p>Current count: {initialCount}</p>
```

```
      <button onClick={increment}>Increment</button>
    </div>
  );
}
```

이 예시에서는 가장 상위 컴포넌트인 Parent에서 상태와 상태 변경 함수를 정의하고, 이를 최하위의 ChildChildChildCounter에 전달하기 위해 매 단계마다 props를 넘겨주고 있습니다. 이 방식은 구조가 단순할 때는 문제가 없지만, 계층이 깊어지거나 여러 하위 컴포넌트가 동일한 데이터를 필요로 하는 상황에서는 코드의 유지보수성이 급격히 떨어지게 됩니다.

특히 리액트에서 컴포넌트를 잘 구현하는 방법 중 하나는 컴포넌트를 적절히 분리하여 재사용성을 높이는 것입니다. 컴포넌트를 재사용 가능하도록 분리하다 보면, 컴포넌트 구조가 3레벨이 아닌 수십 레벨로 깊어질 수도 있습니다. 즉, Props Drilling은 오히려 컴포넌트를 잘 설계하려 할수록 마주치는 문제가 될 수 있습니다.

Context API로 해결하자

이러한 문제를 해결하기 위해 리액트는 Context API를 제공합니다. Context는 전역 상태처럼 동작하는 데이터 공급자 역할을 하며, 중간 컴포넌트를 거치지 않고 필요한 컴포넌트에서 직접 값을 사용할 수 있도록 해줍니다.

```jsx
import React, { createContext, useContext, useState } from "react";

const CountContext = createContext();

export const CountProvider = ({ children }) => {
  const [count, setCount] = useState(0);
  const increment = () => setCount(count + 1);

  return (
    <CountContext.Provider value={{ count, increment }}>
      {children}
    </CountContext.Provider>
```

```
  );
};

export const useCount = () => useContext(CountContext);
```

이제 각 하위 컴포넌트는 props를 통해 데이터를 받을 필요 없이, useCount() 훅을 통해 원하는 값을 직접 사용할 수 있습니다. 불필요한 props 전달이 사라지고 코드 구조도 더욱 간결해집니다.

```
// 최상단 컴포넌트에서 전역 상태 관리 제공
function App() {
  return (
    <CountProvider>
      <ChildCounter />
    </CountProvider>
  );
}

// 자식 컴포넌트에서 전역 상태 관리 사용
function ChildChildChildCounter() {
  const { count, increment } = useCount();

  return (
    <div>
      <h4>Child Child Child Counter</h4>
      <p>Current count: {count}</p>
      <button onClick={increment}>Increment</button>
    </div>
  );
}
```

이 구조에서는 더 이상 initialCount나 increment 같은 값을 props로 매 단계마다 전달할 필요가 없습니다. Context와 커스텀 훅을 통해 컴포넌트 간의 의존성이 줄어들고, 관심사에 따라 더 잘 분리된 코드 구조를 유지할 수 있습니다.

Context API 사용 시 주의사항

Context API를 사용할 때는 반드시 Provider로 감싸진 컴포넌트 내부에서만 useContext()를 호출해야 합니다. 만약 Provider 외부에서 Context를 사용하면, undefined가 반환되거나, 정의된 기본값(defaultValue)이 없다면 앱이 의도치 않게 동작하거나 오류를 발생시킬 수 있습니다.

```ts
// CountContext.ts
import { createContext, useContext } from "react";

const CountContext = createContext(undefined); // 기본값이 없음

export const useCount = () => {
  const context = useContext(CountContext);
  if (!context) {
    throw new Error("useCount must be used within a CountProvider");
  }
  return context;
};

export const CountProvider = ({ children }) => {
  // 실제 상태는 이 안에서 정의됨
  const [count, setCount] = React.useState(0);
  const increment = () => setCount(count + 1);

  return (
    <CountContext.Provider value={{ count, increment }}>
      {children}
    </CountContext.Provider>
  );
};
```

이렇게 구현하고 최상단 컴포넌트에서 CountProvider 선언을 생략한다면 다음과 같은 에러가 발생합니다.

"Error: useCount must be used within a CountProvider"

```tsx
// App.tsx
import React from "react";
import { useCount } from "./CountContext";

function App() {
  const { count } = useCount(); // ✕ CountProvider로 감싸지 않음

  return <div>{count}</div>;
}

export default App;
```

실무에서 이렇게 useContext()를 커스텀 훅으로 래핑할 때 Provider가 없을 경우 명시적인 오류를 던지도록 구성하는 것이 좋습니다. 이는 실수로 Provider를 빼먹었을 때 조기에 문제를 파악할 수 있게 해줍니다.

Context API의 진정한 사용법

Context API는 리액트 애플리케이션에서 전역 상태를 관리하고 공유하기 위해 설계된 도구입니다. 주로 테마 설정, 사용자 인증 정보, 다국어(i18n) 설정, 앱 환경 정보 등처럼 애플리케이션 전역에서 자주 참조되는 상태나 값을 여러 컴포넌트에 걸쳐 효율적으로 전달하는 데 사용됩니다.

많은 문서에서는 Context API를 Props Drilling 문제의 해결책으로 소개하기도 합니다. 실제로 Context를 사용하면 상위 컴포넌트에서 정의한 데이터를 중간 단계의 컴포넌트를 거치지 않고, 하위 컴포넌트에서 직접 사용할 수 있어 데이터 전달을 간소화할 수 있습니다. 이러한 점에서 Context는 Props Drilling을 효과적으로 우회하는 수단으로 자주 활용됩니다.

그러나 Context API의 목적은 단순히 Props Drilling을 해결하는 것이 아니라, 전역 상태를 안정적으로 공유하고 관리하는 것에 있습니다. 따라서 단지 props 전달이 불편하다는 이유만으로 무분별하게 Context를 사용하는 것은 오히려 상태 추적과 성능 측면에서 문제를 유발할 수 있습니다.

Context는 주로 공통 상태가 여러 컴포넌트에 걸쳐 필요할 때, 또는 상태의 소비 지점이 예측 가능하고 제한적일 때 사용하는 것이 바람직합니다. 예를 들어 사용자 테마, 로그인 상태, 다국어 설정과 같이 애플리케이션 전반에 영향을 미치지만 변경 빈도는 낮은 상태에 적합합니다.

상태 관리 라이브러리

그렇다면 Props Drilling 문제를 가장 효율적으로 해결할 수 있는 방법은 무엇일까요? 바로 상태 관리 라이브러리를 사용하는 것입니다. 상태 관리 라이브러리는 리액트 애플리케이션의 전역 상태를 더욱 체계적이고 예측 가능하게 관리할 수 있도록 도와줍니다. 대표적으로 Recoil, Zustand, Jotai, Redux 등이 있으며, 이들 라이브러리는 컴포넌트 계층과 무관하게 상태를 읽고 쓸 수 있는 구조를 제공합니다.

이 방식은 애플리케이션 규모가 커지거나, 공유해야 할 상태가 복잡해지는 경우 특히 유리합니다. 전역 상태를 명시적으로 정의하고, 컴포넌트 간의 상태 흐름을 보다 명확하게 추적할 수 있기 때문입니다.

다음 장에서는 실제로 자주 사용되는 상태 관리 라이브러리들의 특징과 선택 기준, 실무에서의 적용 팁을 중심으로 자세히 살펴볼 예정입니다. 지금은 Props Drilling 문제를 해결하는 가장 확장성 있는 방법이 상태 관리 도구의 도입이라는 점만 기억해 두면 됩니다.

5.3 Built-in Hooks

훅은 함수 컴포넌트에서 상태 관리와 생명주기 관련 기능을 사용할 수 있게 해주는 리액트의 핵심 기능입니다. React 16.8에서 처음 도입되었으며, 이전까지 클래스 컴포넌트에서만 가능했던 기능들을 함수 컴포넌트에서도 구현할 수 있도록 만들어졌습니다. 훅의 등장은 리액트 생태계에 큰 전환점을 가져왔고, 오늘날 대부분의 리액트 프로젝트는 함수 컴포넌트와 훅을 중심으로 구성되고 있습니다.

훅을 사용하면 컴포넌트 구조를 더 간결하고 선언적으로 작성할 수 있습니다. 예전처럼 클래스 내부에 복잡하게 얽힌 메서드와 this를 다룰 필요 없이, 상태 변화와 부수 효과(side effect)를 함수 기반으로 다루면서 재사용성과 유지보수성을 크게 향상시킬 수 있습니다.

리액트는 기본적으로 제공하는 Built-in Hooks(내장 훅)과 개발자가 직접 정의해 사용하는 Custom Hooks(커스텀 훅)을 구분합니다. 일반적으로 리액트 문맥에서 "훅"이라고 하면 내장 훅을 의미하며, 커스텀 훅은 별도로 구분하여 사용됩니다.

다만 주의할 점은 공식 문서에는 다음처럼 내장 훅과 커스텀 훅을 구분합니다.

- React provides a few built-in Hooks like useState.
- You can also create your own Hooks to reuse stateful logic between components.

의역하자면 useState처럼 몇개의 내장 훅이 있고, 컴포넌트 사이의 로직을 재사용할 수 있도록 훅을 만들 수 있다라고 설명합니다.

즉, 공식 명칭은 아니지만 개발자 커뮤니티와 문서 전반에서 널리 사용되는 표현이라고 보면 됩니다.

내장 훅은 상태 관리(useState, useReducer), 부수 효과 처리(useEffect), DOM 참조(useRef), 메모이제이션(useMemo, useCallback) 등 다양한 기능을 포함합니다. 이 훅들을 통해 함수 컴포넌트만으로도 복잡한 애플리케이션 구조를 설계하고 구현할 수 있게 된 것입니다. 더 이상 클래스 컴포넌트에 의존할 필요가 없어진 셈입니다.

또한, 리액트 훅은 커뮤니티와 함께 지속적으로 발전하고 있습니다. 새로운 훅이 추가되거나 기존 훅의 사용 방식이 개선되는 경우도 있기 때문에, 공식 문서를 수시로 확인하는 습관을 들이는 것이 중요합니다. 이 책에서는 React 18 기준으로 내용을 설명하지만, 실무에서는 항상 최신 문서를 참고하는 것을 권장합니다.

> **추가 학습**
> 사이트 – https://react.dev/reference/react/hooks

useState

useState는 리액트에서 가장 기본적인 훅으로, 함수 컴포넌트 내부에서 상태(state)를 선언하고 관리할 수 있게 해줍니다. 클래스 컴포넌트에서는 this.state와 this.setState()를 통해 상태를 관리했지만, 함수 컴포넌트에서는 useState 하나로 상태 선언과 변경이 모두 가능합니다.

```
import { useState } from "react";

function Counter() {
  const [count, setCount] = useState(0); // 초기값 0

  const increment = () => setCount(count + 1);
  return (
    <div>
      <p>현재 카운트: {count}</p>
      <button onClick={increment}>증가</button>
    </div>
  );
}
```

이 예제는 useState의 가장 기본적인 사용 형태로, 초기값은 0, 상태 값은 count, 상태 변경 함수는 setCount입니다. 버튼을 클릭하면 상태가 변경되고, 변경된 값은 다시 컴포넌트에 반영되어 화면이 업데이트됩니다.

상태 업데이트는 비동기적이다

```
const incrementTwiceGood = () => {
  setCount((prev) => prev + 1);
  setCount((prev) => prev + 1);
};

const incrementTwiceBad = () => {
  setCount(count + 1);
  setCount(count + 1);
};
```

두 예제는 둘 다 상태를 두 번 증가시키려 하지만, 결과는 다르게 나타납니다. incrementTwice-Good는 함수형 업데이트(Function Update)를 사용하여 이전 상태를 기반으로 업데이트하므로 정확히 두 번 증가합니다. 반면 incrementTwiceBad는 동일한 count 값을 두 번 읽어 처리하기 때문에 실제로는 한 번만 증가합니다.

리액트의 상태 업데이트는 비동기적이며, 하나의 렌더링 사이클 안에서는 이전 상태 값이 반영되지 않기 때문에, 연속적인 업데이트가 필요한 경우에는 반드시 함수형 업데이트를 사용해야 합니다.

어떤 이는 "자바스크립트는 단일 스레드로 동작하며, 기본적으로 동기적인 언어인데, setCount (count+1) 같은 함수 호출도 당연히 동기적으로 실행되는 것 아닌가?"라고 생각할 수도 있습니다.

그런데도 리액트에서 상태 업데이트를 "비동기적"이라고 말하는 이유는 다음과 같습니다.

```
const [count, setCount] = useState(0);

const handleClick = () => {
  setCount(count + 1);
  console.log(count); // 여기선 여전히 이전 값이 출력됨
};
```

이 코드에서 console.log(count)는 버튼 클릭 후에도 이전 값을 출력합니다. 이는 setCount가 상태를 즉시 업데이트하지 않고, 렌더링 사이클을 예약하기 때문입니다. 리액트는 여러 setState 요청을 일괄 처리(batch update)하여 성능을 최적화합니다. 즉, 상태 변경 요청은 즉시 처리되는 것이 아니라 리액트의 내부 큐에 등록되고, 다음 렌더링에서 처리됩니다. 이런 점에서 "비동기적"이라고 표현하는 것입니다.

불변성을 유지하며 상태 업데이트하기

배열이나 객체를 상태로 다룰 때는 불변성(immutability)을 유지하는 것이 중요합니다. 기존 객체나 배열을 직접 수정하면 리액트가 변경을 감지하지 못할 수 있습니다.

```
const [items, setItems] = useState([]);

const addItem = (item) => {
  setItems((prev) => [...prev, item]);
};
```

하지만 상태가 중첩된 객체나 배열로 구성되어 있을 때는 상태를 업데이트하는 코드가 번거로워질 수 있습니다. 예를 들어, 중첩된 객체의 속성만 변경하고 싶다면 모든 상위 객체를 복사한 후, 특정 속성만 수정하는 방식으로 작업해야 합니다.

```
const [user, setUser] = useState({
  id: 1,
  name: "John Doe",
  address: {
    street: "123 Main St",
    city: "Anytown",
  },
  hobbies: ["reading", "gaming", "hiking"],
});

const updateCity = (newCity) => {
  setUser((prevUser) => ({
    ...prevUser, // 상위 객체 복사
    address: {
      ...prevUser.address, // address 객체 복사
      city: newCity, // city 속성만 변경
    },
  }));
};
```

과연 저 코드에서 실수 없이 항상 정확하게 작성할 수 있을까요? 솔직히 말해, 필자인 저조차도 자신이 없습니다.

이러한 문제를 해결하기 위해 Immer 라이브러리를 사용할 수 있습니다. Immer는 복잡한 상태를 불변성을 유지하면서도 쉽게 업데이트할 수 있도록 돕는 라이브러리입니다.

```
import produce from "immer";

const updateCity = (newCity) => {
  setUser(
    produce((draft) => {
      draft.address.city = newCity;
    })
  );
};
```

Immer를 사용하면 마치 기존 객체를 직접 수정하듯이 작성할 수 있으면서도, 내부적으로는 불변성을 유지한 새로운 상태 객체를 생성해 줍니다.

성능을 고려한 늦은 초기화

useState는 컴포넌트가 렌더링될 때마다 초기값을 평가하기 때문에, 복잡한 연산이 초기값에 포함될 경우 성능에 영향을 줄 수 있습니다. 이때는 함수 형태의 초기화를 사용하는 것이 좋습니다. 이를 늦은 초기화(Lazy Initialization) 라고 합니다.

```
const [todos, setTodos] = useState(() => {
  const saved = localStorage.getItem("todos");
  return saved ? JSON.parse(saved) : [];
});
```

위 예시에서는 로컬 스토리지에서 데이터를 불러와 useState를 초기화합니다. 로컬 스토리지의 데이터는 브라우저를 닫아도 유지되므로, 사용자가 이전에 입력한 데이터를 다시 사용할 수 있는 유용한 방법입니다. 늦은 초기화를 활용하면 컴포넌트가 처음 렌더링될 때 한 번만 데이터를 로컬 스토리지에서 가져와 상태를 설정하므로, 초기 렌더링 성능을 최적화할 수 있습니다.

useEffect

useEffect는 리액트에서 useState 다음으로 가장 자주 사용되는 훅입니다. 공식 문서에서는 이를 다음과 같이 정의하고 있습니다.

"useEffect is a React Hook that lets you synchronize a component with an external system."
– 컴포넌트를 외부 시스템과 동기화할 수 있게 해주는 훅

이는 곧 컴포넌트가 외부 환경과 연동되며 발생하는 부수 효과(side effect)를 처리하는 기능을 의미합니다. 프론트엔드 개발에서 흔히 말하는 부수 효과란, 서버 요청, 브라우저 API 호출(localStorage, window 객체 등), 타이머 설정, WebSocket 구독, DOM 직접 조작 등을 포함합니다.

다음 코드는 컴포넌트가 렌더링될 때 데이터를 가져오는 컴포넌트 예시입니다.

```jsx
import { useState, useEffect } from "react";

function MyComponent() {
  const [data, setData] = useState(null);

  useEffect(() => {
    async function fetchData() {
      const res = await fetch("API 주소");
      const json = await res.json();
      setData(json);
    }

    fetchData();
  }, []); // 빈 배열: 마운트 시 1회 실행

  return <div>{data ? <p>{data.title}</p> : <p>Loading...</p>}</div>;
}
```

코드는 컴포넌트가 마운트될 때 한 번 실행되어 API로부터 데이터를 요청하고, 응답을 상태에 저장합니다. useEffect의 두 번째 인자인 의존성 배열(dependency array)이 빈 배열([])이기 때문에 처음 마운트될 때 한 번만 실행됩니다.

> 💡 **시니어 코멘트**
> 컴포넌트가 마운트(mount)된다는 것은, 리액트가 해당 컴포넌트를 화면(DOM)에 '처음으로 렌더링'하는 순간을 의미합니다. 반대로 언마운트(unmount)는 화면에서 해당 컴포넌트를 '완전히 제거'하는 시점입니다. 즉, 마운트는 생명주기의 시작이고, 언마운트는 끝이라고 보면 됩니다.

의존성 배열과 상태 변경 감지

```
useEffect(() => {
  console.log("값이 변경됨:", value);
}, [value]);
```

이 구조는 value가 변경될 때마다 해당 useEffect 내부 코드가 실행되도록 합니다. 리액트는 내부적으로 Object.is를 사용해 이전 값과 현재 값을 비교하며, 참조가 변경된 경우에만 실행됩니다. 따라서 객체나 배열을 상태로 사용할 경우, 불변성을 유지하며 새로 생성된 참조를 전달해야 useEffect가 실행됩니다.

value가 string이나 number일 때는 상태 변경 시 문제가 없지만, 객체나 배열의 경우는 어떨까요? 예를 들어 value가 [1, 2, 3]에서 [1, 2, 4]로 변경되었을 때, useEffect가 다시 실행될까요?

정답은 상황에 따라 다릅니다. 리액트는 상태가 변경되었는지를 판단할 때 자바스크립트의 Object.is 메서드를 사용합니다. 이 함수는 객체의 값이 아닌 참조를 비교합니다. 즉, 새로운 참조가 생성되었는지를 기준으로 리렌더링 여부를 결정합니다.

```
console.log(Object.is(1, 1)); // true
console.log(Object.is([1, 2], [1, 2])); // false
```

[1, 2]와 [1, 2]는 내부 값이 같아도 다른 참조이므로 false를 반환하고, 리렌더링이 발생합니다. 이처럼 배열의 참조가 달라지면 리렌더링이 발생합니다. 반면, 동일한 참조를 가진 경우에는 값이 바뀌어도 상태가 변경되지 않은 것으로 간주되며, 리렌더링이 일어나지 않습니다.

리액트 개발 중 상태 업데이트가 리렌더링을 트리거하지 않는 경우가 종종 발생합니다. 이는 상태가 업데이트되었더라도 참조가 동일하여 리액트가 상태 변경을 감지하지 못했기 때문입니다. 이런 문제를 해결하려면, 상태 업데이트 시 불변성을 유지하며 새로운 참조를 생성하는 것이 중요합니다.

정리(Cleanup) 함수

useEffect는 컴포넌트가 언마운트될 때 실행할 정리 함수(cleanup function)를 정의할 수 있습니다. 주로 타이머 해제, 이벤트 리스너 제거, WebSocket 연결 해제 등에 사용됩니다.

다음은 타이머를 설정하고 컴포넌트가 언마운트될 때 타이머를 해제하는 예시입니다.

```
useEffect(() => {
  const timer = setInterval(() => {
    console.log("Tick");
  }, 1000);

  return () => {
    clearInterval(timer); // 언마운트 시 타이머 해제
  };
}, []);
```

정리 함수를 사용하지 않으면, 컴포넌트가 사라진 후에도 타이머나 이벤트 리스너가 동작을 계속해 메모리 누수나 중복 실행 문제가 발생할 수 있습니다.

필자가 경험한 간단한 예시를 가져왔습니다.

```
useEffect(() => {
  const socket = new WebSocket("wss://example.com/socket");

  socket.onmessage = (event) => {
    console.log("서버 메시지:", event.data);
  };

  return () => {
    socket.close(); // 연결 해제
    console.log("WebSocket 연결 종료");
  };
}, []);
```

필자의 경우 개발을 진행하면서 WebSocket 응답이 여러 개가 동시에 오는 경우를 발견했습니다. 그때 당시에는 여러 번 메시지 오는 것이 다른 버그를 생성하지 않아서 그대로 두었지만 추후에 WebSocket 로직을 리팩터링하다가 연결을 끊는 기능이 없다는 것을 깨달았습니다.

함수 이름을 붙여서 가독성을 높이자

useEffect를 사용할 때 실무에서 자주 활용되는 팁 중 하나는 익명 함수 대신 기명 함수(named function)를 사용하는 것입니다. useEffect의 첫 번째 인자로 전달하는 함수를 명명하면, 해당 함수의 목적이 코드에 더 명확히 드러납니다. 필자의 경우 모든 정리 함수에 이름을 작성하진 않습니다. 내부 로직이 복잡하거나 설명이 필요할때 주로 사용합니다.

```
function MyComponent() {
  useEffect(function connectWebSocket() {
    const socket = new WebSocket("wss://example.com/socket");

    socket.onmessage = (event) => {

      console.log("서버로부터 메시지 수신:", event.data);
    };

    return () => {
      socket.close();
      console.log("WebSocket 연결이 종료되었습니다.");
    };
  }, []);

  return <div>서버와 연동하는 컴포넌트입니다.</div>;
}
```

여기서 connectWebSocket이라는 함수 명을 붙였기 때문에, 이제는 "// WebSocket 연결 생성" 같은 주석 없이도 함수의 역할이 명확하게 드러납니다. 특히 useEffect 내부 코드가 길어질수록, 기명 함수는 코드의 의도를 함수명 자체로 설명할 수 있게 해주기 때문에 유지보수 시 가독성과 이해도를 크게 높일 수 있습니다.

이처럼 기능이 명확한 이름을 붙인 함수는 단순한 코드 작성 습관을 넘어, 코드 자체가 설명이 되는 구조를 만들어주는 좋은 방법입니다. 작은 습관이지만 실무에서 큰 차이를 만듭니다.

useRef

useRef는 DOM 요소에 직접 접근하거나, 리렌더링 없이 컴포넌트가 값을 지속적으로 유지할 수 있도록 도와주는 훅입니다. 주로 두 가지 상황에서 사용됩니다.

- **DOM 요소에 접근**: useRef를 통해 특정 DOM 요소에 직접 접근할 수 있습니다. 이를 통해 포커스를 설정하거나 스크롤 위치를 조정할 수 있습니다.
- **리렌더링을 발생시키지 않는 값 관리**: useRef로 관리하는 값은 컴포넌트가 리렌더링되어도 그대로 유지되며, 값이 변경되더라도 리렌더링을 유발하지 않습니다.

DOM 요소에 직접 접근하기

useRef는 DOM에 접근해야 할 때 가장 자주 사용됩니다. 예를 들어, 컴포넌트가 마운트되었을 때 자동으로 input 요소에 포커스를 주고 싶을 때 사용할 수 있습니다.

```jsx
import { useRef, useEffect } from "react";

function TextInputWithFocusButton() {
  const inputRef = useRef(null); // DOM 요소를 참조할 객체 생성

  useEffect(function setFocusOnMount() {
    if (inputRef.current) {
      inputRef.current.focus(); // input 요소에 포커스를 설정
    }
  }, []);

  return (
    <div>
      <input ref={inputRef} type="text" placeholder="자동 포커스" />
      <button onClick={() => inputRef.current.focus()}>포커스 설정</button>
    </div>
  );
}
```

inputRef.current에는 실제 DOM 노드가 저장됩니다. 그리고 리렌더링과 무관하게 해당 요소를 직접 제어할 수 있습니다. 예시 코드에는 포커스에 이용했지만 이 외에도 다양한 상황에서 DOM을 직접 다뤄야 할 때 유용합니다.

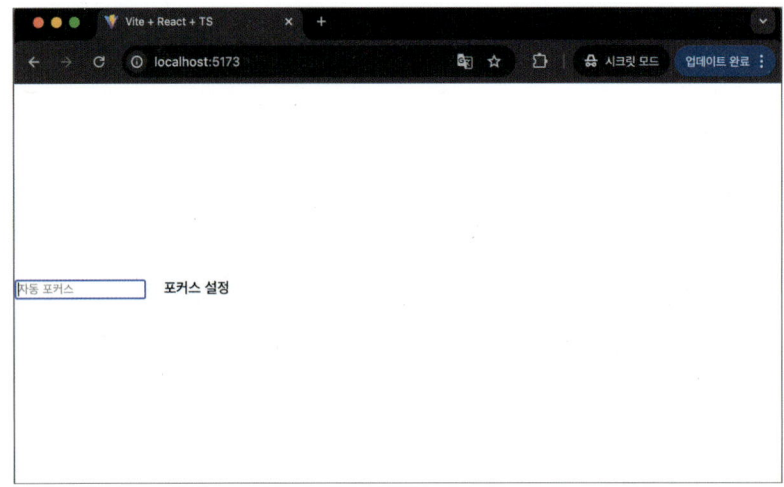

그림 5.1 페이지에 들어오면 input 요소에 포커스가 되는 화면

리렌더링 없이 값 유지하기

useRef는 값을 저장하되 그 값이 바뀌어도 리렌더링을 유발하지 않기 때문에, 성능 최적화나 이벤트 핸들링에서 유용합니다.

```
function ClickCounter() {
  const clickCountRef = useRef(0); // 화면에 보이지 않지만 유지되는 값

  const handleClick = () => {
    clickCountRef.current += 1;
    console.log(`클릭 횟수: ${clickCountRef.current}`);
  };

  return (
    <div>
      <button onClick={handleClick}>클릭</button>
      <p>콘솔에 클릭 횟수가 기록됩니다.</p>
    </div>
  );
}
```

이 방식은 화면에 반영될 필요는 없지만 내부적으로 유지되어야 하는 값을 다룰 때 적합합니다. useState와 달리 값이 바뀌어도 컴포넌트가 리렌더링되지 않습니다.

성능 최적화를 생각하다 보면, "상태 업데이트로 인한 불필요한 렌더링을 피하기 위해 모든 값을 useRef로 처리하면 좋지 않을까?"라는 생각이 들 수 있습니다. 실제로 useRef는 리렌더링을 유발하지 않기 때문에 효율적인 선택처럼 보일 수 있습니다.

그러나 모든 상황에서 useRef가 적절한 것은 아닙니다. 특히 입력값처럼 사용자의 인터페이스에 즉시 반영되어야 하는 상태는 useState로 관리하는 것이 바람직합니다.

예를 들어, 최대 입력 길이를 제한하고 남은 글자 수를 실시간으로 보여주는 입력 필드가 있다고 하겠습니다. 이런 경우에는 입력값이 변경될 때마다 UI가 즉시 갱신되어야 하므로, useRef가 아닌 useState가 적절합니다.

```jsx
import { useState } from "react";

function LimitedTextInput() {
  const [text, setText] = useState("");
  const maxLength = 10;

  const handleChange = (event) => {
    const inputValue = event.target.value;
    if (inputValue.length <= maxLength) {
      setText(inputValue);
    }
  };

  return (
    <div>
      <input
        type="text"
        value={text}
        onChange={handleChange}
        placeholder="최대 10글자까지 입력 가능"
      />
      <p>남은 글자 수: {maxLength - text.length}</p>
```

```
      </div>
    );
  }

export default LimitedTextInput;
```

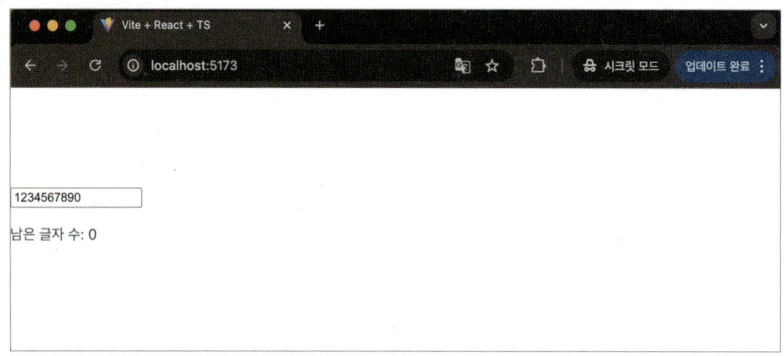

그림 5.2 입력 즉시 남은 글자 수가 반영되는 화면

그림 5.2처럼 사용자 인터페이스에 즉시 반영되어야 하는 데이터는 useState로 관리해야 합니다. useRef는 화면 반영이 필요 없는 상태나 참조값을 유지할 때 주로 사용됩니다.

useReducer

useReducer는 useState보다 더 구조적이고 명시적인 방식으로 상태를 관리할 수 있도록 도와주는 훅입니다. 리액트 컴포넌트에서 복잡한 상태 업데이트 로직이나 여러 타입의 액션을 다뤄야 할 때 유용하게 사용됩니다.

1. **state**: 현재 상태
2. **action**: 상태를 변경하기 위한 명령 객체. 최소한 type 속성을 포함해야 합니다.
3. **reducer**: 상태와 액션을 받아 새 상태를 반환하는 순수 함수

이제 세 가지 요소를 바탕으로 예시 코드를 만들어보겠습니다.

```jsx
import { useReducer } from "react";

function reducer(state, action) {
  switch (action.type) {
    case "increment":
      return { count: state.count + 1 };
    case "decrement":
      return { count: state.count - 1 };
    case "reset":
      return { count: 0 };
    default:
      throw new Error("Unhandled action type");
  }
}

function Counter() {
  const [state, dispatch] = useReducer(reducer, { count: 0 });

  return (
    <div>
      <p>Count: {state.count}</p>
      <button onClick={() => dispatch({ type: "increment" })}>+</button>
      <button onClick={() => dispatch({ type: "increment" })}>+</button>
      <button onClick={() => dispatch({ type: "decrement" })}>-</button>
      <button onClick={() => dispatch({ type: "reset" })}>Reset</button>
    </div>
  );
}

export default Counter;
```

이 예제에서는 dispatch 함수로 액션을 전달하면, reducer 함수가 액션의 type에 따라 새로운 상태를 반환합니다. 상태 업데이트 로직이 함수 내부에 명확히 정의되어 있어 복잡한 상태를 다룰 때도 코드의 예측 가능성과 가독성이 향상됩니다.

만약 새로운 action.type을 추가해야 한다면, reducer에 정의하고 dispatch로 전달하면 됩니다. 덕분에 코드 구조가 단순하고 깔끔해집니다.

타입스크립트와 함께 사용하기

useReducer는 타입스크립트와 함께 사용할 때 정적 타입 검사의 이점이 극대화됩니다. 액션 타입과 상태 구조를 미리 정의하면, 실수로 잘못된 액션을 전달하는 상황을 컴파일 타임에 차단할 수 있습니다.

```typescript
interface State {
  count: number;
}

type Action =
  | { type: "increment" }
  | { type: "decrement" }
  | { type: "reset" }
  | { type: "set"; payload: number };

function reducer(state: State, action: Action): State {
  switch (action.type) {
    case "increment":
      return { count: state.count + 1 };
    case "decrement":
      return { count: state.count - 1 };
    case "reset":
      return { count: 0 };
    case "set":
      return { count: action.payload };
  }
}
```

이 구조를 사용하면 버튼마다 상태 변경 방식이 분리되어 있어 디버깅이 용이하고, 액션 타입을 통한 자동 완성과 타입 보장이 이루어져 코드의 안정성과 생산성을 동시에 확보할 수 있습니다.

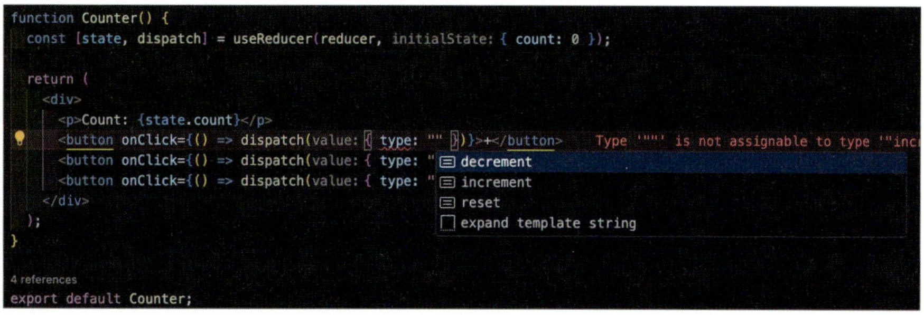

그림 5.3 타입스크립트에 의한 자동 완성

다음으로는 type="set"를 이용하기 위해 사용자 입력을 기능을 추가 구현해 보겠습니다.

```
function Counter() {
  const [state, dispatch] = useReducer(reducer, { count: 0 });

  const handleSet = () => {
    const value = parseInt(prompt("새 숫자를 입력하세요") || "0", 10);
    dispatch({ type: "set", payload: value });
  };

  return (
    <div>
      <p>Count: {state.count}</p>
      <button onClick={() => dispatch({ type: "increment" })}>+</button>
      <button onClick={() => dispatch({ type: "decrement" })}>-</button>
      <button onClick={() => dispatch({ type: "reset" })}>Reset</button>
      <button onClick={handleSet}>Set</button>
    </div>
  );
}
```

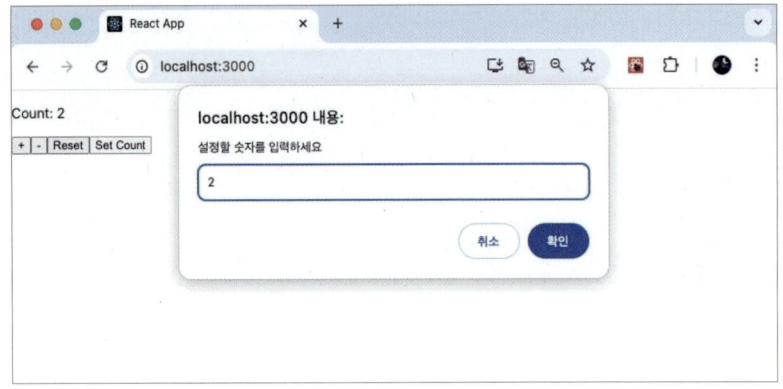

그림 5.4 사용자의 입력을 통해 값을 업데이트하는 화면

이처럼 reducer 코드는 수정하지 않고 값을 넘겨주는 부분만 수정하는 식의 코드 분리가 가능해집니다.

> ### ⚛ useReducer와 상태 관리 라이브러리와의 관계
>
> useReducer는 리액트 내부에서 로컬 상태를 구조적으로 관리할 수 있게 해주는 훅입니다. 이 패턴은 리듀서와 액션을 통한 명시적 상태 전이를 중심으로 하며, 이는 Redux, Zustand, MobX 등 여러 상태 관리 라이브러리와 개념적으로 유사합니다.
>
> 이처럼 useReducer와 상태 관리 라이브러리는 리듀서 기반 상태 관리라는 공통 토대를 가집니다. 단, useReducer는 컴포넌트 단위의 로컬 상태 관리에 적합하고, 상태 공유 범위가 한정적입니다. 반면 외부 상태 관리 라이브러리는 전역 상태를 다루고 여러 컴포넌트에서 상태를 쉽게 공유할 수 있도록 설계되어 있습니다.
>
> 따라서 애플리케이션의 규모와 상태의 범위에 따라 useReducer 또는 전용 상태 관리 라이브러리를 적절히 선택하는 것이 좋습니다.

useMemo, useCallback

리액트에서 useMemo와 useCallback은 성능 최적화를 위해 사용하는 훅입니다. 이 두 훅은 컴포넌트가 불필요하게 리렌더링되는 것을 방지하거나, 비용이 많이 드는 연산을 캐싱하여 성능을 향상시킵니다. 두 훅 모두 메모이제이션(Memoization) 개념을 기반으로 동작하며, 불필요한 재계산이나 재생성을 방지한다는 공통점이 있습니다.

useMemo를 활용한 성능 최적화

useMemo는 연산 비용이 큰 함수의 결과를 메모이제이션하여, 불필요한 재계산을 방지하는 훅입니다. 컴포넌트가 리렌더링될 때마다 계산을 반복하지 않고, 의존성 값이 변경될 때만 다시 계산됩니다.

```
const expensiveResult = useMemo(() => {
  return complexCalculation(input); // 비용이 큰 계산
}, [input]); // input이 바뀔 때만 재계산
```

렌더링 성능 최적화에 사용되지만, 모든 계산에 무작정 쓰는 건 오히려 성능을 해칠 수 있습니다. 따라서 실제 연산 비용이 클 때만 사용하는 것이 바람직합니다.

useCallback을 활용한 성능 최적화

useCallback은 함수 자체를 메모이제이션하는 훅입니다. 컴포넌트가 리렌더링되더라도 함수가 불필요하게 새로 정의되지 않도록 방지해 줍니다. 주로 props로 콜백 함수를 자식 컴포넌트에 전달할 때 사용됩니다.

```
const handleClick = useCallback(() => {
  setCount((prev) => prev + 1);
}, []); // 빈 배열이면 최초 렌더링 시 함수 한 번만 생성
```

자식 컴포넌트가 React.memo 등으로 최적화되어 있을 때 불필요한 리렌더링을 방지합니다. 함수는 렌더링마다 새로 만들어지는 경우에만 적용되어야 의미가 있다는 것을 명심하시기 바랍니다.

useMemo, useCallback은 어렵게 사용하자

React 18 이후, 리액트 팀은 useMemo와 useCallback의 과도한 사용을 지양하라고 권고하고 있습니다. 이 훅들은 실제로 성능 문제가 존재할 때만 신중히 적용하는 것이 바람직하며, 무분별한 사용은 오히려 코드의 복잡도와 유지보수 비용을 증가시키고, 성능 개선 효과도 미미하거나 오히려 성능 저하를 초래할 수 있습니다. React 19에서는 일부 메모이제이션이 자동으로 최적화될 예정이지만, 현재로서는 여전히 개발자가 직접 판단해 메모이제이션 여부를 결정해야 하는 상황입니다.

실제로 필자가 경험한 바에 따르면, 주니어 개발자의 코드 리뷰 과정에서 useMemo와 use-Callback이 과도하게 적용된 경우를 자주 목격하게 됩니다. 그런 코드에 대해 "정말 이 최적화가 필요한가?", "성능 저하가 실제로 발생하고 있는가?"라고 물어보면, 명확히 대답하지 못하는 경우가 대부분입니다. 이는 '성능 최적화'라는 말에 매몰되어, 코드 본연의 목적과 우선순위를 흐리는 행위라고 볼 수 있습니다.

성능 최적화는 실제 문제가 발생한 이후에 신중하게 접근해야 하는 작업이며, 대부분의 실무 성능 이슈는 useMemo나 useCallback 수준이 아닌 구조적 문제나 렌더링 설계의 문제에서 비롯되는 경우가 많습니다.

따라서 최적화보다 먼저 고려해야 할 것은 코드의 명확성과 단순성입니다.

⚛ 이른 최적화의 함정

'성능 최적화'는 개발자에게 매력적인 주제지만, 그만큼 오해도 많습니다. 특히 아직 성능 문제가 발생하지 않았음에도 미리 최적화를 시도하는 이른 최적화(pre-optimization)는 실무에서 종종 문제가 되곤 합니다. 이런 시도는 겉보기에 신중하고 현명한 선택처럼 보이지만, 실제로는 코드의 가독성을 떨어뜨리고, 개발 속도를 늦추며, 변경에 취약한 코드를 만들 가능성이 높습니다. 또, 정작 성능 문제가 발생하지도 않을 가능성이 큰 부분에 시간과 리소스를 투자하면서 진짜 중요한 기능 구현이나 유지보수 시간을 빼앗기기도 합니다.

소프트웨어 공학의 대가 도널드 커누스는 "섣부른 최적화는 모든 악의 근원이다"라고 말했습니다. 이 말은 단순한 교훈이 아니라, 오늘날 프론트엔드 개발에서도 여전히 유효합니다. 실제로 효과적인 최적화는 문제를 정확히 진단한 후, 데이터 기반으로 신중하게 접근하는 과정에서 이루어집니다. 기능 개발 단계에서는 먼저 코드를 명확하고 간결하게 작성하는 데 집중하고, 그 이후에 진짜 성능 이슈가 발생했을 때 적절한 최적화를 적용하는 것이 가장 바람직한 개발 순서입니다.

기타 훅 정리

앞서 설명한 주요 훅 외에도, 리액트는 특정 상황에서 유용하게 사용할 수 있는 다양한 훅들을 제공합니다. 리액트 훅은 시간이 지나며 새로 추가되거나 기존 훅의 동작 방식이 개선되기도 하므로, 이 책을 읽는 시점과 실제 사용하는 시점 간에 차이가 있을 수 있습니다. 따라서 공식 문서를 주기적으로 확인하여 최신 정보를 반영하는 습관이 중요합니다.

- **useActionState**: 폼과 같은 사용자 입력 기반 작업의 결과를 관리할 때 사용됩니다. 제출 상태를 효율적으로 처리할 수 있습니다.
- **useDebugValue**: 커스텀 훅의 내부 상태를 React 개발자 도구에 표시하기 위한 훅으로, 디버깅을 쉽게 돕습니다.
- **useDeferredValue**: 값의 업데이트를 지연시켜 렌더링 부하를 줄이고, 사용자 인터페이스 성능을 개선하는 데 활용됩니다.
- **useId**: 고유한 ID를 생성해주는 훅으로, 서버 사이드 렌더링에서도 중복되지 않는 ID를 제공합니다.
- **useImperativeHandle**: 부모 컴포넌트가 자식 컴포넌트의 내부 메서드나 상태를 ref를 통해 제어할 수 있도록 합니다.
- **useInsertionEffect**: DOM 요소가 삽입되기 직전에 실행되어, 스타일이나 초기 처리에 특화된 훅입니다.
- **useOptimistic**: 서버 응답을 기다리지 않고 사용자 인터페이스를 먼저 업데이트하는 낙관적 렌더링을 구현할 수 있게 합니다.
- **useSyncExternalStore**: 외부 상태 저장소와 안전하게 동기화할 수 있는 훅으로, 외부 데이터 소스 구독에 사용됩니다.
- **useTransition**: 대규모 상태 변경 시 UI를 블로킹하지 않도록 처리하며, 우선순위가 낮은 작업을 비동기적으로 처리할 수 있도록 합니다.

리액트의 훅은 생각보다 종류가 많고 용도도 다양합니다. 필자 역시 지금까지 소개한 모든 훅을 모두 실무에서 직접 사용해본 것은 아닙니다. 하지만 하나 분명한 사실은 이 훅들이 반드시 '지금' 필요한 것은 아니더라도, 언젠가는 반드시 도움이 된다는 점입니다.

예를 들어, useImperativeHandle처럼 부모 컴포넌트가 자식 컴포넌트의 내부 메서드나 상태를 제어할 수 있는 기능이 있다는 사실을 모른다면, 그러한 제어가 필요한 상황에서 복잡한 우회로를 선택하거나 불필요하게 많은 작업을 거치는 실수를 할 수도 있습니다.(필자가 이런 경험을 한 적이 있습니다.)

훅 하나하나가 특정한 목적을 위해 설계되었기 때문에, 개발자가 이를 미리 알고만 있어도 향후 문제를 해결할 때 선택지가 넓어지고, 더 나은 설계 결정을 내릴 수 있습니다. 모든 훅을 당장 숙달할 필요는 없지만, "이런 훅이 있다"는 개념적 인식만으로도 실무에서는 큰 차이를 만듭니다. 따라서 자주 쓰는 훅부터 먼저 익히고, 필요에 따라 확장해 나가는 접근이 가장 효율적입니다.

추가 학습
사이트 – https://react.dev/reference/react/hooks

5.4 Custom Hooks

Custom Hook(커스텀 훅)은 반복적인 로직을 추상화하고 재사용할 수 있게 해주는 리액트의 강력한 기능입니다. 일반적으로 useState, useEffect, useReducer 등 빌트인 훅을 조합해 특정 기능을 캡슐화하고, 여러 컴포넌트에서 공유 가능하도록 만듭니다.

커스텀 훅은 다음과 같은 장점을 가지고 있습니다. 먼저, 중복되는 로직을 분리하고 재사용할 수 있습니다. 예를 들어, 여러 컴포넌트에서 동일한 API 요청 로직이 필요할 경우 이를 하나의 훅으로 추출하면 코드가 훨씬 깔끔합니다.

또한, 컴포넌트와 상태 관리를 분리함으로써 코드의 가독성과 유지보수성이 향상됩니다. 그리고 모든 커스텀 훅은 use로 시작하는 이름을 가져야 하며, 이를 통해 리액트는 해당 함수가 훅이라는 것을 인식하고 훅 규칙을 올바르게 적용합니다.

여기에서는 2가지 훅을 만들어보며 어떤 방식으로 구현할 수 있는지 확인해 보겠습니다.

useFetch

다음은 API 호출을 처리하기 위한 간단한 커스텀 훅 useFetch의 예시입니다. 이 훅은 URL을 받아 데이터를 요청하고, 로딩 상태와 에러 상태를 함께 관리합니다.

```javascript
import { useEffect, useState } from "react";

function useFetch(url) {
  const [data, setData] = useState(null);
  const [loading, setLoading] = useState(false);
  const [error, setError] = useState(null);

  useEffect(() => {
    setLoading(true);
    setData(null);
    setError(null);

    const fetchData = async () => {
      try {
        const response = await fetch(url);
        if (!response.ok) {
          throw new Error("Network response was not ok");
        }
        const result = await response.json();
        setData(result);
      } catch (err) {
        setError(err);
      } finally {
        setLoading(false);
      }
    };

    fetchData();
  }, [url]);

  return { data, loading, error };
}

export default useFetch;
```

이 훅을 사용하면 컴포넌트 내부에서 복잡한 API 요청 로직을 반복해서 작성할 필요 없이, useFetch("/api/example")처럼 간단하게 호출할 수 있습니다. API 응답은 data, 로딩 여부는 loading, 에러 발생 여부는 error 상태로 제공되며, 이를 통해 각 상태에 따라 조건부 렌더링을 일관된 방식으로 구현할 수 있습니다.

```
const { data, loading, error } = useFetch("REAL_URL");

if (loading) return <p>Loading...</p>;
if (error) return <p>Error: {error.message}</p>;
return <div>{JSON.stringify(data)}</div>;
```

useLocalStorage

useLocalStorage 훅은 브라우저의 localStorage를 리액트 상태처럼 사용할 수 있도록 만들어줍니다. 사용자는 일반적인 useState처럼 값을 읽고 쓸 수 있으며, 이 값은 새로고침 이후에도 유지됩니다. 그리고 늦은 초기화(Lazy Initialization)를 사용하여 최적화를 진행합니다.

```
import { useState, useEffect } from "react";

function useLocalStorage(key, initialValue) {
  const [value, setValue] = useState(() => {
    try {
      const stored = localStorage.getItem(key);
      return stored !== null ? JSON.parse(stored) : initialValue;
    } catch (err) {
      console.warn(`useLocalStorage 초기화 오류: ${err}`);
      return initialValue;
    }
  });

  useEffect(() => {
    try {
      localStorage.setItem(key, JSON.stringify(value));
    } catch (err) {
```

```
      console.warn(`useLocalStorage 저장 오류: ${err}`);
    }
  }, [key, value]);

  return [value, setValue];
}
```

이렇게 기존의 훅을 조합하여 커스텀 훅을 만들고 이용할 수 있습니다.

Hooks library

커스텀 훅은 직접 만들어 사용할 수도 있지만, 언제나 그렇듯 직접 구현한 코드에는 숨겨진 예외 상황이나 제한 사항이 존재할 수 있습니다. 예를 들어, localStorage는 브라우저 환경에서만 사용할 수 있기 때문에 서버사이드 렌더링 환경에서는 에러가 발생할 수 있으며, 저장 불가능한 데이터 타입이나 브라우저 스토리지 제한 등도 고려 대상입니다.

이처럼 실무에서는 예외 처리, 호환성 문제, 확장성까지 모두 고려해야 하는데, 초보 개발자나 빠른 프로토타이핑 상황에서는 직접 모든 조건을 처리하는 것이 현실적으로 어려울 수 있습니다. 이럴 때는 이미 검증된 커스텀 훅 라이브러리를 사용하는 것이 좋은 대안이 됩니다. 라이브러리는 다수의 사용자와 기여자가 참여해 만든 안정적인 코드로 구성되어 있어, 개발 생산성과 코드 신뢰성을 동시에 확보할 수 있습니다.

대표적인 훅 라이브러리

다음은 필자가 주로 사용하는 훅 라이브러리입니다.

- **react-use**: https://github.com/streamich/react-use
- **react-hook**: https://github.com/uidotdev/usehooks

이 중에서 우리가 방금 작성한 useLocalStorage 훅에 대해서 어떤 점이 다른지 살펴보겠습니다. react-use에 포함된 useLocalStorage는 우리가 앞서 구현한 버전보다 훨씬 많은 예외 상황을 고려한 고도화된 구현을 제공합니다. 동기화를 위한 useLayoutEffect, 브라우저 환경 감지, 직렬화/역직렬화 옵션, 키 유효성 검사, 저장 실패 시 fallback 등 다양한 처리를 포함합니다.

```
// react-use 내 useLocalStorage 일부 구조
import { useLayoutEffect, useState, useCallback, useRef } from "react";

const useLocalStorage = (key, initialValue, options) => {
  // 환경 확인, 키 유효성 검사, 커스터마이징 가능한 직렬화/역직렬화 등 포함
  // ...
  const [state, setState] = useState(() => initializer.current(key));

  useLayoutEffect(() => {
    setState(initializer.current(key));
  }, [key]);

  const set = useCallback(
    (valOrFunc) => {
      // 저장 및 예외 처리
    },
    [key, state]
  );

  const remove = useCallback(() => {
    // 안전한 삭제
  }, [key]);

  return [state, set, remove];
};
```

실제 원본은 99줄에 달할 만큼 세세하게 구현되어 있으며, 실무에서 발생할 수 있는 다양한 문제를 미리 방어하고 있습니다. 코드가 길다고 반드시 좋은 것은 아니지만, 수많은 사용자와 경험을 통해 다듬어진 안정성 있는 구현이라는 점에서 실무에 사용하기에 부족함이 없습니다.

직접 만들 것인가, 라이브러리를 쓸 것인가에 대한 답은 정해진 것이 없습니다. 이는 상황과 목적에 따라 달라집니다. 필자의 경우, 공통적이고 범용적인 기능이라면 먼저 기존 라이브러리를 찾아보고, 신뢰할 만한 내용이 있다면 이를 그대로 사용하는 편입니다. 반면, 특정 도메인에 특화된 로직이나 팀 내부에서만 사용하는 패턴이 필요한 경우에는 직접 커스텀 훅을 작성합니다. 이 방식은 생산성과 안정성을 모두 고려한 실용적인 접근이라 생각합니다.

예를 들어, 현재 오디오 도메인에서 작업하는 필자의 경우 여러개의 오디오를 동기화하여 컨트롤하는 기능이 필요합니다. 이를 위해서 "useAudioSync"라는 훅을 만들어서 내부적으로 사용하고 있습니다.

> **리액트 마스터로 가는길 = 훅 마스터**
>
> 필자가 주니어 개발자들에게 항상 권장하는 학습 방법 중 하나는 훅 라이브러리 중 하나를 선택해 직접 재구현해 보는 것입니다. 커스텀 훅을 직접 만들어보는 경험은 단순한 기능 구현을 넘어, 리액트의 렌더링 사이클, 상태 관리 방식, 성능 최적화의 본질적인 동작 원리를 자연스럽게 이해하는 데 큰 도움이 됩니다. 많은 커스텀 훅들은 useEffect, useState, useRef 등 리액트의 기본 훅들을 조합하여 부수 효과(side effects)를 더 직관적으로 사용할 수 있도록 구성되어 있습니다. 이를 직접 재현하는 과정에서 자연스럽게 부수 효과를 다루는 방법, 상태를 안전하게 동기화하는 방법, 렌더링 타이밍을 제어하는 방법 등을 익힐 수 있습니다. 이러한 학습은 단순히 리액트를 '사용하는 수준'을 넘어서, 리액트를 깊이 이해하고 문제 해결 능력을 키우는 과정으로 이어집니다.
>
> 물론 리액트의 원본 코드나 대형 라이브러리의 내부 구현을 분석해 보는 것도 좋은 학습 방법입니다. 하지만 실제로는 코드가 상당히 복잡하고, 비동기 흐름이나 최적화 기법이 다수 포함되어 있어 주니어 개발자에게는 다소 부담스러운 접근일 수 있습니다. 따라서 처음에는 검증된 훅 라이브러리의 내부 로직을 직접 구현해 보는 방식이 훨씬 실용적이고 효과적인 학습 방법입니다. 그리고 중요한 점은 생각보다 복잡하지 않습니다.

5.5 Rendering

리액트에서 렌더링(Rendering)은 UI를 업데이트하는 핵심 과정입니다. 리액트는 16버전부터 React Fiber라는 새로운 렌더링 엔진을 도입하여 더 유연하고 효율적인 렌더링 방식을 제공합니다. 이를 통해 시간 분할 렌더링(Time Slicing), 비동기 렌더링, 렌더링 중단 및 재개 등이 가능해졌으며, 복잡한 UI에서도 더 나은 사용자 경험을 제공할 수 있게 된 것입니다.

이번 절에서는 리액트의 렌더링 구조를 이해하기 위해 먼저 가상 DOM(Virtual DOM)의 개념부터 시작해, Reconciliation(재조정) 과정을 거쳐 리액트가 어떻게 실제 DOM을 효율적으로 업데이트하는지 살펴보겠습니다.

가상 DOM(Virtual DOM)

리액트의 가상 DOM은 빠르고 효율적인 UI 업데이트를 가능하게 만드는 핵심 구조입니다. 브라우저가 사용하는 실제 DOM(Document Object Model)은 트리 형태의 구조로 되어 있으며, 이 DOM에 직접 접근하거나 수정하는 작업은 생각보다 비용이 큽니다. 특히 복잡한 구조의 DOM에서 반복적으로 업데이트가 발생하면, 그만큼 많은 리소스를 소모하게 되고, 성능 저하로 이어질 수 있습니다.

리액트는 이러한 문제를 해결하기 위해 실제 DOM을 직접 다루지 않고, 메모리 상에서 작동하는 가상 DOM을 먼저 생성한 뒤, 변경 사항을 계산해 최소한의 조작만 실제 DOM에 반영하는 방식을 택했습니다. 이 전략이 바로 Virtual DOM입니다.

가상 DOM의 동작 원리

가상 DOM은 실제 DOM의 구조를 경량화된 자바스크립트 객체 형태로 표현한 일종의 UI 스냅샷입니다. 리액트는 컴포넌트가 렌더링될 때마다 이 가상 DOM 트리를 생성하며, 상태(state)나 props가 변경되면 새로운 가상 DOM을 다시 생성합니다.

이후 리액트는 변경 전후의 가상 DOM을 비교(diffing)하고, 실제로 바뀐 부분만 계산해 실제 DOM에 최소한의 변경만 반영합니다. 이 과정은 다음과 같은 단계로 이뤄집니다.

1. **초기 렌더링 시**
   컴포넌트의 JSX는 리액트에 의해 가상 DOM 트리로 변환됩니다. 이 트리는 메모리 상에서만 존재하며, 실제로 브라우저에 렌더링되지 않습니다.

2. **상태(state)나 props 변경 시**
   변경된 값에 따라 새로운 가상 DOM이 생성됩니다. 이후 리액트는 이전 가상 DOM과 새로운 가상 DOM을 비교(diffing)하여 변경된 노드만 추적합니다.

3. **변경 사항 계산 및 반영**
   변경된 가상 DOM 노드에 해당하는 부분만 실제 DOM에 반영합니다. 이때 리액트는 브라우저의 레이아웃/페인트 비용을 최소화하는 방식으로 실제 DOM을 조작합니다.

가상 DOM의 실제 역할과 오해

가상 DOM은 자주 오해되는 기술이기도 합니다. 많은 개발자가 "가상 DOM이니까 무조건 빠르다"고 생각하지만, 실제로는 가상 DOM을 만드는 연산과 비교하는 과정도 비용이 들며, 특정 상황에서는 이 비용이 오히려 문제가 될 수 있습니다.

예를 들어, 매우 큰 UI 트리에서 상태가 빈번하게 변경되는 경우, 매번 새로운 가상 DOM을 생성하고 이전 트리와 비교하는 작업은 메모리 사용량과 CPU 사용량을 동시에 증가시킵니다. 또한, 가상 DOM을 사용하는 것은 DOM 조작의 성능 문제를 완전히 제거하는 것이 아니라, '덜 나쁘게 만드는 방법'에 가깝습니다.

실제로 리액트는 이 단점을 보완하기 위해 재조정 알고리즘을 활용하여, 변경 범위를 줄이고, 트리 구조의 변경을 최소화하며, 엘리먼트 재사용 전략 등을 통해 성능 최적화를 수행합니다. 또한 가상 DOM은 상태 기반 UI 구조와 깊은 관련이 있습니다. 리액트는 "상태가 바뀌면 전체 UI를 새로 그린다"라는 선언적 방식의 철학을 따르고 있으며, 이 선언형 모델을 현실적으로 구현하기 위해 가상 DOM이 필수적입니다. 즉, 가상 DOM은 선언적 UI와 성능 사이의 균형을 맞춰주는 핵심 기술입니다.

요약하자면, 가상 DOM은 리액트 렌더링의 중심에 있는 구조이지만, 그것만으로 모든 성능 문제가 해결되지는 않습니다. 오히려 가상 DOM의 효율을 극대화하기 위해서는 다음과 같은 전략적 접근이 함께 필요합니다.

- 컴포넌트 재렌더링 최소화(React.memo, useMemo 등)
- 불필요한 상태 분리 및 최적화된 props 구조 설계
- key 속성을 이용한 정확한 리스트 렌더링 관리

전략적 접근이라고 하지만 막상 내용을 보면 리액트에 개발하다보면 당연히 해야 할 작업입니다. 그러니 대부분의 상황에서 성능이 문제라면 기본 구현상의 문제일 확률이 훨씬 높습니다.

Reconciliation(재조정)

상황을 하나 예시로 들어보겠습니다. 우리가 문서를 작성하는 도중 단어 하나만 수정하고 저장할 경우, 에디터는 전체 문서를 다시 작성하지 않고 오타가 난 단어만 고치고 나머지 내용은 그대로 유지합니다. 전체를 처음부터 다시 쓰는 방식은 비효율적이기 때문입니다.

리액트도 이와 같은 방식으로 동작합니다. 변경 사항을 효율적으로 추적하고, 실제로 바뀐 부분만 DOM에 반영하는 과정을 재조정(Reconciliation)이라고 합니다.

Reconciliation이 필요한 이유

두 트리 구조를 비교하는 일반적인 알고리즘은 이론적으로 매우 느립니다. 두 DOM 트리를 최소 연산으로 변환하려면 $O(n^3)$ 시간 복잡도가 필요하며, 이는 현실적인 UI에서 성능 병목을 초래합니다. 하지만 리액트는 다음 두 가지 강력한 휴리스틱 가정을 통해 이 과정을 $O(n)$ 수준으로 단순화합니다.

1. **서로 다른 타입의 엘리먼트는 완전히 다른 것으로 간주합니다.**
   즉, ⟨div⟩가 ⟨span⟩으로 바뀌면 리액트는 해당 노드를 새로 생성하고 이전 노드와 그 하위 트리를 모두 제거합니다.

2. **리스트 렌더링 시 key 속성을 통해 항목의 안정성을 추적합니다.**
   배열 내 요소들이 반복적으로 렌더링되는 경우, 리액트는 key를 기준으로 각 엘리먼트를 추적하고, 어느 것이 유지되고 변경되었는지 빠르게 파악합니다.

key 속성의 역할

여기까지 오게된다면 우리가 큰 고민없이 사용했던 key 속성이 실제론 매우 중요한 역할을 하고 있다는 점에서 놀라게 될 것입니다.

이처럼 리액트에서 리스트를 렌더링할 때 key를 제공하면, 리액트는 각 항목을 고유하게 식별할 수 있게 됩니다. 이를 통해 불필요한 DOM 제거 및 재생성을 방지하고, 재사용 가능한 DOM 요소만 업데이트할 수 있습니다.

```
// 잘못된 예시: index 사용
{
  items.map((item, index) => <li key={index}>{item.name}</li>);
}
// 바람직한 예시: 고유한 ID 기반
{
  items.map((item) => <li key={item.id}>{item.name}</li>);
}
```

key를 제공하지 않거나 index를 사용하면, 항목이 삽입·삭제·재정렬될 때 엘리먼트가 올바르게 추적되지 않아 전체 항목이 다시 렌더링되는 문제가 발생할 수 있습니다. 따라서 실무에서는 가능한 한 고유한 식별자를 key로 사용하는 것이 성능 최적화의 출발점입니다.

React Fiber

React Fiber는 리액트 16에서 도입된 새로운 렌더링 엔진으로 기존보다 더 세밀하고 유연한 렌더링 제어를 가능하게 합니다. 가장 큰 변화는 시간 분할(Time Slicing) 개념의 도입으로, 이전처럼 무조건 한 번에 모든 작업을 처리하는 것이 아니라, 작은 작업 단위로 나누어 비동기적으로 처리할 수 있도록 한 점입니다.

이전의 리액트는 컴포넌트 트리가 크거나 복잡할 경우, 렌더링 작업이 한 번에 수행되면서 UI가 일시적으로 멈추는 문제가 있었습니다. 하지만 Fiber는 렌더링을 쪼개고, 중요한 작업을 먼저 처리하며, 덜 중요한 작업은 나중에 처리할 수 있는 구조를 통해 이러한 문제를 해결합니다. 이로 인해 UI는 항상 부드럽고 반응성이 유지되며, 복잡한 상태 변경도 보다 자연스럽게 처리됩니다.

useTransition

React 18에서 도입된 useTransition 혹은 Fiber의 시간 분할 기능을 활용하여, 작업의 우선순위를 조절할 수 있도록 지원하는 대표적인 API입니다. 이를 통해 렌더링 중 일부 상태 업데이트를 낮은 우선순위의 비동기 작업으로 처리할 수 있습니다. 즉, 사용자가 즉시 반응을 기대하는 작업(입력, 클릭 등)은 우선 처리되고, 덜 급한 작업은 나중에 처리됩니다.

그리고 useTransition는 다음 기능을 제공합니다.

- 우선순위 조절

    startTransition 안에 정의된 상태 업데이트는 낮은 우선순위로 간주됩니다. 덕분에 사용자의 직접적인 상호작용(UI 입력 등)이 먼저 처리되어, 렌더링 지연이나 끊김 현상을 줄일 수 있습니다.

- 느린 작업의 비동기 처리

    무거운 연산(예: 대량 데이터 필터링, 정렬 등)은 useTransition을 통해 인터페이스 반응성에 영향을 주지 않고 비동기로 처리할 수 있습니다.

- 이전 상태 유지

    상태 업데이트가 지연되더라도, 리액트는 기존 상태를 잠시 유지하면서 사용자 인터페이스를 즉시 반응하도록 만듭니다.

예제를 한 번 만들어 보며 사용 느낌을 알아보겠습니다.

```jsx
import { useState, useTransition } from "react";

function SearchComponent({ data }) {
  const [isPending, startTransition] = useTransition();
  const [filteredItems, setFilteredItems] = useState(data);
  const [query, setQuery] = useState("");

  const handleSearch = (e) => {
    const searchQuery = e.target.value;
    setQuery(searchQuery);

    startTransition(() => {
      getFilteredItems(searchQuery).then((result) => {
        setFilteredItems(result);
      });
    });
  };

  return (
    <div>
      <input
        type="text"
        value={query}
```

```
        onChange={handleSearch}
        placeholder="Search..."
      />
      {isPending ? (
        <p>Searching...</p>
      ) : (
        <ul>
          {filteredItems.map((item) => (
            <li key={item.id}>{item.name}</li>
          ))}
        </ul>
      )}
    </div>
  );
}
```

이 예제에서 startTransition 안의 필터링 작업은 낮은 우선순위로 처리되며, 입력 필드의 응답성과 렌더링 흐름은 우선 보장됩니다. isPending은 작업 진행 중임을 나타내며, 해당 값이 true일 때 로딩 메시지를 표시할 수 있습니다.

기존에는 이런 방식으로 코드를 작성해야 했습니다.

```
function SearchComponent({ data }) {
  const [filteredItems, setFilteredItems] = useState(data);
  const [query, setQuery] = useState("");

  const handleSearch = (e) => {
    const searchQuery = e.target.value;
    setQuery(searchQuery);

    // 바로 필터링 실행
    const result = getFilteredItemsSync(searchQuery);
    setFilteredItems(result);
  };
  return (
    <div>
```

```
    <input value={query} onChange={handleSearch} placeholder="Search..." />
    <ul>
      {filteredItems.map((item) => (
        <li key={item.id}>{item.name}</li>
      ))}
    </ul>
  </div>
);
}
```

이 구조에서는 사용자가 입력할 때마다 즉시 필터링 함수가 실행되며, 데이터 양이 많거나 연산이 복잡할수록 입력 필드가 순간적으로 멈추거나 렌더링이 지연되는 현상이 발생할 수 있습니다. 즉, UI 반응성이 저하되고 사용자는 입력 딜레이를 체감하게 됩니다.

가상 DOM, Reconciliation, React Fiber의 상호작용

지금까지 살펴본 가상 DOM, Reconciliation, React Fiber는 리액트의 렌더링 구조를 구성하는 핵심 개념입니다. 이들은 독립적인 기술이 아니라, 서로 긴밀하게 연결되어 동작하며, 리액트가 성능을 최적화하고 부드러운 사용자 경험을 제공하는 기반이 됩니다. 다음은 이 세 가지가 어떻게 상호작용하는지 단계별로 설명한 내용입니다.

1 상태 또는 props 변경 발생

컴포넌트의 state나 props가 변경되면, 리액트는 해당 변경을 반영한 새로운 가상 DOM 트리를 생성합니다. 이 트리는 현재의 UI 상태를 반영하는 구조이며, 기존 가상 DOM과는 다른 내용을 포함하게 됩니다.

2 가상 DOM 비교(Reconciliation)

리액트는 기존 가상 DOM과 새로 생성된 가상 DOM을 비교하는 Reconciliation(재조정) 과정을 수행합니다. 이 과정에서 리액트는 휴리스틱 알고리즘을 사용해 DOM 트리의 차이를 빠르고 효율적으로 계산하며, 변경되지 않은 요소는 재사용하고 변경된 부분만 추적합니다.

3 React Fiber의 개입과 스케줄링

이 비교 과정에서 React Fiber는 렌더링 작업을 작은 단위로 나누어(time slicing) 실행되도록 관리합니다. 렌더링 작업이 크거나 복잡해도 Fiber는 사용자 입력, 애니메이션 등 우선순위가 높은 작업을 먼저 처리하고, 나머지 렌더링은 유휴 시간에 분산시켜 수행할 수 있도록 스케줄링 합니다.

4 DOM 업데이트

Reconciliation 결과로 파악된 변경된 부분만 실제 DOM에 반영됩니다. 이때 Fiber는 렌더링 중에도 우선순위를 계속 감시하며, 높은 우선순위의 작업이 발생하면 기존 작업을 일시 중단하고 새로운 작업을 먼저 처리합니다. 덕분에 리액트는 렌더링 도중에도 인터랙션 중심의 작업을 빠르게 반영할 수 있습니다.

지금까지 살펴본 내용을 정리하면, 상태 변경 → 가상 DOM 생성 → Reconciliation → Fiber 스케줄링 → 실제 DOM 반영이라는 일련의 과정이 사용자 또는 서버의 상호작용이 어떻게 UI에 반영되는지를 결정하는 전체 흐름이라는 것을 알 수 있습니다.

여기에 더해 리액트 개발팀은 현재도 동시성 모드(Concurrent Mode), Server Components, 자동 배치(Auto Batching) 등 다양한 성능 최적화 기능을 계속해서 발전시키고 있습니다. 앞으로의 리액트는 더 정교한 렌더링 전략과 서버·클라이언트 간의 효율적인 분산 처리를 기반으로, 개발자의 선택 부담을 줄이고 사용자 경험을 극대화하는 방향으로 진화할 것입니다.

따라서 리액트를 사용하는 개발자라면, 단순한 API 사용에 머무르지 않고 이러한 핵심 구조와 원리를 이해한 채 최신 기능을 지속적으로 학습해 나가는 자세가 필요합니다. 리액트 생태계는 계속해서 변화하고 있으며, 이러한 흐름에 발맞춰 나가는 개발자는 더 유연하고, 성능 좋으며, 유지보수 가능한 애플리케이션을 설계할 수 있는 역량을 갖추게 될 것입니다.

리액트 심화편 정리

이번 장에서는 리액트를 실무에서 더 깊이 있게 활용하기 위한 개념들을 중심으로 차근차근 다뤄보았습니다. 함수 컴포넌트와 클래스 컴포넌트의 구조적 차이를 시작으로, 오늘날 함수 컴포넌트와 훅이 표준처럼 자리 잡은 배경을 확인했고, Props Drilling 문제를 해결하기 위한 Context API와 상태 관리 라이브러리 도입의 필요성도 함께 살펴보았습니다. 그 다음으로 useStaet, useEffect 등 주요 훅들에 대해 살펴보았고, 커스텀 훅을 만들며 훅에 대해 면밀히 학습했습니다. 렌더링 파트에서는 리액트의 핵심인 가상 DOM, Reconciliation, React Fiber의 역할과 상호작용을 통해 리액트가 어떻게 빠르고 효율적인 UI를 구현하는지 이해해 보았습니다. React 18에서 도입된 useTransition 훅과 시간 분할 렌더링 개념은, 사용자 경험을 해치지 않으면서도 복잡한 렌더링 작업을 처리할 수 있는 방식의 진화를 보여주는 좋은 사례였다고 설명했습니다. 이렇게 리액트를 잘 안다는 것은 단순히 API를 외운다는 것이 아니라, 왜 그런 방식이 도입되었고, 어떤 철학과 구조 위에서 동작하는지를 이해하는 것입니다.

6장
리액트 실무편
(패턴과 상태 관리)

6.1 디자인 패턴(Design Pattern)
6.2 상태 관리 라이브러리(상)
6.3 상태 관리 라이브러리(하)

리액트를 학습하면서 어느 순간부터 단순히 컴포넌트를 쌓는 것만으로는 복잡한 화면과 상태를 감당할 수 없다는 것을 느끼게 됩니다. 바로 그 시점이, '실무에서의 리액트'를 고민하게 되는 지점입니다. 이번 장에서는 MVC, MVVM, Flux와 같은 전통적인 프론트엔드 설계 패턴을 짚어본 뒤, 리액트 생태계에서 널리 사용되는 상태 관리 라이브러리들을 비교하고 그 활용 방식을 살펴보겠습니다.

Redux, Recoil, MobX 같은 전통적인 상태 관리 도구뿐 아니라, 최근 인기를 끌고 있는 Zustand, Jotai, Valtio와 같은 간결하고 유연한 라이브러리들도 함께 다뤄보며, 각 라이브러리의 철학과 실전 적용 방식에 대해 분석해 보겠습니다.

6.1 디자인 패턴(Design Pattern)

리액트 개발은 컴포넌트 중심이라는 단순한 구조를 가지고 출발하지만, 실제 서비스 규모가 커지면 복잡한 상태 관리, UI 구성, 컴포넌트 재사용성 등의 문제를 맞닥뜨리게 됩니다. 이럴 때 필요한 것이 바로 디자인 패턴입니다. 디자인 패턴은 구조적 문제를 해결하기 위한 검증된 설계 방식이며, 리액트 애플리케이션에서도 패턴을 잘 활용하면 개발 생산성과 유지보수성이 크게 향상됩니다.

이 절에서는 MVC, MVVM, Flux와 같은 전통적인 상태 관리 패턴부터 Container-Presenter, Custom Hook, Compound Component와 같은 리액트 특화 패턴까지 폭넓게 살펴봅니다. 각 패턴은 언제, 어떻게 사용해야 하는지 그 배경과 코드 예시를 통해 실용적으로 설명합니다. 단순히 이론을 나열하는 데 그치지 않고, 현재 리액트 생태계에서 어떻게 변화하고 있는지를 함께 보여주며 실무 적용력을 높이는 데 초점을 맞췄습니다.

프론트엔드 애플리케이션의 구조 설계에 고민이 많다면, 이 단원을 통해 다양한 패턴을 이해하고 자신만의 기준을 만들어 가시기를 바랍니다.

MVC: Controller가 핵심

웹 개발 초창기에는 HTML로 구조를 정의하고, CSS로 스타일을 입히며, 단순한 정적인 콘텐츠만을 보여주었습니다. 그러나 시간이 지나면서 사용자와의 상호작용이 중요해졌고, 이를 처리하기 위해 JavaScript가 본격적으로 도입되었습니다. 이로 인해 프론트엔드에서 상태를 관리하고, DOM을 동적으로 조작해야 할 필요성이 생기면서 구조적인 접근 방식이 요구되었고, 그 결과 등장한 것이 MVC 디자인 패턴입니다.

MVC는 Model, View, Controller 세 가지 구성 요소로 애플리케이션을 분리합니다.

- Model은 애플리케이션의 상태와 데이터를 관리합니다.
- View는 사용자에게 보여지는 화면(UI)을 구성합니다.
- Controller는 사용자 입력을 처리하고 Model과 View 사이의 중재자 역할을 합니다.

그림 6.1 MVC 패턴의 도식도

JavaScript와 Controller의 역할 확장

초기의 프론트엔드에서는 Controller의 역할이 크지 않았으나, 자바스크립트가 발전하고 jQuery 같은 라이브러리가 등장하면서 Controller의 중요성과 책임이 급격히 확대되었습니다. 특히 jQuery는 DOM 조작, 이벤트 처리, Ajax 통신 등을 간결하게 처리할 수 있도록 도와주었고, 결과적으로 Controller는 단순 중개자 이상의 역할을 하게 되었습니다. 데이터를 가져오고, 상태를 관리하며, UI를 동적으로 갱신하는 핵심 로직이 모두 Controller에 집중되었습니다.

MVC 패턴을 프론트엔드 개발에 대응하여 비교하면 다음과 같습니다.

- **Model**: 서버에서 받아오는 데이터, 혹은 사용자의 입력, 일반적으로 JSON 형태
- **View**: 사용자가 직접 마주하게 되는 HTML, CSS 기반의 UI
- **Controller**: JavaScript, 특히 jQuery를 사용해 데이터를 가져오고 DOM을 수정하며 View와 Model 간의 상호작용을 관리

이러한 변화는 프론트엔드에서 JavaScript가 단순한 보조 도구를 넘어, 애플리케이션의 중심 기술로 자리 잡게 된 계기이기도 합니다. MVC에서 Controller의 확장은 곧 자바스크립트 중심 아키텍처로의 전환이었고, 이는 이후 MVVM, Flux 등 보다 복잡한 상태 관리 패턴의 등장을 이끄는 기반이 되었습니다.

jQuery: 프론트엔드의 전성기를 이끈 Controller

jQuery는 한때 프론트엔드 개발의 상징이자 표준 도구로 자리잡았습니다. 당시만 해도 (특히 2010년대 초반) 자바스크립트로 DOM을 조작하고 이벤트를 다루는 일은 번거롭고 브라우저마다 동작 방식이 달라 호환성 문제가 많았습니다. 이런 문제를 단번에 해결해 준 도구가 바로 jQuery였습니다.

HTML DOM 조작, 이벤트 핸들링, Ajax 통신 같은 복잡한 작업을 짧고 간결한 문법으로 처리할 수 있었고, 덕분에 MVC 구조에서 Controller 역할을 수행하기에 매우 적합한 도구로 자리매김했습니다. 당시 프론트엔드 아키텍처는 대부분 HTML + CSS = View, JSON 데이터 = Model, 그리고 JavaScript + jQuery = Controller로 나뉘어 구성되었으며, jQuery는 그 중간을 매끄럽게 이어주는 핵심 기술이었습니다. 지금은 jQuery가 다소 레거시 기술로 취급받고 있지만, 여전히 많은 현업 프로젝트에서 사용되고 있는 라이브러리입니다.

> **jQuery란 무엇인가?**
>
> jQuery는 빠르고 작으며 기능이 풍부한 JavaScript 라이브러리입니다. 다양한 브라우저에서 작동하는 사용하기 쉬운 API로 HTML 문서 탐색 및 조작, 이벤트 처리, 애니메이션, Ajax와 같은 작업을 훨씬 더 간단하게 만들어줍니다. 다재다능함과 확장성이 결합된 jQuery는 수백만 명의 사람들이 JavaScript를 작성하는 방식을 바꾸어 놓았습니다.

그림 6.2 jQuery의 역할을 보면 그 자체만으로 프론트엔드라고 봐도 무방합니다(https://jquery.com/)

실제로 jQuery 공식 홈페이지에서는 지금도 다음과 같이 이 라이브러리의 핵심 기능을 설명하고 있습니다.

- **HTML document traversal and manipulation**: DOM을 빠르게 탐색하고 수정
- **Event Handling**: 유저와의 상호작용을 처리
- **Ajax**: 서버와의 비동기 통신을 간편하게 처리

그 당시에는 이 세 가지만으로도 프론트엔드 전체를 구축할 수 있었습니다. MVC 패턴을 자연스럽게 구현할 수 있게 해준 jQuery는 빠르게 웹의 중심 기술로 확산되었고, "프론트엔드 = jQuery"라는 등식이 성립되던 시기도 있었습니다.

jQuery만으로는 해결할 수 없는 복잡성

웹 애플리케이션이 점점 더 복잡해지고, 사용자와의 상호작용이 많아지면서 jQuery 기반 구조는 점차 한계에 부딪히기 시작했습니다. 예를 들어 다음은 jQuery로 서버에서 데이터를 받아 DOM을 업데이트하는 전형적인 코드입니다.

```
$.ajax({
  url: "/api/getWeather",
  data: { zipcode: 97201 },
  success: function (result) {
    $("#weather-temp").html("<strong>" + result + "</strong> degrees");
  },
});
```

이 방식은 단순한 UI에는 효과적이고 편리합니다. 하지만 다음과 같은 한계가 있습니다.

- DOM 요소를 직접 선택하고 수동으로 업데이트해야 하므로 반복 작업이 많아집니다.
- 동일한 데이터를 여러 곳에서 사용하면, 동기화 로직을 매번 직접 관리해야 합니다.
- 상태 변화에 따라 UI 전체를 조작하는 경우, 코드의 복잡도가 급격히 증가합니다.
- 구조적 분리가 어려워 유지보수성과 재사용성이 낮아집니다.

즉, 개발 규모가 커지고 상태 흐름이 복잡해질수록 jQuery 방식은 점점 비효율적으로 바뀌었습니다. 결국 리액트, Angular, Vue와 같은 컴포넌트 기반 프레임워크들이 등장하면서, jQuery는 더 이상 선호되지 않는 라이브러리가 되었습니다.

> 💡 **시니어 코멘트**
>
> jQuery는 더 이상 모던 프론트엔드 환경에서는 포함되지 않습니다. 하지만 jQuery는 여전히 많은 레거시 시스템 속에서 중요한 역할을 하고 있습니다. 최근 jQuery는 v4.0.0-alpha 버전을 공개하며 다시금 최신 브라우저 환경에 맞춘 개선을 예고했는데 과연 과거의 영광을 찾을 것인지, 아니면 마지막 불꽃일지 개인적으로 참 궁금합니다.

MVVM: 선언적인 방식으로 UI를 그리자

jQuery 기반의 명령형 방식이 점차 한계에 다다르면서, 더 구조화된 UI 설계 방식의 필요성이 대두되었습니다. 특히 데이터가 자주 변경되거나 사용자 입력에 따라 실시간으로 UI가 변화해야 하는 상황에서, DOM을 직접 조작하는 방식은 유지보수와 확장성 측면에서 매우 비효율적이었습니다. 이러한 문제를 해결하기 위해 등장한 아키텍처가 바로 MVVM(Model-View-ViewModel)입니다.

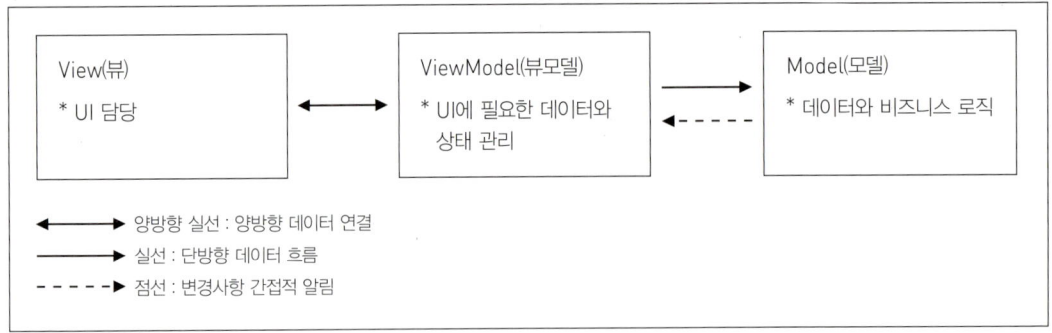

그림 6.3 MVVM 패턴의 도식도

MVVM 패턴은 선언적 UI 구성과 양방향 데이터 바인딩을 통해 UI와 데이터를 자동으로 동기화할 수 있는 구조를 제공합니다. 이 패턴은 다음과 같은 구성 요소로 이루어집니다.

- **Model**: 서버 또는 클라이언트 내의 실제 데이터를 의미합니다. JSON 형태의 상태 값이나 도메인 모델이 여기에 해당합니다.
- **View**: 사용자에게 보여지는 UI 화면입니다. HTML과 CSS, 그리고 사용자 인터랙션 요소들이 포함됩니다.
- **ViewModel**: View와 Model 사이에서 중간자 역할을 수행합니다. 사용자 입력을 처리하고 Model을 업데이트하며, 동시에 Model의 변화를 감지하여 View에 반영합니다.

이 패턴이 특히 각광받은 이유는 ViewModel을 통한 양방향 데이터 바인딩 덕분입니다. 예를 들어, 사용자가 입력 필드에 값을 입력하면 자동으로 Model에 반영되고, Model의 변화는 다시 View에 실시간으로 반영됩니다. 덕분에 개발자는 DOM 업데이트 코드를 직접 작성하지 않고도 복잡한 상호작용을 처리할 수 있게 되었습니다.

Vue.js에서 MVVM 패턴의 양방향 데이터 바인딩

Vue.js와 Angular는 MVVM 패턴을 대표적으로 구현한 프레임워크입니다. Vue의 v-model이나 Angular의 [(ngModel)]은 그 자체로 ViewModel의 역할을 수행하며, 선언적인 UI 구성과 데이터 동기화를 가능하게 합니다.

```html
<div id="app">
  <h1>{{ message }}</h1>
  <input v-model="message" />
</div>

<script>
  new Vue({
    el: "#app",
    data: {
      message: "Hello Vue!"
    }
  });
</script>
```

이 예제처럼 message가 변경되면 UI에 자동 반영되며, 사용자의 입력도 즉시 Model에 반영됩니다.

만약 Vue.js로 작성된 코드를 기존 방식대로 작성한다면 다음과 같이 됩니다.

```html
<div id="app">
  <h1 id="message-display">Hello Vue!</h1>
  <input id="message-input" type="text" value="Hello Vue!" />
</div>
<script>
  $(function () {
    // 초기 상태 정의
    let message = $("#message-input").val();

    // 입력값이 변경될 때마다 상태를 갱신하고 화면에 반영
    $("#message-input").on("input", function () {
      message = $(this).val();
      $("#message-display").text(message);
    });
  });
</script>
```

실제 Vue.js로 작성된 코드나 jQuery로 작성된 코드는 크게 차이점이 없는 것처럼 보입니다. 하지만 그 내면을 살펴보면 Vue.js의 v-model은 입력 값과 상태가 양방향으로 자동 연결되어 있고, 상태가 변경될 때마다 DOM을 언제 어떻게 업데이트할지 개발자가 고민할 필요가 없습니다. 반면 jQuery 기반 방식에서는 모든 이벤트를 수동으로 처리해야 하며, 변경 대상 DOM을 정확히 찾아 업데이트하는 코드를 매번 명시적으로 작성해야 합니다.

양방향 데이터 바인딩의 복잡성과 한계

MVC나 MVVM 패턴이 제공하는 양방향 데이터 바인딩은, 초기에 UI와 상태를 자동으로 동기화할 수 있다는 점에서 매우 큰 생산성 향상을 가져다주었습니다. 입력 필드에 값을 입력하면 자동으로 모델이 업데이트되고, 모델이 바뀌면 다시 UI에 자동 반영되는 구조는 직관적이고 편리했습니다.

하지만 애플리케이션의 규모가 커지면, 이러한 자동화된 편의성은 곧 복잡성의 원인이 되었습니다. 특히 다음과 같은 문제들이 반복적으로 발생하며, 유지보수에 어려움을 주었습니다.

- **복잡한 의존성**
  양방향 데이터 바인딩은 데이터와 UI 간의 상호 연결을 자동화하지만, 컴포넌트 수가 많아질수록 이 연결 관계가 얽히고설켜 데이터의 흐름을 추적하기 어려워집니다. 어떤 값이 어디에서 바뀌고 있는지를 파악하는 데 많은 시간과 노력이 들게 됩니다.

- **상태 관리의 혼란**
  MVC나 MVVM 구조에서는 상태가 Model이나 ViewModel에 분산되어 있습니다. 애플리케이션이 커질수록 어떤 컴포넌트가 상태를 소유하는지 명확하지 않아지고, 하나의 상태 변경을 위해 여러 컴포넌트와의 상호작용이 필요한 경우가 생깁니다. 결국 상태가 의도치 않게 여러 곳에 퍼지면서, 관리 포인트가 늘어나는 결과를 낳게 됩니다.

- **예측 불가능한 부수 효과**
  하나의 상태 변경이 여러 UI 요소에 동시에 영향을 줄 수 있고, 이는 때로는 예상치 못한 동작을 유발합니다. 개발자는 상태 변경이 전체 애플리케이션에 어떤 영향을 미칠지를 예측하기 어려워지며, 디버깅 또한 매우 복잡해집니다.

- **성능 저하**
  바인딩된 모든 UI 요소를 상태 변경할 때마다 자동으로 갱신해야 하기 때문에, 데이터 변경이 잦은 화면에서는 불필요한 렌더링이 반복됩니다. 이로 인해 성능 이슈가 발생할 수 있으며, 사용자 경험도 저하될 수 있습니다.

이러한 문제는 그림에서도 명확하게 드러납니다. MVC 구조에서 Model과 View가 서로 양방향으로 연결된 상황을 도식화해 보면, UI의 복잡성이 얼마나 급격히 증가하는지를 직관적으로 확인할 수 있습니다.

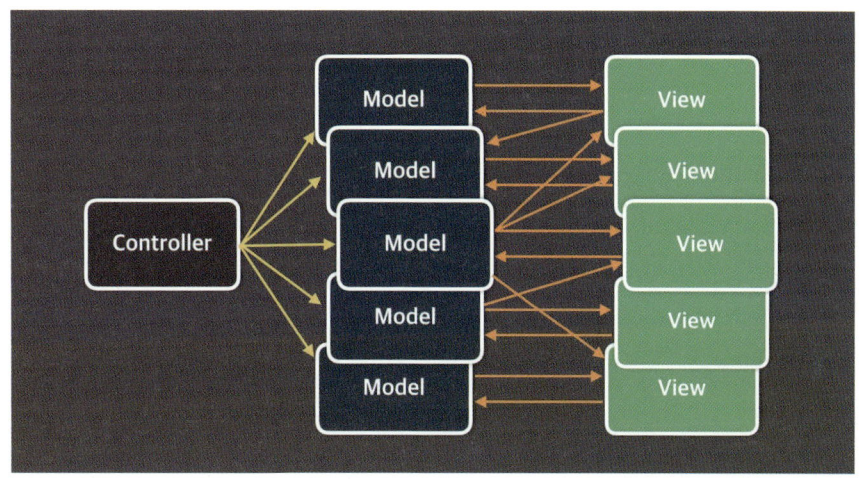

그림 6.4 MVC 패턴에서 Model–View의 양방향 연결의 복잡성 (https://haruair.github.io/flux/docs/overview.html)

한마디로 정리하면, "양방향으로 연결해 두니 편하긴 한데, 관리가 안 된다"라는 것입니다.

이러한 경험은 많은 프론트엔드 개발자에게 양방향보다는 단방향 데이터 흐름의 필요성을 느끼게 했고, 그 결과로 Flux 아키텍처와 Redux 같은 구조적 상태 관리 방식이 등장하게 된 것입니다.

Flux: 데이터는 단방향으로 흘러야 한다

양방향 데이터 바인딩이 대규모 애플리케이션에서 관리의 어려움을 유발하자, Facebook은 이를 해결하기 위해 Flux 패턴을 제안했습니다. Flux는 상태를 중앙에서 관리하고 데이터를 한 방향으로만 흐르게 하는 구조를 통해 상태 관리의 복잡성과 예측 불가능성을 줄이고자 했습니다.

Flux 패턴은 네 가지 주요 요소를 통해 데이터 흐름을 단순하고 일관성 있게 관리합니다.

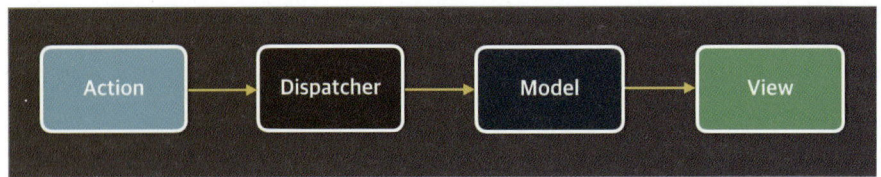

그림 6.5 Flux 패턴의 도식도(https://haruair.github.io/flux/docs/overview.html)

Flux 패턴은 다음과 같은 4가지 주요 구성 요소로 이루어집니다.

- **Action**: 사용자의 입력이나 서버의 응답 등 상태 변경을 유발하는 이벤트를 의미하며, type과 payload를 포함합니다.
- **Dispatcher**: 모든 액션을 수신하여 올바른 Store에 전달하는 중앙 허브 역할을 합니다.
- **Store**: 애플리케이션의 상태를 보관하고, 액션에 따라 상태를 변경합니다. 변경된 상태는 다시 View에 반영됩니다.
- **View**: UI를 담당하며, 사용자와 상호작용하고 상태 변화가 발생하면 Action을 통해 이벤트를 다시 발생시킵니다.

이 흐름을 요약하면 Action → Dispatcher → Store → View의 단방향 구조로 상태가 흐르게 됩니다. 이 구조 덕분에 상태가 언제, 왜 변경되었는지 추적이 쉬워지고, 상태 관리의 예측 가능성과 안정성이 크게 향상되었습니다.

예를 들어, 사용자가 버튼을 클릭하면 View에서 Action이 발생하고, Dispatcher를 거쳐 Store에 전달됩니다. Store는 이 Action에 따라 상태를 갱신하고, View는 해당 상태를 바탕으로 UI를 업데이트합니다.

이러한 구조는 복잡한 상태 관리가 필요한 대규모 애플리케이션에서 특히 강력한 효과를 발휘했습니다. 상태 변경이 명시적으로 Action을 통해 일어나고, 중간 과정에 Dispatcher를 통해 강제되기 때문에 데이터 흐름을 명확하게 추적할 수 있었습니다.

Flux 패턴의 장점

Flux의 가장 큰 강점은 상태 변화의 흐름이 예측 가능하고 명확하다는 점입니다. 상태 변경은 반드시 Action → Dispatcher → Store → View라는 단계를 거쳐야 하며, 이 고정된 흐름 덕분에 상태가 어디서, 왜 바뀌었는지를 명확히 추적할 수 있습니다.

- **예측 가능한 상태 흐름**

  데이터는 항상 단일 방향으로만 흐르기 때문에, 상태 변화의 흐름이 복잡해지더라도 전체 구조를 쉽게 파악할 수 있습니다.

- **디버깅이 용이함**

  모든 상태 변경은 Action을 통해 명시적으로 발생하기 때문에, 상태가 변경된 원인을 추적하는 데 어려움이 없습니다. 이는 실무에서 버그를 해결하거나 디버깅할 때 큰 도움이 됩니다.

- **중앙 집중식 상태 관리**

  애플리케이션의 모든 상태는 Store에서 관리됩니다. 이로 인해 상태가 여러 컴포넌트에 분산되지 않고, 일관된 형태로 관리할 수 있습니다.

- **확장성과 유지보수성**

  프로젝트가 커지더라도 데이터 흐름은 일관성을 유지하기 때문에, 새로운 기능 추가나 리팩터링이 용이합니다. 특히 팀 단위 협업에서 코드의 책임과 역할이 명확하게 분리되는 효과를 가져옵니다.

이러한 장점 덕분에 Flux는 단순한 이론 이상의 가치를 지니게 되었고, 이후 등장한 Redux는 이 Flux 패턴을 보다 단순하고 효율적으로 재해석한 구현체입니다.

Flux와 리액트가 잘 맞는 이유

Flux는 리액트의 선언적 렌더링 모델과 매우 잘 어울립니다. 리액트는 상태가 바뀌면 UI를 다시 렌더링하는 구조를 가지고 있으며, Flux는 상태를 단일 방향으로 예측 가능하게 관리합니다. 이 두 구조가 만나면, 복잡한 UI도 상태 흐름과 화면 변화의 경로가 명확하게 드러나게 됩니다.

리액트 애플리케이션은 일반적으로 컴포넌트 간 데이터 흐름이 많고, 특정 컴포넌트에서 발생한 상태 변화가 여러 하위 컴포넌트에 영향을 미치는 경우가 잦습니다. 이때 Flux 패턴은 데이터 전달 경로를 강제하고 분산된 상태를 중앙에서 통제함으로써, 상태 관리의 복잡성을 줄여줍니다.

Redux는 이러한 Flux의 철학을 계승하면서, 불변성 유지와 미들웨어 확장성 등 실무에서 필요한 기능을 갖춘 라이브러리로 발전했습니다. 그 결과 한때 리액트 + Redux의 조합은 대규모 프론트엔드 애플리케이션의 사실상 표준 상태 관리 방식으로 여겨졌습니다.

최근에는 다양한 방식과 목적을 지닌 상태 관리 도구가 나와서 Redux의 독보적인 위상은 어느 정도 사라졌지만 당시에는 useState가 리액트의 빌트인 훅인 것처럼 Redux는 사실상 리액트의 빌트인 상태 관리 도구처럼 여겨졌습니다.

Container-Presenter: 로직과 UI는 분리되어야한다

Flux 패턴의 단방향 데이터 흐름과 중앙 집중식 상태 관리를 통해 예측 가능한 상태 변화가 가능해졌고, 대규모 애플리케이션에서도 상태 관리의 일관성을 유지할 수 있게 되었습니다. 하지만 곧이어 새로운 문제가 부상했습니다.

리액트 초창기에는 하나의 컴포넌트에 상태와 UI를 모두 담는 방식이 일반적이었기 때문에 애플리케이션이 커지고 컴포넌트가 많아질수록 같은 로직을 반복하거나 상태 관리가 얽히면서 유지보수가 어려워지기 시작했습니다. 이때 등장한 것이 Container-Presenter 패턴입니다.

이 패턴은 컴포넌트를 두 가지로 분리합니다.

- Container 컴포넌트는 상태 관리와 비즈니스 로직을 담당하고,
- Presenter 컴포넌트는 UI 렌더링만을 담당합니다.

예를 들어 아래는 이 패턴을 간단히 구현한 카운터 컴포넌트입니다.

```jsx
import React, { useState } from "react";

// Container: 상태와 로직 담당
function Counter() {
  const [count, setCount] = useState(0);
  const CounterProps = {
    count,
    onIncrease: () => setCount(count + 1),
  };
  return <CounterView {...CounterProps} />;
}

// Presenter: UI만 담당
const CounterView = ({ count, onIncrease }) => {
  return (
    <div>
      <p>{count}</p>
      <button onClick={onIncrease}>Increase</button>
    </div>
  );
};
```

이처럼 로직과 UI를 분리하면 다음과 같은 장점이 있습니다.

- **컴포넌트 재사용성 증가**: Presenter 컴포넌트는 다양한 로직과 결합해 재사용할 수 있습니다.
- **유지보수 용이**: 로직 변경 시 UI에 미치는 영향을 최소화할 수 있으며, 반대로 스타일 변경 시 로직에 영향을 주지 않습니다.
- **테스트 용이성**: 상태와 UI를 독립적으로 테스트할 수 있습니다.

View Asset Component 패턴

Container-Presenter 패턴은 여러 구현 방식이 존재하지만, 실무에서는 View Asset Component(VAC) 패턴이라는 이름으로 정리된 구조가 한때 유행했습니다. VAC 패턴은 UI(View)와 비즈니스 로직(Asset)을 별도의 컴포넌트로 분리해 구성하며, 이를 통해 컴포넌트의 재사용성과 유지보수성을 높입니다.

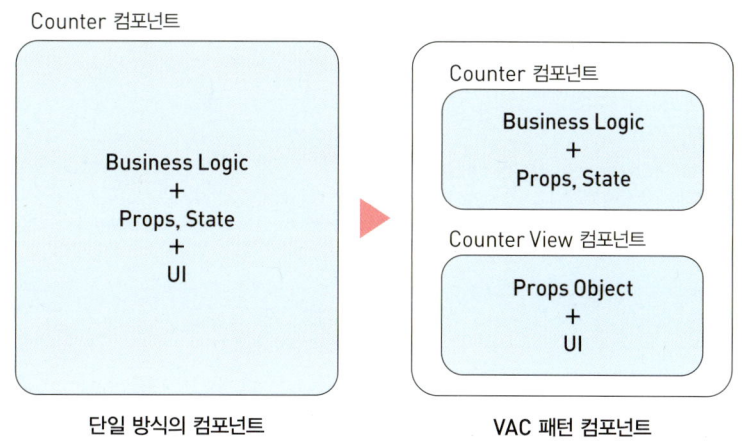

그림 6.6 View Asset Component의 도식도

다음은 VAC 패턴을 간단히 적용한 카운터 예제입니다.

```jsx
import React, { useState } from "react";

// 상태와 로직을 담당하는 컴포넌트 (Asset Component)
function Counter() {
  const [count, setCount] = useState(0);

  const props = {
    count,
    onIncrease: () => setCount(count + 1),
  };

  return <CounterView {...props} />;
}

// UI만 담당하는 컴포넌트 (View Component)
const CounterView = ({ count, onIncrease }) => (
  <div>
    <p>{count}</p>
    <button onClick={onIncrease}>Increase</button>
  </div>
);
```

> ⚛ **VAC 패턴은 왜 이름을 따로 붙였을까?**
>
> 이 책에서 소개하는 VAC(View-Asset-Component) 패턴은 사실 Container-Presenter 패턴의 구조나 코드상으로 큰 차이가 없습니다. 두 패턴 모두 UI와 로직을 분리하려는 같은 철학을 공유합니다.
>
> 그렇다면 왜 굳이 VAC라는 이름을 새로 붙였을까요? 그 이유는 Container-Presenter가 철학이라면, VAC는 그 철학을 실무에 강제적으로 적용하기 위한 구체적 구조이기 때문입니다.
>
> Container-Presenter는 팀과 상황에 따라 로직 분리가 느슨하게 적용되곤 합니다. 반면 VAC는 모든 컴포넌트를 View와 Asset으로 분리하는 것을 전제로 하여, 컴포넌트 구조를 일관되게 만들고 재사용성과 테스트 효율성을 높입니다.
>
> 이런 이름 붙이기 전략은 VAC에만 해당하지 않습니다. MVC, MVVM, Clean Architecture처럼 업계에서는 철학적인 개념이 실무에서 모호해질 때마다, 이를 구조화하고 정리할 새로운 명명 체계를 만들어 왔습니다.
>
> 소프트웨어 설계에서 이름은 단지 레이블이 아니라 의도를 공유하고 일관된 규칙을 만드는 도구입니다. VAC라는 이름도 그 중 하나일 뿐입니다. 중요한 것은 이름이 아니라, 그 안에 담긴 분리의 원칙을 잘 이해하고 적용하는 것입니다.

패턴은 진화중이다

Container-Presenter 패턴은 여전히 의미 있는 구조로 사용되고 있지만, 리액트 생태계의 발전과 함께 이를 보완하거나 대체할 수 있는 다양한 패턴과 구조가 등장했습니다. 특히 리액트 훅의 도입과 상태 관리 라이브러리의 성숙은, Container 컴포넌트가 담당하던 역할을 더 효율적으로 처리할 수 있는 방법들을 제공하고 있습니다.

대표적으로 Custom Hook 패턴과 Render Props 패턴, Compound Component 패턴이 있습니다.

Custom Hook 패턴

함수형 컴포넌트와 훅이 표준이 되면서, 상태와 비즈니스 로직을 컴포넌트 외부로 분리하는 구조가 자연스럽게 자리 잡았습니다. 이 패턴은 커스텀 훅(Custom Hook)을 통해 기존 Container의 역할을 분리하며, 로직 재사용성과 컴포넌트 가독성을 크게 높입니다.

```jsx
import React from "react";

// Custom Hook으로 상태와 로직 분리
function useCounter(initialValue = 0) {
  const [count, setCount] = useState(initialValue);
  const increase = () => setCount((prev) => prev + 1);
  return { count, increase };
}

// Presenter 컴포넌트
const Counter = () => {
  const { count, increase } = useCounter();

  return (
    <div>
      <p>{count}</p>
      <button onClick={increase}>Increase</button>
    </div>
  );
};
```

이 커스텀 훅은 로컬 상태를 관리할 수도 있고, 상황에 따라 Zustand, Redux, Recoil 같은 상태 관리 라이브러리와 연계하여 전역 상태를 다룰 수도 있습니다. 중요한 점은 상태와 UI를 분리하여 컴포넌트 구조를 단순화한다는 점입니다.

Compound Component 패턴

Compound Component 패턴은 여러 개의 구성 요소들이 하나의 큰 컴포넌트를 구성하는 방식입니다. 주로 부모 컴포넌트가 상태를 소유하고, 자식 컴포넌트들은 그 상태를 기반으로 동작하는 구조입니다. 이 패턴은 Form, Tab, Accordion 등 복합적인 UI 구성에 적합하며, 내부 로직을 숨기고 사용법을 직관적으로 만들 수 있습니다.

```jsx
import { useContext, useState } from "react";

function Toggle({ children }) {
  const [on, setOn] = useState(false);
  const toggle = () => setOn(!on);

  return (
    <ToggleContext.Provider value={{ on, toggle }}>
      {children}
    </ToggleContext.Provider>
  );
}

Toggle.On = function On({ children }) {
  const { on } = useContext(ToggleContext);
  return on ? children : null;
};

Toggle.Off = function Off({ children }) {
  const { on } = useContext(ToggleContext);
  return !on ? children : null;
};

Toggle.Button = function Button() {
  const { toggle } = useContext(ToggleContext);
  return <button onClick={toggle}>Toggle</button>;
```

```
};

// 사용 예시
<Toggle>
  <Toggle.On>On</Toggle.On>
  <Toggle.Off>Off</Toggle.Off>
  <Toggle.Button />
</Toggle>;
```

대표적인 예로는 React Router, Chakra UI, Headless UI와 같은 컴포넌트 라이브러리에서 이 구조를 널리 사용하고 있으며, 실무에서도 사용자 정의 컴포넌트를 만들 때 자주 활용됩니다.

Render Props 패턴

Render Props는 컴포넌트 간 로직을 공유하는 고전적인 방식 중 하나로, props로 함수를 전달하여 동작과 렌더링을 커스터마이징할 수 있게 해줍니다. 특히 컴포넌트 간 상태 공유나 재사용 가능한 렌더링 로직이 필요한 상황에서 많이 사용되었습니다. 추가로, 이 패턴은 리액트 훅의 등장으로 다소 밀려난 패턴 중에 하나입니다.

```
function MouseTracker({ render }) {
  const [position, setPosition] = useState({ x: 0, y: 0 });

  useEffect(() => {
    const handleMouseMove = (e) => setPosition({ x: e.clientX, y: e.clientY });
    window.addEventListener("mousemove", handleMouseMove);
    return () => window.removeEventListener("mousemove", handleMouseMove);
  }, []);

  return render(position);
}

// 사용 예시
<MouseTracker
  render={({ x, y }) => (
    <p>
```

```
      Mouse: {x}, {y}
    </p>
  )}
/>;
```

이 패턴은 로직을 컴포넌트로 감싸고, UI를 render prop 함수로 위임하는 구조이기 때문에, 기존 Container-Presenter 구조와도 일맥상통하는 부분이 있습니다. 그러나 다음과 같은 이유로 지금은 많이 사용되지 않습니다.

- 컴포넌트 중첩이 많아지면 JSX가 난독화되기 쉽습니다.
- TypeScript 환경에서는 타입 추론이 어렵고, 가독성이 떨어집니다.
- 무엇보다 훅(Hooks)의 등장으로 대부분의 재사용 로직이 함수 단위로 추출할 수 있게 되었습니다.

> 💬 **시니어 코멘트**
> 과거에는 react-router, react-table, react-motion 등 많은 라이브러리에서 Render Props 패턴을 적극 활용했지만, 현재는 대부분 훅 기반의 API로 전환되었습니다. 하지만 필자의 경우 아직도 즐겨쓰는 패턴 중에 하나입니다.

Design Pattern 정리

살펴본 게 많이 있으니 정리를 따로 추가해 봤습니다.

프론트엔드 애플리케이션이 점점 복잡해짐에 따라, 개발자들은 코드 구조와 상태 관리를 더 체계적으로 다루기 위해 다양한 디자인 패턴을 도입하게 되었습니다. 특히 리액트의 등장 이후, UI 구성과 상태 변경을 더 정교하게 분리하고 관리할 수 있는 구조가 필요해졌고, 이에 따라 수많은 패턴들이 실무에 적용되었습니다.

전통적인 MVC는 Controller를 중심으로 View와 Model을 연결하는 구조였고, MVVM은 양방향 바인딩과 선언적 UI를 통해 UI 갱신을 자동화하려 했습니다. 하지만 규모가 커질수록 데이터 흐름과 상태 관리의 복잡성이 문제가 되었고, 이때 등장한 Flux는 단방향 데이터 흐름이라는 개념으로 그 문제를 해결하고자 했습니다.

리액트 생태계에서는 Container-Presenter 패턴이 관심사 분리의 대표적 접근 방식으로 자리 잡았고, 이후 이를 실무에 명확하게 적용하기 위한 VAC 패턴(View-Asset-Component)으로 발전했습니다. 동시에, 커스텀 훅은 로직 재사용성을 극대화하며 Container의 책임을 분리하는 방식으로 활용되었고, Compound Component 패턴은 복합 UI 요소들을 유연하게 구성하는 데 큰 역할을 했습니다.

이러한 패턴들은 단순한 코드 스타일이 아니라, 상태를 예측 가능하게 만들고, UI와 로직의 복잡도를 제어하며, 유지보수 가능한 아키텍처를 구현하기 위한 실천 방법입니다. 그리고 이 흐름 속에서 Redux, Recoil, Zustand 등 강력한 상태 관리 라이브러리들이 등장하게 되었습니다. 이제 이 상태 관리 라이브러리에 대해 살펴보겠습니다.

6.2 상태 관리 라이브러리(상)

리액트에서의 상태 관리란 컴포넌트 간 데이터의 흐름과 변화 과정을 다루는 일입니다. 단순한 컴포넌트 수준에서는 useState나 useContext만으로도 충분히 상태를 관리할 수 있지만, 애플리케이션 규모가 커질수록 상태의 복잡도가 급격히 증가합니다. 여러 컴포넌트가 하나의 상태를 공유하거나, 깊은 트리를 통해 데이터를 전달해야 하는 상황이 반복되면 관리가 어려워지고, 불필요한 렌더링이 발생할 수 있습니다.

이러한 문제를 해결하기 위해 리액트 생태계에서는 다양한 상태 관리 라이브러리가 등장했습니다. 각 라이브러리는 고유한 철학과 구현 방식을 갖고 있으며, 그 구조와 사용 방식에 따라 적절한 사용처가 구분됩니다. 본 절에서는 Redux, Recoil, MobX와 같은 전통적이고 구조화된 상태 관리 라이브러리를 먼저 살펴보고, 다음 절(6.3)에서는 최근 많이 주목을 받는 Zustand, Jotai, Valtio와 같은 경량화된 상태 관리 방식에 대해 소개할 것입니다.

Redux: 중앙집권화된 단일스토어

Redux는 리액트에서 복잡한 상태 관리를 예측 가능하고 일관되게 하기 위해 등장한 라이브러리로, 단방향 데이터 흐름과 중앙 집중형 저장소(Store)를 기반으로 설계되었습니다. 애플리케이션의 상태를 단 하나의 Store에 모두 저장하고, 상태 변경은 오직 Action → Reducer라는 흐름을 통해 이루어집니다.

Redux의 핵심 구성요소는 다음과 같습니다.

- **Action**: 상태 변경 요청을 나타내는 객체로, type과 payload 속성을 가지고 있습니다.
- **Reducer**: 현재 상태와 액션을 입력받아 새로운 상태를 반환하는 순수 함수.
- **Store**: 전체 애플리케이션의 상태를 보관하고 관리하는 중앙 저장소.

중요한 점은 Redux가 리액트에 종속되지 않고 순수 자바스크립트로 구현된 상태 관리 라이브러리라는 것입니다. 따라서 리액트뿐 아니라 Vue, Angular, Vanilla JavaScript 등 다양한 프레임워크에서도 사용할 수 있어 범용성이 높습니다.

다만 이런 Redux의 대표적인 단점은 액션, 리듀서, 타입 등을 별도로 정의해야 하기 때문에 코드가 장황해진다는 점입니다. 그래서 단순한 상태 관리를 위해서 Redux를 도입하는 것은 오히려 과한 설계가 될 수 있습니다.

그림 6.7 리덕스 공식 홈페이지(https://redux.js.org/)

Redux Toolkit - Redux 쉬운 버전

Redux의 복잡성과 보일러플레이트 문제를 해소하기 위해 공식적으로 제공되는 도구가 바로 Redux Toolkit입니다. createSlice, configureStore 등을 통해 액션과 리듀서를 동시에 정의하고, 상태 변경 코드를 간결하게 작성할 수 있습니다.

다음은 Redux Toolkit의 createSlice를 이용해 카운터 상태를 관리하는 코드입니다.

```ts
// features/counterSlice.ts
import { createSlice } from "@reduxjs/toolkit";

const counterSlice = createSlice({
  name: "counter",
  initialState: { value: 0 },
  reducers: {
    increment: (state) => {
      state.value += 1; // Immer 덕분에 불변성 유지
    },
    decrement: (state) => {
      state.value -= 1;
    },
  },
});

export const { increment, decrement } = counterSlice.actions;
export default counterSlice.reducer;
```

이 slice는 value라는 숫자 상태를 갖고 있으며, increment, decrement 두 액션을 통해 상태를 변경합니다. Redux Toolkit 내부에서는 Immer를 사용하여 불변성을 자동으로 유지하므로, 개발자는 불변성에 대해 신경 쓰지 않아도 됩니다.

```ts
// store.ts
import { configureStore } from "@reduxjs/toolkit";
import counterReducer from "./features/counterSlice";

const store = configureStore({
  reducer: {
    counter: counterReducer,
  },
});

export type RootState = ReturnType<typeof store.getState>;
export type AppDispatch = typeof store.dispatch;
export default store;
```

스토어 설정 후에는 Provider를 통해 앱 최상단에 Redux 스토어를 연결해야 합니다.

```tsx
// index.tsx
import ReactDOM from "react-dom/client";
import { Provider } from "react-redux";
import store from "./store";
import App from "./App";

const root = ReactDOM.createRoot(document.getElementById("root")!);
root.render(
  <Provider store={store}>
    <App />
  </Provider>
);
```

이제 리액트 컴포넌트에서 사용하면 됩니다.

```tsx
// Counter.tsx
import { useSelector, useDispatch } from "react-redux";
import { RootState } from "./store";
import { increment, decrement } from "./features/counterSlice";

function Counter() {
  const count = useSelector((state: RootState) => state.counter.value);
  const dispatch = useDispatch();

  return (
    <div>
      <h2>Count: {count}</h2>
      <button onClick={() => dispatch(increment())}>+1</button>
      <button onClick={() => dispatch(decrement())}>-1</button>
    </div>
  );
}

export default Counter;
```

이전에는 useState로 상태를 관리할 수 있었는데, 너무 많은 파일이 만들어졌다는 느낌이 듭니다. 하지만 초기 설정이 번거롭더라도 이후 상태를 추가하거나 관리하는 작업은 훨씬 편하질 것입니다.

Ducks Pattern - 슬라이스 단위로 모듈화

Redux는 상태 관리를 중앙에서 일관되게 제어할 수 있는 장점을 갖고 있지만, 규모가 커질수록 폴더 구조와 코드 조직 방식이 매우 중요합니다. Redux 자체는 구조에 대한 강제는 없으므로, 개발자들이 각자의 기준에 따라 구조화 방식(패턴)을 선택하게 되며, 이 중 대표적인 방식이 Ducks Pattern과 Domain-based Structure입니다.

Ducks Pattern은 Redux 코드에서 흔히 발생하던 분리 과잉 문제(Action, Reducer, Constants 분리)를 해결하기 위해 등장한 패턴입니다. 하나의 slice 파일 안에 상태, 리듀서, 액션 생성자를 통합함으로써 모듈을 단일 파일로 관리할 수 있게 합니다.

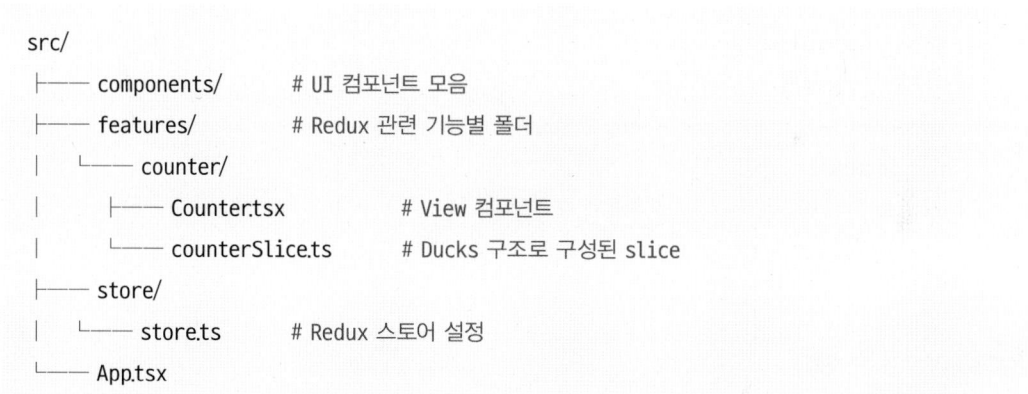

Ducks 패턴의 장점은 다음과 같습니다.

- 모듈별 독립성이 높아 재사용성이 좋고, 유지보수가 편함
- Redux Toolkit과 매우 잘 어울림(slice 중심 구조와 동일 철학)
- 중소규모 프로젝트나 단일 기능 중심의 개발에 적합
- 액션, 리듀서, 상태 정의를 한 파일에서 관리할 수 있어 구조가 단순하고 명확함

Domain-based Structure - 기능 중심의 아키텍처

반면, 도메인 기반 구조(Domain-based Structure)는 기능 단위로 폴더를 분리하여, 상태 관리, API 호출, 뷰 컴포넌트를 하나의 도메인 폴더 안에 모읍니다. 이는 기능 단위로 개발하고 유지보수하기 편한 구조로, 대규모 프로젝트에서 높은 일관성과 확장성을 제공합니다.

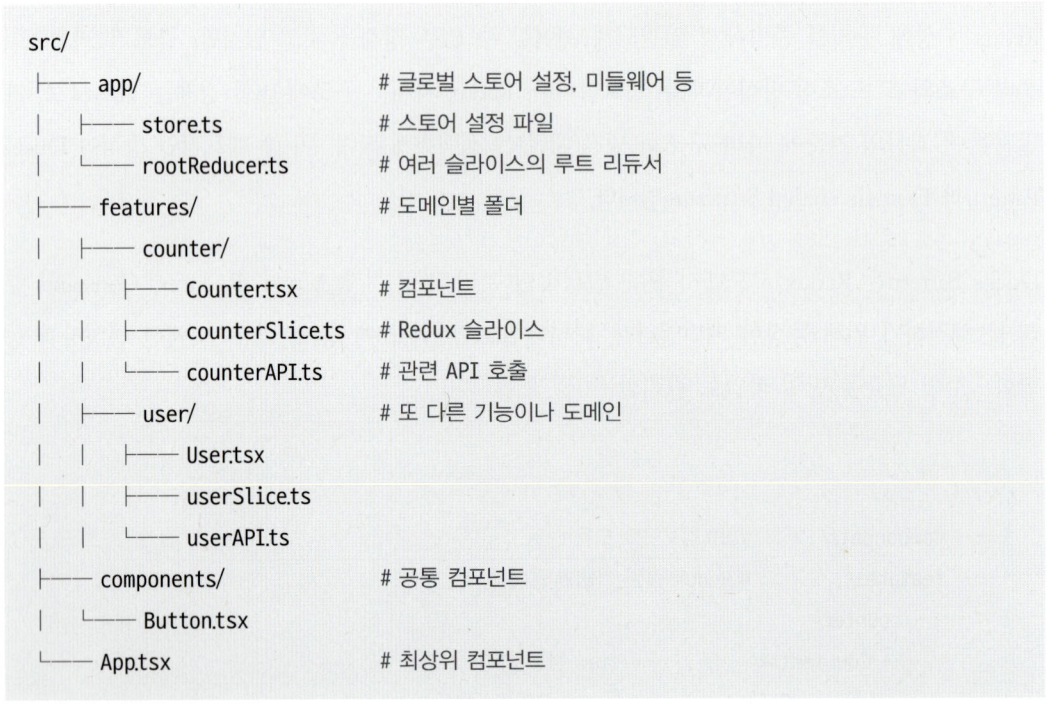

Domain 구조의 장점

- 기능 단위로 독립된 작업 가능 → 협업 시 충돌 감소
- 유지보수가 쉽고, 테스트 및 리팩터링이 편리함
- 기능 추가 시 확장하기 좋은 구조

이처럼 도메인 기반 구조는 관심사의 분리를 자연스럽게 유도하고 리팩터링도 쉽게 만들어 줍니다. 특히 Redux가 이 구조를 만든 것은 아니지만 함께 사용하는 경우, 슬라이스 구조와 잘 어울리기 때문에 실무에서 많이 채택됩니다.

다만 이 구조는 'features', 'components', 'app' 등 상위 레벨을 도메인과 인프라로 구분한 단순한 레이어 구조로 머무르는 경우가 많습니다. 이때 더 구조적인 기준과 확장성 있는 계층화를 고민하고 있다면, 최근 커뮤니티를 중심으로 정립된 FSD(Feature-Sliced Design) 접근을 고려해볼 만합니다. 필자도 최근에 신규 프로젝트에 적용해 보았는데 매우 유용한 패턴으로 여기고 있습니다.

Recoil: 직관적이고 가벼운 상태 관리

Recoil은 Facebook(현 Meta)의 리액트 팀이 개발한 상태 관리 라이브러리로, 리액트와의 깊은 통합을 전제로 설계되었습니다. 가장 큰 특징은 상태 간 의존성과 파생 상태를 직접 모델링할 수 있는 구조에 있습니다. Recoil은 기존 Redux나 Context API와 달리 상태 간의 연결 구조를 2차원 평면이 아닌, 3차원 네트워크 형태로 확장해 표현하고자 했습니다.

죽은 라이브러리, 하지만 토대가 된 라이브러리

아쉽게도, Recoil은 오랜 기간 정식 버전이 아닌 실험적 릴리즈 상태로 머물렀으며, 리액트 팀의 우선순위 조정으로 인해 공식 개발이 사실상 중단된 상태입니다. 이는 Recoil의 GitHub 저장소에서 활발한 커밋이 멈춘 상태로, 커뮤니티에서는 사실상 '죽은 라이브러리'로 간주되고 있습니다.

하지만 그렇다고 해서 Recoil을 무시해야 할 이유는 없습니다. 오히려 배워야 합니다. 그 이유는 다음과 같습니다.

- Recoil은 Redux의 복잡한 패턴을 대체하기 위한 시도로 등장했습니다.
- 상태를 함수처럼 조합하고 추론 가능한 방식으로 관리하는 철학은 여전히 유효합니다.
- Zustand, Jotai, Valtio 등 후속 경량 상태 관리 도구에 많은 영향을 미쳤습니다.

필자 역시 Recoil을 선택했던 이유는 단순했습니다. 리액트 팀이 직접 만든 상태 관리 도구, 즉 가장 리액트스럽게 설계된 상태 관리 솔루션이길 기대했기 때문입니다. 그러나 기대와 달리 Recoil은 빠르게 확장되지 못했고, 오랜 시간 동안 정식 릴리즈 없이 알파 상태에 머문 채 커뮤니티의 관심에서 멀어지게 되었습니다.

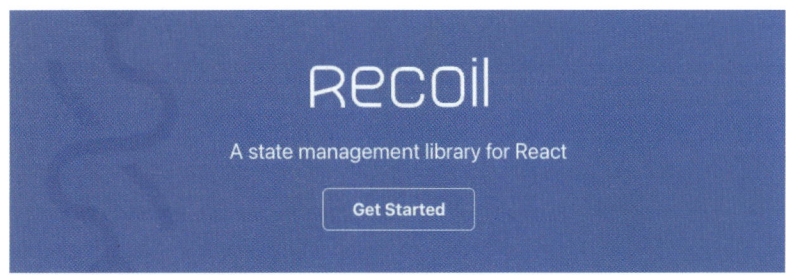

그림 6.8 Recoil 공식 홈페이지(https://recoiljs.org/)

2D에서 3D로 - Recoil이 상태를 보는 방식

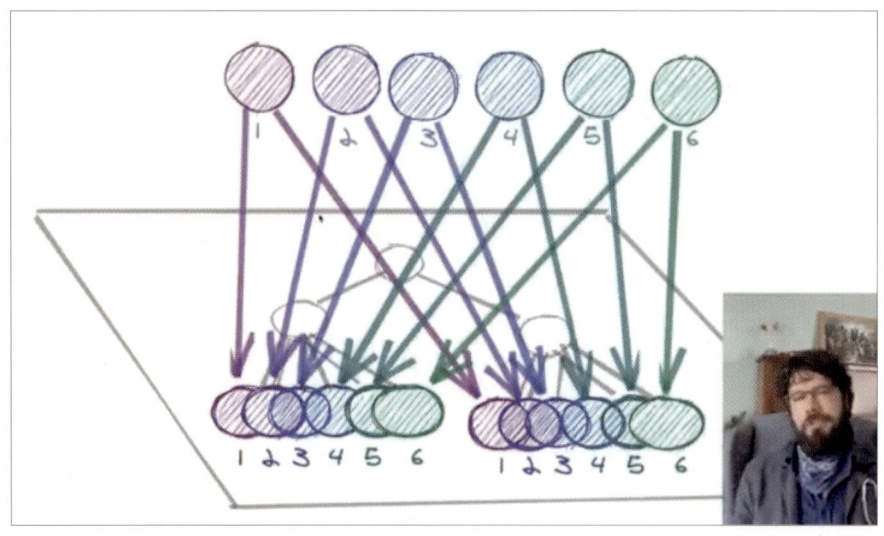

그림 6.9 Recoil 발표 중 화면 발췌(https://youtu.be/_ISAA_Jt9kI?t=614)

Recoil이 등장하면서 리액트 상태 관리에 대한 전통적인 방법론에 의문이 제기되었습니다. 대부분의 상태 관리 방식은 리액트의 컴포넌트 트리를 중심으로 상태를 설계합니다. 이 방식은 상태가 컴포넌트의 상하 계층 구조에 종속되며, 상태 흐름이 2차원적으로 제한된다는 단점이 있습니다.

하지만 Recoil은 이러한 구조에서 벗어나, 컴포넌트 트리와 상태를 분리합니다. Recoil에서 상태는 리액트 컴포넌트와 분리된 별도의 의존성 그래프 형태, 즉 3차원 상태 구조로 모델링됩니다.

"상태는 트리가 아닙니다. 상태는 방향 그래프(Directed Graph)입니다." - Recoil 발표 중

상태를 '방향 그래프' 형태로 모델링한다는 말은, 상태와 상태 사이의 의존성을 트리 구조에서 제한하지 않고, '필요한 방향'으로 자유롭게 연결할 수 있다는 의미입니다.

즉, 이전까지는 상태가 컴포넌트 내부 혹은 계층적으로 전달되는 구조에 묶여 있었다면, 이제는 컴포넌트와 분리된 독립적인 구조로 관리되며, 다양한 상태 간 연산과 의존성을 명시적으로 모델링할 수 있는 요소로 취급됩니다.

예를 들어, 필터 조건 → 정렬 방식 → 서버 쿼리 → 결과 목록 순으로 이어지는 상태 흐름을 선언적으로 표현할 수 있으며, 각 상태 간 의존성을 자동으로 관리할 수 있습니다.

Recoil 사용법

이제 Recoil의 핵심 개념인 atom과 selector를 활용하여 상태를 선언적으로 설계해 보겠습니다.

```ts
// state.ts
import { atom, selector } from "recoil";

// 상태 단위 정의
export const countState = atom({
  key: "countState",
  default: 0,
});

// 파생 상태 정의 (기존 상태의 계산 결과)
export const doubleCountState = selector({
  key: "doubleCountState",
  get: ({ get }) => get(countState) * 2,
});
```

상태를 선언했습니다.

```tsx
// App.tsx
import { RecoilRoot } from "recoil";
import Counter from "./Counter";

function App() {
  return (
    <RecoilRoot>
      <Counter />
    </RecoilRoot>
  );
}
```

최상위 컴포넌트를 RecoilRoot로 감싸겠습니다.

```tsx
// Counter.tsx
import { useRecoilState, useRecoilValue } from "recoil";
import { countState, doubleCountState } from "./state";

function Counter() {
  const [count, setCount] = useRecoilState(countState);
  const double = useRecoilValue(doubleCountState);

  return (
    <div>
      <h1>Count: {count}</h1>
      <h2>Double: {double}</h2>
      <button onClick={() => setCount(count + 1)}>+1</button>
    </div>
  );
}

export default Counter;
```

마지막으로 Recoil이 제공하는 훅으로 상태를 사용합니다.

이번에는 필터 조건 → 정렬 방식 → 서버 쿼리 → 결과 목록 순으로 이어지는 상태 흐름을 Recoil로 작성해 보겠습니다.

```tsx
// 1. 사용자가 선택한 필터 조건
const filterState = atom({
  key: "filterState",
  default: { category: "all", priceRange: [0, 100] },
});

// 2. 정렬 방식
const sortState = atom({
  key: "sortState",
  default: "latest",
});
```

```
// 3. 쿼리 문자열을 계산하는 파생 상태 (selector)
const querySelector = selector({
  key: "querySelector",
  get: ({get}) => {
    const filter = get(filterState);
    const sort = get(sortState);
    return `/api/products?category=${filter.category}&sort=${sort}`;
  },
});

// 4. API 호출 결과를 가져오는 selector
const productListSelector = selector({
  key: "productListSelector",
  get: async ({get}) => {
    const query = get(querySelector);
    const response = await fetch(query);
    return response.json();
  },
});
```

이렇게 atom, selector 조합으로 구현되며, 하나의 atom이 변경되면 관련된 모든 상태(필터, 정렬)가 자동으로 추척되어 최신 값으로 반영됩니다.

하지만 이런 편리함과 유연한 구조에도 불구하고 이제는 더 이상 사용하지 않는 비운의 상태관리 도구가 되어 안타까울 뿐입니다. 하지만 이러한 철학과 개념은 이후 등장한 Zustand, Jotai, Valito와 같은 라이브러리에도 깊은 영향을 주었습니다. 특히나 Jotai는 Recoil에 강한 영향을 받은 라이브러리입니다.

Mobx: 객체지향 상태 관리

MobX는 "Simple, scalable state management"라는 슬로건을 내세우지만, 필자는 이를 객체지향 상태 관리 라이브러리로 소개하고자 합니다. MobX는 데코레이터를 지원하여 객체지향 프로그래밍에 익숙한 개발자들에게 매력적으로 다가오고 있습니다.

Redux나 Recoil이 함수형 또는 선언형 접근을 강조했다면, MobX는 객체지향 프로그래밍에 기반한 상태 추적과 반응성을 지향합니다.

MobX는 다음과 같은 질문에서 출발합니다.

- "왜 상태를 수동으로 관리해야 할까?"
- "상태가 바뀌면, 자동으로 필요한 컴포넌트만 다시 렌더링되면 안 될까?"

이에 대해 필자가 MobX에 빙의해 이렇게 답해 보겠습니다.

- 상태를 관찰 가능(observable)하게 만들고, 이를 반응성(reactive)으로 추적해서, 상태가 바뀌면 자동으로 종속된 컴포넌트만 업데이트해줄게

즉, MobX는 명시적인 상태 갱신 트리거 없이도, 상태 변화에 따라 UI가 자동으로 반응하게 만드는 데 초점을 맞춥니다.

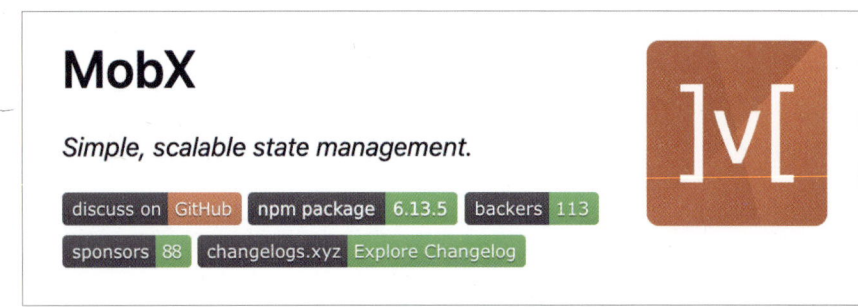

그림 6.10 Mobx 공식 홈페이지(https://mobx.js.org/README.html)

모든 것은 파생될 수 있다

MobX는 상태 관리를 위해 다음 네 가지 핵심 개념을 사용합니다.

- **Observable**: 상태를 관찰 가능하게 만들며, 추후 추적 대상이 됩니다.
- **Action**: 상태를 변경하는 함수이며, 명시적으로 변경의 의도를 표현
- **Computed**: 다른 상태로부터 유도되는 파생 값
- **Observer**: 상태가 바뀌면 자동으로 다시 렌더링되는 컴포넌트

이러한 개념들은 실제로는 매우 간단한 코드로 표현할 수 있지만, 내부적으로는 강력한 반응형 추적 시스템(reaction tracking)을 사용해 복잡한 상태 흐름을 자동으로 관리합니다.

```ts
// store/counter.ts
import { makeAutoObservable } from "mobx";

class CounterStore {
  count = 0;

  constructor() {
    makeAutoObservable(this); // 상태, action, computed 자동 처리
  }

  increment() {
    this.count += 1;
  }

  get double() {
    return this.count * 2;
  }
}

export const counterStore = new CounterStore();
```

그리고 바로 사용합니다.

```tsx
// Counter.tsx
import { observer } from "mobx-react-lite";
import { counterStore } from "./store/counter";

const Counter = observer(() => {
  return (
    <div>
      <p>Count: {counterStore.count}</p>
      <p>Double: {counterStore.double}</p>
      <button onClick={() => counterStore.increment()}>+1</button>
    </div>
  );
});

export default Counter;
```

데코레이터를 사용한 상태 관리

MobX는 ES 데코레이터(Decorators)를 지원하며, 이를 활용하면 상태 정의와 관리 코드가 더욱 명확하고 선언적으로 보일 수 있습니다. 데코레이터는 @observable, @action, @computed 등의 키워드를 사용해 클래스 필드에 역할을 명시적으로 부여합니다.

```javascript
import { observable, action, computed } from "mobx";

class CounterStore {
  @observable count = 0;

  @action
  increment() {
    this.count += 1;
  }

  @computed
  get double() {
    return this.count * 2;
  }
}

export const counterStore = new CounterStore();
```

MobX에 대한 호불호

MobX는 데코레이터 기반의 선언형 문법과 직접적인 상태 변경을 허용하는 객체지향적 설계 덕분에 한때 큰 관심을 받았습니다. 특히 리액트의 복잡한 상태 관리에 피로를 느낀 개발자들 사이에서, MobX의 간결함과 자동 반응성은 큰 매력으로 다가왔습니다. 그러나 2025년 현재, MobX는 리액트 생태계 내에서 주류 도구보다는 선택적 도구로 자리 잡았고, 그 구조와 철학 때문에 평가가 확실히 갈리는 라이브러리입니다. 필자의 기준으로는 불호에 가깝습니다. 가장 큰 이유는 데코레이터 문법이 ECMAScript 표준이 아니기 때문입니다.

> 💡 **시니어 코멘트**
> 데코레이터 문법은 아직 ECMAScript에 최종 채택된 표준은 아니지만, 현재 Stage 3 제안까지 올라온 상태로 사실상 표준에 매우 가까워지고 있습니다.
> 특히 TypeScript는 최신 버전(5.0 이상)부터 ECMAScript의 Stage 3 데코레이터 제안을 기반으로 한 공식적인 지원을 제공하고 있으며, 이를 통해 실무에서 안정적으로 사용할 수 있습니다.

> **참고** https://github.com/tc39/proposal-decorators

MobX는 클래스 기반 구조에서 빛을 발합니다. @observable, @action, @computed 같은 데코레이터를 활용하면 상태의 목적을 명확히 구분할 수 있고, 상태와 동작이 함께 있는 객체 중심 구조로 자연스럽게 설계할 수 있습니다. 이 구조는 특히 다음과 같은 상황에서 효과적입니다.

- 도메인 주도 설계(Domain-Driven Design)를 따르는 백엔드 개발자
- 복잡한 도메인 모델링이 필요한 게임 UI나 3D 도구 인터페이스 개발자
- 여러 상태가 긴밀하게 얽힌 객체 간 연동 구조를 갖는 앱

이런 개발자들에게 MobX는 매우 직관적이며, 로직이 뷰와 분리된 구조를 강제하지 않아 빠르게 구현하고 테스트할 수 있는 이점이 있습니다.

Redux, Recoil, MobX 정리

한때 프론트엔드 상태 관리의 대표 주자로 불렸던 Redux, MobX, Recoil은 흔히 '과거의 삼대장'이라 불립니다. 하지만 '과거'라는 표현이 곧 '퇴장'이나 '몰락'을 의미하는 것은 아닙니다. 이 세 가지 라이브러리는 오랜 시간 동안 프론트엔드 상태 관리의 핵심 솔루션으로 자리 잡아 왔으며, 2025년 현재에도 여전히 많은 기업과 프로젝트에서 널리 사용되고 있는 실전 도구입니다.

> 💡 **시니어 코멘트**
> 실제로 일반적인 웹 서비스 개발 분야에서 MobX를 도입하는 사례는 점점 줄어들고 있습니다. 대신에 게임 UI 개발이나 웹 기반 3D 모델링 툴처럼 객체 상태를 중심으로 복잡한 상호작용을 다뤄야 하는 도메인에서 여전히 채택되는 모습을 종종 볼 수 있습니다. 실제로 국내외 여러 게임 클라이언트 엔지니어링 팀이나 디자인 툴 제작사들의 테크 블로그에서는 MobX를 활용한 사례가 꾸준히 공유되고 있습니다.

실제로 npm trends 데이터를 살펴보면, 이들 라이브러리는 여전히 활발하게 다운로드되고 있으며, 꾸준한 수요를 유지하고 있습니다.

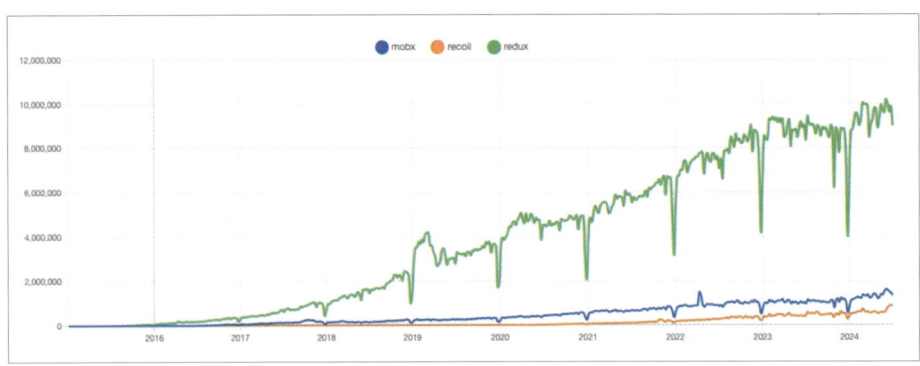

그림 6.11 npm 트렌드로 본 인기 순위(https://npmtrends.com/mobx-vs-recoil-vs-redux)

각 라이브러리는 각자 고유한 장점과 철학을 가지고 있습니다. 이를 마지막으로 정리해 보겠습니다.

- **Redux**
  특징: 단방향 데이터 흐름과 중앙 집중식 상태 관리를 철학으로 하며, 특히 대규모 애플리케이션에서 예측 가능한 상태 관리를 가능하게 합니다.
  장점: 높은 안정성과 넓은 커뮤니티 지원을 자랑하며, 다양한 플러그인과 미들웨어로 확장성이 뛰어납니다.

- **Recoil**
  특징: 리액트 팀이 주도하여 개발한 라이브러리로, 상태를 리액트의 컴포넌트 트리와 유연하게 연결할 수 있도록 설계된 것입니다.
  장점: 간결한 API로 사용이 직관적이며, 복잡한 상태 관계도 간편하게 다룰 수 있습니다.

- **MobX**
  특징: 객체지향 프로그래밍(OOP)에 기반한 구조로, 상태를 observable로 만들고 자동 반응성에 의해 UI를 갱신하는 방식입니다.
  장점: 명시적인 불변성을 요구하지 않기 때문에 코드가 간결하며, 직접 상태를 변경할 수 있는 유연함과 고성능 렌더링 최적화가 특징입니다.

이 세 가지 라이브러리는 모두 상태 관리의 고유한 철학과 접근 방식을 가지고 있으며, 모두 학습해야 할 필수 도구는 아닙니다. 오히려 프로젝트 성격과 팀의 기술 스택, 상태 관리에 대한 이해 수준에 따라 적절한 도구를 선택하는 것이 더 중요합니다.

그럼에도 학습 우선순위를 추천하자면, Redux 〉 Recoil 〉 MobX 순으로 접근하는 것이 바람직합니다. 다만 이 역시 절대적인 기준은 아닙니다. 이미 회사에서 특정 라이브러리를 사용하고 있다면 그 도구를 깊이 있게 파고드는 것이 가장 실용적이며, 또는 이후 소개할 Zustand, Jotai, Valtio와 같은 경량화된 현대적 상태 관리 라이브러리를 먼저 익히는 것도 매우 좋은 선택이 될 수 있습니다.

6.3 상태 관리 라이브러리(하)

이번 절에서는 최근 리액트 생태계에서 특히 주목받고 있는 Zustand, Jotai, Valtio 등 경량 상태 관리 라이브러리 3대장을 살펴보겠습니다. 이들 라이브러리는 Redux, MobX, Recoil과 같은 전통적인 상태 관리 도구들에 비해 훨씬 간결하고 직관적인 API를 제공하며, 복잡한 보일러플레이트 없이도 유연한 상태 구성이 가능합니다.

이러한 라이브러리들은 직접적인 글로벌 상태 공유, 선언적 구독 기반 구조, 그리고 리액트 훅과의 자연스러운 통합을 통해 최근 프론트엔드 개발자들에게 빠르게 확산되고 있습니다.

비록 다운로드 수 기준으로는 Redux가 여전히 우위를 점하고 있지만, 실제로는 새로운 프로젝트나 스타트업, 사이드 프로젝트 등에서 이들 경량 라이브러리의 채택률이 급격히 증가하는 추세입니다.

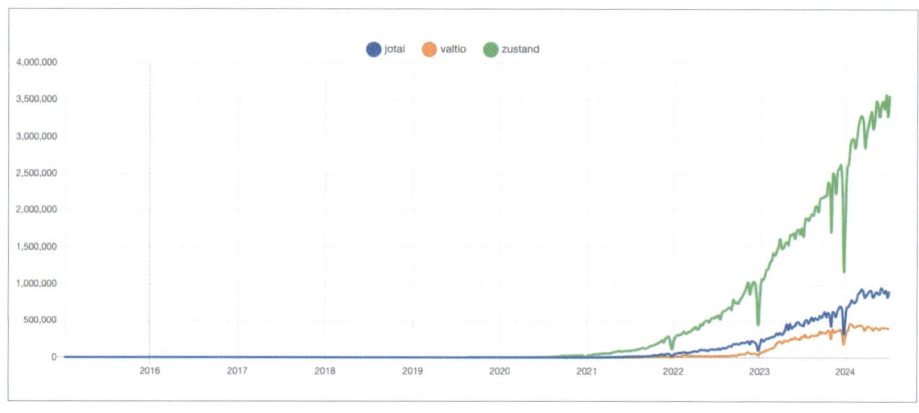

그림 6.12 npm 트렌드로 본 라이브러리 인기 비교(https://npmtrends.com/jotai-vs-valtio-vs-zustand)

흥미로운 점은, 이 세 가지 라이브러리 모두 pmndrs 팀에서 개발되었다는 것입니다. pmndrs는 리액트 생태계에서 유명한 오픈소스 팀으로, react-three-fiber, leva, drei 등 다양한 리액트 유틸리티와 툴링을 개발한 것으로 잘 알려져 있습니다.

pmndrs 팀의 상태 관리 철학은 명확합니다.

"복잡하지 않으면서도 유연하고, 리액트와 자연스럽게 통합되는 상태 관리"

Zustand, Jotai, Valtio는 이 철학을 그대로 반영하며, 각각의 구현 방식은 다르지만 다음과 같은 공통점을 갖고 있습니다.

- 보일러플레이트가 거의 없습니다.
- 사용자 입장에서 최소한의 코드로 상태를 정의하고 사용할 수 있습니다.
- React Hook 기반 설계로 함수형 컴포넌트와 완벽하게 호환됩니다.
- 퍼포먼스 최적화(선택적 구독, 프록시 기반 추적 등)에 중점을 둡니다.

이제 이런 공통점을 가지고 있는 세 가지 라이브러리를 살펴보겠습니다.

Zustand: 간결하고 유연한 상태 관리

Zustand는 "A small, fast, and scalable bearbones state management solution"이라는 문구로 소개되는 경량 상태 관리 라이브러리입니다.

여기서 "bearbones"는 불필요한 기능 없이 뼈대만 남긴 단순한 상태 관리라는 의미를 담고 있으며, 동시에 곰을 마스코트로 사용하는 Zustand의 특징을 살린 언어유희이기도 합니다. 추가로 주스탄트라고 읽습니다.

그림 6.13 zustand 마스코트(https://docs.pmnd.rs/zustand/getting-started/introduction)

Zustand는 단순한 API와 훅 기반 구조, 그리고 전역 상태 관리의 직관적인 방식 덕분에, 2023~2025년 사이 빠르게 인기를 끌었습니다. Redux가 엄격한 설계와 보일러플레이트로 피로감을 주고, MobX가 내부 추적 구조로 인해 예측 불가능한 리렌더링 문제를 유발할 수 있던 반면, Zustand는 "그냥 함수 하나로 상태를 만들고 쓴다."라는 간단함으로 많은 리액트 개발자에게 선택받았습니다.

Zustand 사용법

Zustand(독일어로 '상태'라는 뜻)는 2025년 현재 중소형 프로젝트는 물론 대규모 기업 프로젝트에서도 채택하는 사례가 늘고 있으며, 특히 Next.js 기반의 서버-클라이언트 혼합 구조에서도 안정적인 선택지로 각광받고 있습니다.

```ts
// store/counter.ts
import { create } from "zustand";

interface CounterState {
  count: number;
  increment: () => void;
}

export const useCounterStore = create<CounterState>((set) => ({
  count: 0,
  increment: () => set((state) => ({ count: state.count + 1 })),
}));
```

상태를 생성하고 바로 사용합니다.

```tsx
// Counter.tsx
import { useCounterStore } from "./store/counter";

function Counter() {
  const { count, increment } = useCounterStore();

  return (
    <div>
      <p>{count}</p>
      <button onClick={increment}>+1</button>
    </div>
  );
}
```

이처럼 Zustand는 코드가 간결하고 자유도가 높기 때문에, 상태 모델이 단순하거나 복잡하지 않은 상황에서 매우 적합합니다.

미들웨어와 확장 기능

Zustand는 미들웨어 기반의 확장성을 핵심 설계로 채택하고 있습니다. 이 덕분에 불변성 유지, 상태 영속화, 개발자 도구 연동 등 다양한 기능을 플러그인처럼 유연하게 추가할 수 있습니다. Zustand의 미들웨어는 useStore 함수 내부의 구성에 자연스럽게 통합되며, 학습 난이도 없이 실무에 적용하기 쉽습니다.

다음은 대표적인 세 가지 미들웨어를 결합한 예제 코드입니다.

- **immer**: 불변성 관리를 간편하게 적용
- **persist**: 로컬 스토리지 등에 상태를 저장하여 새로고침 후에도 유지
- **devtools**: Redux DevTools와 연동하여 상태 추적 가능

```typescript
import { create } from "zustand";
import { createJSONStorage, persist } from "zustand/middleware";
import { devtools } from "zustand/middleware/devtools";
import { immer } from "zustand/middleware/immer";

// 상태 타입 정의
type State = {
  bears: number;
};

// 상태 변경 함수 타입 정의
type Actions = {
  increasePopulation: () => void;
  reset: () => void;
};

// 초기 상태 정의
const initialState: State = {
  bears: 0,
};

// Zustand 스토어 생성
const useBearStore = create<State & Actions>()(
  devtools(
    persist(
      immer((set) => ({
        ...initialState,
        increasePopulation: () =>
          set((state) => ({ bears: state.bears + 1 })), // 상태 변경 함수
        reset: () => set(initialState), // 상태 리셋 함수
      })),
      {
        name: "storage", // persist를 위한 스토리지 이름
        storage: createJSONStorage(() => localStorage), // localStorage를 사용한 상태 저장
      }
    )
  )
);
```

이 예제는 한눈에 보기에도 Redux의 구조를 떠올리게 합니다. state, action, middleware, devtools 등 상태 관리에 필요한 구성 요소들이 명확하게 드러나기 때문입니다. 실제로 Zustand는 설계 철학적으로 Redux의 개념을 계승하고 있습니다.

하지만 Redux와 달리, Zustand는 이를 매우 간결한 방식으로 구현하며, 보일러플레이트 없이 가볍고 빠르게 실무 적용이 가능합니다. 특히 TypeScript와 함께 사용할 경우, 상태와 액션의 타입 정의가 명확해져 코드 유지보수와 확장성 측면에서 강력한 이점을 제공합니다.

Jotai: 원자 단위의 독립적인 상태 관리

Jotai는 리액트 전용 상태 관리 라이브러리로, 공식 소개에서는 다음과 같이 설명됩니다.

"Jotai takes an atomic approach to global React state management."

여기서 핵심 키워드는 바로 atomic approach, 즉 상태를 원자 단위로 나누어 관리한다는 개념입니다. 이 방식은 상태 간의 결합도를 최소화하면서도, 필요한 상태만 효율적으로 관리할 수 있도록 설계되어 있습니다.

그림 6.14 jotai 마스코트(https://github.com/pmndrs/jotai)

Atomic Approach

Jotai의 가장 큰 특징은 애플리케이션의 상태를 더 이상 쪼갤 수 없는 작고 독립적인 단위인 '원자(atom)'로 관리하는 방식입니다. 각 원자는 독립적으로 선언되고, 개별적으로 구독 및 갱신됩니다. 이 구조는 기존의 전역 상태를 단일 store로 몰아넣는 방식과는 다른, 훨씬 세분화되고 컴포넌트 친화적인 설계를 가능하게 합니다.

- 원자(atom)

  하나의 상태 단위를 의미하며, 기본값을 지정해 생성합니다. 컴포넌트는 특정 atom만 구독하므로, 그 atom이 변경될 때만 해당 컴포넌트가 리렌더링됩니다.

- 파생 상태(derived atom)

  여러 atom의 값을 기반으로 계산된 값을 갖는 상태입니다. get, set을 통해 읽기/쓰기 가능하며, 메모이제이션처럼 불필요한 연산을 줄일 수 있습니다.

```js
// 기본 atom 생성
import { atom } from "jotai";

export const countAtom = atom(0);

// 파생 atom 생성
export const doubleAtom = atom((get) => get(countAtom) * 2);
```

atom으로 상태를 생성하고 바로 사용합니다.

```js
// 컴포넌트에서 사용
import { useAtom } from "jotai";
import { countAtom, doubleAtom } from "./store";

function Counter() {
  const [count, setCount] = useAtom(countAtom);
  const [double] = useAtom(doubleAtom);

  return (
    <div>
      <p>Count: {count}</p>
      <p>Double: {double}</p>
      <button onClick={() => setCount((prev) => prev + 1)}>+1</button>
    </div>
  );
}
```

앞의 코드에서 알 수 있듯이, useAtom은 리액트의 useState와 비슷하게 작동합니다. 하지만 실제로는 Jotai의 전역 상태(atom)에 접근하고 있으며, 내부적으로는 atom 단위의 구독 구조를 통해 필요한 컴포넌트만 업데이트됩니다.

Jotai의 파생 상태 관리

Jotai는 파생 상태(derived state) 생성을 통해, 원본 상태(Atom)를 기반으로 계산된 상태를 선언적으로 정의할 수 있도록 합니다. 이 방식은 원본 데이터와 비즈니스 로직을 분리함으로써, 유지보수성과 재사용성을 크게 향상시킵니다.

다음은 가격과 수량을 기반으로 총합을 계산하는 파생 상태 예시입니다.

```
import { atom, useAtom } from "jotai";

const priceAtom = atom(100);
const quantityAtom = atom(2);

// 파생 상태: price와 quantity가 변경될 때만 다시 계산됨
const totalAtom = atom((get) => get(priceAtom) * get(quantityAtom));

function Cart() {
  const [total] = useAtom(totalAtom); // totalAtom만 구독

  return <div>Total: ${total}</div>;
}
```

이 구조에서 Cart 컴포넌트는 totalAtom만 구독하며, 내부에서 사용되지 않는 priceAtom이나 quantityAtom의 변화에는 반응하지 않습니다. 즉, 의존하는 파생 상태만을 구독하기 때문에 불필요한 리렌더링을 방지할 수 있고, 이는 성능 최적화에도 도움이 됩니다.

Jotai의 파생 상태는 단순한 계산뿐 아니라 복잡한 로직 추가에도 유연하게 대응할 수 있습니다. 예를 들어, 할인율이 적용되는 총합 계산도 다음처럼 간단히 확장할 수 있습니다.

```
const discountRateAtom = atom(0.1); // 10% 할인

const totalAtom = atom(
  (get) =>
    get(priceAtom) * get(quantityAtom) * (1 - get(discountRateAtom))
);
```

이처럼 기존 Atom 구조를 변경하지 않고도 파생 상태에 새로운 로직을 자연스럽게 추가할 수 있어, 비즈니스 규칙의 변경에도 안정적으로 대응할 수 있습니다.

비동기 상태와 Suspense

리액트에서 상태를 관리할 때 가장 복잡해지는 지점은 바로 비동기 데이터 처리입니다. API를 호출해 데이터를 가져오고, 그 결과를 UI에 반영하는 과정은 흔한 시나리오지만, 처리 흐름은 의외로 복잡합니다.

많은 상태 관리 라이브러리 중에서 Jotai는 리액트 전용 상태 관리 라이브러리답게 비동기 상태를 직접 다루는 기능(atom with async)를 제공합니다.

```
import { atom } from "jotai";
import { atomWithQuery } from "jotai-tanstack-query";

const userAtom = atomWithQuery(() => ({
  queryKey: ["user"],
  queryFn: async () => {
    const res = await fetch("/api/user");
    return res.json();
  },
}));
```

이 userAtom은 내부적으로 Suspense에 대응하는 비동기 상태를 자동으로 처리하며, 컴포넌트에서는 다음과 같이 사용할 수 있습니다.

```
import { useAtomValue } from "jotai";
import { Suspense } from "react";

function UserInfo() {
  const user = useAtomValue(userAtom);
  return <div>Hello, {user.name}</div>;
}

function App() {
  return (
    <Suspense fallback={<p>Loading...</p>}>
      <UserInfo />
    </Suspense>
  );
}
```

여기서 Suspense는 비동기 상태가 pending 상태일 때 자동으로 fallback UI를 보여주며, fetch가 완료되면 본문이 렌더링됩니다.

> 💡 **시니어 코멘트**
> 필자의 경험상, Jotai는 간단한 상태 흐름을 빠르게 구성하는데 최적화되어 있지만, 복잡한 의존성과 상태 계층이 얽히기 시작하면 구조적 통제력이 약해집니다. 특히 대규모 서비스에 경우, 상태의 책임 구분이 명확하지 않으면 Jotai의 단순함이 '보이지 않은 복잡성'으로 바뀌게 됩니다.

Valtio: 프록시를 이용한 리액티브 상태 관리

Valtio는 "Proxy state made simple"이라는 간결한 설명으로 시작하는 프록시 기반의 자바스크립트 상태 관리 라이브러리입니다. Valtio는 프록시(Proxy) 객체를 활용하여 리액티브한 상태 추적을 제공하는 비교적 새로운 접근 방식입니다. 다른 라이브러리들과 달리 별도의 getter, setter를 사용하지 않고도 상태를 선언하고 사용할 수 있다는 점이 특징입니다.

Valtio는 프록시를 활용하여 상태 변화를 추적하므로, 상태를 변경할 때 불변성을 유지할 필요 없이 간단하게 변경하고 자동으로 이를 추적할 수 있습니다. 이 방식은 상태 관리의 복잡성을 줄이면서도 상태 변화를 자동으로 반영할 수 있는 장점이 있습니다. 하지만 Proxy API라는 다소 생소한 기술에 기반하기 때문에, zustand나 jotai와 비교할 때 인지도 면에서는 다소 낮을 수 있습니다.

프록시를 사용한 상태 선언

Valtio는 proxy() 함수를 통해 상태를 정의합니다. 이 객체는 내부적으로 자바스크립트의 Proxy 객체로 감싸져 있으며, 모든 변경 사항을 자동으로 추적할 수 있습니다.

```javascript
import { proxy, useSnapshot } from "valtio";

const state = proxy({
  count: 0,
});

function Counter() {
  const snap = useSnapshot(state);
  return (
    <div>
      <p>{snap.count}</p>
      <button onClick={() => state.count++}>증가</button>
    </div>
  );
}
```

앞의 코드 예시에서 state는 Proxy 객체이며, useSnapshot()을 통해 해당 상태의 스냅샷을 구독합니다. 버튼 클릭 시 state.count++로 직접 값을 수정해도 자동으로 리렌더링이 발생합니다.

여기서 주목할 점은 setState()나 immer 등의 불변성 처리 없이도 직접 상태를 수정할 수 있다는 것입니다. 이는 Valtio가 내부적으로 Proxy의 trap을 통해 변경 사항을 감지하고 이를 리액트 컴포넌트에 자동으로 반영하기 때문입니다.

Valtio의 설계 방식은 MobX와 유사한 느낌을 줍니다. MobX 역시 상태를 직접 변경할 수 있도록 허용하며, 불변성을 강제하지 않습니다. MobX에서는 상태를 observable로 선언하고 observer로 감싼 컴포넌트를 통해 변경 사항을 감지합니다. 반면 Valtio는 자바스크립트의 Proxy 객체를 통해 상태 변화를 추적하며, 구독을 위한 useSnapshot()을 제공합니다.

필자가 Valtio를 처음 접했을 때, Valtio는 마치 간소화된 MobX, 혹은 설정이 제거된 MobX처럼 느껴졌습니다. 복잡한 설정이나 데코레이터 없이도 리액티브 상태 관리를 구현할 수 있으며, 그 방식 또한 직관적입니다. 이는 MobX의 개념을 계승하되, 더 간결하고 예측 가능한 형태로 재구성한 결과라고 볼 수 있습니다.

실수와 실무 활용

이번에는 필자가 사용해보면서 자주 겪었던 실수에 대한 알아보겠습니다. Valtio를 사용하다 보면, 자주하는 실수는 useSnapshot()으로 값을 읽지 않고 Proxy 상태에 직접 접근하여 값을 읽는 것입니다. 다음은 잘못된 코드 예시입니다.

```jsx
const state = proxy({
  count: 0,
  text: "Hello",
});

function Counter() {
  return (
    <div>
      <h1>{state.count}</h1> {/* (X) 리렌더링이 발생하지 않음 */}
      <button onClick={() => state.count++}>Increment</button>
    </div>
  );
}
```

앞의 코드에서는 state.count를 직접 읽고 있기 때문에, 리액트는 해당 상태의 변화를 감지하지 못합니다. 그 결과, 값이 실제로는 변경되었더라도 화면에는 반영되지 않습니다. 리액티브 상태를 추적하기 위해서는 반드시 useSnapshot() 훅을 통해 값을 구독해야 합니다.

```jsx
function Counter() {
  const snap = useSnapshot(state);
  return (
    <div>
      <h1>{snap.count}</h1> {/* (0) 리렌더링이 정상적으로 발생 */}
      <button onClick={() => state.count++}>Increment</button>
    </div>
  );
}
```

또한, Valtio는 상태를 직접 수정할 수 있는 유연함을 제공하지만, 실무에서는 변경 로직을 함수로 분리하는 것이 유지보수와 디버깅 측면에서 유리합니다.

```jsx
const incrementCount = () => {
  state.count++;
};

function Counter() {
  const snap = useSnapshot(state);
  return (
    <div>
      <h1>{snap.count}</h1>
      <button onClick={incrementCount}>Increment</button>
    </div>
  );
}
```

이처럼 상태 변경 로직을 함수로 분리하면, 상태가 언제 어디서 어떻게 변경되는지 추적하기 쉬워집니다. 이는 클린 코드와 디버깅 효율성 측면에서 매우 중요한 습관입니다.

마지막으로 필자가 Valtio에서 개인적으로 좋아하는 기능이 있습니다. 바로 undo/redo 기능을 구현할 수 있는 내장 유틸리티 proxyWithHistory입니다.

```
import { proxyWithHistory } from "valtio/utils";
import { useSnapshot } from "valtio";

const state = proxyWithHistory({
  count: 0,
});

const increment = () => state.value.count++;
const undo = () => state.undo();
const redo = () => state.redo();

function Counter() {
  const snap = useSnapshot(state.value);
  return (
    <div>
      <h1>{snap.count}</h1>
      <button onClick={increment}>Increment</button>
      <button onClick={undo} disabled={!state.canUndo}>
        Undo
      </button>
      <button onClick={redo} disabled={!state.canRedo}>
        Redo
      </button>
    </div>
  );
}
```

이 예시처럼, state.value는 현재 상태를 나타내며, undo() 및 redo()는 내부 스택을 기반으로 동작합니다. 이는 단순한 counter 예제에도 적용 가능하지만, 실무에서는 복잡한 편집기 환경이나 연속적인 작업 히스토리를 다룰 때 더욱 유용합니다.

필자는 평소에 Zustand를 자주 사용하는 편이지만, 온라인 편집기를 개발할 때는 Valtio를 선택하곤 했습니다. 단순히 undo/redo 기능 때문에 선택한 것은 아니고, Valtio는 프록시 기반 상태 구조 덕분에 다음과 같은 특성이 있기 때문입니다.

- 복잡한 객체 구조의 상태도 직접 조작 가능
- 상태 변화가 자동으로 추적 가능
- UI가 그에 맞춰 자연스럽게 리렌더링

편집기와 같은 실시간 인터랙션 환경에서는 사용자의 동작에 따라 잦은 상태 변경과 이력 관리가 동시에 필요합니다. 이때 Valtio는 별도의 미들웨어나 외부 도구 없이도 이러한 요구 사항을 기본적으로 수용할 수 있었고, 상태 복구 흐름 또한 직관적으로 관리할 수 있었습니다.

특히 프록시 기반 상태 추적은 커서 이동, 도형 수정, 텍스트 입력 등 다양한 편집 작업이 비동기적으로 발생할 때도 매끄럽고 예측 가능한 흐름을 유지할 수 있습니다.

> 💬 **시니어 코멘트**
> Valtio는 간결함과 직관성을 무기로 삼은 상태 관리 도구입니다. 하지만 그만큼 사용자의 주의와 설계 습관이 중요합니다. useSnapshot을 빠뜨리거나 상태 변경을 무분별하게 직접 조작하면, 오히려 리액트의 상태 흐름을 왜곡할 수 있습니다. MobX와 비교했을 때, 설정은 줄었지만 규칙은 더 명확하게 세워야 한다는 점을 기억하시기 바랍니다.

Zustand, Jotai, Valtio – 경량 상태 관리의 부상

최근 프론트엔드 개발 커뮤니티에서는 Zustand, Jotai, Valtio와 같은 경량 상태 관리 라이브러리에 대한 관심이 꾸준히 증가하고 있습니다. 이들은 공통적으로 다음과 같은 특징을 갖고 있습니다.

- 비교적 간단한 API
- Redux나 Recoil보다 학습 비용이 낮음
- 리액트의 철학에 더 잘 어울리는 함수형 중심 설계

이러한 라이브러리들은 단순한 API 호출만으로도 강력한 상태 관리를 구현할 수 있어, 초기 프로젝트 셋업이나 중소형 애플리케이션에서 특히 유용합니다. 실제로 필자가 활동 중인 여러 커뮤니티에서도 이러한 도구들에 대한 사용 경험이나 비교 질문을 활발히 오가고 있습니다.

유연성의 이면: 상태 추적에 대한 신중한 접근 필요

Zustand와 Valtio는 상태에 대한 불변성(immutability)을 강제하지 않습니다. Jotai 역시 atom 간의 의존성을 직접 구성하도록 설계되어 있어, 개발자의 설계 역량에 따라 상태 흐름이 크게 달라질 수 있습니다.

이러한 유연성은 작은 프로젝트에서는 큰 이점이지만, 규모가 커지거나 협업이 늘어나는 상황에서는 의도하지 않은 상태 공유, 불명확한 변경 추적, 디버깅 난이도 증가 등의 문제를 유발할 수 있습니다.

상태를 직접 수정할 수 있다는 점은 학습 곡선을 낮추는 대신, 상태 변경의 명시성이 떨어지고, 예측 가능한 흐름 관리가 어려워질 수 있습니다.

따라서 이들 라이브러리를 사용할 경우, 팀 내 상태 관리 컨벤션을 미리 정해두고, 공통 규칙을 문서화하거나 자동화 도구로 지원하는 것이 필수적입니다. 필자는 Zustand를 도입할 당시, 상태 관리 방식에 일관성을 유지하기 위해 전용 코드 스니펫을 제작하여 팀원들과 공유했습니다.

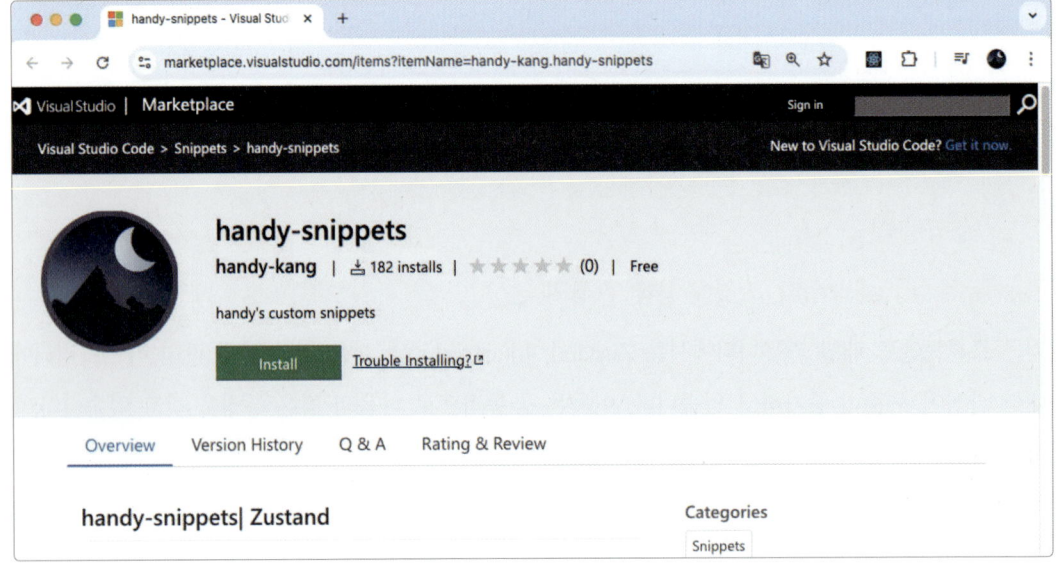

그림 6.15 vsc 확장 기능으로 배포된 handy-snippets

● 시니어 코멘트

최근에는 AI 도구의 발전으로 단순한 코드 스니펫보다는 의도와 맥락이 잘 정리된 문서가 더욱 필요해졌습니다. 개발자가 직접 코드를 작성할 때는 반복적인 작업을 줄이기 위해 스니펫을 활용하지만, AI 도구를 통한 코드 생성을 위해서는 명확한 규칙과 패턴을 정의한 별도의 코드 생성 가이드 문서를 따로 운영하는 방식이 점점 보편화되고 있습니다.

상태 관리 평행이론

상태 관리 라이브러리를 사용하면서 흥미로운 점은, 이들 라이브러리가 마치 기존 대표 라이브러리의 철학을 계승하면서도 보다 간결하고 현대적인 방식으로 분화된 모습을 보인다는 것입니다. 이러한 관점에서 바라보면, Zustand, Jotai, Valtio는 각각 Redux, Recoil, MobX와 구조적으로 평행한 위치를 차지하고 있다고 해석할 수 있습니다.

- **Redux vs Zustand**

    Redux는 단방향 데이터 흐름과 중앙 집중형 구조를 통해 대규모 애플리케이션에서 예측 가능성과 디버깅 편의성을 강조합니다. 이에 비해 Zustand는 Redux의 개념을 단순화하고, 보일러플레이트를 제거하여 더욱 직관적인 API를 제공합니다. 별도 설정 없이도 전역 상태를 구성할 수 있어, 빠른 개발 사이클을 선호하는 프로젝트에서 유리합니다.

- **Recoil vs Jotai**

    Recoil은 상태 간 의존성과 파생 상태(derived state)를 구조적으로 지원하는 점에서 복잡한 UI 상태 트리 관리에 강점을 가지고 있습니다. Jotai는 이러한 구조를 최소화하면서도 atom 단위의 상태 관리를 통해 더 가볍고 명확한 상태 분리를 가능하게 합니다. Suspense 지원과 비동기 통합 측면에서도 Recoil과 유사한 특징을 유지하되, 사용성은 더 단순화되어 있습니다.

- **MobX vs Valtio**

    MobX는 리액티브 상태 관리를 표방하며, 상태의 직접 변경과 자동 반응성을 지원하는 대표적인 라이브러리입니다. Valtio는 이러한 MobX의 철학을 계승하되, 프록시 기반 접근 방식으로 상태 변경을 감지하며 훨씬 간결한 사용 경험을 제공합니다. 불변성을 강제하지 않으면서도 구독 기반의 효율적인 상태 갱신을 실현한다는 점에서, 리액티브 애플리케이션에 특히 적합합니다.

이러한 흐름은 단순한 API 설계 변경이 아니라, 각 도구들이 특정 철학과 목적을 중심으로 의도된 기능 분화를 이뤘음을 보여줍니다. 각각의 라이브러리는 결국 비슷한 문제를 해결하지만, 더 최적화된 방식으로 설계되었으며, 그 결과 선택의 기준은 '더 좋다'가 아니라 '더 맞는가'로 귀결됩니다.

리액트 실무편(패턴과 상태 관리) 정리

이번 장에서는 리액트에서의 상태 관리 패턴과 그 진화 과정을 중심으로 살펴보았습니다. MVC, MVVM, Flux, Container-Presenter 패턴을 통해 UI와 로직의 분리를 어떻게 이뤄왔는지 확인하였고, Redux, Recoil, MobX 같은 상태 관리 프레임워크들이 이를 어떤 방식으로 체계화했는지 분석했습니다.

이어 Zustand, Jotai, Valtio와 같은 최근 경량 상태 관리 라이브러리를 비교하고, 각자의 철학과 기능적 특징, 실무에서의 적용 포인트를 구체적으로 정리하였습니다. 이러한 비교를 통해 현대 리액트 환경에서 상태 관리를 어떻게 간결하고 효율적으로 설계할 수 있는지에 대한 다양한 전략을 제시하였습니다.

마지막으로 필자가 정리한 상태 관리 평행이론을 통해, 각 라이브러리가 기존 도구의 철학을 어떻게 계승·진화시켜왔는지를 살펴보았으며, 그 선택은 기능보다 '철학의 적합성'에 기반해야 함을 강조했습니다.

> 💡 **시니어 코멘트**
>
> 라이브러리나 패턴은 빠르게 변화합니다. 이러한 프론트엔드 생태계 속에서 배운 지식과 경험을 바탕으로 스스로의 기준과 철학으로 자체적인 생태계를 구축해야 한다는 점을 잊지 않기를 바랍니다.

7장
리액트 실무편 컴포넌트

7.1 특이한 컴포넌트
7.2 CSS와 스타일링
7.3 모듈화된 스타일링
7.4 컴포넌트 스타일링
7.5 컴포넌트 라이브러리

리액트 애플리케이션의 본질은 컴포넌트 설계에 있습니다. 사용자 인터페이스를 구성하는 최소 단위인 컴포넌트는 단순한 화면 요소를 넘어, 애플리케이션의 구조와 유지보수성을 결정짓는 핵심 개념입니다.
이번 장에서는 리액트 컴포넌트를 중심으로, 실무에서 자주 마주치는 다양한 스타일링 기법과 디자인 시스템 기반의 UI 구축 전략을 함께 다루겠습니다. 단순한 컴포넌트 선언을 넘어, 재귀적 구조, 조건적 표현, 고차 컴포넌트(HOC)와 같은 특수 형태의 컴포넌트도 살펴보겠습니다.
또한, Tailwind CSS와 같은 유틸리티 기반 스타일링 기법, CSS Modules와 같은 범위 한정 스타일링 방식, 그리고 shadcn/ui, MUI와 같은 컴포넌트 라이브러리를 통해 일관성 있고 생산적인 UI 개발을 가능하게 하는 방법도 함께 학습합니다.

7.1 특이한 컴포넌트

리액트 컴포넌트는 본질적으로 함수이지만, 실제 애플리케이션에서는 단순한 함수 컴포넌트만으로는 해결되지 않는 다양한 상황에 직면하게 됩니다. 예를 들어, 비동기 데이터 로딩, 중첩 구조의 데이터 표시 등은 일반적인 컴포넌트로는 구현이 어렵거나 비효율적입니다.

이러한 실무 상황에 대응하기 위해 리액트는 Suspense, StrictMode, 재귀 컴포넌트 등 몇 가지 특수한 기능 또는 패턴을 제공합니다. 이들은 모두 '컴포넌트처럼 보이지만 일반 컴포넌트와는 조금 다른' 구조이므로, 원리와 목적을 제대로 이해하고 사용하는 것이 중요합니다.

Suspense

〈Suspense〉는 비동기 컴포넌트가 로드되는 동안 fallback UI를 표시하는 리액트 내장 컴포넌트입니다. 주로 React.lazy()와 함께 사용되어, 코드 분할된 컴포넌트를 로딩할 때 활용되며, React 18 이후에는 비동기 데이터 로딩, 서버 렌더링, 스트리밍 등 더 다양한 비동기 시나리오에서도 사용됩니다.

```jsx
import React, { Suspense, lazy } from "react";
const Chart = lazy(() => import("./Chart"));

function Dashboard() {
  return (
    <Suspense fallback={<div>Loading chart...</div>}>
      <Chart />
    </Suspense>
  );
}
```

위 코드는 〈Chart /〉 컴포넌트가 로드되기 전까지 "Loading chart..." UI를 먼저 보여주고, 로드가 완료되면 실제 컴포넌트로 교체됩니다.

그렇다면 Suspense를 어디에 자주 사용하는지 그 예시를 알아보겠습니다. 유튜브에서 동영상 목록이 로드되기 전까지 사용자는 다음과 같은 스켈레톤 화면을 볼 수 있습니다.

그림 7.1 유튜브의 로딩 화면 예시

이 화면은 로딩 중임을 시각적으로 알리는 역할을 하며, 사용자에게 애플리케이션이 작동 중이라는 것을 명확히 전달합니다. 반면 로딩 상태 없이 빈 화면만 보여줄 경우, 사용자는 로딩이 끝났다고 오해하거나 시스템 오류로 착각할 수 있습니다.

Suspense는 내부적으로 다음과 같은 props 인터페이스를 갖고 있습니다.(주석은 제거한 순수 타입 정의 기준).

```
interface SuspenseProps {
  children?: ReactNode | undefined;
  fallback?: ReactNode;
  name?: string | undefined;
}
```

각 항목의 의미는 다음과 같습니다.

- **children**: Suspense로 감싸는 컴포넌트(예: lazy로 불러온 컴포넌트, 서버 컴포넌트 등)
- **fallback**: children이 로딩되는 동안 대신 렌더링할 UI
- **name**: React DevTools 등에서 구분을 위한 식별자용 속성(사용 빈도 낮음)

Suspense 사용 사례

리액트 공식 문서에 따르면, 다음 세 가지 상황에서 특히 유용합니다.

1. 데이터 페칭
Relay, Next.js App Router 등 Suspense 지원 프레임워크에서 서버 데이터를 가져올 때

2. 지연 로딩(Lazy Loading)
React.lazy()로 컴포넌트를 코드 분할하여 동적으로 로딩할 때

3. Promise 사용
use() 훅으로 Promise 값을 읽는 최신 방식에 대응할 때(React 18 이상)

이러한 상황에서는 〈Suspense〉를 활용하면 로딩 상태를 컴포넌트 바깥에서 선언적으로 처리할 수 있어, 코드가 간결해지고 흐름도 명확해집니다.

복잡한 비동기 로직을 제어하거나, 다중 요청에 따른 로딩 상태를 세분화해야 할 때는 오히려 Suspense보다 명시적인 상태 관리 방식이 더 적합합니다.

다음은 전통적인 useState + useEffect를 활용한 로딩 제어 방식입니다.

```jsx
const SomeComponent = () => {
  const [loading, setLoading] = useState(true);
  const [data, setData] = useState(null);

  useEffect(() => {
    fetchData().then((result) => {
      setData(result);
      setLoading(false);
    });
  }, []);
```

```
  if (loading) {
    return <Loading />;
  }

  return <DisplayData data={data} />;
};
```

이 방식은 로딩 시작 → 데이터 수신 → 로딩 해제의 과정을 명시적으로 구성합니다. 단순한 코드는 길어질 수 있지만, 다음과 같은 경우에는 오히려 더 유리합니다.

- 여러 개의 비동기 요청을 동시에 다루고자 할 때
- 진행 상태를 세밀하게 분기 처리하고자 할 때
- 요청에 따라 로딩 UI를 다르게 보여줘야 할 때

> **시니어 코멘트**
>
> Suspense는 컴포넌트 트리 관점에서 비동기 로딩을 제어하는 데 효과적이지만, 결국 로딩 제어권을 넘긴다는 점에서 '제어의 반납'입니다. 따라서 복잡한 상태 분기나 조건 제어가 필요한 상황에서는 오히려 명시적인 상태 관리 방식이 예측 가능하고 유리합니다. 필자는 단순한 비동기 컴포넌트는 Suspense, 복잡한 로직과 분기 처리에는 useState 기반 방식을 선호합니다. 중요한 건 일관성이 아니라 '상황 적합성'입니다.

공통 로딩 UI의 구조화

Suspense를 활용할 때 가장 중요한 구성 요소 중 하나는 fallback으로 표시할 로딩 컴포넌트입니다. 이 컴포넌트는 단순한 로딩 상태를 넘어서, 사용자가 기다리는 동안 신뢰감을 느낄 수 있도록 설계되어야 합니다.

다음은 유명한 로딩 애니메이션 라이브러리인 SpinThatShit을 활용한 사례입니다.

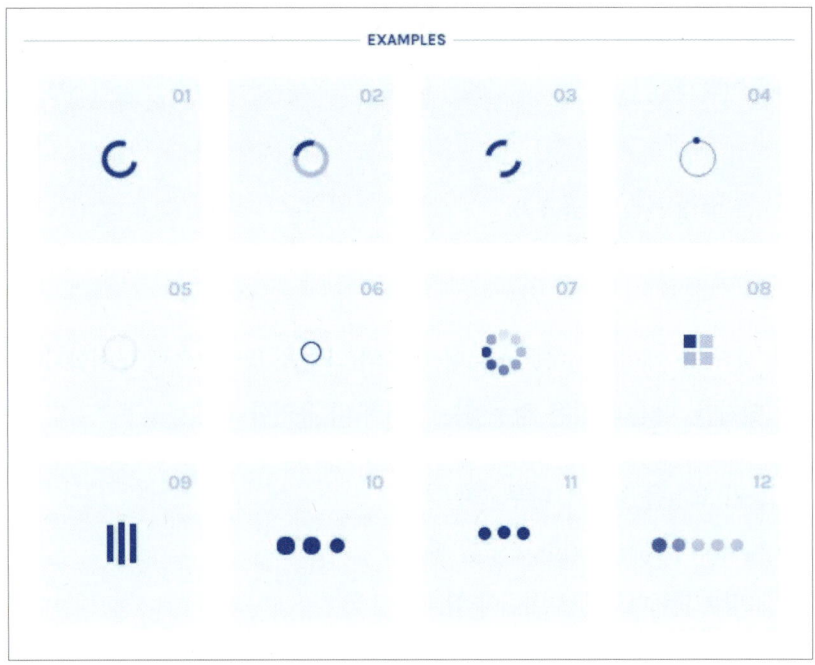

그림 7.2 spinthatshit 컴포넌트 리스트(https://matejkustec.github.io/SpinThatShit/)

예를 들어, 유튜브 스타일의 동영상 목록 로딩 화면이 필요하다면, 다음과 같이 VideoSkeleton이라는 컴포넌트를 정의할 수 있습니다.

```
const VideoSkeleton = () => {
  return (
    <div className="skeleton video-skeleton">
      <div className="thumbnail-skeleton"></div>
      <div className="title-skeleton"></div>
      <div className="metadata-skeleton"></div>
    </div>
  );
};

// Suspense 사용 예시
<Suspense fallback={<VideoSkeleton />}>
  <VideoList />
</Suspense>;
```

실무에서는 Suspense의 fallback을 반복적으로 사용하게 되는 경우가 많습니다. 이때 가장 좋은 전략은 공통 로딩 UI 컴포넌트를 fallback으로 지정해두고, 상황에 따라 props를 통해 커스터마이징(overwrite)하는 방식입니다.

필자의 경우, Suspense를 사용하는 대부분의 컴포넌트에서 기본 Fallback을 LoadingPlaceholder로 통일하고, 컴포넌트마다 필요한 형태로 props를 통해 UI만 바꾸는 방식을 채택하고 있습니다. 이렇게 하면 일관성 + 유연성을 동시에 확보할 수 있습니다.

```tsx
type LoadingPlaceholderProps = {
  variant?: "video" | "form" | "default";
  message?: string;
};

const LoadingPlaceholder = ({
  variant = "default",
  message,
}: LoadingPlaceholderProps) => {
  switch (variant) {
    case "video":
      return (
        <div className="video-skeleton">
          <div className="thumbnail-skeleton" />
          <div className="title-skeleton" />
        </div>
      );
    case "form":
      return <div className="form-loading">폼을 불러오는 중입니다...</div>;
    default:
      return (
        <div className="default-spinner">{message ?? "로딩 중입니다..."}</div>
      );
  }
};

// 사용 예시
<Suspense fallback={<LoadingPlaceholder />}>
  <UserDashboard />
</Suspense>
```

재귀 컴포넌트

재귀(Recursive) 컴포넌트는 실무에서 자주 사용되지는 않지만, 트리 구조나 계층형 데이터를 다룰 때 가장 직관적이고 효과적인 방식입니다. 특히 폴더 구조, 메뉴 트리, 댓글 계층처럼 데이터가 동일한 형태로 반복되는 경우, 재귀 구조를 사용하면 복잡한 로직을 간결하게 표현할 수 있습니다.

다음은 폴더 구조 데이터를 계층적으로 렌더링하기 위한 재귀 컴포넌트 예시입니다.

```
// 타입 정의: 재귀적으로 정의된 Folder 타입
type Folder = {
  name: string;
  folders?: Folder[];
};

// 테스트용 데이터
const folderStructure: Folder = {
  name: "루트",
  folders: [
    { name: "파일1.txt" },
    { name: "파일2.txt" },
    {
      name: "하위폴더1",
      folders: [
        { name: "파일3.txt" },
        {
          name: "하위폴더2",
          folders: [
            { name: "파일4.txt" },
            { name: "파일5.txt" },
          ],
        },
      ],
    },
  ],
};
```

이 데이터는 Folder가 자기 자신(Folder[])을 하위에 포함할 수 있는 구조로, 트리 형태로 무한히 중첩 가능합니다.

이러한 구조는 재귀 컴포넌트를 통해 가장 자연스럽게 렌더링할 수 있습니다.

```tsx
const FolderComponent: React.FC<{ folder: Folder }> = ({ folder }) => {
  return (
    <div style={{ marginLeft: 20 }}>
      <div>{folder.name}</div>
      {folder.folders && (
        <div>
          {folder.folders.map((subFolder, index) => (
            <FolderComponent key={index} folder={subFolder} />
          ))}
        </div>
      )}
    </div>
  );
};

const App: React.FC = () => {
  return (
    <div>
      <h1>Folder Structure</h1>
      <FolderComponent folder={folderStructure} />
    </div>
  );
};
```

여기서 핵심은 FolderComponent가 자신을 재귀적으로 호출하며, 각 폴더의 하위 구조를 화면에 계층적으로 그려준다는 점입니다. 하위 폴더가 존재하는 경우에만 folder.folders.map()을 통해 재귀 호출이 발생합니다.

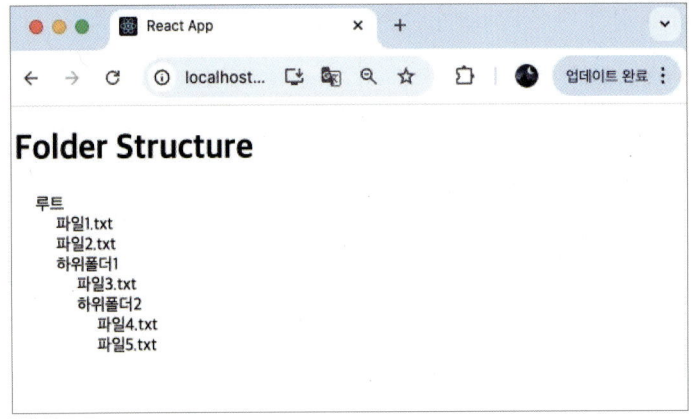

그림 7.3 재귀 컴포넌트 folder를 구현해 본 화면

앞으로 재귀적인 데이터 구조를 마주하게 된다면, 이번에 살펴본 재귀 컴포넌트 개념을 떠올려보자. 개념을 알고 올바르게 구현하는 것은 단순한 코드 작성 이상의 가치를 가지며, 같은 문제를 훨씬 효율적이고 직관적으로 해결할 수 있습니다.

특히, 재귀 컴포넌트를 이해하고 활용하는 것은 단순히 코드를 작성하는 것 이상의 의미를 가지고 있습니다. 개념을 알고 그에 맞춰 구현하는 것과, 개념을 모른 채 복잡한 로직을 억지로 구현하는 것 사이에는 큰 차이가 존재합니다. 올바른 개념을 바탕으로 코드를 작성하면 유지보수성과 가독성이 크게 향상되며, 같은 문제를 훨씬 효율적으로 해결할 수 있습니다.

Fragment 컴포넌트

JSX에서는 반드시 단 하나의 루트 요소만 반환해야 한다는 규칙이 존재합니다. 이는 렌더링 결과가 항상 하나의 DOM 노드를 기준으로 구성되어야 하기 때문입니다.

```
// (X) 단일 루트 요소 위반
const App = () => {
  return (
    <h1>제목</h1>
    <p>안녕하세요</p>
  );
};
```

JSX는 항상 하나의 루트 요소를 반환해야 합니다. 예를 들어 다음 코드처럼 여러 요소를 직접 반환하려고 하면 경고가 발생합니다.

그림 7.4 단일 요소 반환 규칙 위반을 보여주는 화면

이 문제를 해결하기 위해 보통 다음과 같이 div 태그로 감싸는 방식이 사용됩니다.

```
// (0) div로 루트 요소 구성
const App = () => {
  return (
    <div>
      <h1>제목</h1>
      <p>안녕하세요</p>
    </div>
  );
};
```

그러나 이렇게 불필요한 div를 추가하면 DOM 구조가 복잡해지고, 의미 없는 태그가 렌더링에 포함되는 단점이 생깁니다.

이러한 문제를 해결하기 위해 리액트는 <Fragment>라는 가상의 래퍼 요소를 제공합니다. Fragment는 실제 DOM에 렌더링되지 않으며, 여러 자식 요소를 그룹화할 수 있는 논리적 컨테이너로 사용됩니다.

```
import React, { Fragment } from "react";

const App = () => {
 return (
  <Fragment>
   <h1>제목</h1>
   <p>안녕하세요</p>
  </Fragment>
 );
};
```

앞의 코드는 div가 없이도 JSX의 단일 루트 규칙을 만족하며, 렌더링 결과에는 Fragment가 나타나지 않습니다.

Fragment의 축약 문법

리액트는 Fragment에 대한 축약 문법도 지원합니다. <>...</>와 같이 빈 태그로 작성할 수 있으며, import 없이도 사용 가능합니다.

```
const App = () => {
 return (
  <>
   <h1>제목</h1>
   <p>안녕하세요</p>
  </>
 );
};
```

다만 이 축약 문법은 제한이 있습니다. 예를 들어 반복 렌더링 시 사용하는 key 속성은 축약 문법에서는 사용할 수 없으며, 명시적으로 Fragment를 써야 합니다.

```
import { Fragment } from "react";

function PostList({ posts }) {
  return posts.map((post) => (
    <Fragment key={post.id}>
      <PostTitle title={post.title} />
      <PostBody body={post.body} />
    </Fragment>
  ));
}
```

> 💡 **시니어 코멘트**
> Fragment는 '보이지 않는 구조화' 도구입니다. 실무에서는 div로 감싼 요소들이 겉보기에 문제없어 보여도, CSS 레이아웃이나 접근성(semantic DOM) 측면에서는 실제로 치명적인 영향을 줄 수 있습니다. 특히 반복되는 패턴에서 DOM 구조를 깨끗하게 유지하려면 Fragment는 필수적인 도구입니다.

StrictMode

〈React.StrictMode〉는 리액트가 제공하는 개발 환경 전용 컴포넌트로 앱의 잠재적인 문제를 사전에 감지하고 경고 메시지를 출력해 주는 기능을 합니다. 이 컴포넌트는 실제 렌더링 결과에는 영향을 주지 않으며, 오직 개발 시에만 작동합니다.

StrictMode는 다음과 같은 문제들을 감지합니다.

- 폐기 예정이거나 권장되지 않는 API 사용
- 부적절한 부수 효과 처리
- useEffect와 같은 훅의 의도하지 않은 동작 가능성

기본 사용법

StrictMode는 일반적으로 앱의 루트 컴포넌트를 감싸는 형태로 사용합니다.

```
import React from "react";
import { createRoot } from "react-dom/client";
import App from "./App";

const root = createRoot(document.getElementById("root"));
root.render(
  <React.StrictMode>
    <App />
  </React.StrictMode>
);
```

이 구조는 개발 모드에서만 작동하며, 프로덕션 번들에는 포함되지 않습니다.

일반적으로 최상위 컴포넌트에 적용하여 전체 앱에 대해 엄격 모드를 사용하는 것이 권장되지만, 특정 컴포넌트에만 엄격 모드를 적용하려면 해당 컴포넌트만 StrictMode로 감쌀 수 있습니다.

동작 방식

StrictMode의 대표적인 특징 중 하나는 useEffect, useLayoutEffect 등의 훅을 두 번 실행한다는 점입니다. 이는 해당 이펙트가 순수하지 않거나 클린업(cleanup) 처리가 제대로 되지 않는 경우를 탐지하기 위함입니다.

예를 들어 다음 코드는 의도치 않게 외부 API를 두 번 호출할 수 있습니다.

```
useEffect(() => {
  fetchData(); // StrictMode에서는 두 번 호출됨
}, []);
```

이 문제를 피하려면, 이펙트를 항상 idempotent(중복 호출에 안전)하게 작성해야 합니다.

개발 초기에는 기본적으로 StrictMode를 적용하는 것이 바람직합니다. 특히나 팀원들이 부수 효과 처리에 익숙하지 않은 경우, 문제를 조기에 발견할 수 있습니다. 특히나 우리가 앞에서 살펴보았던 useEffect의 클린업 함수에서 제대로 처리하지 않을 경우에 더 빨리 문제를 찾을 수 있습니다.

⚛ Idempotency(멱등성)과 Pure Function(순수 함수)

멱등성은 동일한 작업을 여러 번 실행해도 결과가 같은 특성입니다. 주로 부수 효과(Side Effect)를 포함하는 연산이나 API 호출에 사용되는 개념입니다.
순수 함수는 입력이 같으면 항상 같은 출력을 내며, 사이드 이펙트가 없는 함수입니다. 이렇게 정의만 놓고 보면 두 개념은 유사해 보이지만 분명히 다릅니다.

예를 들어 서버에 동일한 자원을 PUT 요청한다고 가정해 보겠습니다.
PUT /user/123 {"name": "Alice"} 이 요청을 서버로 여러 번 보내더라도 결과는 같습니다(멱등성). 하지만 이 요청은 DB를 변경할 수도 있고, 외부 상태에 영향을 줍니다.(순수하지 않음)
순수 함수의 예시를 살펴보겠습니다.

```
function add(a: number, b: number): number {
  return a + b;
}
```

이 함수의 경우 항상 같은 입력에 항상 같은 출력을 보장하며, 외부 상태에 영향을 주지 않습니다.(순수하며)
그러나 입력이 다르면 결과도 달라집니다.(멱등은 아님)

따라서 멱등성은 신뢰성과 재시도 안정성의 기준이고 순수 함수는 안정성과 테스트 용의성의 기준입니다.

필자는 이를 다음과 같이 설명합니다.
순수함은 "출력을 보장하는 것"
멱등성은 "결과를 보장하는 것"

7.2 CSS와 스타일링

컴포넌트 구현을 통해 기능적인 UI를 구성하는 것이 리액트 개발의 출발점이라면, CSS는 그 UI를 세련되고 직관적인 인터페이스로 완성시키는 도구입니다.

스타일링은 단순히 '예쁘게 꾸미는 작업'이 아니라, 디자인 시스템의 기준을 정의하고 유지보수 가능한 구조를 설계하는 핵심 기술입니다.

특히 실무에서는 디자인 일관성, 반응형 대응, 협업을 고려한 클래스 네이밍 전략까지 포함해 스타일링을 하나의 "시스템"으로 접근해야 합니다.

그만큼 CSS는 면접에서도 자주 다뤄지는 주제이며, 신입 개발자의 기본기를 가늠할 수 있는 중요한 기준이 됩니다. 이제 CSS 방법론과 다양한 스타일링 기법을 살펴보며, 디자인 시스템을 구축하는 방법을 배워보겠습니다. 이를 통해 유지보수하기 쉽고, 협업하기 좋은 스타일링 환경을 만드는 것이 목표입니다.

CSS-웹의 시각적 표현을 담당하는 언어

CSS(Cascading Style Sheets)는 HTML 요소의 색상, 배치, 크기, 여백, 폰트 등 시각적 표현을 정의하는 스타일시트 언어입니다. 웹의 3대 기술인 HTML(구조), CSS(디자인), JavaScript(동작) 중 하나로, CSS는 웹 페이지의 레이아웃과 UI 일관성을 책임집니다.

CSS의 기본 목표는 다음과 같습니다.

– 콘텐츠와 디자인의 명확한 분리
– 다양한 화면 크기와 기기 대응(반응형 웹)
– 재사용 가능한 스타일 구조 설계

CSS 기본 구조

CSS의 기본 구조는 선택자(selector)와 선언(declaration)으로 구성됩니다. 선언은 속성(property)과 값(value)으로 이루어져 있으며, 선택한 HTML 요소에 어떤 스타일을 적용할지 결정합니다.

```
selector {
  property: value;
}
```

예를 들어, h1 요소에 스타일을 적용하면 다음과 같습니다.

```
h1 {
  color: blue;
  font-size: 24px;
}
```

위 코드에서는 h1 요소의 텍스트 색상은 파란색, 글꼴 크기는 24픽셀로 설정됩니다. 이처럼 CSS는 HTML 요소에 시각적 의미를 부여하고, 사용자 경험을 향상시키는 데 핵심적인 역할을 합니다.

CSS 캐스케이딩(Cascading)

CSS에서 "캐스케이딩(Cascading)"은 단어 그대로 "계단식으로 흘러내린다"는 의미를 가지며, 여러 스타일 규칙이 겹칠 때 어떤 스타일이 최종적으로 적용되는지를 결정하는 방식입니다.

즉, 하나의 HTML 요소에 대해 여러 개의 스타일이 적용될 수 있는 상황에서, 브라우저는 우선 순위에 따라 가장 적절한 하나의 스타일을 선택하게 됩니다. 이 과정은 리액트 컴포넌트에서도, 디자인 시스템에서도 똑같이 작동하며, 실무에서 예상치 못한 스타일 충돌이 발생하는 주요 원인이 됩니다.

CSS에서 적용 우선순위는 다음 세 가지 요소를 기준으로 계산됩니다.

- 특정성(Specificity)
    * 선택자가 얼마나 구체적인지를 수치화하여 비교
    * 예: #id 〉 .class 〉 tag
    * 구체적인 선택자일수록 높은 우선순위를 가집니다.

– 소스 코드의 순서(Order of Appearance)

　　* 같은 특정성을 가진 규칙이 여러 개 존재할 경우, 가장 나중에 작성된 스타일이 적용됩니다.

　　* CSS 파일 내 위치, 컴포넌트 렌더 순서, 동적 스타일 삽입 여부 등에 영향을 받습니다.

– 중요도(Importance)

　　* !important가 붙은 스타일은 무조건 최우선 적용

　　* 다른 모든 규칙을 무시하고 강제로 스타일을 적용하지만, 남용 시 디버깅 난이도가 상승

이러한 캐스케이딩 규칙은 강력하면서도 동시에 위험합니다. 프로젝트 규모가 커지고, 팀원마다 다른 방식으로 스타일을 작성하기 시작하면 다음과 같은 문제가 발생할 수 있습니다.

– 특정 스타일이 왜 적용되지 않는지 추적하기 어려움
– 임시 해결을 위해 !important가 점점 늘어남
– 우선순위 충돌로 인해 디자인 시스템이 깨짐
– 컴포넌트 스타일 재정의 시 예측 불가능한 결과 발생

특히 디자인 시스템이나 컴포넌트 라이브러리를 사용할 경우, 원치 않는 스타일 덮어쓰기(side effect)로 인해 UI가 비정상적으로 표시되는 경우가 많습니다. 이 때문에 스타일 작성 시에는 우선순위 계산을 염두에 둔 설계 습관이 필수적입니다.

추가 학습

도서 - CSS 완벽 가이드(4판), 에릭마이어
사이트 - https://www.w3schools.com/css/
사이트 - https://developer.mozilla.org/en-US/docs/Learn/CSS

⚛ CSS 우선순위 문제와 구조 전환

필자가 2020년에 근무하던 회사에서는 자체 프레임워크를 사용했는데, CSS 파일의 로드 순서를 제어할 수 없는 구조였습니다. 이로 인해 스타일 충돌이나 레이아웃 오류가 자주 발생했고, 이를 해결하기 위해 빌드 시점에 CSS를 하나로 통합하는 스크립트를 별도로 작성했습니다.

이 방식은 일시적인 해결책이었지만, 구조적 한계를 완전히 극복하긴 어려웠습니다. 이후 프로젝트를 리액트 기반으로 전환하면서 CSS 관리 방법론과 컴포넌트 단위 스타일링이 도입되었고, 우선순위 충돌과 전역 스타일 오염 문제는 근본적으로 해소될 수 있었습니다.

CSS의 역사

HTML은 정보를 전달하기 위한 문서 구조 언어로 시작되었지만, 시간이 지나면서 가독성, 디자인, 시각적 표현에 대한 수요가 커지기 시작했습니다.

이러한 필요를 해결하기 위해 등장한 것이 바로 CSS(Cascading Style Sheets)입니다. CSS는 웹 페이지에 디자인 계층을 분리하여 적용할 수 있게 함으로써, 웹 개발의 방식 자체를 바꾸어놓았습니다.

하지만 초기의 CSS는 브라우저 간 호환성 문제라는 큰 장벽에 부딪혔습니다. 같은 스타일 코드라도 브라우저마다 렌더링 방식이 달라 디자인이 일관되지 않는 문제가 빈번했습니다. 이러한 문제는 시간이 지나면서 점차 해소되었고, 브라우저들이 CSS 표준을 점차 수용하면서 보다 안정적인 스타일링 환경이 조성되었습니다.

CSS 생태계의 발전

웹의 발전과 함께 CSS 역시 단순한 스타일시트를 넘어서 하나의 생태계(Ecosystem)로 성장했습니다.

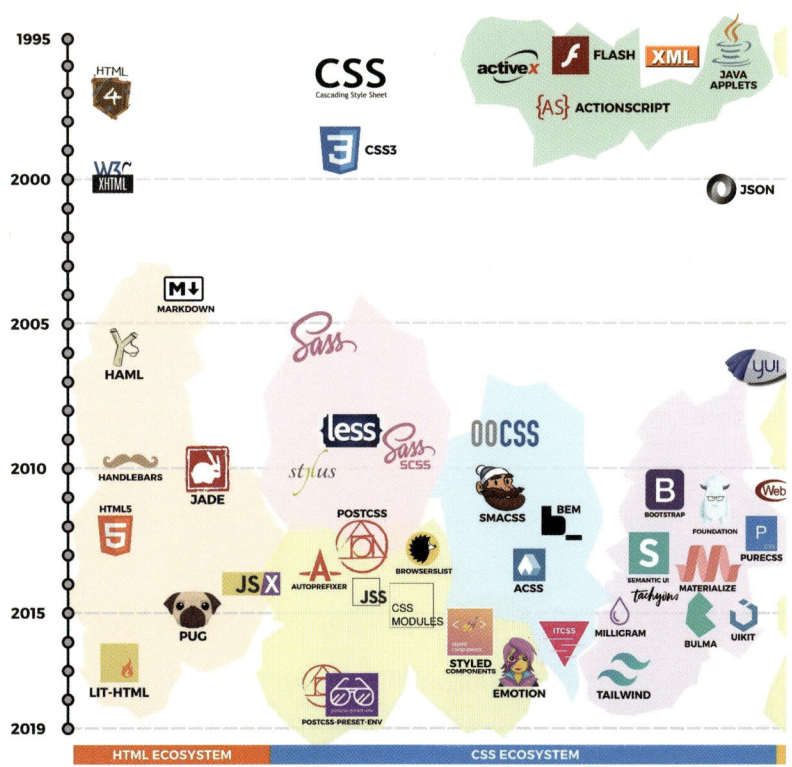

그림 7.5 CSS 생태계맵(https://github.com/ManzDev/frontend-evolution?tab=readme-ov-file)

그림 7.5의 타임라인에서 확인할 수 있듯이, 2010년 전후로 CSS의 사용 방식은 크게 전환되었고, 이후의 프론트엔드 스타일링은 단순한 CSS 작성을 넘어, 구조화된 디자인 시스템 구성으로 발전해왔습니다. 다음은 CSS 생태계의 발전을 이끈 중요한 요소들 중에서 몇 가지를 뽑아서 알아보겠습니다.

CSS 전처리기(Preprocessor)

Sass, LESS와 같은 전처리기는 CSS에 변수, 중첩, 믹스인, 함수 등의 프로그래밍 개념을 도입한 도구입니다. 이를 통해 코드의 재사용성과 유지보수성이 향상되며, 대규모 프로젝트에서 일관된 스타일 관리가 가능합니다.

```scss
// scss
$primary-color: blue;

.button {
  background-color: $primary-color;
  &:hover {
    background-color: darken($primary-color, 10%);
  }
}
```

CSS 프레임워크 - 이미 정의된 것을 사용하자

Bootstrap, Foundation과 같은 CSS 프레임워크는 디자인 시스템을 내장한 스타일 템플릿입니다. 버튼, 카드, 그리드 등 공통 UI 요소를 빠르게 구현할 수 있으며, 스타일링 속도와 일관성을 동시에 확보할 수 있습니다.

```html
<button class="btn btn-primary">Click me</button>
```

이처럼 미리 정의된 클래스를 사용하면, 별도의 스타일 작성 없이도 일관된 디자인을 손쉽게 적용할 수 있습니다. 다음 그림 7.6은 Bootstrap의 버튼 스타일 예시입니다.

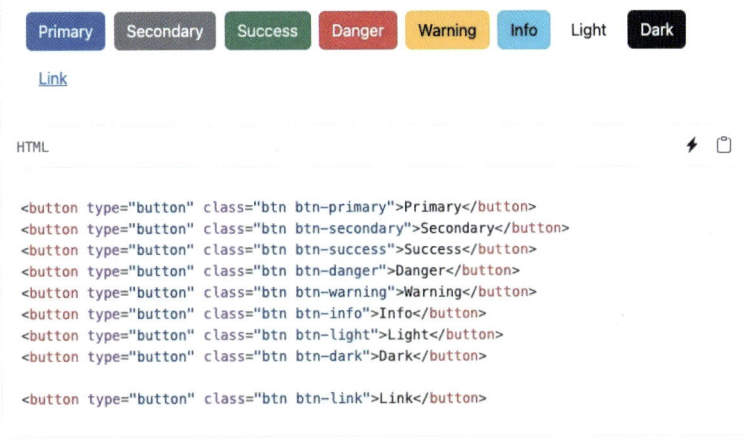

그림 7.6 Bootstrap의 버튼 예시

CSS-in-JS – 스타일과 로직의 결합

styled-components, emotion 등은 컴포넌트 기반 개발 환경에서 널리 사용되는 방식으로, CSS를 자바스크립트 내부에서 선언합니다. 이 방식은 스타일과 로직을 같은 파일에서 관리할 수 있어 모듈화, 동적 스타일링, 테마 관리에 유리합니다.

```
import styled from "styled-components";

const Button = styled.button`
  background-color: ${({ primary }) => (primary ? blue : gray)};
  color: white;
`;
```

이처럼 props를 기반으로 동적으로 스타일을 조절할 수 있다는 점은 CSS 파일 기반 방식으로는 구현하기 어려운 기능입니다. 그러나 CSS-in-JS는 런타임에 스타일을 생성·주입하는 특성상 성능 측면에서 단점이 있다는 지적도 꾸준히 제기되어 왔습니다.

이러한 한계를 해결하기 위해 최근에는 vanilla-extract, astroturf, compiled와 같은 정적 CSS-in-JS 방식이 떠오르고 있습니다.

Utility-first CSS - 작은 스타일의 조합

Utility-first CSS는 스타일을 작은 유틸리티 클래스 단위로 분해하여, 필요한 곳에서 조합해 사용하는 방식입니다. Tailwind CSS가 대표적인 도구로, HTML 코드에서 각 요소에 직접 유틸리티 클래스를 적용하여 빠르게 스타일을 작성할 수 있습니다.

```
<button class="bg-blue-500 text-white py-2 px-4 rounded">Click me</button>;
```

이 방식은 클래스 이름을 따로 고민할 필요 없이, 기능 중심의 클래스를 조합해 스타일을 적용할 수 있어 반복적인 CSS 작성이 줄어듭니다. 또한 디자인 시스템을 바로 HTML에 구현하는 느낌으로 디자인 일관성을 쉽게 유지할 수 있습니다.

순서대로 CSS 전처리기, CSS 프레임워크, CSS-in-JS, Utility-first CSS는 각각 독립적인 철학을 기반으로 하지만, 실무에서는 상호 보완적으로 조합하여 사용하는 경우가 많습니다.

예를 들어, Bootstrap 컴포넌트를 styled-components로 감싸기, Tailwind CSS에 Sass를 함께 적용하여 커스터마이징하기와 같이 도구 간 조합을 통해 유연하고 일관된 스타일 시스템을 구축하는 것이 현대 CSS 전략의 핵심입니다.

CSS의 한계

CSS는 웹 페이지의 시각적 표현을 담당하는 핵심 기술이지만, 초창기 방식들은 규모가 커질수록 유지보수에 불리한 구조적 한계를 드러냅니다. 다음은 CSS의 주요 한계와 그로 인해 발생하는 문제들을 살펴보겠습니다.

inline Style

인라인 스타일은 HTML 요소에 style 속성을 사용해 CSS를 직접 정의하는 방식입니다. 간단한 예시로 살펴보겠습니다.

```
<div style="color: red; font-size: 14px;">Example 1</div>
<div style="color: red; font-size: 14px;">Example 2</div>
<div style="color: red; font-size: 14px;">Example 3</div>
```

이 방식은 간단하고 빠르게 스타일을 적용할 수 있다는 장점이 있지만, 다음과 같은 치명적인 단점을 가지고 있습니다.

- 같은 스타일을 여러 곳에 반복 작성 → 재사용성 없음
- 하나의 속성만 변경해도 모든 요소를 직접 수정해야 함
- 코드가 분산되어 스타일 흐름 파악이 어려움

이를 CSS 클래스 방식으로 개선하면, 스타일을 한 곳에서 관리하고 재사용할 수 있어 코드가 훨씬 간결합니다.

```css
/* 공통 스타일을 한 곳에서 정의 .css */
.example {
  color: red;
  font-size: 14px;
}
```

```html
<div class="example">Example 1</div>
<div class="example">Example 2</div>
<div class="example">Example 3</div>
```

```html
<div style="color: red; font-size: 14px;">Example 1</div>
<div style="color: red; font-size: 14px;">Example 2</div>
<div style="color: red; font-size: 14px;">Example 3</div>

<br/>

<style>
  .example {
    color: red;
    font-size: 14px;
  }
</style>

<div class="example">Example 1</div>
<div class="example">Example 2</div>
<div class="example">Example 3</div>
```

Example 1
Example 2
Example 3

Example 1
Example 2
Example 3

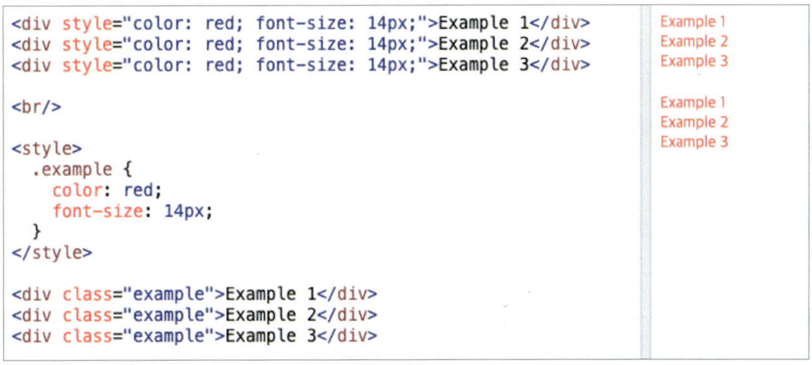

그림 7.7 온라인 코드 편집기로 결과를 본 화면. 동일한 결과를 확인할 수 있습니다.

이처럼 인라인 스타일은 유지보수가 어렵고, 반복적인 코드 작성을 초래하기 때문에 안티 패턴으로 간주됩니다. 그로 인해 "스타일링은 CSS 파일에서 한다"라는 원칙이 정착되었고, 이는 프론트엔드 개발자의 기본 소양으로 자리 잡게 되었습니다.

CSS의 글로벌 스코프 문제 - 스타일 충돌과 예측 불가능성

CSS는 기본적으로 글로벌 스코프(Global Scope)를 가지고 있습니다.

이는 한 번 정의된 스타일이 문서 전체에 영향을 미칠 수 있다는 뜻이며, 다음과 같은 문제를 유발합니다.

- 여러 CSS 파일 또는 외부 라이브러리를 함께 사용할 경우
- 같은 선택자(button, .title 등)에 서로 다른 스타일이 정의될 경우
- 어떤 스타일이 최종적으로 적용될지 예측하기 어려움

예를 들어, 하나의 CSS 파일에서 button 요소의 색상을 blue로 지정하고, 다른 파일에서는 같은 button을 red로 지정했다면, 스타일 충돌이 발생할 수 있으며, 그 적용 결과는 정의 순서나 특정성(Specificity)에 따라 달라집니다.

CSS는 캐스케이딩이라는 이름 그대로, 동일한 요소에 여러 스타일이 겹치면 우선순위, 선택자 특정성, 소스 순서에 따라 최종 스타일을 결정합니다. 이는 유연한 스타일링을 가능하게 하지만, 규모가 커질수록 의도치 않은 결과와 충돌을 유발하는 원인이 되기도 합니다.

BEM(Block Element Modifier)

CSS의 글로벌 스코프 문제와 스타일 충돌, 유지보수의 복잡성을 해결하기 위해 여러 스타일링 방법론이 등장했습니다.

그중에서도 BEM(Block Element Modifier)은 가장 널리 사용되는 CSS 네이밍 규칙으로, 클래스 이름을 통해 컴포넌트 구조와 역할을 명확히 표현할 수 있도록 설계된 방식입니다.

BEM은 클래스 이름을 세 가지 구성 요소로 분리하여 작성합니다.

```
<div class="card">
  <h2 class="card__title">제목</h2>
  <button class="card__button card__button--primary">확인</button>
</div>;
```

- **Block(블록)**

    독립적인 재사용 가능한 컴포넌트를 의미하며, card가 블록입니다.

- **Element(엘리먼트)**

    블록 내에서 특정 부분을 나타내며, card__title이 엘리먼트입니다.

- **Modifier(수정자)**

    블록이나 엘리먼트의 변형을 나타내며, button—primary가 수정자입니다.

이러한 명명 규칙을 따르면, 클래스 이름만 보고도 해당 요소의 위치와 역할을 직관적으로 파악할 수 있습니다.

그러나 BEM의 단점도 분명히 존재합니다. 먼저, 긴 클래스 이름으로 인해 간단한 스타일을 적용하고자 할 때에도 불필요한 보일러플레이트 코드가 많이 생성되는 문제가 있었습니다. 예를 들어, 블록 내에서 작은 엘리먼트에도 일관된 네이밍 규칙을 적용해야 했기 때문에 코드가 다소 장황해질 수 있습니다.

하지만 이런 단점에도 불구하고, BEM은 단순한 스타일 네이밍 규칙을 넘어, CSS 설계를 체계화하는 방법론입니다. 대규모 프로젝트에서 BEM을 도입하면 명시적 구조, 확장성, 협업 효율성이 향상되며, CSS 유지보수의 비용을 크게 줄일 수 있습니다.

7.3 모듈화된 스타일링

BEM 방법론은 일관된 네이밍 규칙을 통해 스타일 충돌을 줄이고 유지보수성을 향상시켰지만, 대규모 프로젝트나 협업 환경에서는 여전히 한계를 드러냈습니다.

특히 하나의 클래스(.card, .button)에 서로 다른 디자인 요구가 생기면, 글로벌 스코프 특성상 충돌을 피하기 어려워졌습니다.

이러한 문제를 해결하기 위해 등장한 것이 바로 CSS 모듈입니다.

CSS 모듈

CSS 모듈은 CSS의 글로벌 스코프 문제를 해결하기 위한 기술로, 각 CSS 파일을 컴포넌트 단위의 로컬 스코프로 처리합니다. 이 방식을 사용하면 동일한 클래스 이름이 여러 곳에 존재하더라도 스타일 충돌이 발생하지 않으며, 컴포넌트 간 스타일이 격리된 상태로 유지됩니다.

CSS 모듈의 동작 원리

CSS 모듈은 빌드 과정에서 클래스 이름을 고유한 해시 값으로 변환합니다. 이렇게 변환된 클래스 이름은 전역에서 고유한 이름을 갖게 되어, 동일한 이름의 클래스가 여러 곳에서 정의되더라도 서로 영향을 미치지 않습니다. 이로 인해 스타일링의 충돌 없이 컴포넌트별 독립적인 스타일 적용이 가능해집니다.

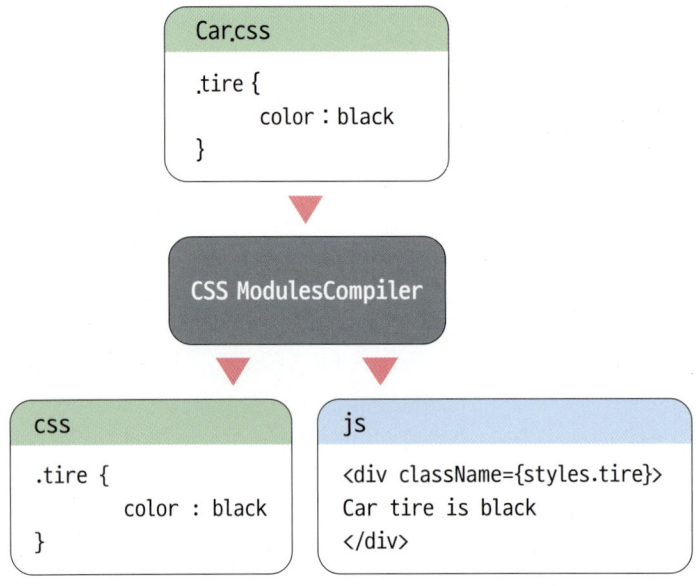

그림 7.8 CSS modules 도식도

도식도를 살펴 보면 Car.css 파일이 CSS Modules Compiler에 의해 CSS와 JS 파일로 나뉜다는 것을 확인할 수 있습니다. 즉 단순히 CSS 자체만으로 기존의 한계를 부수긴 어려웠고 자바스크립트의 도움을 받아 클래스 이름을 동적으로 관리하고 적용하게 되었습니다.

이처럼 CSS가 자바스크립트 런타임이나 빌드 시스템을 필요로 하는 구조로 발전하면서, CSS Modules는 더 이상 단순한 스타일 파일이 아니게 되었습니다. 이를 컴파일하고 번들링하기 위해 Webpack, Vite, Parcel 등의 모듈 번들러들이 본격적으로 사용되기 시작했습니다.

그 결과 개발자들은 CSS도 모듈 단위로 분리하고, 로직과 긴밀히 연동하는 방식에 익숙해졌습니다. 이러한 흐름은 결국 CSS-in-JS와 같은 컴포넌트 밀착형 스타일링 기법으로 이어지게 되었습니다.

CSS 모듈의 성능 이슈

CSS 모듈이나 CSS-in-JS 방식은 전통적인 CSS 방식과 달리, 스타일을 독립적으로 정의하지 않고 자바스크립트나 컴포넌트 구조에 의존해 동작합니다. 이로 인해 런타임 또는 빌드 타임에 스타일을 처리하는 과정에서 성능에 영향을 줄 수 있습니다. 특히 컴포넌트가 많아질수록, CSS 클래스명을 고유하게 변환하고 적용하는 과정에서 추가적인 자원 소비가 발생할 수 있습니다. 하지만 대부분의 경우 이러한 성능 저하는 체감하기 어려운 수준이며, 컴포넌트 단위로 안전하고 독립적인 스타일 관리가 가능하다는 장점이 이러한 성능 비용을 충분히 상쇄합니다.

일부 개발자들은 CSS는 순수하게 써야 한다는 입장을 견지하며, CSS 모듈이나 CSS-in-JS와 같은 방식에 회의적인 시선을 보내기도 합니다. 이러한 주장 역시 완전히 배제할 수는 없습니다. 실제로 많은 프로젝트에서는 BEM만으로도 충분한 스타일 구조를 갖출 수 있으며, BEM은 별도의 빌드 과정 없이도 일관된 클래스 네이밍을 통해 유지보수성을 확보할 수 있는 방식입니다.

필자 개인적으로는 BEM을 선호하지 않지만, 단순한 페이지 스타일링이나 소규모 프로젝트에서는 오히려 BEM 같은 간단한 접근법이 더 적합합니다. 최신 기술을 무조건 따라가기보다는, 프로젝트의 성격과 팀의 상황에 맞게 적절한 방법론과 도구를 선택하는 것이 훨씬 중요합니다. 결국 기술은 도구일 뿐, 본질은 목적을 달성하기 위한 수단이라는 점을 잊지 말아야 합니다.

⚛️ 프론트엔드 개발자의 고단한 여정

한때 웹 개발은 비교적 단순한 일이었습니다. HTML로 구조를 정의하고, CSS로 시각적 스타일을 지정하며, JavaScript로 간단한 상호작용을 구현한 후 서버에서 이를 서빙하면 웹페이지가 완성되었습니다. HTML, CSS, JavaScript는 하나의 HTML 문서 내에서 구분 없이 함께 사용되었고, 브라우저는 이를 그대로 렌더링했습니다. 당시 프론트엔드 개발자의 역할은 페이지의 외형을 구성하고, 간단한 동적 기능을 추가하는 수준에 머물렀습니다. 다시 말해, 세 가지 기술을 적절히 작성하여 브라우저에 전달하는 것이 전부였습니다.

그러나 지금은 상황이 완전히 달라졌습니다. 개발자는 컴포넌트 설계, 상태 관리, 번들링, 성능 최적화, 테스트, 접근성 등 다양한 기술 요소를 동시에 고려해야 하며, 각 요소는 독립적인 전문성을 요구합니다. 브라우저에 코드를 전달하는 것만으로는 부족하며, 애플리케이션 전체의 구조와 성능, 유지보수성까지 책임져야 합니다. 그래서 오늘날의 프론트엔드 개발자는 그 어느 때보다 더 고단한 길을 걷고 있습니다.

CSS-in-JS

CSS Modules는 컴포넌트 단위의 스타일 격리를 통해 글로벌 스타일 충돌 문제를 효과적으로 해결했지만, 동적 스타일링이나 자바스크립트와의 결합에는 한계가 있었습니다.

특히 컴포넌트의 상태나 props에 따라 스타일을 유연하게 조절하려는 요구가 늘어나면서, 이를 해결하기 위한 접근 방식으로 CSS-in-JS가 등장하게 된 것입니다.

CSS-in-JS는 CSS를 자바스크립트 코드 안에서 직접 선언하고, 컴포넌트와 함께 스타일을 정의하는 방식입니다. 이 방식은 스타일과 로직을 하나의 단위로 관리할 수 있어, 컴포넌트 단위 설계에 최적화되어 있습니다. 대표적인 라이브러리로는 styled-components, emotion, stitches, vanilla-extract 등이 있습니다.

Styled Components의 등장과 철학

styled-components는 CSS-in-JS 방식의 대표적 구현체로, 리액트와 같은 컴포넌트 기반 프레임워크에서 널리 활용된 것입니다.

- **Automatic critical CSS**: 사용 중인 컴포넌트의 스타일만 추출
- **No class name bugs**: 고유한 클래스명을 자동 생성
- **Simple dynamic styling**: 상태나 props 기반의 조건부 스타일

- **Scoped styles**: 컴포넌트 기반 스타일 분리 및 제거 용이
- **Vendor prefix 자동 처리**: 브라우저 호환성 확보

필자가 Styled Components의 특징을 정리해 보면, CSS in JS 방식은 유니크한 스타일링을 가능하게 하고, 관리와 유지보수가 쉬우며, 동적 스타일링에 매우 유리하다는 것입니다.

Styled Components의 사용법

```jsx
import styled from "styled-components";

const Wrapper = styled.section`
  padding: 20px;
  background: red;
`;

const Title = styled.h1`
  font-size: 1.5rem;
  color: blue;
`;

const App = () => (
  <Wrapper>
    <Title>Hello CSS-in-JS</Title>
  </Wrapper>
);
```

이 예시처럼 styled.h1과 styled.section은 각각 HTML 요소를 확장하여 스타일링된 컴포넌트를 생성합니다. JSX에서 일반 컴포넌트처럼 사용할 수 있으며, 스타일과 구조가 같은 파일 안에 응집됩니다.

Styled Components의 단점과 동향

CSS-in-JS 방식에는 런타임 성능 비용이라는 단점이 존재합니다. 컴포넌트가 렌더링될 때마다 스타일이 생성되고 DOM에 삽입되기 때문에, 초기 렌더링 지연이나 메모리 사용량 증가가 발생할 수 있습니다.

이를 보완하기 위해 styled-components는 다음과 같은 최적화 기능을 제공합니다.

- **서버 사이드 렌더링(SSR) 지원**: 초기 스타일을 서버에서 생성해 렌더링 성능 개선
- **스타일 캐싱**: 동일한 스타일 중복 생성을 방지
- 사용되지 않는 CSS 제거(dead CSS pruning)

2025년 3월 경에 styled-components가 "maintenance mode"로 변경된다는 소식이 들렸습니다. 메인테이너인 에반 제이콥스(Evan Jacobs)에 따르면 최근 전반적인 생태계는 CSS-in-JS라는 개념에서 크게 벗어났고, Tailwind.css 류의 인기는 폭발적으로 증가했다고 합니다. 실제로도 메인테이너들도 실제 프로덕션 레벨에서 더 이상 사용하지 않는다고 소회를 밝혔을 뿐만 아니라, 필자 또한 대부분의 프로젝트를 Tailwind CSS로 옮긴 이후로 사용한 적이 없습니다.

7.4 컴포넌트 스타일링

현대 웹 애플리케이션은 컴포넌트를 중심으로 구성됩니다. 이에 따라 스타일링 역시 컴포넌트 단위로 설계하고 관리하는 것이 점점 더 중요해지고 있습니다.

스타일 충돌을 방지하고, 컴포넌트의 독립성과 재사용성을 높이기 위해서는 스타일 또한 구조적으로 분리되고, 동시에 로직과 긴밀하게 연결되어야 합니다.

이번 절에서는 컴포넌트 스타일링의 대표적인 방식인 Utility-first CSS와 Scoped CSS를 살펴보겠습니다. 이 두 방식은 각각 스타일 복잡성 감소, 컴포넌트 단위 격리, 직관적인 개발 경험이라는 측면에서 유효한 접근 방식을 제시합니다.

Utility-first CSS

기존 CSS 방법론에서는 스타일을 먼저 정의하고, HTML 또는 컴포넌트에서 해당 클래스를 참조하는 방식이 일반적이었습니다.

하지만 실무에서는 스타일 정의보다 조합이 더 많이 발생하고, 기존 스타일을 재사용하기보다 새로 정의하거나 복사하는 경우가 빈번했습니다.

예를 들어 Card 컴포넌트를 새로 만들 때, 기존에 정의된 .card, .card-title 등을 탐색해 적용하기보다는 비슷한 클래스를 다시 정의하거나, 기존 코드를 복사해 새로 작성하는 경우가 흔했습니다.

또한 CSS-in-JS 방식에서는 다음과 같은 불편도 있었습니다.

```
return (
  <Wrapper>
    <Title>텍스트</Title>
  </Wrapper>
);
```

코드만 보면 Wrapper와 Title이 어떤 스타일을 적용받고 있는지 직관적으로 파악하기 어렵고, 컴포넌트 구현부를 열어봐야만 실제 스타일을 확인할 수 있었습니다. 이로 인해 개발자는 보일러플레이트 코드의 증가와 스타일 구조 추적의 어려움을 동시에 겪게 됩니다.

Tailwind CSS: Utility-first의 선구자

이러한 문제들을 해결하기 위한 접근으로 등장한 것이 바로 Utility-first CSS입니다. 이 방식은 미리 정의된 재사용 가능한 유틸리티 클래스를 조합하여 스타일을 구성합니다. 대표적인 예로는 Tailwind CSS가 있습니다.

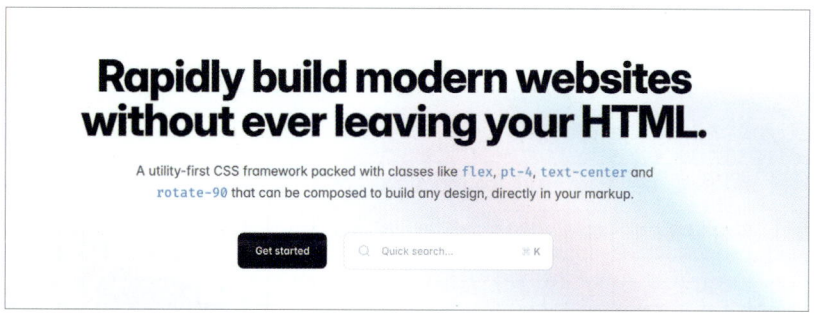

그림 7.9 테일윈드 공식 문서 화면(https://tailwindcss.com/)

```
<div class="p-4 bg-white rounded shadow-md">
  <h1 class="text-lg font-bold text-gray-800">카드 제목</h1>
  <p class="text-sm text-gray-600">설명 텍스트입니다.</p>
</div>
```

이 예시처럼 스타일은 직접 정의되지 않고, 사전에 정해진 기능 중심의 클래스를 조합하여 구성됩니다.

이를 통해 다음과 같은 장점이 있습니다.

- 컴포넌트 내부에서 직관적으로 스타일 구조 확인 가능
- 클래스 재사용에 따른 스타일 일관성 유지
- 기존 CSS 파일 탐색 없이도 빠르게 UI 조립 가능
- 클래스명이 곧 스타일 기능을 설명하므로 디자이너-개발자 간 커뮤니케이션 효율 증가

이처럼 유틸리티 클래스는 특정 CSS 속성과 1대1로 매칭(특정한 상황에서는 1대N)되기 때문에, 이들을 조합해 HTML 요소에 다양한 스타일을 즉시 적용할 수 있습니다. 이는 Tailwind CSS의 핵심 장점 중 하나입니다.

```
<figure class="md:flex bg-slate-100 rounded-xl p-8 md:p-0 dark:bg-slate-800">
  <div class="pt-6 md:p-8 text-center md:text-left space-y-4">
    <figcaption class="font-medium">
      <div class="text-sky-500 dark:text-sky-400">Sarah Dayan</div>
      <div class="text-slate-700 dark:text-slate-500">
        Staff Engineer, Algolia
      </div>
    </figcaption>
  </div>
</figure>
```

위 코드에서는 md:flex, bg-slate-100, rounded-xl, p-8 등 유틸리티 클래스가 HTML 요소에 직접 적용되어, 스타일을 간결하게 정의하고 빠르게 적용할 수 있습니다. Tailwind CSS는 빌드 타임에서 이러한 유틸리티 클래스들을 분석하여 각 클래스에 맞는 CSS 속성을 자동으로 컴파일하여 제공합니다. 따라서 여러 개의 CSS 파일을 사용하는 것보다, 하나의 Tailwind CSS 파일로 모든 스타일을 관리할 수 있어 효율적이며, 협업 시에도 중복 선언을 방지할 수 있습니다.

Tailwind CSS의 한계 - 유연성의 그림자

Tailwind CSS는 클래스 이름을 직접 설계해야 하는 부담에서 개발자를 해방시켰지만, 그와 동시에 새로운 문제도 함께 발생시켰습니다.

실무에서 자주 지적되는 대표적인 한계는 다음과 같습니다.

• 유틸리티 클래스 학습 필요

Tailwind CSS를 처음 사용하는 개발자는 다양한 유틸리티 클래스를 학습해야 합니다. 기본 CSS 속성을 익히는 것과 별개로, Tailwind의 유틸리티 클래스명을 따로 기억해야 하며, 이는 초기 진입 장벽으로 작용할 수 있습니다.

• 클래스 이름의 비대화

간단한 버튼이나 카드 정도는 깔끔하게 표현할 수 있지만, 복잡한 레이아웃, 다양한 반응형 대응, 상태 기반 스타일링이 필요해지면 한 요소에 수십 개의 클래스가 붙는 경우도 있습니다.

```
<div class="p-4 sm:p-6 lg:p-8 bg-white text-gray-800 rounded shadow-md flex flex-col items-center justify-between h-[400px]">
```

이처럼 클래스가 지나치게 길어지면 HTML 구조 자체가 복잡해지고, 코드의 가독성, 유지보수성 모두 악화될 수 있습니다.

• 스타일의 일관성 유지 어려움

Tailwind CSS의 유틸리티 클래스 조합은 유연하지만, 과도한 조합은 일관성을 깨뜨릴 수 있습니다. 특히, 큰 프로젝트에서는 스타일링의 통일성이 약해질 수 있으며, 필요한 스타일을 모두 Tailwind CSS로 통제하기 어려운 상황이 발생할 수 있습니다.

Tailwind CSS의 절충안 - shadcn/ui

shadcn/ui는 2023년 가장 주목받은 UI 컴포넌트 라이브러리 중 하나로, Radix UI의 접근성과 인터랙션 설계를 기반으로 하면서 Tailwind CSS를 스타일 시스템으로 채택한 구조를 갖습니다. Tailwind의 유연함을 유지하면서도 복잡한 클래스 관리, 학습 부담, 스타일 일관성 문제를 완화하려는 의도를 담고 있습니다.

Tailwind CSS는 다양한 유틸리티 클래스를 학습해야 하는 부담이 있습니다. 그러나 shadcn/ui는 variant="outline"과 같은 props 기반 API로 스타일을 추상화한 컴포넌트를 제공합니다.

```
<Button variant="outline" className="bg-red-500">
  삭제하기
</Button>
```

이처럼 주요 스타일은 컴포넌트 내부에 사전 정의되어 있고, 개발자는 필요한 만큼만 커스터마이징하면 됩니다.

```
import * as React from "react"
import { Slot } from "@radix-ui/react-slot"
import { cva, type VariantProps } from "class-variance-authority"

import { cn } from "@/lib/utils"

const buttonVariants = cva(
  "inline-flex items-center justify-center gap-2 whitespace-nowrap rounded-md //후략",
  {
    variants: {
      variant: {
        default:
          "bg-primary text-primary-foreground shadow hover:bg-primary/90",
        destructive:
          "bg-destructive text-destructive-foreground shadow-sm hover:bg-destructive/90",
        outline:
          "border border-input bg-background shadow-sm hover:bg-accent hover:text-accent-foreground",
        secondary:
          "bg-secondary text-secondary-foreground shadow-sm hover:bg-secondary/80",
        ghost: "hover:bg-accent hover:text-accent-foreground",
        link: "text-primary underline-offset-4 hover:underline",
      },
      size: {
        default: "h-9 px-4 py-2",
        sm: "h-8 rounded-md px-3 text-xs",
        lg: "h-10 rounded-md px-8",
        icon: "h-9 w-9",
      },
    },
    defaultVariants: {
      variant: "default",
      size: "default",
    },
  }
)
```

그림 7.10 shadcn-ui의 버튼 컴포넌트의 스타일 정의 코드

스타일을 입히는 기본 코드의 후략 부분은 다음과 같습니다. 즉 클래스 이름이 긴 것은 피할수 없습니다.

```
`inline-flex items-center justify-center gap-2 whitespace-nowrap rounded-md text-sm
font-medium transition-colors focus-visible:outline-none focus-visible:ring-1
focus-visible:ring-ring disabled:pointer-events-none disabled:opacity-50
[&_svg]:pointer-events-none [&_svg]:size-4 [&_svg]:shrink-0")`;
```

> ⚛ **AI와 궁합이 뛰어난 Tailwind CSS의 구조적 강점**
>
> Tailwind CSS는 '유틸리티 우선 CSS'라는 설계 철학 덕분에, 클래스 이름만으로도 스타일의 의미를 매우 명확하게 전달할 수 있습니다. 이 점은 자연어 기반의 AI 도구와 결합될 때 컴포넌트를 자동 생성하거나 보완하는 데 매우 유리한 특성으로 작용합니다.
>
> 예를 들어, "회색 배경에 둥근 모서리를 가진 카드 컴포넌트를 만들어줘"라고 요청했을 때, Tailwind를 사용하는 AI는 bg-gray-100 rounded-lg처럼 의도에 부합하는 명확한 클래스 조합을 즉시 생성할 수 있습니다.
>
> 이처럼 스타일이 명시적이고 선언적으로 구성되며, 개별 속성이 유연하게 조합 가능한 구조는, AI가 더 적은 맥락으로도 정확한 코드를 예측하고 출력하는 데 최적화된 환경을 만들어 줍니다. 그 결과, 개발자 입장에서도 반복적인 UI 코드 작성이 크게 줄어들고, 디자인 시스템 없이도 빠르고 일관성 있는 프로토타이핑이 가능해집니다.

Scoped CSS

Scoped CSS는 스타일의 적용 범위를 컴포넌트 내부로 한정하여, 전역 스타일 충돌을 방지하고 유지보수를 용이하게 만드는 스타일링 기법입니다.

전통적인 CSS는 글로벌 스코프를 기반으로 하기 때문에, 하나의 스타일 정의가 전체 애플리케이션에 영향을 미치는 문제가 자주 발생합니다. Scoped CSS는 이러한 문제를 해결하기 위해, 각 컴포넌트에만 국한된 스타일을 적용하는 구조를 제공합니다.

Scoped CSS는 주로 Vue.js에서 scoped 속성을 통해 사용되지만, Shadow DOM과 같은 브라우저의 네이티브 기능을 활용하여 컴포넌트 단위로 스타일을 캡슐화할 수 있습니다.

Vue는 컴포넌트 내부 〈style scoped〉를 통해 스타일 격리를 지원합니다. 엄밀히 말하면 Vue 컴파일러가 CSS 클래스명에 고유 속성을 동적으로 부여하여 스타일 충돌을 방지하는 구조로, 이는 자바스크립트를 통해 스타일 스코프를 조작하는 형태이며, 넓은 의미에서 CSS-in-JS 계열의 구조에 가깝습니다.

Shadow DOM을 활용한 Scoped CSS

Shadow DOM은 웹 컴포넌트의 핵심 기능 중 하나로, 스타일과 DOM을 완전히 캡슐화할 수 있습니다. 컴포넌트 내부에서 선언한 스타일은 외부에 영향을 주지 않고, 외부의 스타일도 내부에 침범할 수 없습니다.

```html
<my-card></my-card>

<script>
  class MyCard extends HTMLElement {
    constructor() {
      super();
      const shadow = this.attachShadow({ mode: 'open' });
      shadow.innerHTML = `
        <style>
          .card {
            border: 1px solid #ccc;
            padding: 1rem;
            border-radius: 0.5rem;
          }
        </style>
        <div class="card">Hello Shadow DOM</div>
      `;
    }
  }
  customElements.define('my-card', MyCard);
</script>
```

위 예시에서 .card 클래스는 my-card 컴포넌트 내부에서만 적용되며, 외부로 유출되지 않습니다.

Scoped CSS의 적용 범위와 미래 가능성

Scoped CSS는 Vue, Svelte 등 일부 프레임워크에서 기본 기능으로 제공되지만, 리액트 환경에서는 명시적인 도구 없이 직접 구현하기 어렵습니다. 또한 Shadow DOM은 아직 보편화된 기술은 아니며, 실무에서의 활용 사례도 제한적입니다.

필자 역시 Shadow DOM을 직접 사용하는 대신, 이를 활용한 라이브러리를 통해 간접적으로 경험한 수준입니다. 사용 자체는 직관적이지만, 커스터마이징의 유연성이 부족하다는 점은 실무에서 불편하게 느껴졌으며, 도입을 위해선 학습과 생태계 지원의 뒷받침이 필요하다고 생각하고 있는 기술 중에 하나입니다.

하지만 웹 컴포넌트 기반 개발이 점차 확산되고 있는 만큼, Scoped CSS와 Shadow DOM 기반 스타일링은 중장기적으로 유효한 대안으로 떠오를 가능성이 높습니다.

> **추가 학습**
>
> 사이트 - https://developer.mozilla.org/en-US/docs/Web/API/Web_components/Using_shadow_DOM
> 사이트 - https://developer.mozilla.org/en-US/docs/Web/API/Web_components
> 사이트 - https://github.blog/engineering/architecture-optimization/how-we-use-web-components-at-github/

7.5 컴포넌트 라이브러리

컴포넌트 라이브러리는 웹 애플리케이션의 UI 요소들을 일관되고 재사용 가능한 형태로 제공하는 개발 도구입니다. 버튼, 모달, 폼과 같은 UI 컴포넌트를 모듈화하여 패키지로 제공하며, 개발자는 별도의 스타일링 없이도 디자인 가이드에 맞는 UI를 손쉽게 구현할 수 있습니다.

컴포넌트는 일반적으로 기본 스타일이 적용된 상태로 제공되며, 커스터마이징이 가능하도록 설계되어 있어, 규모가 큰 프로젝트에서도 일관된 사용자 경험을 유지하는 데 유용합니다.

디자인 시스템

컴포넌트 라이브러리를 이해하려면 먼저 디자인 시스템에 대한 개념을 이해해야 합니다.

디자인 시스템은 브랜드 정체성과 사용자 경험의 일관성을 보장하기 위한 시각적·행동적 원칙의 집합입니다.

주요 구성 요소는 다음과 같습니다.

- **디자인 토큰**: 색상, 타이포그래피, 간격, 아이콘 등
- **UI 컴포넌트**: 버튼, 카드, 입력 폼 등 자주 사용하는 인터페이스 요소들
- **기술적 원칙**: 접근성, 반응형 대응 등 개발 시 고려할 기준

이러한 요소들은 디자인의 표준을 정립하고, 여러 팀이 일관된 기준으로 협업할 수 있게 만듭니다.

국내에서도 Toss의 TDS, 쿠팡의 RDS 등 다양한 기업이 자사에 맞는 디자인 시스템을 구축하여 활용하고 있습니다.

글로벌 디자인 시스템 사례

세계적인 기술 기업들은 저마다의 디자인 시스템을 가지고 있습니다. 예를 들어, 구글과 애플은 각각 머티리얼 디자인(Material Design)과 휴먼 인터페이스 디자인(Human Interface Guidelines, HIG)이라는 디자인 시스템을 보유하고 있으며, 이들 시스템은 수백만 사용자가 경험하는 일관된 UI/UX를 제공하는 데 크게 기여하고 있습니다.

- **머티리얼 디자인(Material Design)**

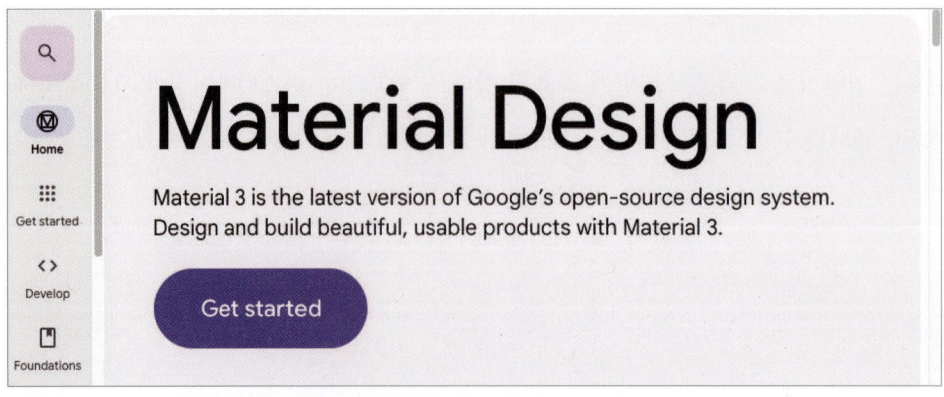

그림 7.11 구글의 머티리얼 디자인 공식 사이트(https://m3.material.io/)

Material Design 3은 구글의 최신 디자인 시스템으로, 구글의 제품을 비롯한 다양한 애플리케이션에서 사용됩니다. 머티리얼 디자인은 사용자가 직관적이고 일관된 인터페이스를 경험할 수 있도록, 색상, 타이포그래피, 그리드 시스템 등 모든 UI 요소를 체계적으로 정의합니다.

- 휴먼 인터페이스 가이드라인(Human Interface Guidelines, HIG)

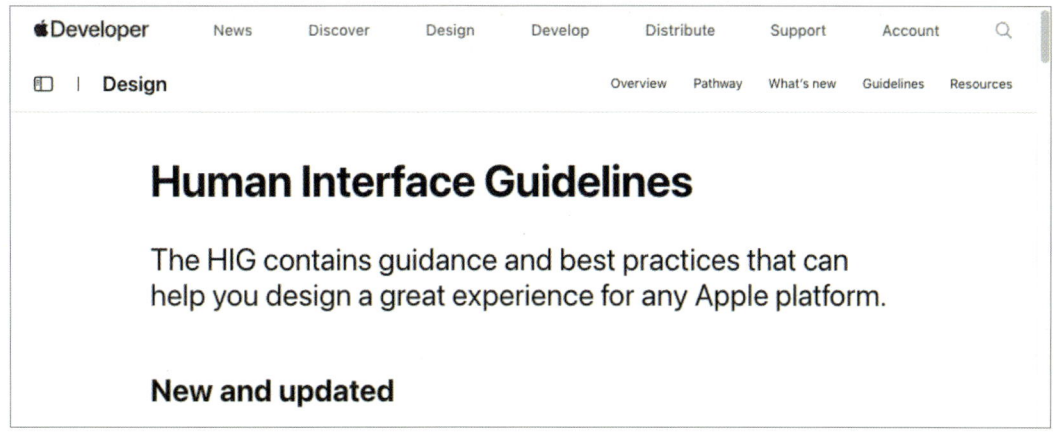

그림 7.12 애플의 휴먼 인터페이스 가이드라인 공식 사이트(https://developer.apple.com/design/human-interface-guidelines)

HIG는 애플의 디자인 시스템으로, iOS, macOS, watchOS 등 모든 애플 플랫폼에서 사용되는 일관된 사용자 경험을 제공합니다. HIG는 애플의 특유의 미니멀한 디자인과 직관적인 사용성을 중심으로 구성되어 있으며, 개발자와 디자이너가 이를 참고해 애플 생태계에 맞는 앱을 디자인합니다.

나라별 디자인 시스템 사례

디자인 시스템은 글로벌 기업뿐만 아니라 국가 단위로도 도입되고 있습니다. 예를 들어, 대한민국은 공공 웹사이트의 UI/UX 일관성을 위해 디지털 정부서비스 디자인 시스템을 운영 중입니다.

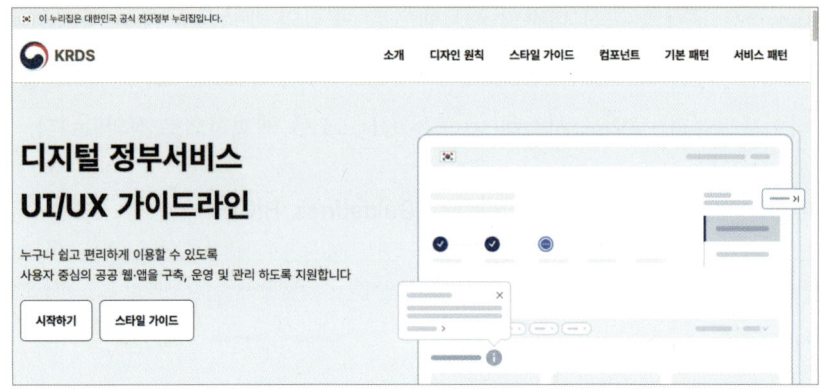

그림 7.13 한국의 디지털 정보서비스 UI/UX 가이드라인 공식 사이트(https://uiux.egovframe.go.kr/guide/index.html)

이외에도 미국(US Web Design System), 영국(GOV.UK Design System) 등도 공공서비스 사용자 경험을 개선하기 위해 유사한 디자인 시스템을 운영하고 있습니다. 특히 공공기관 사이트 등에서 공공서비스를 이용하는 국민의 접근성과 사용성을 높이는데 목적을 두고 있습니다.

Material UI(MUI) - 컴포넌트 라이브러리의 대표 주자

Material UI(MUI)는 구글의 디자인 시스템인 머티리얼 디자인을 기반으로 구현된 리액트 컴포넌트 라이브러리입니다.

일관된 사용자 경험(UX)과 접근성 높은 UI 설계를 돕기 위해, 디자인 원칙을 코드로 구현한 고품질 컴포넌트 모음을 제공합니다.

MUI는 오픈소스로 제공되며, 프로덕션 수준에서 바로 사용 가능한 완성도 높은 컴포넌트들을 포함하고 있습니다. 기본 스타일이 잘 정의되어 있으며, 테마 커스터마이징 기능도 지원하여 규모나 복잡도에 관계 없이 유연한 적용이 가능합니다.

Material UI 컴포넌트

Material UI의 컴포넌트는 머티리얼 디자인 가이드라인을 기반으로 하며, 버튼, 모달, 입력 폼 등 40여 개가 넘는 다양한 컴포넌트를 제공합니다. MUI의 컴포넌트들은 기본 스타일과 행동 방식을 가지고 있으며, 개발자는 이를 활용해 프로젝트 요구 사항에 맞게 커스터마이징할 수 있습니다. 2024년 기준으로 Material UI가 제공하는 컴포넌트는 40개가 넘으며, 공식 문서에서 확인할 수 있습니다.

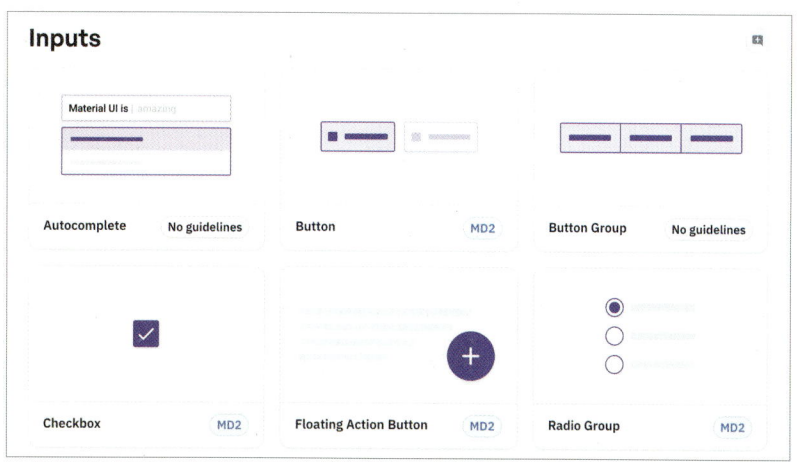

그림 7.14 MUI의 Inputs 컴포넌트 종류 예시

그중 Button 컴포넌트를 예시로 살펴보겠습니다.

Button 컴포넌트는 사용자가 특정 작업을 수행하도록 돕는 기본적인 UI 요소로, 다양한 스타일과 동작을 쉽게 적용할 수 있도록 props를 통해 다양한 옵션을 제공합니다.

아래 문구는 MUI 공식 문서에서 버튼 컴포넌트의 목적과 행동 방식을 설명합니다.

> "Buttons allow users to take actions, and make choices, with a single tap."
> 버튼은 사용자가 한 번의 클릭으로 행동을 취하고 선택할 수 있게 해줍니다.

그리고 이를 어떤 방식으로 활용할 수 있는지에 대한 가이드라인과 관련된 디자인 리소스와 컴포넌트 개발 시 참조한 기준도 함께 제공합니다.

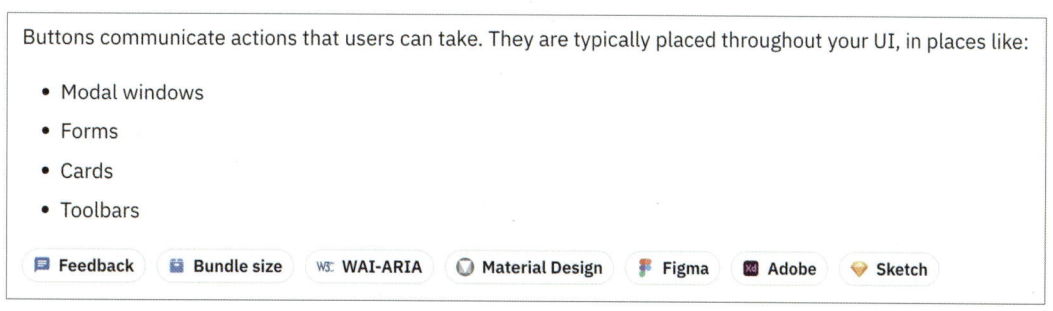

그림 7.15 MUI의 버튼 컴포넌트에 대한 가이드라인과 디자인 리소스

이런 기준뿐만 아니라 실제 컴포넌트의 동작 모습도 확인할 수 있습니다.

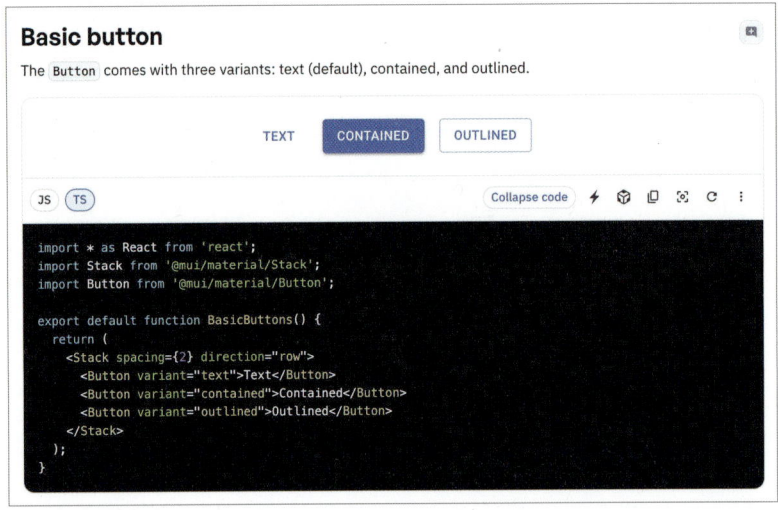

그림 7.16 MUI의 버튼 컴포넌트 사용법

MUI는 사용자가 컴포넌트를 설치하고, 원하는 컴포넌트를 import한 후에 쉽게 사용할 수 있도록 구성되어 있어 사용법이 매우 간단합니다. 또한, 각각의 컴포넌트는 API 문서가 함께 제공되어 있어 사용 가능한 props, CSS 클래스, 커스터마이징 옵션에 대해 상세히 설명하고 있습니다.

Props

View: Table

Props of the ButtonBase component are also available.

Name	Type	Default	Description
children	node	-	The content of the component.
classes	object	-	Override or extend the styles applied to the component. See CSS classes API below for more details.
color	'inherit' | 'primary' | 'secondary' | 'success' | 'error' | 'info' | 'warning' | string	'primary'	The color of the component. It supports both default and custom theme colors, which can be added as shown in the palette customization guide.

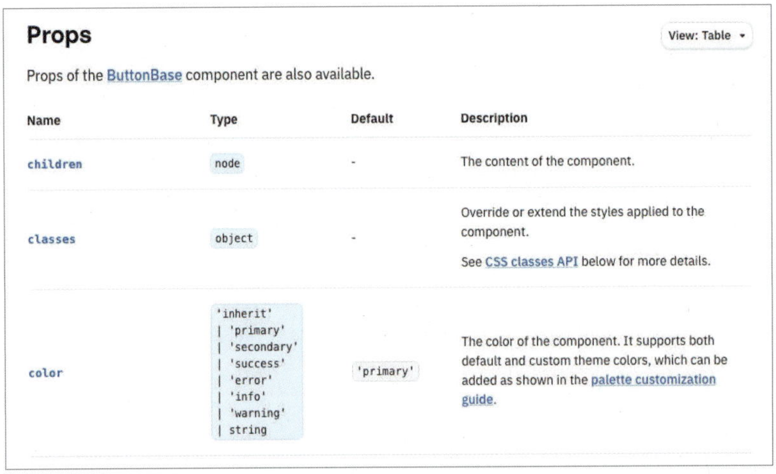

그림 7.17 MUI의 버튼 컴포넌트 Props

이렇게 컴포넌트 라이브러리를 효율적으로 사용하기 위해서는 컴포넌트 종류와 각 컴포넌트의 Props에 대해 충분히 알고 있어야 합니다. 컴포넌트의 기능과 속성을 잘 이해하고 있을수록 개발 속도는 더욱 빨라집니다. 각 컴포넌트가 제공하는 Props를 알고 있으면, 원하는 동작과 스타일을 보다 쉽게 적용할 수 있고, 재사용성을 극대화할 수 있습니다.

또한, 잘 설계된 컴포넌트는 프로젝트의 복잡성을 줄이고 유지보수성을 높여주기 때문에, 라이브러리 내 컴포넌트들을 잘 이해하고 활용하는 것은 매우 중요합니다. 특히, Material UI(MUI)와 같은 라이브러리는 다양한 컴포넌트와 풍부한 Props 옵션을 제공하므로, 이를 얼마나 잘 활용하느냐에 따라 생산성에 큰 차이가 생길 수 있습니다.

커스터마이징을 통한 유연한 디자인 적용

MUI는 기본적으로 머티리얼 디자인의 색상과 구성 규칙을 따릅니다.

그러나 createTheme() API를 통해 프로젝트의 브랜드 컬러, 타이포그래피, 컴포넌트 기본 스타일을 전체적으로 재정의할 수 있습니다.

```js
import { createTheme } from "@mui/material/styles";

const theme = createTheme({
  palette: {
    primary: {
      light: "#757ce8",
      main: "#3f50b5",
      dark: "#002884",
      contrastText: "#fff",
    },
    secondary: {
      light: "#ff7961",
      main: "#f44336",
      dark: "#ba000d",
      contrastText: "#000",
    },
  },
});
```

이처럼 테마 커스터마이징을 통해 MUI를 기반으로 자체 디자인 시스템을 구성할 수 있습니다.

shadcn/ui: 설계도 기반의 컴포넌트 구성

shadcn/ui는 기존 컴포넌트 라이브러리와 차별화된 접근 방식을 제공합니다. 단순히 스타일과 기능을 갖춘 완성된 컴포넌트를 제공하는 대신, 일종의 컴포넌트 설계도를 제공하여 개발자가 이를 바탕으로 구조와 스타일을 원하는 대로 커스터마이징할 수 있도록 돕는 것이 주요 특징입니다. 이를 통해 shadcn/ui는 개발자에게 높은 자유도를 제공하며, 이를 사용하는 방식도 기존 라이브러리와 다릅니다.

기존 컴포넌트 라이브러리는 보통 설치 후 컴포넌트를 import하여 사용하는 방식으로, 컴포넌트 자체를 수정하는 데는 한계가 있습니다. 반면 shadcn/ui는 컴포넌트의 완성된 코드 대신 복사-붙여넣기 가능한 재사용 가능한 컴포넌트 설계도를 제공합니다. 이를 통해 개발자는 컴포넌트를 마음껏 수정하고 커스터마이징할 수 있으며, 필요에 따라 Tailwind CSS와 같은 스타일링 도구를 함께 사용하여 스타일을 쉽게 조정할 수 있습니다.

"This is NOT a component library. It's a collection of re-usable components that you can copy and paste into your apps."
"이것은 컴포넌트 라이브러리가 아닙니다. 여러분의 앱에 복사·붙여넣기 해서 바로 활용할 수 있는 재사용 컴포넌트 모음집입니다."
— https://ui.shadcn.com/

shadcn/ui와 기존 컴포넌트 라이브러리 사용법 비교

예를 들어 MUI의 Button 컴포넌트는 아래와 같이 import하여 사용합니다.

```
import Stack from "@mui/material/Stack";
import Button from "@mui/material/Button";
```

반면, shadcn/ui의 Button은 아래와 같이 외부 라이브러리가 아닌 직접 작성한 디렉토리의 위치에서 코드를 가져와 사용합니다.

```
import { Button } from "@/components/ui/button";
<Button variant="outline">확인</Button>;
```

이 경우 해당 button.tsx 파일은 프로젝트 내부에 위치하며, 개발자가 직접 구조를 수정하거나 props를 추가하는 것이 가능합니다.

shadcn/ui 버튼 컴포넌트의 커스터마이징

해당 경로를 따라가면 아래와 같은 파일을 확인할 수 있습니다.

```tsx
import * as React from "react";
import { Slot } from "@radix-ui/react-slot";
import { cva, type VariantProps } from "class-variance-authority";

import { cn } from "@/lib/utils";

const buttonVariants = cva("inline-flex items-center /* 스타일 생략 */", {
  /* 생략 */
});

export interface ButtonProps
  extends React.ButtonHTMLAttributes<HTMLButtonElement>,
    VariantProps<typeof buttonVariants> {
  asChild?: boolean;
}

const Button = React.forwardRef<HTMLButtonElement, ButtonProps>(
  ({ className, variant, size, asChild = false, ...props }, ref) => {
    const Comp = asChild ? Slot : "button";
    return (
      <Comp
        className={cn(buttonVariants({ variant, size, className }))}
        ref={ref}
        {...props}
      />
    );
  }
);
Button.displayName = "Button";

export { Button, buttonVariants };
```

이 방식의 가장 큰 특징은, 개발자가 직접 설계도에서 컴포넌트의 구조와 스타일을 쉽게 수정하거나 추가할 수 있다는 점입니다. 일반적인 컴포넌트 라이브러리처럼 이미 만들어진 컴포넌트를 사용하는 것이 아니라, 구성 요소를 기반으로 자신만의 컴포넌트를 설계할 수 있는 방식입니다.

기존 라이브러리에서는 로딩 상태를 처리하기 위해 LoadingButton이라는 별도 컴포넌트를 만들거나 라이브러리 확장을 고려해야 할 수도 있습니다. 하지만 shadcn/ui에서는 기존 Button 컴포넌트에 단순히 isLoading props를 추가하여 바로 확장할 수 있습니다.

```jsx
const Button = React.forwardRef<HTMLButtonElement, ButtonProps>(
  (
    {
      isLoading, // 추가된 isLoading props
      className,
      variant,
      size,
      asChild = false,
      children,
      ...props
    },
    ref
  ) => {
    const Comp = asChild ? Slot : "button";
    return (
      <Comp
        className={cn(buttonVariants({ variant, size, className }))}
        ref={ref}
        {...props}
      >
        {isLoading && <div>로딩중</div>} {/* 로딩 상태일 때 표시될 내용 */}
        {!isLoading && children} {/* 로딩이 아닐 때만 자식 요소를 표시 */}
      </Comp>
    );
  }
);

// 사용 예시
<Button isLoading>Button</Button>;
```

이처럼 기존 구조를 직접 수정할 수 있으므로, 새로운 기능을 기존 컴포넌트에 자연스럽게 통합할 수 있습니다.

다만, shadcn/ui는 Radix-UI를 기반으로 하기 때문에, Radix-UI가 제공하는 구조와 기능을 따라가야 하는 한계가 있습니다. 특히, Radix-UI에서 기본적으로 설정된 접근성 규칙이나 컴포넌트 구조는 shadcn/ui에서도 그대로 계승되므로, 이로 인한 제약이 발생할 수 있습니다.

그러나 shadcn/ui는 Tailwind CSS의 유연한 스타일링 시스템과 뛰어난 커스터마이징 자유도를 활용하여 이러한 한계를 극복할 수 있는 다양한 방법을 제공합니다. 개발자는 Tailwind CSS의 유틸리티 클래스와 커스텀 스타일링을 통해 각 컴포넌트를 더욱 세밀하게 조정할 수 있으며, 이를 통해 Radix-UI의 한계를 뛰어넘는 커스터마이징이 가능합니다. 이러한 방식은 특히 다양한 디자인 요구 사항을 만족해야 하는 프로젝트에서 유용하게 사용될 수 있습니다.

> ⚛ **디자인 컴포넌트 라이브러리를 구축의 시작**
>
> 필자는 실무에서 여러 차례 컴포넌트 라이브러리 구축을 경험하면서 Material UI, Mantine UI 등 다양한 라이브러리를 직접 사용하며 비교·검토해왔습니다.
>
> 초기에는 빠른 UI 구성이 가능한 설치형 라이브러리를 도입했지만, 시간이 지날수록 디자인 시스템과 커스터마이징의 유연성이 더 중요해졌고, 그 결과 현재는 shadcn/ui를 기반으로 한 구조에 정착하였습니다. shadcn/ui를 선택한 가장 큰 이유는 커스터마이징 자유도가 매우 높고, 다양한 컴포넌트를 높은 완성도로 제공한다는 점입니다. 단순히 제공된 API만 사용하는 것이 아니라, 실제 컴포넌트 코드를 직접 수정하고 확장할 수 있기 때문에, 디자인 시스템을 코드 수준에서 완전히 통제할 수 있습니다.

리액트 실무편(컴포넌트) 정리

이번 장에서는 리액트 애플리케이션에서 활용할 수 있는 다양한 컴포넌트 유형과 스타일링 방식을 종합적으로 살펴보았습니다. 컴포넌트 기반 설계는 리액트 개발의 핵심이며, 컴포넌트의 구조와 스타일을 어떻게 설계하느냐에 따라 개발 생산성과 유지보수성은 큰 차이를 만듭니다.

리액트 특화 기능인 Suspense, Fragment, 재귀 컴포넌트 등을 통해 구조적 구성의 유연함을 익혔고, CSS Modules, CSS-in-JS, Utility-first CSS 같은 다양한 스타일링 기법을 통해 현대적인 컴포넌트 스타일 관리 전략을 이해했습니다. 또한 Tailwind CSS, shadcn/ui와 같은 최신 라이브러리들은 개발자에게 높은 수준의 자유도와 일관된 UI 관리 도구를 제공한다는 점에서 주목할 만합니다.

개인적으로 저는 신입 프론트엔드 개발자에게 반드시 사용 중인 컴포넌트 라이브러리의 공식 문서를 처음부터 끝까지 읽어볼 것을 권장합니다. 어떤 화면을 만들 수 있는지, 어떤 컴포넌트가 이미 준비되어 있는지를 아는 것은 실제 개발 속도와 품질에 직결되는 중요한 요소입니다. 또한, 잘 구성된 공식 문서는 단순한 사용법을 넘어서 컴포넌트 설계 철학과 코드 구조에 대한 깊은 인사이트를 제공합니다.

이 책을 읽는 독자 역시, 한 번쯤은 사용하는 컴포넌트 라이브러리의 문서를 처음부터 끝까지 읽어보기를 권합니다. 모든 내용을 완벽히 숙지하지 않더라도, 라이브러리의 철학과 설계 의도만이라도 이해해 보십시오. 이는 프론트엔드 개발자로서의 깊이 있는 사고와 성장을 이루는 데 큰 도움이 될 것입니다.

8장
Next.js

8.1 Next.js를 사용해야 하는 이유
8.2 SPA와 MPA
8.3 CSR과 SSR
8.4 Next.js 톺아보기

이 장에서는 Next.js의 핵심 아키텍처와 작동 방식을 다룹니다. Next.js가 왜 필요한지에 대한 명확한 배경 설명을 시작으로, SPA(Single Page Application)와 MPA(Multi Page Application)의 구조적 차이, CSR(Client-Side Rendering)과 SSR(Server-Side Rendering)의 렌더링 방식 비교를 통해 Next.js의 동작 방식을 살펴보겠습니다.

이어서, Next.js의 폴더 구조와 라우팅 시스템, Hydration, 프레임워크로서의 역사와 진화 과정을 정리함으로써, Next.js가 단순한 라이브러리를 넘어 실무 중심의 프레임워크로서 어떤 가치를 지니는지 입체적으로 이해할 수 있도록 합니다.

본 장을 마치면, 여러분은 Next.js의 내부 구조와 렌더링 전략을 실무에 적용할 수 있는 수준으로 이해하게 될 것이며, 향후 프로젝트에 Next.js를 도입하는 데 있어 확신을 갖게 될 것입니다.

8.1 Next.js를 사용해야 하는 이유

Next.js는 리액트를 기반으로 한 풀스택 프레임워크로, UI 컴포넌트를 중심의 개발뿐만 아니라 SSR(서버 사이드 렌더링), SSG(정적 사이트 생성), CSR(클라이언트 사이드 렌더링) 등 다양한 렌더링 방식을 유연하게 지원합니다. 이를 통해 SEO, 초기 로딩 속도, 퍼포먼스 최적화까지 폭넓게 대응할 수 있습니다.

특히, 번들링·컴파일링 등의 환경 설정을 자동화해 개발자는 설정에 소모되는 시간을 줄이고, 비즈니스 로직에만 집중할 수 있습니다. 이는 개인 개발자부터 대규모 조직까지 동일하게 유효한 생산성 개선 요인입니다.

더불어, Next.js는 리액트 공식 개발팀이 권장하는 메타 프레임워크로, 리액트의 주요 업데이트를 가장 빠르게 수용하며 긴밀하게 통합됩니다. 이로 인해 최신 리액트 기능을 안정적으로 활용할 수 있으며, 복잡한 설정 없이도 코드 분할, 데이터 페칭, 정적 HTML 생성 등이 기본으로 제공됩니다.

또한, 폴더 기반 라우팅 시스템과 자동 코드 스플리팅 기능 덕분에 프로젝트 구조를 직관적으로 유지할 수 있고, 페이지 단위의 성능 최적화도 자연스럽게 이루어집니다.

마지막으로, Next.js는 백엔드 API 구현까지 내장되어 있어 별도 서버를 두지 않고도 기본적인 서버 기능을 처리할 수 있습니다. 이러한 점은 프론트엔드 개발자가 풀스택 감각을 기르기에 매우 이상적인 구조입니다.

이 모든 이유로 인해, Next.js는 리액트를 기반으로 하는 실무 프로젝트에서 가장 널리 채택되는 프레임워크 중 하나이며, 신뢰할 수 있는 선택지가 됩니다.

리액트 메타 프레임워크

리액트는 UI 구축에만 집중하기 때문에, 실제 애플리케이션을 만들기 위해서는 라우팅, 데이터 페칭, 렌더링 전략 등을 추가적으로 구성해야 합니다. 이를 통합적으로 해결하는 도구가 바로 메타 프레임워크(meta framework)입니다. 리액트 메타 프레임워크는 리액트를 기반으로 하면서도, 서버 사이드 렌더링(SSR), 정적 사이트 생성(SSG), 코드 분할, API 처리 등 고급 기능을 제공합니다.

현재 널리 사용되는 리액트 메타 프레임워크에는 Next.js와 Remix.js가 있습니다. 두 프레임워크는 모두 생산성 향상과 개발 효율성을 목표로 하며, 다음과 같은 슬로건을 내세우고 있습니다.

- **Next.js**: "Next.js enables you to create high-quality web applications with the power of React components."

  "Next.js는 리액트 컴포넌트의 강력함을 바탕으로 고품질 웹 애플리케이션을 쉽게 만들 수 있도록 도와주는 프레임워크입니다."

- **Remix.js**: "Remix lets you focus on the user interface and work back through web standards to deliver a fast, slick, and resilient user experience."

  "Remix는 사용자 인터페이스(UI)에 집중할 수 있게 해주며, 웹 표준을 기반으로 빠르고 부드러우며 안정적인 사용자 경험을 제공합니다."

슬로건에서 강조할 만한 문구로는 Next.js의 '고품질 웹 애플리케이션(high-quality web applications)'과 Remix.js의 '웹 표준(web standards)'을 꼽을 수 있습니다.

Next.js → "high-quality web applications"

이 문구를 선택한 이유는 Next.js를 사용하면 편하게 고품질의 웹을 만들 수 있기 때문입니다. 고품질은 단순히 성능이 좋다는 뜻을 넘어서, SEO 최적화, 코드 스플리팅, 이미지 최적화 등 종합적인 퀄리티를 의미합니다.

이전에는 고품질의 웹을 만들기 위해 많은 작업이 제각각으로 필요하고 이를 통합하는 작업이 필수였습니다. 하지만 Next.js가 등장하고 나서는 Next.js가 제공하는 기능만으로 자연스럽게 고품질의 서비스를 만들수 있게 된 것입니다.

또한 프레임워크의 특성상 조직 규모와 무관하게 기술적 신뢰성이 보장되는 것도 Next.js의 장점이라고 할 수 있습니다.

Remix.js → "web standards"

Remix.js는 브라우저 표준과 HTTP 요청/응답 사이클을 중심으로 아키텍처를 설계하여 전통적인 웹 페러다임에 더 가까운 프레임워크입니다.

Next.js의 경우 특정 기능이나 성능을 위해 웹 표준을 벗어나 독자적인 규칙과 설계로 구현되는 경우가 있습니다. 그리고 이 프레임워크의 성능을 최대로 이용하기 위해선 Next.js를 만든 회사인 Vercel의 배포 플랫폼을 써야한다는 단점이 있습니다. 물론 다른 배포 서비스로도 배포가 가능하지만 메타 프레임워크 레벨의 모든 기능을 쓰기엔 추가 구현이 필요하다는 한계가 있습니다.

그에 반해 Remix.js는 깔끔합니다. 프레임워크가 복잡한 추상화를 제공하기보다는, 개발자가 웹 자체의 본질적인 동작(폼, URL, status code, cache 등)을 직접 다루게 하며, 그 과정을 권고합니다. 이는 특정 기업에 대한 기술 종속을 최소화하고, 표준 기반 설계를 중시하는 조직이나 장기 유지보수를 고려하는 프로젝트에 적합합니다.

최근 OpenAI의 챗GPT 서비스가 Next.js에서 Remix.js로 마이그레이션한 사례는 큰 주목을 받았습니다. 이는 단순한 프레임워크 교체가 아닌, 웹 표준 중심의 설계 철학으로의 회귀라는 관점에서 의미가 있습니다.

OpenAI는 이 과정에서 Remix의 웹 본연의 동작 모델에 대한 존중(HTTP 요청/응답 흐름, Form 기반 인터랙션, nested routing 등)이 서비스 복잡도를 줄이고, 서버-클라이언트 간 데이터 흐름을 더 투명하게 만들 수 있다는 점을 주요 장점으로 언급했습니다. 특히, 대규모 트래픽 환경에서 클라이언트 측 복잡도를 줄이는 설계가 가능하다는 점은 대규모 서비스 운영자에게 매우 매력적인 요소입니다.

물론 모든 프로젝트에 Remix.js가 적합한 것은 아니며, Next.js는 여전히 생산성, 생태계, 호환성, 호스팅 플랫폼 통합성에서 강력한 선택지로 남아 있습니다. 다만, 이와 같은 사례는 웹 개발 방식의 다변화와 웹 표준 철학에 기반한 설계 패러다임이 점점 더 주목받고 있음을 시사합니다.

메타데이터로 바라본 차이점

Next.js(App Router 기준)에서는 metadata 혹은 generateMetadata를 통해 정적 또는 동적 메타데이터를 선언할 수 있습니다. 구조화된 타입 기반으로 제공되며, 내부적으로 〈head〉 태그에 자동으로 삽입됩니다. viewport와 같은 태그도 동일한 방식으로 설정 가능합니다.

```
// Next.js의 메타데이터 설정
import { Metadata } from "next";
import type { Viewport } from 'next';

export const metadata: Metadata = {
  title: "My Blog",
  description: "...",
};

export const viewport: Viewport = {
  width: "device-width",
  initialScale: 1,
  maximumScale: 1,
};

export default function Page() {}
```

반면, Remix에서는 각 라우트 파일에서 meta() 함수를 export하여 HTML 문서의 〈meta〉, 〈title〉 태그를 구성할 수 있습니다. Remix는 HTML의 기본 구조를 그대로 코드로 표현하는 방식을 택합니다.

```
// Remix.js의 메타데이터 설정
import { MetaFunction } from "@remix-run/node";

export const meta: MetaFunction = () => {
  return [
    { title: "My Blog" },
    { name: "description", content: "..." },
    { name: "viewport", content: "width=device-width,initial-scale=1" },
  ];
};

export default function Index() {
  return (
    <div>
      <h1>Welcome</h1>
    </div>
  );
}
```

코드만 보면 두 프레임워크 모두 함수 내부에서 메타 정보를 선언하고, 프레임워크가 이를 가져다 HTML 〈head〉에 삽입해주는 구조라서 겉보기에는 비슷해 보입니다. 그러나 내부 철학과 설계 접근은 확연히 다릅니다.

Next.js는 메타데이터를 '추상화된 구성 요소'로 다루고, Remix는 이를 '문서 구조의 일부'로 간주합니다.

이러한 차이로 인해, Remix에서는 〈head〉 태그 내부에 들어갈 모든 요소(title, meta, viewport 등)를 meta() 함수 하나에서 직접 선언하지만, Next.js는 이를 기능 단위로 분리하여 Metadata, Viewport 등 별도의 객체로 나누어 선언합니다. 이는 Next.js가 메타 정보를 구조화된 API로 분리하여 관리하는 반면, Remix는 HTML 문서와의 일체감을 중시하는 설계를 선택한 결과입니다.

> 💡 **시니어 코멘트**
> Next.js는 "이 정도만 선언하면 내가 나머지는 알아서 채워줄게"라고 말합니다. 반면 Remix는 "HTML 문서가 원래 어떻게 생겨야 하는지, 네가 정확히 알고 있어야 해"라고 요구합니다. 둘 다 기능을 제공하지만, 개발자에게 기대하는 '기본기'는 확연히 다릅니다.
> 개인적으로는 기존의 웹 개발자는 Remix가 편하고 처음 새롭게 배우면 Next.js가 더 적합합니다. 하지만 이와 별개로, 현재 시장에서는 Next.js가 확실히 우위를 점하고 있습니다.

메타 프레임워크의 장점과 Next.js

필자의 경우 실무에서는 Next.js를 주로 사용합니다. 그 이유는 필자가 Next.js와 Remix를 고민했을 시기에 Remix는 유료(약 200달러)였던 반면, Next.js는 무료였기 때문입니다.

물론 현재 시점에서는 Remix도 오픈소스로 전환되었고, 두 프레임워크는 각자의 철학을 유지하면서도 서로의 장점을 빠르게 흡수해가는 경향이 있습니다. 이런 흐름을 보면 기능만 놓고 보았을 때 Next.js와 Remix는 점차 유사해지는 부분도 많습니다.

그렇다면 필자가 실무에서 Next.js를 계속해서 선택하는 이유는 무엇일까? 기능적인 관점에서 Next.js의 강점을 정리하면 다음과 같습니다.

프레임워크가 대부분 알아서 처리

리액트 단독으로 애플리케이션을 구축할 경우, 라우팅, 코드 분할, 데이터 페칭, 정적 HTML 생성 등을 각각 별도의 라이브러리와 도구로 설정해야 합니다. 이는 설정과 구현에 드는 비용이 상당할 뿐만 아니라, 팀 내 구현 방식이 제각각이 될 가능성이 높습니다.

Next.js는 이러한 기능들을 프레임워크 수준에서 통합적으로 제공하므로, 개발자는 복잡한 설정 없이도 개발에 집중할 수 있습니다. 특히 공통된 규칙과 디렉터리 기반의 설계 철학은 협업 시 큰 장점이 됩니다.

필자의 경험으로는, 리액트를 단독으로 사용하던 시절, 약 30명 규모의 팀 4곳이 하나의 프로젝트를 개발하면서 라우팅 방식이 3가지 이상 존재하는 상황이 발생한 바 있습니다. 나중에야 공통화 전담팀이 구성되어 라우팅 구조를 정리했지만, 그 과정을 겪으며 느낀 것은 "자유로운 설계가 항상 좋은 것은 아니다"라는 점이었습니다. 프레임워크 수준에서 통일된 방식을 제공하는 Next.js는 이런 리스크를 크게 줄여줍니다.

다양한 렌더링 방식 지원

Next.js는 SSR(Server-Side Rendering)과 SSG(Static Site Generation)를 기본적으로 지원합니다.

- SSR은 서버에서 HTML을 미리 렌더링하여, 검색 엔진이 페이지 내용을 크롤링할 수 있도록 돕고 초기 로딩 속도를 개선합니다.
- SSG는 빌드 타임에 HTML을 생성해두는 방식으로, 성능이 중요한 정적 페이지에서 탁월한 응답성을 제공합니다.

이러한 렌더링 방식은 복잡한 설정 없이도 적용 가능하며, 페이지 특성에 따라 선택적으로 활용 가능하다는 점에서 실무에 매우 적합합니다.

폴더 기반 라우팅과 자동 코드 분할

Next.js는 디렉터리 구조에 따라 라우팅이 자동으로 구성되는 파일 기반 라우팅 시스템을 채택하고 있습니다.

예를 들어 app/이나 pages/ 디렉터리에 파일을 추가하는 것만으로도 경로가 자동 매핑되므로, 라우팅 설정을 위한 별도 코드 작성이 불필요합니다.

또한, 각 페이지 단위로 자동 코드 분할(code splitting)이 수행되기 때문에, 초기 로딩 시 불필요한 리소스가 함께 로드되는 문제를 방지할 수 있습니다.

이러한 구조는 SPA에서 흔히 발생하는 "초기 번들 과다 문제"를 효과적으로 해결하며, 사용자 경험과 성능 모두를 개선합니다.

풀스택 프레임워크

Next.js는 app/api/ 또는 pages/api/ 디렉터리를 통해 API 라우트를 직접 정의할 수 있는 서버 기능을 제공합니다.

이를 통해 프론트엔드 개발자도 간단한 서버 로직을 직접 구현할 수 있으며, 별도의 백엔드 프레임워크 없이도 풀스택 수준의 개발 경험을 쌓을 수 있습니다.

필자의 경우, Docker 기반 배포 환경에서 프로젝트의 Health Check API를 구성할 때, Next.js의 API 기능을 통해 빠르고 간결하게 구현한 경험이 있습니다. 이처럼 단순한 백엔드 처리를 프론트엔드 프로젝트 내에서 유연하게 해결할 수 있다는 점은 Next.js의 실용성을 보여주는 대표적인 사례입니다.

> 💡 **시니어 코멘트**
>
> Health Check API는 서버나 애플리케이션이 정상적으로 동작하고 있는지를 외부에서 확인할 수 있도록 제공하는 간단한 HTTP 엔드포인트입니다. 주로 모니터링 시스템, 로드 밸런서, 오케스트레이션 도구(Docker, Kubernetes 등)가 이 API를 주기적으로 호출하여 해당 서비스가 "살아있는지(liveness)" 또는 "정상적으로 작동하는지(readiness)"를 판단하는 데 사용합니다.

8.2 SPA와 MPA

앞서 살펴본 것처럼, Next.js는 코드 분할, 정적 렌더링, API 라우트 등 다양한 기능을 통합적으로 제공하여 프론트엔드 개발의 생산성과 구조적 일관성을 동시에 보장합니다. 특히, Next.js의 진정한 강점은 이러한 기능들이 단순히 나열된 기능 목록이 아니라, 현대 웹 아키텍처의 핵심인 '렌더링 방식과 페이지 구조'의 유연한 선택지로 연결된다는 점입니다. 그 중심에는 SPA(Single Page Application)와 MPA(Multi Page Application)라는 두 가지 웹 아키텍처 개념이 있습니다. 이 절에서는 SPA와 MPA의 개념과 구조적 차이를 살펴보고, Next.js가 이 둘을 어떻게 통합적으로 다룰 수 있는지 살펴보겠습니다.

MPA: 서버 중심 아키텍처

MPA(Multi Page Application)는 전통적인 웹 애플리케이션 아키텍처로, 각 페이지가 별도의 HTML 문서로 구성되는 구조를 의미합니다.

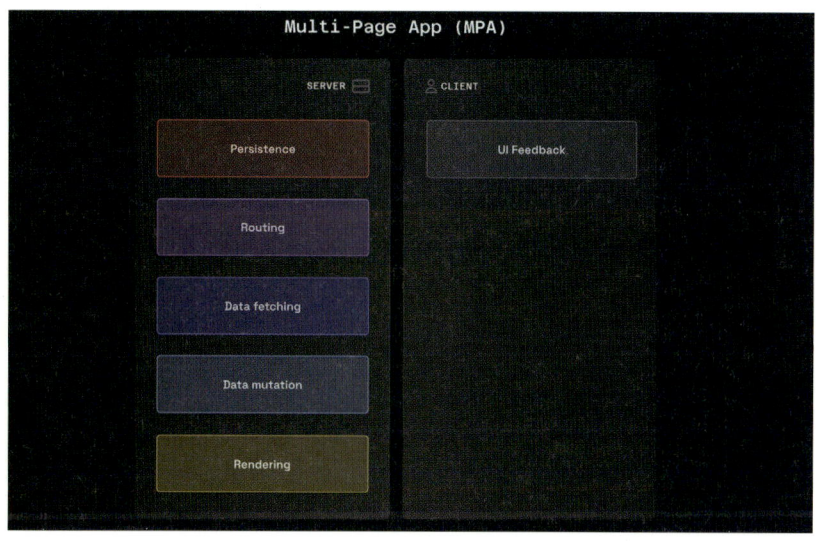

그림 8.1 MPA 도식도(https://www.epicweb.dev/the-webs-next-transition)

사용자가 페이지를 이동할 때마다 브라우저는 서버에 요청을 보내고, 서버는 새로운 HTML 파일을 응답으로 반환합니다. 이 구조에서는 화면을 구성하는 주체가 명확히 서버이며, 클라이언트는 그 결과를 단순히 받아서 렌더링합니다.

또한 그림 8.1에서 살펴볼 수 있듯이 MPA에서 Client의 역할은 UI Feedback를 받고 서버의 결과를 화면에 보여주는 것이 중심이었습니다.

MPA의 주요 특징

이러한 구조는 다음과 같은 특징을 가지고 있습니다.

각 페이지는 독립적인 HTML로 구성되기 때문에 SEO(검색 엔진 최적화)에 유리합니다. 검색 엔진이 페이지의 실제 콘텐츠를 직접 읽고 인덱싱할 수 있기 때문입니다. 둘째, 요청-응답 흐름이 단순하고 명확하여, 서버 중심의 비즈니스 로직을 처리하기에 적합합니다.

반면, 단점도 명확합니다. 페이지 이동할 때마다 전체 페이지를 새로 받아오기 때문에 전환 속도가 느리고, 사용자 경험이 단절될 수 있습니다. 특히 이미지, 스크립트, 스타일시트 등을 매번 다시 로드해야 하므로 성능 저하가 발생하기 쉽습니다. 또한 각 페이지가 완전히 분리된 구조이므로 공통 UI 요소(헤더, 푸터 등)의 코드가 중복되고, 이를 일관되게 유지하기도 어렵습니다.

기술적 배경 또한 당시의 한계를 반영합니다. 클라이언트에서 자바스크립트를 통해 DOM을 동적으로 조작하거나 데이터를 비동기로 가져오는 방식이 보편화되기 전에는 모든 상호작용을 서버에서 처리해야 했습니다. 이로 인해 빠른 반응성과 복잡한 사용자 인터랙션 구현에는 한계가 있었습니다.

이러한 단점들을 해결하기 위해 등장한 것이 SPA(Single Page Application)이며, 그 후에는 SPA와 MPA의 장점을 융합하려는 다양한 시도가 이어졌습니다.

Next.js에서의 MPA 구현

Next.js는 MPA 구조를 현대적으로 재해석하여, 실무에서 활용하기 쉬운 형태로 제공합니다. 특히 폴더 기반 라우팅 시스템을 통해, 복잡한 라우터 설정 없이도 전통적인 MPA처럼 페이지를 구성할 수 있습니다.

예를 들어, app/ 또는 pages/ 디렉터리에 파일을 추가하기만 하면, Next.js는 해당 파일 명을 기반으로 URL 경로를 자동으로 생성하고 연결합니다.

이러한 방식은 MPA처럼 각 페이지를 독립된 단위로 구성하면서도, Next.js의 서버 사이드 렌더링(SSR)이나 정적 사이트 생성(SSG) 기능을 결합해 성능과 SEO 측면에서도 이점을 제공합니다. 즉, 단순한 HTML 기반 MPA가 아니라, "서버가 페이지를 처리하고 클라이언트에 완성된 결과를 전달하는 현대적 MPA"로 확장된 형태라 할 수 있습니다.

```
// app/about/page.tsx
const About = () => {
  return (
    <div>
      <h1>About Us</h1>
      <p>This is the about page.</p>
    </div>
```

    );
  };

export default About;

이처럼 app/about/page.tsx 파일을 생성하는 것만으로 /about 경로가 자동으로 라우팅됩니다.

Next.js는 이 페이지를 SSR 또는 SSG 방식으로 처리하여, 각 페이지를 정적인 HTML로 미리 렌더링하거나 요청 시 서버에서 동적으로 생성합니다. 이는 MPA의 구조적 장점인 SEO 친화성을 그대로 살리면서도 페이지 전환과 초기 렌더링 성능까지 개선할 수 있다는 점에서 실무적으로 매우 유용합니다.

SPA: 클라이언트 중심 아키텍처

SPA(Single Page Application)는 현대 웹 애플리케이션에서 널리 사용되는 구조로, 하나의 HTML 문서에서 여러 화면을 동적으로 구성하는 아키텍처입니다. 사용자는 페이지를 이동하더라도 전체 HTML 문서를 새로 로드하지 않으며, 필요한 데이터만 클라이언트 측에서 비동기적으로 요청하고 화면을 갱신하는 방식으로 동작합니다.

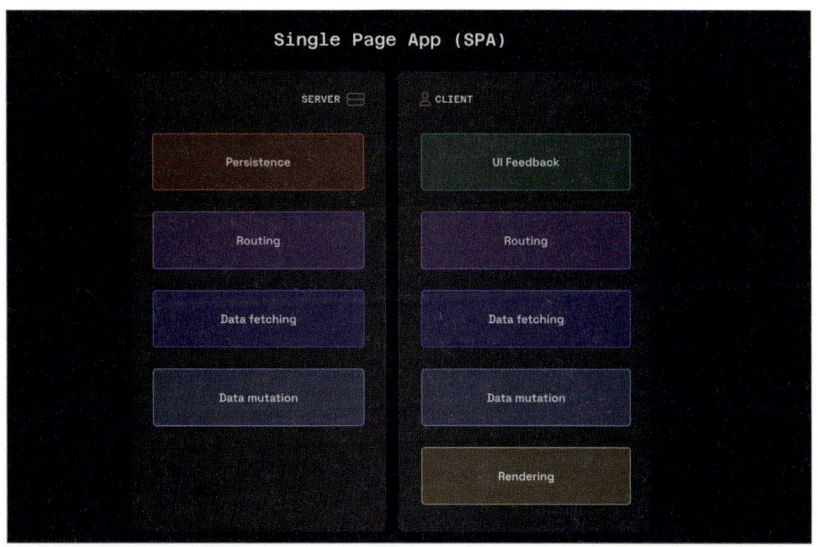

그림 8.2 SPA 도식도(https://www.epicweb.dev/the-webs-next-transition)

그림 8.2에서 볼 수 있듯이 SPA는 클라이언트 측에서 처리하는 작업이 MPA보다 훨씬 많아졌습니다. MPA 구조에는 서버가 주로 모든 로직을 담당하고 각 페이지를 새로 로드하며 렌더링을 제공했습니다. 그러나 SPA 구조에서는 클라이언트가 데이터를 처리하고, 동적으로 UI를 관리하는 역할을 수행하게 되었습니다.

이러한 구조적 변화는 개발자의 역할에도 큰 영향을 주었습니다. MPA 시절에는 대부분의 화면 처리 로직이 서버에 집중되어 있었기 때문에 백엔드 개발자가 프론트엔드까지 함께 다루는 경우가 많았습니다. 그러나 SPA 구조에서는 UI 상태 관리, 화면 전환, 데이터 비동기 처리 등 클라이언트 로직의 복잡성이 증가하면서 프론트엔드 전담 개발자의 필요성이 급격히 커졌습니다. 이는 프론트엔드라는 직군이 독립적으로 자리 잡는 계기가 되었고, React, Vue, Angular와 같은 프레임워크의 부상을 이끌었습니다.

SPA의 주요 특징

SPA의 가장 큰 특징은 초기 로딩 시 단일 HTML 문서와 모든 정적 자원(자바스크립트, CSS 등)을 클라이언트로 한 번에 받아온 후, 모든 화면 전환과 데이터 갱신을 브라우저 내부에서 자바스크립트를 통해 처리한다는 점입니다.

이 방식은 전체 페이지를 다시 로드하지 않고 필요한 데이터만 서버에서 받아와 화면을 갱신하므로 전환이 매우 빠르고 사용자 경험이 부드럽습니다. 페이지 전환 시 깜빡임이나 로딩 없이, 마치 앱을 사용하는 것 같은 몰입감을 제공합니다.

또한 SPA는 AJAX나 Fetch API를 활용한 비동기 데이터 처리, 컴포넌트 기반 UI 구성, 그리고 상태 관리 라이브러리(Redux, Zustand 등)와 함께 사용되며, 복잡한 사용자 인터랙션을 가진 애플리케이션을 설계하는 데 적합합니다.

하지만 단점도 분명히 존재합니다. 우선 SPA는 브라우저가 받아들이는 HTML 문서가 비어 있는 상태로 시작하고, 콘텐츠가 자바스크립트를 통해 동적으로 삽입되기 때문에 SEO(검색 엔진 최적화)에 불리합니다. 검색 엔진이 콘텐츠를 제대로 인식하지 못할 수 있기 때문입니다. 또한 초기 로딩 시 모든 리소스를 한 번에 불러오기 때문에 진입 속도가 느려질 수 있으며, 사용자 디바이스의 성능에 따라 부하가 커지는 문제도 있습니다.

이외에도, 모든 동작이 클라이언트에서 처리되므로 보안에 대한 부담이 서버보다 높아지며, 브라우저 히스토리, URL 관리, 오류 처리 등의 로직도 개발자가 직접 구현해야 하는 등 복잡도가 증가하는 경향이 있습니다.

SPA의 한계와 대응 전략

이러한 SPA의 구조적 한계를 보완하기 위해 리액트 생태계에서는 다양한 기술적 대응이 시도되어 왔습니다.

우선 SEO 문제를 해결하기 위한 노력으로는, React Helmet을 사용해 각 페이지에 동적으로 〈title〉과 〈meta〉 태그를 삽입하거나, 특정 크롤러에 대응해 사전 렌더링(pre-rendering)을 제공하는 기법이 있습니다.

초기 로딩 속도를 개선하기 위한 접근도 다양합니다. 리액트에서는 React.lazy와 Suspense를 이용한 코드 분할(code splitting)을 통해, 초기에는 필수적인 코드만 로딩하고 나머지는 필요 시 로딩하는 방식으로 초기 리소스 부담을 줄이고 있습니다. 이와 함께 이미지 최적화, 정적 리소스 압축, 비동기 데이터 요청의 최소화, 캐시 전략 도입 등도 병행되어 퍼포먼스를 높입니다.

보안 측면에서는 클라이언트 측 코드 노출을 전제로 설계하는 것이 중요합니다. 중요한 비즈니스 로직이나 인증 정보는 절대 클라이언트에서 처리해서는 안 되며, 서버 측에서 토큰 검증, 권한 체크 등의 처리를 담당해야 합니다. 또한 API 요청에는 보안 토큰을 사용하는 인증 체계를 적용하고, 민감 정보는 환경 변수로 관리하며, 빌드 결과물에 포함되지 않도록 주의해야 합니다. 그 외에도 코드 난독화 및 웹 방화벽 적용 등 일반적인 보안 조치도 병행되어야 합니다.

Next.js에서의 SPA 구현

Next.js는 SSR과 SSG를 중심으로 설계된 프레임워크지만, 필요에 따라 클라이언트 렌더링 중심의 SPA 아키텍처로 구성하는 것도 충분히 가능합니다. 실제로 많은 프로젝트에서, SEO가 중요하지 않거나 사용자 맞춤형 대시보드처럼 클라이언트 측 렌더링이 더 적합한 영역에서는 Next.js를 SPA처럼 구성해 활용합니다.

이를 위해 가장 대표적으로 사용되는 방식은 'use client' 지시어를 선언하고, 클라이언트 전용 컴포넌트로 구성하는 것입니다. Next.js(App Router 기준)에서 해당 지시어를 파일 상단에 선언하면, 해당 컴포넌트와 그 하위 컴포넌트는 서버에서 HTML을 생성하지 않고, 브라우저에서만 렌더링되는 클라이언트 컴포넌트로 간주됩니다.

> **추가 학습**

사이트 - https://react.dev/reference/rsc/use-client
사이트 - https://nextjs.org/docs/app/api-reference/directives/use-client

또한 useState, useEffect와 같은 React 훅을 활용하여 클라이언트 측 상태 및 비동기 데이터 로딩을 구현하면, 전형적인 SPA 구조와 유사한 동작을 구현할 수 있습니다.

```tsx
// app/dashboard/page.tsx
"use client";

import { useState, useEffect } from "react";

export default function Dashboard() {
  const [user, setUser] = useState(null);

  useEffect(() => {
    fetch("/api/user")
      .then((res) => res.json())
      .then(setUser);
  }, []);

  return (
    <div>
      <h1>Welcome, {user?.name ?? "Loading..."}</h1>
    </div>
  );
}
```

이 코드는 전형적인 React SPA와 동일한 방식으로 작동하며, Next.js가 제공하는 서버 렌더링 기능은 사용되지 않습니다. 실제 사용자에게 전달되는 초기 HTML은 거의 비어 있으며, 전체 UI는 클라이언트에서 자바스크립트에 의해 동적으로 조립됩니다. 이는 Next.js의 기능 중 일부만을 사용하면서도, 프로젝트 구조와 개발 경험 측면에서 Next.js의 유틸리티를 활용하고자 할 때 선택할 수 있는 전략입니다. 이와 같은 방식은 브라우저에서 클라이언트 컴포넌트만으로 동작하는 CSR(Client-Side Rendering) 구조를 구성하지만, 경우에 따라 정적 HTML 파일로 완전히 export 하며, 정적 호스팅 환경에 배포하는 용도로도 활용할 수 있습니다.

이를 위해 Next.js에서는 next.config.js 파일에 다음과 같은 설정을 추가하여 정적 SPA 빌드(export mode)를 활성화할 수 있습니다.

```
/**
 * @type {import('next').NextConfig}
 */
const nextConfig = {
  output: "export",
};

module.exports = nextConfig;
```

이 설정을 통해 Next.js는 next export 명령을 통해 모든 페이지를 HTML 파일로 정적으로 출력하며, 이를 S3, Netlify, Firebase Hosting 같은 정적 호스팅 환경에 쉽게 배포할 수 있습니다.

Strict SPA

Strict SPA는 단지 "싱글 페이지처럼 동작하는" 수준을 넘어, 웹 애플리케이션 전체가 단 하나의 HTML 문서와 단 하나의 자바스크립트 진입점으로 구성되는 구조를 말합니다.

다시 말해, 브라우저는 최초 진입 시 단일 index.html 파일을 받아오고, 이후의 모든 화면 전환, 라우팅, 데이터 요청 및 렌더링은 100% 클라이언트 자바스크립트에서 수행됩니다.

이러한 구조에서는 서버가 화면을 렌더링하지 않으며, 단지 정적 자산(HTML, JS, CSS 등)을 서빙하는 역할만 담당합니다.

이 개념은 공식적인 기술 용어는 아니지만, 커뮤니티에서는 SPA의 구현 방식을 보다 정확하게 구분하기 위해 개념적으로 "Strict(엄격한) SPA"라는 용어를 사용합니다.

이 기준에 따르면, 우리가 앞서 Next.js로 구성한 클라이언트 중심 페이지는 SPA처럼 작동하긴 하지만, Strict SPA라고 보기는 어렵습니다. 이유는 Next.js가 내부적으로 SSR(서버 사이드 렌더링)이나 SSG(정적 사이트 생성) 등 서버 렌더링 기술을 기반 구조에 포함하고 있기 때문입니다. 실제로 사용자가 요청하는 URL마다 서로 다른 HTML이 생성될 수 있으며, 서버가 렌더링 과정에 개입할 수도 있습니다.

반면, 리액트를 처음 배웠을 때 Vite나 CRA(Create React App)로 만든 애플리케이션은 브라우저에서만 모든 로직이 실행되었고, 서버는 단일 index.html만 전달했기 때문에, Strict SPA의 기준에 정확히 부합합니다.

이러한 용어가 등장하게 된 배경은 다음과 같습니다.

Next.js, Remix.js, Astro와 같이 SSR, SSG, CSR을 유연하게 조합할 수 있는 하이브리드 렌더링 프레임워크들이 널리 사용되면서, "SPA처럼 보이는 구조"가 다양하게 구현되기 시작했습니다. 하지만 이들 프레임워크는 내부적으로 서버가 렌더링에 관여하거나, 요청된 URL에 따라 서로 다른 HTML을 제공하기 때문에, 전통적인 SPA와는 구조적으로 구분될 필요가 생긴 것입니다.

따라서 커뮤니티에서는 진정한 의미에서 "브라우저 안에서만 완전히 동작하는 SPA"를 "Strict SPA"라고 지칭함으로써, 현대 프레임워크 기반의 하이브리드 구조와 구분하려는 시도가 이어지고 있습니다.

Next.js의 SPA와 MPA

지금까지 SPA와 MPA의 구조적 차이와 특징을 살펴보면서, 이를 Next.js에서 어떻게 구현할 수 있는지도 함께 확인해 보았습니다. Next.js는 이러한 두 가지 아키텍처를 모두 수용할 수 있도록 설계된 하이브리드 프레임워크로, 프로젝트의 성격과 요구에 따라 SPA 또는 MPA 방식을 유연하게 선택해 구현할 수 있습니다.

정리하자면, Next.js는 리액트를 기반으로 한 메타 프레임워크로서, SSR(Server-Side Rendering)과 SSG(Static Site Generation)를 지원하여 서버 측에서 초기 HTML을 렌더링할 수 있는 구조를 제공합니다. 이 덕분에 검색 엔진 최적화(SEO)와 초기 로딩 성능을 효과적으로 개선할 수 있습니다. 동시에 'use client' 지시어를 활용한 CSR 구성도 가능하여, 필요한 경우 특정 페이지를 SPA처럼 구성할 수 있는 부분적 클라이언트 렌더링 전략을 병행할 수 있습니다.

이처럼 Next.js는 SSR, SSG, CSR, ISR(Incremental Static Regeneration) 등 다양한 렌더링 방식을 통합적으로 지원하며, 개발자는 각 페이지의 목적과 성능 요구에 따라 가장 적합한 방식을 선택해 구현할 수 있습니다.

결과적으로 Next.js는 "SPA와 MPA 중 하나를 선택해야 하는가?"라는 이분법적 고민을 해소하고, 두 구조의 장점을 결합해 실질적인 유연성과 최적화를 동시에 달성할 수 있도록 설계된 프레임워크입니다.

8.3 CSR과 SSR

Next.js는 프로젝트의 요구 사항에 따라 다양한 렌더링 방식을 선택할 수 있도록 지원합니다. 그 중에서도 핵심이 되는 방식은 CSR(Client-Side Rendering)과 SSR(Server-Side Rendering)입니다. 이 두 렌더링 전략은 단순한 구현 방식의 차이를 넘어, 웹 애플리케이션의 초기 로딩 속도, 검색 엔진 최적화(SEO), 사용자 경험 전반에 걸쳐 큰 영향을 미치고 있습니다.

CSR은 주로 SPA 구조에서 활용되며, 클라이언트 측 자바스크립트로 뷰를 구성하고 데이터를 처리하는 방식입니다. 반면 SSR은 서버에서 HTML을 미리 구성한 뒤 클라이언트로 전달하여 초기 화면을 빠르게 보여주는 방식입니다.

이번 절에서는 이 두 렌더링 방식의 작동 원리와 장단점을 비교 분석하고, 실무에서 어떤 상황에 어떤 렌더링 전략이 적합한지에 대한 실질적인 인사이트를 정리해 보겠습니다.

CSR(Client-Side Rendering)

CSR(Client-Side Rendering)은 웹 애플리케이션의 뷰를 클라이언트 측에서 자바스크립트를 통해 렌더링하는 방식으로, 특히 SPA(Single Page Application) 아키텍처에서 널리 사용됩니다. 이 방식에서는 브라우저가 서버로부터 최소한의 HTML과 자바스크립트 파일을 받아온 뒤, 클라이언트에서 자바스크립트를 실행하여 UI를 구성하고 필요한 데이터를 가져와 화면을 동적으로 갱신합니다.

CSR의 동작 과정은 다음과 같습니다. 최초 진입 시, 브라우저는 단순한 HTML 문서와 번들링된 자바스크립트 파일을 수신합니다. 이후 자바스크립트가 실행되면서 초기 UI가 구성되고, 페이지 내에서 발생하는 사용자 상호작용이나 화면 전환은 모두 클라이언트 측에서 처리됩니다. 필요한 데이터도 클라이언트에서 서버로 API 요청을 보내 받아오며, 이 데이터로 다시 UI를 동적으로 갱신하는 구조입니다.

이러한 CSR의 구조는 몇 가지 장점과 단점을 동시에 수반합니다.

장점으로는, 페이지 전환이 매우 빠르고 부드러워 사용자 경험이 향상된다는 점이 가장 큽니다. 또한 서버는 정적 자산만 제공하면 되기 때문에, 서버 부하가 줄어들고 인프라 비용 측면에서도 유리할 수 있습니다. 실시간 데이터 갱신이나 복잡한 사용자 인터랙션이 많은 대시보드, 내부 관리 시스템 등에 특히 적합합니다.

반면, 초기 로딩 시 전체 자바스크립트 파일을 한꺼번에 받아야 하므로 진입 속도가 느려질 수 있으며, 모바일 환경이나 네트워크 상태가 좋지 않은 사용자에게 불리하게 작용할 수 있습니다. 또한 CSR은 브라우저에서만 콘텐츠가 렌더링되기 때문에, 검색 엔진이 HTML 콘텐츠를 제대로 인식하지 못해 SEO(검색 엔진 최적화)에 불리하다는 단점도 있습니다. React Helmet이나 프리렌더링 같은 대안이 존재하긴 하지만, 구조 자체가 SEO를 고려한 설계는 아니기 때문에 한계가 있습니다.

요약하자면, CSR은 브라우저에서 모든 렌더링과 데이터 처리를 담당하는 구조이며, 높은 사용자 상호작용성과 유연한 UX를 요구하는 서비스에 적합합니다. 그러나 초기 렌더링 성능과 SEO를 고려해야 하는 프로젝트에서는 별도의 대응 전략이 필요합니다. 따라서 프로젝트의 특성에 따라 SSR, SSG 등의 다른 렌더링 방식과 적절히 조합해 사용하는 것이 중요합니다.

CSR과 SPA의 관계

CSR(Client-Side Rendering)과 SPA(Single Page Application)는 현대 웹 아키텍처에서 서로 깊이 연결된 개념입니다.

CSR은 브라우저가 애플리케이션의 모든 렌더링을 클라이언트 측에서 수행하는 방식이며, SPA는 이러한 CSR을 기반으로 구성된 단일 HTML 기반의 애플리케이션 구조입니다. 다시 말해, SPA는 CSR의 기술적 기반 위에 설계된 아키텍처라고 할 수 있습니다.

SPA는 CSR의 특성을 활용하여, 사용자가 페이지를 이동할 때마다 서버로부터 새로운 HTML을 받아오지 않고, 클라이언트에서 자바스크립트를 통해 필요한 데이터를 받아와 UI를 갱신합니다.

이로 인해 브라우저는 한 번 로드된 HTML과 자바스크립트 환경을 유지한 채, 사용자 경험을 끊김 없이 연결할 수 있습니다. 즉, 서버와의 통신은 데이터 요청에 국한되며, UI 전환은 클라이언트 내부에서 처리됩니다. 이러한 구조 덕분에 SPA는 빠르고 부드러운 페이지 전환이 가능하며,

CSR과 동일한 장단점을 공유하게 됩니다.

그렇다면 CSR과 MPA(Multi Page Application)의 조합은 가능할까요?

결론부터 말하면, 본질적으로 조합되기 어렵습니다. MPA는 서버가 각 요청에 대해 개별 HTML 문서를 생성하여 전달하는 구조이고, 이때마다 브라우저는 전체 페이지를 새로 로드합니다. 반면 CSR은 자바스크립트를 통해 하나의 HTML 내에서 상태와 UI를 동적으로 관리합니다.

따라서 CSR과 MPA는 렌더링의 주체와 흐름이 근본적으로 다르며, 동시에 사용할 수 있는 방식이 아닙니다. 요약해 보자면, SPA는 CSR의 철학을 기반으로 만들어진 구조이며, MPA는 SSR 또는 전통적인 서버 렌더링과 결합될 때에만 의미를 가지고 있습니다. 이처럼 CSR과 SPA는 구조적으로 일치하는 반면, CSR과 MPA는 서로의 전제를 충돌시키는 관계에 가깝습니다.

SSR(Server-Side Rendering)

SSR(Server-Side Rendering)은 웹 애플리케이션의 초기 렌더링을 클라이언트가 아닌 서버에서 수행하는 방식입니다. 사용자가 페이지에 접근하면 서버는 리액트 컴포넌트를 기반으로 완성된 HTML을 즉시 생성하여 클라이언트로 전달합니다. 클라이언트는 이 HTML을 받아 바로 화면에 표시할 수 있으며, 이후에 자바스크립트가 로드되어 상호작용이 가능한 UI로 전환됩니다. 이 과정에서 중요한 역할을 하는 것이 바로 하이드레이션(Hydration)입니다.

SSR의 가장 큰 특징은 초기 렌더링 시점에 서버가 완성된 HTML을 제공한다는 점입니다. 사용자는 브라우저에 도착한 HTML을 통해 즉시 콘텐츠를 확인할 수 있고, 이후 자바스크립트가 로드되면서 화면은 동적인 상태로 전환됩니다. 이처럼 SSR은 SEO(검색 엔진 최적화)와 초기 로딩 속도 개선 측면에서 큰 이점을 제공합니다. 특히 검색 엔진은 HTML에 포함된 실제 콘텐츠를 기반으로 페이지를 인식하므로, 클라이언트 렌더링보다 훨씬 안정적인 인덱싱이 가능합니다.

하지만 SSR은 그만큼의 운영 비용과 복잡성도 수반합니다. 사용자의 요청마다 서버는 해당 페이지를 동적으로 렌더링해야 하므로, 트래픽이 많아질수록 서버 부하가 급격히 증가할 수 있습니다. 또한, 클라이언트와 서버 모두에서 렌더링 로직이 동작하기 때문에, 개발 환경 및 인프라가 복잡해지고 하이드레이션 에러와 같은 문제를 관리해야 할 필요도 생깁니다.

요약하자면 SSR은 초기 렌더링 성능과 SEO 최적화에 강점을 가진 렌더링 전략이며, 콘텐츠 중심의 마케팅 페이지나 검색 엔진 노출이 중요한 서비스에 적합합니다. 반면, 대량의 사용자 요청을 처리해야 하거나 복잡한 사용자 인터랙션이 요구되는 서비스에서는 오히려 성능이 저하될 수 있습니다.

> 🔵 **시니어 코멘트**
> SSR은 "빠른 초기 화면"과 "검색 최적화"라는 강점을 가진 렌더링 전략이지만, 유지보수와 인프라 운영 관점에서는 CSR보다 부담이 큽니다. 따라서 실무에서는 SSR과 CSR을 적절히 혼합한 하이브리드 아키텍처를 설계하는 것이 일반적입니다.

SSR과 MPA의 관계

SSR(Server-Side Rendering)과 MPA(Multi Page Application)는 구조적으로 매우 잘 맞는 관계입니다. 둘 다 공통적으로 초기 렌더링을 서버가 수행한다는 점에서 철학적으로 일치하며, 이 때문에 SSR은 현대적 웹에서 MPA의 확장된 구현 방식으로 간주되기도 합니다.

MPA는 전통적으로, 사용자가 페이지를 이동할 때마다 서버로부터 새로운 HTML 문서를 받아오는 구조입니다. 이 HTML은 대개 서버의 템플릿 엔진에 의해 동적으로 생성되며, 사용자의 요청마다 서버가 해당 페이지에 필요한 데이터를 조회하고 이를 HTML에 반영해 응답합니다.

이러한 방식은 SEO에 유리하고, 각 페이지가 완전한 독립성을 가지므로 로직과 역할의 분리도 명확합니다.

SSR은 이와 유사한 원리를 가지고 있습니다. 다만 서버가 템플릿 엔진 대신 리액트 등의 프레임워크 컴포넌트를 기반으로 HTML을 동적으로 생성한다는 점에서 현대적인 구현이라 할 수 있습니다. Next.js에서의 SSR은 바로 이 MPA적 사고 방식 위에, 리액트 기반의 컴포넌트 아키텍처를 얹은 구조라고 이해할 수 있습니다.

결과적으로 SSR은 MPA의 철학을 계승하면서도, CSR과의 하이브리드 구성이나 상태 유지, 컴포넌트 재사용성과 같은 SPA의 장점까지 흡수한 진화된 렌더링 방식이라고 볼 수 있습니다. 다시 말해, MPA가 SSR로 확장되면서 현대 웹 프레임워크의 중심 렌더링 전략으로 자리 잡게 된 것입니다.

⚛ CSR → SSR → 다시 CSR?

최근 프론트엔드 렌더링 전략의 흐름을 살펴보면, 한때 주목받았던 SSR(Server-Side Rendering) 중심의 방향에서 다시 CSR(Client-Side Rendering)로 회귀하는 움직임이 일부 기업들 사이에서 관찰되고 있습니다.

이러한 변화는 단순한 유행의 순환이라기보다, 각 서비스의 특성과 운영 환경에 따라 렌더링 전략을 보다 유연하게 선택하는 시대로 접어들었음을 의미합니다.

대표적인 사례로, 2024년 토스증권은 자사의 PC 웹 서비스를 CSR 기반으로 구현했다고 홍보했습니다. 과거 많은 기업들이 SEO 최적화와 초기 렌더링 속도 개선을 위해 SSR을 적극적으로 도입했던 흐름과는 대조적인 행보입니다.

토스증권은 특히 대량의 실시간 데이터를 다루는 특성상, SSR보다 CSR이 더 효율적인 처리 구조를 제공한다고 판단했고, 실제로 이를 통해 화면 전환의 매끄러움과 사용자 경험의 일관성을 유지할 수 있었다고 밝힌 바 있습니다.

이 사례는 하나의 시사점을 제공합니다. SSR이 모든 상황에서 정답은 아니며, 초기 성능 향상을 목적으로 무조건 SSR을 도입하는 접근은 점점 줄어들고 있습니다. 클라이언트와 서버의 역할을 서비스 특성에 맞게 분담하고, 렌더링 전략 또한 기능 단위로 최적화하는 유연한 선택이 중요해지고 있습니다.

8.4 Next.js 톺아보기

이번에는 Next.js의 등장 배경과 발전 흐름부터 디렉터리 구조의 변화, React 19 및 최신 버전과의 연계, 그리고 하이드레이션(Hydration) 메커니즘까지 Next.js를 실무에서 제대로 활용하기 위해 반드시 이해해야 할 핵심 개념들을 정리합니다.

Next.js의 역사와 발전

Next.js는 2016년 Vercel(구 Zeit)에서 처음 발표한 오픈소스 프레임워크입니다. 당시의 리액트는 UI 구성에 강력한 라이브러리였지만, 실제 애플리케이션을 개발하려면 라우팅, SSR, 코드 분할, SEO 등 다양한 기능을 직접 구성해야 했습니다.

즉, 리액트는 컴포넌트 수준의 개발은 효율적이지만, 전체 프로젝트를 구성하는 데 필요한 기능은 부족했습니다. Next.js는 이 공백을 메우기 위해 등장했습니다. 리액트를 기반으로 하되, 서버 사이드 렌더링을 기본 지원하고, 파일 기반 라우팅과 자동 코드 분할을 제공하면서 실제 서비스를 위한 리액트 프레임워크로 자리잡기 시작했습니다.

주요 버전별 발전 흐름

Next.js는 초기부터 "제로 설정(zero config)"과 "파일 기반 라우팅" 철학을 바탕으로, 실무 생산성과 DX(Developer Experience)를 극대화하는 방향으로 진화해 왔습니다.

모든 버전을 나열하는 것은 의미가 없기 때문에, 현재의 Next.js 구조가 형성된 시점으로 평가되는 9.x 버전부터 정리해 봤습니다.

버전	주요 추가 기능
Next.js 9 (2019)	API Route 도입 Dynamic Routing 지원 자동 정적 최적화
Next.js 10.x (2020)	이미지 최적화 컴포넌트 등장 ISR(Incremental Static Regeneration)
Next.js 12 (2021)	SWC 컴파일러 도입으로 컴파일 속도 개선 – Middleware 기능 추가
Next.js 13 (2022)	App Router 도입 Use client 지시문 도입 Fetch, cache, revalidate의 페칭 방식 추가
Next.js 14 (2023)	App Router 기본값 채택 Turbopack 출시
Next.js 15 (2024~)	React 19 지원 진행 중

표 8.1 Next.js 버전별 대표 기능

이처럼 Next.js는 급변하는 프론트엔드 환경 속에서 매년 꾸준히 발전해 왔습니다. 주요 버전마다 새로운 기능과 아키텍처 변화가 도입되며, 최신 웹 트렌드와 실무 요구 사항을 적극 반영하고 있습니다.

그중 Next.js 13 버전 업데이트는 기존 Page 기반 아키텍처에서 App 기반으로 변했던 중요한 순간이었습니다. 이때 많은 개발자가 Page에서 App으로 변경되는 것에 대해 많은 불만을 표시했는데 지금 생각해보면 이때 이후로 많은 편의 기능들이 들어와서 개인적으로는 만족했던 변화의 시기였습니다.

특히 매년 열리는 Next.js Conf는 향후 발전 방향을 공유하는 공식 행사로, 프레임워크 이상의 생태계를 형성하고 있음을 보여줍니다. 필자가 이 책을 집필하던 시점에는 Next.js 15가 발표되어 꾸준히 새로운 기능이 추가되고 있으며, 이는 React 19와의 통합, Partial Prerendering 등 중요한 기술적 변화를 예고하는 전환점으로 평가됩니다.

Next.js의 구조

Next.js는 디렉터리 기반 라우팅과 렌더링 전략을 중심으로 프로젝트 구조를 설계합니다.

특히 Next.js 13부터 도입된 App Router 구조는 기존 Page Router 방식과는 근본적으로 다른 설계 철학을 가지고 있습니다. 이 절에서는 두 구조의 차이점과 현재 권장되는 방식, 그리고 주요 디렉터리 구성에 대해 살펴보겠습니다.

Page Router vs App Router

기존의 Page Router 방식은 pages 디렉터리에 각 파일이 곧 라우트가 되는 구조입니다. 간단하고 직관적이지만, React의 최신 기능(예: 서버 컴포넌트, 스트리밍, Suspense)을 충분히 활용하기에는 한계가 있습니다.

반면 App Router는 /app 디렉터리를 기준으로 서버 중심의 컴포넌트 아키텍처를 지원합니다. 페이지뿐만 아니라 레이아웃, 로딩 상태, 에러 처리까지 파일 단위로 구성되며, React 18 이상에서 도입된 기능과 긴밀하게 연결되어 있습니다.

다만 Next.js는 pages와 app 두 가지 방식을 한동안 공존시킬 계획이므로, 기존 프로젝트를 유지하면서 점진적으로 마이그레이션을 수행할 수 있습니다. app과 pages는 서로 다른 방식으로 라우팅을 처리하지만, app과 pages에서 동일한 경로가 겹치지만 않으면 문제 없이 공존이 가능합니다. 필자의 경우, Next.js 14로 버전을 바로 업그레이드한 후, 기존 pages 디렉터리는 그대로 유지하고 있습니다. 동시에, 새롭게 도입하는 기능이나 개선이 필요한 페이지부터 app 구조로 점진적으로 마이그레이션하는 전략을 사용하고 있습니다. 이는 전체 프로젝트를 한 번에 전환하는 부담을 줄이고, 새로운 기능을 app 구조의 장점을 살려 구현하면서 안정적인 단계적 이전을 가능하게 합니다.

top-level-files

Next.js 프로젝트를 시작하면 다양한 기본 파일들이 자동으로 생성됩니다. 이는 Next.js가 프레임워크로서 표준화된 프로젝트 구조와 설정 파일을 제공하기 때문입니다. 이러한 파일들은 일반적으로 최상위 파일(top-level files)이라 불리며, 애플리케이션의 환경 설정, 종속성 관리, 미들웨어 구성, 빌드 및 배포 환경 정의에 관여합니다.

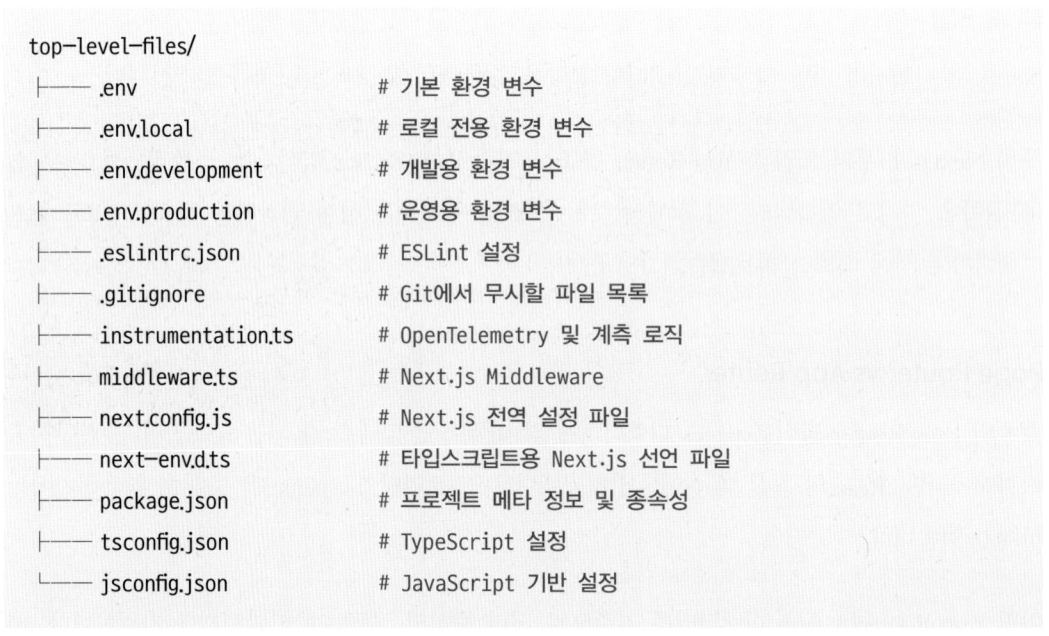

이 파일들은 Next.js 공식 문서에서 설명하는 기본적인 최상위 파일들이며, 실무 환경에서는 여기에서 더 많은 설정 파일들이 추가될 수 있습니다. 예를 들어, Docker로 배포를 준비하기 위한 Dockerfile이나 코드 스타일 관리를 위한 prettier.config.js 파일, 또는 .eslintrc.json와 같은 코드 컨벤션 파일 등이 있습니다.

많은 초급 개발자들은 프로젝트를 처음 접할 때 src/ 디렉터리의 컴포넌트나 비즈니스 로직부터 살펴보는 경향이 있습니다. 그러나 최상위 파일을 먼저 이해하는 것이 프로젝트의 전반적인 동작 방식과 배포 전략을 파악하는 데 더 효과적입니다. 이러한 파일들은 단순 설정 이상의 의미를 가지고 있습니다. 프로젝트의 규모, 구성 방식, 빌드 환경, 운영 전략 등 서비스 전체의 구조적 방향성을 암시하기 때문입니다.

마지막으로, Next.js 공식 문서는 이러한 설정 파일들을 포함해 실무에서 마주할 수 있는 대부분의 상황을 폭넓게 다룹니다. 공식 문서를 처음부터 끝까지 정독하는 것은 단순 학습을 넘어, 개발자로서의 구조적 사고를 기르는 데 중요한 기반이 됩니다.

다양한 템플릿와 예시

Next.js는 완성도 높은 공식 문서뿐만 아니라, 다양한 용도에 맞춘 템플릿(Templates)으로도 잘 알려져 있습니다. 템플릿은 Next.js 프로젝트를 빠르고 효율적으로 시작할 수 있도록, 기본적인 설정과 도구들이 사전 구성된 프로젝트 저장소를 의미합니다. 이러한 템플릿은 반복적인 환경 설정을 줄여주고, 개발자가 곧바로 비즈니스 로직이나 UI 구현에 집중할 수 있도록 돕습니다.

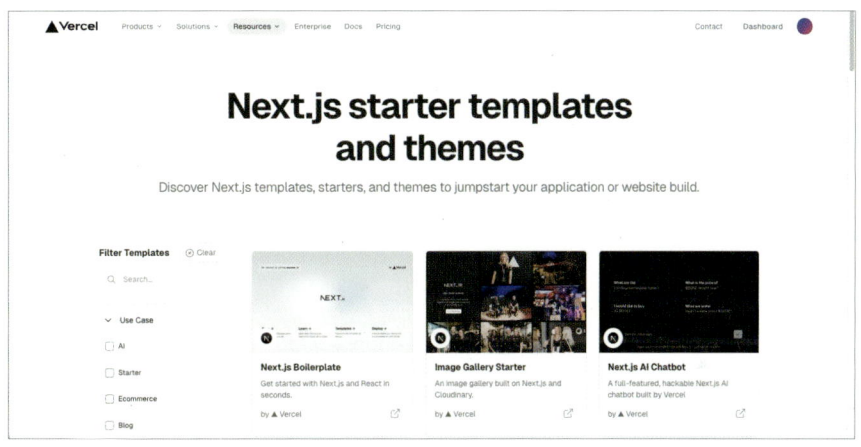

그림 8.3 Next.js의 템플릿 사이트 화면

Next.js는 create-next-app CLI 명령어를 통해 다양한 템플릿을 제공합니다. 각 템플릿은 목적에 따라 특정 라이브러리, 상태 관리 도구, 스타일링 방식 등이 사전 구성되어 있으며, 실무 적용에 적합한 구조를 갖추고 있습니다.

Next.js 템플릿은 몇 분 만에 실행 가능한 프로젝트를 구성할 수 있으며, 초기 환경 설정의 시행착오를 줄이고 실무에 적합한 패턴을 빠르게 적용할 수 있도록 합니다. 템플릿 내부에 포함된 고급 설정(예: ESLint, Prettier, 폴더 구조, 상태 관리 초기화 등)은 그대로 사용하는 것만으로도 프로젝트 품질을 끌어올릴 수 있습니다. 또한 초급 개발자에게는 좋은 학습 자료가 됩니다.

> **추가 학습**
>
> 사이트 - https://nextjs.org/docs
> 사이트 - https://vercel.com/templates/next.js

> **시니어 코멘트**
> 최근에 필자는 AI 채팅 서비스를 개발해야 하는 상황에 있었습니다. 처음부터 프로젝트를 구현할 수도 있었지만, Next.js 템플릿을 이용해서 프로토타입 수준의 제품을 3일만에 구현하여 팀원을 놀라게 했습니다.
> 이처럼 빠른 피드백 루프가 중요한 시대에는 '처음부터 다 만드는 능력'보다 효율적인 선택지를 아는 능력이 더 큰 경쟁력이 됩니다.

하이드레이션(Hydration)

SSR이 도입되면서, 프론트엔드 개발자는 필연적으로 하이드레이션이라는 개념과 마주하게 됩니다. 원래 '수분 공급'이라는 뜻을 가진 이 용어는, Next.js에서 서버에서 미리 렌더링된 정적 HTML을 클라이언트 측 리액트가 다시 활성화하여 인터랙션이 가능한 상태로 만드는 과정을 의미합니다.

비유하자면, 서버에서 내려온 HTML은 아직 기능이 없는 빈 컵과 같습니다. 리액트가 이를 하이드레이션하면, 기능을 담은 물이 채워져 진짜로 사용할 수 있는 컵이 되는 셈입니다.

하이드레이션 과정

SSR은 빠른 초기 렌더링을 가능하게 하지만, 사용자가 상호작용할 수 있으려면 하이드레이션이라는 과정이 반드시 필요합니다. 이 과정을 이해하는 것은 SSR의 전체 동작 방식을 파악하는 데 필수적입니다.

1. 서버 사이드 렌더링(SSR)

서버에서 리액트 컴포넌트를 렌더링하여 완전한 HTML을 생성하고, 이를 브라우저에 전달합니다. 이때 HTML은 정적이며, 자바스크립트는 아직 실행되지 않습니다.

2. 클라이언트에서 하이드레이션

브라우저는 서버에서 받은 HTML을 화면에 표시한 뒤, 리액트 런타임을 로드하여 DOM과 리액트 상태를 매핑합니다. 즉, 클라이언트는 서버에서 내려온 정적 구조에 "생명"을 불어넣습니다.

3. 인터랙션 가능 상태 진입

하이드레이션이 완료되면, 버튼 클릭이나 폼 입력 등의 사용자 인터랙션이 가능합니다. 이후부터는 클라이언트 렌더링과 동일한 상태 관리 및 이벤트 처리가 수행됩니다.

하이드레이션의 장단점

하이드레이션은 클라이언트에서 처리해야 할 작업 일부를 서버로 옮기는 과정에서 발생한 부산물로 볼 수 있지만, 사실상 SSR의 핵심 요소로 자리 잡고 있습니다. 이번에는 이 하이드레이션의 장단점을 알아보겠습니다.

우선 하이드레이션은 사용자 경험과 SEO 측면에서 여러 이점을 제공합니다. 먼저, 서버에서 미리 생성된 HTML을 브라우저에 빠르게 전달할 수 있어 초기 렌더링 속도가 빠릅니다. 사용자는 자바스크립트가 모두 로드되기 전에도 페이지 내용을 바로 확인할 수 있기 때문에 체감 성능이 높아집니다.

또한, 정적인 HTML 구조를 검색 엔진 크롤러가 쉽게 인식할 수 있어 SEO(검색 엔진 최적화)에 유리합니다. 이는 콘텐츠 중심 웹사이트나 블로그, 마케팅 페이지와 같이 검색 노출이 중요한 서비스에서 특히 효과적입니다.

반면 하이드레이션에는 단점도 존재합니다. 가장 대표적인 문제는 복잡성 증가입니다. 서버에서 렌더링한 HTML과 클라이언트의 리액트 상태가 일치하지 않으면, 하이드레이션 오류나 경고가 발생할 수 있습니다. 이를 방지하기 위해 렌더링 조건을 정교하게 관리하거나, 상태를 일관되게 유지하는 추가 로직이 필요합니다.

또한, 클라이언트 측에서 자바스크립트를 로드하고 이를 바탕으로 리액트를 초기화하는 과정은 성능 저하로 이어질 수 있습니다. 특히 컴포넌트 수가 많거나 페이지 구조가 복잡한 경우, 초기 인터랙션이 지연되거나 전체 페이지 응답성이 떨어지는 현상이 발생할 수 있습니다.

이처럼 하이드레이션은 SSR을 효과적으로 구현하기 위한 핵심 개념이지만, 설계와 최적화 측면에서 신중한 접근이 필요합니다.

하이드레이션 에러와 관리

하이드레이션 에러는 Next.js 개발자가 실무에서 자주 마주하게 되는 문제 중 하나입니다. 이 오류는 서버에서 렌더링된 HTML 구조와 클라이언트에서 리액트가 재구성한 DOM이 일치하지 않을 때 발생합니다.

주로 다음과 같은 경우에 하이드레이션 오류가 나타납니다.

- 서버와 클라이언트가 서로 다른 데이터 소스를 기반으로 렌더링할 때
- 렌더링 결과가 클라이언트에서 비동기적으로 바뀌는 경우(예: 날짜, 사용자 정보, 실시간 API 응답 등)
- 조건부 렌더링이 서버와 클라이언트 사이에서 다르게 평가되는 경우

대표적인 예시로 new Date().toLocaleString()처럼 클라이언트 환경에 따라 출력이 달라지는 값을 SSR 중 그대로 사용하면, 하이드레이션 불일치가 발생합니다.

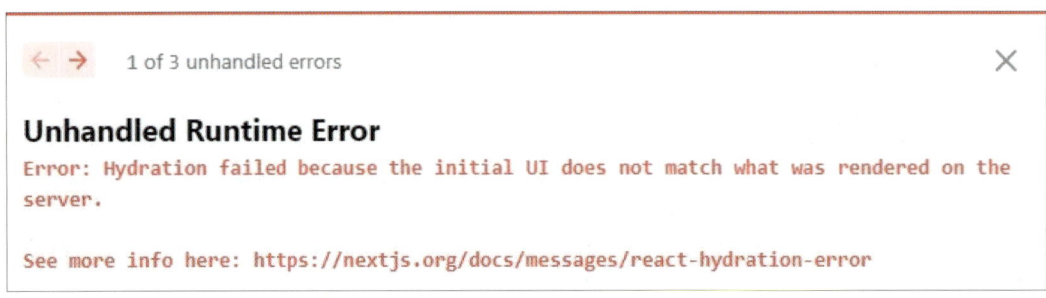

그림 8.4 개발 모드에서 발생한 하이드레이션 에러

하이드레이션 에러는 대부분 개발 모드에서 경고 메시지로 먼저 확인됩니다. 메시지에는 문제가 발생한 컴포넌트의 위치, DOM 불일치 요소 등이 함께 출력되므로, 이를 바탕으로 원인을 추적할 수 있습니다.

Next.js 15에서는 이러한 디버깅 불편을 줄이기 위해 하이드레이션 경고 메시지의 명확성 및 오류 위치 추적 기능이 개선되었습니다. 이를 통해 개발자는 에러 발생 원인을 보다 빠르게 인지하고 수정할 수 있게 되었습니다.

> 💡 **시니어 코멘트**
>
> 간혹 하이드레이션 에러가 실제 기능에는 크게 영향을 주지 않는다고 판단해 방치하는 경우가 있습니다. 하지만 이는 장기적으로 코드 신뢰도를 저하시키고, 유지보수 시 예기치 못한 버그로 이어질 위험이 큽니다. 하이드레이션 경고는 무시해도 되는 로그가 아니라, 미래의 장애를 예고하는 사전 경고로 이해해야 합니다.

하이드레이션은 SSR에서만 발생할까?

하이드레이션은 SSR에서만 발생하는 개념이 아닙니다.

SSG 역시 서버(정확히는 빌드 시점)에서 HTML을 생성하고, 이를 클라이언트에서 리액트로 활성화되므로 하이드레이션이 동일하게 발생합니다.

SSR은 요청 시마다 서버가 HTML을 생성하고, SSG는 빌드 시점에 HTML을 미리 생성하는 방식이라는 점에서 차이가 있지만, 두 경우 모두 클라이언트는 서버에서 전달된 정적 HTML을 리액트와 연결(hydrate)하는 과정을 거칩니다. 따라서 SSR이든 SSG든 초기 화면을 구성한 뒤, 사용자와의 상호작용을 위해 클라이언트에서 반드시 하이드레이션을 수행하게 됩니다.

하이드레이션은 클라이언트가 서버로부터 미리 렌더링된 HTML을 받아야만 발생합니다. 반면 CSR은 HTML을 서버에서 생성하지 않고, 빈 HTML 셸을 내려준 뒤 자바스크립트로 전체 화면을 구성합니다. 이 경우 리액트는 DOM 전체를 클라이언트에서 새로 생성하기 때문에 하이드레이션 과정은 발생하지 않습니다.

Next.js와 React 19

이 책을 집필하는 도중, Next.js 15와 React 19가 stable 버전으로 출시되었습니다. 일부 선도적인 팀은 이미 이 버전들을 도입하기 시작했으며, 필자 또한 곧 운영 중인 프로젝트부터 점진적인 업그레이드를 고려하고 있습니다.

이번에는 두 버전에서 발표된 주요 변경 사항을 살펴보고, 메이저 버전 업그레이드에 임하는 개발자의 자세에 대해서도 짧게 알아보겠습니다.

Next.js 15의 주요 변화

Next.js 15은 주로 성능 향상과 개발 경험 개선을 목표로 하는 업데이트를 포함하고 있습니다. 특히 기존에 개발자들을 많은 불만을 샀던 GET 요청 기본 캐싱이 제거되었습니다. 또한 React 19의 지원을 본격적으로 시작되었고, 정적 경로 표시기(Static Route Indicator) 기능도 추가되었습니다.

기존에는 특정 경로의 페이지가 정적인지 동적인지 식별하려면 코드를 살펴보거나 빌드 결과물을 살펴보아야 했습니다. 하지만 15 버전부터는 해당 툴팁으로 개발 도중에 바로 식별할 수 있게 되었습니다.

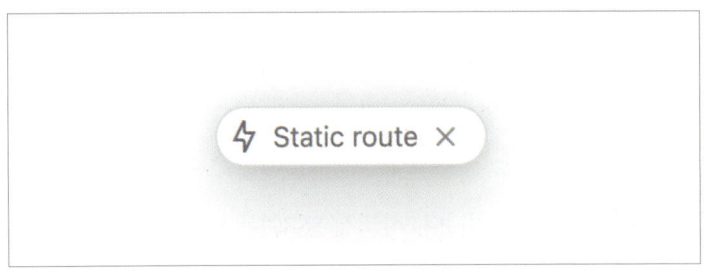

그림 8.5 개발 모드에서 정적 경로 표시기의 모습

그리고 Next.js의 설정 파일은 next.config.js가 이제 TypeScript를 공식적으로 지원하여 next.config.ts로 사용할 수 있게 되었습니다.

마지막으로 기존의 몇몇 API들이 동기 방식에서 비동기 방식으로 전환된다는 것입니다. 변경된 API들은 다음과 같습니다.

- cookies
- headers
- draftMode
- params, layout.js, page.js, route.js, default.js, generateMetadata, generateViewport
- searchParams에서 page.js

이 API의 비동기 전환은 SEO 개선, 개인화, 성능 최적화와 함께 기존에 모호했던 사용법이 이번 버전에서 명확해졌다는 것을 의미합니다. 이전에는 앞에 언급된 API가 비동기가 아님에도, 비동기 함수에서 사용하지 않으면 에러가 발생하던 상황이 있었습니다. 이제 비동기 방식으로 강제되었으니 이런 문제는 개발 단계에서 더 이상 발생하지 않을 것입니다.

React 19의 주요 변화

React 19는 성능과 DX(개발자 경험)를 동시에 개선하려는 의도를 담은 중요한 릴리스입니다. 특히 상태 관리와 비동기 처리에 있어 반복적이고 불필요한 코드를 줄이기 위한 기능이 대거 도입된 것입니다.

그리고 이전 버전에서 성능 최적화를 위해 남용되었던 useMemo와 useCallback을 더 적게 사용할 수 있게 되어, 불필요한 복잡성을 줄이고 적재적소에만 사용할 있는 토대가 마련되었습니다.

다음으로 useActionState, useFormStatus, useOptimistic같은 새로운 훅과 use라는 새로운 API가 추가되었습니다. 이중에 useActionState에서 간단히 살펴보겠습니다.

```
// React 18의 방식
import { useTransition } from "react";

const [isPending, startTransition] = useTransition();

startTransition(async () => {
  const error = await updateName(name);
  if (error) setError(error);
  else redirect("/path");
});
```

그리고 이 코드는 리액트 19에서는 다음과 같이 개선할 수 있습니다.

```
// React 19의 방식
import { useActionState } from "react";

const [error, submitAction, isPending] = useActionState(
  async (_, formData) => {
    const error = await updateName(formData.get("name"));
    if (error) return error;
    redirect("/path");
    return null;
  },
  null
);
```

useActionState와 〈form〉 조합을 활용하면, UI 로직을 더 선언적이고 간결하게 구성할 수 있습니다. 이전에는 useState, useTransition, useEffect 등을 조합해 처리하던 로직이 단일 훅으로 대체되는 흐름입니다.

필자가 글을 쓰는 동안 리액트와 Next.js뿐만 아니라 많은 라이브러리와 프레임워크들이 업그레이드되고, 수많은 버그가 수정되었습니다. 기술은 이처럼 빠르게 변화하며, 개발자는 이러한 변화에 발맞추어 끊임없이 새로운 것을 배우고 익혀야 합니다. 새로운 기술을 익히는 것은 단순히 트렌드를 따라가기 위한 것이 아니라, 더 나은 솔루션을 찾고 문제를 해결하는 능력을 키우기 위함입니다. 이러한 과정을 통해 개발자는 변화에 적응하며 성장할 수있습니다.

또한 변화에 적응하다보면 라이브러리와 프레임워크의 변화 그 자체보다는 추구하는 방향과 제시하는 가치의 변화가 더 크게 다가올 때가 있습니다. 개발자는 단순히 기술의 기능적 변화에만 집중하는 것이 아니라, 그 기술이 제한하는 철학과 가치를 이해하고 자신의 개발 관점에서 이를 바라볼 줄 알아야합니다. 이러한 과정을 통해 단순히 '기술 사용자'를 넘어 기술을 활용해 더 큰 가치를 창출하는 '문제 해결자'가 될 수 있습니다.

> **추가 학습** 공식 홈페이지의 업데이트 블로그

Next.js 15 : https://nextjs.org/blog/next-15
React.js 19 : https://react.dev/blog/2024/12/05/react-19

Next.js 정리

Next.js는 단순한 SSR 프레임워크를 넘어, 현대적인 프론트엔드 개발을 선도하는 종합 플랫폼으로 성장해 왔습니다. 리액트와 긴밀하게 연동되며, 서버 중심 렌더링, 정적 사이트 생성, 클라이언트 사이드 렌더링, 서버 컴포넌트 지원까지 폭넓은 스펙트럼을 아우릅니다.

Next.js 핵심 요약

Next.js는 SSR과 SSG를 기본 지원하며, 빠른 초기 렌더링과 SEO 최적화를 가능하게 합니다.

App Router 구조를 통해 서버 컴포넌트, 스트리밍 렌더링, 레이아웃 중첩 등의 최신 기능을 본격적으로 도입했습니다.

하이드레이션은 SSR/SSG 기반 렌더링의 필수 과정이며, 성능과 사용자 경험 모두에 영향을 미칩니다.

Next.js 15에서는 비동기 API 전환, TypeScript 설정 지원, 정적 경로 표시기 도입 등을 통해 개발 편의성과 예측 가능성이 향상되었습니다.

React 19와의 통합을 통해, 불필요한 최적화 코드 감소와 새로운 상태 관리 흐름을 제시했습니다.

SPA와 MPA

SPA(Single Page Application): 한 페이지에서 콘텐츠를 동적으로 로드하며, 페이지 전체를 새로고침하지 않고도 빠른 사용자 경험을 제공합니다. 그러나 SEO 최적화가 어려운 단점이 있습니다.

MPA(Multi Page Application): 여러 페이지로 구성된 전통적인 웹 애플리케이션 구조로, 각 페이지를 새로고침할 때마다 서버로부터 새로운 HTML을 받아옵니다. SEO에 유리하지만 사용자 경험 면에서는 SPA보다 느릴 수 있습니다.

Next.js에서 SPA와 MPA: Next.js는 SPA와 MPA의 장점을 결합하여, SEO와 사용자 경험을 모두 충족시킬 수 있는 프레임워크로, CSR(Client-Side Rendering)과 SSR(Server-Side Rendering)을 모두 지원합니다.

CSR과 SSR

CSR(Client-Side Rendering): 모든 렌더링이 클라이언트 측에서 이루어지며, 서버는 정적 HTML만을 제공합니다. 최초 로딩 속도는 느리지만, 이후의 사용자 경험은 빠릅니다.

SSR(Server-Side Rendering): 서버에서 미리 HTML을 렌더링하여 클라이언트로 보내며, 첫 번째 페이지 로딩 시점이 매우 빠릅니다. SEO 성능을 개선할 수 있지만, 서버 부하가 증가할 수 있습니다.

이것으로 Next.js의 기본 개념과 애플리케이션의 구조에 대한 기본적인 내용을 살펴보았습니다. 이제 다음으로 실전 프로젝트를 통해서 Next.js 실전 감각을 익혀보도록 하겠습니다.

9장
Next.js 실전 프로젝트 (상)

9.1 소프트웨어 개발 방법론
9.2 기술 스택(tech stack)
9.3 프로젝트 시작하기
9.4 Next.js로 서비스 만들기
9.5 전기차 충전소 검색 서비스

이번 장은 지금까지 학습한 Next.js의 개념과 기능을 기반으로, 실제 프로젝트를 시작하고 운영하는 방법을 다루는 실전편입니다. 이 장에서는 단순히 코드를 작성하는 것에 그치지 않고, 프로젝트의 계획 수립, 기술 스택 선정, 개발 환경 구축, 프로젝트 초기 설정, 그리고 간단한 실전 예제 구현까지 일련의 흐름을 실습 중심으로 체계적으로 정리합니다.

9.1 소프트웨어 개발 방법론

프로젝트를 성공적으로 진행하기 위해서는 바로 코딩을 시작하기보다는, 목표를 명확히 설정하고 체계적인 계획을 수립하는 과정이 필요합니다. 이를 위해 개발 과정 전반을 체계화하는 소프트웨어 개발 방법론을 선택하고 적용하는 것이 핵심입니다.

우선, 소프트웨어 개발 방법론이란 요구 사항 분석 → 설계 → 구현 → 테스트 → 유지보수의 과정을 효율적으로 관리하고 최적화하기 위한 구조화된 접근 방식을 의미합니다.

대표적인 개발 방법론으로는 폭포수 모델(Waterfall Model)과 애자일 방법론(Agile Methodology)이 있으며, 두 가지 방식의 특징과 장단점에 대해 비교 분석해 보겠습니다.

폭포수 모델(Waterfall Model)

폭포수 모델은 소프트웨어 개발의 전통적인 방법론으로, 전체 개발 과정을 순차적으로 진행하는 구조를 갖습니다. 이름처럼 각 단계가 물 흐르듯 연속적으로 이어지며, 이전 단계가 완료되어야만 다음 단계로 넘어갈 수 있습니다.

폭포수 모델 프로세스

1. 요구 사항 분석(Requirements Analysis)

고객의 요구 사항을 철저히 분석하고 문서화합니다. 이 단계에서 정의된 요구 사항은 프로젝트 전반에 걸쳐 변하지 않는다는 전제를 따릅니다.

2. 시스템 설계(System Design)

요구 사항을 바탕으로 시스템의 아키텍처와 설계를 작성합니다. 소프트웨어의 전반적인 구조와 데이터 흐름을 설계하고, 시스템의 하드웨어 및 소프트웨어 요구 사항을 정의합니다.

3. 구현(Implementation)

설계된 내용을 바탕으로 실제 코드를 작성하여 소프트웨어를 개발합니다. 이 단계에서는 시스템의 모듈별로 코딩 작업이 수행됩니다.

4. 테스트(Testing)

구현된 소프트웨어가 요구 사항을 충족하는지 검증하는 단계입니다. 단위 테스트, 통합 테스트, 시스템 테스트 등을 수행하여 소프트웨어의 품질을 보장합니다.

5. 배포(Deployment)

테스트가 완료된 소프트웨어를 실제 운영 환경에 배포하여 사용자가 사용할 수 있도록 합니다.

6. 유지보수(Maintenance)

운영 중 발생하는 버그 수정, 성능 개선, 기능 추가 등의 작업을 통해 소프트웨어를 유지보수합니다.

이처럼 폭포수 모델은 명확한 절차와 단계를 따르기 때문에 프로젝트 관리와 일정 관리가 용이합니다. 특히나 폭포수 모델은 요구 사항이 명확하고 변경 가능성이 적은 프로젝트에 적합합니다.

그리고 변경 가능성이 적은 프로젝트에 적합하다는 말은 요구 사항 변경에 매우 취약하다라는 단점으로 귀결됩니다. 개발 중간에 요구 사항이 변경되면, 이미 진행된 모든 단계를 수정해야 하기 때문에 시간과 비용이 크게 증가합니다. 또한 초기 단계 이후에는 고객과의 상호작용이 거의 없어, 실제 제품이 기대와 어긋날 위험도 존재합니다.

애자일 방법론(Agile Methodology)

애자일 방법론은 폭포수 모델과 달리, 짧은 개발 주기(스프린트)를 반복하여 점진적으로 소프트웨어를 완성하는 방식입니다.

애자일 개발은 요구 사항의 변화를 자연스럽게 수용하며, 작은 기능 단위로 빠르게 개발하고 테스트합니다. 각 스프린트마다 작동하는 소프트웨어를 제공하고 피드백을 받아 개선하는 과정을 반복함으로써, 제품 품질과 사용성을 모두 높여갑니다.

또한, 문서화보다는 작동하는 소프트웨어를 우선시하며, 팀의 자율성과 협업을 강조합니다. 팀원들은 스스로 작업을 조직하고, 고객과 직접 소통하여 요구 사항을 세밀하게 조정해 나갑니다.

애자일 방법론 단계

1. 개발 과정에서의 변화 수용
프로젝트 중간에도 요구 사항이 변경될 수 있음을 인지하고, 이를 유연하게 수용합니다. 애자일 팀은 변화에 신속하게 대응할 수 있도록 설계되어 있습니다.

2. 짧은 개발 주기
애자일은 개발 과정을 여러 개의 짧은 반복 주기(일반적으로 2~4주)로 나눕니다. 각 반복 주기(스프린트)에서 완성된 기능을 고객에게 제공하고 피드백을 받아 다음 단계에 반영합니다.

3. 고객과의 협력
고객과의 지속적인 소통을 통해 요구 사항을 명확히 하고, 고객의 피드백을 개발 과정에 즉시 반영합니다.

4. 작동하는 소프트웨어 우선
문서화보다는 실제 작동하는 소프트웨어를 우선합니다. 각 스프린트가 끝날 때마다 소프트웨어의 기능을 테스트하고, 항상 작동하는 상태로 유지합니다.

5. 팀의 자율성과 협업
애자일 팀은 자율적으로 일을 조직하며, 각 팀원 간의 협업을 통해 문제를 해결합니다. 모든 팀원이 프로젝트의 성공에 기여할 수 있도록 권한을 부여받습니다.

애자일 방법론은 반복적이고 유연한 계획 관리 방식을 취하기 때문에 종종 계획이 없다는 오해를 받기도 하지만, 실제로는 상황 변화에 따른 유연한 계획 관리를 중시한다는 점에서 오히려 계획을 더욱 세밀하게 조정하는 방법론입니다.

소프트웨어 개발 방법론: 선택과 적용

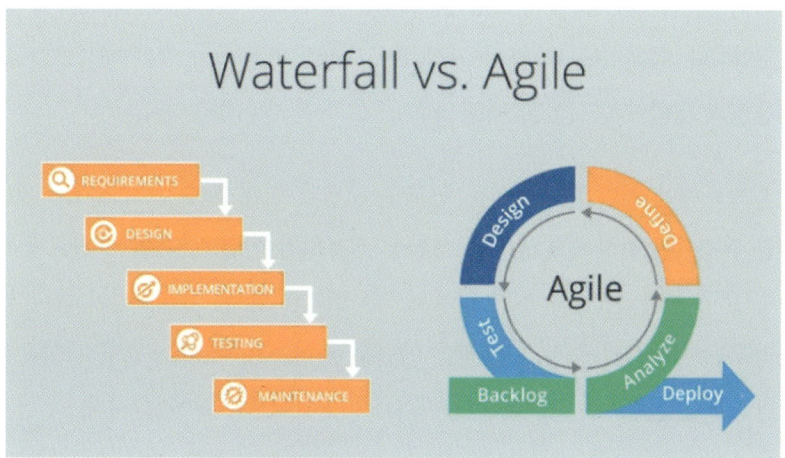

그림 9.1 폭포수 모델과 애자일 방법론의 도식도

다음은 폭포수 모델과 애자일 방법론을 비교한 분석입니다.

	폭포수 모델	애자일 방법론
개발 단계 진행 방식	순차적 진행(단계별 완료 후 다음 단계로 이동)	반복적, 점진적 진행(스프린트 주기별로 개발)
요구 사항 처리	초기 단계에서 요구 사항 확정, 변경이 어려움	개발 중에도 요구 사항 변경 가능, 고객 피드백 반영
유연성	낮음(변화에 대한 대응이 어려움)	높음(변화에 신속하게 대응 가능)
문서화	철저한 문서화, 모든 단계에서 문서 작성	문서화보다 작동하는 소프트웨어에 중점
고객과의 상호작용	초기 단계 이후 고객과의 상호작용이 적음	지속적인 고객과의 협력과 피드백 반영
프로젝트 관리	명확한 계획과 일정 준수	유연한 일정과 목표, 필요에 따라 조정 가능
테스트 방법	개발 완료 후에 전체 시스템 테스트	각 스프린트마다 지속적인 테스트 및 통합
위험 관리	초기 요구 사항 오류 시 리스크 큼	반복 주기마다 리스크 분석 및 관리
팀의 자율성	관리 중심, 팀의 자율성 제한	팀의 자율성과 협업을 강조
적합한 프로젝트 유형	요구 사항이 명확하고, 변화가 적은 프로젝트	변화가 빈번하고, 고객의 참여가 중요한 프로젝트

표 9.1 폭포수 모델과 애자일 방법론 비교

전통적으로 소프트웨어 개발은 폭포수 모델(Waterfall Model)을 따랐습니다. 폭포수 모델은 요구 사항을 명확히 정의한 후, 절차와 일정에 따라 순차적으로 개발을 진행하는 합리적인 방법론으로 인식된 것입니다. 특히 요구 사항이 고정적이고 변경 가능성이 적은 대규모 프로젝트에서는 높은 예측 가능성과 명확한 문서화를 바탕으로 큰 효과를 발휘했습니다.

그러나 현대 소프트웨어 개발 환경에서는 폭포수 모델의 한계가 점차 드러나고 있습니다. 개발 도중 요구 사항 변경이 빈번하게 발생하는 상황에 적응하기 어렵고, 개발이 완료될 때까지 긴 시간이 소요되며, 요구 사항 변경 시 초기 단계로 되돌아가야 하는 비효율성이 큽니다. 특히, 다양한 도구와 클라우드 서비스의 등장으로 개발 인원은 줄어들고, 서비스 요구 사항은 빠르게 변화하는 현재의 환경에서는 폭포수 모델을 적용하기가 더욱 어려워지고 있습니다.

이러한 변화 속에서 애자일 방법론(Agile Methodology)이 주류로 자리 잡게 되었습니다. 애자일은 짧은 주기의 반복적 개발과 빠른 피드백을 통해, 변화에 신속히 대응하고 제품을 점진적으로 완성하는 접근 방식을 제공합니다. 빠르게 변화하는 비즈니스 요구 사항에 대응할 수 있는 유연성을 갖추었기 때문에, 스타트업부터 대기업까지 폭넓게 채택되고 있습니다.

어떤 개발 방법론을 하면 좋을까

어떤 개발 방법론을 선택할지는 프로젝트의 성격, 팀 구성, 요구 사항의 복잡성에 따라 달라집니다. 이를 고려해 적합한 방법론을 선택하는 것이 중요합니다.

- 폭포수: 고정된 요구 사항, 큰 팀, 고정된 마감일, 복잡한 시스템
- 애자일: 변화가 잦은 요구 사항, 작은 팀, 유동적인 일정, 빠른 MVP 필요

또한 최근에는 상황에 맞게 두 방법론을 조합하는 하이브리드 방법론도 많이 사용됩니다.

하이브리드 방법론이란, 프로젝트 초기 단계에서는 폭포수 모델을 적용하여 요구 사항 분석과 시스템 설계를 철저히 문서화하고, 개발 및 테스트 단계에서는 애자일 방식을 도입하여 반복적이고 유연하게 개발을 진행하는 방식입니다.

예를 들어, 변경 가능성이 적은 핵심 기능은 폭포수 모델로 체계적으로 개발하고, 요구 사항이 유동적인 부가 기능은 애자일 방식으로 빠르게 피드백을 받아가며 개발하는 식입니다. 이러한 접근은 초기의 명확한 계획 수립과 개발 단계의 유연성을 모두 확보할 수 있어, 실무 프로젝트에서 매우 실용적인 방법론으로 평가받고 있습니다.

> 💬 **시니어 코멘트**
> 최근 AI 도구의 급속한 발전으로 인해, AI가 이해할 수 있는 구조화된 문서의 중요성이 더욱 부각되고 있습니다. 이에 따라 철저한 문서화와 함께 애자일 방식을 기반으로 한 신속한 개발 방법론이 업계 전반에서 하나의 표준으로 부상하고 있습니다.
> 특히, 최소 기능만을 구현해 사용자 반응을 살피는 기존의 프로토타이핑을 넘어, 초기 단계부터 다양한 핵심 기능을 포함한 제품을 빠르게 구현하고, 사용자 피드백을 바탕으로 반복 개선하는 접근이 AI로 인해 가능해지고 있습니다.

9.2 기술 스택(tech stack)

적절한 개발 방법론을 선택하면 그다음에는 방법론을 바탕으로 개발을 시작할 도구들이 필요합니다. 그것이 바로 기술 스택입니다.

기술 스택(Tech Stack)이란 소프트웨어 애플리케이션이나 프로젝트를 개발할 때 사용하는 기술의 집합을 의미합니다. 여기에는 프로그래밍 언어, 프레임워크, 라이브러리, 데이터베이스, 서버 환경, 개발 도구 등이 포함됩니다.

일반적으로 기술 스택은 프론트엔드와 백엔드, 인프라, 그리고 개발 도구로 구분되며, 이번 프로젝트에서는 프론트엔드 기술 스택에만 초점을 맞추어 선정 작업을 진행합니다.

프론트엔드 기술 스택

이제 이번 실전 프로젝트에서 선택한 프론트엔드 기술 스택에 대해 알아보겠습니다.

1. 타입 안정성과 코드 품질 향상(타입스크립트)

타입스크립트는 자바스크립트의 슈퍼셋으로, 정적 타입을 추가하여 코드의 안정성과 유지보수성을 크게 향상시킵니다. 정적 타입 검사를 통해 개발 중 오류를 사전에 방지할 수 있으며, 코드의 가독성과 명확성이 높아져 대규모 프로젝트에서도 관리가 용이합니다.

2. 효율적인 서버 상태 관리와 데이터 페칭(TanStack Query)

TanStack Query는 서버 상태 관리와 비동기 데이터 페칭을 간편하게 처리할 수 있도록 돕습니다. 캐싱, 리페칭, 데이터 동기화 등의 기능을 제공해 서버와의 데이터 통신을 보다 효율적으로 관리할 수 있습니다.

3. 간결하고 직관적인 상태 관리(Zustand)

Zustand는 가볍고 직관적인 API를 가진 상태 관리 라이브러리입니다. 복잡한 설정 없이도 글로벌 상태를 관리할 수 있으며, 코드의 간결성과 성능 최적화를 동시에 달성할 수 있습니다.

4. 유연하고 모던한 UI 스타일링(Tailwind CSS)

Tailwind CSS는 유틸리티 퍼스트(Utility-first) CSS 프레임워크로, 빠르고 효율적인 스타일링이 가능합니다. 클래스 기반 스타일링을 통해 CSS 재사용성을 높이고, 프로젝트 전체의 디자인 일관성을 유지할 수 있습니다.

5. 세련된 UI 컴포넌트와 디자인 시스템(shadcn/ui)

shadcn/ui는 Tailwind CSS와 Radix-UI를 기반으로 구축된 UI 컴포넌트 라이브러리로, 일관성 있고 접근성 높은 디자인을 손쉽게 구현할 수 있게 해줍니다.

기술 스택 선정 기준

실무 프로젝트에서는 기술 스택을 선택할 때 장기적 유지보수성, 커뮤니티 활성도, 기업 내 기술 적합성 등을 종합적으로 고려해야 합니다. 반면 개인 프로젝트에서는 조금 더 과감하게 최신 기술을 시도할 수 있습니다.

필자 역시 개인 프로젝트에서는 2024년 기준 가장 주목받는 최신 기술 스택을 참고해 이번 기술 구성을 선택했습니다. 최신 트렌드를 반영한 기술을 경험해두는 것은 실무에서의 경쟁력 강화는 물론, 빠르게 변화하는 기술 환경에 적응하는 데에도 큰 도움이 됩니다.

인기 기술을 알아보는 방법

인기 있는 기술을 파악하려면 다양한 정보 채널을 직접 탐색하는 것이 가장 효과적입니다. 코딩 관련 사이트를 방문해 현재 주목받는 라이브러리와 프레임워크를 조사하거나, 최신 기술 트렌드가 소개되는 유튜브 영상을 참고하는 것도 좋은 방법입니다. 기술의 인기는 개발자 커뮤니티와 실무 환경에 영향을 미치기 때문에 이러한 채널을 통해 실시간으로 트렌드를 접하는 것이 중요합니다.

다음으로는 필자가 참고하는 사이트를 간단히 살펴보겠습니다.

첫 번째로는 "state of js"라는 사이트입니다. 해당 사이트는 매년 javascript에 대한 개발자 설문을 진행하여 이를 리포트해줍니다. 새로 생긴 자바스크립트 기능부터, 프레임워크 테스팅, 빌드 도구 등 프론트엔드 개발의 전반적인 내용에 대해서 설문을 한다고 보면 됩니다.

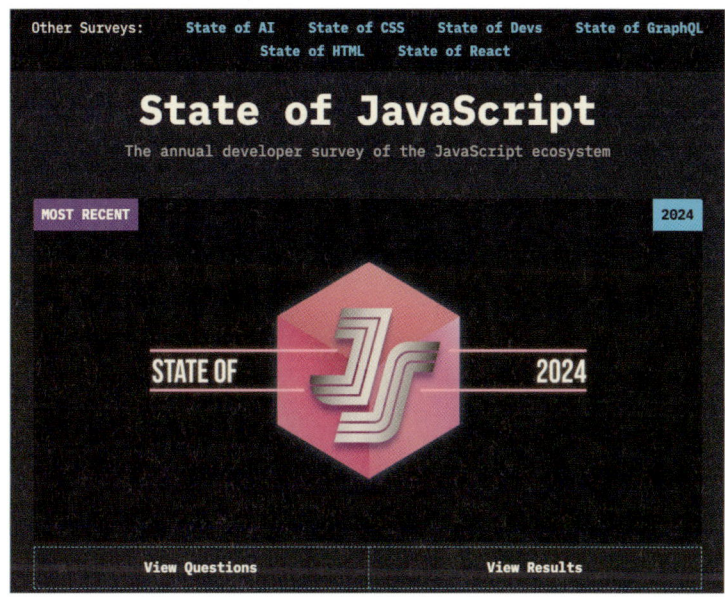

그림 9.2 state of js 공식 사이트(https://stateofjs.com/)

두 번째로는 "bestofjs"라는 사이트입니다. 이 사이트의 특징은 깃헙 스타의 증가 수를 기준으로 Hot Projects를 선정해 준다는 점입니다. 물론 대부분의 Hot Projects는 우리에게 이미 익숙한 라이브러리들이긴 하지만, 최신 동향을 빠르게 파악하는데 유용합니다.

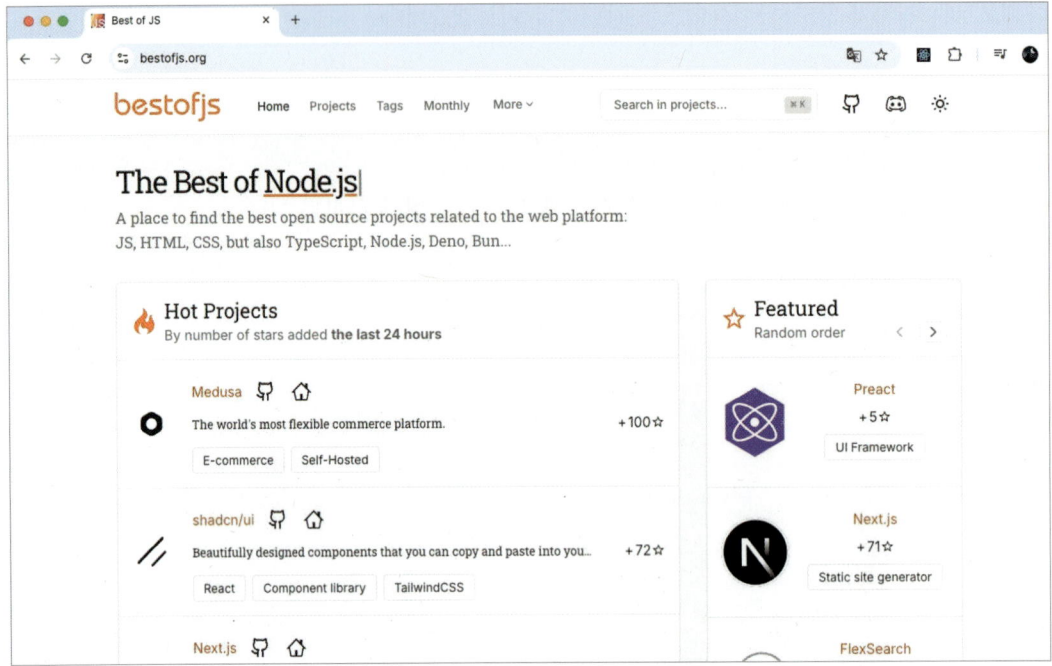

그림 9.3 bestofjs 공식 사이트(https://bestofjs.org/)

이뿐만 아니라 공식 사이트에서 매년 "JavaScript Rising Stars"를 발표하기도 하는데 내용이 알차고 유익합니다.

그림 9.4 bestofjs의 JavaScript Rising Stars

추가로, 현재 책에서 사용하고자 하는 기술 스택은 2024년에 라이징 스타로 선정된 기술들 중 하나로, 이는 필자가 선택한 기술들이 다른 개발자들에게도 높은 평가를 받고 있음을 시사합니다. 다만, 기술은 빠르게 발전하고 변화하는 특성을 가지고 있으므로, 최신 기술 습득에 대한 지속적인 관심과 학습이 필요하다는 점을 명심해야 합니다. 이를 통해 실무에서도 경쟁력을 유지하고, 변화하는 기술 트렌드에 빠르게 적응할 수 있습니다.

> 💡 **시니어 코멘트**
> 현재 이 책에서 다루는 기술 스택은 2024년 필자 기준으로 가장 최적화된 조합입니다. 하지만 기술 트렌드는 빠르게 변화하며, 개발자의 경험, 프로젝트 환경, 팀 구성에 따라 최고의 스택은 언제든 달라질 수 있습니다. 따라서 이 책을 기초로 삼아 자신만의 기술 조합을 만들어 나가길 바랍니다.

9.3 프로젝트 시작하기

이번 프로젝트는 앞서 선정한 기술 스택을 기반으로, 애자일 방법론을 적용해 진행할 예정입니다. 애자일 방법론을 선택한 이유는, Next.js 및 관련 최신 기술들을 실습하면서 개발 도중 요구 사항 변경이 발생할 가능성이 높기 때문입니다. 따라서 이번 프로젝트는 세부적인 문서화보다는 실제로 작동하는 소프트웨어를 신속하게 구축하는 것을 우선 목표로 삼고 있습니다.

최종 목표는 "전기차 충전 맵" 서비스 구축이지만, 모든 기능이 초기에 완전히 확정된 것은 아닙니다. 개발을 진행하면서 사용자 피드백을 적극 반영해, 실제 요구에 맞는 기능을 점진적으로 추가하고 개선해 나가는 방식을 채택할 것입니다.

개발 환경(Visual Studio Code) 설정하기

이번 프로젝트에서는 Visual Studio Code(VSCode)를 사용하여 개발 환경을 구축할 예정입니다. VSCode는 Microsoft에서 개발한 오픈 소스 코드 에디터로, 다양한 언어와 프레임워크에 대한 지원을 제공하며, 수많은 확장 기능을 통해 개발 생산성을 크게 높일 수 있습니다.

VSCode 외에도 다양한 코드 에디터가 있지만, VSCode는 무료일 뿐만 아니라 풍부한 확장 기능을 제공하기 때문에 많은 개발자들이 선호합니다. 이러한 이유로 이번 프로젝트에서도 VSCode를 사용하여 진행할 것입니다.

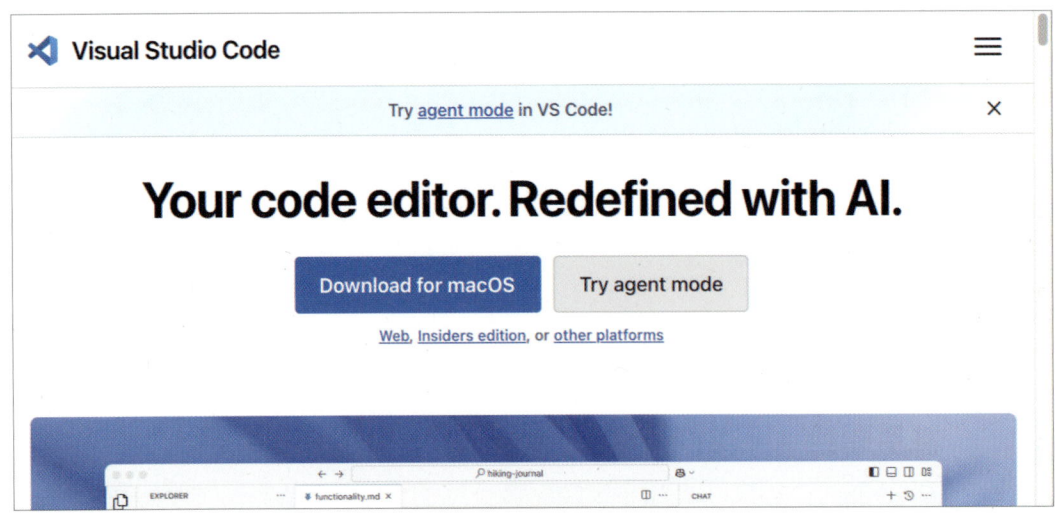

그림 9.5 VSCode 사이트(https://code.visualstudio.com/)

VSCode 확장 기능

VSCode의 핵심 강점 중 하나는 확장 기능을 통해 개발 환경을 자유롭게 커스터마이징할 수 있다는 점입니다. 적절한 확장 기능을 설치하면 코드 자동 완성, 포맷팅, 디버깅, API 테스트 등 다양한 작업을 훨씬 수월하게 처리할 수 있습니다.

필자 역시 개인적으로 핸디 스니펫(hadny-snippets)과 같은 자체 확장 기능을 제작해 사용했던 경험이 있으며, 이를 통해 반복적인 작업을 자동화하고, 코드 생산성과 일관성을 높이는 데 큰 도움을 받았습니다.

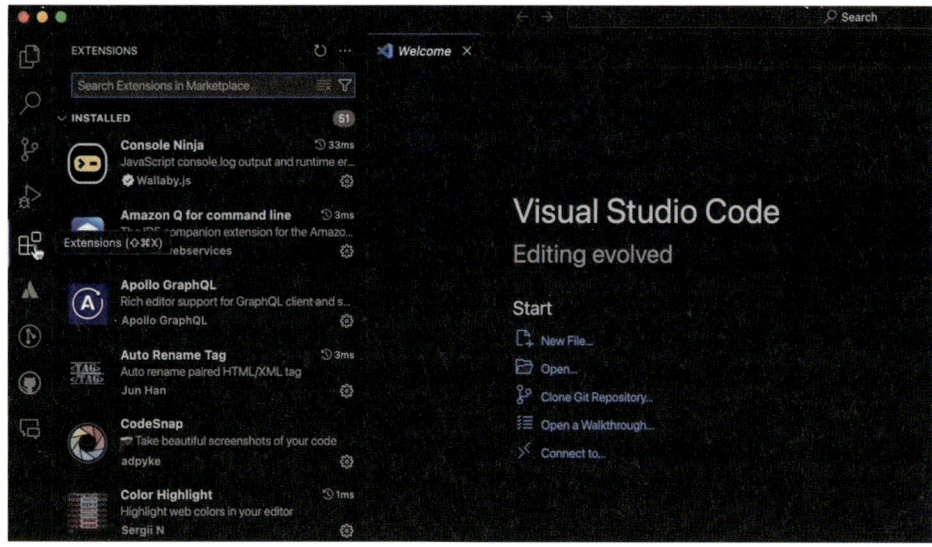

그림 9.6 VSCode 확장 프로그램 모습. 이미 많이 설치되어 있는 것을 확인할 수 있습니다.

VSCode 확장 기능 추천

다음은 필자가 추천하는 Visual Studio Code 확장 기능들입니다. 필자의 생각으로는, 확장 기능을 사용하지 않는다면 VSCode를 사용할 이유가 크지 않습니다. VSCode는 가벼운 코드 에디터로서 다양한 확장 기능을 통해 강력한 개발 환경을 제공하는 것이 가장 큰 장점입니다. 확장 기능 없이 기본 기능만을 사용할 바에는, JetBrains와 같은 기본 내장 기능이 풍부한 IDE를 사용하는 것이 더 나을 수 있습니다.

- 협업과 코드 컨벤션을 위한 확장 기능
    - **ESLint**: 코드의 문법 오류를 실시간으로 체크해주는 도구.
    - **Prettier – Code Formatter**: 코드 스타일을 일관되게 유지하기 위한 자동 포맷팅 도구.
    - **GitLens**: Git과 통합되어 코드 변경 내역과 관련된 정보를 에디터 내에서 쉽게 확인할 수 있게 해주는 도구.
    - **Git File History**: Git과 통합하여 코드 변경 사항을 시각적으로 확인할 수 있도록 돕는 도구.

- 프론트엔드 개발 편의를 위한 확장 기능
    - **Error Lens**: 코드 에디터에서 오류나 경고 메시지를 눈에 띄게 강조해주는 기능.
    - **Pretty TypeScript Errors**: 타입스크립트 오류 메시지를 더 읽기 쉽게 포맷해주는 확장 기능.
    - **Tailwind CSS IntelliSense**: Tailwind CSS 개발자를 위한 자동 완성과 도움말 기능.
    - **Auto Rename Tag**: HTML 및 JSX 태그를 수정할 때 열림/닫힘 태그를 동시에 수정해주는 기능.

프로젝트에 필요한 확장 기능을 개발 환경에 표준화하여 적용하기 위해, .vscode/extensions.json 파일을 작성해 보겠습니다. 이 파일을 프로젝트 루트의 .vscode 폴더에 추가하면, 프로젝트를 열 때 VSCode가 자동으로 권장 확장 기능 설치를 사용자에게 안내할 수 있습니다.

```
// .vscode/extensions.json
{
  "recommendations": [
    "formulahendry.auto-rename-tag",
    "usernamehw.errorlens",
    "dbaeumer.vscode-eslint",
    "pomber.git-file-history",
    "esbenp.prettier-vscode",
    "yoavbls.pretty-ts-errors",
    "bradlc.vscode-tailwindcss",
    "eamodio.gitlens"
  ]
}
```

이렇게 설정하는 이유는 명확합니다. 프로젝트의 개발 환경을 일관성있게 유지하고, 온보딩을 빠르게 진행하기 위함입니다. 예를 들어, Tailwind CSS를 사용하는 프로젝트에 새로 합류하는 개발자는 이 추천 파일 덕분에 Tailwind CSS IntelliSense 같은 필수 확장 기능을 즉시 설치할 수 있습니다.

Next.js 프로젝트 시작하기

이제 개발 환경 설정을 마쳤으니, Next.js 프로젝트를 본격적으로 시작해 보겠습니다. Next.js 14 버전을 기준으로 새로운 프로젝트를 시작하려면, 다음 명령어를 사용합니다.

```
npx create-next-app@14
```

해당 명령어는 Next.js 14 버전을 명시적으로 지정하여 애플리케이션을 생성합니다. 본 책은 Next.js 14 버전을 기준으로 작성되어 있으며, 이후 등장한 최신 버전(npx create-next-app@latest)을 사용하면 프로젝트 구조나 설정, 예제 코드에서 버전 불일치로 인한 문제가 발생할 수 있습니다. 따라서 학습의 일관성을 위해 Next.js 14 버전으로 프로젝트를 생성하는 것을 권장합니다.

명령어를 입력하면 터미널에 설정값을 입력하는 내용이 전개됩니다. 상황에 맞춰 설정을 이어나가면 됩니다.

```
toy — handy@gang-gyeongseog-ui-MacBookPro-2 — ~/Documents/toy — zsh (qterm) ▸ zsh — 93x11
→  toy npx create-next-app@14
✔ What is your project named? … electric_car_charging_map
✔ Would you like to use TypeScript? … No / Yes
✔ Would you like to use ESLint? … No / Yes
✔ Would you like to use Tailwind CSS? … No / Yes
✔ Would you like to use `src/` directory? … No / Yes
✔ Would you like to use App Router? (recommended) … No / Yes
✔ Would you like to customize the default import alias (@/*)? … No / Yes
✔ What import alias would you like configured? … @/*
Creating a new Next.js app in /Users/handy/Documents/toy/electric_car_charging_map.
```

그림 9.7 터미널에서 create-next-app 실행 시 화면

프로젝트 실행하기

Next.js 프로젝트를 생성하고 나면, 이제 실제로 프로젝트를 실행할 차례입니다. 이를 위해 가장 먼저 해야 할 일은 터미널을 열고, 프로젝트를 실행할 명령어를 입력하는 것입니다.

그렇다면 어떤 명령어를 입력해야 Next.js 애플리케이션을 실행할 수 있을까? 정답은 프로젝트 루트에 있는 package.json 파일에 있습니다.

package.json 파일은 Node.js 기반 프로젝트의 핵심 구성 파일로, 프로젝트의 메타데이터, 의존성 정보, 실행 스크립트 등 다양한 설정을 관리하는 역할을 합니다. Next.js 프로젝트 역시 이 package.json 파일을 통해 프로젝트 실행과 관련된 여러 명령어를 정의하고 있습니다. 그리고 일반적으로 package.json은 프로젝트의 최상위 폴더에 생성됩니다.

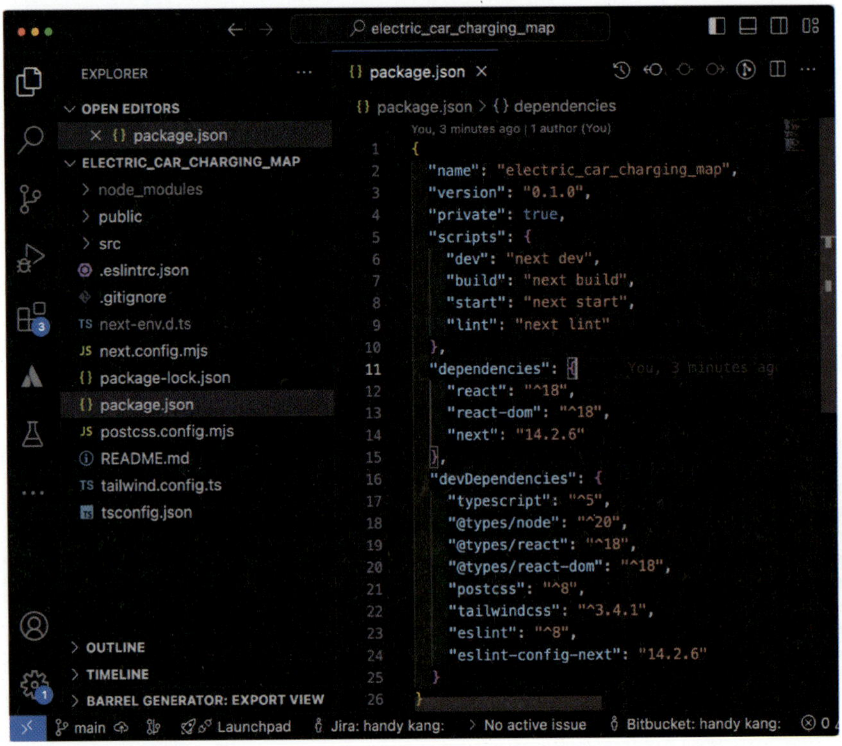

그림 9.8 create-next-app에 의해 생성된 프로젝트의 package.json

package.json의 주요 항목

package.json의 전체 코드는 다음과 같습니다.

```
{
  "name": "electric_car_charging_map",
  "version": "0.1.0",
  "private": true,
  "scripts": {
    "dev": "next dev",
    "build": "next build",
    "start": "next start",
    "lint": "next lint"
  },
  "dependencies": {
    "react": "^18",
    "react-dom": "^18",
    "next": "14.2.6"
  },
```

```json
"devDependencies": {
  "typescript": "^5",
  "@types/node": "^20",
  "@types/react": "^18",
  "@types/react-dom": "^18",
  "postcss": "^8",
  "tailwindcss": "^3.4.1",
  "eslint": "^8",
  "eslint-config-next": "14.2.6"
  }
}
```

scripts 항목은 프로젝트에서 자주 사용하는 명령어 스크립트를 정의하는 부분입니다. 이를 통해 복잡한 명령어를 간단하게 실행할 수 있습니다. 주요 스크립트는 다음과 같습니다.

```json
"scripts": {
  "dev": "next dev",
  "build": "next build",
  "start": "next start",
  "lint": "next lint"
}
```

- **dev**: 개발 서버를 실행하여 애플리케이션을 로컬에서 실행합니다.
- **build**: 애플리케이션을 최적화하여 빌드합니다.(배포용 코드 생성)
- **start**: 빌드된 애플리케이션을 실행합니다.(production 모드)
- **lint**: 코드 스타일과 문법 오류를 검사합니다.

다음으로 dependencies는 프로젝트의 실행에 필요한 의존성(라이브러리)을 정의하는 부분입니다. dependencies는 프로덕션 환경에서 애플리케이션 실행에 필요한 필수 패키지들을 정의합니다. Next.js, React, React-DOM 같은 핵심 라이브러리들이 여기에 포함됩니다.

devDependencies는 개발 중에만 필요한 패키지들을 정의합니다. 예를 들어, ESLint, Prettier, TypeScript 설정 파일 등이 여기에 포함되며, 실제 서비스 배포 시에는 이 패키지들이 필요하지 않습니다.

scripts는 프로젝트 실행 명령어를 관리하고, dependencies는 실행에 필요한 패키지를, devDependencies는 개발 환경에서 필요한 패키지를 관리합니다. 이 구조를 통해 프로젝트의 실행과 유지 관리를 더욱 체계적이고 효율적으로 할 수 있습니다.

⚛️ **dependencies와 devDependencies를 구분하는 이유**

dependencies와 devDependencies를 구분하는 이유는, 프로젝트를 효율적으로 관리하고, 최적화된 배포 환경을 구축하기 위함입니다. 이러한 구분을 통해 프로덕션 환경과 개발 환경에서 필요한 의존성을 명확히 분리할 수 있으며, 각 환경에 맞는 최적의 구성을 유지할 수 있습니다.

프로덕션 환경에서는 오직 dependencies에 포함된 패키지만 필요합니다. 이 패키지들은 애플리케이션이 실제로 실행될 때 필수적인 기능을 제공하는 라이브러리들로, 서버나 클라이언트가 서비스 제공을 위해 반드시 요구하는 구성 요소들입니다.

반면, devDependencies에 포함된 패키지들은 코드 작성, 빌드, 테스트, 린팅(linting) 등 개발 과정에서만 사용됩니다. 이들은 프로덕션 환경에서는 필요 없으며, 오히려 포함될 경우 배포 용량이 불필요하게 증가하고 보안적인 위험이 발생할 수도 있습니다.

따라서 devDependencies를 프로덕션 번들에 포함시키지 않음으로써, 최종 배포 파일의 용량을 줄이고, 서비스 성능을 최적화하며, 보안을 강화하는 효과를 얻을 수 있습니다.

이제 실행해 보겠습니다. 터미널에 다음 명령어를 입력해 보겠습니다.

```
npm run dev
```

그림 9.9 터미널에서 npm run dev를 통해 next.js를 실행시키는 화면

그리고 인터넷 브라우저에서 http://localhost:3000을 주소창에 입력해 보겠습니다. 또는 해당 링크를 클릭해도 됩니다. 필자는 Console Ninja라는 확장 기능을 추가했기 때문에 그림 9.9와 여러분의 화면이 다르게 보일 수 있습니다.

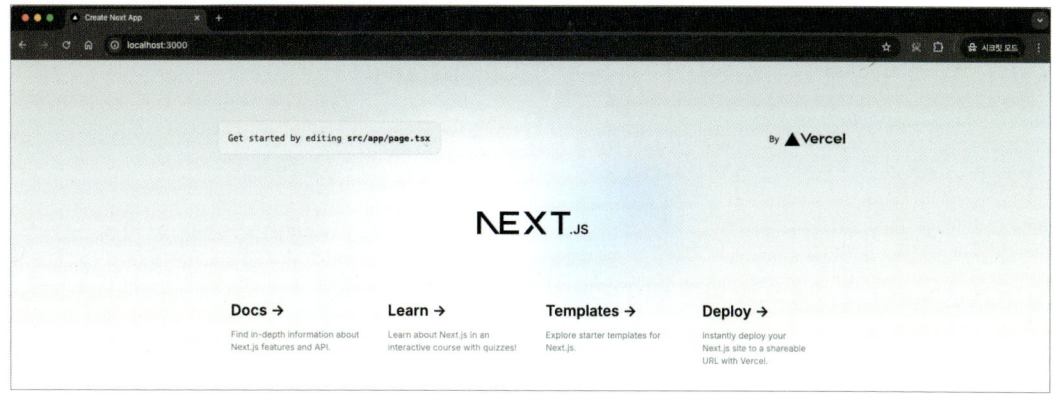

그림 9.10 http://localhost:3000에서 동작하는 next.js 프로젝트

그림 9.10과 같은 화면이 뜨면 성공입니다. Next.js 프로젝트를 성공으로 빌드하여 개발할 준비를 완료했습니다. 이제 Next.js의 구체적인 기능을 배워보면서 하나씩 기능을 추가해 보겠습니다.

> ⚛️ **실전 프로젝트 파일 원본 코드와 관리**
>
> 이 책에서 진행하는 실전 프로젝트의 코드는 GitHub 저장소에 저장되어 있습니다. 코드 형상 관리와 협업을 위한 GitHub 사용법은 11장에서 별도로 자세히 다룰 예정이므로, 지금은 코드가 저장소에 저장되어 관리된다"는 개념 정도로 이해하고 넘어가도 괜찮습니다.
>
> 각 코드 단락 상단에는 주석 형태로 GitHub 저장소 내 상대 경로가 표시되어 있습니다. 예를 들어, 특정 파일이나 코드 블록 위에 명시된 경로는 GitHub 저장소(https://github.com/gyeongseokKang/electric_car_charging_map) 내에서 해당 코드의 위치를 가리킵니다.
>
> 또한 동일한 기능을 구현한 코드라도, 리팩터링(refactoring)이 진행된 경우 최종 버전의 코드가 GitHub 저장소에 업데이트되어 있습니다. 따라서 책에서 제공하는 초기 코드와 저장소의 코드를 비교하여, 개선된 버전을 참고하는 것도 좋은 학습 방법이 될 것입니다.

9.4 Next.js로 서비스 만들기

지금까지 우리는 create-next-app을 이용해 Next.js 프로젝트를 생성하고 실행하는 기본 과정을 살펴보았습니다. 현재까지는 프로젝트의 기본 셋업이 완료된 상태입니다.

이제 본격적으로 Next.js의 핵심 기능인 라우팅 시스템과 데이터 페칭 기능을 학습하고, 이를 활용해 공공데이터 API로부터 실제 데이터를 가져오는 실습을 진행할 예정입니다. 이번 실습을 통해 Next.js가 제공하는 라우팅 구조와 서버-클라이언트 간 데이터 통신 방식을 이해하고, 외부 API와 연동하여 실제 프로젝트에 적용하는 방법을 익히게 됩니다.

라우팅 시스템

Next.js는 폴더 기반 라우팅 시스템을 제공합니다. 개발자가 app/ 디렉터리 내에 폴더와 파일을 생성하면, Next.js가 자동으로 이를 URL 경로에 매핑해줍니다.

즉, 복잡한 설정 파일 없이도 폴더 구조만으로 직관적으로 라우팅을 구성할 수 있습니다. 이렇게 폴더 구조에 따라 매핑되는 각 경로를 Segment라고 합니다.

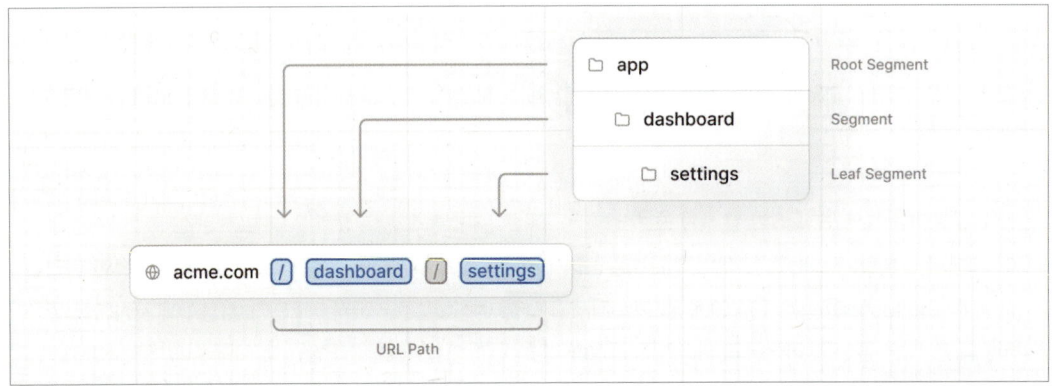

그림 9.11 폴더 기반 라우팅 시스템(https://nextjs.org/docs/app/building-your-application/routing/defining-routes)

그림 9.11처럼 app은 Root Segment로 기본 폴더 경로이며, dashboard, settings 폴더처럼 경로에 따라 URL이 매핑됩니다.

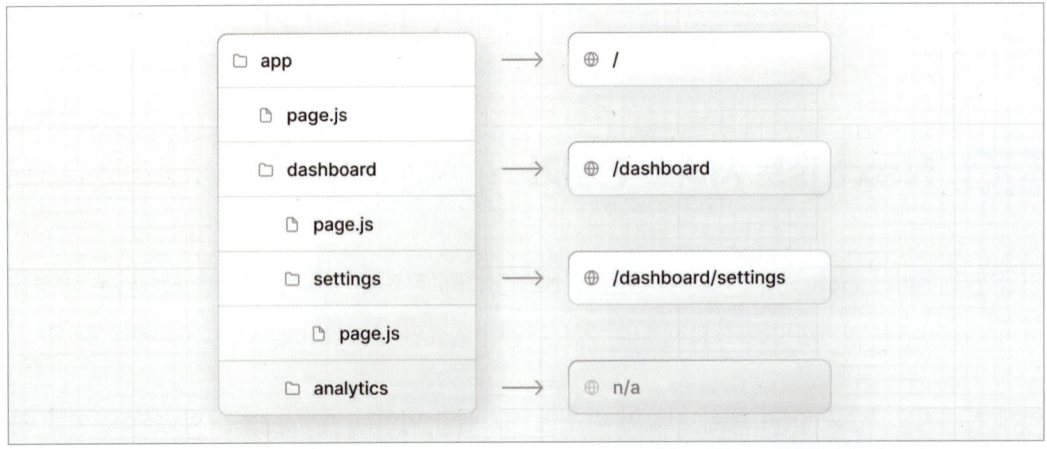

그림 9.12 폴더 내에 폴더도 가능합니다.(https://nextjs.org/docs/app/building-your-application/routing/defining-routes)

그림 9.12처럼 약속된 경로에 약속된 이름(page)으로 구조를 설정하는 방식은 프레임워크의 제약사항이면서도, 개발자가 쉽게 경로를 설정하고 화면을 구성할 수 있게 돕는 편리한 기능입니다. 이러한 규칙 덕분에 Next.js는 복잡한 라우팅 설정을 따로 하지 않아도 파일 구조만으로 간단하게 화면을 정의할 수 있습니다.

이런 제약사항은 page 뿐만 아니라 그림 9.13과 같은 파일들이 더 있습니다.

layout	.js .jsx .tsx	Layout
page	.js .jsx .tsx	Page
loading	.js .jsx .tsx	Loading UI
not-found	.js .jsx .tsx	Not found UI
error	.js .jsx .tsx	Error UI
global-error	.js .jsx .tsx	Global error UI
route	.js .ts	API endpoint
template	.js .jsx .tsx	Re-rendered layout
default	.js .jsx .tsx	Parallel route fallback page

그림 9.13 프로젝트의 라우팅 컨벤션(https://nextjs.org/docs/14/getting-started/project-structure#routing-files)

이처럼 layout, page, loading과 같은 약속된 이름을 기반으로 개발자가 코드를 작성하면, Next.js 프레임워크는 상황에 따라 적절히 해당 파일을 가져와 처리합니다. 만약 page 대신 다른 이름(예: screen)을 사용한다면 프레임워크는 이를 인지하지 못하고, 해당 경로에서 화면이 정상적으로 렌더링되지 않습니다.

자유로운 폴더 구조를 허용하는 프로젝트는 시간이 지남에 따라 각 개발자마다 서로 다른 파일 구성 방식이 혼재되기 쉽고, 결국 프로젝트 전체의 복잡도를 가중시키게 됩니다. 반면, Next.js처럼 초반부터 명확한 파일명과 구조 규칙을 강제하는 프레임워크는 협업 과정에서 역할과 경로를 쉽게 파악할 수 있도록 도와주어, 팀 규모가 커질수록 코드의 일관성과 안정성이 유지됩니다.

페이지(page)

이젠 페이지를 직접 만들어보며 이해도를 높여보겠습니다. Next.js에서 /about 경로를 만들고자 한다면, about 폴더를 생성하고 그 안에 page.tsx 파일을 추가하면 됩니다. Next.js는 자동으로 이 파일을 /about 경로에 매핑합니다.

이와 같은 파일을 생성하면 /about 경로에 해당 페이지가 매핑됩니다.

```
src/app
├── about
│   └── page.tsx
├── layout.tsx
└── page.tsx
```

이 구조에서 가장 아래에 있는 page.tsx 파일은 / 경로에 매칭되는 루트 페이지이며, about/page.tsx 파일은 /about URL에 매칭되는 /about 페이지입니다.

그림 9.14 /about 경로에 매칭된 about/page.tsx 컴포넌트

그리고 이 페이지 파일의 이름은 반드시 page여야 하며, 확장자는 .js, .jsx, .ts, .tsx 중 하나여야 합니다. 다만 자바스크립트(JavaScript)와 타입스크립트(TypeScript) 모두 지원하지만, 본 책에서는 타입 안정성과 생산성을 높이기 위해 TypeScript(.tsx)를 기본으로 사용합니다.

레이아웃(layout)

Next.js에서는 레이아웃 기능을 통해 페이지 컴포넌트 주변에 공통 UI 요소를 제공할 수 있습니다. 레이아웃은 주로 헤더, 네비게이션 바, 사이드바 등 모든 페이지에 반복 적용되는 구조를 정의하는 데 사용됩니다.

레이아웃은 layout.tsx 파일로 작성되며, 해당 디렉터리 내 모든 페이지에서 자동으로 적용됩니다. 또한 레이아웃은 중첩(Nested Layouts)이 가능하여, 상위 디렉터리의 레이아웃을 하위 디렉터리에서도 자연스럽게 확장할 수 있습니다.

예를 들어, /about 경로에만 적용할 레이아웃을 추가하려면 about 디렉터리에 layout.tsx 파일을 생성하여 다음과 같이 작성합니다.

```tsx
// src/app/about/layout.tsx

interface AboutLayoutProps {
  children: React.ReactNode;
}

export default function AboutLayout({ children }: AboutLayoutProps) {
  return (
    <div>
      <aside>"About Sidebar"</aside>
      <div>{children}</div>
    </div>
  );
}
```

```
src/app
├── about
│   ├── layout.tsx        // /about 경로에 적용되는 레이아웃
│   └── page.tsx          // /about 경로에 해당하는 페이지
├── layout.tsx            // 전체 애플리케이션에 적용되는 루트 레이아웃
└── page.tsx              // / 경로에 해당하는 루트 페이지
```

src/app/layout.tsx: 애플리케이션 전체에 적용되는 루트 레이아웃입니다.

src/app/about/layout.tsx: /about 경로와 그 하위 경로에만 적용되는 레이아웃입니다.

이렇게 하면 /about 경로의 모든 페이지에서 About Sidebar가 포함된 레이아웃이 적용됩니다.

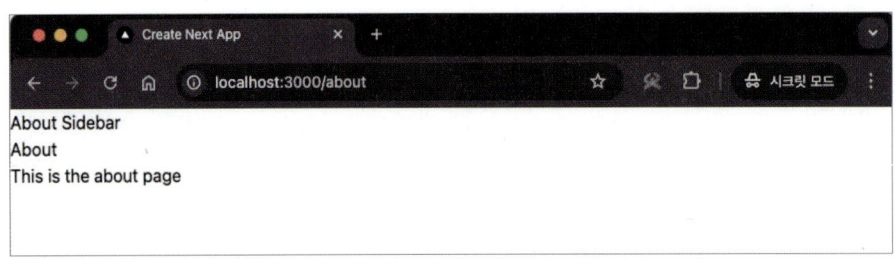

그림 9.15 /about에 루트 레이아웃과 about 레이아웃이 적용된 화면

이제 /about 경로로 이동하면, About Sidebar가 표시되며 page.tsx에서 정의한 내용과 함께 출력됩니다. 이를 통해 각 페이지에 공통된 UI 구조를 효율적으로 적용할 수 있습니다.

또한, layout.tsx는 루트 레이아웃뿐만 아니라 상위 경로의 레이아웃이 하위 경로에도 그대로 적용된다는 특징이 있습니다. 이를 확인하기 위해 about 디렉터리 내에 하위 경로를 추가해 보겠습니다.

```
src/app
├── about
│   ├── detail              // 추가된 하위 경로
│   │   └── page.tsx        // /about/detail 경로에 해당하는 페이지
│   ├── layout.tsx          // /about 경로와 하위 경로에 적용되는 레이아웃
│   └── page.tsx
├── layout.tsx              // 전체 애플리케이션의 루트 레이아웃
└── page.tsx
```

이 구조에서, /about/detail 경로에 접속할 때 하위 디렉터리인 detail에 레이아웃 파일이 없더라도 상위의 about/layout.tsx 레이아웃이 자동으로 적용됩니다. 따라서 About Sidebar가 /about/detail 페이지에서도 그대로 표시됩니다.

```tsx
// src/app/about/detail/page.tsx

export default function DetailPage() {
  return (
    <div>
      <h1>"About/detail"</h1>
      <p>"This is the about detail page"</p>
    </div>
  );
}
```

그림 9.16 레이아웃이 중첩되어 나타난 화면

이처럼, Next.js의 레이아웃 시스템은 상위 디렉터리의 레이아웃을 하위 경로에서도 자동으로 적용하여 중첩된 레이아웃을 만들 수 있는 유연한 구조를 제공합니다. 레이아웃을 한 번 정의하면 해당 디렉터리 하위의 모든 페이지에서 공통된 UI가 유지되므로, 코드의 중복을 줄이고 일관된 디자인을 유지하는 데 큰 도움이 됩니다.

또한, Next.js는 이러한 레이아웃을 최적화하여 매번 다시 렌더링하지 않도록 처리합니다. 즉, 페이지 전환 시에도 공통 레이아웃 요소가 다시 로드되지 않으므로, 성능 면에서도 이점을 제공합니다. 이렇게 최적화된 렌더링 덕분에, 사용자 경험이 개선되고 애플리케이션의 응답 속도가 향상됩니다.

Root layout: 모든 레이아웃의 어머니

Next.js 애플리케이션에서 모든 경로는 /로 시작합니다. 따라서 Next.js는 모든 페이지 렌더링 시 최상단에 위치한 src/app/layout.tsx 파일을 반드시 포함하게 됩니다. 이 파일을 Root Layout(루트 레이아웃) 이라고 부르며, Next.js 프로젝트에서는 반드시 존재해야 하는 필수 요소입니다.

Next.js 14 기준으로 create-next-app으로 프로젝트를 생성하면, 다음과 같은 기본 코드를 가진 layout.tsx 파일이 자동으로 생성됩니다.

```tsx
// src/app/layout.tsx

import type { Metadata } from "next";
import "./globals.css";

export const metadata: Metadata = {
  title: "Create Next App",
  description: "Generated by create next app",
};

export default function RootLayout({
  children,
}: Readonly<{
  children: React.ReactNode;
}>) {
  return (
    <html lang="en">
      <body>{children}</body>
    </html>
  );
}
```

이렇게 생성된 Root Layout은 는 반드시 <html>과 <body> 태그를 포함해야 하며, Next.js 애플리케이션의 전체적인 구조와 SEO 설정을 위한 메타데이터가 이곳에서 관리됩니다.

그리고 Root Layout은 단순히 HTML 구조만 제공하는 것이 아닙니다. 글로벌 CSS 파일(globals. css) 로딩, 네비게이션 바, 푸터 등 공통 UI 요소 삽입, 혹은 공통 Provider 설정(예: Redux, TanStack Query, ThemeProvider 등)을 담당합니다. 예를 들어, 네비게이션 바와 푸터를 Root Layout에 추가하여 모든 페이지에 일관되게 적용할 수 있습니다.

```tsx
// src/app/layout.tsx

export default function RootLayout({
  children,
}: {
  children: React.ReactNode;
}) {
  return (
    <html lang="en">
      <body>
        <header>네비게이션 바 등 공통 헤더 요소</header>
        {children}
        <footer>공통 푸터 요소</footer>
      </body>
    </html>
  );
}
```

이렇게 구성하면, 루트 레이아웃에 정의된 공통 요소들이 모든 하위 페이지에서 자동으로 적용됩니다. 따라서 새로운 페이지를 추가하더라도 별도로 헤더나 푸터를 작성할 필요가 없습니다.

> ⚛ **https://www.example.com와 https://www.example.com/는 같은 URL 인가요?**
>
> 기술적으로 보면, https://www.example.com과 https://www.example.com/는 동일한 URL로 간주됩니다. 이 두 URL은 모두 동일한 리소스, 즉 같은 웹페이지를 가리키며, 대부분의 웹 서버는 이를 동일한 요청으로 처리합니다.
>
> 슬래시(/)는 루트 디렉터리(root directory)를 의미하는데, 웹 서버는 요청을 처리할 때 마지막 슬래시의 유무를 크게 구분하지 않습니다. 일부 서버는 마지막 슬래시를 자동으로 추가하거나, 없애거나, 슬래시 유무에 관계없이 동일한 콘텐츠를 제공하도록 설정되어 있습니다.
>
> 결과적으로 사용자가 두 형식 중 어느 하나를 입력하더라도, 동일한 페이지에 접근할 수 있습니다. 이는 웹 표준에도 부합하는 동작 방식이며, 사용자 경험 측면에서도 일관성 있게 유지하는 데 도움이 됩니다.

Template: 매번 초기화되는 layout

Template은 구조상으로 Layout과 매우 유사합니다. 둘 다 하위 페이지나 레이아웃을 감싸는 구조를 가지고 있으며, 공통 UI 또는 구조를 적용하는 데 사용됩니다.

그러나 가장 큰 차이점은 렌더링 주기에 있습니다.

- Layout은 라우팅이 변경되어도 상태가 유지됩니다. 즉, 상위 레이아웃은 그대로 존재한 채 하위 페이지가 변경됩니다.
- Template은 라우팅이 변경될 때마다 새롭게 렌더링됩니다.

즉, 매번 초기 상태로 시작하며 컴포넌트 내부의 상태나 효과(Hooks)는 모두 초기화됩니다.

```
// src/app/about/template.tsx

export default function Template({ children }: { children: React.ReactNode }) {
  return (
    <div>
      <div>"Template"</div>
      {children}
    </div>
  );
}
```

```
src/app
├── about
│   ├── detail
│   │   └── page.tsx
│   ├── layout.tsx
│   ├── page.tsx
│   └── template.tsx  // 추가된 파일
├── layout.tsx
└── page.tsx
```

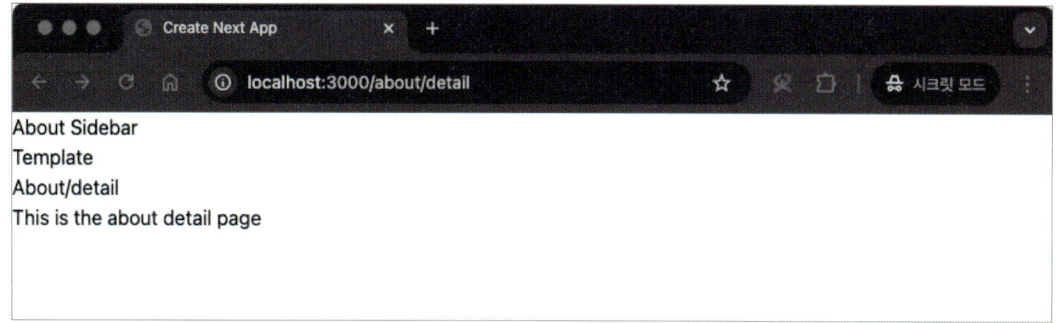

그림 9.17 template이 포함되어 렌더링된 화면

앞의 파일 구조에서, /about/detail 경로에 접속하면 Layout → Template → Page 순으로 중첩되어 페이지가 렌더링되는 것을 볼 수 있습니다. 이를 간단히 표현하면 다음과 같습니다.

```
<Layout>
  <Template>
    <Page />
  </Template>
</Layout>;
```

실무에서는 일반적으로 Layout의 사용 빈도가 더 높습니다. 레이아웃은 상태 유지와 성능 최적화에 유리하기 때문에 대부분의 공통 UI 구조는 레이아웃으로 처리하는 것이 바람직합니다. 하지만 Template은 다음과 같은 상황에서 유용하게 쓰이고 있습니다.

- **페이지 방문 로그 기록**: 페이지별 사용자 행동을 추적하거나 이벤트 로깅을 삽입하기에 적합
- **초기화가 필요한 컴포넌트 구조**: 페이지별 상태나 데이터 초기화가 필요한 경우 유용

이렇게 유용하게 사용되는 경우는 모두 라우팅이 변경될 때마다 새롭게 렌더링되는 Template의 특성 덕분입니다.

동적 라우팅(Dynamic Routes)

Next.js는 경로에 따라 파일과 폴더를 자동으로 매핑해주는 폴더 기반 라우팅을 제공합니다. 그러나 실제 서비스에서는 URL에 사용자 ID, 게시글 번호, 상품 코드 등 동적으로 변하는 값이 포함되는 경우가 많습니다.

예를 들어 다음과 같은 URL을 살펴보겠습니다.

- www.example.com/blog/100
- www.example.com/news/title

이러한 형태는 고정된 경로가 아닌 값이 변하는 동적 경로이며, 이처럼 매 번 정적인 페이지 파일을 만들 수는 없습니다. 이를 해결하기 위해 Next.js에서는 동적 라우팅(Dynamic Routing) 기능을 제공합니다.

Next.js에서는 동적 라우팅을 설정할 때 폴더 또는 파일 이름에 대괄호([])를 사용해 변수 형태로 경로를 정의합니다. 예를 들어 다음과 같은 구조를 만들 수 있습니다.

```
/app
  /blog
    /[id]
      page.tsx
```

```tsx
// src/app/blog/[id]/page.tsx

interface BlogPageProps {
  params: {
    id: string;
  };
}

export default function BlogPage({ params: { id } }: BlogPageProps) {
  return <div>"My Post: "{id}</div>;
}
```

> 💡 **시니어 코멘트**
>
> Next.js 15에서는 params와 searchParams가 Promise로 변경되어, 기존의 동기적인 접근 방식은 더 이상 유효하지 않습니다. 따라서 컴포넌트에서 해당 값을 사용하려면 async/await를 통해 비동기적으로 처리하거나, React 19의 use() 훅을 사용하여 값을 추출해야 합니다. 이러한 변경은 서버 컴포넌트의 렌더링 최적화와 스트리밍 지원을 강화하기 위한 것으로, 코드의 비동기 처리를 명확히 하여 예측 가능한 동작을 보장합니다.

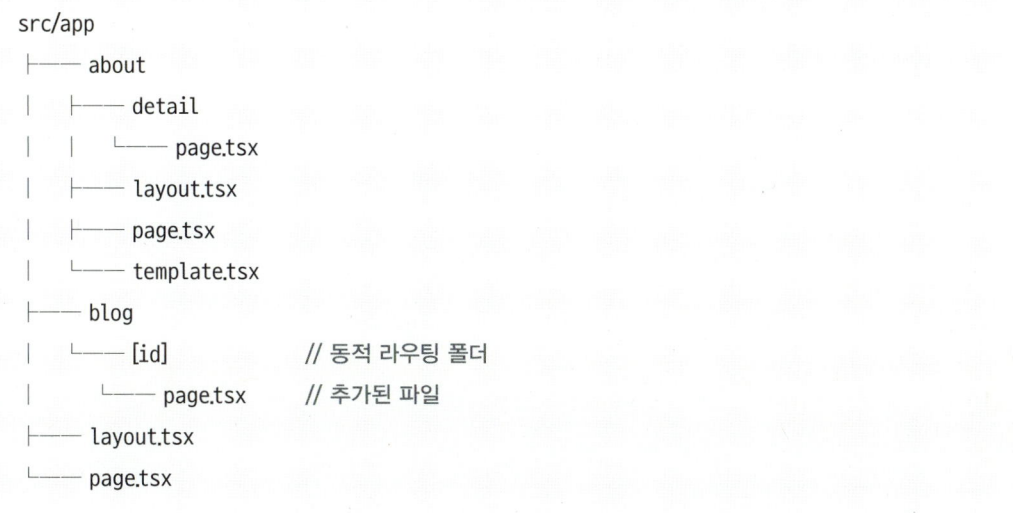

이 구조에서 /blog/12 경로로 접속하면, [id]가 12로 전달되며, 컴포넌트 내부에서는 params.id를 통해 이 값을 사용할 수 있습니다.

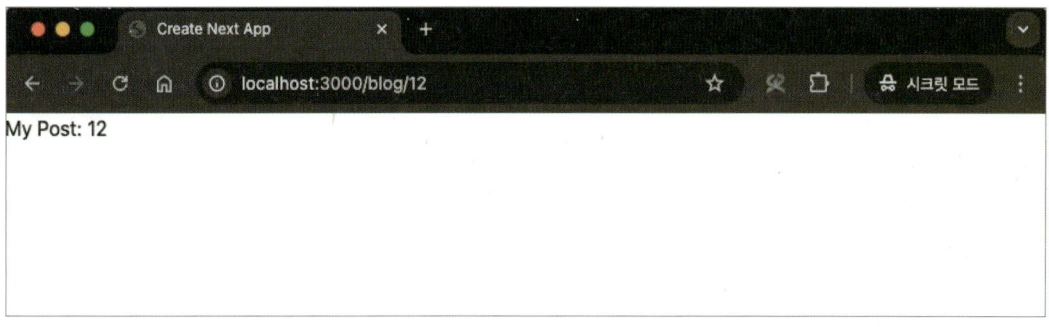

그림 9.18 blog id가 12로 전달되어 렌더링된 화면

주의할 점은, params 객체에서 참조하는 키 이름이 폴더나 파일에서 정의한 대괄호 이름과 정확히 일치해야 한다는 점입니다.

예를 들어 다음 코드와 같이 [id]로 경로를 정의했음에도 코드에서 params.title로 접근하면, 해당 값은 undefined가 됩니다.

```tsx
// src/app/blog/[id]/page.tsx
// 잘못된 예시

interface BlogPageProps {
  params: {
    title: string;
  };
}

export default function BlogPage({ params: { title } }: BlogPageProps) {
  return <div>"My Post: "{title}</div>;
}
```

이 경우 브라우저에서 /blog/12로 접근해도 title 값은 undefined가 되며, 화면에 값이 표시되지 않습니다.

그림 9.19 일치하지 않는 키로 인해 값이 전달되지 못한 화면

Next.js는 동적 라우팅을 중첩해서 사용하는 것도 지원합니다. 예를 들어 다음과 같은 경로를 구성해 보겠습니다.

```
/app
  /news
    /[title]
      /detail
        /[info]
          page.tsx
```

```tsx
// src/app/news/[title]/detail/[info]/page.tsx

interface BlogPageProps {
  params: {
    title: string;
    info: string;
  };
}

export default function BlogPage({ params: { title, info } }: BlogPageProps) {
  return (
    <>
      <div>"Title: "{title}</div>
      <div>"info: "{info}</div>
    </>
  );
}
```

```
src/app
├── about
│   ├── detail
│   │   └── page.tsx
│   ├── layout.tsx
│   ├── page.tsx
│   └── template.tsx
├── blog
│   └── [id]
│       └── page.tsx
├── layout.tsx
├── news
│   └── [title] // 첫 번째 동적 라우팅 세그먼트
│       └── detail
│           └── [info] // 두 번째 중첩 동적 라우팅 세그먼트
│               └── page.tsx
└── page.tsx
```

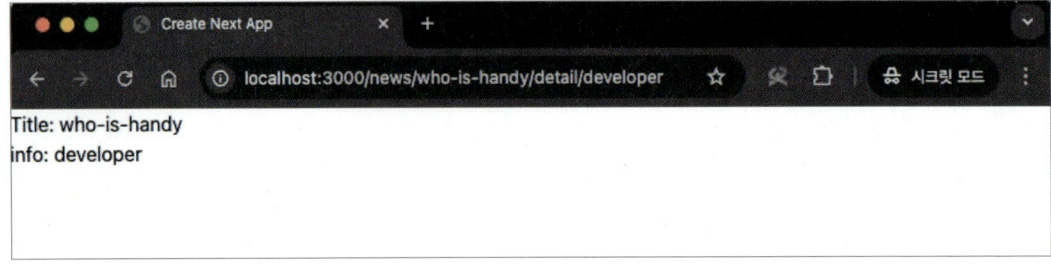

그림 9.20 중첩된 동적 경로에 대한 값을 받아서 렌더링하는 화면

/news/who-is-handy/detail/developer

이때 컴포넌트 내부에서는 다음과 같은 형태로 params 객체가 전달됩니다.

```
params = {
  title: "who-is-handy",
  info: "developer",
};
```

중첩된 동적 라우팅은 게시글 상세 페이지나 사용자 프로필 정보처럼 계층적인 데이터 표현이 필요한 경우 유용하게 활용할 수 있습니다.

쿼리 스트링: URL에 표현하는 추가 정보

Next.js는 2단계 이상도 자유롭게 중첩할 수 있으나, 너무 많은 중첩은 URL을 과도하게 복잡하게 만들 수 있습니다. 실제 실무에서는 동적 경로를 최소화하고, 그 외 정보는 쿼리 스트링(Query String)을 활용하는 방식이 자주 사용됩니다. 쿼리 스트링으로 추가 정보를 표현하기 전에 쿼리 스트링에 대해 살펴보겠습니다.

다음 이미지는 실제로 YouTube에서 typescript를 검색할 때 생성되는 URL 예시입니다.

그림 9.21 URL로 알아보는 각 정보들

그림 9.21의 URL은 다음과 같은 구성 요소로 이루어져 있습니다.

- **프로토콜(Protocol): https://**

클라이언트와 서버 간의 안전한 통신을 보장하는 프로토콜입니다. HTTPS는 HTTP에 보안(SSL/TLS)을 추가한 형태이며, 모든 웹 서비스의 기본 통신 규칙입니다.

- **호스트 네임(Hostname): www.youtube.com**

접속하려는 서버를 식별하는 주소이며, DNS(Domain Name System)를 통해 실제 IP 주소로 변환되어 연결됩니다.

- **경로명(Pathname): /results**

사용자가 요청한 자원의 위치 또는 서비스 기능을 나타냅니다. 여기서는 검색 결과 페이지를 의미합니다.

- **쿼리 스트링(Query String): ?search_query=typescript**

특정 요청에 추가 정보를 전달하기 위한 부분입니다. search_query라는 파라미터에 "typescript"라는 값을 전달해, TypeScript 관련 검색을 수행하도록 합니다.

JavaScript에서는 URL 객체를 사용해 위 URL의 구성 요소를 간편하게 추출할 수 있습니다.

```javascript
const url = new URL("https://www.youtube.com/results?search_query=typescript");

// URL 구성 요소 추출
console.log(url.protocol); // "https:"
console.log(url.hostname); // "www.youtube.com"
console.log(url.pathname); // "/results"
console.log(url.search);   // "?search_query=typescript"

// 쿼리 파라미터 추출
console.log(url.searchParams.get('search_query')); // "typescript"
```

일반적으로 경로 명은 정적인 반면에 쿼리 스트링은 동적인 특징을 가지고 있습니다. 경로 명은 리소스의 고유 위치를 정의하는 것이고, 쿼리 스트링은 특정 요청이나 추가 정보를 전달하는 것을 목적으로 하기 때문입니다.

구조 개선: 경로 명 + 쿼리 스트링 혼합

다음은 info 값을 경로(pathname)가 아닌 쿼리 스트링으로 전달하도록 구조를 변경한 예시입니다.

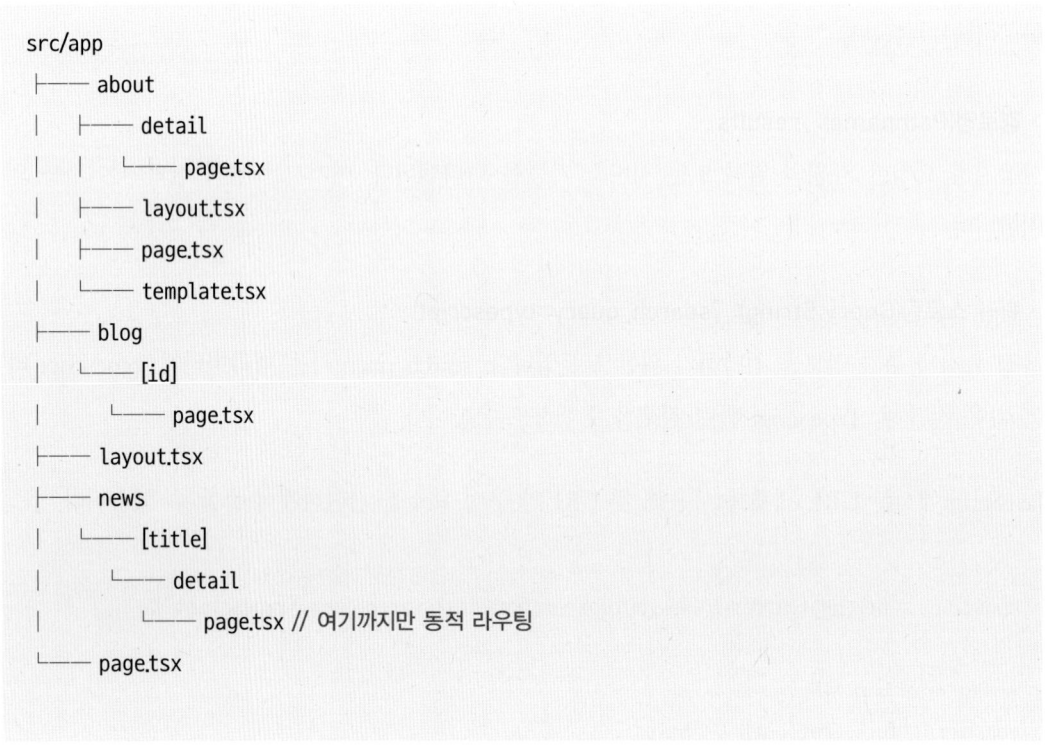

여기서 news/[title]/detail/page.tsx까지만 동적 라우팅으로 사용하고, info 값을 쿼리 스트링으로 전달할 수 있습니다.

```tsx
// src/app/news/[title]/detail/page.tsx
"use client";
import { useSearchParams } from "next/navigation";

interface PageProps {
  params: {
    title: string;
  };
}

export default function NewsDetail({ params: { title } }: PageProps) {
  const searchParams = useSearchParams();
  const info = searchParams.get("info");

  return (
    <>
      <div>"Title: "{title}</div>
      <div>"Info: "{info}</div>
    </>
  );
}
```

- **useSearchParams**: 쿼리 스트링을 읽기 위해 Next.js에서 제공하는 클라이언트 전용 훅입니다. URLSearchParams와 비슷한 API를 제공한다
- **use client**: 해당 파일이 클라이언트에서만 실행되는 컴포넌트임을 Next.js에게 명시합니다. useSearchParams 같은 클라이언트 전용 훅을 사용할 때 필수 값입니다.

URL : /news/breaking-news/detail?info=latest-update

→ params.title: "breaking-news"
→ searchParams.get ("info"): "latest-update"

🌀 이 데이터는 경로 명일까? 아니면 쿼리 스트링일까?

실무에서 자주 접하는 질문 중 하나는 "어떤 데이터를 URL의 경로 명(pathname)로, 어떤 데이터를 쿼리 스트링(query string)으로 전달해야 할까?"라는 것입니다.

이에 대한 판단 기준은 의외로 간단합니다. 해당 값이 리소스 자체를 식별하는 데 핵심적인가? 그렇다면 경로 명에 넣는 것이 맞고, 단순히 리소스의 동작이나 표현 방식에 영향을 주는 부가 정보라면 쿼리 스트링에 두는 것이 좋습니다.

예를 들어 게시글의 고유 ID는 경로 명에, 정렬 기준이나 필터링 옵션은 쿼리 스트링에 두는 것이 RESTful한 설계에 부합합니다. 이러한 설계 원칙을 잘 지키면 URL은 더 직관적이 되고, SEO와 캐싱 전략 수립에도 유리한 구조를 갖추게 됩니다.

use client와 use server

Next.js 13부터는 컴포넌트의 실행 환경을 명확히 구분하기 위해 "use client"와 "use server"라는 선언을 도입했습니다. Next.js는 기본적으로 서버 컴포넌트(Server Component)로 동작하며, 별도의 선언이 없다면 컴포넌트는 서버에서 렌더링됩니다.

그러나 경우에 따라 브라우저에서만 실행되어야 하는 기능(예: 상태 관리, 이벤트 처리 등)이 필요할 수 있습니다. 이때 "use client"를 선언함으로써 해당 컴포넌트를 클라이언트 컴포넌트(Client Component)로 전환할 수 있습니다. 이를 통해 개발자는 서버와 클라이언트의 역할을 명확히 분리하고, 성능과 보안 측면에서도 최적화된 구조를 구성할 수 있게 됩니다.

use client: 나는 클라이언트에서 실행될 거야

"use client"는 컴포넌트 최상단에 선언되어야 하며, 이 선언이 있으면 해당 컴포넌트는 브라우저에서만 실행됩니다.

클라이언트 컴포넌트는 다음과 같은 기능을 사용할 수 있습니다.

- **React의 클라이언트 전용 훅**: useState, useEffect, useRef 등
- **Next.js 클라이언트 네비게이션 훅**: useSearchParams, usePathname 등
- **브라우저 API**: localStorage, window, document
- **이벤트 핸들링**: onClick, onChange

```
"use client";
import { useState } from "react";

export default function ClientComponent() {
  const [count, setCount] = useState(0);

  return (
    <div>
      <p>"Count: "{count}</p>
      <button onClick={() => setCount(count + 1)}>"Increment"</button>
    </div>
  );
}
```

클라이언트 전용 API를 사용하는 컴포넌트인데도 "use client" 선언이 빠진 경우, Next.js는 컴파일 시점에 경고 메시지를 표시하며, 해당 기능이 제대로 작동하지 않을 수 있습니다.

use server: 나는 서버 함수야.

"use server"를 처음 접한 개발자는 이렇게 생각할 수 있습니다.

"서버 컴포넌트를 만들 때 use server를 선언해야 하는구나!"

하지만 이는 잘못된 이해입니다. Next.js에서는 기본적으로 모든 컴포넌트는 서버 컴포넌트이며, 별도로 "use client"를 선언하지 않는 이상 서버에서 실행됩니다. 즉, 서버 컴포넌트를 만들기 위해 굳이 "use server"를 사용할 필요는 없습니다.

"use server"는 React Server Actions 기능을 사용할 때, 특정 함수(예: form action, 서버 전용 유틸)가 서버에서만 실행되어야 함을 명시하기 위한 선언입니다.

예를 들어, 컴포넌트 바깥에 선언된 async 함수에 "use server"를 붙이면, 해당 함수는 클라이언트에서 직접 호출할 수 없고, Next.js가 서버에서만 실행되는 안전한 엔드포인트로 인식합니다.

```
// 예시: 서버 액션 선언
"use server";

export async function saveUserData(formData: FormData) {
  // DB 저장 로직 등 민감한 서버 작업
}
```

이처럼 "use server"는 서버 컴포넌트와는 별개의 문법이며, 서버 전용 함수의 실행 환경을 고정하고 보안을 강화하기 위해 사용하는 도구입니다.

이 선언이 적용된 함수는 클라이언트 번들에 포함되지 않고, 별도의 API URL도 생성되지 않습니다. 따라서 브라우저의 네트워크 탭(DevTools)에서도 요청 경로나 데이터 흐름이 보이지 않으며, 외부로부터 추적이 사실상 불가능합니다. 이 자체만으로 보안을 완벽히 보장할 수는 없지만, 서버 리소스를 보호하는 데 있어 기본적이면서도 강력한 전략이라 할 수 있습니다.

그러나 모든 요청을 "use server"로 처리할 수는 없습니다. 애플리케이션은 본질적으로 유저의 브라우저 환경에 노출되며, 브라우저의 상태나 위치 정보 등 클라이언트에서만 접근할 수 있는 데이터를 기반으로 동작해야 하는 경우가 존재합니다.

이러한 경우에는 명시적으로 클라이언트 측에서 API를 호출해 처리하는 것이 적합합니다. 또한 파일 업로드나 멀티파트 요청 등, 복잡한 데이터 전송 과정이 필요한 경우 역시 현재로서는 클라이언트 요청을 활용하는 방식이 필수입니다.

> 💡 **시니어 코멘트**
> 필자의 경우, 서버 리소스에 직접 접근해야 하는 민감한 로직을 제외하고는 클라이언트 측에서의 fetch 기반 데이터 페칭을 더 선호하는 편입니다. 클라이언트 페칭은 네트워크 요청 흐름을 명시적으로 추적하고 제어할 수 있으며, 사용자 인터랙션 이후의 피드백을 빠르게 처리하는 데 적합하기 때문입니다.

데이터 페칭

데이터 페칭이란, 클라이언트(예: 웹 브라우저) 또는 서버(예: Next.js 서버) 가 다른 서버로부터 데이터를 요청하고 받아오는 과정을 의미합니다. 웹 애플리케이션에서는 주로 API(Application Programming Interface) 를 통해 필요한 데이터를 가져오며, 이렇게 받아온 데이터로 웹 페이지를 동적으로 구성하거나 업데이트할 수 있습니다.

Next.js에서는 서버 측에서 Fetch API를 사용하여 데이터를 미리 가져오는 방법, 클라이언트 측에서 Fetch API 또는 데이터 페칭 라이브러리를 활용하는 방법 등 다양한 방식으로 데이터를 가져올 수 있습니다.

이 책에서는 서버와 클라이언트 각각의 Fetch API 기반 데이터 페칭 방법에 중점을 두고 설명하며, ORM(Object Relational Mapping)이나 DB 클라이언트와 같은 백엔드 데이터 페칭 방식은 다루지 않습니다.

서버 데이터 페칭(Server-side Fetching)

Next.js는 서버 측에서 Fetch API를 사용해 데이터를 가져오는 기능을 제공합니다. 서버에서 데이터를 미리 페칭하여 클라이언트에 전달함으로써, 초기 페이지 로딩 시 완성된 HTML을 제공할 수 있습니다. 덕분에 SEO 최적화와 초기 로딩 속도 개선에 유리합니다.

```
// 서버 컴포넌트 예시
export default async function ServerComponent() {
  const response = await fetch("https://api.example.com/data");
  const data = await response.json();

  return (
   <div>
    <h1>"Server-side Data"</h1>
    <p>{data.message}</p>
   </div>
  );
}
```

서버 컴포넌트에서는 fetch를 직접 사용할 수 있으며, 자동으로 서버 환경에서 처리되기 때문에 보안과 성능 측면에서도 장점이 큽니다.

클라이언트 데이터 페칭(Client-side Fetching)

클라이언트 컴포넌트에서는 브라우저 환경에서 Fetch API를 활용해 데이터를 직접 요청하고 렌더링할 수 있습니다. 이 방식은 주로 페이지가 렌더링된 후 추가로 데이터를 가져와야 하는 경우에 사용됩니다.

```jsx
"use client";
import { useState, useEffect } from "react";

export default function ClientComponent() {
  const [data, setData] = useState(null);
  const [loading, setLoading] = useState(true);
  const [error, setError] = useState(null);

  useEffect(() => {
    fetch("https://api.example.com/data")
      .then((response) => {
        if (!response.ok) {
          throw new Error("Network response was not ok");
        }
        return response.json();
      })
      .then((data) => {
        setData(data);
        setLoading(false);
      })
      .catch((error) => {
        setError(error);
        setLoading(false);
      });
  }, []);

  if (loading) return <div>"Loading..."</div>;
  if (error) return <div>"Error: "{error.message}</div>;
```

```
  return (
    <div>
      <h1>"Data from API:"</h1>
      <pre>{JSON.stringify(data, null, 2)}</pre>
    </div>
  );
}
```

이 방식은 데이터 페칭을 비동기로 처리하며, 사용자가 페이지를 보는 중에도 새로운 데이터를 가져올 수 있어 유연성이 높습니다.

코드 예시를 보면 클라이언트 페칭은 loading, error, data 상태를 수동으로 관리해야 하므로, 복잡한 로직이 쌓이면 코드가 비대해질 수 있습니다.

이를 해결하기 위해서 5.4절에서 다룬 useFetch 커스텀 훅을 사용하거나, 실무에서는 TanStack Query(구 react-query)와 같은 페칭 라이브러리를 사용하는 것이 일반적입니다.

추후 실전 프로젝트에서는 TanStack Query를 통해 보다 체계적이고 효율적인 데이터 페칭 전략을 학습하게 될 것입니다.

Route Handler를 사용한 데이터 페칭

Next.js는 풀스택 프레임워크로서, 서버 측에서 API 요청을 처리하고 클라이언트가 이를 호출할 수 있도록 지원하는 Route Handler 기능을 제공합니다. Route Handler를 활용한 데이터 페칭은 서버에서 API 경로를 설정하고, 클라이언트에서는 이를 호출하여 데이터를 받아오는 구조를 따르고 있습니다.

이 방식은 보안성 강화와 데이터 로직 관리에 특히 유리합니다.

```ts
// src/app/api/data/route.ts
import { NextResponse } from "next/server";
export async function GET() {
  const response = await fetch("https://api.example.com/data");
  const data = await response.json();
  return NextResponse.json(data);
}
```

- /api/data 경로로 들어오는 GET 요청에 대해 외부 API로부터 데이터를 가져와 JSON으로 반환합니다.
- NextResponse.json()을 사용하여 데이터를 구조화된 JSON 형식으로 응답합니다.

이제 클라이언트 컴포넌트에서 이 API Route를 통해 데이터를 페칭할 수 있습니다.

```tsx
// src/app/components/ClientComponent.tsx
"use client";
import { useState, useEffect } from "react";

export default function ClientComponent() {
  const [data, setData] = useState(null);
  useEffect(() => {
    fetch("/api/data") // 서버 API Route를 호출
      .then((response) => {
        if (!response.ok) {
          throw new Error("Network response was not ok");
        }
        return response.json();
      });
  }, []);

  return (
    <div>
      <h1>Data from API:</h1>
      <pre>{JSON.stringify(data, null, 2)}</pre>
    </div>
  );
}
```

기존에는 클라이언트에서 외부 API(https://api.example.com/data)를 직접 호출했지만, 이제는 로컬 API Route(/api/data)를 통해 간접적으로 요청합니다. 이렇게 경유시킴으로써 클라이언트 측 코드에서는 외부 API 경로를 노출하지 않고 데이터를 가져올 수 있습니다.

데이터 페칭 방식을 정리해 보고 마무리하겠습니다.

1. **서버 Fetch API 사용**
   서버 컴포넌트에서 직접 데이터 요청 후 페이지 렌더링

2. **클라이언트 Fetch API 사용**
   브라우저에서 데이터를 비동기로 요청하여 로딩 처리

3. **Route Handler 사용**
   API 경로를 서버에 정의하고, 클라이언트는 이를 호출하여 간접 데이터 페칭

> **추가 학습**
>
> Next.js의 데이터 페칭: https://nextjs.org/docs/app/building-your-application/data-fetching/fetching

> 💡 **시니어 코멘트**
>
> API 엔드포인트가 로컬로 숨겨졌다고 해서 보안이 완벽해지는 것은 아닙니다.
> 인증(Authentication)과 권한 관리(Authorization), 통신 암호화, 취약점 점검은 별도로 신경 써야 하며, "노출되지 않았으니 안전하다"는 착각은 매우 위험합니다.

전기차 급속 충전기 API

이번에는 실전 프로젝트를 위해 공공데이터 포털의 전기차 급속 충전기 API를 활용하는 방법에 대해 알아보겠습니다. 이 책에서는 프론트엔드 개발을 중점으로 다루기 때문에 백엔드 서버나 API를 직접 구현하는 방법 대신 공공데이터에서 제공하는 Open API를 활용할 예정입니다.

이는 실무에서도 자주 사용되는 방식으로, 적절한 데이터 양과 명확한 문서를 제공해 프론트엔드 개발 학습에 적합합니다.

공공데이터 포털 탐색하기

공공데이터 포털(https://www.data.go.kr/)에 들어가 "한국전력공사 전기차 충전소 운영정보"로 검색하면 다음 API 정보를 확인할 수 있습니다.

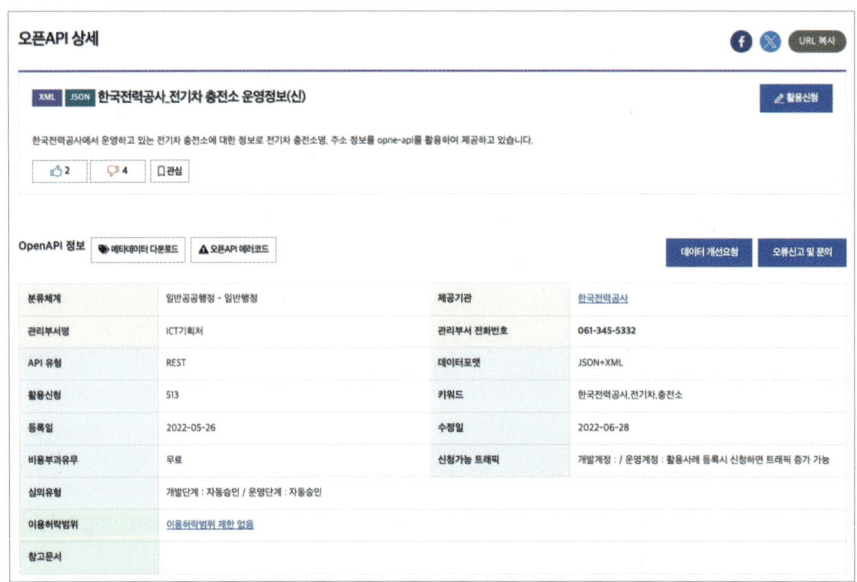

그림 9.22 한국전력공사_전기차 충전소 운영정보(신) 상세 페이지

우선 모든 공공데이터 API는 계정과 활용신청이 필요하니 이 과정을 먼저 진행하겠습니다. 먼저 계정을 만들고 로그인을 완료한 후, 다시 페이지로 돌아와 활용신청을 진행합니다.

상세 페이지 상단에 "활용신청" 버튼을 통해 과정을 이어나갈 수 있습니다.

그림 9.23 활용신청 내역 작성 화면

활용신청을 위해서는 활용 목적을 입력해야 합니다. 정상적으로 신청이 완료되면 마이 페이지에서 활용신청 현황을 확인할 수 있습니다.

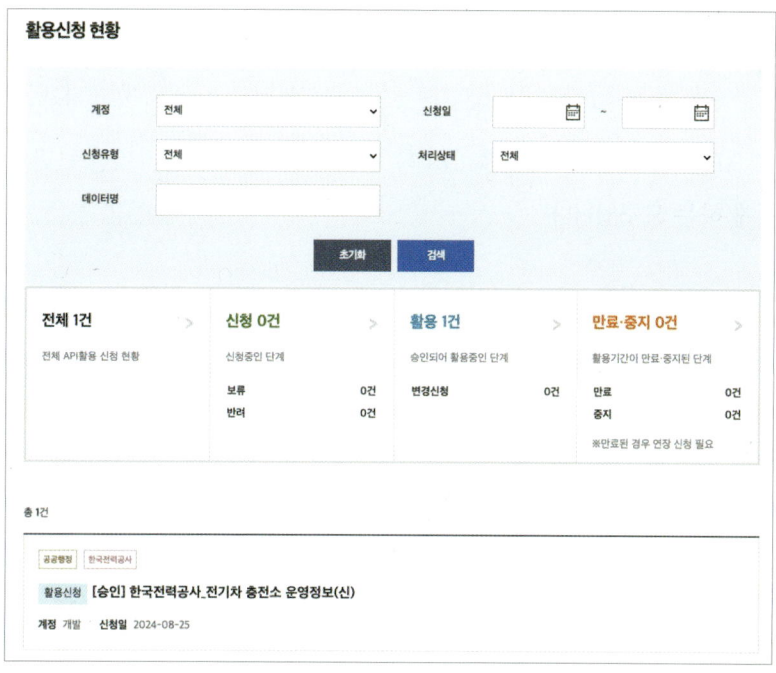

그림 9.24 마이 페이지 〉 활용신청 현황 화면

API 테스트하기

그 다음으로 한국전력공사_전기차 충전소 운영정보(신)을 눌러 둘러보면 인증키와 활용 명세서를 확인할 수 있습니다.

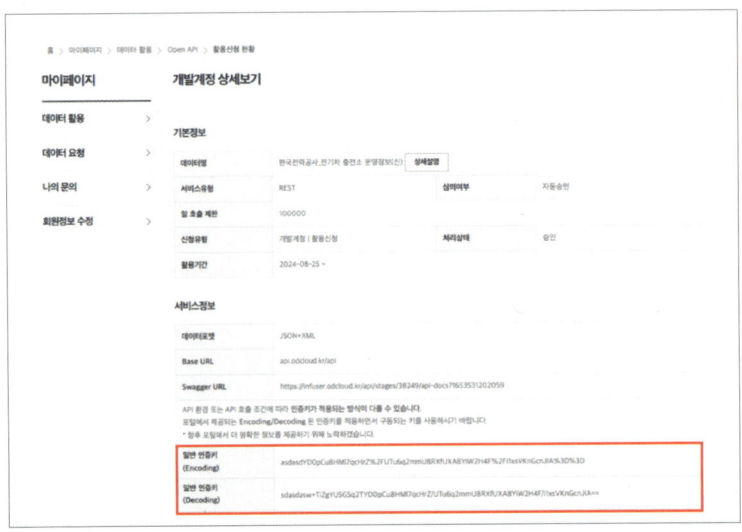

그림 9.25 개발 계정 상세보기 〉 서비스 정보 〉 인증키에서 키 값이 보이는 화면

그림을 참고하여 인증키 값을 확인한 후, 이제 테스트를 위해 인증키 설정을 이어서 진행하겠습니다. 공공데이터 포털의 Open API는 API 테스트를 위해 Swagger를 이용하고 있습니다.

Swagger는 실제 실무에서도 많이 사용되는 도구로, API 문서를 자동으로 생성하고, 사용자 인터페이스를 통해 API 요청을 테스트할 수 있도록 합니다. 개발자와 클라이언트 간의 API 소통과 유지보수를 쉽게 하는 도구입니다.

아래의 화면을 참고하여 활용신청 상세기능정보 〉 "인증키 설정"을 진행해 보세요.

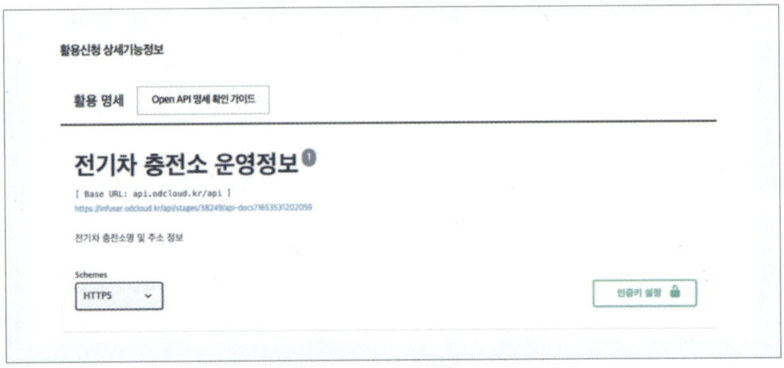

그림 9.26 활용신청 상세기능정보 〉 인증키 설정

인증키 설정 방법은 Open API 명세 확인 가이드에 자세히 나와 있습니다. 다만 필자가 집필 당시 확인한 방법으로는 일반 인증키(Encoding)과 일반 인증키(Decoding) 중에 아래 그림과 같은 방식에서 동작했습니다. 공식 사이트에서도 여러 상황에 대한 대응을 하기가 어렵기 때문에, 다음과 같이 안내하고 있으니 이점을 참고해서 본인 상황에 맞는 인증키와 상황을 찾아야합니다. 다음은 공식 사이트의 안내 문구입니다.

- API 환경 또는 API 호출 조건에 따라 인증키가 적용되는 방식이 다를 수 있습니다.
- 포털에서 제공되는 Encoding/Decoding된 인증키를 적용하면서 구동되는 키를 사용하시기 바랍니다.
- 향후 포털에서 더 명확한 정보를 제공하기 위해 노력하겠습니다.

실제로 개발을 하다 보면 이런 경우가 흔히 발생합니다. API 스펙을 맞춰 놓고 개발을 진행하더라도 여러 상황에 따라 달라질 수 있습니다. 그러니 이번 경험을 예행연습이라고 생각해 보셔도 좋겠습니다.

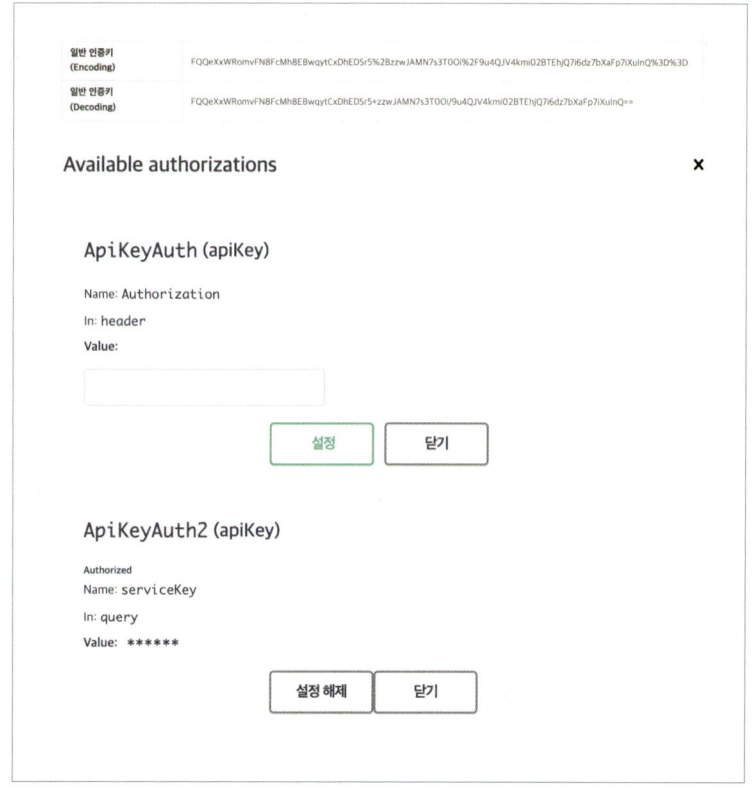

그림 9.27 인증 시 설정 화면

인증키를 설정하고 "OpenAPI 실행 준비", 그리고 파라미터를 입력하고 "OpenAPI 호출"을 클릭하면 데이터가 조회됩니다.

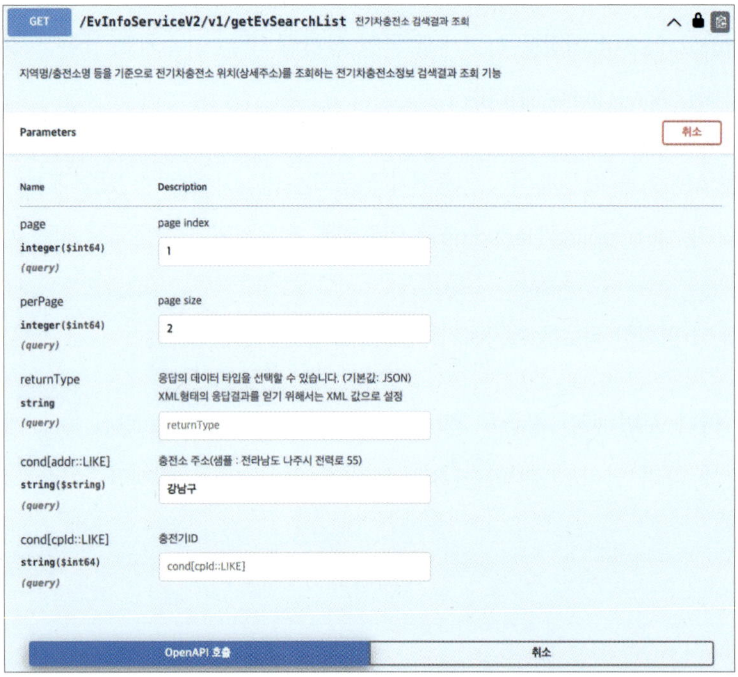

그림 9.28 강남구를 기준으로 검색하는 화면('OpenAPI 호출'버튼으로 검색 실행)

```
{
  "currentCount": 2,
  "data": [
    {
      "addr": "서울특별시 강남구 역삼동 701 지하3층 주차장(B3-01)",
      "chargeTp": "2",
      "cpId": 11825,
      "cpNm": "급속01",
      "cpStat": "1",
      "cpTp": "7",
      "csId": 5264,
      "csNm": "공무원연금공단 서울지부(상록회관)",
      "lat": "37.5040998269057",
      "longi": "127.04294445358998",
      "statUpdatetime": "2022-06-08"
```

```
    },
    {
      // 생략
    }
  ],
  "matchCount": 7,
  "page": 1,
  "perPage": 2,
  "totalCount": 3106
}
```

이제 공공데이터 포털에서 API 테스트를 완료했습니다.

프로젝트에서 API 요청 보내기

다음으로, 실제 프로젝트에서 공공데이터 API 테스트를 진행해 보겠습니다. 먼저, 프로젝트 디렉터리에서 불필요한 파일을 정리하고, station 폴더를 추가합니다.

```
src/app
  ├── layout.tsx
  ├── page.tsx
  └── station  // 추가된 폴더
      └── page.tsx // 추가된 페이지
```

이제, Fetch API를 사용하여 API 요청 코드를 작성합니다.

만약 발급받은 서비스키가 "FQQeXxWRomvFN8FcMh8EBwq"라면 다음과 같이 입력하면 됩니다.

```
export default async function StationPage() {
  const data: any = await fetch(
    "https://api.odcloud.kr/api/EvInfoServiceV2/v1/getEvSearchList?page=1&perPage=2&cond%5Baddr%3A%3ALIKE%5D=강남구&serviceKey=FQQeXxWRomvFN8FcMh8EBwq",
    {
      method: "GET",
      headers: {
        Accept: "*/*",
      },
    }
  )
    .then((response) => response.json())
    .catch((error) => console.error("Error:", error));

  return (
    <div>
      {data.data?.map((station: any) => {
        return (
          <div key={station.addr}>
            <p>{station.addr}</p>
          </div>
        );
      })}
    </div>
  );
}
```

이 코드는 Fetch API를 사용하여 서버 측에서 데이터를 페칭하는 방식으로 구현된 것입니다.

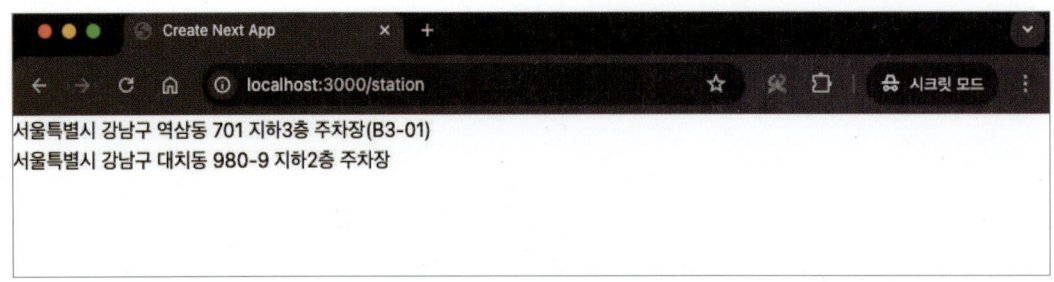

그림 9.29 검색 결과가 렌더링되는 화면

여기까지 공공데이터 포털에서 확인한 API 정보를 바탕으로, 프로젝트에서 화면까지 데이터를 출력하는 과정을 진행해 보았습니다. 생각보다 어렵지는 않지만 다소 번거로운 이 과정이 실무에서 프론트엔드 개발자가 백엔드 개발자와 협업하는 전형적인 방식이라 볼 수 있습니다.

협업을 위해 작성된 문서(여기에서는 공공데이터 포털의 Swagger 문서)를 바탕으로 API의 응답 형식을 정의하면, 백엔드 개발자는 API로 적절한 응답을 내려주고, 프론트엔드 개발자는 그 응답을 받아 디자인에 맞춰 사용자에게 내용을 전달하는 흐름입니다.

다음으로는 이제 프론트엔드 개발자가 이런 흐름속에서 어떤 방식으로 API를 관리하고 유저의 입력을 처리하는지 살펴보겠습니다.

9.5 전기차 충전소 검색 서비스

앞서 기본적인 API 호출과 데이터 페칭 기능을 구현해 보았습니다. 이제는 이를 발전시켜, 유저가 원하는 지역을 입력하면 해당 지역의 전기차 충전소 데이터를 실시간으로 검색할 수 있도록 기능을 확장해 보겠습니다. 이를 위해 두 가지 기능을 추가할 것입니다.

- **검색어 입력 기능**: 사용자가 입력한 주소를 기반으로 검색할 수 있도록 입력창을 제공합니다.
- **데이터 페칭 기능**: 사용자가 입력한 검색어를 바탕으로 서버에서 데이터를 다시 가져와 화면을 업데이트합니다.

환경 변수 설정

본격적인 기능 구현에 앞서, API 키와 같은 민감한 정보는 소스코드에 직접 작성하지 않고, Next.js의 환경 변수(.env 파일)를 통해 관리합니다. 환경 변수를 활용하면 보안성과 유지보수성이 향상되며, 협업 시에도 민감 정보를 안전하게 관리할 수 있습니다.

```
NEXT_PUBLIC_EV_CHARGING_API_KEY = 발급받은_키;
```

Next.js에서는 NEXT_PUBLIC_로 시작하는 변수만 클라이언트 사이드에서 접근할 수 있습니다. 접두어가 없는 변수는 서버 사이드 전용입니다.

환경 변수 형식	접근 가능 위치	사용 예시
NEXT_PUBLIC_으로 시작하는 변수	클라이언트와 서버 모두 접근 가능	클라이언트에서 호출하는 서비스 키나 기본 설정 값
NEXT_PUBLIC_이 없는 변수	서버 사이드에서만 접근 가능	민감한 정보(예: 데이터베이스 연결 정보, 비밀 API 키 등)

환경 변수 규칙 확인해보기

다음은 .env 파일에서 두 개의 환경 변수를 설정한 예시입니다.

```
NEXT_PUBLIC_EV_CHARGING_API_KEY = aaaaaa;
TEXT_KEY = bbbbbb;
```

이 규칙에 따라, NEXT_PUBLIC_EV_CHARGING_API_KEY는 클라이언트와 서버 모두에서 접근할 수 있지만, TEXT_KEY는 서버 사이드에서만 접근 가능합니다.

이제 이를 확인하기 위한 페이지(KeyPage)를 만들어 보겠습니다.

```
src/app
├── key // 새로운 폴더
│   └── page.tsx // 새로운 페이지
├── layout.tsx
├── page.tsx
└── station
    └── page.tsx
```

```tsx
// src/app/key/page.tsx

export default function KeyPage() {
  return (
    <div>
      <div>
        "NEXT_PUBLIC_EV_CHARGING_API_KEY :"
        {process.env.NEXT_PUBLIC_EV_CHARGING_API_KEY}
      </div>
      <div>"TEXT_KEY :" {process.env.TEXT_KEY}</div>
    </div>
  );
}
```

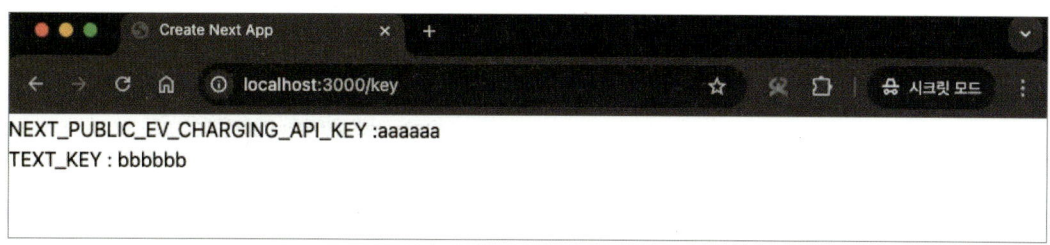

그림 9.30 서버 사이드 렌더링인 경우 환경 변수 화면

서버 사이드에서 렌더링되는 경우, 두 변수 모두 화면에 잘 출력됩니다.

이제 이 컴포넌트를 클라이언트 사이드로 변경해 보겠습니다. 이를 위해 최상단에 "use client" 지시어를 추가합니다. 잠깐 복습을 위해 언급하자면 아무것도 입력안하면 기본적으로 서버 컴포넌트가 됩니다.

```tsx
// src/app/key/page.tsx
"use client";
export default function KeyPage() {
  return (
    <div>
      <div>
        "NEXT_PUBLIC_EV_CHARGING_API_KEY :"
        {process.env.NEXT_PUBLIC_EV_CHARGING_API_KEY}
      </div>
      <div>"TEXT_KEY :" {process.env.TEXT_KEY}</div>
    </div>
  );
}
```

그림 9.31 클라이언트 렌더링인 경우 환경 변수 화면

클라이언트 사이드로 변경된 경우, NEXT_PUBLIC_으로 시작하는 변수는 정상적으로 출력되지만, TEXT_KEY는 출력되지 않는 것을 확인할 수 있습니다. 이처럼 NEXT_PUBLIC_의 여부에 따라 어떤 환경에서 접근 가능하게 할 것인지 관리할 수 있습니다.

환경 변수 파일 관리

실무에서는 여러 환경(로컬, 개발 서버, 운영 서버)에 맞춰 다양한 환경 변수 파일을 구성하고, 빌드나 배포 시점에 적절한 파일을 선택하여 적용하는 방식을 사용합니다.

예를 들어, 필자의 프로젝트에서는 보통 다음과 같은 4개의 환경 변수 파일을 사용합니다.

1. .env: 모든 환경에 공통적으로 적용되는 기본값
2. .env.local: 로컬 개발 환경에서만 사용하는 값
3. .env.dev: 개발 서버(테스트 환경)용 설정
4. .env.prod: 운영용 설정

이렇게 여러 환경 변수를 관리함으로써, 개발 과정에서 발생할 수 있는 문제를 최소화하고 각 환경에 적합한 설정을 유지할 수 있습니다. 간혹 상황에 따라 QA를 위한 환경 변수 파일(.env.qa)등을 추가로 구성할 수도 있습니다.

전기차 충전맵 API 환경 변수 활용

필자는 개인적으로 API 주소도 환경 변수로 관리하는데, 이는 개발 환경에서는 로컬 API를, 프로덕션 환경에서는 실제 API 서버를 사용해야 할 경우가 많기 때문입니다.

예를 들어, .env 파일에 다음과 같은 변수들을 설정합니다. 우리의 API 목적지는 "https://api.odcloud.kr/api/EvInfoServiceV2" 이 주소로 보내야하고 발급받은 키가 "FQQeXxWRomvFN8-FcMh8EBwq"(예시)라고 한다면 다음처럼 설정하면 됩니다.

```
# .env
NEXT_PUBLIC_EV_CHARGING_API=https://api.odcloud.kr/api/EvInfoServiceV2
NEXT_PUBLIC_EV_CHARGING_API_KEY=FQQeXxWRomvFN8FcMh8EBwq
```

이제 API 호출 코드를 환경 변수를 사용하여 리팩터링할 수 있습니다.

```
const data = await fetch(
 `${process.env.NEXT_PUBLIC_EV_CHARGING_API}/v1/getEvSearchList?page=1&perPage=2&cond%5Baddr%3A%3ALIKE%5D=강남구&serviceKey=${process.env.NEXT_PUBLIC_EV_CHARGING_API_KEY}`,
 {
  method: "GET",
  headers: {
   Accept: "*/*",
  },
 }
)
 .then((response) => response.json())
 .catch((error) => console.error("Error:", error));
```

코드를 살펴보면 실제 "https://api.odcloud.kr/api/EvInfoServiceV2"로 시작하는 문자열 대신에 {process.env.NEXT_PUBLIC_EV_CHARGING_API}로 대치되었고, NEXT_PUBLIC_EV_CHARGING_API_KEY 또한 대치된 것을 확인할 수 있습니다.

이렇게 환경 변수를 사용하여 API 호출을 리팩터링하면, API 주소와 API 키가 코드에 하드코딩되지 않으므로 코드의 가독성과 유지보수성이 향상됩니다. 또한, API 주소나 키가 변경되더라도 환경 변수만 수정하면 되므로 코드의 수정 범위가 줄어듭니다.

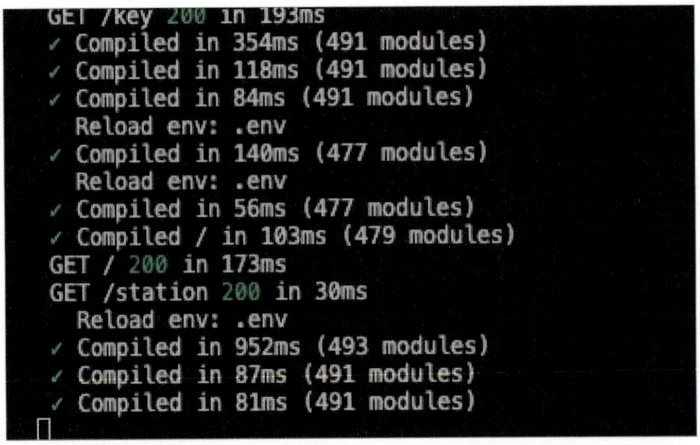

그림 9.32 환경 변수 변경으로 인한 reload가 발생한 터미널 화면

추가로, 환경 변수를 수정하면 Next.js는 이를 자동으로 감지하고 프로젝트를 업데이트합니다. 변경 사항이 있을 때, 터미널 창에서 서버가 다시 빌드되는 과정을 확인할 수 있으며, 이러한 자동 반영 기능 덕분에 개발자는 환경 변수 설정에 따라 프로젝트를 빠르게 테스트하고 배포할 수 있습니다.

마지막으로 현재 예시는 api 주소와 키값을 동일하게 설정하여 .env에 저장하였는데, 각 환경별로 나누면 다음과 같이 관리하면 됩니다.

```
# .env
NEXT_PUBLIC_EV_CHARGING_API=https://api.odcloud.kr/api/EvInfoServiceV2

# .env.local
NEXT_PUBLIC_EV_CHARGING_API_KEY=로컬_API_키

# .env.dev
NEXT_PUBLIC_EV_CHARGING_API_KEY=개발서버_API_키

# .env.production
NEXT_PUBLIC_EV_CHARGING_API_KEY=운영서버_API_키
```

각 환경별 파일에 맞는 값을 설정해두면, 빌드 시점에 환경에 맞는 .env 파일을 읽어 자동으로 적용됩니다. 예를 들어, 운영 배포 시 NEXT_PUBLIC_EV_CHARGING_API_KEY는 운영 키로 덮어쓰여집니다.

API 리팩터링

지금까지 우리는 개별 컴포넌트 내부에서 직접 API를 호출하고 있었습니다. 하지만 API 호출이 반복되거나, 다른 화면에서도 동일한 API를 사용할 경우, 코드 중복과 유지보수성 저하라는 문제가 발생할 수 있습니다.

이를 해결하기 위해, API 호출 로직을 하나의 클래스로 통합 관리하는 리팩터링을 진행합니다. 공통된 URL, 인증키 관리, 오류 핸들링 등을 일관성 있게 처리할 수 있으며, 프로젝트 규모가 커질수록 그 가치가 더욱 커집니다.

```
src
├── api
│   └── 전기차 충전
│       └── 한국전력공사API.ts  // 추가된 파일(API 관리 클래스 파일)
└── app
    ├── layout.tsx
    ├── page.tsx
    └── station
        └── page.tsx
```

API 전용 폴더를 만들어 관련 코드를 모듈화하고, 재사용성과 관리 편의성을 높입니다.

```ts
// src/api/전기차 충전/한국전력공사API.ts
class 한국전력공사API {
  url = process.env.NEXT_PUBLIC_EV_CHARGING_API;
  serviceKey = process.env.NEXT_PUBLIC_EV_CHARGING_API_KEY;

  async getEvSearchList({
    page,
    perPage,
    addr,
  }: {
    page: number;
    perPage: number;
    addr: string;
  }) {
    return fetch(
      `${this.url}/v1/getEvSearchList?page=${page}&perPage=${perPage}&cond[addr:LIKE]=${addr}&serviceKey=${this.serviceKey}`
    )
      .then((response) => response.json())
      .catch((error) => console.error("Error:", error));
  }
}

export default new 한국전력공사API();
```

StationPage에서 API 사용하면 다음과 같습니다.

```tsx
// src/app/station/page.tsx
import 한국전력공사API from "@/api/전기차 충전/한국전력공사API";

export default async function StationPage() {
  const data: any = await 한국전력공사API.getEvSearchList({
    page: 1,
    perPage: 10,
    addr: "서울",
  });

  return (
    <div>
      {data.data.map((station: any, index: number) => {
        return (
          <div key={station.addr}>
            <p>
              {index + 1} {station.addr}
            </p>
          </div>
        );
      })}
    </div>
  );
}
```

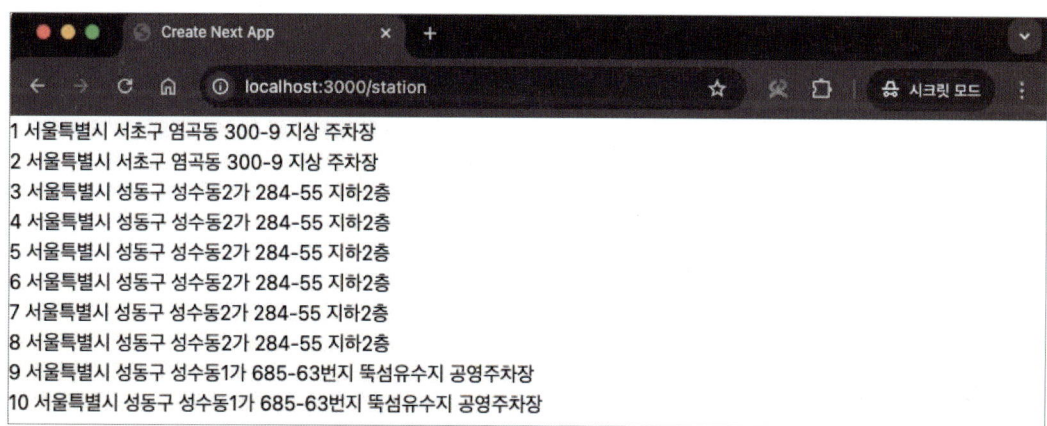

그림 9.33 리팩터링된 API를 이용하여 검색한 화면

이렇게 리팩터링된 API 클래스를 사용하여 코드의 가독성과 재사용성이 크게 개선된 것입니다. StationPage 컴포넌트에서는 getEvSearchList 메서드를 호출해 데이터를 가져오고, 화면에 표시하도록 구현했습니다.

⚛ **코드에 한글을 사용하는 것에 대한 논의(일명 세종대왕 컨벤션)**

코드에 한글을 사용하는 것은 팀 내 컨벤션에 따라 결정할 수 있는 문제입니다. 일반적으로 다음과 같은 경우에 한글을 사용하는 것이 허용될 수 있습니다.

도메인과 관련된 용어: 예를 들어, 특정 비즈니스 도메인에서 영어로 번역하기 어렵거나 애매한 고유 명사나 개념을 한글로 명확히 표현할 수 있습니다.

한글로 더욱 명확히 전달되는 경우: 특정 로직이나 설명이 한국어로 더 명확하게 전달되는 경우에는 한글 사용이 합리적입니다.

예를 들어, 특정 비즈니스 로직을 영문으로 표현하면 복잡하고 길어지는 경우, 한글로 간결하게 전달하는 것이 가독성에 유리할 수 있습니다.

필자의 경우, "getTotalVolumeFromTop10StocksWithHighestInYear" 같은 복잡한 함수명을 "get한해거래량상위10개주식거래량의합계"로 변경하여 오히려 더 직관적이고 읽기 쉬운 경험을 한 바 있습니다. 다만 글로벌 협업이나 코드 검색성, 도구 호환성을 고려할 때는 영어 사용이 여전히 표준이며, 한글 사용은 팀 내부 규칙과 일관성 하에 신중히 선택해야 합니다.

검색어를 입력하는 기능

앞서 기본적으로 충전소 데이터를 호출하는 기능을 구현했습니다. 이번에는 이를 확장하여, 사용자가 검색어를 입력하면 해당 검색어에 맞는 전기차 충전소 데이터를 가져오는 기능을 추가해 보겠습니다. 이를 통해 보다 실제 서비스에 가까운 인터랙션을 구현할 수 있습니다.

검색어 입력 기능은 크게 두 가지 동작을 처리해야 합니다. 첫 번째는 사용자의 입력을 상태로 관리하는 것입니다. 이를 위해 useState를 이용해 입력값을 저장합니다.

두 번째는 입력된 검색어를 기준으로 API를 호출하여 데이터를 다시 가져오는 것입니다. 이때 API 호출은 별도의 함수로 분리하여 관리하고, 검색 버튼 클릭 시 호출하도록 구성합니다.

클라이언트 컴포넌트로 리팩터링

컴포넌트를 클라이언트 사이드로 전환하기 위해 "use client" 지시어를 추가합니다. 하지만 Next.js 에서 클라이언트 컴포넌트는 async 함수를 직접 사용할 수 없습니다. 기존 async 코드가 있다면, 이를 useEffect 또는 별도의 비동기 함수로 분리해야 합니다.

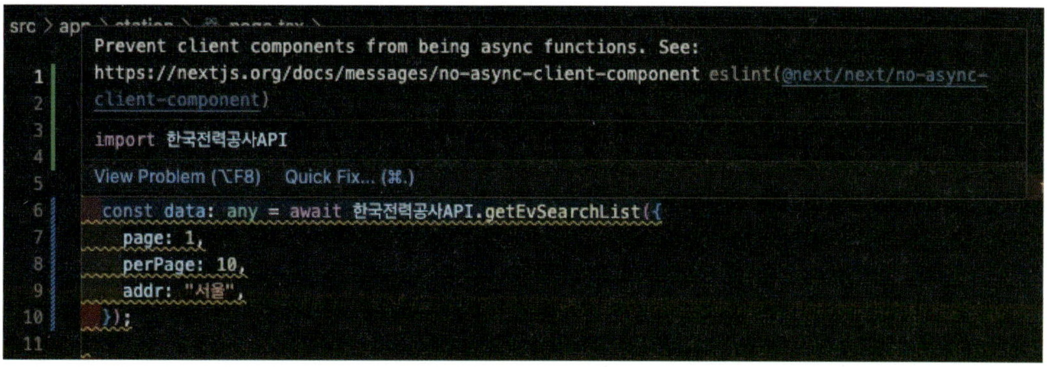

그림 9.34 클라이언트 컴포넌트 내부에서 비동기 코드를 바로 사용했을 때 오류 화면

```tsx
// src/app/station/page.tsx
"use client";

import 한국전력공사API from "@/api/전기차 충전/한국전력공사API";
import { useEffect, useState } from "react";

export default function StationPage() {
  const [data, setData] = useState<any>([]);

  useEffect(() => {
    const fetchData = async () => {
      const result = await 한국전력공사API.getEvSearchList({
        page: 1,
        perPage: 10,
        addr: "서울",
      });
      setData(result);
    };
    fetchData();
  }, []);
  return (
```

```
    <div>
      {data?.data?.map((station: any, index: number) => {
        return (

          <div key={station.addr}>
            <p>
              {index + 1} {station.addr}
            </p>
          </div>
        );
      })}
    </div>
  );
}
```

클라이언트 컴포넌트에서 비동기 API 호출을 위해 useEffect 내부에 비동기 함수를 작성했습니다. 이 방식은 컴포넌트가 처음 렌더링될 때 fetchData 함수가 실행되도록 하여, 데이터를 비동기적으로 가져와 data 상태에 저장합니다.

검색어 입력 기능 구현

이제 유저가 검색어를 입력하고 API를 호출하는 기능을 구현합니다. 유저의 검색어를 API에 전달하기 위해 새로운 상태인 address를 추가합니다.

```tsx
// src/app/station/page.tsx
"use client";

import { useState } from "react";

export default function StationPage() {
  const [data, setData] = useState<any>([]);
  const [address, setAddress] = useState<string>("");

  const fetchData = async () => {
    // 중략
  };
```

```
  const handleInputChange = (e: React.ChangeEvent<HTMLInputElement>) => {
    setAddress(e.target.value);
  };

  const handleButtonClick = () => {
    fetchData();
  };

  return (
    <div>
      <div>
        <input
          type="text"
          value={address}
          onChange={handleInputChange}
          placeholder="주소를 입력하세요"
        />
        <button onClick={handleButtonClick}>검색</button>
      </div>
      <div>{/* 중략 */}</div>
    </div>
  );
}
```

이 코드에서는 사용자가 입력창에 주소를 입력하면 상태가 업데이트되고, 검색 버튼을 클릭하면 해당 주소를 기준으로 충전소 목록을 API로부터 가져와 화면에 출력합니다. 또한, 검색어를 입력하는 즉시 바로 API 요청을 보내는 것이 아니라, 버튼 클릭 시 요청을 보내는 방식으로 UX를 단순하게 유지했습니다. 그리고 "부산"을 입력하고 검색 버튼을 눌러보면, 다음과 같이 부산에 있는 전기차 충전소 10개를 가져오는 것을 확인할 수 있습니다.

그림 9.35 부산으로 검색한 화면

여기까지 검색어 입력 기능과 데이터 페칭 기능을 구현해 보았습니다. 이처럼 기능을 작게 나누어 하나씩 해결하는 방식은 소프트웨어 개발에서 매우 중요한 원칙인 분할 정복(divide and conquer)의 대표적인 예시입니다. 복잡한 문제를 작고 명확한 단위로 쪼개어 해결해 나감으로써 전체 작업의 복잡도를 줄이고, 각 단계를 보다 완성도 높게 구현할 수 있습니다.

이번에 구현한 검색어 입력과 데이터 페칭 기능은 실무에서 다루게 될 다양한 작업에 비하면 매우 단순한 예에 불과합니다. 그러나 실제 프로젝트에서도, 아무리 복잡해 보이는 문제라도 충분히 잘게 나누어 보면 결국은 단순하고 이해하기 쉬운 작업들의 집합으로 이루어져 있습니다. 중요한 것은 처음부터 모든 것을 해결하려 하기보다, 작고 단순한 문제부터 하나씩 차근차근 해결해 나가는 것입니다. 분할 정복의 원칙을 항상 염두에 두고 개발에 임한다면, 어떤 복잡한 과제도 충분히 해결해 낼 수 있습니다.

Next.js 실전 프로젝트(상) 정리

이번 장에서는 Next.js를 활용하여 서비스 개발을 위한 기본 개념과 기술 스택을 이해하는 데 중점을 두었습니다. 또한, 전기차 충전소 검색 서비스라는 실제 프로젝트를 진행하면서, 실무에서 바로 활용할 수 있는 기술들을 실습을 통해 익혔습니다.

이번 장의 핵심 내용을 정리해 보겠습니다. 먼저, 소프트웨어 개발 방법론에서는 폭포수 모델과 애자일 방법론을 비교하였습니다. 폭포수 모델은 각 단계를 순차적으로 진행하는 전통적인 방식이며, 애자일은 반복적이고 유연한 개발을 지향하는 현대적인 접근 방식으로, 현재 대부분의 개발 환경에서 널리 채택되고 있습니다. 이어서 기술 스택 선정 기준에서는 프론트엔드 기술을 어떻게 선택할지에 대해 다루었습니다. 리액트, Next.js, 타입스크립트 등 주요 기술들의 특징을 이해하고, 이를 통해 프로젝트에 적합한 기술을 신중히 선택하는 과정이 프로젝트 성공의 출발점이 됨을 강조했습니다.

프로젝트 시작하기 파트에서는 Visual Studio Code와 같은 개발 도구를 활용하여 개발 환경을 설정하고, Next.js 프로젝트를 초기화하는 방법을 다루었습니다. 기본적인 환경을 세팅함으로써, 안정적이고 생산적인 개발 흐름을 마련할 수 있었습니다. 이어서 Next.js로 서비스 만들기에서는 라우팅과 데이터 페칭, 그리고 전기차 충전기 API를 활용하는 방법을 실습했습니다. 이를 통해 실제 외부 API와 통신하여 데이터를 가져오고, 이를 화면에 효과적으로 렌더링하는 실전 기술을 익힐 수 있었습니다.

특히 전기차 충전소 검색 서비스를 구현하면서 사용자가 검색어를 입력하면 해당 지역의 충전소 데이터를 비동기적으로 가져와 실시간으로 화면을 업데이트하는 기능을 통해 입력 처리, API 호출, 데이터 렌더링을 통합하는 기본적인 서비스 흐름을 경험할 수 있었습니다.

이번 장의 학습을 통해 Next.js를 이용한 웹 서비스 개발의 기초를 탄탄히 다질 수 있었습니다. 특히, API를 통한 데이터 통신과 화면 반영 과정을 직접 실습하면서, 실전 프로젝트에서 반드시 필요한 핵심 기술을 체득하였습니다. 다음 장에서는 이번에 익힌 기술 스택을 본격적으로 확장하여, 보다 실무에 가까운 복합 기능을 갖춘 프로젝트를 구축하며 실전 감각을 더욱 강화해 나갈 예정입니다.

10장
Next.js 실전 프로젝트⁽하⁾

10.1 기능 정의 및 계획
10.2 데이터 페칭과 관리
10.3 UI 개선 작업
10.4 서버 상태와 클라이언트 상태

이제까지 우리는 Next.js의 기본적인 프로젝트 구성 방법과 외부 API를 활용한 데이터 페칭, 그리고 화면에 데이터를 표시하는 방법을 학습했습니다. 이번 장에서는 이를 한층 발전시켜, 보다 실제 서비스에 가까운 기능들을 추가하고 프로젝트를 심화해 나갈 예정입니다. 특히 이번 장에서는 검색 결과를 조건부로 렌더링하고, 네트워크 요청의 상태에 따라 사용자 경험(UX)을 개선하는 방법을 다룹니다. 또한, 비동기 데이터 처리에 따른 로딩(Loading) 처리, 에러(Error) 처리, 없는 데이터를 대비한 Empty 처리 등 실무에서 반드시 고려해야 하는 다양한 예외 상황에 대응하는 방법도 함께 학습할 것입니다. 단순히 기능을 구현하는 것을 넘어, 보다 "완성도 높은 웹 서비스"를 목표로 프로젝트를 다듬어 나가면서, 실질적인 개발 역량을 끌어올리는 것이 이번 장의 주요 목표입니다. 실습을 통해 Next.js의 다양한 기능을 체계적으로 경험하고, 추후 다른 프로젝트에서도 재활용할 수 있는 실무형 개발 패턴을 익혀 보겠습니다. 라이브러리를 활용해 서비스를 만들고 이를 유지보수하는 방법에 대한 자신감을 가질 수 있을 것입니다.

10.1 기능 정의 및 계획

이번 장에서 추가로 구현할 주요 기능은 다음과 같습니다.

첫째, 실시간 충전소 데이터 업데이트 기능입니다. 사용자가 언제든지 최신 충전소 정보를 확인할 수 있도록, 서버의 데이터를 실시간으로 가져와 화면에 반영하는 기능을 구현합니다. 이를 위해 TanStack Query를 도입하여 네트워크 요청을 최적화하고, 캐싱 및 자동 리페칭을 통해 서버 부하를 최소화하면서도 최신 상태를 유지하는 전략을 적용합니다.

둘째, 충전소 필터링 기능입니다. 사용자가 필요한 충전소 유형이나 조건에 맞춰 검색 결과를 손쉽게 필터링할 수 있도록 합니다. 이 기능 역시 TanStack Query를 활용하여 서버 또는 클라이언트에서 필터링된 데이터를 효율적으로 관리하며, UI 구성은 shadcn/ui 컴포넌트를 이용해 직관적이고 깔끔한 인터페이스로 구현할 계획입니다.

셋째, 즐겨찾기 기능입니다. 사용자가 자주 이용하는 충전소를 즐겨찾기로 저장하고, 이후 빠르게 접근할 수 있도록 하는 기능을 제공합니다. 이 기능은 프론트엔드 상태 관리 라이브러리인 Zustand를 활용하여 구현할 예정이며, 리액트 및 TypeScript를 기반으로 타입 안정성과 예측 가능한 상태 관리 구조를 유지할 것입니다.

이번 기능 설계와 구현 계획은 단순한 기능 추가를 넘어, 실제 서비스 품질을 높이고 사용자 경험(UX)을 강화하기 위한 중요한 과정입니다. 각 기능을 분리하여 명확한 목표와 흐름을 세운 뒤, 단계별로 완성도를 높여가며 실습을 진행할 것입니다.

실무의 체계적인 구현 절차

책에서는 간단히 주요 기능을 정의하고 이를 기반으로 구현을 진행하지만, 실제 실무에서는 훨씬 복잡하고 체계적인 구현 계획, 설계, 그리고 일정 산출 과정이 필수적입니다. 특히 대규모 프로젝트나 팀 협업 환경에서는 다음과 같은 추가적인 과정을 거쳐야 합니다.

우선, 기능 세분화 및 우선순위 설정이 필요합니다. 각 기능을 작은 단위로 쪼개고, 비즈니스 요구에 따라 우선순위를 명확히 하여 중요한 기능부터 단계적으로 구현하는 것이 바람직합니다. 이를 통해 작업의 집중도를 높이고, 점진적 완성도를 확보할 수 있습니다.

다음으로, 아키텍처 설계를 통해 전체 시스템의 구조를 계획해야 합니다. 데이터 흐름, 상태 관리 방식, UI/UX 설계 등을 포함하여, 기능 간 연계와 확장성까지 고려한 체계적인 아키텍처를 수립하는 것이 필수적입니다.

기술 검증(Proof of Concept, PoC) 과정도 중요합니다. 프로젝트에 새롭게 도입하는 라이브러리나 기술 스택은 사전에 검증하여, 프로젝트 진행 중 발생할 수 있는 기술적 리스크를 조기에 식별하고 완화해야 합니다.

또한, 일정 산출 및 리소스 계획을 통해 각 기능 구현에 필요한 시간을 예측하고, 프로젝트 일정을 수립해야 합니다. 특히 애자일 방법론을 적용하여 스프린트 단위로 계획을 세우고 팀 리소스를 효율적으로 배분하는 방식이 일반적입니다.

마지막으로, 문서화 및 코드 리뷰를 습관화해야 합니다. 기능 구현 중에도 관련 문서를 작성하여 코드 일관성과 유지보수성을 높이고, 코드 리뷰를 통해 품질을 지속적으로 개선하는 것이 필수입니다.

한편, 주니어 개발자들이 자주 범하는 실수 중 하나는 문제를 충분히 분석하거나 설계 단계를 거치지 않고 곧바로 코딩을 시작하는 것입니다. 이 경우 예상치 못한 문제에 직면하거나, 결합도가 높고 유지보수가 어려운 코드를 작성할 가능성이 큽니다. 분석과 설계를 건너뛴 결과, 코드 수정이 반복되면서 오히려 초기 설계가 왜곡되고, 결국 코드를 포기하고 처음부터 다시 작성하는 상황에 이르는 경우도 많습니다.

이러한 문제를 방지하기 위해서는, 코드를 작성하기 전에 반드시 목표를 명확히 설정하고 설계를 고민하는 습관을 들이는 것이 중요합니다. 특히 "아키텍처 설계"와 "일정 산출 및 리소스 계획"은 경험이 필요한 작업으로, 주니어 개발자 혼자 수행하기는 어려울 수 있습니다. 따라서 초기에는 "기능 세분화 및 우선순위 설정", "기술 검증", "문서화 및 코드 리뷰" 같은 상대적으로 실천 가능한 과정부터 꾸준히 습관화하는 것이 좋습니다. 이러한 기본기를 자연스럽게 몸에 익히는 과정이, 궁극적으로는 설계와 일정 관리까지 수행할 수 있는 역량으로 이어질 것입니다.

> 💡 **시니어 코멘트**
> 최근에는 AI도구의 발달로 혼자 수행하기 어려웠던 작업을 AI와 함께 수행할 수 있습니다. 특히 기능 세분화, 기술 검증, 일정 산출 같은 기획 업무에서 AI는 거의 완벽하게 이를 수행합니다. 그러니 AI와 함께 이를 시도해 보길 적극적으로 권하고 싶습니다.

⚛ 기술 검증(PoC)에 대하여

PoC(Proof of Concept)는 새로운 기술이나 아이디어를 본격적으로 프로젝트에 적용하기 전에, 작은 범위에서 실험을 통해 기술의 적합성과 효과를 검증하는 과정입니다. 이는 프로젝트 진행 중 발생할 수 있는 기술적 리스크를 사전에 식별하고 대응할 수 있도록 해주는 중요한 절차입니다.

주니어 개발자에게 있어 PoC는 다양한 기술을 직접 실험해보고, 각각의 장단점을 분석하는 실질적인 학습 기회가 됩니다. 이러한 과정을 통해 기술 선택에 대한 감각을 키우고, 문제 해결 능력을 자연스럽게 향상시킬 수 있습니다.

특히 사이드 프로젝트는 PoC 역량을 키우기에 최적의 환경입니다. 사이드 프로젝트를 통해 새로운 기술을 자유롭게 적용해보면서, 실제 요구 사항에 맞는 최적의 솔루션을 찾는 연습을 반복하면 실무에서 복잡한 기술적 문제를 해결할 수 있는 기반이 자연스럽게 다져집니다. 더 나아가 다양한 기술을 검증해 보는 경험은 일정 산출 및 리소스 계획 능력까지 함께 성장시키는 데 큰 도움이 됩니다.

10.2 데이터 페칭과 관리

데이터 페칭 방법을 살펴보기 전에, 지금까지 구현한 기능을 사용자와 개발자라는 두 관점에서 정리해 보겠습니다. 전기차 충전소는 충전 시간이 상대적으로 길기 때문에, 사용자가 도착했을 때 이미 다른 차량이 충전 중이라면 서비스의 신뢰도가 크게 떨어집니다. 이 문제를 방지하려면 충전소 상태 정보를 주기적으로 갱신해야 합니다.

하지만 이 요구는 개발자 입장에서 또 다른 고민을 낳습니다. 주기적인 데이터 갱신은 서버 트래픽과 네트워크 부하를 증가시키기 때문에, 요청 간격이나 캐싱 전략 등을 신중하게 설계해야 합니다. 하나의 기능이라도 사용자와 개발자의 관점이 이렇게 달라질 수 있습니다.

이럴 때 실무에서는 유사한 서비스를 참고해 기준을 정합니다. 대표적인 예로, 네이버 지도와 카카오맵은 하단의 FAB(Floating Action Button)을 통해 사용자에게 충전소 상태 정보를 최신화할 수 있는 기능을 제공합니다. 다음 예시를 통해 두 서비스가 각각 어떤 방식을 사용하는지 살펴보겠습니다.

다른 서비스의 사례(네이버 지도와 카카오맵)

네이버 지도와 카카오맵은 모두 하단에 위치한 FAB를 통해 사용자에게 데이터 최신화 기능을 제공합니다.

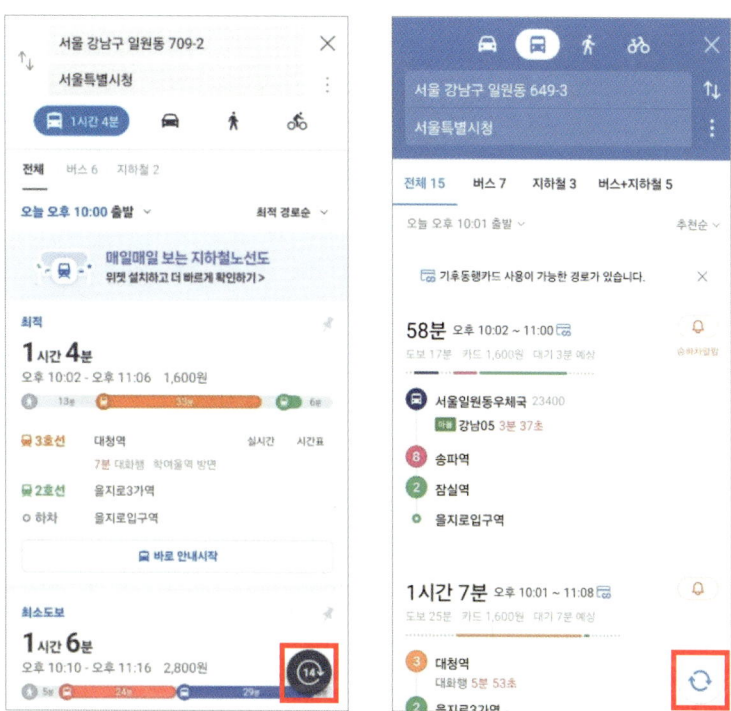

그림 10.1 네이버 지도와 카카오맵에서 데이터 최신화하는 방법

두 서비스는 데이터 갱신 방식에 차이를 보입니다. 네이버 지도는 데이터 요청을 최소 15초 간격으로 제한하여 서버 리소스를 효율적으로 관리합니다. 반면 카카오맵은 사용자가 필요할 때 직접 버튼을 눌러 최신화하도록 설계하여 서버 부하를 줄이는 대신, 사용자에게 데이터 갱신 시점을 위임하는 방식을 선택했습니다.

호출 간격 설정 및 구현 계획

우리가 사용하는 공공데이터 포털은 일일 호출 제한이 10만 건으로 설정되어 있습니다. 따라서 호출 간격을 설계할 때는 이 제한을 초과하지 않도록 주의해야 합니다.

기본정보				
데이터명	한국전력공사_전기차 충전소 운영정보(신) 상세설명			
서비스유형	REST		심의여부	자동승인
일 호출 제한	100000			
신청유형	개발계정 | 활용신청		처리상태	승인
활용기간	2024-08-25 ~			

그림 10.2 일 호출 제한이 10만 건으로 보이는 화면

우리 프로젝트에서는 하루 사용자 수를 100명으로 가정해 보겠습니다. 이를 기준으로 계산하면, 사용자 1인당 하루에 약 1,000회까지 요청이 가능합니다.

하루는 총 86,400초이므로, 이를 1,000번의 요청으로 나누면 최소 호출 간격은 약 86.4초가 됩니다. 그러나 실제 사용자는 하루 종일 앱을 지속적으로 이용하지 않기 때문에, 1분(60초) 간격으로 데이터 갱신을 설정하더라도 안정적인 서비스를 제공할 수 있습니다.

이러한 계산은 호출 간격을 설정할 때 합리적인 기준이 되며, 과도한 호출로 서버 리소스를 낭비하거나, 반대로 데이터 갱신 주기가 너무 길어져 사용자 경험이 저하되는 문제를 방지하는 데 중요한 역할을 합니다.

TanStack Query

실시간 충전소 데이터 업데이트 기능은 TanStack Query를 활용하여 구현합니다. TanStack Query는 비동기 데이터 페칭을 간결하게 처리할 수 있을 뿐 아니라, 캐싱과 자동 리페칭 기능을 제공하여 서버 부하를 줄이면서도 사용자에게 항상 최신 상태의 데이터를 제공할 수 있게 해줍니다.

이 중 TanStack Query에서는 refetchInterval 옵션을 사용하여 주기적으로 데이터를 재요청할 수 있습니다. 예를 들어 60초 주기로 서버에 새로운 데이터를 요청하여 앱의 충전소 정보가 항상 최신 상태로 유지되도록 설정할 수 있습니다. 또한 staleTime 옵션을 통해 데이터가 "신선"하다고 간주되는 시간을 조정할 수 있으며, 이 설정은 불필요한 네트워크 요청을 줄이는 데 도움을 줍니다. 이제 TanStack Query 라이브러리를 설치하고 Next.js 프로젝트에 적용해 보겠습니다.

```
npm i @tanstack/react-query
```

TanStack Query 설정

TanStack Query를 사용하기 위해서는 먼저 QueryClient 인스턴스를 생성하고, 이를 애플리케이션에 주입해야 합니다. QueryClient는 모든 Query의 상태를 관리하는 핵심 객체로, 서버 상태 데이터의 캐싱, 자동 리페칭, 에러 핸들링 등을 담당합니다.

일반적으로 프로젝트 최상단에 Providers 컴포넌트를 생성하여, 그 내부에서 QueryClient-Provider를 통해 전체 앱에 QueryClient를 제공합니다. 이 패턴을 사용하면 어떤 컴포넌트에서도 TanStack Query의 기능을 손쉽게 활용할 수 있습니다.

```
src/app
├── layout.tsx
├── page.tsx
├── provider.tsx // 새로 생성한 컴포넌트
└── station
    └── page.tsx
```

그리고 provider 내부에 다음과 같은 방식으로 구현합니다.

```tsx
// providers.tsx
import { QueryClient, QueryClientProvider } from '@tanstack/react-query';

const queryClient = new QueryClient();

export function Providers({ children }: { children: React.ReactNode }) {
  return (
    <QueryClientProvider client={queryClient}>
      {children}
    </QueryClientProvider>
  );
}
```

그리고 이를 RootLayout에 감싸야합니다.

```tsx
// src/app/layout.tsx
import { Providers } from "./provider";

export default function RootLayout({
  children,
}: Readonly<{
  children: React.ReactNode;
}>) {
  return (
    <html lang="en">
      <Providers>
        <body>{children}</body>
      </Providers>
    </html>
  );
}
```

이제 모든 하위 컴포넌트는 별도의 설정 없이 TanStack Query가 제공하는 기능을 사용할 수 있게 됩니다.

Next.js용 개선 작업

우리가 설치한 라이브러리는 @tanstack/react-query입니다. 이름에서도 알 수 있듯, 이 라이브러리는 리액트를 위한 상태 관리 도구이며 Next.js를 특별히 고려하여 설계된 것은 아닙니다. 따라서 Next.js의 서버 컴포넌트와 클라이언트 컴포넌트가 혼재된 환경에서는 약간의 추가 설정이 필요합니다.

특히 서버 사이드에서는 매 요청마다 새로운 QueryClient 인스턴스를 생성해야 하며, 클라이언트 사이드에서는 동일한 인스턴스를 재사용해야 합니다. 이를 올바르게 처리하지 않으면, 서버와 클라이언트 간 데이터 불일치(hydration mismatch)나 메모리 누수 문제가 발생할 수 있습니다.

이를 해결하기 위해, 먼저 isServer 값을 활용하여 현재 실행 환경을 판별하고, 서버에서는 항상 새로운 QueryClient를 생성하도록 설정합니다. 반면 브라우저에서는 browserQueryClient라는 전역 변수를 통해 단일 인스턴스를 재사용하는 싱글톤 패턴을 적용하는 방식입니다.

또한 makeQueryClient 함수에서는 staleTime과 throwOnError 같은 기본 옵션을 지정하여, 데이터 신선성 유지 기준과 에러 처리 방식을 명확히 설정합니다. 이렇게 구성된 queryClient를 QueryClientProvider를 통해 앱 전체에 공급하면, Next.js 환경에서도 안정적으로 TanStack Query를 활용할 수 있습니다.

```jsx
import {
  QueryClient,
  QueryClientProvider,
  isServer,
} from "@tanstack/react-query";
import * as React from "react";

function makeQueryClient() {
  return new QueryClient({
    defaultOptions: {
      queries: {
        staleTime: 60 * 1000 * 5, // 5분 동안 신선한 데이터로 취급
        throwOnError: true,
      },
    },
  });
}

let browserQueryClient: QueryClient | undefined = undefined;

function getQueryClient() {
  if (isServer) {
    return makeQueryClient(); // 서버 환경에서는 새로운 인스턴스를 생성
  } else {
    if (!browserQueryClient) browserQueryClient = makeQueryClient();
    return browserQueryClient; // 클라이언트에서는 싱글톤 패턴으로 인스턴스 재사용
  }
}
```

그리고 이제 provider를 업데이트하면 완료됩니다.

```
export function Providers(props: { children: React.ReactNode }) {
  const queryClient = getQueryClient();

  return (
    <QueryClientProvider client={queryClient}>
      {props.children}
    </QueryClientProvider>
  );
}
```

실시간 충전소 데이터 업데이트

실시간 충전소 데이터 업데이트를 위해, 한국전력공사 API를 활용하는 코드를 리팩터링합니다. 기존에는 fetch 요청 이후 전체 응답 객체를 그대로 반환했지만, 이 방식은 클라이언트 측에서 불필요한 데이터까지 함께 처리해야 한다는 단점이 있었습니다.

이를 개선하기 위해, fetch 요청 이후 응답 데이터 중 필요한 충전소 리스트(data)만을 추출하여 반환하는 방식으로 코드를 수정합니다. 이렇게 리팩터링하면 클라이언트는 충전소 리스트만을 직접 다루게 되어, 코드의 간결성과 데이터 처리 효율성을 동시에 높일 수 있습니다.

```
// src/api/전기차 충전/한국전력공사API.ts
class 한국전력공사API {
  url = process.env.NEXT_PUBLIC_EV_CHARGING_API;
  serviceKey = process.env.NEXT_PUBLIC_EV_CHARGING_API_KEY;

  async getEvSearchList({
    page,
    perPage,
    addr,
  }: {
    page: number;
    perPage: number;
    addr: string;
  }) {
    if (!addr) {
```

```
    return []; // 주소가 없을 경우 빈 배열 반환
  }

  const response = await fetch(
    `${this.url}/v1/getEvSearchList?page=${page}&perPage=${perPage}&cond%5Baddr%3A%3A-LIKE%5D=${addr}&serviceKey=${this.serviceKey}`
  ).then((response) => response.json());

  return response.data; // 필요한 충전소 리스트인 data만 반환
 }
}

export default new 한국전력공사API();
```

StationPage 컴포넌트 구현

StationPage 컴포넌트는 실시간 충전소 데이터를 가져와 화면에 표시하는 역할을 담당합니다. 이 컴포넌트에서는 useQuery 훅을 사용하여 데이터를 비동기적으로 페칭하고, refetchInterval 옵션을 설정하여 주기적으로 서버에서 최신 데이터를 가져오도록 구성합니다.

```
// src/app/station/page.tsx
"use client";

import 충전소_리스트_컴포넌트 from "./충전소_리스트_컴포넌트";
import { Suspense, useState } from "react";

export default function StationPage() {
  const [address, setAddress] = useState<string>("");

  const handleInputChange = (e: React.ChangeEvent<HTMLInputElement>) => {
    setAddress(e.target.value);
  };

  return (
    <div>
      <div>
```

```
      <input
        type="text"
        value={address}
        onChange={handleInputChange}
        placeholder="주소를 입력하세요"
      />
    </div>
    <Suspense fallback={(<div>"로딩중..."</div>)}>
      <충전소_리스트_컴포넌트 address={address} />
    </Suspense>
  </div>
  );
}
```

```
// src/app/station/충전소_리스트_컴포넌트.tsx
import 한국전력공사API from "@/api/전기차 충전/한국전력공사API";
import { useSuspenseQuery } from "@tanstack/react-query";

const 충전소_리스트_컴포넌트 = ({ address }: { address: string }) => {
  const { data } = useSuspenseQuery({
    queryKey: ["getEvSearchList", address],
    staleTime: 1000 * 60,
    queryFn: () =>
      한국전력공사API.getEvSearchList({
        page: 1,
        perPage: 10,
        addr: address,
      }),
  });

  return (
    <div>
      {data?.map((station: any, index: number) => {
        return (
          <div key={station.addr}>
            <p>
```

```
            {index + 1} {station.addr}
          </p>
        </div>
      );
    })}
  </div>
 );
};
```

충전소 리스트 컴포넌트는 사용자가 지정한 주소(address)를 기준으로 전기차 충전소 리스트를 조회하고, 해당 결과를 화면에 표시하는 기능을 담당합니다. 이 컴포넌트는 React Query의 useSuspenseQuery 훅을 활용하여 데이터 페칭을 수행합니다.

이전에 구현한 provider에서 staleTime은 5분으로 전역 설정했습니다.

```
function makeQueryClient() {
  return new QueryClient({
    defaultOptions: {
      queries: {
        staleTime: 60 * 1000 * 5, // 5분 동안 신선한 데이터로 취급
        throwOnError: true,
      },
    },
  });
}
```

하지만 충전소 리스트 컴포넌트 내부에서는 본래 기능인 요구 사항에 맞춰 60초로 조절했습니다.

이제 실제 화면을 통해 결과를 확인해 봅시다.

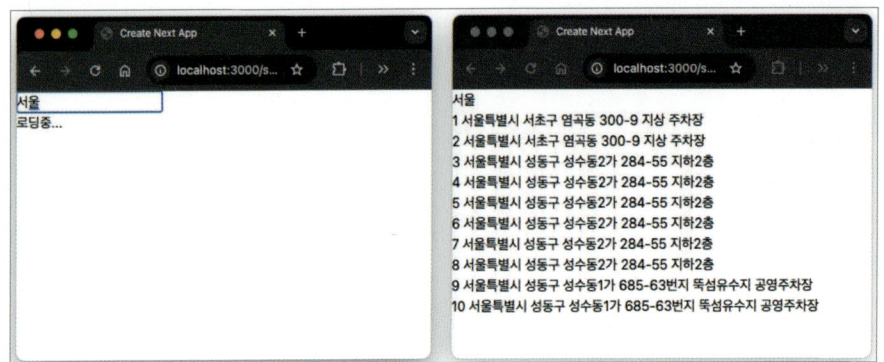

그림 10.3 로딩 중 렌더링 이후에 데이터가 표시되는 화면

그 결과 데이터가 호출되기전까지 Suspense의 fallback 컴포넌트가 보이게 되고 데이터 페칭이 완료되면 충전소 리스트 컴포넌트를 렌더링하게 됩니다.

캐싱과 데이터 관리

이제 TanStack Query의 코드에 대해 깊게 파악해 보겠습니다. TanStack Query는 queryKey를 기준으로 동일한 요청인지 판단하고, 그에 따라 캐싱된 데이터를 재사용하거나 새로 페칭합니다.

```
const { data } = useSuspenseQuery({
  queryKey: ["getEvSearchList", address],
  queryFn: () =>
    한국전력공사API.getEvSearchList({
      page: 1,
      perPage: 10,
      addr: address,
    }),
});
```

다음 코드는 사용자가 입력한 주소("address")를 기반으로 queryKey를 생성합니다. 예를 들어, 주소가 "강남"이라면 queryKey는 ["getEvSearchList", "강남"], "서울"이라면 ["getEvSearchList", "서울"]이 됩니다. 이 queryKey는 쿼리의 고유성을 결정하며, 동일한 queryKey를 가진 요청은 캐싱된 데이터를 재사용할 수 있습니다. 즉, queryKey가 동일하면 TanStack Query는 서버에 새로 요청하지 않고 기존에 캐싱된 데이터를 반환합니다.

하지만 캐싱된 데이터가 무한히 유지되는 것이 항상 좋은 것은 아닙니다. 캐싱된 데이터는 API 요청을 최적화하여 서버 요청 부담을 줄일 수 있지만 사용자에게 잘못된 정보를 줄 수 있습니다. 따라서 특정 시점에 캐싱된 데이터 대신에 새로운 데이터가 필요합니다.

staleTime과 gcTime, 그리고 데이터 생명주기

Tanstack Query는 이를 staleTime과 gcTime이라는 값으로 데이터의 생명 주기를 관리합니다.

- **staleTime**

staleTime은 데이터가 "fresh(신선)" 상태로 간주되는 시간을 의미합니다. 이 시간이 경과하기 전까지는 동일한 queryKey에 대해 서버로 재요청하지 않고, 캐싱된 데이터를 그대로 사용합니다. 예를 들어, staleTime이 5분으로 설정되어 있다면, 5분 동안은 서버에 재요청 없이 저장된 데이터를 반환합니다.

- **gcTime**

gcTime은 staleTime이 만료된 이후에도 데이터가 메모리에 유지되는 시간을 의미합니다. 이 시간 동안 데이터는 stale(오래된) 상태로 전환되지만, 여전히 메모리에 남아 있어 필요 시 재사용할 수 있습니다. 예를 들어, gcTime이 10분으로 설정되어 있다면, 데이터는 5분 후 stale 상태로 전환되지만 추가로 10분 동안 메모리에 남아 있습니다.

```
const { data } = useSuspenseQuery({
  queryKey: ["getEvSearchList", address],
  queryFn: () =>
    한국전력공사API.getEvSearchList({
      page: 1,
      perPage: 10,
      addr: address,
    }),
  staleTime: 5 * 60 * 1000, // 5분 동안 fresh 상태 유지
  gcTime: 10 * 60 * 1000, // 10분 동안 메모리 캐시 유지
});
```

이렇게 개념 설명과 코드로는 난해하니, 시간 흐름에 따라 데이터가 어떻게 관리되는지를 단계별로 살펴보겠습니다. staleTime 5분, gcTime 10분으로 설정된 기준입니다.

0분: 쿼리 요청이 발생하여 데이터가 서버로부터 페칭되고, 이 시점부터 staleTime 카운트가 시작됩니다.(Suspense의 fallback이 노출됩니다.)

5분 후: staleTime이 만료되면서 데이터는 오래된(stale) 상태로 전환되지만, 여전히 캐시된 상태로 남아 있습니다.

8분 후: 데이터는 오래된 상태이지만 메모리에 남아 있어 캐시된 데이터를 그대로 볼 수 있습니다. 이때 새로운 요청이 발생하면 로딩 없이 캐시된 데이터를 먼저 반환하고, 백그라운드에서 데이터를 갱신합니다.

15분 후: gcTime이 만료되면 메모리에서 캐시된 데이터가 완전히 제거되며, 다음 요청 시에는 새롭게 데이터를 페칭하고 로딩 상태가 나타납니다.

이번에는 표로 한 번 살펴보겠습니다. 훨씬 이해하기 쉬울 것입니다.

시간	사용자 요청 발생	상태변화	캐시 사용 여부	백그라운드 페칭	사용자 화면
0분	O (최초 요청)	데이터 페칭 시작	O	X	로딩 후 최신 데이터 표시
5분 후	X	Stale 상태 전환	O	O	기존 데이터 표시
8분 후	조건부 O	Stale 상태 유지	O	O	기존 데이터 표시
15분 후	O	캐시 만료, 메모리 삭제	X	X	요청 없으면 대기, 요청 시 새 요청 발생
17분 후	O	새 서버 요청 발생, fresh 상태	X → O	X	로딩 화면 표시 후 최신 데이터 수신
20분 후	O	17분에 받은 데이터 재사용 (fresh)	O	X	로딩 없이 17분에 페칭된 데이터 즉시 표시

혹자는 "8분에 요청을 해서 fresh 상태가 됐는데, gcTime은 왜 여전히 15분에 만료되는가? 18분 만료가 되어야 하는 것 아닌가?"라는 의문을 가질 수 있습니다.

일반적으로 gcTime은 각 쿼리 인스턴스 생성 시점을 기준으로 카운트됩니다. 즉, 처음 fetch를 성공했을 때부터 gcTime 카운트가 시작되며, 이후 새 요청(refetch)이 발생해도 gcTime은 초기화되지 않습니다. gcTime은 처음 페칭된 데이터가 메모리에 얼마나 오래 살아남을지를 제어하는 값입니다.

반면, staleTime은 refetch가 발생하면 새로 초기화됩니다. 따라서 8분에 새로운 요청이 발생하더라도, gcTime은 여전히 0분 기준으로 15분에 만료됩니다. 이후 17분에 새로운 요청이 발생하면, 새 데이터를 받아오고 이 시점부터 새로운 gcTime 카운트가 시작됩니다.

이제 다시 지도 서비스와 같이 실시간 정보를 제공하는 서비스로 돌아가 보겠습니다. 실시간 성이 중요한 서비스에서는 staleTime과 gcTime 설정이 사용자 경험에 직접적인 영향을 미칩니다.

예를 들어, 지도 서비스에서는 staleTime과 gcTime을 모두 15초로 설정하여, 데이터를 짧은 주기로 적극적으로 갱신하는 것이 효과적입니다. 이를 통해 사용자는 항상 최신 정보를 기반으로 빠르게 판단할 수 있습니다.

반면, gcTime을 staleTime보다 길게 설정하면 문제가 발생할 수 있습니다.

데이터가 stale 상태로 오래 유지되면서도 메모리에 남아 있기 때문에, 사용자가 요청을 보낼 때 최신 데이터가 아닌 오래된 캐시 데이터를 받아볼 가능성이 높아집니다. 이로 인해 사용자는 실제 상황과 어긋나는 정보를 보고 잘못된 결정을 내릴 위험이 큽니다.

이러한 상황을 방지하기 위해, stale 상태의 데이터를 그대로 제공하는 대신 과감하게 로딩 상태를 표시하고, 서버로부터 새로운 데이터를 받아오는 방식이 바람직합니다. 로딩을 표시하는 것은 사용자에게 "최신 데이터를 가져오는 중"이라는 신뢰감을 줄 수 있으며, 결과적으로 더 정확하고 신뢰성 높은 결정을 가능하게 만들어 냅니다.

버스 정류장에서 버스를 기다리는 상황을 예로 들 수 있습니다. 사용자가 앱에서 "한 정거장 전"이라는 정보를 확인하고 서둘러 정류장으로 향했지만, 막상 도착하니 이미 버스가 지나간 경우입니다. 이는 캐시된 오래된 정보를 보고 행동했기 때문입니다. 이후 앱이 새로운 데이터를 페칭하고 나서야 "다음 버스는 10분 후에 도착한다"라는 사실을 알게 됩니다. 하지만 이 시점에서는 이미 잘못된 판단이 발생한 후입니다. 만약 이 서비스가 staleTime과 gcTime을 적절히 설정하여, 오래된 데이터 대신 로딩 상태를 표시하고 새로운 데이터를 페칭했더라면, 사용자는 처음부터 "다음 버스는 10분 후 도착"이라는 정확한 정보를 받고 차분히 대처할 수 있었을 것입니다.

Tanstack Query의 Refetch 매커니즘

그렇다면 stale 상태의 데이터는 항상 데이터를 가져올까? 정답은 아닙니다.

데이터가 stale 상태가 되면, 그 자체로 서버에 자동으로 새 요청(refetch)을 발생시키지는 않습니다. 대신, stale 상태에서는 "필요한 경우"에 한해 백그라운드에서 데이터를 갱신할 수 있는 트리거가 활성화됩니다.

그리고 이 "필요한 경우"를 TanStack Query는 다음처럼 정의합니다.

- 사용자가 컴포넌트를 다시 활성화할 때
- 네트워크가 다시 연결될 때
- 수동으로 쿼리 refetch를 호출할 때
- 설정된 refetch 간격 조건에 부합할 때

그리고 이 트리거는 전역 설정뿐 아니라 개별 쿼리 단위로도 정의할 수 있습니다.

```
const queryClient = new QueryClient({
  defaultOptions: {
    queries: {
      refetchOnWindowFocus: true, // 창에 다시 포커스되면 자동 리페칭
      refetchOnReconnect: true,   // 네트워크 재연결 시 자동 리페칭
      refetchInterval: 60000,     // 60초마다 주기적으로 리페칭
      refetchOnMount: true,       // 컴포넌트 마운트 시 리페칭
    },
  },
});
```

위 예시는 전역으로 설정한 방식입니다. 개별 쿼리는 다음처럼 할 수 있습니다.

```
const { data, isLoading, isError } = useQuery({
  queryKey: ["stations"],
  queryFn: fetchStations,
  refetchOnWindowFocus: true, // 이 쿼리만 창 포커스 시 리페칭
  refetchOnReconnect: false, // 이 쿼리는 네트워크 재연결 시 리페칭 안 함
  refetchInterval: 30000, // 이 쿼리는 30초마다 리페칭
  refetchOnMount: "always", // 항상 마운트될 때마다 리페칭
  staleTime: 60000, // 60초 동안 fresh로 유지
});
```

실무 적용 예시

전역 설정과 개별 설정이 충돌할때는 개별 설정이 더 우선됩니다. 따라서 필자는 전역 설정을 다음과 같이 설정하겠습니다.

```
// 전역 설정
refetchOnWindowFocus: false,
refetchOnReconnect: true,
refetchInterval: undefined,
refetchOnMount: "always",
```

전역 설정을 앞의 코드와 같이 설정한 이유는 다음과 같습니다.

- **refetchOnWindowFocus: false**

모든 쿼리가 무조건 포커스할 때마다 refetch되면 불필요한 트래픽이 과도하게 발생합니다.

- **refetchOnReconnect: true**

네트워크가 끊겼다가 다시 연결되면 데이터가 오래됐을 가능성이 높습니다. 그래서 리페칭합니다.

- **refetchInterval: undefined**

이는 필요한 쿼리만 별도로 설정해야 합니다. 모두 주기적으로 refetch하면 서버가 감당못합니다.

- **refetchOnMount: "always"**

페이지 재진입, 재마운트 시 데이터 신성성 보장, 일반적으로 마운트는 탭 이동, 라우팅 이동 시에만 발생합니다.

예를 들어서 다음과 같은 시나리오를 살펴보겠습니다.

사용자가 충전소 목록 페이지를 봄 → 다른 메뉴로 이동 → 다시 충전소 목록 페이지 이동

만약 refetchOnMount가 없으면, 옛날 충전소 목록이 남아있을 수 있습니다. 하지만 refetchOnMount를 "always"로 설정하면, 돌아올 때마다 항상 최신 충전소 데이터를 받게 됩니다.

> 💡 **시니어 코멘트**
> 실무에서 캐싱된 데이터는 다루기 어렵고 조심스러운 영역입니다. 그러나 좋은 서비스를 만들기 위해서는 캐싱 전략은 필요합니다. 이처럼 새로운 데이터를 요청할지, 캐싱된 데이터를 재사용할지는 상황에 따라 다릅니다. 정답은 없습니다.
> 여러분의 비즈니스 상황과 리소스 상황에 맞춰 적절한 타협점을 찾는 것, 그리고 그 과정을 경험하는 것 자체가 성장의 중요한 한 걸음입니다.

TanStack Query Devtools

TanStack Query는 자체적인 개발자 도구(Devtools)를 제공하여, 캐시 상태를 실시간으로 확인하거나 쿼리 상태를 직접 조작할 수 있습니다. 이를 통해 staleTime과 gcTime의 동작을 빠르게 검증하고, Suspense의 fallback 상태나 데이터의 fresh/stale 전환 과정을 손쉽게 확인할 수 있습니다.

예를 들어, 코드를 작성 중에 staleTime을 1시간, gcTime을 2시간으로 설정했다고 가정해 보겠습니다. 이런 경우 실제로 1시간을 기다릴 필요 없이, 개발자 도구를 이용해 직접 상태를 조작하고 즉시 결과를 검증할 수 있습니다. 또한, 데이터 페칭 중 로딩 상태가 어떻게 전개되는지, 현재 데이터가 fresh인지 stale 상태인지 확인하고자 할 때도 유용하게 활용할 수 있습니다.

```
npm i @tanstack/react-query-devtools
```

설치가 완료되면, 애플리케이션에 ReactQueryDevtools를 추가하여 개발자 도구를 활성화합니다.

```tsx
// src/app/provider.tsx
import { ReactQueryDevtools } from "@tanstack/react-query-devtools";
/* 생략 */
export function Providers(props: { children: React.ReactNode }) {
  const queryClient = getQueryClient();

  return (
    <QueryClientProvider client={queryClient}>
      <ReactQueryDevtools initialIsOpen={true} />
      {props.children}
    </QueryClientProvider>
  );
}
```

그리고 앱을 실행하면 화면 하단에 동그란 버튼이 나타납니다.

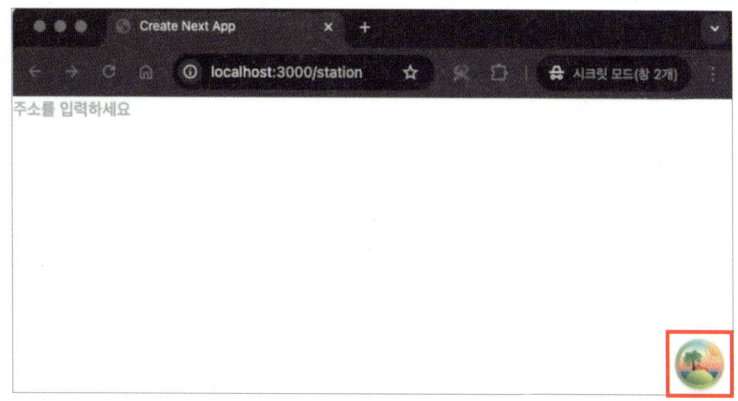

그림 10.4 ReactQueryDevtools가 렌더링된 화면

이 버튼을 클릭하면 현재 요청된 쿼리 상태를 실시간으로 확인할 수 있습니다.

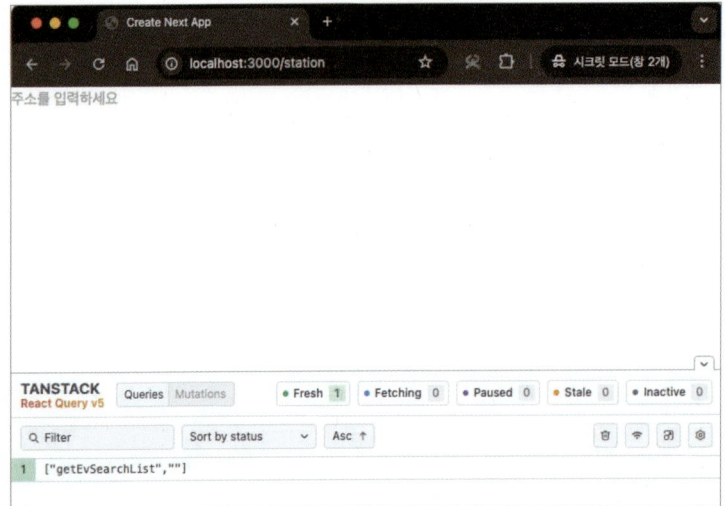

그림 10.5 ReactQueryDevtools가 expand된 화면

그림 10.5에서 주소가 입력되지 않은 상태에서는 ["getEvSearchList", ""]와 같은 queryKey가 표시됩니다. 여기서 강남이라는 주소를 입력하면 쿼리 상태가 업데이트됩니다.

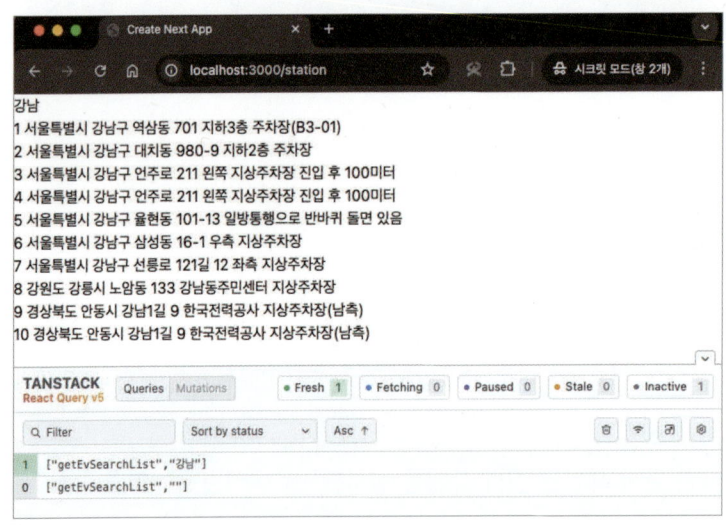

그림 10.6 강남으로 검색한 쿼리가 추가된 화면

"강남"이라는 주소를 입력하면 ["getEvSearchList", "강남"]이라는 새로운 쿼리가 생성됩니다. 그리고 생성된 쿼리는 fresh 상태임을 확인할 수 있습니다.

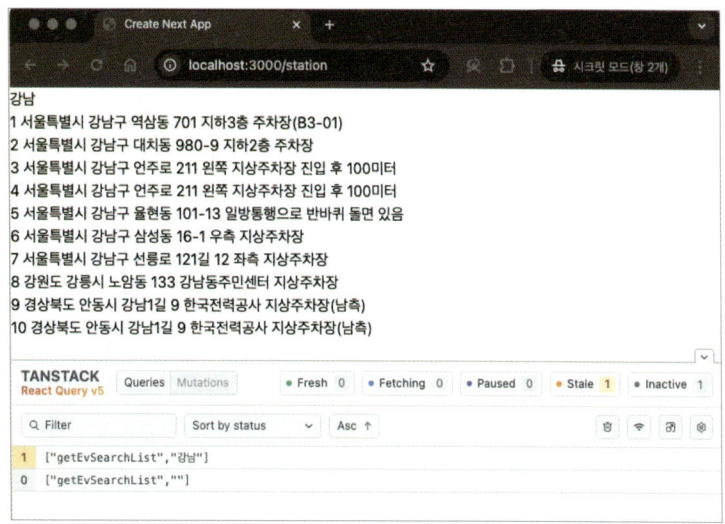

그림 10.7 staleTime이 지나고 데이터가 stale된 화면

이후, 설정한 staleTime이 지나면 쿼리가 stale 상태로 전환됩니다.

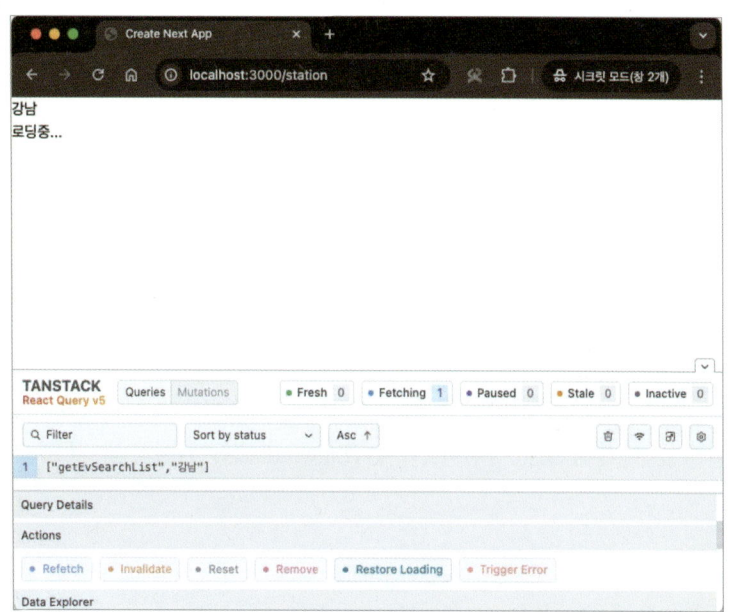

그림 10.8 특정 쿼리를 loading 상태로 변경하는 화면

그리고 쿼리 목록에서 특정 queryKey를 선택하면 refetch, invalidate, reset 등의 옵션을 사용할 수 있습니다. 이 중 Trigger Loading 옵션을 선택하면, Suspense의 fallback 상태가 어떻게 동작하는지 확인할 수 있습니다.

TanStack Query Devtools는 캐시 데이터 관리와 쿼리 상태 모니터링을 실시간으로 지원하는 강력한 도구입니다. staleTime과 gcTime 설정에 따른 상태 변화를 쉽게 검증할 수 있으며, 데이터 페칭 흐름이나 로딩 화면 전환 과정을 빠르게 테스트할 수 있어, 개발 과정의 효율성과 신뢰성을 크게 향상시킬 수 있습니다.

10.3 UI 개선 작업

일반적으로 프론트엔드 개발의 업무는 기능 구현뿐만 아니라 UI 디자인과 UX 고려한 화면 구현까지 포함합니다. 따라서 이번에는 기술 스택에서 설명한 대로 Tailwind CSS와 Shadcn UI를 활용하여 효율적으로 UI를 구성하는 방법을 살펴보겠습니다.

Tailwind CSS로 스타일링하기

Next.js 프로젝트 생성 시 CLI 옵션으로 Tailwind CSS를 추가할 수도 있습니다. 하지만 Tailwind CSS의 동작 원리를 이해하기 위해 설치 및 설정 과정을 다시 진행해 보겠습니다.

Tailwind CSS 설치 및 설정

설치 및 설정에 들어가기에 앞서 Tailwind CSS v4가 2025년에 출시되었습니다. 따라서 현재(2025년)에는 v3와 v4의 과도기지만 v4기준으로 설명합니다. 또한 Next.js에 적용 가능하는 방식을 중심으로 다루겠습니다.

그럼 설치 및 설정을 시작해 보겠습니다. 우선 Tailwind CSS에 사용해 필요한 내용을 설치합니다.

```
npm install tailwindcss @tailwindcss/postcss postcss
```

프로젝트 루트에 postcss.config.mjs 파일을 생성합니다.

```
.
├── src
│   └── app
│       └── page.tsx
├── global.css
└── postcss.config.mjs // 추가한 파일
```

그리고 내부는 다음처럼 작성합니다.

```js
// postcss.config.mjs
const config = {
  plugins: {
    "@tailwindcss/postcss": {},
  },
};
export default config;
```

그리고 global.css 내부에서 tailwindcss를 import합니다.

```css
/* global.css */
@import "tailwindcss";
```

그리고 이제 컴포넌트에 tailwind 클래스 이름을 선언하면 됩니다.

```jsx
export default function Home() {
  return <h1 className="text-3xl font-bold underline">"Hello world!"</h1>;
}
```

Tailwind CSS에서 동적인 값 다루기

Tailwind CSS는 빌드 타임에 파일 내용을 분석하여 필요한 스타일만 생성합니다.

이 방식은 성능 최적화에 매우 효과적이지만, 동적 표현식으로 구성된 클래스 이름은 인식할 수 없는 한계가 있습니다. 예를 하나 살펴보겠습니다.

```
const color = "blue-500";

return <div className={`bg-${color} text-white p-4`}>Hello, World!</div>;
```

"bg-${color}의 경우 color 변수가 "blue-500"이니 알 수 있는 것 아닌가요?" 라고 생각할 수도 있습니다. 하지만 Tailwind CSS는 해당 클래스를 정적으로 분석할 수 없어 최종 번들에서 누락됩니다. 이는 color 변수가 const로 선언되어 있더라도 마찬가지입니다. Tailwind는 실행 결과나 변수 추론이 아닌 문자열 리터럴 기반으로 클래스명을 수집하기 때문에, 반드시 하드 코딩된 형태의 클래스 명을 사용해야 합니다.

Tailwind CSS에서 동적으로 클래스 다루기

Tailwind CSS에서 기존 클래스에 더해 props로 전달받은 동적 클래스를 조합해야 하는 경우, 클래스 충돌을 방지하면서 정적 클래스와 동적 클래스를 효과적으로 결합하는 것이 중요합니다. 이때 clsx와 twMerge 라이브러리를 사용하면 이를 간단하게 해결할 수 있습니다. 이 방식은 이후 설명할 shadcn-ui에서도 채택한 방법이기도 합니다.

```
npm install clsx tailwind-merge
```

그리고 이 둘을 사용하여 클래스 이름 전용 유틸리티 함수 cn을 만들어 보겠습니다. cn 함수는 여러 클래스를 clsx로 결합한 후, twMerge를 통해 Tailwind CSS 유틸리티 클래스 간의 충돌을 해결합니다.

```
import { clsx, type ClassValue } from "clsx";
import { twMerge } from "tailwind-merge";

export function cn(...inputs: ClassValue[]) {
  return twMerge(clsx(inputs));
}
```

다음처럼 사용합니다.

```
const Button = ({ isActive }: { isActive: boolean }) => {
  return (
    <button
      className={cn("btn", "p-4", isActive ? "p-2 bg-blue-500" : "bg-gray-500")}
    >
      버튼
    </button>
  );
};
```

위 코드에서 p-4와 p-2가 함께 적용되었지만, twMerge가 이를 병합하여 최종적으로 p-2만 남게 됩니다. 이렇게 하면 중복되거나 충돌이 있는 Tailwind CSS 클래스가 동적 클래스로 지정될 때도 최종 스타일이 문제없이 적용됩니다. 이 방식이 정상적으로 동작하는 이유는 clsx와 twMerge의 역할도 있지만, 가장 큰 이유는 p-2, bg-blue-500, bg-gray-500 같은 클래스 이름이 해당 파일에 텍스트로 존재하고 있기 때문입니다.

다시 한번 강조하지만, Tailwind CSS는 빌드 타임에 파일 내 텍스트에 존재하는 유틸리티 클래스만을 기준으로 CSS를 생성하므로, 클래스 이름이 정적으로 코드에 포함되어야 스타일이 생성된다는 점을 기억하시기 바랍니다.

Hydration Error 수정하기

Next.js 프로젝트에서는 개발 중 발생하는 에러를 명시적으로 알려줍니다. 그 중 하나가 화면 좌측 하단에 표시되는 "1 error"와 같은 토스트 컴포넌트입니다.

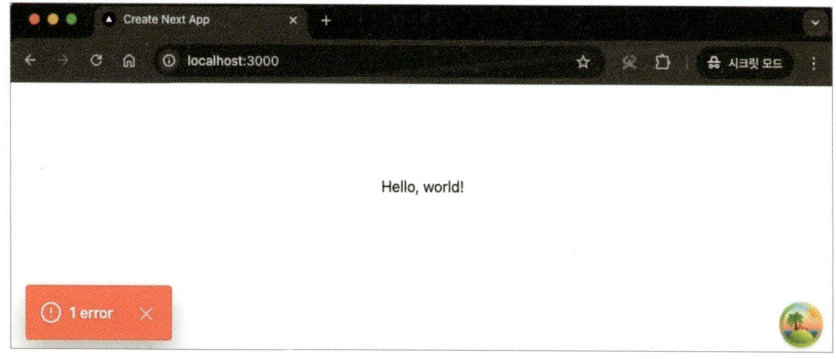

그림 10.9 생각보다 자주 마주치게 될 React Hydration Error 토스트

그리고 이 에러를 클릭하면 다음과 같은 상세 내용이 노출됩니다.

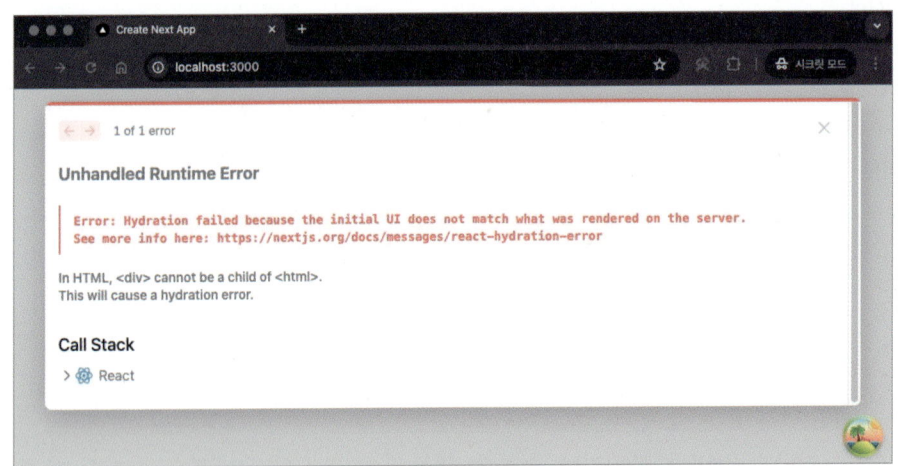

그림 10.10 html 컴포넌트의 div에서 발생했다고 알려주는 에러 화면

그리고 개발자는 이 내용을 바탕으로 에러를 수정할 수 있습니다. 이러한 에러들 중에서 Next.js로 프로젝트를 만들면서 자주 마주치는 에러 메시지는 "React Hydration Error"입니다. 그리고 Next.js 개발팀은 이를 위해 새로운 버전이 나올 때마다 버그 리포팅 기능을 개선하고 있습니다.

필자가 처음 Next.js를 접했을 때는 하이드레이션 에러가 발생해도 에러 메시지를 제공하지 않았다가, 이후에는 단순히 하이드레이션 에러가 발생했다는 정보만을 제공했습니다. 최근에는 하이드레이션 에러가 발생하는 구체적인 이유를 메시지로 상세히 안내해주고 있으며, 다음 버전에서는 문제에 대한 개선 방향까지 제안할 예정이라고 합니다.

React Hydration Error란?

React Hydration Error는 서버 사이드 렌더링(SSR) 애플리케이션에서 서버가 렌더링한 HTML과 클라이언트의 리액트 가상 DOM이 일치하지 않을 때 발생합니다.

서버에서 전송된 HTML을 클라이언트가 "하이드레이션(활성화)"하는 과정에서, 구조나 내용이 다르면 이 에러가 발생합니다.

이 중 대표적인 사례 중 두 가지를 알아보겠습니다.

```
export default function TimeComponent() {
  const currentTime = new Date().toISOString();
  return <div>"현재 시간: "{currentTime}</div>;
}
```

서버 렌더링 시점과 클라이언트 렌더링 시점의 currentTime 값이 달라지기 때문에 일치하지 않는 DOM이 생성되어 하이드레이션 에러가 발생합니다.

두 번째 사례는 다음과 같습니다.

```
return (
  <html>
    <div>"잘못된 구조"</div> {/* html 태그 바로 아래 div 배치 */}
  </html>
);
```

HTML의 구조 규칙을 위반하면, 서버와 클라이언트 간 렌더링 결과가 달라지면서 하이드레이션 에러가 발생합니다. 그리고 이 에러 메시지를 살펴보면 다음과 같습니다.

> In HTML, <div> cannot be a child of <html>. This will cause a hydration error.

<html> 요소 바로 아래에 <div> 요소를 배치할 수 없다는 의미입니다. 프로젝트 구조를 살펴보니, RootLayout 컴포넌트에서 다음과 같이 구현되어 있었습니다.

```
export default function RootLayout({
  children,
}: Readonly<{
  children: React.ReactNode;
}>) {
  return (
    <html lang="en">
      <Providers>
        <body>{children}</body>
      </Providers>
    </html>
  );
}
```

⟨html⟩ 바로 아래에 ⟨Providers⟩ 컴포넌트가 위치하고 있었고, 이는 HTML 규칙에 어긋나는 구조였습니다. 이를 수정하려면 ⟨Providers⟩를 ⟨body⟩ 내부로 이동시키면 됩니다.

```
// 수정된 코드
export default function RootLayout({
  children,
}: Readonly<{
  children: React.ReactNode;
}>) {
  return (
    <html lang="en">
      <body>
        <Providers>{children}</Providers>
      </body>
    </html>
  );
}
```

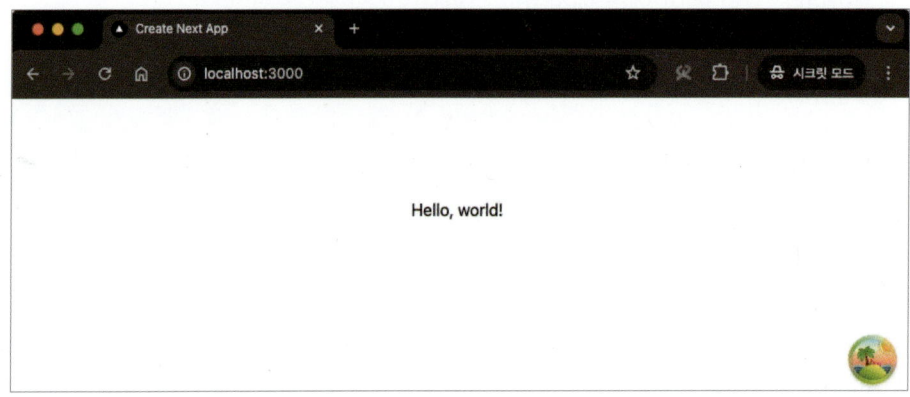

그림 10.11 에러 메시지 토스트가 사라진 화면

다시 화면을 확인해 보면, 더 이상 에러 토스트는 나타나지 않습니다.

앞서 살펴본 "서버-클라이언트 시점 차이" 문제도 수정할 수 있습니다. 동적 콘텐츠는 클라이언트에서만 렌더링되도록 작성해야 합니다.

```
"use client";

import { useEffect, useState } from "react";

export default function TimeComponent() {
  const [currentTime, setCurrentTime] = useState("");

  useEffect(() => {
    setCurrentTime(new Date().toISOString());
  }, []);

  return <div>현재 시간: {currentTime}</div>;
}
```

useEffect를 사용하여 클라이언트 사이드에서만 currentTime을 설정하면 서버 렌더링 시 빈 값으로 시작하고, 하이드레이션 후 값이 갱신되어 에러를 방지할 수 있습니다.

Shadcn-ui로 디자인하기

Tailwind CSS 설정을 마무리했다면, 이제 shadcn-ui를 프로젝트에 설정하여 UI 컴포넌트 구성을 더욱 체계화할 차례입니다. shadcn-ui를 설치하려면 다음 명령어를 실행합니다.

```
npx shadcn-ui@latest init
```

```
→ electric_car_charging_map git:(main) x npx shadcn-ui@latest init
✓ Which style would you like to use? › Default
✓ Which color would you like to use as base color? › Slate
✓ Would you like to use CSS variables for colors? … no / yes

✓ Writing components.json...
✓ Initializing project...
✓ Installing dependencies...

Success! Project initialization completed. You may now add components.
```

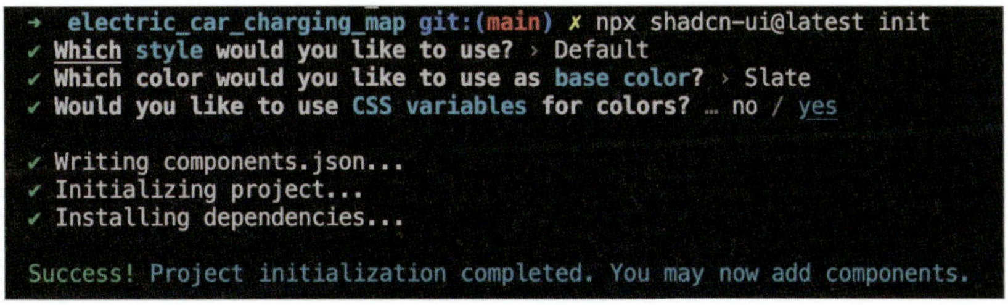

그림 10.12 shadcn-ui 설치 화면

명령어 실행 후 옵션을 선택하는 화면이 나타나며, 설정이 끝나면 components.json 파일이 생성됩니다. 이 과정에서 기존 파일 일부가 수정되며, shadcn-ui 사용을 위한 준비가 완료됩니다.

```json
{
  "$schema": "<https://ui.shadcn.com/schema.json>",
  "style": "default",
  "rsc": true,
  "tsx": true,
  "tailwind": {
    "config": "tailwind.config.ts",
    "css": "src/app/globals.css",
    "baseColor": "slate",
    "cssVariables": true,
    "prefix": ""
  },
  "aliases": {
    "components": "@/components",
    "utils": "@/lib/utils"
  }
}
```

이 파일은 shadcn-ui의 동작을 위한 설정 파일로, 프로젝트 내에서 UI 컴포넌트 스타일 및 구성 방식을 제어합니다. tailwind 설정은 Tailwind CSS와 함께 동작하기 위한 설정을 포함되어 있으며, baseColor, cssVariables 등의 스타일 관리 옵션도 설정됩니다. aliases는 @/components와 @/lib/utils같은 경로 별칭을 설정해 코드 구조를 더 간결하게 유지할 수 있도록 합니다.

버튼 컴포넌트 추가

이제 shadcn-ui의 버튼 컴포넌트를 추가해 보겠습니다.

```
npx shadcn-ui@latest add button
```

명령어를 실행하면 components.json을 참고하여 버튼 컴포넌트가 생성됩니다. 프로젝트 구조는 다음과 같이 변경됩니다.

```
src
├── components
│   └── ui
│       └── button.tsx // 추가된 버튼 컴포넌트
└── lib
    └── utils.ts
```

버튼 컴포넌트는 src/components/ui/button.tsx에 생성되었으며, 이제 이를 프로젝트에서 사용할 수 있습니다.

```tsx
// src/app/page.tsx
import { Button } from "@/components/ui/button";
import Link from "next/link";

export default function Home() {
  return (
    <main className="flex min-h-screen flex-col items-center justify-center gap-10">
      <h1 className="text-4xl font-bold">전기차 충전맵</h1>
      <div className="flex gap-2">
        <Link href="/station">
          <Button>충전소 검색</Button>
        </Link>
        <Link href="/favorite">
          <Button>즐겨찾기</Button>
        </Link>
      </div>
    </main>
  );
}
```

버튼 컴포넌트를 추가하면서 라우팅을 위한 Link 컴포넌트와 함께, 어떤 서비스인지 알려주는 텍스트 링크를 추가한 예시입니다.

그림 10.13 버튼 컴포넌트를 사용한 예시 화면

input, table 컴포넌트 추가

충전소 검색 페이지를 개선하기 위해 input과 table 컴포넌트도 추가합니다. 다른 예시도 경험해 보면 좋습니다.

그림 10.14 테이블 컴포넌트를 사용한 예시 화면

```
npx shadcn-ui@latest add input
npx shadcn-ui@latest add table
```

그리고 전체 코드는 다음과 같습니다.

```tsx
// src/app/station/page.tsx
"use client";
import { Input } from "@/components/ui/input";
import { Suspense, useState } from "react";

export default function StationPage() {
  const [address, setAddress] = useState<string>("");

  const handleInputChange = (e: React.ChangeEvent<HTMLInputElement>) => {
    setAddress(e.target.value);
  };

  return (
    <main className="flex min-h-screen flex-col items-center justify-center gap-10 p-4">
      <div>
        <Input
          type="text"
          value={address}
          onChange={handleInputChange}
          placeholder="주소를 입력하세요"
        />
      </div>
      {/* 중략 */}
    </main>
  );
}
```

```tsx
"use client";

import {
  Table,
  TableBody,
  TableCell,
  TableHead,
  TableHeader,
  TableRow,
} from "@/components/ui/table";
```

```tsx
import { useSuspenseQuery } from "@tanstack/react-query";
const 충전소 리스트 컴포넌트 = ({ address }: { address: string }) => {
  const { data } = useSuspenseQuery({
    // 중략
  });

  return (
    <Table className="max-w-screen-md">
      <TableHeader>
        <TableRow>
          <TableHead>"번호"</TableHead>
          <TableHead>"주소"</TableHead>
          <TableHead>"장소명"</TableHead>
          <TableHead>"충전기"</TableHead>
          <TableHead>"업데이트"</TableHead>
        </TableRow>
      </TableHeader>
      <TableBody>
        {data?.map((station: any, index: number) => {
          console.log(station);
          return (
            <TableRow key={station.cpId}>
              <TableCell>{index + 1}</TableCell>
              <TableCell>{station.addr}</TableCell>
              <TableCell>{station.csNm}</TableCell>
              <TableCell>{station.cpNm}</TableCell>
              <TableCell>{station.statUpdatetime}</TableCell>
            </TableRow>
          );
        })}
      </TableBody>
    </Table>
  );
};
```

이처럼 본 책에서는 shadcn-ui를 활용하여 화면을 개선하는 방법을 예시로 다루었습니다. 다만 컴포넌트 라이브러리는 shadcn-ui 하나로 한정되지 않습니다. 필자만 해도 지금까지 10개가 넘는 다양한 UI 라이브러리를 직접 사용했었고, 그중에는 매우 독특한 디자인 철학과 렌더링 전략을 가진 사례들도 존재했습니다.

중요한 것은 단지 어떤 라이브러리를 사용하는가가 아니라, 해당 프로젝트의 목적과 성격에 맞는 도구를 신중하게 선택하고, 그 선택을 통해 UI의 완성도를 한 단계 끌어올리는 것입니다. 잘 만들어진 컴포넌트 라이브러리를 좋은 안목으로 선택하고 활용하는 것만으로도, 서비스 전체의 사용자 경험은 분명한 차이를 만들어냅니다.

10.4 서버 상태와 클라이언트 상태

실무에서 UI만큼 중요한 것은 바로 상태(State)입니다. 특히 서버 상태(server state)와 클라이언트 상태(client state)를 명확히 구분하고 관리하는 것이 프론트엔드 개발자의 실력의 척도라고 할 수 있습니다.

- 서버 상태는 외부 API나 데이터베이스와 통신하여 받아오는 데이터로, 서버의 응답을 통해 동적으로 변화하는 값을 의미합니다.
- 클라이언트 상태는 UI 렌더링이나 사용자 입력과 관련된 임시 데이터로, 서버와의 통신 없이 클라이언트 내부에서 관리됩니다.

이러한 상태를 구조적으로 다루기 위해 이번에는 DTO(Data Transfer Object)와 DO(Domain Object)의 개념을 살펴보도록 하겠습니다.

DTO와 DO

DTO는 데이터 전송 객체로, 서버 ↔ 클라이언트 간 데이터를 교환할 때 사용하는 순수 데이터 구조를 의미합니다. 주로 API 요청 및 응답에서 정형화된 데이터의 모양을 표현하는 데 사용합니다.

그리고 다음과 같은 특징을 가지고 있습니다.

- 불변(immutable) 성격을 가지며, 로직이나 메서드를 포함하지 않습니다.
- 데이터 구조만을 표현합니다.(interface, type 또는 POJO 형태)
- 주로 API 응답 값 혹은 백엔드 모델의 스냅샷을 표현합니다.
- 보통 직렬화/역직렬화에 적합한 구조를 갖습니다.

많은 프로젝트에서 사용할 법한 UserDTO를 살펴보겠습니다.

```
export interface UserDTO {
  id: number;
  name: string;
  email: string;
  createdAt: string;
}
```

위 예시에서는 타입스크립트의 interface를 이용해 UserDTO를 구현하였지만, 프론트엔드뿐만 아니라 백엔드에서도 이러한 구조를 많이 사용됩니다.

```
public class UserDTO {
    private Long id;
    private String name;
    private String email;
    private String createdAt;

    public UserDTO() {
    }

    public UserDTO(Long id, String name, String email, String createdAt) {
        this.id = id;
        this.name = name;
        this.email = email;
        this.createdAt = createdAt;
    }

    // Getter & Setter
    public Long getId() {
        return id;
```

```
    }

    // 나머지 생략
}
```

이 코드는 자바(Java)에서의 DTO를 구현한 예시입니다. 전통적인 클래스 기반의 POJO(Plain Old Java Object) 형태로 정의하는 것이 일반적입니다.

이제 DO로 넘어가보겠습니다. DO는 도메인 객체 또는 도메인 모델로, 앱 내에서 실제 비즈니스 로직을 수행하거나 상태를 갖는 객체입니다. 또한 DTO를 기반으로 만들어지며, 메서드, 가공된 속성, 계산 로직 등을 포함하고 있습니다.

예를 들어 UserDTO를 기반으로 UserDO를 만들어보겠습니다.

```
export class User {
  id: number;
  name: string;
  email: string;
  createdAt: Date;

  constructor(dto: UserDTO) {
    this.id = dto.id;
    this.name = dto.name;
    this.email = dto.email;
    this.createdAt = new Date(dto.createdAt);
  }

  isEmailGmail(): boolean {
    return this.email.includes("@gmail.com");
  }
}
```

코드로 살펴보면 크게 두 가지를 눈여겨 봐야합니다.

- UserDTO의 createdAt은 string 타입이었지만 이를 Date 타입으로 변경했습니다.
- email를 기반으로하는 로직 isEmailGmail 메소드가 추가되었습니다.

마지막으로 정리하자면 DTO는 서버에서 받은 원시 데이터, DO는 프론트엔드에서 실질적으로 사용하는 가공 데이터입니다. 두 객체의 책임을 분리하면 유지보수가 쉬워지고, API 변경에 유연하게 대응할 수 있으며 타입 안정성과 테스트 가능성이 크게 향상됩니다.

> **직렬화/역직렬화가 필요한 이유**
>
> 애플리케이션 간의 데이터 교환은 보통 네트워크를 통해 이루어지며, 네트워크에서는 객체나 인스턴스 그 자체를 전송할 수 없습니다.(정확히는 불편합니다.)
>
> 대신 객체를 문자열 형식(JSON, XML, Protocol Buffer 등)으로 변환해 전송해야 합니다. 이때 필요한 것이 직렬화(Serialization)이며 수신 측에서는 다시 그 데이터를 객체로 복원(역직렬화)해야 합니다.
>
> 브라우저 내에서도 이 과정이 빈번히 일어나는데 대표적인 예시가 로컬 스토리지를 사용할 때입니다. 로컬 스토리지는 문자열(string)만 저장할 수 있습니다. 하지만 따라서 이를 이용할 때 JSON.stringify로 저장하고 데이터를 가져올 때는 JSON.parse로 역직렬화를 해야 합니다.

타입스크립트를 활용한 상태 관리

특히 타입스크립트를 도입하면 DTO와 DO를 타입 수준에서 명확히 구분할 수 있으며, 이를 통해 컴파일 단계에서 오류를 사전에 방지하고 유지보수 효율성을 높일 수 있습니다.

공공데이터 포털에서 제공하는 데이터 구조

이번에는 공공데이터 포털에서 제공하는 충전소 데이터를 타입스크립트로 타입을 정의하고, DO와 DTO 개념을 활용해 데이터를 리팩터링해 보겠습니다. 우선, 공공데이터 포털에서 제공하는 충전소 데이터를 통해 어떤 값들이 포함되어 있는지 살펴보겠습니다. 실제 데이터와 문서를 통해 확인한 데이터 예시는 다음과 같습니다.

```json
{
  "csId": 123,
  "csNm": "충전소 명칭",
  "addr": "전라남도 나주시 전력로 55",
  "lat": "35.020536",
  "longi": "126.715636",
  "cpId": 456,
  "cpNm": "충전기 명칭",
  "chargeTp": "1",
  "cpTp": "7",
  "statUpdatetime": "2024-10-10 10:00:00",
  "cpStat": "1"
}
```

그리고 이를 DTO로 정의하면 다음과 같습니다.

```typescript
export interface StationDTO {
  csId: number;
  csNm: string;
  addr: string;
  lat: string;
  longi: string;
  cpId: number;
  cpNm: string;
  chargeTp: string;
  cpTp: string;
  statUpdatetime: string;
  cpStat: string;
}
```

그리고 이를 바탕으로 Station을 만들어보겠습니다.(일반적으로 StationDO에서 DO는 생략합니다.)

```ts
export class Station {
  csId: number;
  csNm: string;
  addr: string;
  lat: number;
  longi: number;
  cpId: number;
  cpNm: string;
  chargeTp: string;
  cpTp: string;
  statUpdatetime: string;
  cpStat: string;

  constructor(data: StationDTO) {
    this.csId = data.csId;
    this.csNm = data.csNm;
    this.addr = data.addr;
    this.lat = parseFloat(data.lat);
    this.longi = parseFloat(data.longi);
    this.cpId = data.cpId;
    this.cpNm = data.cpNm;
    this.chargeTp = data.chargeTp;
    this.cpTp = data.cpTp;
    this.statUpdatetime = data.statUpdatetime;
    this.cpStat = data.cpStat;
  }

  // 충전기 상태가 "충전 가능"인지 확인하는 메서드
  isAvailable(): boolean {
    return this.cpStat === "1";
  }

  // 위치 정보를 객체 형태로 반환하는 메서드
  getLocation(): { latitude: number; longitude: number } {
    return { latitude: this.lat, longitude: this.longi };
  }
}
```

DO와 DTO을 정의하고 구현했으면 마지막으로 고려해야 할 것은 어느 디렉터리에 관리할 것인지입니다. 일반적으로 DTO와 DO를 정의할 때 어떻게 구성할 것인지에 대해서는 개발자마다 의견이 다르며, 프로젝트의 성격에 따라 선택이 달라지기도 합니다.

그 중에서 필자는 DTO와 DO를 하나의 파일(types.ts)에서 함께 관리하는 것을 선호합니다. DTO와 DO가 함께 정의되어 있으면, 서버에서 받아온 데이터 구조와 클라이언트에서 사용하는 데이터 구조를 한눈에 비교하기 쉽고, 유지보수가 용이하기 때문입니다.

예시 디렉터리 구조는 다음과 같습니다.

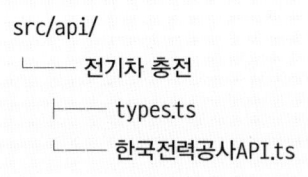

```
src/api/
└── 전기차 충전
    ├── types.ts
    └── 한국전력공사API.ts
```

그러나 다른 개발자들은 DTO와 DO를 별도의 파일이나 폴더에 나눠 관리하기를 선호할 수도 있습니다. 이러한 관점에서는 DTO는 서버에서 전달되는 객체의 모습을 표현하는 것이고, DO는 클라이언트에서 실제 비즈니스 로직을 수행하는 객체이기 때문에 목적이 다르므로 파일을 분리하는 것이 더 깔끔하다고 주장합니다.

기존 코드에 DO와 DTO 적용

이제 한국전력공사API 클래스는 서버의 응답 데이터를 DTO 형태로 받아 DO로 변환하여 클라이언트에서 사용하도록 구현해 보겠습니다.

```ts
// src/api/전기차 충전/한국전력공사API.ts
import { Station, StationDTO } from "./types";

class 한국전력공사API {
  async getEvSearchList({
    page,
    perPage,
    addr,
  }: {
    page: number;
    perPage: number;
    addr: string;
  }): Promise<Station[]> {
    if (!addr) return [];
    // 중략

    return response.data.map((station: StationDTO) => new Station(station));
  }
}

export default new 한국전력공사API();
```

이렇게 한국전력공사API 클래스에서 서버로부터 StationDTO 데이터를 받아와 Station 객체로 변환합니다. 이를 통해 클라이언트는 Station 클래스의 메서드(isAvailable 등)를 활용할 수 있으며, 타입 안정성을 유지하면서 데이터를 일관되게 사용할 수 있습니다.

또한, 타입을 지정해 주면 타입스크립트의 타입 추론을 통해 return 값에도 타입이 명확하게 나타나는 것을 볼 수 있습니다.

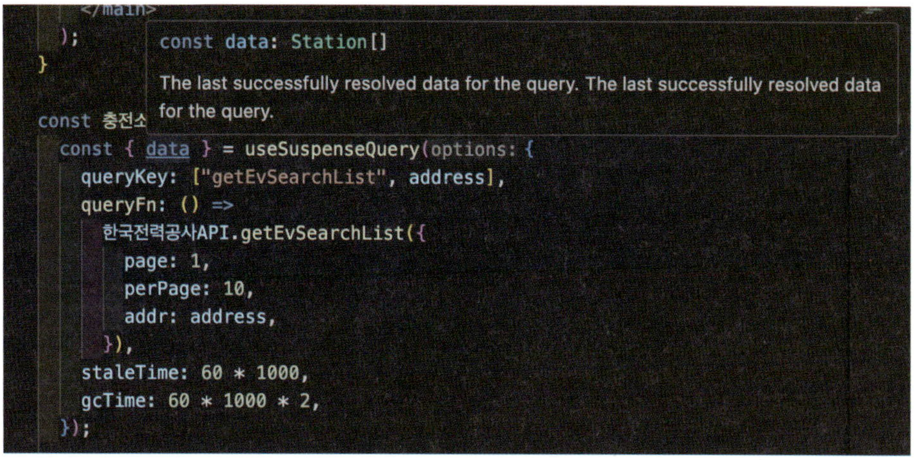

```
                </main>
           );         const data: Station[]
         }           The last successfully resolved data for the query. The last successfully resolved data
                     for the query.
         const 충전소
              const { data } = useSuspenseQuery(options: {
                queryKey: ["getEvSearchList", address],
                queryFn: () =>
                    한국전력공사API.getEvSearchList({
                        page: 1,
                        perPage: 10,
                        addr: address,
                    }),
                staleTime: 60 * 1000,
                gcTime: 60 * 1000 * 2,
              });
```

그림 10.15 타입 추론으로 Station 타입 확인하는 화면

이처럼 타입스크립트, DTO, DO 구조를 도입하면 API와 상태 관리 구조를 더 명확하고 일관성 있게 구성할 수 있습니다. 물론 단순히 값을 받아서 사용하는 방식도 가능하지만, 이처럼 구조화된 방식은 변화와 확장에 훨씬 유연한 구조를 만들어줍니다.

초반에는 이런 구조의 이점을 체감하기 어렵습니다. 필자 역시 주니어 시절에는 불필요하고 복잡하게만 느껴졌던 경험이 있습니다. 그러나 실제 프로젝트를 운영하며 기능이 늘어나고, API 스펙이 변경되며, 팀 단위 협업이 복잡해질수록 이러한 설계가 얼마나 실용적인지 분명히 깨닫게 될 것입니다. 여러분도 이를 느끼고 도입해 보시길 바랍니다.

충전소 필터링 기능

충전소 필터링 기능은 사용자가 원하는 조건에 따라 충전소 목록을 제한하여, 효율적으로 정보를 탐색할 수 있도록 돕는 핵심적인 기능입니다.

이번에는 충전기 타입과 충전기 상태라는 두 가지 기준으로 기반으로 필터링 기능을 구현해보며, 필터링 처리 위치(서버 vs 클라이언트)에 따른 설계 전략도 함께 다룹니다.

- **충전기 타입**: 완속(1) 또는 급속(2) 중 하나를 선택
- **충전기 상태**: 충전 가능(1), 충전 중(2), 고장/점검(3) 등 상태 기반 필터링

서버 필터링 vs 클라이언트 필터링

필터링 기능을 구현하기 전, 필터 조건을 서버에서 처리할지, 혹은 클라이언트에서 처리할지를 결정하는 것이 중요합니다.

- **서버 필터링**: 서버가 조건을 기반으로 필요한 데이터만 필터링하여 클라이언트에 전달
- **클라이언트 필터링**: 모든 데이터를 가져온 후, 클라이언트에서 필터링 처리 수행

그리고 이 방식들은 다음과 같은 특성을 가지고 있습니다.

- 서버 필터링은 대용량 데이터에 적합하며 네트워크 부담을 줄일 수 있습니다.
- 클라이언트 필터링은 빠른 UI 반응성과 유연한 필터링 조합이 장점입니다.

전기차 충전소 데이터는 전국적으로 분포한 대규모 데이터이므로, 모든 데이터를 클라이언트에 전송하는 것은 비효율적입니다. 따라서 서버에서 위치 검색을 기준으로 필터링하여 필요한 데이터만 클라이언트로 전송하고 이후 클라이언트에서 충전기 타입과 상태에 따라 추가 필터링을 적용해 보겠습니다.

필터링 기능 구현

Select 컴포넌트를 사용하여 사용자로부터 필터링 조건을 입력받는 UI를 구성합니다. 한국전력공사API를 통해 서버에서 이미 addr을 받아 위치를 기준으로 필터링을 적용한 데이터를 클라이언트에 전달하므로, 클라이언트에서는 충전기 타입과 상태만을 기준으로 추가 필터링을 진행하면 됩니다.

```
npx shadcn-ui@latest add select
```

명령어로 Select 컴포넌트를 설치한 후, 충전소 필터링 UI를 다음과 같이 구현합니다.

```tsx
// src/app/station/page.tsx
// import 생략

export default function StationPage() {
  const [address, setAddress] = useState<string>("");
  const [충전 가능 여부, set충전 가능 여부] = useState<string>("");
  const [급속여부, set급속여부] = useState<string>("");

  return (
    <main className="flex min-h-screen flex-col items-center justify-center gap-10 p-4">
      <div className="flex gap-1">
        {/* 주소 입력 */}
        <Input
          type="text"
          value={address}
          onChange={(e) => setAddress(e.target.value)}
          placeholder="주소를 입력하세요"
        />

        {/* 충전기 타입 필터 */}
        <Select value={급속여부} onValueChange={set급속여부}>
          <SelectTrigger className="w-[180px]">
            <SelectValue placeholder="급속여부" />
          </SelectTrigger>
          <SelectContent>
            <SelectItem value="1">완속</SelectItem>
            <SelectItem value="2">급속</SelectItem>
          </SelectContent>
        </Select>

        {/* 충전기 상태 필터 */}
        <Select value={충전 가능 여부} onValueChange={set충전 가능 여부}>
          <SelectTrigger className="w-[180px]">
            <SelectValue placeholder="충전여부" />
          </SelectTrigger>
          <SelectContent>
            <SelectItem value="1">충전 가능</SelectItem>
            <SelectItem value="0">충전 불가</SelectItem>
```

```
        </SelectContent>
      </Select>
    </div>

    {/* 필터링된 충전소 목록 */}
    <div>
      <Suspense fallback={<div>"로딩중..."</div>}>
        <충전소_리스트_컴포넌트
          address={address}
          충전 가능 여부={충전 가능 여부}
          급속여부={급속여부}
        />
      </Suspense>
    </div>
  </main>
  );
}
```

사용자의 선택은 상태(useState)로 관리되며, 해당 값들은 하위 컴포넌트에 props로 전달됩니다. 그리고 충전소 리스트 컴포넌트는 받은 필터링 조건을 기반으로 충전소 목록을 동적으로 필터링하여 렌더링합니다.

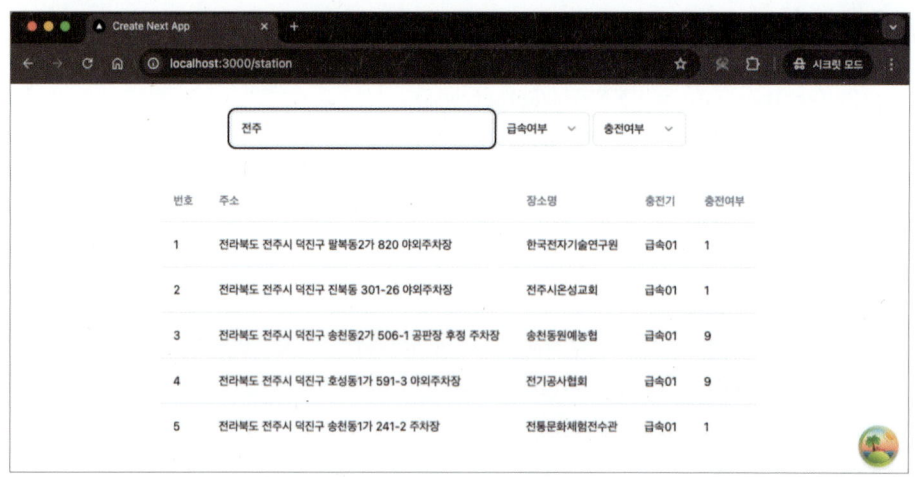

그림 10.16 급속여부와 충전여부를 필터링한 화면

필터링된 충전소 리스트 표시

이제 충전소 리스트 컴포넌트에서 받은 필터링 조건을 바탕으로 데이터를 선별하고, 해당 결과를 화면에 표시하는 로직을 구현합니다.

이 컴포넌트는 충전기 타입과 충전 상태 두 가지 조건을 기반으로 데이터를 필터링하며, 예를 들어 "충전 가능" 상태(값: 1)가 선택된 경우에는 cpStat이 1인 데이터만 화면에 표시됩니다.

이러한 조건 처리는 도메인 객체(DO)의 메서드를 통해 구현할 수 있습니다.

예를 들어, station.isAvailable() 또는 station.isFastCharger()와 같은 메서드를 통해 도메인 로직을 캡슐화하여, 컴포넌트에서는 보다 간결하고 명확하게 필터링 조건을 기술할 수 있습니다.

```ts
// src/api/전기차 충전/types.ts
// 급속 충전기인지 확인하는 메서드를 추가했습니다.
isFastCharger(): boolean {
  return this.chargeTp === "2";
}
```

위 메서드는 해당 충전소가 급속 충전기인지 여부를 판별합니다.

그리고 변경된 충전소 리스트 컴포넌트의 전체 코드는 다음과 같습니다.

```tsx
// src/app/station/page.tsx
// import 생략

const 충전소_리스트_컴포넌트 = ({
  address,
  충전 가능 여부,
  급속여부,
}: {
  address: string;
  충전 가능 여부: string;
  급속여부: string;
}) => {
  const { data } = useSuspenseQuery({
    queryKey: ["getEvSearchList", address],
```

```
    queryFn: () =>
      한국전력공사API.getEvSearchList({
        page: 1,
        perPage: 5,
        addr: address,
      }),
    staleTime: 60 * 1000,
    gcTime: 60 * 1000 * 2,
});

const filteredData = data?.filter((station) => {
  if (충전 가능 여부) {
    return 충전 가능 여부 === "충전가능" && station.isAvailable();
  }
  if (급속여부) {
    return 급속여부 === "급속" && station.isFastCharger();
  }
  return true;
});

return (
  <Table className="max-w-screen-md">
    <TableHeader>
      <TableRow>
        <TableHead>"번호"</TableHead>
        <TableHead>"주소"</TableHead>
        <TableHead>"장소명"</TableHead>
        <TableHead>"충전기"</TableHead>
        <TableHead>"충전여부"</TableHead>
      </TableRow>
    </TableHeader>
    <TableBody>
      {filteredData?.map((station, index: number) => {
        return (
          <TableRow key={station.cpId + station.csId + index}>
            <TableCell>{index + 1}</TableCell>
            <TableCell>{station.addr}</TableCell>
            <TableCell>{station.csNm}</TableCell>
```

```
                    <TableCell>{station.cpNm}</TableCell>
                    <TableCell>{station.cpStat}</TableCell>
                </TableRow>
            );
        })}
        </TableBody>
    </Table>
  );
};
```

클라이언트 필터링의 정보 왜곡

클라이언트 필터는 서버의 도움 없이 프론트엔드 단에서 간단히 처리할 수 있어서 매우 간편합니다. 하지만 이는 UX에서 오해를 불러올 수 있습니다.

현재 구현에서는 perPage : 5 설정을 통해서 서버에서 최대 5개의 충전소 데이터를 가져오고 클라이언트 측에서 필터링을 수행하게 됩니다.

그리고 서버에서 전달된 5개의 충전소 데이터 중에서 클라이언트 조건에 의해 필터링된 최종 충전소가 3개라고 화면에서 확인할 수 있습니다.

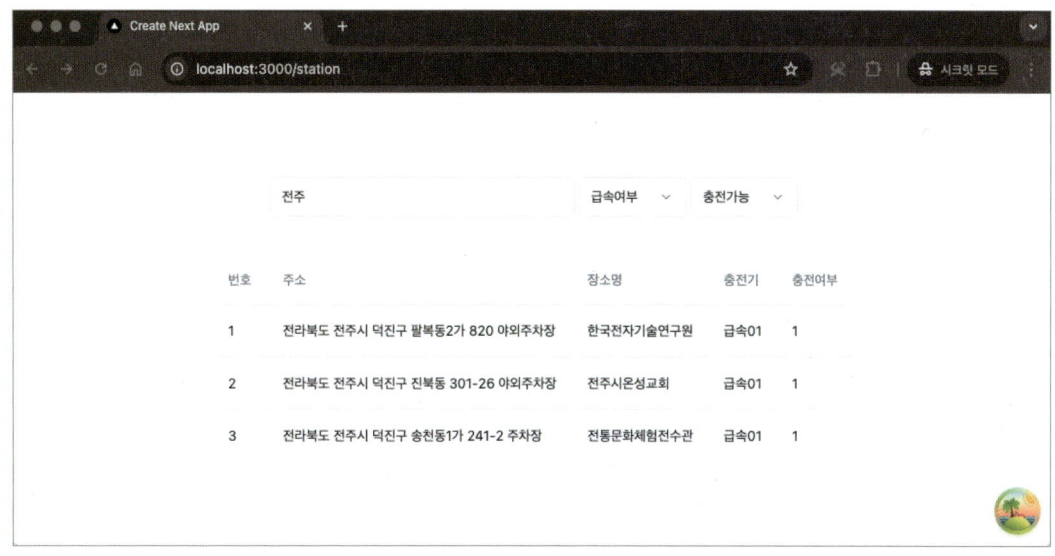

그림 10.17 필터링 조건에 의해 필터링된 화면

하지만 사진에서 검색한대로 전주에서 검색한 데이터 중에 충전 가능 상태인 충전소는 3개뿐일까요?

사실 서버에는 추가적인 충전소 데이터가 있지만, 클라이언트에서는 한정된 데이터(5개)만 가져왔기 때문에, 필터링된 결과(3개)가 전체 데이터와 다를 수 있습니다. 이런 상황은 사용자에게 정보 왜곡을 줄 수 있으며, 실제와 다른 판단을 유도할 가능성이 있습니다.

클라이언트 필터링의 시각적 구분

이 문제를 해결하기 위한 방법 중 하나는, 필터링 조건에 맞지 않는 데이터도 화면에 그대로 표시하되, 시각적인 요소를 활용해 구분해 주는 방식입니다.

필터링된 데이터를 배경색 등을 활용하여 시각적으로 구분해 보겠습니다.

```
const 충전소 리스트 컴포넌트 = ({
  address,
  충전 가능 여부,
  급속 여부,
}: {
  address: string;
  충전 가능 여부: string;
  급속여부: string;
}) => {
  const { data } = useSuspenseQuery({
    /* 생략 */
  });

  const filteredData = data?.filter((station) => {
    const matchCharge = 충전 가능 여부
      ? station.isAvailable() === (충전 가능 여부 === "1")
      : true;
    const matchType = 급속 여부
      ? station.isFastCharger() === (급속 여부 === "2")
      : true;
    return matchCharge && matchType;
  });
```

```jsx
  return (
    <Table className="max-w-screen-md">
      <TableHeader>
        <TableRow>
          <TableHead>"번호"</TableHead>
          <TableHead>"주소"</TableHead>
          <TableHead>"장소명"</TableHead>
          <TableHead>"충전기"</TableHead>
          <TableHead>"충전 상태"</TableHead>
        </TableRow>
      </TableHeader>
      <TableBody>
        {data?.map((station, index) => {
          const isVisible = filteredData?.includes(station);
          return (
            <TableRow
              key={station.cpId + station.csId + index}
              className={isVisible ? "" : "bg-red-200"}
            >
              <TableCell>{index + 1}</TableCell>
              <TableCell>{station.addr}</TableCell>
              <TableCell>{station.csNm}</TableCell>
              <TableCell>{station.cpNm}</TableCell>
              <TableCell>{station.cpStat}</TableCell>
            </TableRow>
          );
        })}
      </TableBody>
    </Table>
  );
};
```

조건에 부합하지 않는 데이터는 "bg-red-200"과 같은 배경색으로 구분합니다.

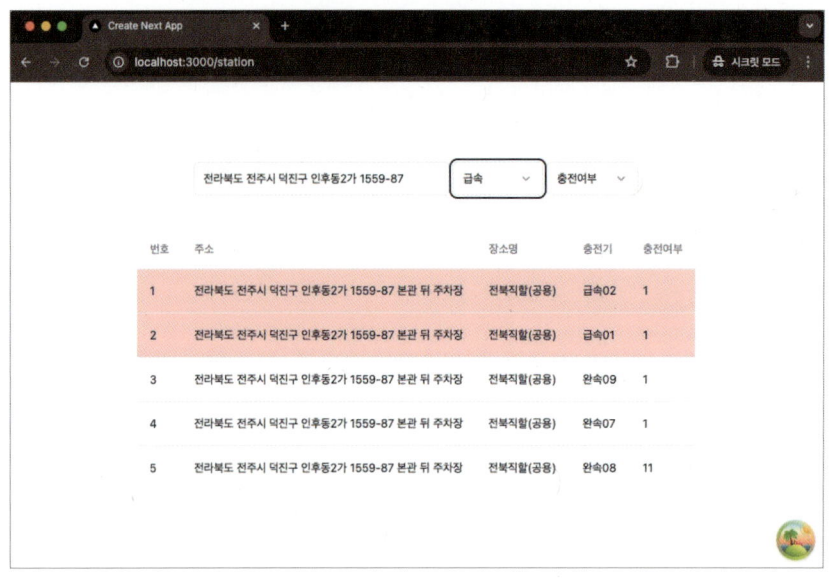

그림 10.18 필터링 UI를 개선한 화면

이처럼 클라이언트 필터링만으로는 전체 데이터를 정확히 반영하기 어렵기 때문에 UI에서 필터링 상태를 명확히 표시하는 전략 또한 필요합니다.

> 💡 **시니어 코멘트**
>
> UI 설계 단계에서부터 서버 필터링과 클라이언트 필터링의 위계를 명확히 나눌 수 있습니다. 예를 들어, 서버 필터링 조건은 페이지 최상단에 위치시켜 사용자가 "데이터 요청 자체를 제한하는 필터"임을 인지하게 만들고, 클라이언트 필터링은 테이블 헤더 등 결과 데이터 위에서 동작하는 보조 필터로 분리해 구성하는 것이 이상적입니다. 이렇게 위계를 나누면 사용자는 "무엇이 서버에서 걸러졌고, 무엇이 클라이언트에서 제한된 것인지"를 직관적으로 이해할 수 있습니다.

즐겨찾기 기능

즐겨찾기 기능을 구현하기에 앞서, 이전에 살펴보았던 서버 상태와 클라이언트 상태에 대해 다시 정리하고 넘어가 보겠습니다. 그런 후에 즐겨찾기 기능을 단계별로 구현해 보겠습니다.

서버 상태 vs 클라이언트 상태

일반적으로 서버 상태는 외부에서 받아오는 비동기 데이터를 의미합니다. 예를 들어, 한국전력공사 API를 통해 가져온 전기차 충전소 정보는 서버 상태에 해당합니다.

그리고 이 서버 데이터는 다음과 같은 특징을 가지고 있습니다.

- **외부 의존성**: 서버에 저장된 데이터를 기반으로 합니다.
- **비동기 데이터**: API 요청을 통해 비동기적으로 불러온다.
- **공유 가능**: 여러 사용자가 동일한 서버 데이터를 사용할 수 있습니다.
- **캐싱**: 동일한 요청에 대해 네트워크 비용을 줄이기 위해 캐싱이 활용됩니다.
- **리페칭**: 서버 상태가 변경되면 데이터의 최신화를 위해 재요청이 필요합니다.

현재 이 프로젝트에서는 TanStack Query를 통해 서버 상태를 관리하고 있습니다. 그리고 TanStack Query는 데이터 캐싱, 리페칭, 상태 추적 등을 자동화하여 서버 상태를 안정적으로 제어할 수 있도록 돕습니다.

반면, 클라이언트 상태(Client State)는 애플리케이션 내부에서만 관리되는 상태로, 사용자 인터페이스와 관련된 데이터입니다. 이는 주로 사용자 인터랙션이나 특정 컴포넌트의 상태를 관리하는 데 사용됩니다. 예를 들어, 즐겨찾기 기능은 사용자가 특정 충전소를 즐겨찾기에 추가하거나 제거하는 등 클라이언트에서만 관리하므로 클라이언트 상태에 해당합니다.

다음으로 클라이언트 상태에 대해 살펴보겠습니다.

클라이언트 상태는 애플리케이션 내부에서만 사용되는 UI 중심의 데이터를 의미합니다. 사용자의 인터랙션을 기반으로 생성되며, 외부 서버와의 직접적인 연동은 없습니다.

- **내부 데이터**: 서버와 상관없이 로컬에서만 관리됩니다.
- **동기적 처리**: 즉각적인 사용자 반응이 필요하므로, 비동기 요청 없이 동작합니다.
- **범위 제한**: 페이지 또는 컴포넌트 범위 내에서 유지되며, 새로고침 시 초기화될 수 있습니다.

외부 서버와의 직접적인 연동은 없지만 외부에서 가져온 데이터를 기반으로 내부 데이터를 생성할 수 있습니다. 이러한 클라이언트 상태 관리를 위해 본 프로젝트에서는 zustand를 사용합니다.

이처럼 서버 상태와 클라이언트 상태를 구분하여 관리하는 것은 프론트엔드 상태 관리의 중요한 패턴 중 하나입니다. TanStack Query를 사용해 서버 상태를 관리하고, 클라이언트 상태는 zustand와 같은 상태 관리 라이브러리를 통해 관리하는 패턴이 최근에 많이 연구되고 도입되고 있습니다.

zustand로 클라이언트 상태 관리

즐겨찾기 기능은 서버와 연동되지 않는 클라이언트 상태에 해당하므로, 이를 효율적으로 관리하기 위해 리액트 상태 관리 라이브러리인 zustand를 도입합니다.

```
npm install zustand
```

상태 관리 파일의 위치는 개발자마다 다르게 설정할 수 있지만, 이번 프로젝트에서는 src 디렉터리 아래에 store 폴더를 생성하여 zustand 상태 관리 코드를 작성하도록 하겠습니다.

```
src
├── api
├── app
├── components
├── lib
│   └── utils.ts
└── store // 추가한 폴더
    └── favoriteStore.ts // 추가한 파일
```

이후에 실제 zustand 스토어 구현해 보겠습니다.

```ts
// store/favoriteStore.ts
import { Station } from "@/api/전기차 충전/types";
import { create } from "zustand";
import { createJSONStorage, persist } from "zustand/middleware";

type State = {
  favoriteStationList: Station[];
};

type Actions = {
  addFavoriteStation: (station: Station) => void;
  removeFavoriteStation: (station: Station) => void;
  reset: () => void;
};
const initialState: State = {
```

```
    favoriteStationList: [],
};

const usefavoriteStore = create<State & Actions>()(
  persist(
    (set) => ({
      ...initialState,
      addFavoriteStation: (station: Station) => {
        set((state) => ({
          favoriteStationList: [...state.favoriteStationList, station],
        }));
      },
      removeFavoriteStation: (station: Station) => {
        set((state) => ({
          favoriteStationList: state.favoriteStationList.filter(
            (s) => s.cpId !== station.cpId
          ),
        }));
      },
      reset: () => {
        set(initialState);
      },
    }),
    {
      name: "favoriteStore-storage", // 로컬 스토리지에 저장될 키 이름
      storage: createJSONStorage(() => localStorage), // 로컬 스토리지에 상태 저장
    }
  )
);

export default usefavoriteStore;
```

이제 zustand 스토어의 구성 요소를 하나씩 살펴보겠습니다.

- **상태(State)와 동작(Actions)의 분리**

Zustand 스토어는 State와 Actions를 별도로 정의하여 구성함으로써, 상태 값과 상태를 변경하는 로직이 명확히 구분됩니다.

- **초기 상태 설정**

initialState를 통해 스토어의 기본값을 정의함으로써, reset 시 초기화되는 기준이 명확하게 설정됩니다.

- **persist 미들웨어 적용**

persist 미들웨어는 상태를 로컬 스토리지에 자동으로 저장하며, 사용자가 페이지를 새로고침하거나 브라우저를 종료하더라도 즐겨찾기 목록이 유지됩니다. 내부적으로는 localStorage를 사용하되, createJSONStorage를 통해 JSON 포맷으로 직렬화됩니다.

- **타입스크립트 기반 설계**

Zustand는 별도의 타입 확장 없이도 TypeScript와 호환되며, 스토어 정의 시 타입을 명확히 선언함으로써 타입 안정성과 IDE 자동 완성을 모두 확보할 수 있습니다.

이렇게 좋은 구조를 기반으로 즐겨찾기 상태 스토어를 구현했습니다.

> **추가 학습**
>
> 키워드 – zustand middlewares, zustand third-party Libraries

즐겨찾기 기능을 위한 컴포넌트 구성

즐겨찾기 기능은 기존 충전소 검색 페이지와 동일하게 검색 기능이 포함된 인터페이스를 제공하되, 검색 결과는 리스트(Table) 대신 카드 형식(StationCard)으로 시각화합니다. 이를 통해 사용자는 즐겨찾기에 등록한 충전소를 직관적으로 확인하고 조작할 수 있습니다.

먼저, StationCard 컴포넌트를 만들기 위해 shadcn-ui의 Card 컴포넌트를 설치하고, 아이콘을 사용하기 위해 react-icons 라이브러리도 설치해 보겠습니다.

```
npx shadcn-ui@latest add card
npm install react-icons --save
```

컴포넌트 관리를 체계화하기 위해 다음과 같이 디렉터리 구조를 구분합니다.

위 디렉터리 구조를 기준으로 shadcn-ui CLI로 생성되는 기본 컴포넌트(ui 디렉터리)와 사용자 정의 컴포넌트(custom)를 구분합니다.

> 💡 **시니어 코멘트**
> 이 프로젝트에서는 간단히 custom이라는 폴더 명을 사용했지만, 실무 환경에서는 디렉터리 명명 방식이 팀 컨벤션 또는 아키텍처 전략에 따라 다양하게 분화됩니다.
> 예를 들어, shared, features, widgets, elements, modules와 같은 구조로 나누는 방식도 자주 사용됩니다. 이처럼 폴더 구조는 단순한 개인 선호의 문제가 아니라, 팀의 조직 문화, 업무 도메인, UI 재사용 전략에 따라 결정되는 아키텍처 레벨의 설계 요소로 봐야 합니다.

이제 StationCard 컴포넌트 구현해 보겠습니다. 컴포넌트가 크다보니 로직 부분과 렌더링 부분으로 나누어서 살펴보겠습니다.

```
export default function StationCard(props: Station) {
  // 스토어에서 상태와 액션을 가져옵니다.
  const isFavorited = usefavoriteStore((state) => {
    return state.favoriteStationList.some((s) => s.cpId === props.cpId);
  });
  const addFavoriteStation = usefavoriteStore(
    (state) => state.addFavoriteStation
  );
  const removeFavoriteStation = usefavoriteStore(
    (state) => state.removeFavoriteStation
  );

  // 즐겨찾기 상태를 토글하는 함수
  const toggleFavorite = () => {
    if (isFavorited) {
      removeFavoriteStation(props);
    } else {
      addFavoriteStation(props);
    }
  };

  return <></>; /** 생략 */
}
```

이전에 구현한 zustand의 usefavoriteStore를 통해 즐겨찾기 상태와 액션을 가져옵니다. 그리고 toggleFavorite 함수를 구현하여 가독성을 챙겨줍니다.

```
  return (
    <Card className="w-60">
      <CardHeader>
        <CardTitle>{props.csNm}</CardTitle>
        <CardDescription>{props.addr}</CardDescription>
      </CardHeader>
      <CardContent className="grid">
        <div className="grid grid-cols-3 gap-2">
          <div>{props.cpNm}</div>
          <div>{props.cpStat === "1" ? "사용가능" : "사용불가"}</div>
          <Button variant="ghost" size="icon" onClick={toggleFavorite}>
            {isFavorited ? (
              <MdFavorite size={32} />
            ) : (
              <MdFavoriteBorder size={32} />
            )}
          </Button>
        </div>
      </CardContent>
    </Card>
  );
```

이 부분은 컴포넌트의 UI 렌더링을 담당하며, 상태와 액션에 따라 동적으로 표시되는 정보를 관리합니다. 특히, 즐겨찾기 상태에 따라 다른 아이콘을 보여주고, 버튼을 클릭하면 toggleFavorite 함수가 호출되어 즐겨찾기 상태를 토글할 수 있습니다.

즐겨찾기 페이지 구현

이제 즐겨찾기를 위한 컴포넌트를 만들었으니 페이지를 생성해 보겠습니다.

```tsx
// src/app/favorite/page.tsx
"use client";

import StationCard from "@/components/custom/card/StationCard";
import { Input } from "@/components/ui/input";
import usefavoriteStore from "@/store/favoriteStore";
import { Suspense, useState } from "react";

export default function FavoritePage() {
  const [address, setAddress] = useState<string>("");

  return (
    <main className="flex min-h-screen flex-col items-center justify-center gap-10 p-4">
      <Input
        type="text"
        value={address}
        onChange={(e) => setAddress(e.target.value)}
        placeholder="주소를 입력하세요"
      />
      <즐겨찾기리스트컴포넌트 />
      <Suspense fallback={<div>"로딩중..."</div>}>
        <충전소 리스트 컴포넌트 address={address} />
      </Suspense>
    </main>
  );
}
```

그리고 즐겨찾기 리스트 컴포넌트를 구현합니다.

```
const 즐겨찾기리스트컴포넌트 = () => {
  const favoriteStationList = usefavoriteStore(
    (state) => state.favoriteStationList
  );

  return (
    <>
      <h2>"즐겨찾기"</h2>
      <div className="flex w-full gap-1 flex-wrap">
        {favoriteStationList.map((station) => (
          <StationCard
            key={station.cpId}
            {...station}
            getLocation={station.getLocation}
            isAvailable={station.isAvailable}
            isFastCharger={station.isFastCharger}
          />
        ))}
      </div>
    </>
  );
};
```

코드를 통해 살펴보았듯이, 하트 아이콘을 토글하여 즐겨찾기 상태를 로컬 스토리지에 저장할지 여부를 결정합니다.

그림 10.19에서는 "한국전자기술연구원"과 "송천동원예농협"이 즐겨찾기 리스트에 추가된 것을 확인할 수 있습니다. 또한, 검색 결과에도 동일한 컴포넌트가 표시되어 즐겨찾기 상태를 시각적으로 확인할 수 있습니다.

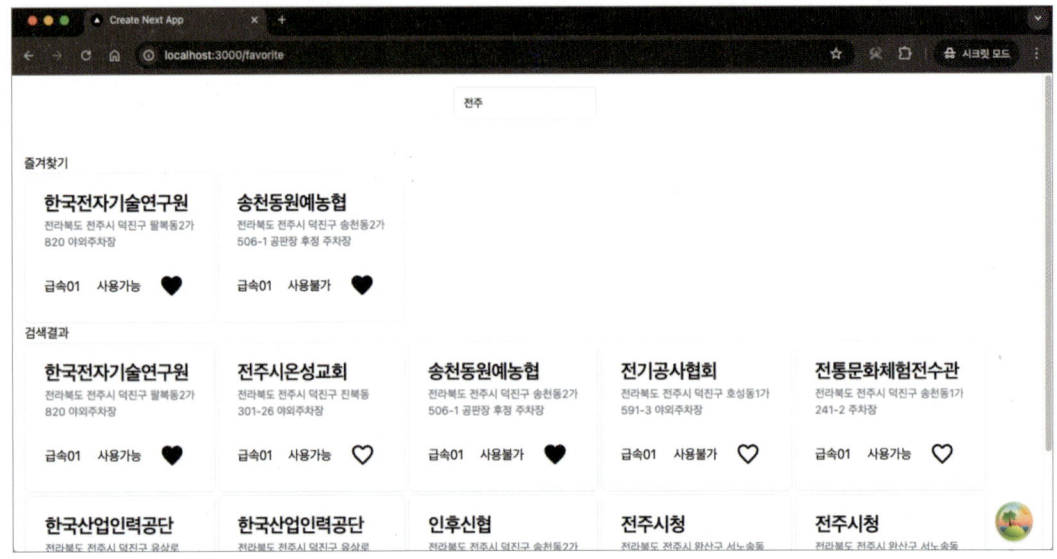

그림 10.19 즐겨찾기와 검색 결과에 컴포넌트가 렌더링된 화면

그리고 페이지를 새로고침하거나 다른 탭을 열어 해당 URL에 다시 접속해 보겠습니다.

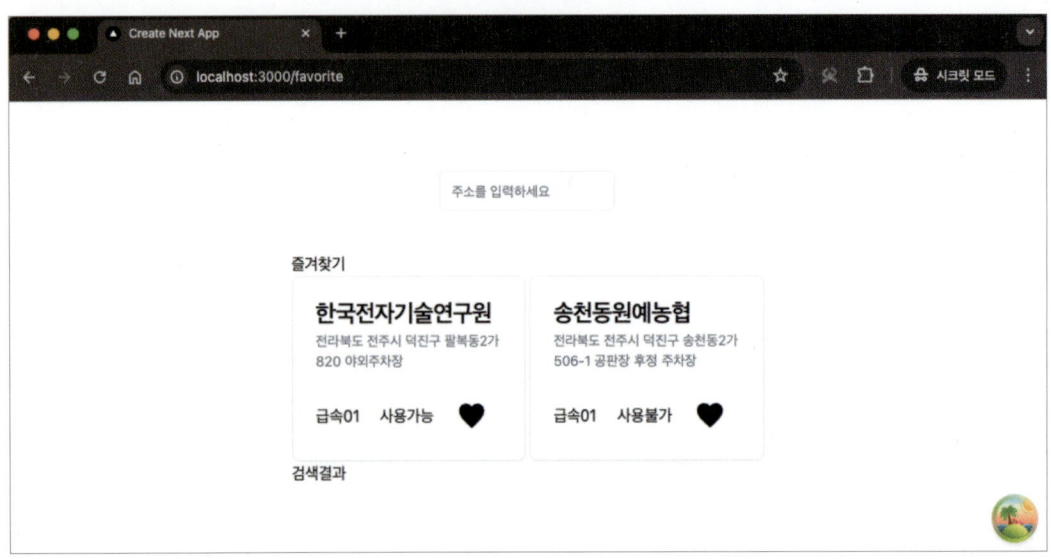

그림 10.20 새로고침 후에도 유지되는 즐겨찾기 화면

그 결과 검색어 "전주"는 사라지고 검색 결과 또한 사라진 모습을 확인할 수 있습니다. 대신에 즐겨찾기한 항목들은 그대로 남아있습니다.

그리고 localStorage에 저장한 값은 개발자 도구 > Application > Storage > Local storage에서 확인할 수 있습니다.

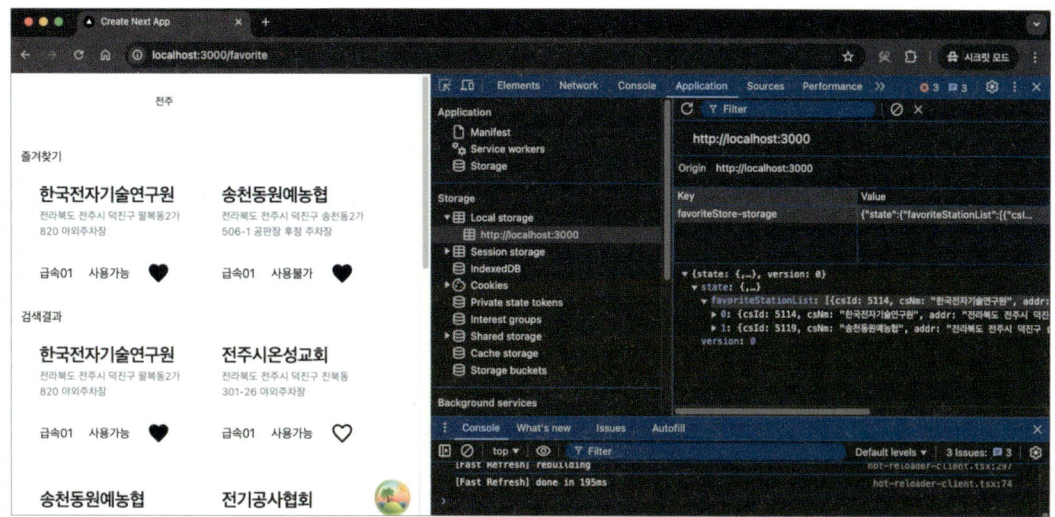

그림 10.21 즐겨찾기 데이터를 확인하는 개발자 도구 화면

Next.js 실전 프로젝트(하) 정리

이번 장에서는 Next.js 기반의 실전 프로젝트를 통해 다양한 프론트엔드 기술을 통합적으로 활용하고, 실제 서비스에 필요한 기능들을 직접 구현하며 상태 관리, UI 구성, 사용자 경험 향상까지 아우르는 전 과정을 체계적으로 점검해 봤습니다.

특히 TanStack Query를 통해 서버 상태를 효율적으로 관리하고, Zustand를 도입하여 클라이언트 상태를 분리해 관리했으며, Tailwind CSS와 shadcn-ui를 기반으로 UI를 정교하게 개선하였습니다.

이러한 기술들을 단순한 API 호출과 화면 렌더링을 넘어서, 서버 상태와 클라이언트 상태의 분리, DTO/DO 설계, 컴포넌트 아키텍처 구성, 사용자 경험을 고려한 상태 시각화 전략까지 포함하여 실무에서 요구되는 구조적 설계 사고로 확장시켰습니다.

이 과정을 통해 여러분이 기술을 구조화하고 설계하는 즐거움을 느껴보셨기를 바랍니다. 또한, 이번 프로젝트는 처음부터 완성된 구조를 가지고 시작한 것이 아니라, 작고 독립적인 기능을 하나씩 구현하며 전체 시스템을 완성해 나가는 방식으로 진행되었습니다. 즐겨찾기, 필터링, 데이터 표시, UI 등 각자 다르지만 작은 문제 해결 단위로 시작하였고, 이를 연결하며 하나의 완성도 높은 애플리케이션으로 발전시킬 수 있었습니다.

이러한 접근은 학습뿐 아니라 실무에서도 동일하게 적용되며, 실질적인 개발의 출발점은 언제나 버튼 하나, 컴포넌트 하나, 조건 분기 하나에서 시작됩니다.

> 🔵 **시니어 코멘트**
> 세상에 존재하는 모든 대형 프로젝트와 서비스조차 누군가의 작은 컴포넌트 하나, 단순한 로직 하나에서 시작된 것입니다. 여러분이 오늘 만든 작은 기능이 언젠가는 세상에 영향을 주는 제품의 일부가 될지도 모릅니다.

11장
Git과 GitHub

11.1 버전 관리 시스템
11.2 Git
11.3 GitHub
11.4 브랜치 관리 전략

개발 프로젝트의 규모가 커지고 협업 인원이 많아질수록 코드 및 파일의 버전을 효율적으로 관리하는 일이 매우 중요해지고 있습니다. 이로 인해 다양한 버전 관리 시스템(VCS, Version Control System)이 등장했으며, 각각 고유한 장점과 단점을 가지고 있습니다. 이 절에서는 버전 관리 시스템의 필요성과 종류를 살펴보고, 그중 Git을 중심으로 실무에서 어떻게 활용할 수 있는지 알아보겠습니다.

11.1 버전 관리 시스템

프로젝트 규모가 커지고 여러 명이 협업하게 되면, 코드와 파일의 변경 이력을 체계적으로 관리하는 것이 필수입니다. 이를 위해 버전 관리 시스템(Version Control System, VCS)이 존재하며, 대표적으로 Git, Subversion(SVN), Mercurial 등이 있습니다.

버전 관리 시스템의 필요성

버전 관리 시스템의 필요성을 말로 설명하기보다는 한 가지 사례를 통해 설명해 보겠습니다. 버전 관리 시스템을 도입한 A 개발자와 그렇지 않은 B 개발자가 있습니다.

코드 실수로 인한 복구 예시

A 개발자는 프로젝트 초기부터 버전 관리 시스템을 도입하여 작업했습니다. 어느 날, 중요한 기능을 추가한 후 서비스를 배포했으나, 이 기능에 심각한 오류가 발견되어 서비스가 정상적으로 동작하지 않게 되었습니다.

다행히도, A 개발자는 버전 관리 시스템을 사용하고 있었기 때문에, 기능을 추가하기 전의 상태로 코드를 쉽게 되돌릴 수 있었습니다. 이를 통해 빠르게 서비스를 정상 상태로 복구할 수 있었고, 문제를 해결한 후 다시 배포하여, 안전하게 중요한 기능을 서비스에 추가할 수 있었습니다.

반면, B 개발자는 버전 관리 시스템의 중요성을 인식하지 못하고 개발을 진행했습니다. B 개발자도 중요한 기능을 추가하여 서비스를 배포했으나, 이 기능에도 심각한 오류가 있었습니다.

기능을 제거해야 하는 상황에서, B 개발자는 기억에 의존해 새로 추가된 기능을 제거했습니다. 그러나 이 과정에서 실수로 중요한 기능까지 삭제해 버렸습니다. 결국 B 개발자는 삭제된 기능을 기억에 의존해 복구하려 했으나, 반복되는 실수로 인해 서비스는 더 이상 정상적으로 운영될 수 없게 되었습니다.

이렇게 버전 관리 시스템은 개발 과정에서 발생하는 모든 변경 이력을 체계적으로 관리하고, 문제 발생 시 이전 상태로 쉽게 복구할 수 있는 도구입니다. 이를 통해 A 개발자처럼 실수를 최소화하고, 안정적으로 서비스를 유지할 수 있습니다. 반면, B 개발자처럼 버전 관리 시스템을 사용하지 않으면 코드 변경 이력을 추적하거나 복구하는 과정에서 실수할 가능성이 높아지고, 결국 서비스 운영에 치명적인 영향을 미칠 수 있습니다. 따라서 버전 관리 시스템은 개발 프로젝트에서 필수적인 도구입니다.

버전 관리 시스템의 필요성을 예시로 들어 설명했지만 이것이 필요한 예시의 전부는 아닙니다. A 개발자와 B 개발자의 예시는 코드 실수로 인한 복구에 대한 예시입니다. 한 가지 예시를 더 살펴보겠습니다.

협업 중 충돌 해결 예시

B 개발자는 서비스 운영에 어려움을 느끼고 새로운 C 개발자를 뽑아 다시 서비스를 운영하기로 했습니다. C 개발자는 새로운 기능을 추가하기 시작했고, B 개발자도 동시에 다른 기능을 수정하고 있었습니다. 하지만 두 개발자가 같은 파일을 동시에 수정하면서 서로의 작업이 충돌하기 시작했습니다.

예를 들어, B 개발자가 로그인 기능을 수정하는 동안, 새로 합류한 개발자는 회원가입 기능을 추가하려 했습니다. 둘 다 같은 파일을 수정하면서, 코드가 꼬이기 시작했고, 서로의 수정 사항이 덮어쓰이거나, 충돌이 발생하여 코드가 제대로 작동하지 않게 된 것입니다. B 개발자는 충돌을 해결하려고 했지만, 코드의 변경 이력을 추적할 수 없어서 어떤 부분이 문제인지 정확히 알기 어려웠습니다. 결국, 개발 과정에서 시간이 지연되고, 서비스의 안정성은 더욱 악화된 것입니다.

반면, A 개발자는 버전 관리 시스템을 사용하고 있었기 때문에, 새로운 D 개발자가 합류하더라도 브랜치를 통해 각각의 작업을 독립적으로 진행할 수 있었습니다. 각자의 작업이 완료된 후, A 개발자는 버전 관리 시스템을 통해 충돌 없이 병합할 수 있었고, 코드의 무결성을 유지하면서 새로운 기능을 서비스에 추가할 수 있었습니다.

이 예시들을 통해서 볼 수 있듯 버전 관리 시스템은 협업 및 개발 과정에서 발생할 수 있는 불필요한 일을 줄여줍니다.

버전 관리 시스템의 종류

버전 관리 시스템은 개발자의 작업 환경과 프로젝트의 요구 사항에 따라 다양한 종류가 있습니다. 가장 대표적인 버전 관리 시스템은 Git입니다. 많은 주니어 개발자들이 버전 관리 시스템으로 Git만 알고 있는 경우가 있지만, 구글은 Git 대신 자체 개발한 버전 관리 시스템인 Piper를 사용하기도 합니다.

Git: 대중적인 분산 버전 관리

Git은 현재 전 세계 개발자들이 가장 널리 사용하는 분산 버전 관리 시스템(DVCS: Distributed Version Control System)입니다. 2005년 리누스 토발즈(Linus Torvalds)에 의해 리눅스 커널 개발을 위해 처음 만들어졌으며, 이후 오픈 소스로 발전해 다양한 개발 환경에 적용되고 있습니다.

Git은 모든 개발자가 전체 저장소의 복사본을 로컬에 가지고 작업합니다. 이는 곧, 개발자는 인터넷이 없어도 커밋, 브랜치 생성, 로그 확인, 변경 이력 탐색 등 대부분의 Git 기능을 로컬에서 수행할 수 있다는 뜻입니다.(이론적으로 가능하지만, 실제로 인터넷 없이 개발을 지속하는 것은 매우 어렵습니다.)

중앙 서버에만 의존하던 기존의 중앙 집중형 시스템에 비해 다음과 같은 장점이 있습니다.

- **빠른 속도**: 네트워크 요청 없이 로컬에서 모든 이력을 탐색 가능
- **안정성**: 서버 장애 발생 시에도 로컬 저장소로 복구 가능
- **유연성**: 각자의 브랜치에서 독립적으로 개발하고, 필요할 때 병합

그리고 이러한 장점에 힘입어 현재 Git은 실무에서 가장 많이 쓰입니다. 그런 만큼 협업 구조에 적합하도록 설계되었고, GitHub, Gitlab 등 호스팅 플랫폼과 CI/CD 파이프라인 연동이 쉽습니다.

이외에도 Git을 중심으로 다양한 자동화 도구, 코드 리뷰 시스템이 잘 형성되어 있고 커뮤니티에 많은 정보들이 모두 Git으로 이뤄진 만큼 검증된 사례가 풍부하다는 점도 매력적인 요소입니다.

하지만 이런 Git에도 단점이 있습니다. 우선 Git은 강력하지만 처음 접하는 초급 개발자에게는 다음과 같은 진입 장벽이 있을 수 있습니다.

- 커밋, 리베이스, 머지 등의 개념이 추상적이고 생소합니다.
- 브랜치 충돌 처리에 익숙해지기까지 시간이 필요합니다.
- 대용량 저장소를 로컬에서 관리할 때 속도 저하 및 디스크 부담이 발생할 수 있습니다.

Subversion: 대표적인 중앙 집중형 버전 관리

Subversion(SVN)은 Git이 등장하기 전까지 가장 널리 사용되었던 "중앙 집중형 버전 관리 시스템(CVCS, Centralized Version Control System)"입니다. Apache Software Foundation에서 관리하고 있으며, 여전히 기업 및 문서 중심의 프로젝트에서 많이 사용됩니다.

SVN은 Git과 달리 모든 이력을 중앙 서버에서 관리하고, 사용자는 필요한 버전만 내려받아 작업하는 구조입니다. 이는 초기 설정이 간단하고, 로컬 저장소의 용량 부담이 적다는 장점이 있습니다.

- **단순한 구조**: 로컬에 전체 저장소를 복사하지 않기 때문에 관리가 간편합니다.
- **GUI 툴 지원**: TortoiseSVN 등 직관적인 GUI 클라이언트가 많아 비개발자도 쉽게 사용 가능합니다.
- **문서 및 대용량 파일 관리에 적합**: 코드보다 변경 빈도가 낮은 리소스 중심 프로젝트에 유리합니다.
- **권한 제어 용이**: 디렉터리 단위 접근 제어 설정이 비교적 간단합니다.

이런 장점을 가진것이 비해 SVN의 단점은 다음과 같습니다.

- **서버 의존성**: 중앙 서버가 장애를 일으키면 전체 작업이 중단될 수 있습니다.
- **브랜치 관리 유연성 부족**: Git에 비해 브랜치 생성과 병합이 느리고 불편합니다.
- **분산 협업 비효율**: 오프라인 작업이 제한적이고, 복수 브랜치 간 전환과 충돌 해결이 번거롭습니다.

Git과 SVN에 대한 필자의 경험

필자는 실무에서 Git을 일상적으로 사용해 왔으며, 과거에는 SVN도 함께 사용해 본 경험이 있습니다. 다만, 두 도구를 동시에 사용한 것은 용도에 따라 업무를 분리했기 때문입니다.

이전 회사에서는 제품 기능 개발과 관련된 코드는 Git으로 관리했고, 해당 기능에 대한 제품 설명서나 문서 작성 작업은 SVN을 통해 진행했습니다. 즉, 개발자가 기능을 구현한 뒤, 직접 그에 대한 문서를 작성해야 했으며, 그 문서 관리 시스템으로 SVN을 활용한 것입니다.

SVN을 사용하면서 가장 크게 느낀 장점은 대용량 이미지나 문서 파일을 다루기에 상대적으로 편리하다는 점이었습니다. 구조도 단순하고 사용법도 어렵지 않아, 문서 위주의 작업에는 적합했습니다. 특히 중앙 집중형 구조(Centralized VCS) 덕분에 팀 전체가 같은 저장소를 바라보며 일하는 구조가 명확했고, 비개발자에게도 진입 장벽이 낮았습니다.

그러나 문제가 없었던 것은 아닙니다. SVN의 브랜치는 실제로 디렉터리를 복제하여 생성되는 방식이기 때문에, 제품 설명서 하나가 수백 장의 이미지와 SDK 파일을 포함하고 있을 경우, 브랜치 수가 많아질수록 중복된 리소스가 저장소에 계속 누적되었습니다. 이로 인해 저장소 용량이 폭발적으로 증가했고, 결국 유지보수가 불가능한 상황에 이르렀습니다. 최종적으로는 불필요한 브랜치를 모두 정리하고, 문서 관리 프로세스를 개선함으로써 문제를 해결했습니다.

Git 역시 강력한 기능만큼이나 실무에서는 다양한 이슈를 경험했습니다. 필자가 담당한 프로젝트에서는 약 30명의 개발자가 한 제품을 개발하고 있었는데, Git을 잘 다루지 못하던 주니어 개발자들이 브랜치 병합(Merge) 과정에서 실수를 저질러 빌드 시스템이 깨지는 일이 자주 발생했습니다. 이런 일이 발생하면 담당자를 찾기 위해 팀원들이 모두 모여 문제를 파악하던 일이 하나의 "이벤트"처럼 반복되기도 했습니다. 현재는 브랜치 병합 전에 자동 테스트와 빌드 검증 절차를 추가해 이러한 문제는 더 이상 발생하지 않습니다.

또한, 초기에 빌드 결과물을 그대로 Git 저장소에 포함시켜 관리하는 실수가 있었습니다. Git은 모든 변경 이력을 로컬에 저장하는 구조이기 때문에, 빌드 산출물까지 저장하게 되면 저장소 크기가 급격히 커질 수 있습니다. 실제로 당시 코드 저장소의 크기는 20GB를 넘었고, 개발자들은 git pull조차 두려워할 정도였습니다. 이후에는 Git LFS(Large File Storage)를 도입하고, 빌드 결과물은 별도의 아카이브에 보관하는 방식으로 정책을 변경하여 문제를 해결했습니다.

이러한 경험을 통해 얻은 가장 중요한 교훈은 다음과 같습니다. Git이든 SVN이든, 그것은 '도구'일 뿐이며, 중요한 것은 팀과 프로젝트에 맞는 전략을 세우고 사용하는 방식입니다. 경우에 따라 Git과 SVN을 혼합해 사용하거나, 보완 도구를 함께 도입하여 업무 흐름을 개선하는 것도 실무에서는 충분히 고려할 수 있는 접근법입니다.

11.2 Git

Git은 2005년 리누스 토발즈가 리눅스 커널 프로젝트를 위해 개발한 분산형 버전 관리 시스템입니다. 당시 커널 개발팀은 BitKeeper라는 상용 버전 관리 시스템을 사용하고 있었지만, 라이선스 문제로 인해 더 이상 사용할 수 없게 되면서 새로운 대안이 필요했습니다. 이에 토발즈는 코드 베이스의 분산 관리, 속도, 데이터 무결성을 핵심 원칙으로 삼아 Git을 설계했고, 그 결과 Git은 오늘날 가장 널리 쓰이는 버전 관리 도구로 자리 잡게 되었습니다.

Git 설치 및 환경 설정

Git 설치는 공식 웹사이트(git-scm.com)를 통해 간단하게 진행할 수 있습니다. 설치 후에는 운영체제(OS)에 따라 터미널을 열고 Git이 제대로 설치되었는지 확인할 수 있습니다.

Git을 설치하는 방법은 공식 홈페이지를 사용하는 것이 제일 쉽습니다.

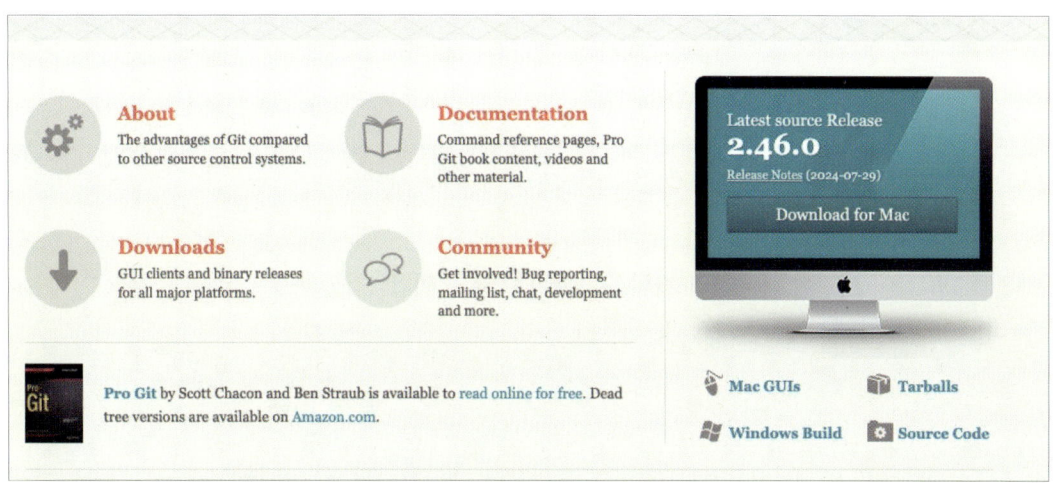

그림 11.1 공식 홈페이지 화면(https://git-scm.com/)

설치를 완료하고 나서 터미널을 열어보겠습니다. 사용하는 OS에 따라 터미널을 여는 명령어는 다음과 같습니다.

- **Windows**: ⊞+R → cmd 입력 → 명령 프롬프트 실행
- **macOS**: Spotlight(⌘+Space) → "Terminal" 입력 후 실행
- **Linux**: Ctrl+Alt+T 또는 응용 프로그램 메뉴에서 터미널 실행

필자의 경우 macOS이므로 다음 그림과 같이 터미널에서 명령어를 입력할 수 있습니다.

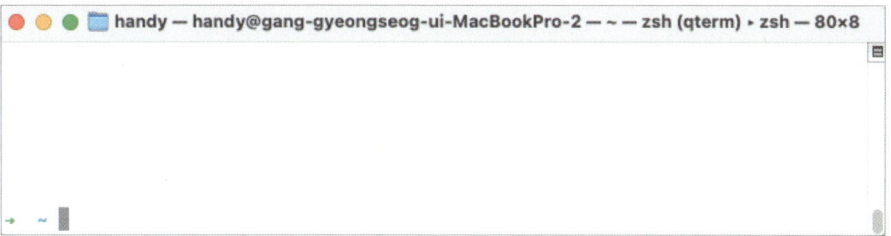

그림 11.2 OS, 혹은 터미널에 따라 설치한 프로그램에 따라 모습은 다를 수가 있습니다.

그다음에 터미널에 다음 명령어를 입력해 보겠습니다.

```
git --version
```

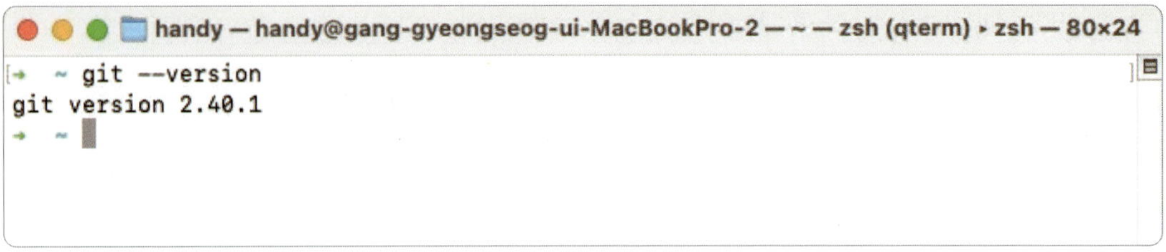

```
handy — handy@gang-gyeongseog-ui-MacBookPro-2 — ~ — zsh (qterm) ▸ zsh — 80×24
~ git --version
git version 2.40.1
~
```

그림 11.3 설치한 Git의 버전을 보는 화면

그림 11.3과 같이 버전이 나온다면 제대로 설치가 완료된 것입니다.

Git 기본 명령어

Git에는 생각보다 많은 명령어가 있지만, 대다수의 개발자가 모든 명령어를 알고 사용하지는 않습니다. 이 책에서는 일반적으로 자주 쓰는 명령어에 대해 살펴보겠습니다. 다음에 소개하는 명령어들은 Git을 사용하는 개발자라면 알아야 할 필수 명령어이므로, 하나씩 자세히 살펴보겠습니다.

```
git init
```

새로운 Git 저장소를 초기화하는 명령어입니다. 이 명령어를 실행하면, Git은 현재 디렉터리를 Git 저장소로 만들고 .git이라는 숨김 폴더를 생성하여 버전 관리할 준비를 합니다.

```
git clone
git clone <https://github.com/user/repository.git>
```

기존의 원격 저장소를 복제하여 로컬에 복사하는 명령어입니다. 원격 저장소의 URL을 인자로 받아, 로컬에 동일한 저장소를 생성합니다.

```
git status
```

현재 작업 디렉터리의 상태를 확인하는 명령어입니다. 수정되었거나 추적되지 않은 파일들, 그리고 커밋할 준비가 된 파일들을 보여줍니다.

```
git add
git add <filename>     # 특정 파일 추가
git add .              # 모든 파일 추가
```

변경된 파일을 스테이징 영역에 추가하는 명령어입니다. 이 명령어를 통해 파일을 커밋 대상으로 만들 수 있습니다. 아마도 대다수의 개발자는 이 명령어를 가장 많이 사용할 것입니다.

```
git commit
git commit -m "커밋 메시지"
```

스테이징 영역에 있는 변경 사항을 로컬 저장소에 기록하는 명령어입니다. 커밋 메시지를 작성하여 어떤 변경이 이루어졌는지 설명할 수 있습니다. "git add"와 함께 가장 많이 사용하는 명령어입니다.

```
git push
git push origin main
```

로컬 저장소에서 커밋한 변경 사항을 원격 저장소에 업로드하는 명령어입니다. 기본적으로 git push origin <브랜치 이름> 형태로 사용됩니다. 이 명령어가 바로 Git이 분산 버전 관리 시스템이라는 것을 알려줍니다.

```
git pull
git pull origin main
```

원격 저장소에서 변경 사항을 가져와 로컬 브랜치와 병합하는 명령어입니다. 이 명령어는 git fetch와 git merge를 한 번에 수행합니다.

```
git fetch
git fetch origin
```

원격 저장소의 최신 변경 사항을 로컬에 가져오지만, 병합하지는 않습니다. 원격 브랜치의 상태만 로컬로 업데이트합니다.

```
git merge
git merge <브랜치 이름>
```

다른 브랜치의 변경 사항을 현재 브랜치에 병합하는 명령어입니다. 충돌이 발생할 수 있으며, 주니어 개발자가 Git를 사용하면서 가장 힘들어하는 명령어입니다.

```
git branch                  # 브랜치 목록 확인
git branch <새 브랜치 이름>   # 새 브랜치 생성
git branch -d <브랜치 이름>   # 브랜치 삭제
```

현재 프로젝트의 브랜치 목록을 확인하거나, 새로운 브랜치를 생성, 또는 기존 브랜치를 삭제하는 명령어입니다.

```
git checkout
git checkout <브랜치 이름>   # 브랜치 이동
git checkout <특정 커밋>    # 특정 커밋으로 이동
```

다른 브랜치로 전환하거나, 특정 커밋의 상태로 되돌아가는 명령어입니다.

```
git log
```

프로젝트의 커밋 히스토리를 확인하는 명령어입니다. 각 커밋의 해시, 작성자, 날짜, 메시지를 보여줍니다.

이 외에도 rebase, stash, reset 등 다양한 고급 기능이 있지만, 앞의 명령어들이 실무에 필요한 기초 작업의 대부분을 수행할 수 있습니다.

> **추가 학습**

Git은 중요하기 때문에 다양한 강의와 글이 많이 있습니다. 시간을 내어 꼭 학습하시고, 능숙하게 사용할 수 있도록 노력하시기 바랍니다.

Git을 통한 버전 관리

Git은 기본적으로 로컬 저장소, 원격 저장소, 그리고 브랜치 개념을 중심으로 작동합니다. 이를 통해 여러 개발자가 동시에 작업하고, 변경 사항을 충돌 없이 관리할 수 있습니다.

로컬 저장소

로컬 저장소는 각 개발자의 컴퓨터에 위치한 Git 저장소로, 전체 프로젝트 이력과 파일이 포함되어 있습니다. 개발자는 로컬에서 자유롭게 파일을 수정하고, 스테이징 후 커밋하여 변경 이력을 저장할 수 있습니다. 이 작업은 인터넷 없이도 가능하며, 각 커밋은 프로젝트의 특정 상태를 기록한 스냅샷으로서, 언제든 과거로 되돌아갈 수 있습니다.

로컬 저장소에서의 기본 작업 흐름은 다음과 같습니다.

```
git add <파일명>
```

파일 수정 및 추가

개발자는 프로젝트의 파일을 수정한 후, 변경된 파일을 Git의 스테이징 영역에 추가하기 위해 다음 명령어를 실행합니다.

```
git commit -m "변경 내용 요약 메시지"
```

1. 커밋

스테이징된 변경 사항을 로컬 저장소에 커밋하여 변경 이력을 저장합니다.

2. 히스토리 관리

Git은 각 커밋을 프로젝트의 특정 시점(snapshot)으로 저장합니다. 이를 통해 과거 상태로 되돌아가거나, 각 변경 내용을 추적하고 분석할 수 있습니다. 필요 시 커밋을 수정하거나, 커밋 간의 차이(diff)를 확인하는 것도 가능합니다.

여기까지 진행된 내역은 로컬에만 반영되므로, 다른 개발자와 공유되지는 않습니다. 이제 원격 저장소를 통해 분산 관리 시스템의 맛을 느껴봅시다.

원격 저장소

원격 저장소(remote repository)는 GitHub, GitLab, Bitbucket과 같은 서버에 존재하며, 팀 협업의 중심축이 됩니다. 로컬 저장소에서 작업한 내용을 원격 저장소에 업로드하거나, 다른 개발자의 변경 사항을 받아오는 방식으로 팀 간의 작업을 통합하고 동기화할 수 있습니다.

원격 저장소와의 협업을 위한 주요 작업은 다음과 같습니다.

- **Push**

```
git push origin main
```

로컬 저장소에서 완료한 커밋을 원격 저장소에 업로드하는 작업입니다.

- **Pull**

```
git pull origin main
```

원격 저장소의 변경 사항을 로컬로 가져오고 병합합니다. git fetch + git merge의 조합과 동일합니다.

- **Clone**

```
git clone https://github.com/user/project.git
```

새로 프로젝트에 합류한 팀원이 전체 프로젝트를 로컬에 복제할 때 사용합니다.

- **충돌 해결**

여러 개발자가 같은 파일의 동일한 부분을 수정하면 충돌(conflict)이 발생합니다. Git은 자동으로 충돌을 해결하지 못하고, 수동 해결을 요구합니다. 충돌 해결은 단순히 코드를 맞추는 것뿐만 아니라, 팀 간의 의도를 파악하고 조율하는 과정이기도 합니다.

브랜치

브랜치(branch)는 Git의 핵심 기능 중 하나로, 독립된 개발 흐름을 분리할 수 있는 도구입니다. 예를 들어, 기능 개발, 버그 수정, 실험적인 시도 등 다양한 작업을 개별 브랜치에서 수행하고, 메인 브랜치(main 또는 master)에 병합하는 방식으로 협업이 가능합니다.

브랜치를 활용할 때의 주요 작업은 다음과 같습니다.

- 브랜치 생성

  ```
  git branch feature/login
  ```

- 브랜치 전환

  ```
  git checkout feature/login
  ```

- 브랜치 병합

  ```
  git merge feature/login
  ```

- 브랜치 삭제

  ```
  git branch -d feature/login
  ```

실제 프로젝트에서는 브랜치가 쌓이기만 하고 정리되지 않아 혼란을 주는 경우가 많습니다. 일부는 "브랜치도 이력의 일부"라며 삭제를 꺼리기도 하지만, 불필요한 브랜치가 늘어나면 프로젝트 유지보수가 점점 어려워지는 것이 현실입니다.

필자의 경우, 기능이나 버그 수정에 사용된 브랜치는 병합 후 즉시 삭제하고, 장기적으로 유지해야 하는 브랜치(예: 릴리스 브랜치, 메이저 업데이트)는 팀의 정책에 따라 별도로 관리합니다.

브랜치 전략은 팀의 개발 방식과 규모에 따라 달라질 수 있으며, 중요한 것은 브랜치를 무작정 유지하거나 삭제하지 않고, 목적에 맞게 유연하게 관리하는 것입니다.

⚛ 프로젝트를 살린 재택근무와 백업

어느 날, 사내에서 근무 중이던 한 개발자가 실수로 rm -rf 명령어를 잘못 실행해 버리는 바람에, 회사 내부 Git 서버에 존재하던 원격 저장소 전체가 삭제되는 사고가 발생했습니다.

이 저장소에는 팀 전체의 소스 코드뿐만 아니라 수개월간의 커밋 히스토리와 브랜치 이력이 모두 담겨 있었고, 그 누구도 이를 복구할 백업을 준비해두지 않은 상태였습니다. 내부적으로는 Git을 사용하고 있었지만, 보안상의 이유로 외부 서비스(GitHub, GitLab 등)를 사용하지 못했고, 회사 내부망에서만 운영되던 환경이었기 때문에 더욱 문제가 심각했습니다.

그러나 다행히 재택근무 중이던 한 개발자의 로컬 저장소에 프로젝트 전체가 온전히 남아 있었습니다. 이 개발자는 원격 저장소가 지워지기 직전, 자택에서의 업무 환경을 위해 프로젝트 전체를 복제한 상태로 작업하고 있었던 것입니다.

사내의 개발자들은 이 사실을 확인한 후, 해당 개발자의 재택용 개발 장비가 있던 장소로 직접 이동했습니다. 그리고 로컬 저장소가 보관된 개발용 노트북을 조심스럽게 들고 사내로 복귀한 뒤, 해당 저장소를 새로운 Git 서버에 푸시하여 원격 저장소를 다시 복원할 수 있었습니다.

이 사건은 두 가지 중요한 시사점을 남겼습니다.

Git이 분산 버전 관리 시스템이라는 구조적 특성 덕분에, 중앙 서버가 완전히 손실되어도 복구 가능성이 존재한다는 점입니다. 모든 개발자의 로컬에 동일한 히스토리가 저장되어 있기 때문에, 관리만 잘 이루어진다면 백업의 역할도 충분히 할 수 있습니다.

업무 환경에 따라 사내 정책과 예외가 교차되는 상황에서도 유연한 판단이 문제 해결로 이어질 수 있다는 점입니다. 당시 해당 개발자는 보안상 외부 반출이 원칙적으로 제한된 환경이었음에도, 어쩔 수 없는 재택근무 상황에 대비해 전체 저장소를 복제해둔 것이 결과적으로 팀을 구한 셈이었습니다.

11.3 GitHub

Git은 앞서 배운 바와 같이 분산 버전 관리 시스템이며, 기본적으로 로컬 저장소를 기반으로 작동합니다. 따라서 협업을 위해서는 변경 사항을 공유할 수 있는 원격 저장소가 필요합니다. 이런 원격 저장소 중에 가장 유명한 것이 GitHub입니다.

GitHub란?

GitHub는 Git 기반의 프로젝트를 위한 원격 저장소 호스팅 플랫폼으로, 전 세계 개발자들이 소스 코드를 저장하고 협업할 수 있는 환경을 제공합니다. Git의 기능을 확장하여 Pull Request, Issue, Actions 등 다양한 협업 및 자동화 기능을 포함하고 있어 현대 소프트웨어 개발에서 사실상 표준 도구로 자리 잡았습니다.

GitHub 핵심 기능

GitHub는 코드 저장소를 제공할 뿐만 아니라, 다양한 협업 기능을 통해 프로젝트 관리와 소통을 한층 더 원활하게 해줍니다. 주요 기능은 다음과 같습니다.

- **원격 저장소(Remote Repository)**

GitHub는 중앙 서버 역할을 하며, 여러 개발자가 같은 저장소를 공유하고 동기화할 수 있도록 합니다.

명령어 예시: git remote add origin https://github.com/your/repo.git

- **Pull Request(PR)**

기능 브랜치(feature)를 메인 브랜치(main/dev 등)에 병합하기 전, 코드 리뷰를 요청하는 절차, 협업 시 코드 품질 관리 및 논의 기록 보존의 중심이 됩니다.

- **이슈(issues)**

버그, 기능 요청, 작업 할당 등을 기록 및 관리, 라벨, 마일스톤, 할당자 기능을 통해 체계적인 프로젝트 관리 가능합니다.

- **GitHub Actions**

CI/CD 자동화 기능 제공합니다.

예: push 시 자동 테스트 실행, 배포 트리거 등 설정 가능 (YAML 기반 워크플로우)

이처럼 GitHub는 단순한 코드 저장소를 넘어, 효율적인 협업과 프로젝트 관리를 위한 다양한 기능을 제공합니다.

GitHub에 프로젝트 올리기

지금까지 만든 프로젝트를 GitHub에 업로드하면서, 실제 협업 과정에서 GitHub를 어떻게 활용하는지 체험해 보겠습니다. 본격적인 실습에 앞서 GitHub 계정을 만들고 로그인한 상태여야 합니다.

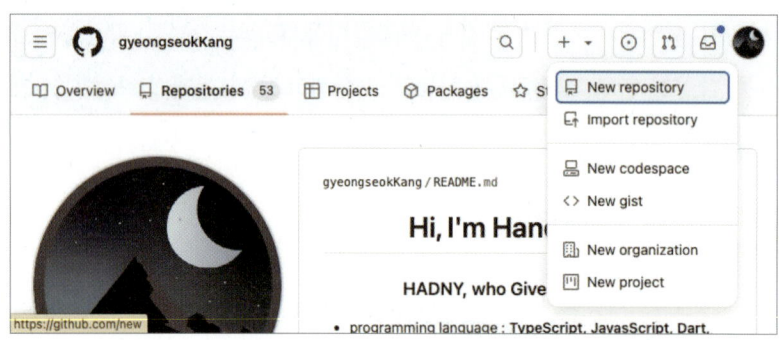

그림 11.4 GitHub에서 프로젝트 저장소를 만드는 화면

프로젝트를 GitHub에 올리기 위해서는 먼저 새로운 저장소(repository)를 생성해야 합니다. GitHub 우측 상단의 + 버튼을 클릭한 뒤, "New repository"를 선택하면 저장소 생성 화면으로 이동할 수 있습니다.

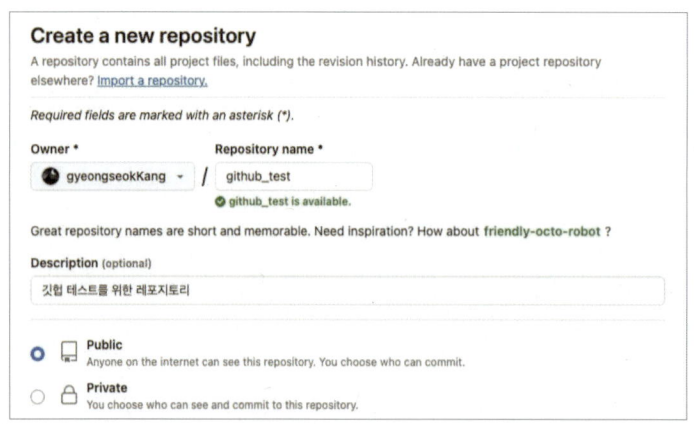

그림 11.5 GitHub 새로운 저장소를 만들기 위한 입력 화면

이때 저장소 이름은 사용자 혹은 조직 내에서만 공유하면 됩니다. 예를 들어 userA/project, userB/project는 각각 다른 사용자이므로 허용되지만, 동일한 사용자 계정(userA) 내에서 같은 이름의 저장소를 두 번 생성할 수는 없습니다.

또한 저장소 생성 시에는 공개(Public) 또는 비공개(Private) 여부를 선택할 수 있습니다. 일반적으로 사이드 프로젝트나 학습 목적의 프로젝트는 공개 저장소로 설정하는 것이 좋습니다. 다른 개발자들이 프로젝트를 참고하거나 피드백을 줄 수 있고, GitHub 프로필을 통해 기술 스택과 활동 내역을 보여주는 포트폴리오 역할도 할 수 있기 때문입니다.

⚛ 레포지토리(저장소)는 개발자 포트폴리오가 될 수 있습니다.

2025년 현재, AI 코딩 도우미의 발전으로 코딩 테스트를 통과하는 것이 점점 쉬워지고 있습니다. 이에 따라 일부 기업에서는 테스트나 서류 대신 개발자의 GitHub 레포지토리를 직접 검토하는 전형을 도입하고 있습니다.(국내 기업으로는 Toss가 처음으로 도입했습니다.)

이른바 레포지토리 기반 채용은, 개발자가 어떤 프로젝트를 어떻게 구성해 왔는지, 커밋 로그와 코드 구조를 통해 실력을 파악하려는 방식입니다.

이 전형에서는 화려한 결과물보다도 꾸준한 커밋 기록, 명확한 커밋 메시지, .gitignore 처리, 폴더 구조와 코드 품질 등이 중요한 평가 기준이 됩니다.

따라서 사이드 프로젝트를 진행할 때도 GitHub에 체계적으로 업로드하고 관리하는 습관을 들이는 것이 중요합니다. 작은 커밋이라도 일관성 있게 남기는 습관은 나중에 포트폴리오 이상의 가치를 만들어냅니다.

레포지토리를 생성하면 다음과 같은 페이지로 이동됩니다.

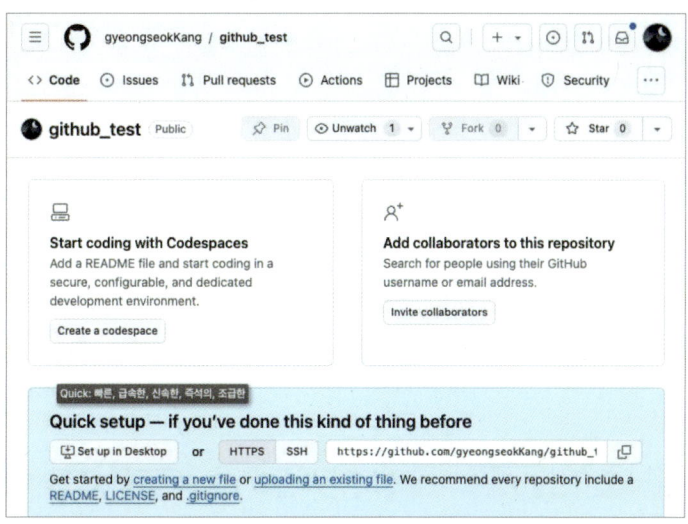

그림 11.6 저장소를 새로 만들고 난 후 화면

그리고 GitHub은 친절하게 명령어를 추천해 줍니다. 우리는 기존에 만든 프로젝트가 있으니 "…or create a new repository on the command line"에 있는 명령어를 참고해서 프로젝트를 저장소에 올려보겠습니다.

방법은 간단합니다. 코드를 복사한 후 VSCode의 터미널로 들어가 그대로 입력하면 됩니다.

```
echo "# github_test" >> README.md
git init
git add README.md
git commit -m "first commit"
git branch -M main
git remote add origin https://github.com/gyeongseokKang/github_test.git
git push -u origin main
```

이 명령어를 실행하면 기존 프로젝트에서 저장소로 연결된 것을 확인할 수 있습니다. 그리고 README.md 파일이 push된 것입니다.

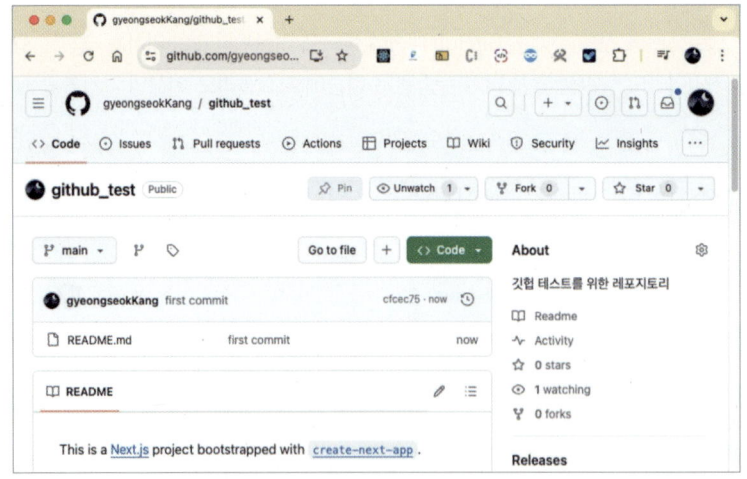

그림 11.7 새로운 파일(README.md) 파일이 추가된 화면

그리고 VSCode의 Source Control 탭에서 현재 프로젝트의 파일들이 추적되고 있는 것도 확인 가능합니다.

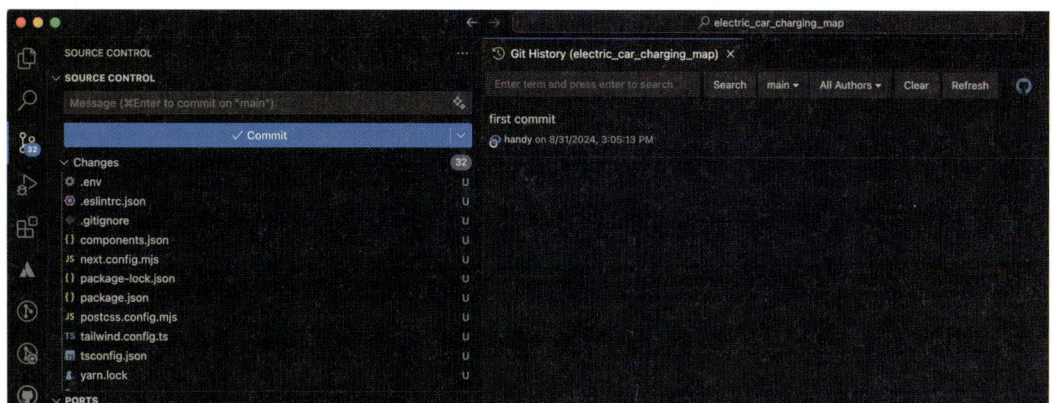

그림 11.8 다른 파일들이 추적되는 화면

이제 해당 내용을 git을 통해 업로드해 보겠습니다.

```
git add .
git commit -m "프로젝트 업로드"
git push
```

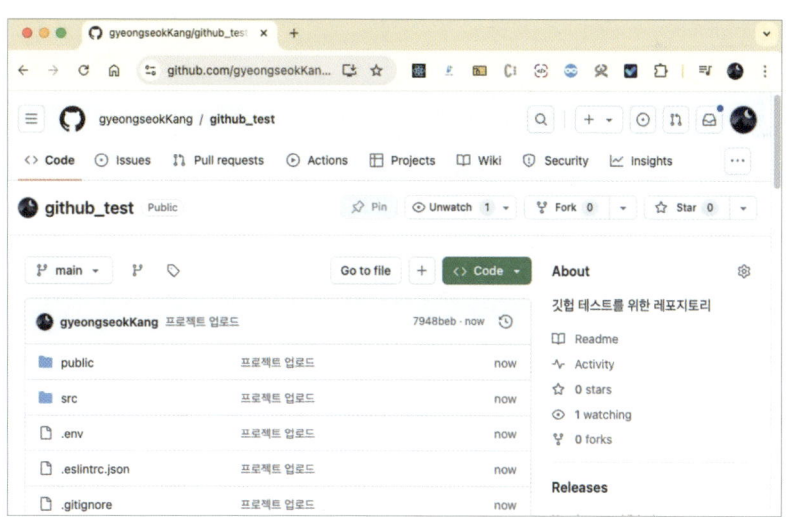

그림 11.9 프로젝트의 모든 파일이 저장소에 올라간 화면

여기서 git add . 명령어는 현재 디렉터리 내의 모든 변경 사항을 한 번에 스테이징 영역에 추가합니다. 새로 생성된 파일은 물론, 수정되거나 삭제된 파일까지 포함됩니다. 실무에서는 이 명령어가 매우 자주 사용되지만, 동시에 주의가 필요합니다.

예를 들어 빌드 결과물이나 환경 설정 파일 같은 불필요한 파일까지 함께 커밋될 수 있기 때문에, 반드시 .gitignore 파일을 설정해 예외 파일을 명확히 지정해 두어야 합니다. 이 과정을 통해 실수로 인한 민감 정보 유출이나 저장소 오염을 예방할 수 있습니다.

GitHub로 협업하기

실전 프로젝트를 진행하면서 필자 역시 처음부터 GitHub를 통해 버전 관리를 해왔습니다. 이는 개발자라면 누구나 일상적으로 수행하는 작업이지만, 이 책의 구성상 Git과 GitHub에 대한 설명이 뒤늦게 등장하게 된 점은 양해 부탁드립니다.

실제 예시로, 필자가 진행한 프로젝트 electric_car_charging_map(https://github.com/gyeongseokKang/electric_car_charging_map/commits/main/)의 커밋 로그를 GitHub에서 확인할 수 있습니다. 이 저장소는 GitHub를 통해 프로젝트 이력과 작업 내역이 관리되고 있으며, 협업 시 어떤 흐름으로 작업이 이루어지는지를 잘 보여줍니다.

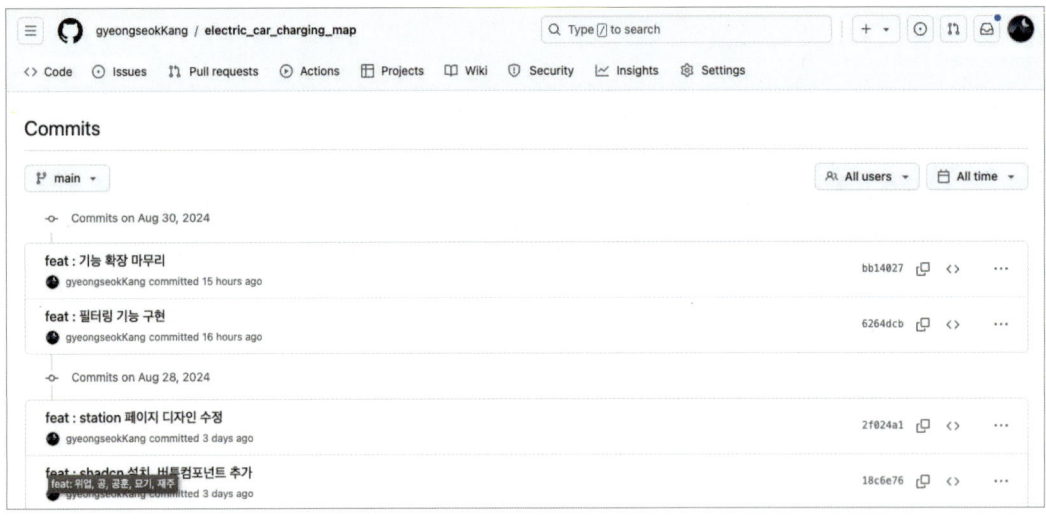

그림 11.10 실전 프로젝트가 GitHub의 관리되는 화면

브랜치 만들기

예를 들어, 기능 A를 개발해야 하는 상황을 가정해 보겠습니다. 먼저 새로운 브랜치인 feature/A를 생성하고 해당 브랜치로 이동합니다.

```
git branch feature/A
git checkout feature/A
```

이후 간단한 작업을 수행하고 다음과 같이 커밋합니다.

```
git commit -m "feat: 새로운 기능 A"
git push origin feature/A
```

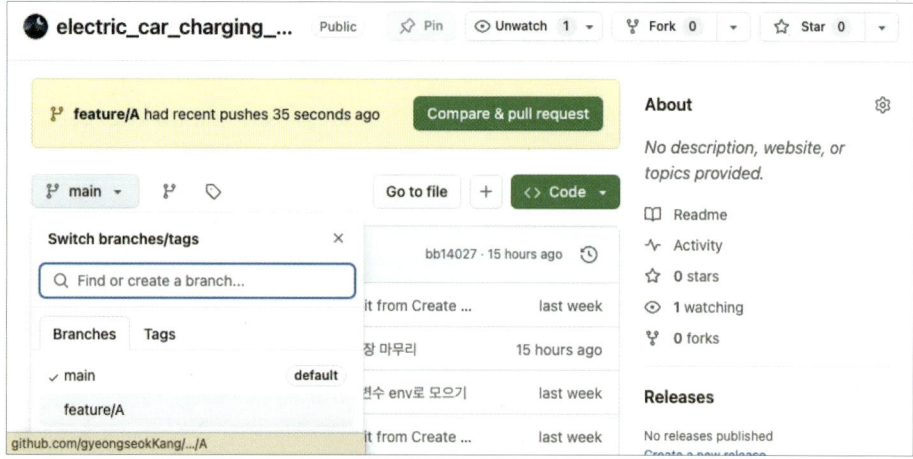

그림 11.11 새로운 브랜치가 추가된 화면

GitHub에 접속하면 feature/A 브랜치가 생성되어 있고, 상단에는 "Compare & pull request" 버튼이 나타납니다. 이를 클릭하면 feature/A 브랜치의 변경 내용을 main 브랜치에 병합하기 위한 Pull Request(PR)를 생성할 수 있습니다.

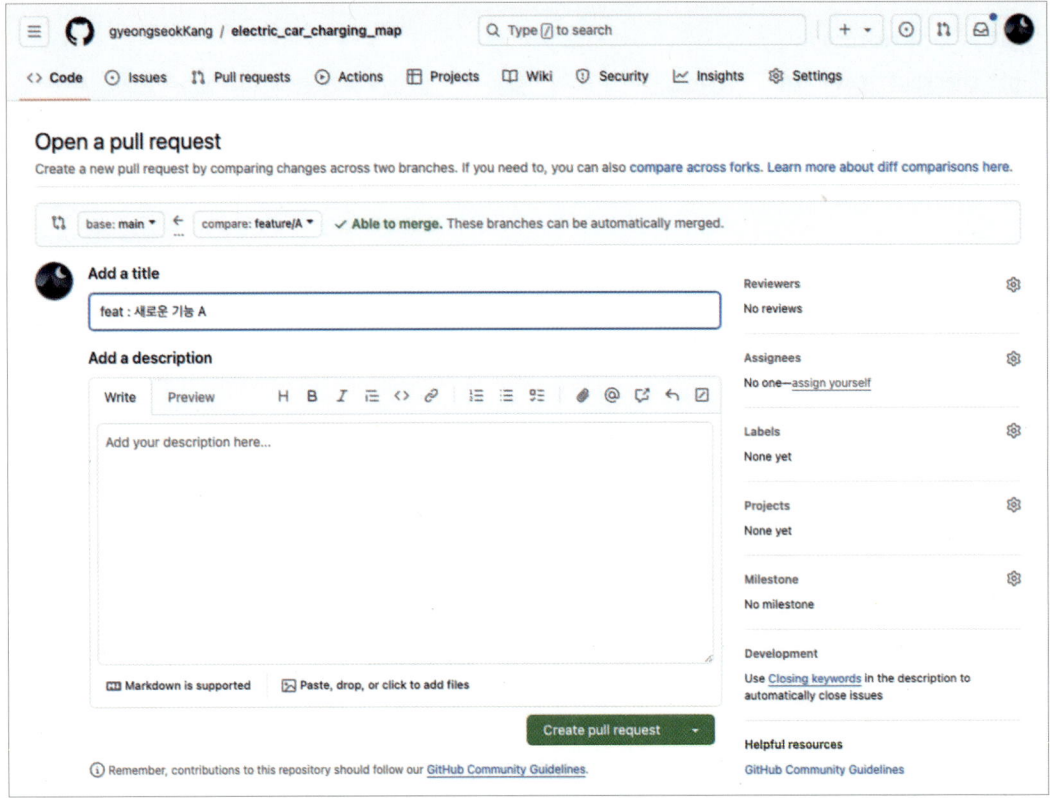

그림 11.12 브랜치(feature/A)을 main으로 병합(Merge)하는 화면

그 결과 feature/A 브랜치의 변경사항을 main 브랜치로 병합(Merge) 요청을 하는 페이지가 열렸습니다. 그리고 GitHub에서 Pull Request(PR)를 생성할 때, 화면 오른쪽에 여러 가지 추가 정보 입력란이 있습니다.

- **Reviewers**: 코드 리뷰를 요청할 팀원을 지정할 수 있습니다. 이는 코드 품질 확보를 위한 핵심 기능입니다.
- **Assignees**: 이 PR의 책임자를 명시합니다. 일반적으로 PR 작성자가 지정됩니다.
- **Labels**: PR의 성격을 나타내는 태그(예: bug, enhancement 등)를 지정해 분류를 돕습니다.
- **Projects**: 이슈 및 PR을 프로젝트 보드에 연결해 시각적으로 작업 현황을 관리할 수 있습니다.
- **Milestone**: 특정 출시 버전 등 마일스톤에 작업을 귀속시켜 진행 상황을 관리할 수 있습니다.
- **Development**: PR이 병합될 때 특정 이슈를 자동으로 닫도록 연결할 수 있습니다.(예: fixes #123)

이렇게 각각 필요한 내용을 채우고 "Create pull request" 버튼을 클릭합니다.

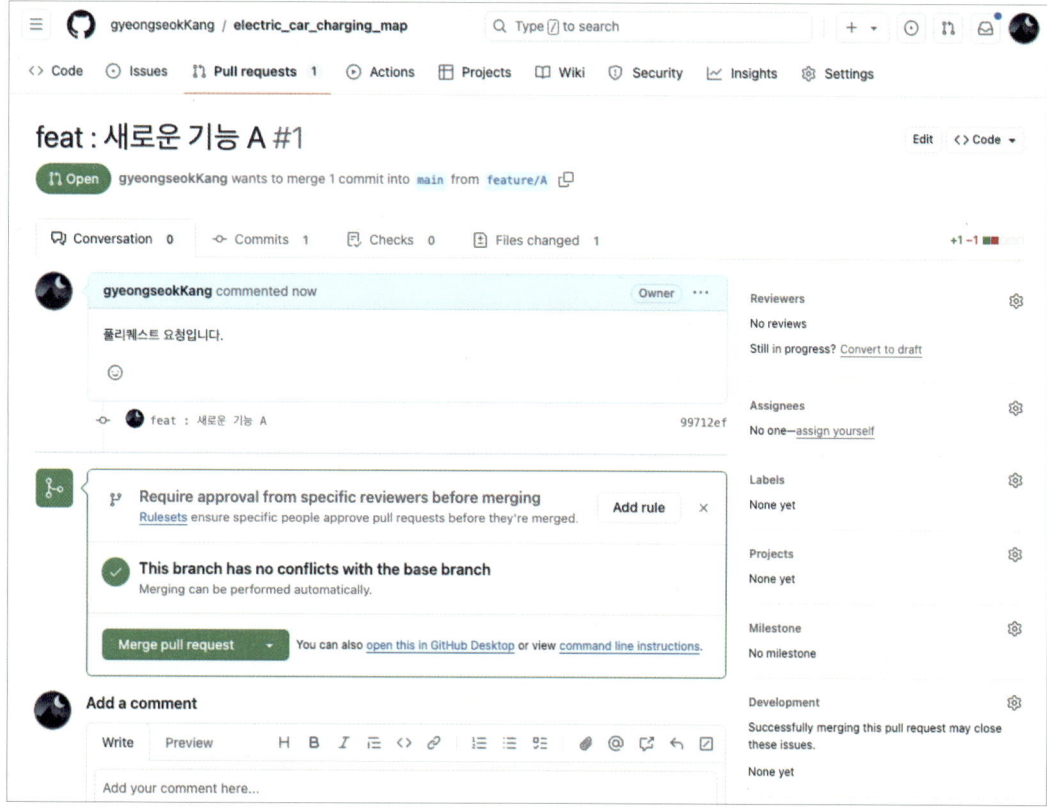

그림 11.13 pull request가 진행되고 있는 화면

필요한 항목을 설정하고 "Create pull request" 버튼을 클릭하면, 코드 리뷰 및 병합 과정이 시작됩니다. 리뷰가 승인되고 테스트 조건 등을 충족하면 "Merge pull request" 버튼을 통해 병합을 완료하며, PR은 Merged 상태로 변경되고, 해당 커밋은 main 브랜치의 이력에 포함됩니다.

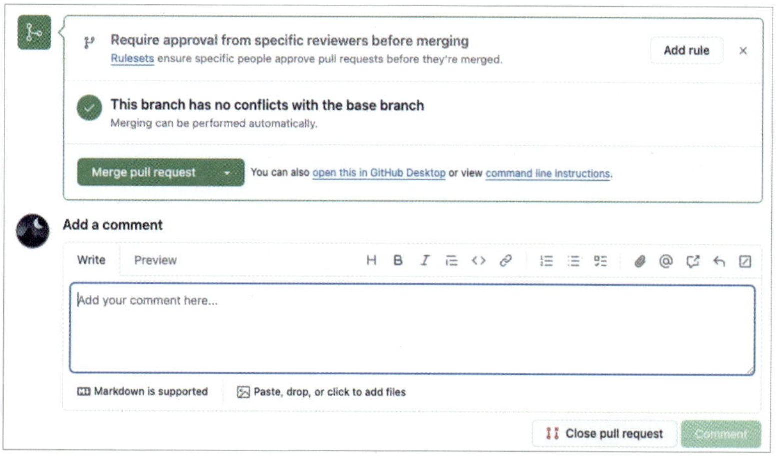

그림 11.14 추가 코멘트를 남길 수 있는 화면

11장 Git과 GitHub 485

마지막으로 코멘트를 남기면 코드 리뷰와 병합이 완료되며, PR은 Merged 상태로 종료됩니다.

> 💡 **시니어 코멘트**
> 필자의 경우 Pull Request에서 최종 승인 전에 코멘트를 남길 때 종종 LGTM이라는 표현을 사용합니다. 이는 "Look Good To Me"의 약어로, 코드에 특별한 문제가 없고 병합해도 된다는 뜻을 간결하게 전달하는 방식입니다. 원래는 Google 내부 코드 리뷰 문화에서 유래했으며, 이후 GitHub를 포함한 글로벌 개발 커뮤니티 전반에서 널리 사용되고 있습니다.

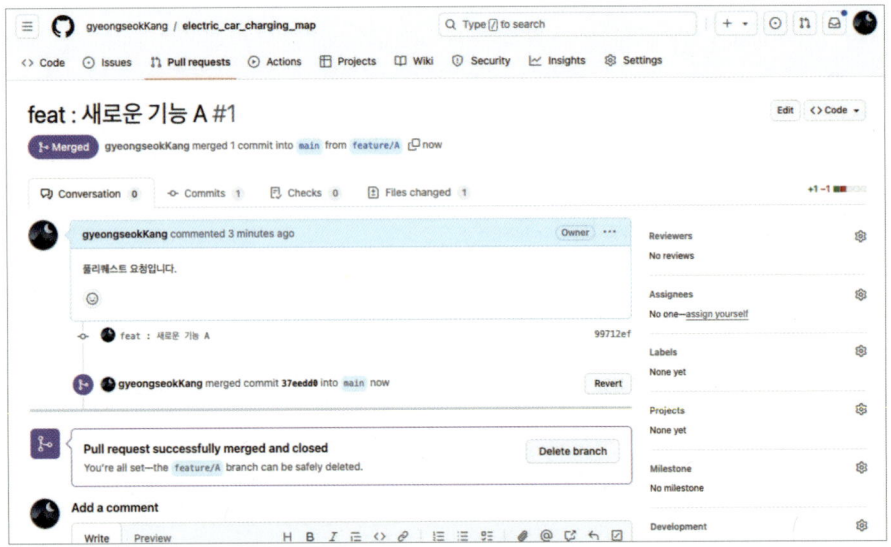

그림 11.15 브랜치가 병합되어 브랜치 관리로 넘어간 화면

마지막으로 main 브랜치를 살펴보겠습니다.

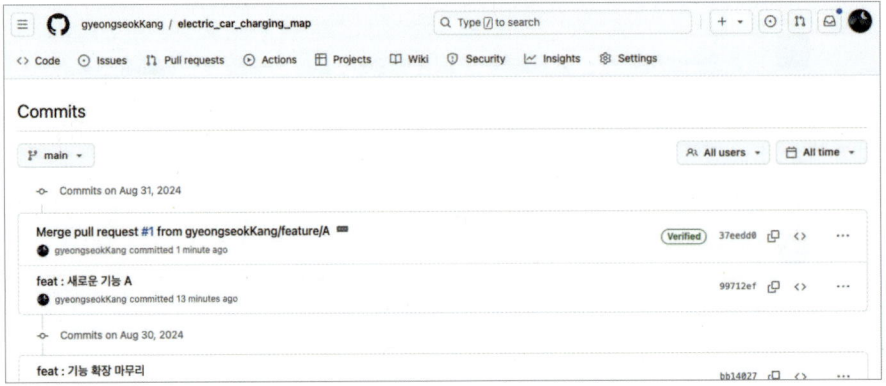

그림 11.16 병합의 목적지인 main 브랜치에서 feature/A의 내역이 보이는 화면

feature/A 브랜치로부터 전달된 커밋 "feat: 새로운 기능 A"가 들어왔음을 확인할 수 있습니다. 이 시점에서, 로컬 main 브랜치에 변경 사항을 적용하려면 다음과 같은 명령어를 입력합니다.

```
git checkout main
git pull
```

이 명령어를 입력하면 원격 저장소의 main 브랜치에서 로컬 main 브랜치로 최신 변경 사항이 가져와지면서 feature/A 브랜치에서 반영된 커밋이 로컬에도 적용됩니다.

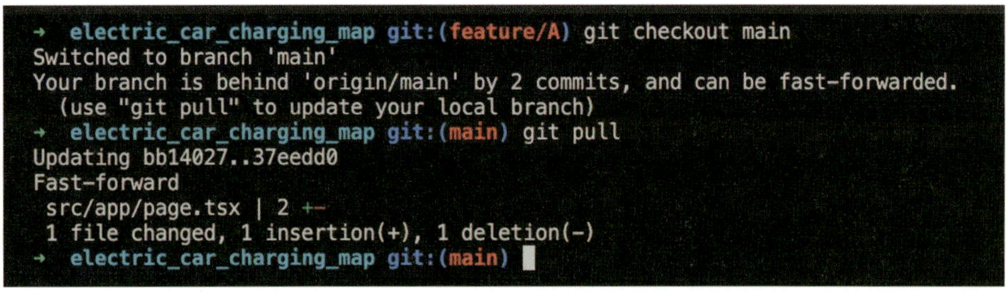

```
→ electric_car_charging_map git:(feature/A) git checkout main
Switched to branch 'main'
Your branch is behind 'origin/main' by 2 commits, and can be fast-forwarded.
  (use "git pull" to update your local branch)
→ electric_car_charging_map git:(main) git pull
Updating bb14027..37eedd0
Fast-forward
 src/app/page.tsx | 2 +-
 1 file changed, 1 insertion(+), 1 deletion(-)
→ electric_car_charging_map git:(main)
```

그림 11.17 변경 사항이 추적되고 로컬 main 브랜치에도 반영되는 화면

여기까지 진행되면 원격 main 브랜치에 반영된 feature/A의 변경 사항이 로컬 main 브랜치에도 정상적으로 적용된 것입니다.

실무에서의 Pull Request 제약사항

실무에서 Pull Request(PR)를 다룰 때 다양한 제약사항을 마주할 수 있습니다. 이러한 제약은 코드 품질을 유지하고, 협업을 원활하게 진행하기 위해 설정됩니다. 대표적으로 다음과 같은 조건들이 자주 적용됩니다.

- **코드 리뷰 승인 필요**

방금은 아무런 제약사항이 없어서 본인이 PR을 요청하고 승인하는 절차를 거쳤습니다. 하지만 일반적인 제약조건이라면, 메인 브랜치에 병합하기 전에 최소 두 명 이상의 리뷰어가 코드를 검토하고 승인하는 절차가 요구됩니다.

- **테스트 커버리지 조건**

PR에 포함된 코드가 일정 수준 이상의 테스트 커버리지를 충족해야 합니다. 예를 들어, 새로운 기능을 추가할 때 관련 테스트 케이스도 함께 추가되어야 합니다. 테스트 커버리지의 기준은 각 프로젝트마다 다르며, 이를 충족하지 못하면 병합이 제한될 수 있습니다.

- **브랜치 정책 준수**

모든 PR은 특정한 브랜치 네이밍 규칙을 준수해야 합니다. 예를 들어, 기능 추가는 "feature/", 버그 수정은 "fix/"라는 브랜치 명으로 시작해야 합니다. 이 규칙을 통해 브랜치의 목적과 내용을 쉽게 파악할 수 있습니다.

- **브랜치 보호 규칙(Branch Protection Rule)**

브랜치 보호 규칙에 따라 메인 브랜치에 PR 없이 직접적으로 코드를 푸시하는 것은 금지됩니다. 메인 브랜치에 병합될 수 있는 PR은 반드시 "dev" 브랜치에서만 생성될 수 있습니다. 이 규칙은 메인 브랜치의 안정성을 유지하기 위해 설정됩니다.

이러한 제약 조건은 프로젝트의 품질과 안정성을 보장하기 위해 팀 단위에서 운영되는 협업 룰입니다. 팀마다 정책은 다르지만, PR 리뷰를 중심으로 하는 협업 구조는 거의 모든 조직에서 핵심으로 사용되고 있습니다.

11.4 브랜치 관리 전략

여기까지 기본적인 협업 방식을 학습했습니다. 하지만 실무에서는 기본적인 협업 방식 외에도 각 팀 또는 회사마다 별도의 브랜치 관리 전략을 사용합니다. 브랜치 관리 전략은 코드 베이스를 효율적으로 관리하고 팀 간의 협업을 원활하게 진행하기 위한 중요한 방법입니다.

프로젝트에서 협업이 증가할수록 브랜치 관리는 코드 품질과 작업 효율에 직접적인 영향을 줍니다. 기능 개발, 버그 수정, 릴리스 준비 등 다양한 작업이 병행되다 보면 브랜치 전략 없이 작업을 진행하는 것은 큰 혼란을 초래할 수 있습니다.

따라서 실무에서는 팀의 규모, 릴리스 주기, 배포 자동화 수준 등에 따라 브랜치 전략을 선택하거나 변형해 사용합니다. 이 절에서는 대표적인 브랜치 전략 세 가지를 정리하고, 상황에 맞는 전략 선택 기준을 소개하겠습니다.

Git Flow

Git Flow는 소프트웨어 개발에서 널리 사용되는 브랜치 관리 전략 중 하나로, 여러 브랜치를 활용해 개발 프로세스를 체계적이고 구조적으로 관리할 수 있게 해 줍니다. 이 전략은 특히 병렬 개발과 명확한 브랜치 구분을 요구하는 대규모 프로젝트에 적합합니다. 필자의 첫 회사도 이 방식으로 브랜치를 관리했습니다. 하지만 대규모 프로젝트는 아니었습니다. 이렇듯 브랜치 관리 전략은 추천할 상황이 있지만 무조건 따라야 하는 것은 아닙니다.

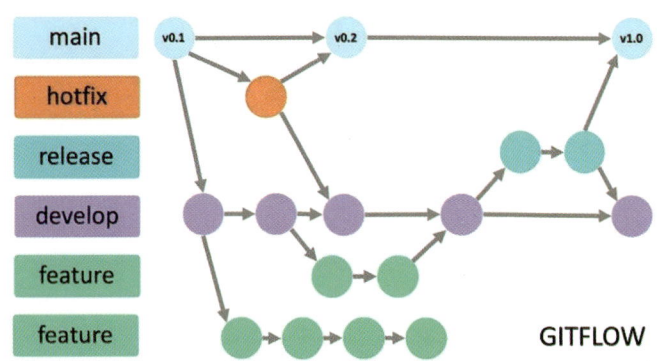

그림 11.18 Git Flow 흐름도(https://medium.com/@yanminthwin/understanding-github-flow-and-git-flow-957bc6e12220)

Git Flow 브랜치

Git Flow는 브랜치의 이름에 따라 명확한 구분을 요구합니다.

- **master**

항상 배포 가능한 안정적인 상태를 유지하며, 릴리스된 코드만 포함합니다.

- **develop**

개발의 중심이 되는 브랜치로, 모든 기능 브랜치가 병합되는 중간 단계입니다.

- **feature/***

새로운 기능 개발을 위한 브랜치로, develop 브랜치에서 파생되어 기능 개발이 완료되면 다시 develop 브랜치로 병합됩니다.

- **release/***

배포를 준비하는 브랜치로, 버그 수정 및 최종 조정이 이루어집니다. 안정화 후에는 master 브랜치와 develop 브랜치에 병합됩니다.

- hotfix/*

배포된 버전에서 발생한 긴급 버그를 수정하기 위한 브랜치로, master 브랜치에서 파생되어 수정 후 master와 develop에 병합됩니다.

Git Flow의 장단점

이런 브랜치 종류를 가진 Git Flow는 다음과 같은 장점을 가지고 있습니다.

- 명확한 브랜치 역할이 있어 프로젝트를 관리하기 용이합니다.
- 릴리즈 일정과 긴급 대응을 분리하였기에 유지보수나 배포에 용이합니다.

다만 명확한 분리로 인한 장점만큼 단점도 있습니다.

- 복잡한 브랜치 구조로 관리 부담이 큽니다.
- 병합 충돌과 히스토리 관리가 어렵습니다.

이처럼 Git Flow는 브랜치 분리가 명확하여 프로젝트를 체계적으로 관리하는 데 유리한 전략입니다. 이 전략을 제대로 적용하면 각 브랜치가 어떤 목적을 가지고 있는지 명확히 드러나기 때문에 협업과 배포 과정에서 일관성을 유지할 수 있습니다. 필자가 첫 직장에서 Git Flow를 사용했을 때에는 이 전략을 따르는 것이 자연스럽게 여겨졌지만, 지금 돌이켜보면 프로젝트의 규모와 복잡도에 비해 다소 과도한 구조였다고 생각합니다.

실제로 브랜치 구조를 제대로 따르지 않는 개발자도 있었고, 복잡한 브랜치 설계로 인해 병합 충돌이 빈번하게 발생했습니다. 특히 릴리즈 브랜치가 여러 개발자의 병합 실수로 인해 꼬이기 시작하면서 브랜치의 일관성이 무너졌고, 결국 해당 브랜치는 약 3개월간 방치되는 상황에 이르렀습니다. 그 기간 동안 팀은 임시방편으로 develop 브랜치를 release 브랜치처럼 운영해야 했으며, 이는 프로젝트 전체의 안정성과 관리 체계에 혼란을 초래했습니다.

이러한 경험은 브랜치 전략을 단순히 문서화하는 것만으로는 충분하지 않으며, 실제로 이를 운영하고 관리할 인력과 시간이 반드시 필요하다는 교훈을 남겼습니다. 일정 규모 이상의 팀에서는 브랜치 구조 자체를 체계적으로 유지하기 위한 역할 분담이 필요하며, 브랜치 삭제 시점이나 병합 기준 또한 정책으로 정리되어야 합니다. 각 개발자가 자율적으로 브랜치를 관리하는 방식은 소규모 프로젝트에서는 효과적일 수 있지만, 중대형 프로젝트에서는 반드시 명확한 운영 원칙과 책임 주체가 존재해야 합니다.(필자가 다닌 회사 기준으로 한때 브랜치가 500여개가 있었습니다.)

❀ master 브랜치와 main 브랜치

Git에서 기본 브랜치로 사용되어 온 이름은 오랫동안 master였습니다. 대부분의 Git 프로젝트에서 저장소를 초기화할 때 자동으로 생성되는 브랜치가 master였으며, 주로 배포 가능한 안정 버전을 관리하는 용도로 사용된 것입니다. 그러나 2020년경부터 master와 slave라는 용어가 위계적 의미를 내포하고 있다는 문제 제기가 제기되었고, 이를 계기로 보다 중립적인 언어 사용을 지향하는 움직임이 소프트웨어 업계 전반으로 확산되었습니다.

이에 따라 GitHub, GitLab 등 주요 플랫폼은 기본 브랜치 이름을 master에서 main으로 변경하기 시작했습니다. 현재 새로 생성되는 대부분의 저장소는 기본적으로 main 브랜치를 사용하며, 이는 포괄성과 다양성을 존중하는 기술 문화의 변화로 볼 수 있습니다. 다만 기존 프로젝트 중에는 여전히 master 브랜치를 사용하는 경우가 많습니다. 필자의 의견으로는, 이미 잘 운영되고 있는 프로젝트라면 브랜치 명을 즉시 변경할 필요는 없으며, 향후 프로젝트 구조를 점검하거나 리팩터링할 때 자연스럽게 main으로 변경하는 것이 더 합리적인 수정이라고 생각합니다.

GitHub Flow

GitHub Flow는 Git Flow보다 단순한 브랜치 관리 전략으로, 빠르고 빈번한 배포가 필요한 프로젝트에서 널리 사용됩니다. 이 전략은 main(또는 master) 브랜치를 중심으로 기능별 feature 브랜치를 생성하고, 작업이 완료되면 Pull Request(PR)를 통해 main 브랜치에 병합하는 방식으로 운영됩니다. 구조가 단순하고 관리 부담이 적기 때문에, 소규모 팀이나 단기간 배포 주기를 가진 프로젝트에서 특히 효율적으로 적용됩니다.

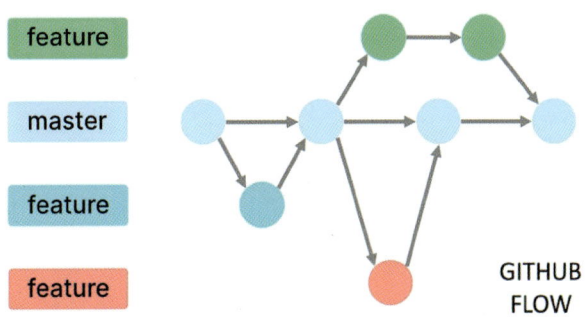

그림 11.19 GitHub Flow 흐름도

Github Flow 브랜치

GitHub Flow의 브랜치 구조는 기본적으로 두 가지로 구성됩니다. main 브랜치는 항상 배포 가능한 상태를 유지하는 안정적인 코드를 저장하는 곳이며, feature/* 브랜치는 새로운 기능 개발이나 버그 수정 작업을 위해 생성됩니다. 작업이 완료되면 PR을 통해 코드 리뷰를 받고, 검토가 끝난 후 main 브랜치로 병합됩니다.

- master

항상 배포 가능한 상태를 유지하며, 최종 안정된 코드가 저장됩니다.

- feature/*

각 기능이나 버그 수정 작업을 위한 브랜치로, 작업이 완료되면 pull request를 통해 master 브랜치에 병합됩니다.

그림 11.19에서 살펴볼 수 있듯이 여러 개의 feature 브랜치와 하나의 master 브랜치로 구성되는 것이 주요 특징입니다.

GitHub Flow의 장단점

이런 브랜치 종류를 가진 GitHub Flow는 다음과 같은 장점을 가지고 있습니다.

- 단순한 구조

브랜치 종류가 두 개뿐이므로 관리가 매우 간단하며, 기능 개발 후 feature 브랜치를 master에 병합하기만 하면 되므로 브랜치 관리 부담이 적습니다.

- 빠른 배포 주기

main 브랜치가 항상 배포 가능한 상태를 유지하도록 전제되기 때문에, 지속적인 통합(Continuous Integration, CI)과 지속적인 배포(Continuous Deployment, CD) 환경을 구현하기에 유리합니다.

- GitHub와의 완벽한 통합

GitHub Flow는 GitHub의 pull request 기능과 잘 맞아, 코드 리뷰와 협업이 원활하게 이루어집니다. 코드 리뷰 프로세스를 통해 작업 품질을 확인하고, 팀원 간의 협업을 효율적으로 관리할 수 있습니다.

이에 반해 다음과 같은 단점이 있습니다.

- **복잡한 배포 환경에 비적합**

대규모 또는 복잡한 배포 환경에서는 적합하지 않을 수 있습니다. 특히 긴 개발 주기가 필요한 프로젝트에서는 브랜치가 두 개뿐이어서 버전 관리와 배포 안정성 확보에 어려움을 겪을 수 있습니다.

- **테스트 환경 부족 시 문제 발생**

feature 브랜치가 master 브랜치로 바로 병합되기 때문에, 충분한 테스트 환경이 없으면 변경 사항이 미처 검증되지 않은 상태로 배포될 위험이 있습니다.

필자의 경험에 따르면 GitHub Flow는 사이드 프로젝트나 소규모 스타트업 환경에서 특히 효과적입니다. 실제로 Git Flow를 사용한다고 하더라도, 실질적으로는 GitHub Flow에 가까운 단순 구조로 운영하는 팀도 많습니다. 기능 개발 속도와 배포 주기가 중요한 상황에서는 GitHub Flow의 간결함이 오히려 큰 장점이 되며, 복잡한 브랜치 전략을 강제하지 않아 팀원 간 부담도 줄어듭니다. 단, 테스트 자동화와 리뷰 문화가 부족하다면 이러한 단순함이 오히려 위험 요인이 될 수 있다는 점을 명심해야 합니다.

Trunk-Based Development

Trunk-Based Development(이하 TBD)는 모든 개발자가 단일 브랜치에서 작업하는 브랜치 전략입니다. 일반적으로 main 또는 trunk 브랜치가 그 중심이 되며, 별도의 기능 브랜치를 두지 않고 모든 변경 사항을 빠르게 해당 브랜치에 병합하는 것이 특징입니다. 이 전략은 브랜치 개수를 최소화하고, 지속적인 통합(Continuous Integration, CI)과 지속적인 배포(Continuous Deployment, CD)를 극대화하는 것을 주요 목표로 합니다.

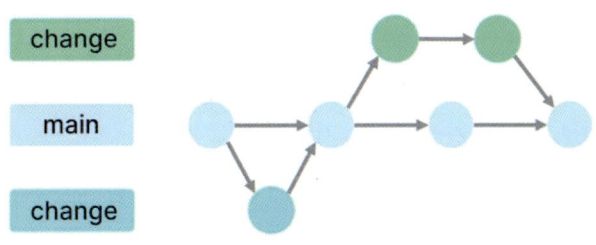

그림 11.20 Trunk-Based Development 흐름도

Trunk-Based Development의 장단점

단일 브랜치를 사용하는 만큼 TBD의 장단점은 명확합니다.

장점

- **간단한 브랜치 구조**

별도의 브랜치 없이 단일 브랜치(main)에서 작업하므로 브랜치 관리가 간단합니다. 모든 개발자가 동일한 브랜치에서 작업함으로써 브랜치 간 충돌을 줄일 수 있으며, 브랜치를 따로 관리할 필요가 없어 프로젝트 관리가 수월합니다.

- **빠른 통합과 배포**

코드 변경 사항이 빠르게 main 브랜치에 병합되기 때문에 변경 내용이 즉각적으로 통합됩니다. CI/CD 파이프라인과 결합하면 자동화된 테스트와 배포가 수시로 이루어져, 새로운 기능이나 수정 사항을 빠르게 프로덕션 환경에 반영할 수 있습니다.

단점

- **복잡한 병합 과정**

모든 개발자가 한 브랜치에서 작업하기 때문에, 대규모 팀의 경우 병합 충돌이 발생할 가능성이 높습니다. 특히 개발 호흡이 긴 기능의 경우 지속적인 병합이 요구되며, 병합 과정에서 수정 사항 간의 충돌을 자주 해결해야 할 수 있습니다.

- **작은 단위의 커밋이 요구됨**

이 전략에서는 자주 커밋하고 빠르게 병합하는 작은 단위의 작업이 필수적입니다. 큰 단위의 커밋은 다른 팀원에게 영향을 줄 가능성이 크기 때문에 피해야 하며, 이를 위해 모든 팀원이 기능을 작게 나누어 자주 커밋하는 습관을 들여야 합니다.

- **테스트 자동화 체계 필수**

모든 변경 사항이 곧바로 배포될 가능성이 높기 때문에, 자동화된 테스트 체계가 필요합니다. 충분한 테스트가 이루어지지 않으면 미완성 코드나 버그가 포함된 코드가 즉시 프로덕션에 반영될 위험이 있습니다. 안정적인 배포를 위해서는 철저한 테스트 환경과 강력한 자동화 시스템이 뒷받침되어야 합니다.

Trunk-Based Development와 GitHub Flow 차이

TBD와 GitHub Flow는 모두 단순한 브랜치 구조와 빠른 배포 주기를 지향한다는 점에서 유사하지만, 운영 방식에서는 차이가 있습니다.

TBD에서는 변경 사항을 직접 main 브랜치에 커밋합니다. PR 없이 바로 커밋이 진행되거나, PR이 있더라도 리뷰 없이 짧은 시간 안에 병합되는 경우가 많습니다.

이와 달리 GitHub Flow는 각 기능 개발을 위해 feature/* 브랜치를 생성하고, 작업이 완료되면 PR을 통해 main 브랜치로 병합하는 과정을 거칩니다. 즉, GitHub Flow는 PR 기반의 협업과 리뷰 프로세스를 전제로 하고 있는 반면, TBD는 실시간 협업, 짧은 주기의 커밋, 그리고 자동화 도구를 중심으로 움직입니다.

TBD 환경에서는 전통적인 리뷰 대신 페어 프로그래밍, 정적 분석 도구, 린트 검사, 자동 테스트 등을 통해 코드 품질을 확보합니다. 이러한 실시간 품질 확보 체계를 통해 PR 없이도 코드가 곧바로 병합되고 배포될 수 있는 구조가 가능합니다. 결과적으로, TBD는 고도화된 DevOps 환경과 높은 자동화 수준을 전제로 해야 안정적으로 운영할 수 있는 전략입니다.

⚛ 코드 리뷰해 주는 새로운 동료, AI

최근 AI 기반 코드 리뷰 도구의 발전으로 인해, 기존 GitHub Flow 기반의 PR 리뷰 프로세스에 변화가 일어나고 있습니다. 기존의 코드 리뷰는 동료 개발자의 일정에 따라 지연되거나 피드백까지 시간이 오래 걸리는 경우가 많았습니다. 반면, AI 리뷰는 수 분 내에 자동으로 피드백을 제공할 수 있어 개발 속도와 효율성 측면에서 큰 장점을 보입니다.

특히 반복적인 코드 스타일 점검이나 단순한 로직 검증과 같은 정형화된 리뷰 영역에서는 AI의 활용도가 높습니다. 일정 수준 이상의 품질을 유지하면서도 빠르게 병합할 수 있는 워크플로우가 가능해졌고, 이에 대한 개발자들의 만족도도 높게 나타나고 있습니다. 물론 AI는 아직 코드의 맥락을 깊이 있게 이해하거나, 복잡한 설계 의사결정이 필요한 부분에서는 사람보다 부족한 점이 있습니다. 따라서 AI 리뷰는 개발 생산성을 높이는 보조 도구로 활용하되, 핵심 논의나 아키텍처 관련 판단은 여전히 사람 중심의 리뷰가 필요하다는 점을 인식해야 합니다.

필자의 경우, 현재 코드 리뷰 프로세스에서 AI 리뷰를 1차로 활용하고 있으며, 이후 기존 리뷰 방식으로 보완하는 구조로 운영하고 있습니다. 이를 통해 코드 스타일이나 단순한 로직 오류에 대한 리뷰 부담이 줄어들었고, 전체 리뷰 품질을 유지하면서 병합 속도 또한 향상되었습니다. 짧은 시간 내에 높은 커버리지를 확보할 수 있다는 점에서 매우 만족스럽게 사용하고 있습니다.

AI는 이제 단순한 실험적 도구를 넘어, 실질적인 리뷰 파트너로 자리 잡고 있습니다. 물론 모든 상황을 완전히 대체하기에는 아직 한계가 있지만, 효율성과 품질을 동시에 추구하는 리뷰 문화를 구축하기 위한 유용한 수단임은 분명합니다.

Git과 GitHub 정리

이번 장에서는 버전 관리 시스템의 필요성과 종류를 시작으로, Git을 활용한 실질적인 버전 관리 방법에 대해 살펴보았습니다. Git의 기본적인 명령어 사용법을 학습하고, 로컬 저장소에서 파일의 변경 이력을 효과적으로 추적하고 관리하는 과정을 배웠습니다. 더불어 GitHub와의 연동을 통해 원격 저장소 기반의 협업 방식을 실습하며, 실무에서 자주 사용되는 GitHub의 주요 기능들도 함께 다루었습니다.

GitHub에 프로젝트를 업로드하고, Pull Request, Issue, Actions 등을 활용하여 팀원들과 효율적으로 협력하는 방법을 익힘으로써 실제 협업 환경에서의 GitHub 활용 능력을 높일 수 있었습니다. 또한, Git Flow, GitHub Flow, Trunk-Based Development와 같은 대표적인 브랜치 관리 전략을 비교하며, 각 전략의 구조와 장단점, 적용 시 고려해야 할 사항들을 구체적으로 분석하였습니다. 이를 통해 프로젝트의 규모, 팀의 구성, 배포 주기와 같은 실무적 조건에 따라 적절한 브랜치 전략을 선택하고 유연하게 운영하는 기준을 이해할 수 있었습니다.

Git과 GitHub는 현대 소프트웨어 개발에서 선택이 아닌 필수의 도구이며, 이를 올바르게 활용하는 능력은 프로젝트의 품질, 협업의 생산성, 배포의 안정성 전반에 영향을 미칩니다. 이번 장에서 다룬 개념과 전략들을 바탕으로, 실무에서도 Git과 GitHub를 적극적으로 활용하여 프로젝트를 체계적이고 안정적으로 운영할 수 있기를 기대합니다.

> 🔵 **시니어 코멘트**
> Git과 GitHub는 단순한 도구가 아니라 팀 문화이자 협업의 기반입니다. 특히 브랜치 전략, 커밋 메시지, PR 리뷰 문화는 개발팀의 품질 기준을 상징하는 지표이기도 합니다. 실무에서는 단순히 명령어를 익히는 것을 넘어, 이 도구들을 '얼마나 효과적으로 사용하는지'에 대한 감각과 경험이 더 중요합니다.

12장
CI/CD

12.1 CI/CD 개요
12.2 프론트엔드의 CI/CD
12.3 테스트 코드

이번 장에서는 프론트엔드 개발 환경에서 CI/CD(지속적 통합 및 지속적 배포)를 구축하는 방법을 중심으로 실습을 진행합니다. 실제 배포 환경으로는 Vercel을 활용하며, 자동화된 테스트 및 배포 파이프라인 구현에는 GitHub Actions를 사용합니다. 이를 통해 개발자가 수동으로 배포 과정을 반복하지 않고도, 코드 변경 사항이 안정적으로 배포 환경에 반영되도록 구성하는 일련의 흐름을 학습합니다.
CI/CD는 단순히 개발 생산성을 높이는 기술이 아니라, 팀 전체의 개발 문화와 품질 기준을 표준화하는 중요한 도구이기도 합니다. 특히 프론트엔드 프로젝트는 UI 변경이 빈번하고 빠른 피드백 루프가 중요한 만큼, 배포 자동화와 테스트 통합은 실무에서 필수적으로 요구되는 역량입니다.
이 장의 학습을 통해 독자는 Vercel과 GitHub Actions를 이용하여 실제 프론트엔드 프로젝트에 적용 가능한 CI/CD 환경을 직접 구축해 볼 수 있으며, 이를 바탕으로 실무에서도 적용 가능한 자동화 배포 시스템의 기초 역량을 갖추게 될 것입니다.

12.1 CI/CD 개요

CI/CD(Continuous Integration / Continuous Deployment 또는 Delivery)는 소프트웨어 개발과 배포 전 과정을 자동화하여 팀의 생산성과 품질을 동시에 높이기 위한 핵심 전략입니다. 코드 작성, 빌드, 테스트, 배포까지의 일련의 과정을 자동화함으로써 개발자는 반복적이고 수동적인 작업에 소요되는 시간을 줄이고, 더 빠르게 사용자 피드백을 반영할 수 있습니다. 이는 특히 UI 변경이 빈번하고 피드백 루프가 짧은 프론트엔드 프로젝트에서 높은 가치를 제공합니다.

CI/CD의 탄생 배경

1990년대 후반까지 일반적인 개발 방식은 수개월 단위의 대규모 릴리스를 중심으로 이루어졌습니다. 이 방식은 다음과 같은 문제를 야기했습니다.

- **코드 품질 저하**: 변경 사항이 한번에 통합되면서 충돌과 버그가 빈번하게 발생했습니다.
- **시장 대응력 부족**: 릴리스 주기가 길어 사용자 요구에 실시간 대응하기 어려웠습니다.
- **비효율적인 협업**: 대규모 병합 작업은 팀 간 갈등과 낭비를 초래했습니다.

이러한 한계를 극복하기 위해 애자일(Agile) 방법론이 등장했고, 소규모 단위의 잦은 배포를 추구하는 문화로 전환되었습니다. 하지만 이와 동시에 잦은 통합·배포를 반복적으로 수행해야 하는 부담이 생겼고, 이를 자동화할 필요성에서 CI/CD가 본격적으로 주목받기 시작했습니다.

DevOps의 확산과 CI/CD의 발전

2000년대 중반 이후, 클라우드 기술과 함께 DevOps 문화가 확산되었습니다. DevOps는 개발(Development)과 운영(Operations)을 통합하여 지속 가능하고 신속한 배포 체계를 구축하는 데 집중합니다. 이 과정에서 CI/CD는 DevOps의 핵심 자동화 도구로 자리잡으며, 오늘날에는 도구들의 발달로 DevOps 팀 없이도 간단하게 CI/CD를 구축할 수 있는 시대가 되었습니다.

GitHub Actions, GitLab CI, CircleCI, Travis CI 등 다양한 플랫폼들이 등장하면서 CI/CD는 프론트엔드 실무의 표준 흐름이 되었습니다. 이 장에서는 그 중 GitHub Actions를 이용해 CI/CD 환경을 직접 구축해 볼 예정입니다.

CI: 지속적 통합(Continuous Integration)

CI는 여러 명의 개발자가 각자 작업한 코드 변경 사항을 빈번하게 하나의 메인 브랜치에 통합하는 자동화 프로세스입니다.

주요 흐름은 다음과 같습니다.

1. 개발자가 Git에 코드를 커밋합니다.
2. CI 서버가 변경 사항을 감지해 자동으로 빌드합니다.
3. 빌드된 코드에 대해 사전 정의된 테스트 스크립트를 실행합니다.
4. 테스트 결과가 즉시 피드백되며, 실패 시 병합이 차단됩니다.

CI를 통해 개발자는 자신의 변경이 전체 프로젝트에 미치는 영향을 신속히 파악할 수 있으며, 코드 품질 저하를 방지하고 통합 과정을 단순화할 수 있습니다.

CD: 지속적 배포 / 전달(Continuous Deployment / Delivery)

CD는 CI 이후의 프로세스를 자동화하여 코드가 실제 사용자에게 전달되기까지의 전 과정을 자동화하는 단계입니다. 구현 방식에 따라 다음과 같이 구분됩니다.

- **Continuous Delivery(지속적 전달)**

자동화된 빌드와 테스트 후 프로덕션에 배포할 준비 상태를 유지합니다. 최종 배포는 수동으로 이루어지며, 이 과정을 통해 배포의 안전성을 확보할 수 있습니다.

- **Continuous Deployment(지속적 배포)**

코드가 자동으로 프로덕션 환경에 배포됩니다. 배포 과정이 완전히 자동화되어 개발자의 개입 없이 실시간으로 사용자에게 업데이트가 제공됩니다.

CD를 통해 배포 주기가 짧아지고, 배포 오류율도 줄어듭니다. 이는 빠른 사용자 피드백 수집과 민첩한 제품 개선에 유리합니다.

CI/CD가 프론트엔드 개발에 중요한 이유

CI/CD가 소프트웨어 개발 과정에서 중요한 이유는 여러 가지가 있지만, 프론트엔드 개발에서 특히 중요한 이유를 선별해 보면 다음과 같습니다.

빠른 피드백과 코드 품질 유지

프론트엔드 프로젝트는 빈번한 UI/UX 업데이트와 실시간 피드백이 중요합니다. CI/CD를 통해 코드 변경 시 자동으로 빌드와 테스트를 실행하면, 버그를 사전에 발견하고 신속하게 수정할 수 있습니다.

일관된 배포와 환경 간 차이 최소화

자동화된 배포를 통해 동일한 배포 프로세스를 반복할 수 있고, 개발, 테스트, 프로덕션 환경 간의 차이를 최소화하여 안정적인 배포가 가능합니다.

다양한 환경에서의 호환성 검증

브라우저 및 디바이스가 다양한 프론트엔드 개발에서는, CI/CD를 통해 자동화된 브라우저 테스트와 디바이스 테스트를 수행하여 호환성을 사전에 검증할 수 있습니다.

CI/CD는 더 이상 선택이 아닌, 모든 실무 프로젝트가 갖추어야 할 기본 운영 인프라로 자리 잡고 있습니다. 이후 절에서는 실제 프론트엔드 프로젝트에서 CI/CD를 어떻게 구축하고 활용할 수 있는지를 실습을 통해 구체적으로 다루겠습니다.

> 💡 **시니어 코멘트**
> 예전에는 CI/CD는 백엔드나 DevOps 팀의 영역이라는 인식이 강했지만, 이제는 프론트엔드 개발자에게도 CI/CD는 선택이 아닌 필수가 되었습니다. 필자의 경험으로는, 초기에 단순히 GitHub Actions로 테스트만 통과시키는 수준에서 시작하더라도, 점차 lint, storybook 배포, Lighthouse 분석, Vercel 연동 등으로 확장할 수 있습니다. 그리고 도구들의 발전으로 그렇게 어렵지도 않습니다.

12.2 프론트엔드의 CI/CD

프론트엔드 개발에서 CI/CD는 코드 변경이 발생할 때마다 자동화된 빌드, 테스트, 배포 과정을 실행함으로써 개발자의 피드백 루프를 단축하고, 코드의 품질과 배포 안정성을 확보하는 데 핵심적인 역할을 합니다. 반복적이고 수동적인 작업을 줄이고, 변경된 코드가 프로덕션 환경에 안정적으로 반영될 수 있도록 하는 기반을 제공한다는 점에서 CI/CD는 프론트엔드 개발에서도 필수적인 요소로 자리 잡았습니다.

프론트엔드 CI/CD 파이프라인

프론트엔드 애플리케이션의 CI/CD 파이프라인은 보통 다음과 같은 단계로 구성됩니다.

1. 버전 관리 시스템과 연동

프론트엔드 프로젝트는 보통 GitHub, GitLab, Bitbucket 등의 버전 관리 시스템과 연동됩니다. 개발자가 로컬에서 작업한 코드를 푸시하면, 이를 감지하여 CI/CD 파이프라인이 자동으로 실행됩니다. 보통은 특정 브랜치(main, develop, release 등)에 푸시될 때 워크플로우가 실행되도록 구성합니다.

2. CI 단계: 빌드와 테스트 자동화

프론트엔드 프로젝트는 JavaScript나 TypeScript로 작성되며, 브라우저에서 실행 가능한 형태로 번들링 또는 트랜스파일링이 필요합니다. webpack, Vite, Next.js 등의 빌드 도구와 npm run build 명령어로 자동화합니다. 그리고 코드 변경이 기존 기능에 미치는 영향을 검증하기 위해 단위 테스트, 통합 테스트, E2E(End-to-End) 테스트가 실행됩니다. 테스트 실패 시 빌드가 중단되고, CI 서버(GitHub Actions, GitLab CI 등)를 통해 즉시 개발자에게 피드백됩니다.

3. CD 단계: 배포 자동화

빌드 결과물은 프로덕션 환경에서 실행 가능하도록 환경 변수를 설정하고, 코드 최적화 작업을 수행합니다. 예를 들어, Next.js는 next build 명령어로 빌드한 후 결과물을 Vercel, Netlify 같은 호스팅 서비스에 배포합니다.

빌드가 완료되면, 결과물은 Vercel, Netlify, Firebase Hosting, AWS S3 등으로 자동 업로드됩니다. 특정 브랜치에 커밋이 발생할 때마다 최신 버전이 자동으로 배포되도록 설정할 수 있습니다.

4. CD 단계: 모니터링 및 롤백

배포가 완료된 후에는 사용자 환경에서 발생하는 에러와 성능 지표를 추적하는 것이 중요합니다. Sentry, LogRocket, Google Analytics 등을 활용해 오류를 실시간으로 감지하고, 피드백 루프를 형성할 수 있습니다.

만약 배포 후 문제가 발생하면 자동으로 이전 안정 버전으로 되돌릴 수 있는 롤백 기능이 필요합니다. Vercel과 Netlify는 원클릭 롤백 기능을 지원하여 서비스 장애 시 빠르게 복구할 수 있는 환경을 제공합니다.

여기까지가 일반적인 프론트엔드 CI/CD 파이프라인의 구성입니다.

Vercel을 활용한 CI/CD 구현

이제 실제로 CI/CD 파이프라인을 구축하는 실습을 진행해 보겠습니다. 다양한 방법이 존재하지만, 이 절에서는 필자가 실무와 사이드 프로젝트에서 모두 애용하는 Vercel을 활용하여 자동화된 배포 환경을 구현해 보겠습니다.

Vercel: 클라우드 기반 배포 플랫폼

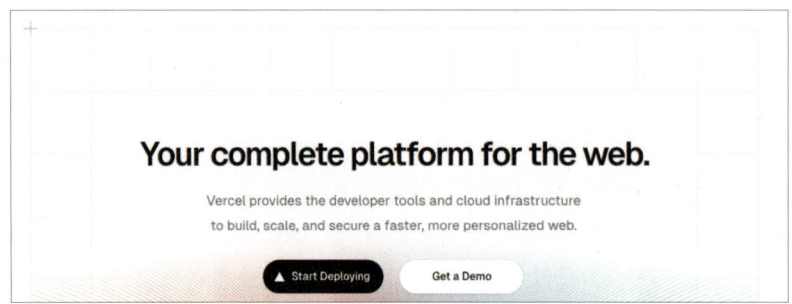

그림 12.1 Vercel 공식 홈페이지 화면(https://vercel.com/)

Vercel은 Next.js의 개발사로 잘 알려져 있으며, 다양한 웹 프레임워크를 지원하는 클라우드 기반 배포 플랫폼입니다. 정적 사이트 및 서버 사이드 렌더링(SSR) 프로젝트를 빠르고 안정적으로 배포할 수 있도록 지원하며, 서버리스 함수와 통합된 CI/CD 기능을 기본 제공합니다. 특히 코드 변경 사항을 감지하여 자동으로 빌드와 배포를 수행하는 기능이 강력하며, 복잡한 설정 없이도 배포 파이프라인을 손쉽게 구성할 수 있다는 점에서 널리 사용되고 있습니다.

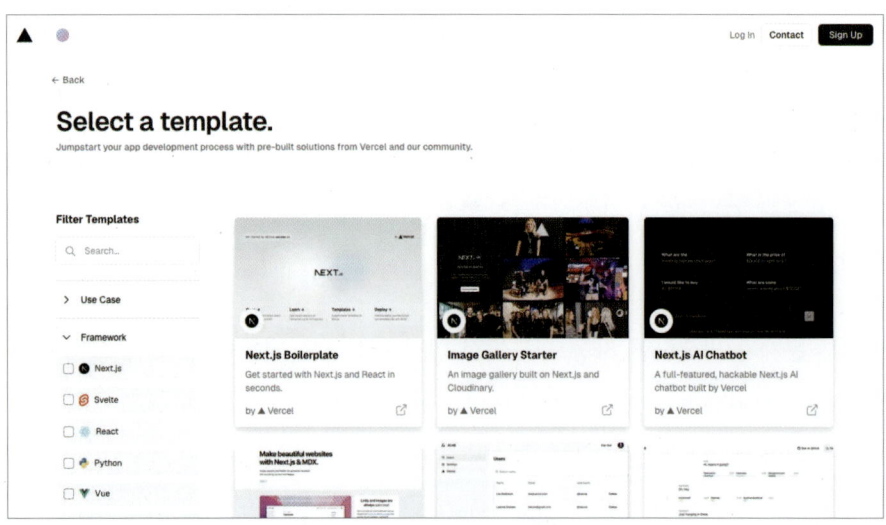

그림 12.2 Vercel에서 제공하는 수많은 템플릿 예시 화면

Next.js뿐만 아니라 리액트, Vue.js, Svelte, Nuxt.js, Gatsby 등 다양한 프레임워크에 대응하며, 정적 사이트와 SSR 애플리케이션 모두를 문제없이 지원합니다. 또한, 공식 홈페이지에서는 다양한 기술 스택에 기반한 템플릿을 제공하고 있으며, 모든 템플릿은 GitHub 저장소를 통해 오픈소스로 공개되어 있어 실무에 즉시 활용할 수 있습니다. 이러한 유연성과 접근성은 Vercel이 단순한 Next.js 전용 플랫폼을 넘어, 프론트엔드 배포 플랫폼의 표준으로 자리 잡게 만든 핵심 요소입니다.

Vercel을 통해 프로젝트 배포하기

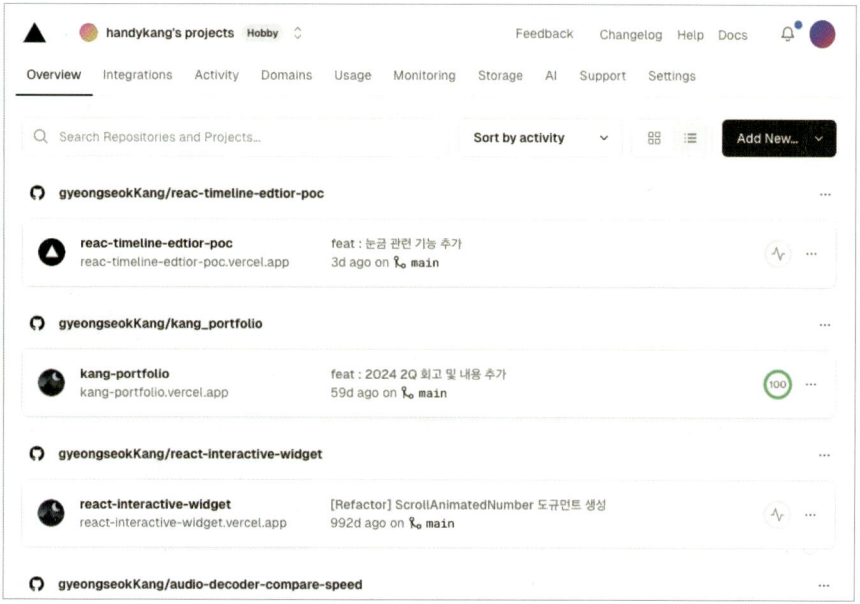

그림 12.3 필자의 Vercel 대시보드 화면

Vercel에 가입하고 로그인하면 개인 대시보드(Overview 화면)로 이동합니다. 이곳에서는 기존에 배포한 프로젝트를 확인하거나 새로운 프로젝트를 연결해 배포를 시작할 수 있습니다. CI/CD 파이프라인 구축의 시작은 저장소 연결부터 시작됩니다.

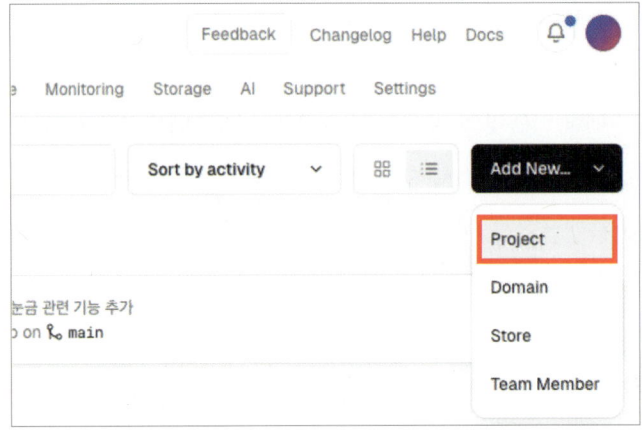

그림 12.4 Overview 화면에서 프로젝트 연결 방법

Add New > Project를 선택하여 다음 화면으로 진입합니다.

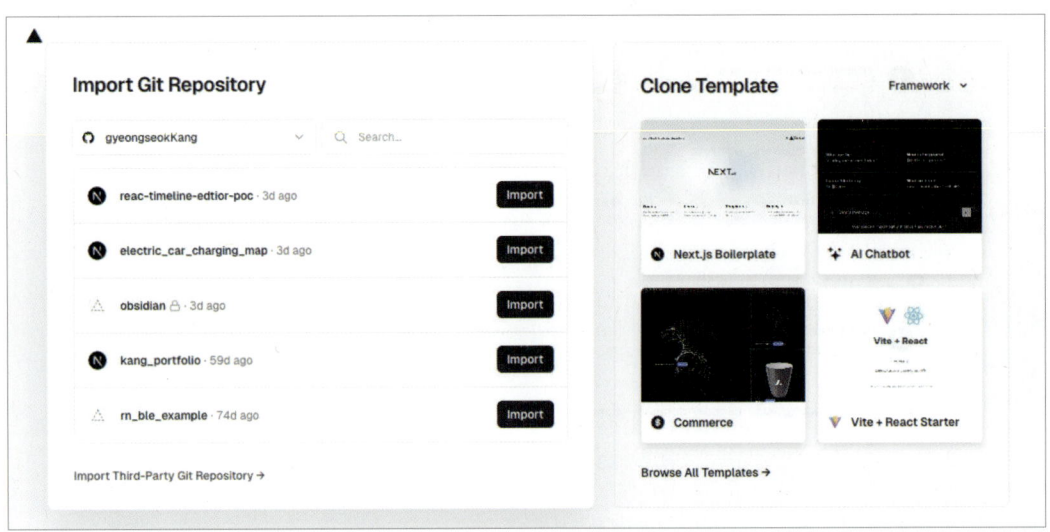

그림 12.5 배포할 프로젝트를 선택하는 화면

그림 12.5에서 기존의 Git Repository로부터 저장소를 가져올지 혹은 Vercel에서 제공하는 Template을 기반으로 서비스를 배포할지 지정할 수 있습니다. 여기에선 기존에 만든 저장소인 "electric_car_charging_map"을 선택하도록 하겠습니다.

만약 여기에 "Import Git Repository"에 원하는 저장소가 없다면 해당 저장소의 접근 권한이 없는 계정으로 로그인한 경우일 수 있습니다. 따라서 원하는 저장소의 접근 권한이 있는 계정이거나 "Import Third-Party Git Repository" 기능을 통해 직접 저장소를 연결하면 됩니다.

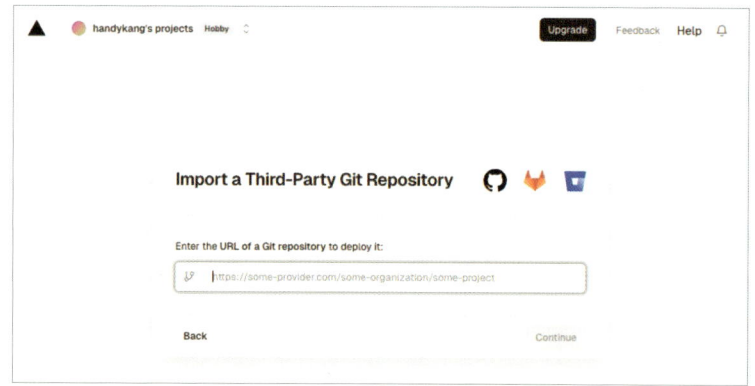

그림 12.6 Import Third-Party Git Repository 기능 활용 예시 화면

"electric_car_charging_map" 프로젝트의 Import 버튼을 클릭하면 다음 화면으로 이동합니다.

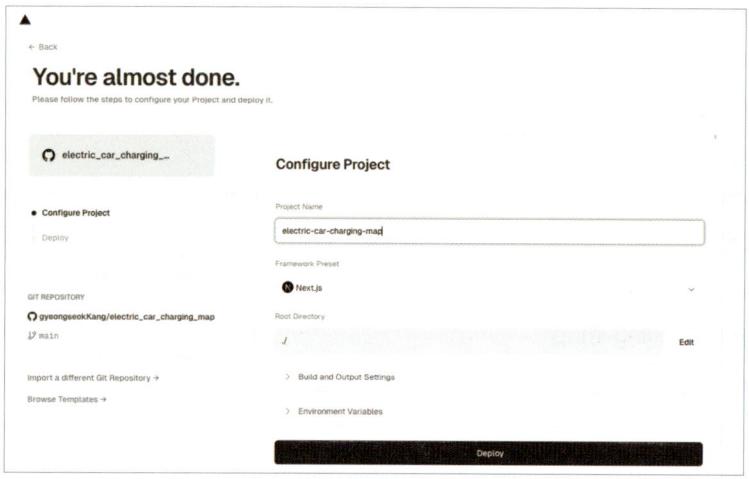

그림 12.7 프로젝트의 상세 설정을 하는 화면

Vercel은 저장소의 코드 구조를 분석해 자동으로 프로젝트 타입과 빌드 커맨드를 감지합니다. 예를 들어 Next.js 프로젝트라면 next build 명령어를 기본으로 설정하며, 기타 프레임워크도 템플릿에 맞춰 자동 구성됩니다. 필요한 경우 환경 변수나 스크립트를 수동으로 추가할 수도 있습니다.

그림 12.8 배포 프로세스가 진행되는 것을 확인하는 화면

설정이 완료되고 Deploy 버튼을 클릭하면 배포를 시작합니다. 이후 자동으로 빌드 및 배포가 진행되며, 수 분 이내에 배포가 완료됩니다. 빌드가 완료되면 Visit 버튼을 통해 실제 배포된 사이트를 브라우저에서 확인할 수 있습니다.

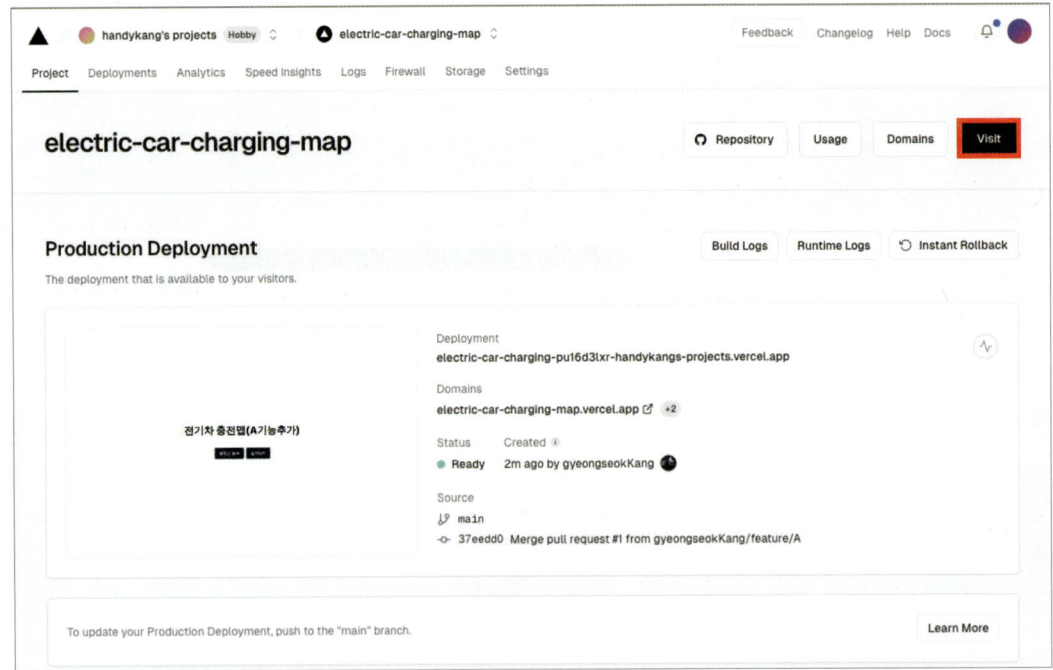

그림 12.9 배포가 완료된 프로젝트 화면

그리고 Visit 버튼을 클릭하면 실제로 접근가능한 온라인 사이트로 이동시켜줍니다.

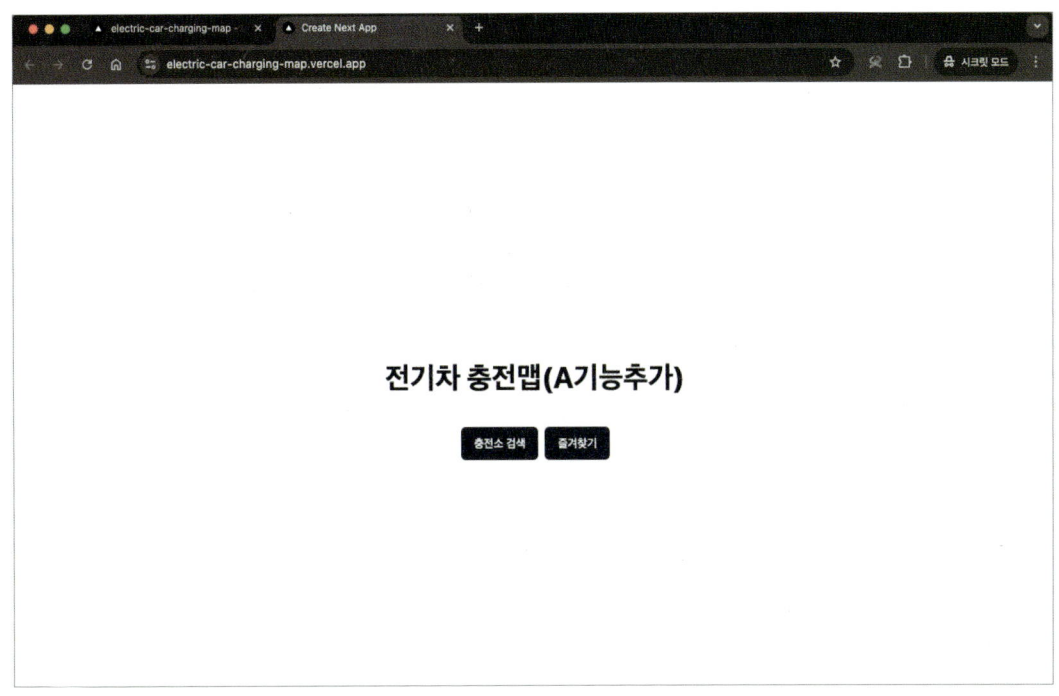

그림 12.10 프로젝트 배포 화면. url에 vercel.app이 보입니다.

기본적으로 Vercel은 [프로젝트명].vercel.app 형태의 URL을 제공합니다. 하지만 원하는 경우 사용자 도메인을 연결하여 더 직관적이고 브랜드화된 주소를 사용할 수 있습니다. 이 설정은 도메인 소유 인증 후 간단한 DNS 연결만으로도 구성 가능합니다.

CI/CD 파이프라인을 설정

앞서 Vercel의 클라우드 서비스를 이용해 GitHub 저장소에 있는 프로젝트를 실제로 배포해 봤습니다. 이번 절에서는 CI/CD 파이프라인을 완성하는 단계로, 코드가 main 브랜치에 푸시될 때마다 자동으로 재배포되는 흐름을 직접 확인해 보겠습니다.

Vercel은 GitHub 저장소와 연동하는 것만으로도 기본적인 CI/CD 파이프라인을 자동으로 설정해 줍니다. 이를 통해 코드 변경 사항이 발생할 때마다 별도의 수작업 없이 자동으로 빌드와 배포가 수행되며, 항상 최신 상태의 프로젝트가 운영될 수 있도록 돕습니다. 즉, 개발자는 번거로운 배포 작업에서 해방되고 코드 작성에 집중할 수 있게 됩니다.

그림 12.11 기존 프로젝트 배포 화면

예를 들어, 현재 배포된 충전소 맵 프로젝트의 화면에는 이전 Git 실습 중 삽입한 "(A기능추가)"라는 테스트 텍스트가 남아 있는 상태라고 가정해 보겠습니다. 이 텍스트를 제거하고 변경 사항을 main 브랜치에 커밋 및 푸시하면 어떤 일이 일어나는지 확인해 보겠습니다.

```
git commit -m 'feat: 화면에서 텍스트 제거'
git push
```

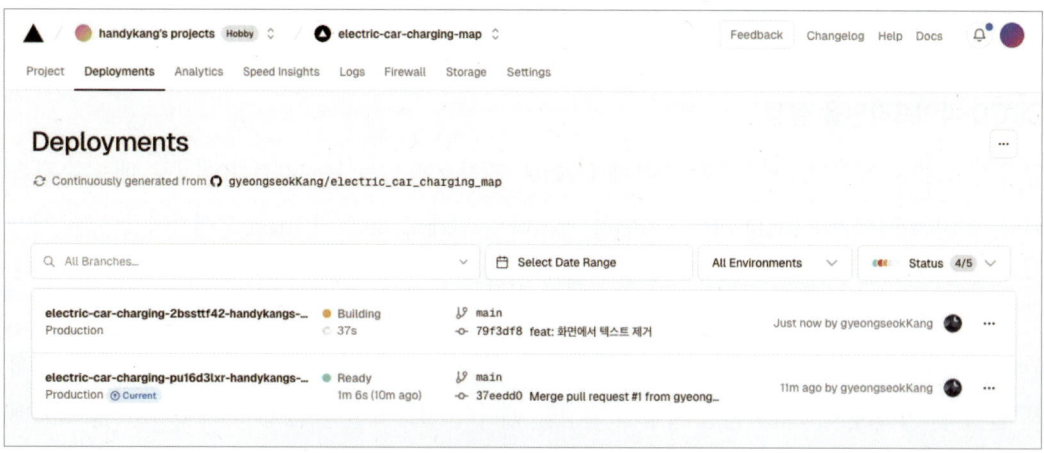

그림 12.12 git push 이후에 자동으로 빌드가 진행되는 화면

커밋이 푸시되면 Vercel에서 자동으로 빌드가 시작됩니다. 프로젝트 대시보드에서 "Building"이라는 메시지를 통해 해당 프로세스를 실시간으로 확인할 수 있으며, 빌드가 완료되면 자동으로 새로운 버전이 배포됩니다.

그림 12.13 변경된 커밋이 자동 배포된 화면

이후 실제 사이트에 접속해 보면, "(A기능추가)" 텍스트가 제거된 최신 버전이 배포되어 반영된 것을 확인할 수 있습니다.

이처럼 커밋 한 번으로 자동으로 배포까지 이루어지는 구조는 Vercel의 기본 기능입니다. 자동 배포 브랜치는 Vercel 설정 내 Settings 〉 Git 〉 Production Branch 항목에서 관리되며, 기본적으로 main 브랜치로 설정되어 있습니다. 필요 시 develop, release 등의 브랜치로 변경하여 환경을 분리하는 것도 가능합니다.

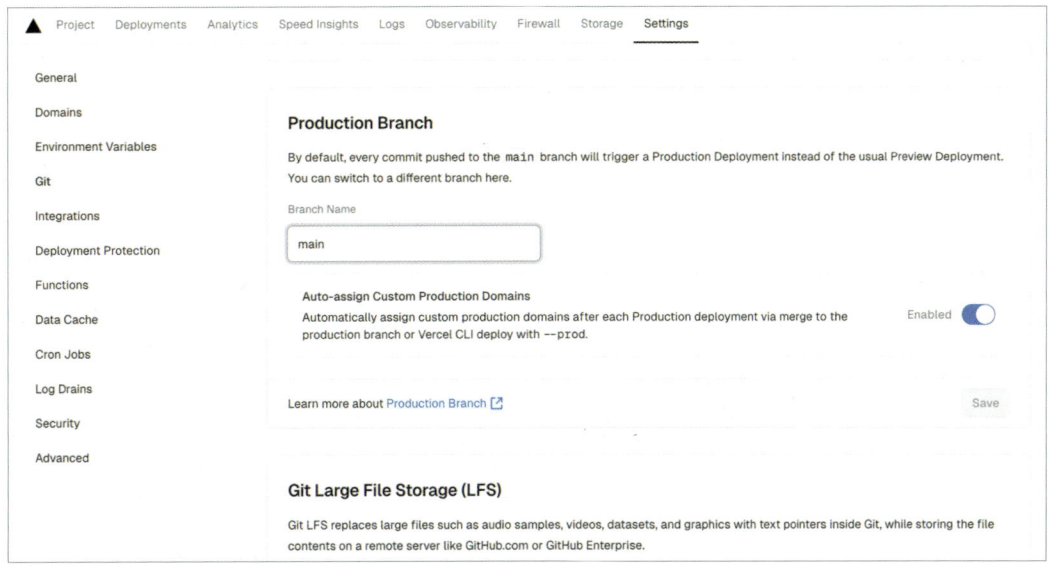

그림 12.14 자동 배포를 위한 설정을 확인할 수 있는 화면

또한, GitHub 저장소 내에서도 해당 배포 기록은 Deployments 섹션을 통해 확인할 수 있습니다. 커밋별 배포 내역과 빌드 로그까지 확인할 수 있으므로, 문제가 발생했을 경우 빠르게 원인을 파악하고 대응할 수 있습니다.

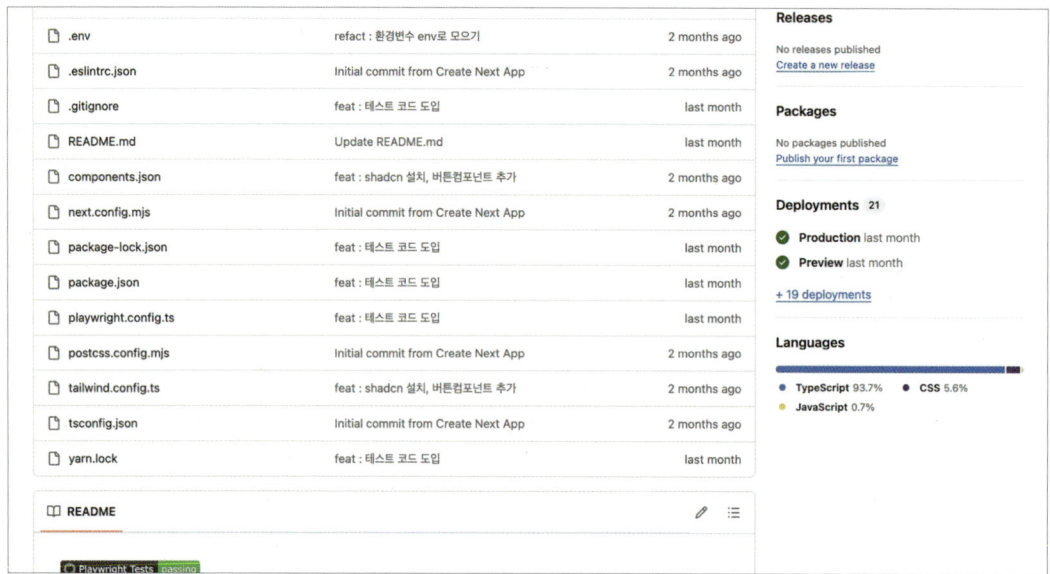

그림 12.15 우측 중앙에 "Deployments" 내부에 배포된 사이트가 보이는 화면

그리고 이전 배포 로그들을 Vercel이 아닌 GitHub에서도 확인할 수 있습니다.

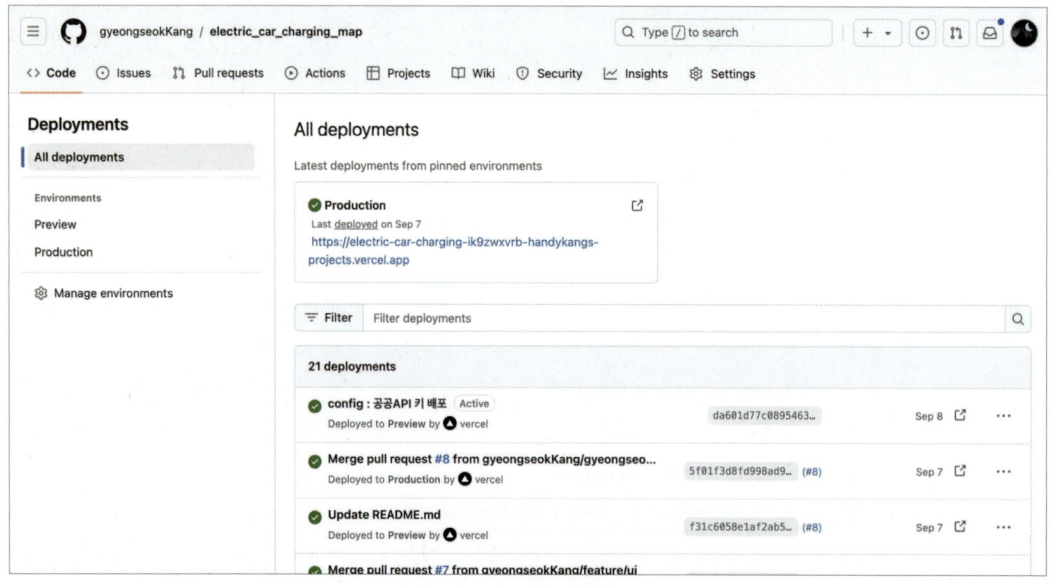

그림 12.16 배포된 커밋을 확인하는 화면

현재까지의 흐름은 기본적인 CI/CD 구조를 구현한 상태라고 볼 수 있습니다. 다만 중요한 단계가 하나 빠져 있습니다. 바로 테스트 자동화입니다. CI/CD 파이프라인에 테스트 단계를 추가하면, 코드가 빌드되기 전에 자동으로 테스트가 실행되고, 오류 발생 시 빌드와 배포가 자동으로 중단됩니다. 이 과정은 코드의 안정성과 신뢰성을 확보하는 데 필수적인 절차이며, 특히 실서비스를 운영할 경우 그 중요성이 더욱 커집니다.

다음 절에서는 GitHub Actions를 활용해 자동화된 테스트 단계를 파이프라인에 통합해 보고, 안정적인 배포를 위한 사전 검증 절차를 어떻게 구현할 수 있는지를 살펴보겠습니다.

12.3 테스트 코드

테스트 코드를 작성하는 방법과 도구는 매우 다양하며, 이를 효과적으로 활용하기 위해서는 일정 수준의 학습과 경험이 필요합니다. 이번 절에서는 테스트 코드의 작성 기법보다는 프로젝트 내 테스트 코드의 구조적 관리 방식과, 이를 CI/CD 파이프라인에 통합하는 방법, 그리고 개발 중 테스트를 상시적으로 실행하는 전략에 중점을 둡니다.

추가 학습

〈클린 코드〉(Clean Code) | 로버트 C. 마틴
〈테스트 주도 개발〉(Test-driven Development: By Example) | 켄트 백

프로젝트에서 테스트 코드를 관리하는 방법

프론트엔드 프로젝트, 특히 Next.js 기반 프로젝트에서는 테스트 파일을 어떻게 배치하고 관리할 것인지에 따라 유지 보수성과 개발 속도가 크게 달라집니다. 일반적으로 다음 두 가지 방식이 널리 사용됩니다.

Tests Folder 방식

이 방식은 src/tests와 같이 별도의 디렉터리를 생성해 테스트 파일을 소스 코드로부터 분리해 관리하는 구조입니다. 테스트 디렉터리는 실제 소스 구조와 동일한 계층을 따르며, 예를 들어 src/app/page.tsx에 대응되는 테스트 파일은 src/tests/app/page.test.tsx로 배치됩니다.

이 방식은 테스트 소스 코드와 테스트 코드가 명확하게 분리되어, 프로젝트가 커지더라도 테스트 코드를 독립적으로 관리하기 쉽다는 장점이 있습니다.

대신에 테스트 파일이 해당 소스 코드와 물리적으로 떨어져 있어 추적이 번거롭고, 디렉터리 구조를 테스트용으로 2개씩 관리해야 한다는 불편함이 있습니다.

Co-location 방식

Co-location 방식은 테스트 파일을 해당 소스 코드와 동일한 디렉터리에 배치합니다. 예를 들어 page.tsx 파일과 page.test.tsx 파일이 같은 폴더에 나란히 위치합니다.

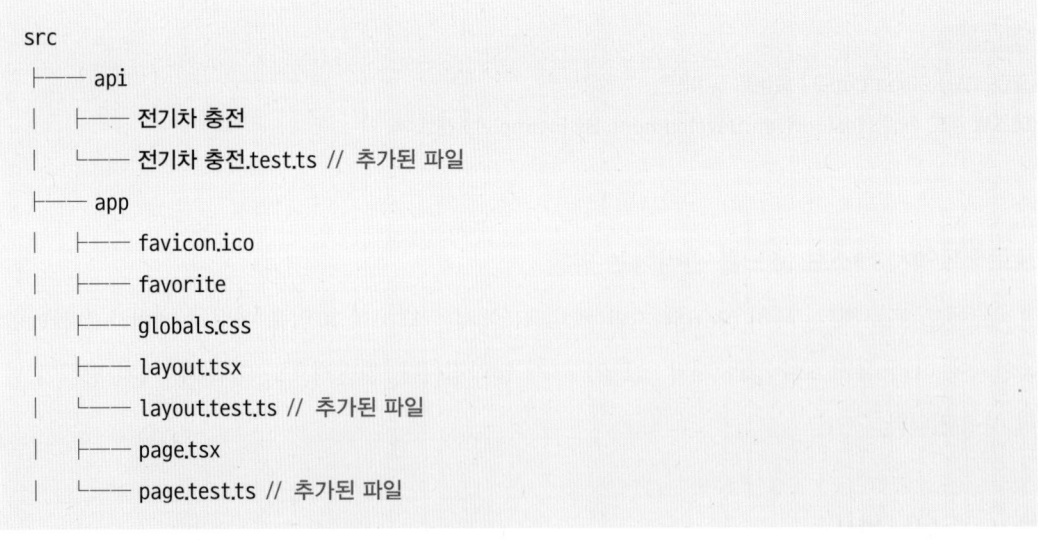

이 방식은 테스트 파일이 소스 코드와 물리적으로 가까운 위치에 있어, 특정 소스 코드에 대한 테스트 파일을 빠르게 찾고 수정할 수 있습니다.

하지만 소스 파일과 테스트 파일이 같은 디렉터리에 있으면, 파일 수가 많아져 혼잡해질 수 있습니다. 특히, 프로젝트 규모가 커질수록 하나의 디렉터리 안에 많은 파일이 뒤섞여 가독성이 떨어질 우려가 있습니다.

대규모 프로젝트에서는 관리하기 어려울 수 있으며, 코드와 테스트 파일을 구분하기 위한 별도의 관리 방법이 필요합니다.

일부 프로젝트에서는 두 가지 방식을 혼용하기도 합니다. 예를 들어, 주요 컴포넌트나 UI 페이지는 Co-location 방식으로 테스트 파일을 함께 관리하고, 반면 유틸리티나 API 테스트는 별도의 tests/ 디렉터리에 모아두는 방식입니다. 이는 프로젝트의 규모나 팀의 개발 문화에 따라 유연하게 선택할 수 있으며, 테스트 구조의 일관성과 관리 효율성을 동시에 확보할 수 있는 전략이 될 수 있습니다.

결론적으로 테스트 코드 관리 방식에는 정답이 없습니다. 중요한 것은 구조 자체보다도 테스트 코드가 존재하는가, 그리고 품질이 유지되는가하는 점입니다. 관리할 테스트가 없거나, 테스트 자체가 신뢰할 수 없는 상태라면 구조가 잘 짜여 있어도 아무 의미가 없습니다.

테스트 생성

이번 프로젝트에서는 테스트 코드의 명확한 분리를 위해 Tests Folder 방식을 채택합니다. 프로젝트의 src 디렉터리 하위에 tests 폴더를 생성하고, 해당 위치에 테스트 파일들을 구조화하여 배치합니다. 테스트 도구로는 Playwright를 사용합니다.

Playwright는 Microsoft에서 개발한 강력한 오픈소스 E2E 테스트 프레임워크로, Chromium, Firefox, WebKit 등 주요 브라우저에서 테스트를 실행할 수 있습니다. 사용자의 실제 동작을 브라우저에서 시뮬레이션함으로써 UI와 사용자 흐름이 의도대로 작동하는지를 검증할 수 있어, 프론트엔드 테스트에 특히 유용합니다.

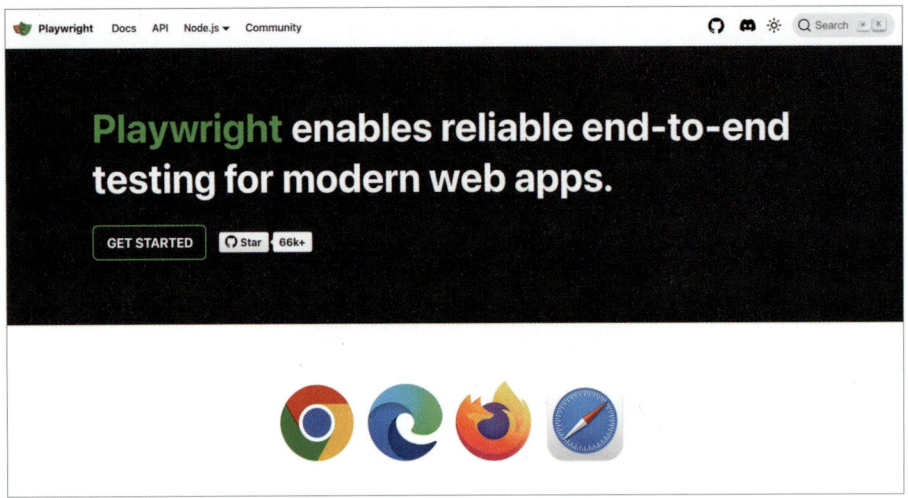

그림 12.17 Playwright 공식 홈페이지(https://playwright.dev)

Playwright를 프로젝트에 설치하려면 다음 명령어를 실행합니다.

```
npm init playwright
```

해당 명령어를 실행하면 기본적인 설정과 함께 Playwright 테스트 실행 환경이 자동으로 구성됩니다. 설치 과정에서 브라우저 드라이버와 실행 도구가 함께 설치되며, 샘플 테스트 파일이 포함된 디렉터리 구조도 자동으로 생성되어 바로 테스트 작성을 시작할 수 있습니다.

테스트 코드 작성

설치가 완료되면 tests 폴더 내에 다음과 같은 간단한 테스트 코드를 작성할 수 있습니다. 다음 예시는 웹 애플리케이션의 특정 라우팅 동작을 확인하는 테스트입니다.

```
import { expect, test } from "@playwright/test";

test.describe("라우팅 테스트", () => {
  test("충전소 검색 페이지 이동", async ({ page }) => {
    // 홈 페이지로 이동
    await page.goto("http://localhost:3000/");
    // 충전소 검색 버튼 찾기
    const searchButton = await page.getByText("충전소 검색");
```

```
    // 충전소 검색 버튼 클릭
    await searchButton.click();
    // 새로운 URL이 '/station'인지 확인
    await expect(page).toHaveURL("http://localhost:3000/station");
  });

  test("즐겨찾기 페이지 이동", async ({ page }) => {
    // 홈 페이지로 이동
    await page.goto("http://localhost:3000/");
    // 텍스트가 즐겨찾기인 버튼 찾기
    const favoriteButton = await page.getByText("즐겨찾기");
    // 즐겨찾기 버튼 클릭
    await favoriteButton.click();
    // 새로운 URL이 '/favorite'인지 확인
    await expect(page).toHaveURL("http://localhost:3000/favorite");
  });
});
```

이러한 테스트는 실제 사용자의 클릭, 이동, URL 변경 등을 시뮬레이션하여 핵심 라우팅 흐름이 정상 동작하는지를 검증합니다. UI 상호작용이 빈번한 프론트엔드 프로젝트에서는 E2E 테스트를 통해 회귀 오류(regression)를 사전에 차단하는 데 효과적입니다.

테스트 코드 실행

```
"scripts": {
  "dev": "next dev",
  "build": "next build",
  "start": "next start",
  "lint": "next lint",
  "test": "playwright test" // 추가된 스크립트
}
```

Playwright 테스트를 쉽게 실행하기 위해 package.json의 scripts 항목에 위와 같은 명령어를 추가합니다.

이렇게 설정하면 다음 명령어를 통해 언제든지 터미널에서 테스트를 실행할 수 있습니다. 이는 GitHub Actions와 같은 CI 파이프라인에 통합하기 위한 사전 준비이기도 하며, 이후 자동화 테스트 실행 시 동일한 명령어를 그대로 활용할 수 있습니다.

```
npm run test
```

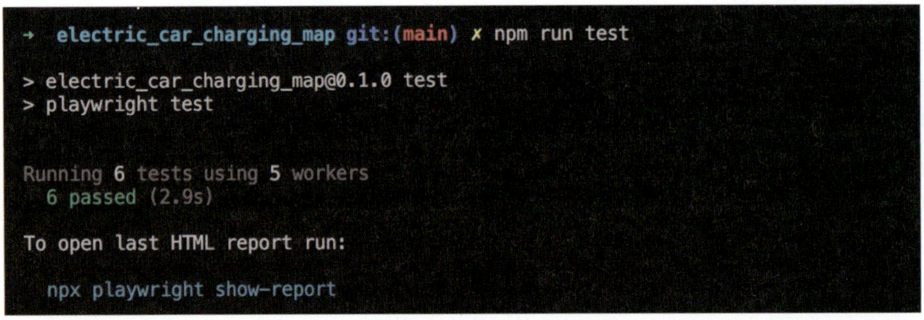

```
→ electric_car_charging_map git:(main) ✗ npm run test

> electric_car_charging_map@0.1.0 test
> playwright test


Running 6 tests using 5 workers
  6 passed (2.9s)

To open last HTML report run:

  npx playwright show-report
```

그림 12.18 테스트 코드 성공 화면

그림 12.18은 테스트가 성공적으로 통과했다는 것을 나타냅니다.

이번에는 테스트가 실패하도록 코드를 의도적으로 수정해 보겠습니다. 예를 들어, 즐겨찾기 페이지의 URL을 잘못된 경로로 설정해서 테스트를 실패하게 합니다.

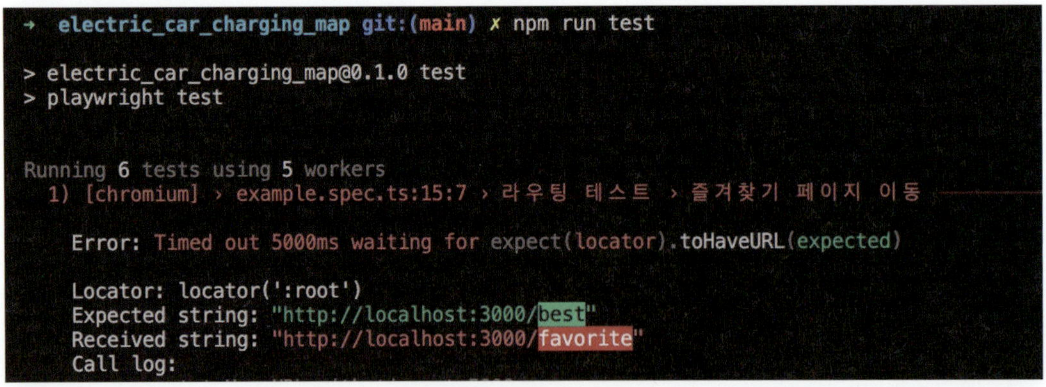

```
→ electric_car_charging_map git:(main) ✗ npm run test

> electric_car_charging_map@0.1.0 test
> playwright test


Running 6 tests using 5 workers
  1) [chromium] › example.spec.ts:15:7 › 라우팅 테스트 › 즐겨찾기 페이지 이동 ─

    Error: Timed out 5000ms waiting for expect(locator).toHaveURL(expected)

    Locator: locator(':root')
    Expected string: "http://localhost:3000/best"
    Received string: "http://localhost:3000/favorite"
    Call log:
```

그림 12.19 테스트 코드 실패 화면

GitHub Actions과 연동하기

GitHub Actions는 GitHub에서 제공하는 자동화된 워크플로우 관리 도구로, 코드 변경이 발생할 때마다 테스트, 빌드, 배포 등의 작업을 자동으로 수행할 수 있도록 설계된 서비스입니다. 이를 활용하면 CI/CD(지속적 통합 및 지속적 배포) 파이프라인을 구축하여 반복적인 작업을 자동화할 수 있으며, 코드 품질 유지와 배포 효율성 향상에 큰 도움을 줍니다.

이번 절에서는 앞서 작성한 Playwright 테스트를 GitHub Actions와 연동하여, main 브랜치에 커밋되거나 PR이 생성될 때마다 자동으로 테스트가 실행되도록 구성해 보겠습니다.

GitHub Actions 구성

GitHub Actions는 .github/workflows 폴더 내의 YAML 파일을 기준으로 워크플로우를 실행합니다. 따라서 먼저 프로젝트 루트 경로에 .github/workflows 디렉터리를 생성하고, 그 안에 테스트 자동화 스크립트를 정의한 playwright.yml 파일을 작성합니다.

```
.github/
└── workflows/
    └── playwright.yml
```

다음은 Playwright 테스트를 자동으로 실행하기 위한 playwright.yml 워크플로우 예시입니다. 이 스크립트는 main 또는 master 브랜치에 대한 push 또는 pull request 이벤트 발생 시 자동으로 실행됩니다.

```yaml
name: Playwright Tests

on:
  push:
    branches: [ main, master ]
  pull_request:
    branches: [ main, master ]

jobs:
  test:
    timeout-minutes: 60
    runs-on: ubuntu-latest

    steps:
      - uses: actions/checkout@v4

      - uses: actions/setup-node@v4
        with:
          node-version: lts/*
      - name: Install dependencies
        run: npm ci

      - name: Install Playwright Browsers
        run: npx playwright install --with-deps

      - name: Build the Next.js project
        run: npm run build

      - name: Start Next.js server
        run: npm start &
        env:
          HOST: '0.0.0.0'
          PORT: 3000
        continue-on-error: false

      - name: Wait for Next.js to be ready
        run: npx wait-on http://localhost:3000
```

```yaml
      - name: Run Playwright tests
        run: npx playwright test

      - uses: actions/upload-artifact@v4
        if: always()
        with:
          name: playwright-report
          path: playwright-report/
          retention-days: 30
```

이 스크립트의 각 단계를 자세히 설명하지는 않겠습니다. 다만 name, run으로 되어있는 내용을 통해 대략적인 유추가 가능합니다.

GitHub Actions 연동 및 자동화 과정

앞서 playwright.yml 파일을 구성하고 프로젝트에 추가했다면, 이제 이 파일이 포함된 브랜치를 main 또는 master 브랜치에 푸시함으로써 GitHub Actions가 자동으로 CI 워크플로우를 실행합니다.

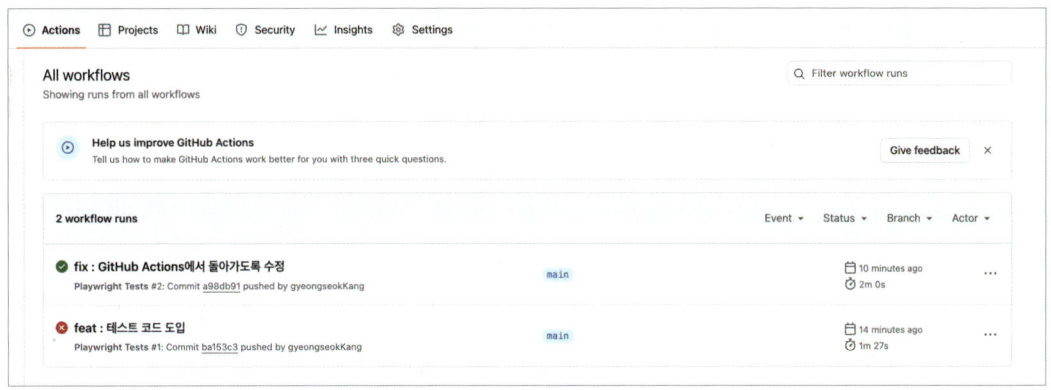

그림 12.20 워크플로우 화면

이 과정이 정상적으로 실행되면 워크플로우는 성공적으로 통과되며, 이후 배포가 진행됩니다. GitHub의 Actions 탭에서는 각 워크플로우의 실행 이력과 세부 로그를 시각적으로 확인할 수 있습니다.

그림 12.21 워크플로우 상세 동작 확인 화면

일반적으로 기대하는 자동화 흐름은 "테스트가 통과하면 배포, 실패하면 중단"되는 방식입니다. 그러나 GitHub Actions와 Vercel을 단순 연동했을 경우에는 이 흐름이 완전히 적용되지 않습니다. 그 이유는 Vercel이 GitHub Actions의 성공/실패 결과를 판단 기준으로 삼지 않고, 특정 브랜치(main 등)에 변경이 발생했는지 여부만으로 자동 배포를 트리거하기 때문입니다.

이로 인해, 테스트가 실패했음에도 불구하고 배포가 그대로 진행되는 상황이 발생할 수 있습니다. 이를 해결하려면 두 가지 접근 중 하나를 고려해야 합니다.

- Vercel에서 자동 배포 기능을 제한하고 GitHub Actions 내에서 명시적으로 배포를 수행하도록 구조 변경
- GitHub의 Rulesets 기능을 활용해 브랜치 보호 정책을 강화하고, 테스트 통과 여부에 따라 PR 병합 자체를 제한

브랜치 보호 규칙 설정

이번에는 GitHub의 Rulesets 기능을 활용하여 개선해 보겠습니다.

우선 저장소의 Settings > Rulesets 탭에서 "New Ruleset"을 생성합니다. 규칙 이름을 지정하고, 규칙을 Active 상태로 설정합니다.(필자는 이미 PR_RULE이라는 Ruleset를 만들었습니다.)

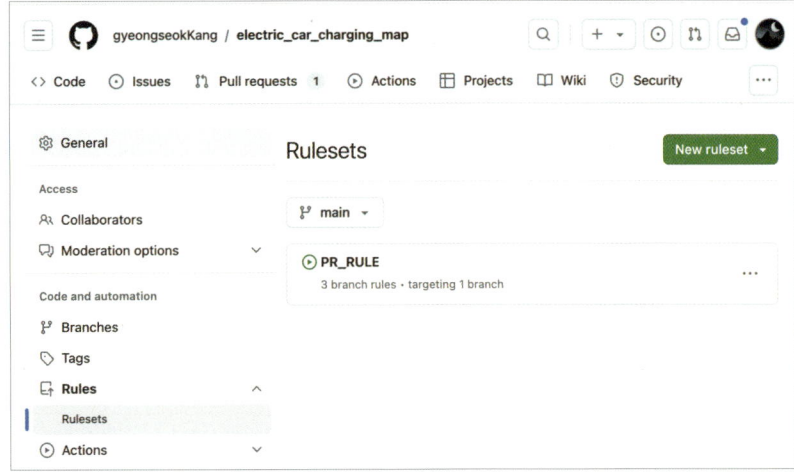

그림 12.22 Rulesets를 생성하기 위한 화면

그 다음으로 대상 브랜치 지정해야합니다. Target branches 항목에서 main 브랜치를 추가합니다. 기본 브랜치는 자동으로 대상에 포함됩니다.

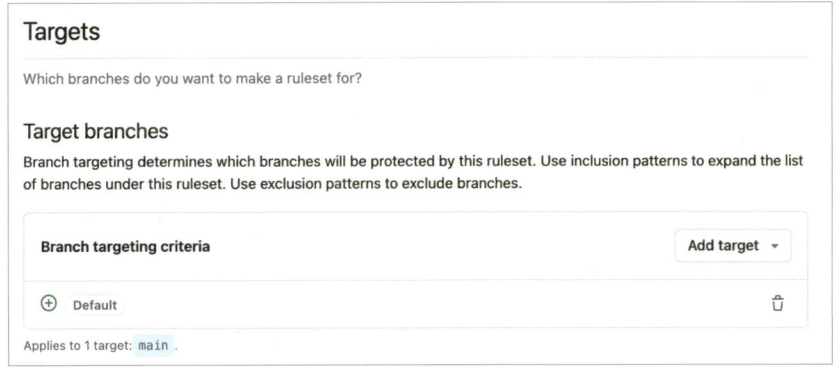

그림 12.23 Default branch가 Target에 들어가 있는 화면

마지막으로 병합 조건을 지정합니다. Branch rules 항목에서 "Require status checks to pass before merging" 옵션을 활성화합니다. 여기서 주의할 점은 테스트 통과 조건으로 등록할 체크 이름은 워크플로우 이름이 아닌 jobs 섹션의 job 이름(test 등)이어야 한다는 점입니다.

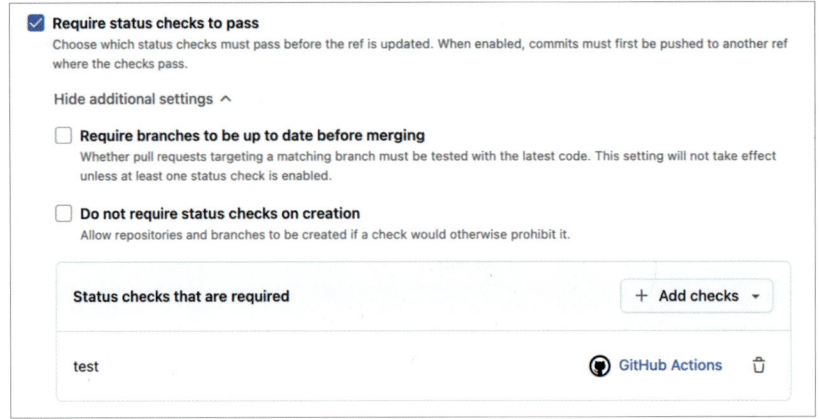

그림 12.24 상세 Rules를 설정하는 화면

이 설정을 통해 지정한 테스트 job이 성공하지 않으면 브랜치 병합이 불가능합니다. 이제 이 기능이 실제로 동작하는지 테스트해 보겠습니다.

테스트 실패하는 Merge 테스트

이번에는 실패하는 테스트를 의도적으로 작성하여 병합을 차단하는 시나리오입니다.

먼저, feature/fail 브랜치를 생성하고, 일부러 실패하는 테스트를 작성하여 커밋 후 푸시합니다. 이후 GitHub에서 Pull Request를 생성합니다.

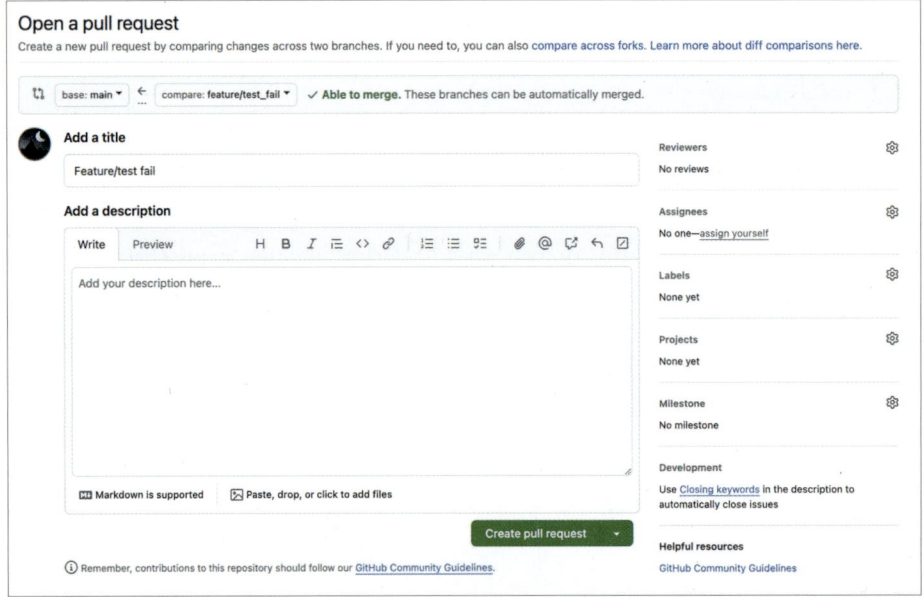

그림 12.25 테스크 실패한 커밋이 들어간 Pull Request 화면

상단에 표시된 "Able to merge" 메시지는 코드 충돌이 없음을 의미하지만, 병합이 완료를 보장하는 것은 아닙니다. 설정된 규칙에 따라 테스트가 실패하면 병합이 차단됩니다. "Create pull request" 버튼을 눌러 계속 진행하겠습니다.

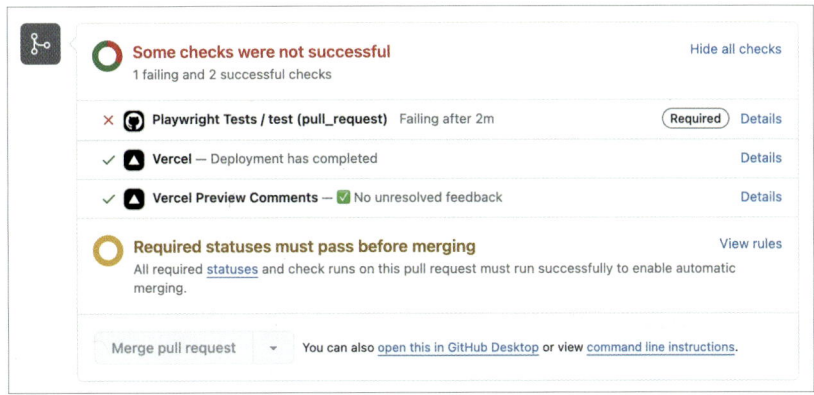

그림 12.26 Playwright Tests가 실패한 화면

여러 프로세스가 돌아간 이후 "Merge pull request" 버튼이 비활성화된 상태인 것을 확인할 수 있습니다. 이유는 우리가 설정한 Ruleset에 따라 테스트가 통과되지 않으면 병합을 허용하지 않도록 설정되어 있기 때문입니다.

이처럼 테스트가 실패한 경우 병합을 차단하여 배포를 방지하는 과정은 CI/CD 파이프라인에서 중요한 역할을 합니다. 이를 통해 문제 있는 코드가 프로덕션에 반영되지 않도록 할 수 있습니다.

테스트 통과하는 Merge 테스트

이번에는 실패했던 테스트 코드를 수정하여 성공하도록 만든 뒤 다시 푸시하겠습니다.

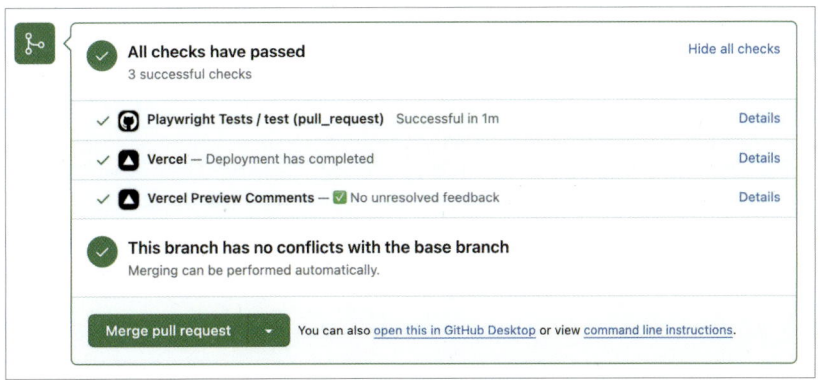

그림 12.27 모든 프로세스가 정상적으로 통과된 직후의 화면

테스트 코드가 통과되면 비활성화되었던 Merge pull request 버튼이 활성화됩니다. 이제 병합을 진행할 수 있으며, 코드를 프로덕션 환경에 배포할 수 있습니다.

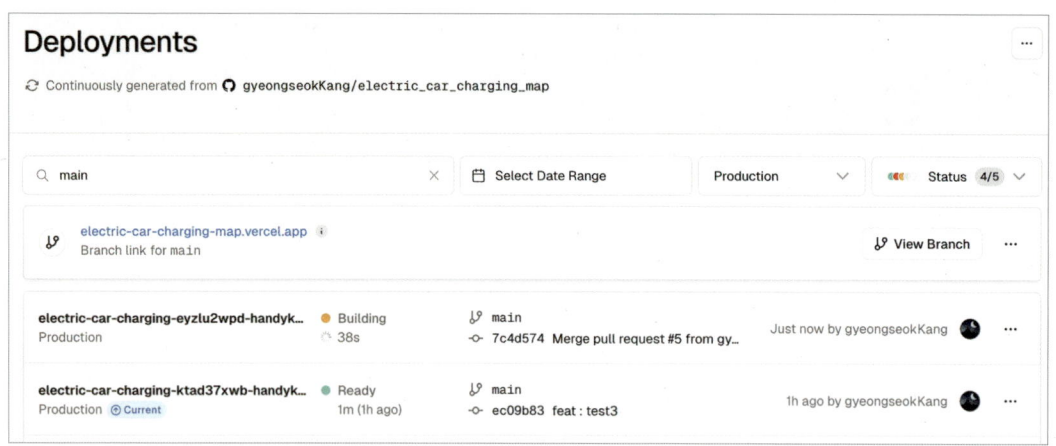

그림 12.28 merge가 완료되고 CD 프로세스에 의해 배포가 진행되는 화면

이처럼 GitHub Actions와 브랜치 보호 규칙, 그리고 Vercel의 자동 배포 시스템이 유기적으로 결합되면, 테스트를 통과한 안전한 코드만이 배포될 수 있는 CI/CD 파이프라인이 완성됩니다.

CI/CD 프로세스 정리

지금까지 GitHub과 Vercel을 활용하여 CI/CD 파이프라인을 설정하는 전 과정을 살펴보았습니다. 이 흐름을 통해 코드 변경 시 자동으로 테스트가 실행되고, 테스트를 통과한 코드만이 병합 및 배포되도록 구성함으로써 안정성과 자동화를 동시에 확보할 수 있었습니다.

실무에서는 이와 같은 CI/CD 구조가 설정된 이후, 워크플로우의 기본 구성은 대부분 고정된 형태로 유지됩니다. 초기 설계 시 결정된 테스트 경로, 폴더 구조, 워크플로우 파일 구조 등은 프로젝트 전반의 일관성과 협업 안정성을 위해 쉽게 변경하지 않는 것이 일반적입니다.

따라서 실무에서는 프로젝트 초기 설정 단계에서 팀의 개발 방식과 협업 프로세스를 고려하여 신중하게 구조를 설계하고, 이후에는 가급적 해당 구조를 유지하는 것이 효율적입니다.

❈ test.ts와 spec.ts의 차이

테스트 파일을 작성할 때 .test.ts와 .spec.ts라는 두 가지 확장자를 사용하는 사례를 자주 볼 수 있습니다. 이 둘은 기능적으로 동일하며, 어떤 파일명을 사용하더라도 테스트 도구에서는 동일하게 인식됩니다. 다만, 작성 관행 및 의도하는 테스트의 성격에 따라 선호되는 명명 방식에 차이가 있습니다.

.test.ts

가장 일반적으로 사용되는 테스트 파일 확장자입니다. 해당 파일이 테스트를 수행한다는 점을 직관적으로 전달하며, 단위 테스트(Unit Test), 통합 테스트(Integration Test) 등 다양한 테스트 유형에서 널리 사용됩니다. 특정 코드 기능의 동작 여부를 검증하는 데 초점을 둔 범용 테스트 파일에 적합합니다.

.spec.ts

주로 행동 주도 개발(BDD: Behavior-Driven Development) 방식의 테스트에서 사용되는 확장자입니다. spec은 specification(명세)의 줄임말로, 특정 기능이 명세서대로 동작하는지를 검증한다는 의미를 내포합니다. 사용자의 행위 흐름이나 기능 명세 중심으로 작성되는 테스트, 즉 E2E(End-to-End) 테스트와 같이 사용자 시나리오를 다루는 경우에 자주 활용됩니다.

이러한 구분에 따라 Playwright는 기본적으로 .spec.ts 확장자를 사용하는 샘플 파일을 제공합니다. Playwright는 실제 브라우저 환경에서 사용자 동작을 시뮬레이션하는 E2E 테스트 도구이기 때문에, 테스트를 행동 명세 관점에서 바라보는 BDD 스타일과 잘 맞습니다.

CI/CD 정리

이번 장에서는 GitHub과 Vercel을 활용하여 프론트엔드 프로젝트에 CI/CD(지속적 통합 및 지속적 배포) 파이프라인을 구축하고 자동화하는 전 과정을 다루었습니다. 이를 통해 코드 변경 시 자동으로 테스트와 배포가 실행되며, 테스트가 통과하지 못할 경우 병합 및 배포가 차단되는 안정적인 워크플로우를 구현할 수 있었습니다.

특히 이러한 CI/CD 파이프라인은 직접 처음부터 구현할 수도 있지만, 이미 다른 개발자나 오픈 소스 커뮤니티에서 공개한 설정을 가져와 재사용하는 것도 좋은 전략이 될 수 있습니다. 예를 들어, GitHub Actions 마켓플레이스에는 다양한 공식 및 서드파티 워크플로우가 존재하며, 이를 기반으로 빠르게 프로젝트에 맞는 파이프라인을 구성할 수 있습니다. 다만, 외부에서 가져온 설정을 사용할 때는 반드시 스크립트의 동작을 검토하고, 보안적으로 안전한지 확인하는 절차가 필요합니다.

실제로 최근 몇 년 사이에는 서드파티 CI 도구나 오픈된 워크플로우 파일을 통한 보안 사고가 발생한 사례도 존재하며, 악의적인 스크립트 실행, 권한 과다 설정 등의 문제가 지적된 바 있습니다. 따라서 CI/CD 파이프라인은 생산성을 극대화할 수 있는 도구인 동시에, 보안에 민감한 경로일 수 있다는 점을 반드시 인식하고 운영해야 합니다.

CI/CD는 단순한 도구의 조합이 아니라, 지속 가능한 개발 문화를 정착시키는 전략적 인프라입니다. 이번 장의 내용을 충분히 이해하고 실무에 적용한다면, 더 견고하고 신뢰할 수 있는 개발 환경을 구축할 수 있을 것입니다.

13장
개발자 도구와 디버깅

13.1 리액트 개발자 도구
13.2 개발자 도구

본 장에서는 리액트 애플리케이션을 개발하고 디버깅할 때 필수적으로 활용되는 리액트 개발자 도구(React Developer Tools)와 브라우저 개발자 도구(Browser DevTools)의 핵심 기능에 대해 살펴보겠습니다. 이러한 도구는 컴포넌트 구조의 시각화, 상태 변화 추적, 렌더링 최적화, DOM 및 네트워크 분석 등 다양한 영역에서 개발자의 문제 해결을 돕습니다.

많은 초급 개발자들이 도구 없이 콘솔 로그에만 의존해 문제를 해결하려 하지만, 실력 있는 개발자일수록 개발자 도구와 디버깅 능력을 통해 진가를 드러냅니다. 문제가 발생했을 때 상황을 정확히 분석하고 원인을 빠르게 찾아내는 능력은 결국 이 도구들을 얼마나 잘 활용하는가에 달려 있습니다. 따라서 이 장에서는 단순히 기능을 나열하는 데 그치지 않고, 실제 디버깅과 최적화 상황에서 어떻게 효과적으로 활용할 수 있는지를 함께 설명하겠습니다.

13.1 리액트 개발자 도구

애플리케이션을 개발할 때, 디버깅과 성능 최적화는 코드 작성만큼이나 중요한 과정입니다. 특히 리액트 프로젝트에서 성능 문제가 발생할 경우, 그 원인을 신속하게 파악하고 효과적으로 대응하는 능력은 프로젝트의 완성도와 유지 보수 효율성을 결정짓는 핵심 요소가 됩니다. 이러한 성능 문제를 쉽게 파악할 수 있도록 등장한 것이 리액트 개발자 도구(React Developer Tools)입니다.

리액트 개발자 도구는 리액트 애플리케이션을 디버깅하고 최적화하기 위한 브라우저 확장 프로그램으로, 컴포넌트 구조를 시각적으로 탐색하고 각 컴포넌트의 상태(state)와 속성(props)을 실시간으로 확인할 수 있는 기능을 제공합니다. 이를 통해 복잡한 컴포넌트 트리를 직관적으로 파악하고, 데이터 흐름과 렌더링 타이밍을 정밀하게 분석할 수 있습니다.

주요 기능

리액트 개발자 도구의 주요 기능은 다음과 같습니다.

1. 컴포넌트 트리 탐색

리액트 개발자 도구는 애플리케이션의 컴포넌트를 트리 구조로 시각화하여 표시합니다. 이 구조를 통해 컴포넌트 간의 계층 관계를 쉽게 이해할 수 있으며, 각 컴포넌트가 렌더링하는 실제 DOM 요소와의 연결도 함께 확인할 수 있습니다. 트리에서 특정 컴포넌트를 선택하면 해당 컴포넌트의 state와 props를 바로 확인할 수 있습니다.

2. state 및 props 실시간 확인과 수정

선택한 컴포넌트의 현재 상태(state)와 전달된 속성(props)을 실시간으로 확인할 수 있으며, 필요하다면 직접 수정도 가능합니다. 이때 변경된 값은 즉시 화면에 반영되므로, 컴포넌트의 반응성을 실시간으로 테스트하거나 예상치 못한 동작의 원인을 빠르게 찾아낼 수 있습니다.

3. 렌더링 성능 분석

불필요한 렌더링은 리액트 애플리케이션의 성능 저하 원인이 됩니다. 리액트 개발자 도구는 Highlight Updates 기능을 통해 어떤 컴포넌트가 다시 렌더링되는지 시각적으로 화면에 표시해 줍니다. 이를 통해 불필요한 렌더링이 자주 발생하는 부분을 찾고, React.memo나 useMemo와 같은 최적화 전략을 도입하여 성능을 개선할 수 있습니다.

4. 훅 상태 추적

함수형 컴포넌트에서 사용하는 useState, useEffect, useReducer 등의 훅 상태도 확인할 수 있습니다. 이를 통해 훅의 상태 변화 흐름을 실시간으로 추적할 수 있으며, 훅들 간의 의존 관계나 변경 타이밍 문제를 효과적으로 디버깅할 수 있습니다.

5. Profiler 탭을 활용한 렌더링 분석

Profiler 탭은 리액트 컴포넌트의 렌더링 시간을 측정하고, 어떤 컴포넌트가 많은 자원을 사용하는지를 시각적으로 분석할 수 있는 도구입니다. 이를 통해 렌더링 병목 구간을 식별하고, 성능 최적화 대상 컴포넌트를 선정할 수 있습니다. 프로파일링 결과를 바탕으로 리렌더링 횟수, 렌더링 시간, 업데이트 트리 등을 확인할 수 있어, 실제 성능 병목 지점을 정량적으로 판단할 수 있습니다.

리액트 개발자 도구는 단순한 시각화 도구를 넘어, 실시간 상태 추적, 렌더링 분석, 성능 측정까지 아우르는 종합 디버깅 도구입니다. 이러한 기능을 적극적으로 활용하면, 애플리케이션의 동작 원리를 더 깊이 이해할 수 있으며, 문제 해결 능력과 성능 최적화 역량을 함께 향상시킬 수 있습니다.

리액트 개발자 설치 모드

리액트 개발자 도구를 사용하기 위해서는 브라우저의 확장 기능을 설치해야 합니다. 이 도구는 크롬(Chromium 기반의 브라우저) 및 파이어폭스(Firefox)에서 모두 설치 가능합니다.

크롬을 기준으로 "리액트 개발자 도구"로 검색하여 확장 프로그램을 설치하면 됩니다.

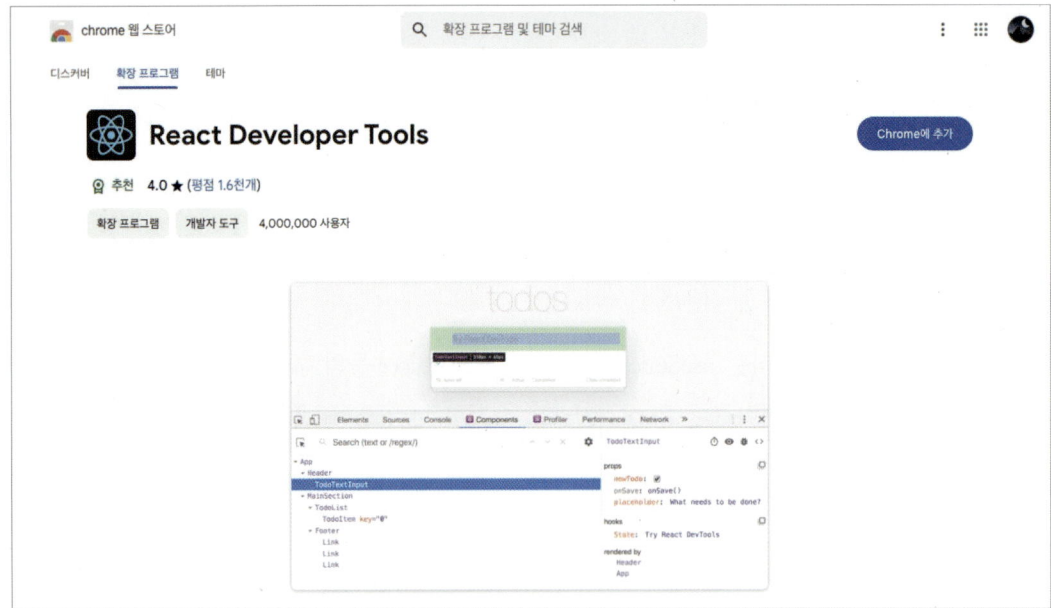

그림 13.1 리액트 개발자 도구를 추가하는 화면

프로그램을 설치하면 바로 사용할 수 있습니다.

개발 모드와 프로덕션 모드의 차이

리액트 개발자 도구는 개발 모드와 프로덕션 모드에서 UI 표시 방식이 다르게 나타납니다. 이를 통해 현재 애플리케이션이 어떤 실행 상태인지 직관적으로 파악할 수 있습니다.

- **개발 모드**

리액트 애플리케이션이 개발 환경에서 실행 중일 경우, React 탭의 배경은 빨간색으로 표시됩니다. 이 상태에서는 state, props, 컴포넌트 간 관계 등 다양한 디버깅 기능이 활성화되어 있어 실시간으로 구조를 확인하고 상태를 조작해 보는 데 유리합니다.

- **프로덕션 모드**

프로덕션 빌드 상태로 실행된 애플리케이션에서는 배경이 검정색으로 바뀌며, 일부 디버깅 기능이 제한됩니다. 대신 렌더링 효율 및 메모리 사용량 등을 성능 분석 중심의 기능이 강조됩니다.

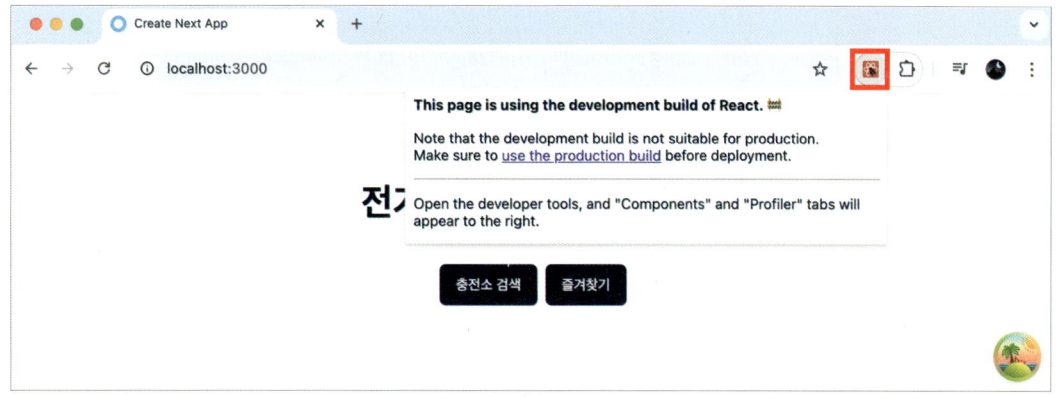

그림 13.2 개발 모드(배경이 빨간색)인 경우 화면

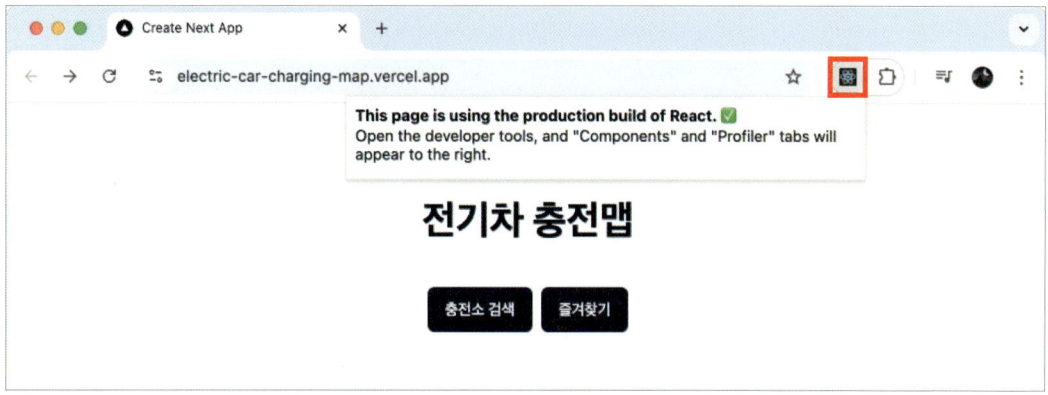

그림 13.3 프로덕션 모드(배경이 검은색)인 경우 화면

만약 해당 웹사이트가 리액트로 만들어진 것이 아니라면 비활성 상태로 유지됩니다.

그림 13.4 리액트 프로젝트가 아닌 경우 화면

리액트 개발자 도구는 크롬 개발자 도구의 확장 기능으로 설치되기 때문에, 크롬의 개발자 도구 내에 하위 탭으로 생성됩니다. 리액트 개발자 도구를 설치하고 리액트 애플리케이션을 실행하면, 크롬 개발자 도구에 두 가지 새로운 탭이 추가됩니다.

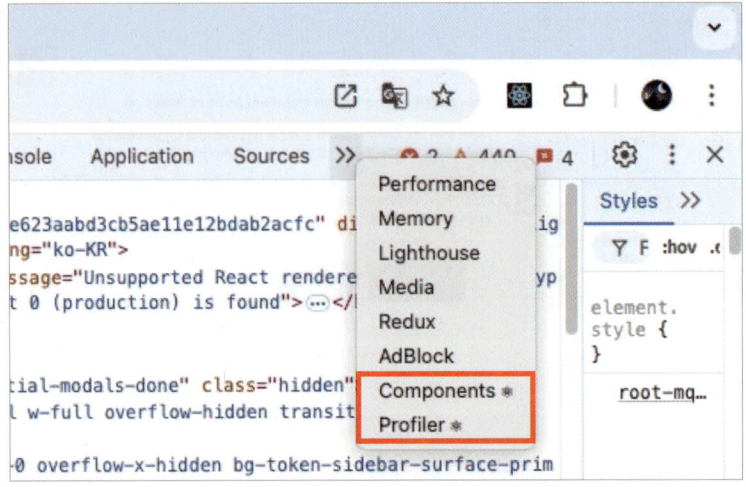

그림 13.5 리액트 로고와 함께 탭 리스트에 추가된 화면

Components 탭

컴포넌트(Components) 탭에서는 애플리케이션의 컴포넌트 구조를 트리 형태로 시각화하여 보여줍니다. 각 컴포넌트의 state, props, 렌더링 주기, DOM과의 연결 정보를 확인할 수 있으며, 실제 UI와 컴포넌트 계층 간의 대응 관계를 쉽게 파악할 수 있습니다.

사용법은 Components 탭을 누르고 마우스커서 모양의 버튼을 클릭하면 됩니다.

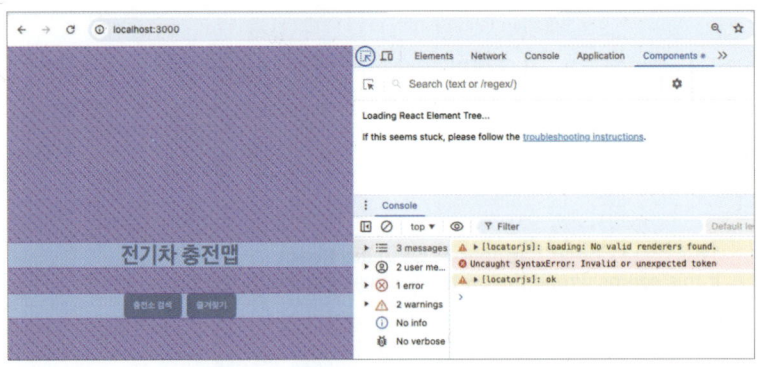

그림 13.6 리액트 개발자 도구를 활용하여 컴포넌트를 선택한 화면

컴포넌트의 props 확인

예를 들어, 다음과 같은 컴포넌트가 있다고 하겠습니다.

```
<Link href="/favorite">
  <Button>즐겨찾기</Button>
</Link>;
```

이 컴포넌트를 Components 탭에서 확인하면, 해당 컴포넌트의 props에 대한 상세 정보가 나타납니다.

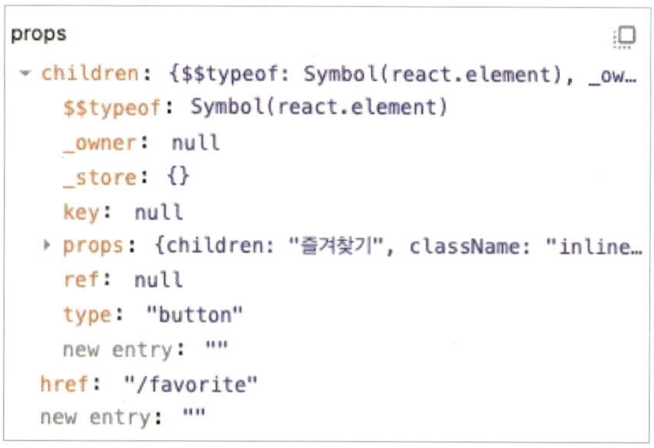

그림 13.7 특정 컴포넌트의 props 화면

여기서 children에서 "즐겨찾기"라는 텍스트를 확인했고, href 값으로 "/favorite"를 확인할 수 있습니다. 이처럼, Components 탭은 컴포넌트의 실제 props 값을 빠르게 확인할 수 있는 기능을 제공하여, 복잡한 상태나 데이터 흐름을 시각적으로 추적하고 분석하는 데 도움을 줍니다.

컴포넌트의 hooks 확인

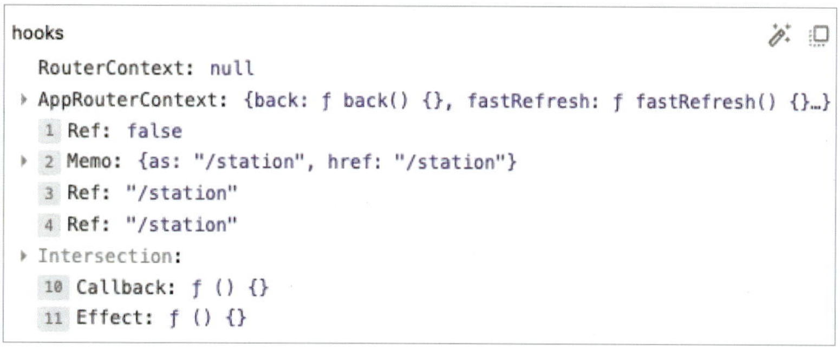

그림 13.8 특정 컴포넌트의 hooks 화면

또한, 훅 정보도 이 탭에서 확인할 수 있습니다. 컴포넌트가 사용하는 훅은 이름에서 "use"가 제거된 상태로 표시되며, 이를 통해 해당 컴포넌트가 어떤 훅을 사용하는지 쉽게 확인할 수 있습니다.

props와 hooks 기능을 더 자세히 살펴보기 위해서 컴포넌트를 수정하고 개발자 도구를 확인해 보겠습니다.

```tsx
<TestLink href="/favorite" label="즐겨찾기" />;
const TestLink = (
  { href, label }: { href: string; label: string }
) => {
  useEffect(function mountCallback() {
    console.log("TestLink mounted");
  }, []);

  return (
    <Link href={href} className="text-red-500">
      <p>{label}</p>
    </Link>
  );
};
```

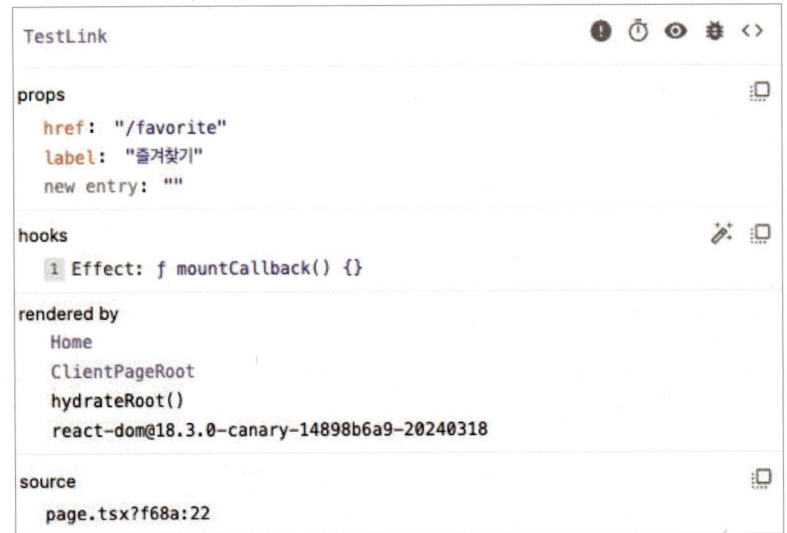

그림 13.9 TestLink 컴포넌트의 Components 탭 화면

앞에서 실행한 컴포넌트를 Components 탭에서 선택하면 그림 13.9와 같은 정보를 확인할 수 있습니다. props로는 href, label값이 전달되었고, hooks에는 mountCallback이란 useEffect 훅이 있습니다. 이전에 useEffect 학습 시 익명 함수 대신에 기명 함수를 사용할 것을 추천했습니다. 이렇게 이름을 붙이면 디버깅도 쉬워집니다.

Components 탭 추가 기능

Components 탭 상단에는 디버깅을 도와주는 여러 기능 버튼이 나열되어 있으며, 대부분의 리액트 개발자가 이 기능을 잘 알지 못하거나 사용하지 않습니다. 하지만 이 버튼들은 컴포넌트를 다양한 상황에 강제로 진입시키거나 콘솔과 DOM으로 연결해 주는 핵심 디버깅 도구입니다.

그림 13.10 추가 기능들이 일렬로 배치된 화면

순서대로 느낌표, 시계, 눈, 벌레, 코드 아이콘이라고 명명하고 이 기능을 하나씩 알아보겠습니다.

느낌표(Error), 시계(Suspense) 아이콘

일반적으로 대다수의 개발자는 특정 컴포넌트에 에러가 발생하는 것을 확인하려면 다음처럼 일부러 잘못된 코드를 넣습니다.

```
const ErrorComponent = () => {
  return <div>{asdf}</div>;
};
```

위 컴포넌트를 렌더링하려고 하면 asdf가 선언되지 않았기 때문에 해당 컴포넌트는 에러를 발생시킵니다. 하지만 느낌표 아이콘(🛑)을 사용하면 특정 컴포넌트에 인위적으로 오류를 발생시켜 ErrorBoundary의 동작을 테스트할 수 있습니다. 이 방식은 실제 코드를 훼손하지 않고도 예외 처리 흐름을 확인하는 데 매우 유용합니다.

```
import { Suspense } from "react";
import { ErrorBoundary } from "react-error-boundary";

<ErrorBoundary fallback={(<p>"Error"</p>)}>
  <Suspense fallback={(<p>"Loading..."</p>)}>
    <TestLink href="/favorite" label="즐겨찾기" />
  </Suspense>
</ErrorBoundary>;
```

이 코드를 작성한 후, 느낌표 아이콘을 클릭해 보겠습니다. 이 아이콘은 선택된 컴포넌트에 강제로 에러를 발생시켜 줍니다. ErrorBoundary가 정상적으로 작동하면, 에러가 발생한 컴포넌트 대신 ErrorBoundary의 fallback UI가 렌더링됩니다.

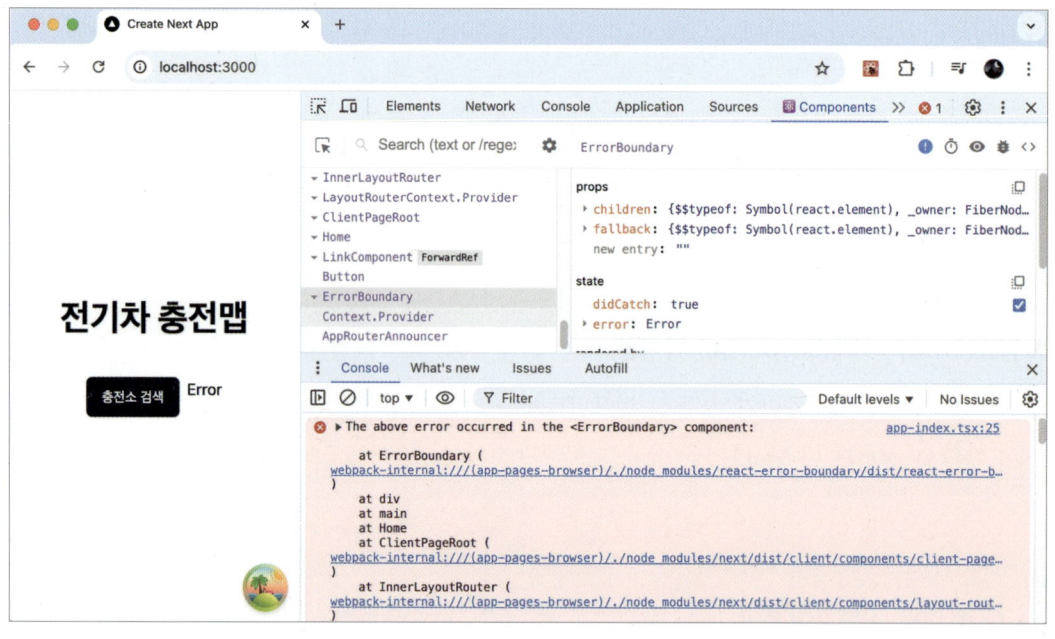

그림 13.11 리액트 개발자 도구에 의해 강제로 특정 컴포넌트에서 에러가 발생한 화면

그다음, 시계 아이콘(⏱)을 사용해 보겠습니다. 시계 아이콘은 선택한 컴포넌트를 Suspense 상태로 강제 진입시켜 fallback UI가 렌더링되는 과정을 확인할 수 있습니다.

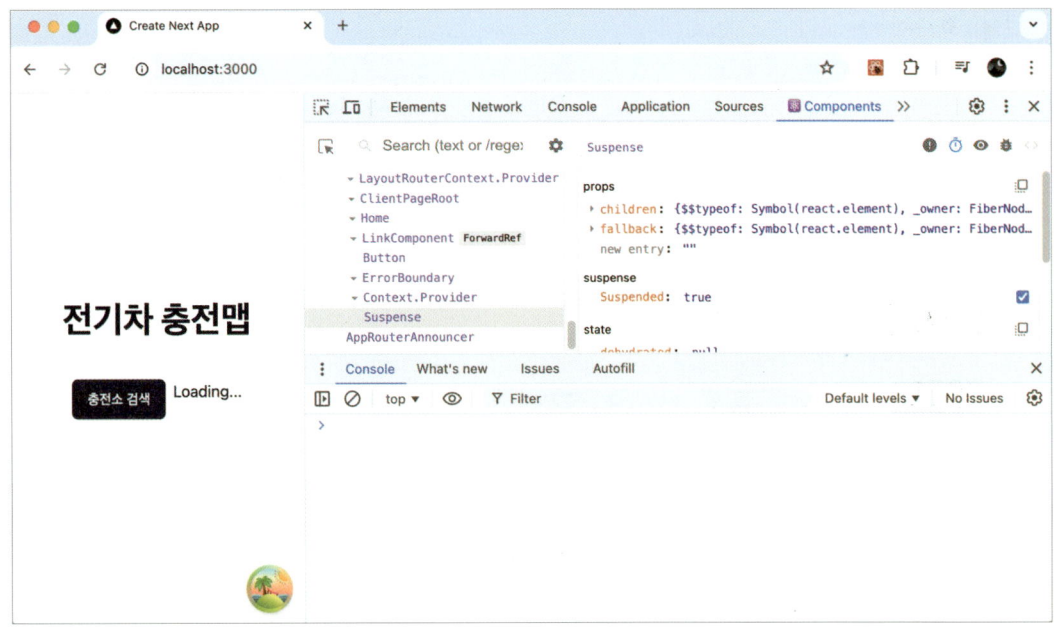

그림 13.12 리액트 개발자 도구에 의해 강제로 특정 컴포넌트에서 로딩이 발생한 화면

이 기능들은 별도의 컴포넌트 수정 없이 컴포넌트의 예외 상황(ErrorBoundary)와 로딩 상태(Suspense)를 즉시 검증할 수 있도록 도와줍니다.

눈(DOM), 벌레(Console) 아이콘

눈 아이콘(👁)을 선택해 보겠습니다. 이 아이콘을 클릭하면 리액트 개발자 도구에서 크롬 개발자 도구의 Elements 탭으로 자동으로 이동하여, 해당 리액트 컴포넌트가 실제로 렌더링된 DOM 요소에 포커스됩니다. 이를 통해 선택한 컴포넌트가 렌더링한 실제 HTML 요소를 확인할 수 있으며, DOM과 컴포넌트 간의 연결 상태를 쉽게 분석할 수 있습니다.

즉 리액트 컴포넌트의 가상 돔에서 벗어나 실제 DOM과의 연결을 찾아주는 버튼이라고 할 수 있습니다.

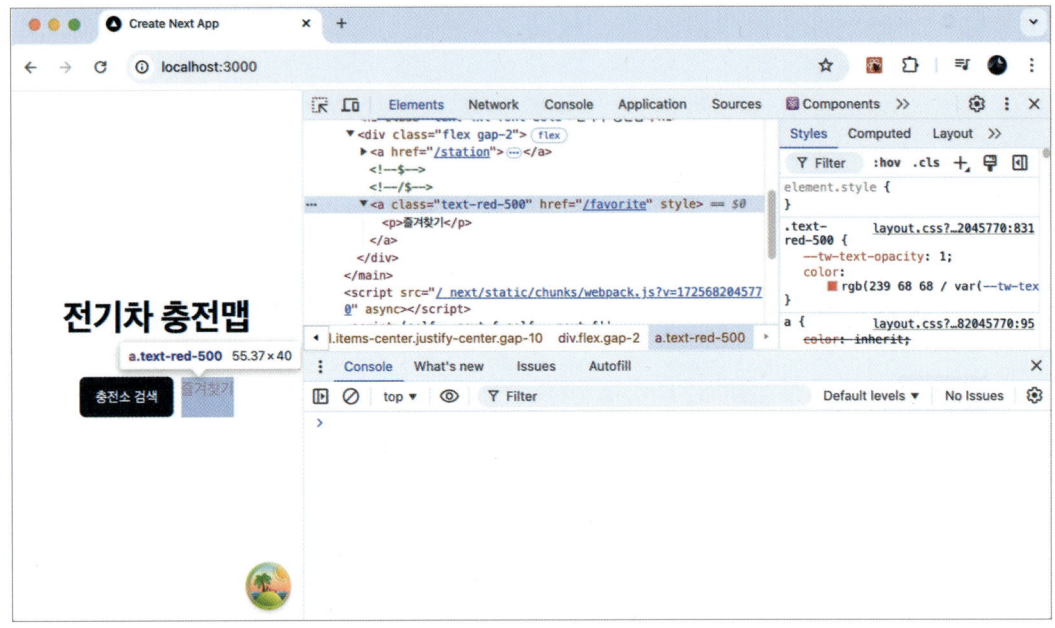

그림 13.13 리액트 개발자 도구에서 개발자 도구로 연결된 화면

다음으로 벌레 아이콘(🐛)을 선택해 보겠습니다. 이 아이콘은 선택한 컴포넌트의 상세 정보를 Console 탭에 출력해 줍니다. 이를 통해 해당 컴포넌트의 props, state, 그리고 컴포넌트와 관련된 다양한 정보를 콘솔에서 직접 확인할 수 있습니다. 디버깅 과정에서 이 정보를 통해 컴포넌트의 현재 상태와 props를 명확히 파악할 수 있어, 복잡한 문제를 추적하는 데 매우 유용합니다.

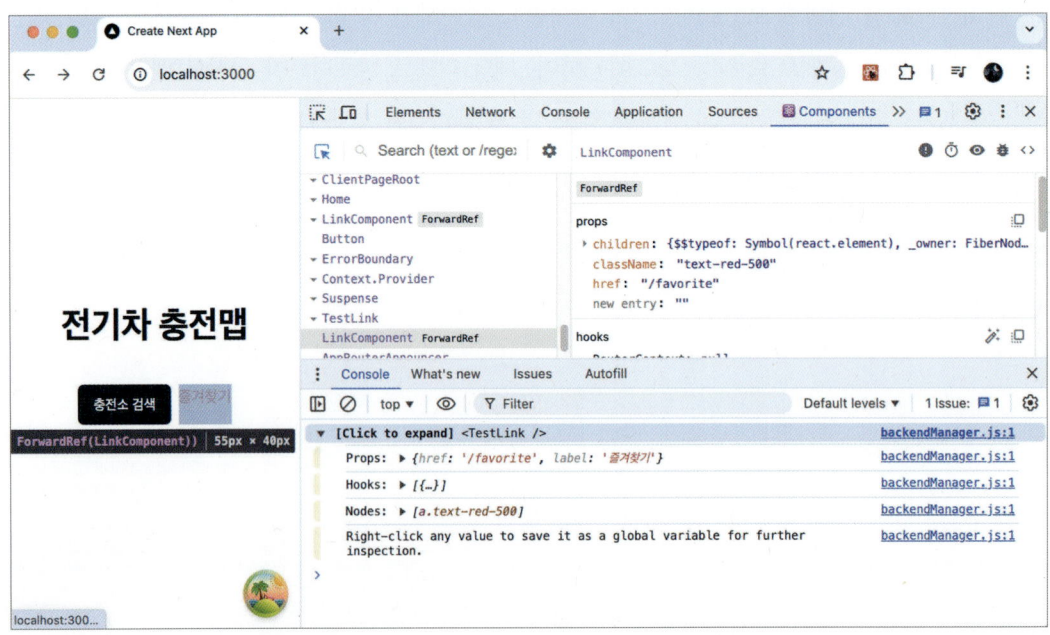

그림 13.14 리액트 개발자 도구에서 선택된 컴포넌트의 내용이 콘솔에 찍히는 화면

코드(소스 코드)

UI를 분석할 때 가장 답답한 상황 중 하나는 "이 컴포넌트가 어디서 왔는지 모를 때"입니다. 이럴 때 코드 아이콘은 해당 컴포넌트의 실제 소스 위치로 이동시켜줍니다. 예를 들어 Input 컴포넌트를 선택한 뒤 코드 아이콘을 클릭하면, 개발자 도구가 해당 코드가 정의된 파일로 자동으로 포커스되며 코드를 바로 확인할 수 있습니다.

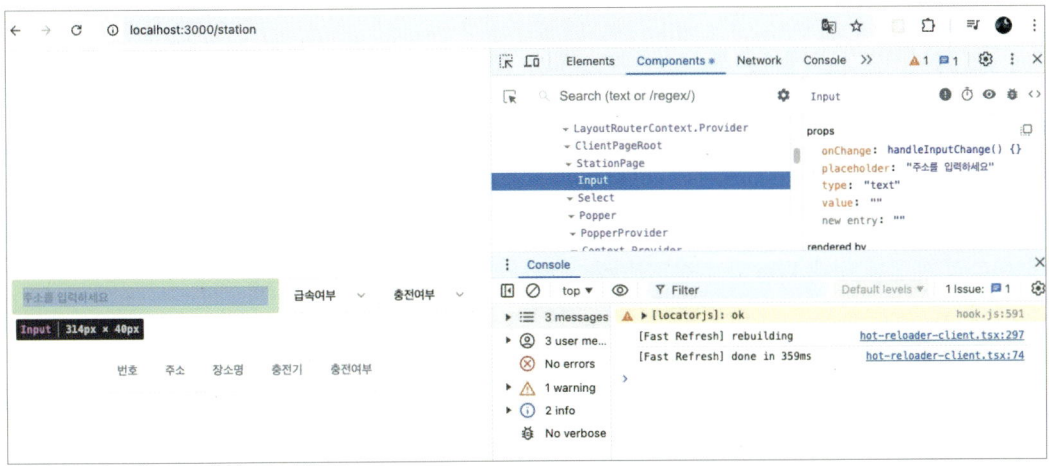

그림 13.15 리액트 개발자 도구를 이용해 Input 컴포넌트를 디버깅하는 화면

코드 아이콘을 클릭하면, 아래 이미지와 같이 컴포넌트의 코드가 담긴 탭으로 전환되어 관련된 코드를 직접 확인할 수 있습니다.

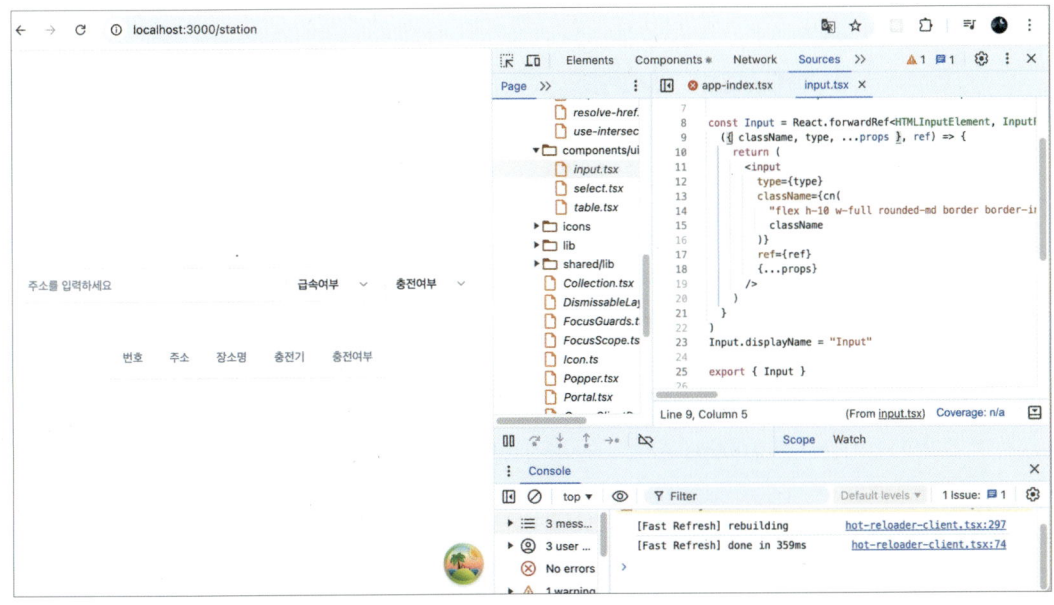

그림 13.16 리액트 개발자 도구를 이용해 실제 코드를 확인하는 화면

이처럼 Components 탭은 단순히 컴포넌트 트리를 보여주는 도구가 아닙니다. props, hooks, 렌더링 여부, DOM 구조, 콘솔 출력, 소스 위치까지 리액트 컴포넌트를 다각도로 분석할 수 있는 통합 디버깅 인터페이스입니다. 이러한 기능을 능숙하게 활용하면, 디버깅 속도뿐만 아니라 개발의 품질과 확신도 크게 향상시킬 수 있습니다.

Profiler 탭

리액트 개발자 도구의 Profiler 탭은 리액트 애플리케이션의 성능을 측정하고 불필요한 렌더링이나 병목 구간을 식별하는 데 특화된 도구입니다. Components 탭이 컴포넌트 상태와 구조 분석에 집중한다면, Profiler 탭은 렌더링 성능 최적화에 초점을 맞춥니다.

성능 측정 예제를 위해 다음과 같은 간단한 컴포넌트를 준비해 보겠습니다.

```
const ProfilerTestComponent = () => {
  const [count, setCount] = useState(0);
  return (
    <div>
      <h2>"Profiler Test Component"</h2>
      <Button onClick={() => setCount((prev) => prev + 1)}>
        "Increase"
      </Button>
      {Array.from({ length: 50000 }).map((_, index: number) => (
        <p key={index}>
          {index + 1} "번째" {count}"번 클릭됨"
        </p>
      ))}
    </div>
  );
};
```

이 컴포넌트는 버튼 클릭 시 상태 값 count를 증가시키고, 매번 50,000개의 <p> 태그를 렌더링합니다. 페이지의 높이는 1,200,000px 이상으로 증가하며, 버튼 클릭 시 명백한 성능 저하를 체감할 수 있습니다.

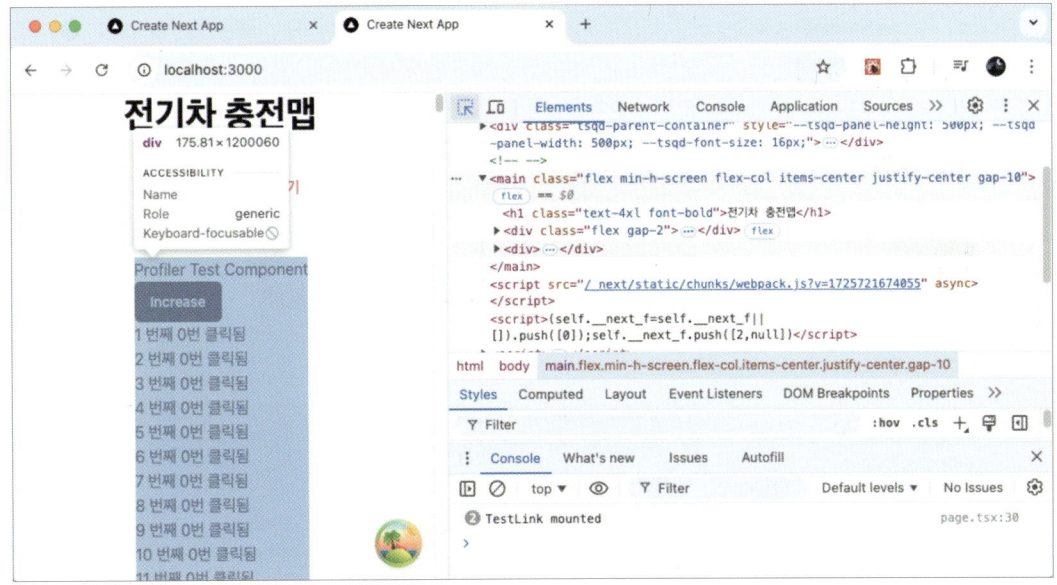

그림 13.17 50,000개의 컴포넌트를 확인하는 화면(height가 1,200,060px)

Profiler 탭을 활용해 성능 측정하기

다음 그림 13.18은 Profiler 탭의 모습입니다. 첫 번째 파란색 원이 녹화 시작 버튼입니다. 이 버튼을 클릭하여 녹화를 시작하고, 이후 Increase 버튼을 세 번 클릭한 후 녹화를 마무리해 보겠습니다.

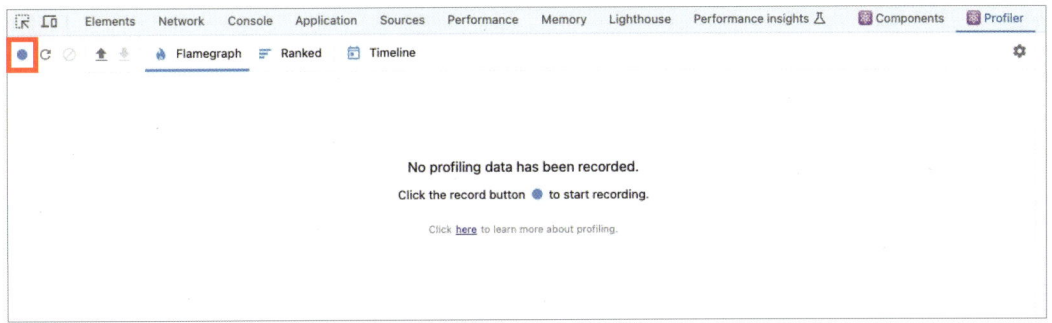

그림 13.18 Profiler 탭을 활용하기 위한 화면

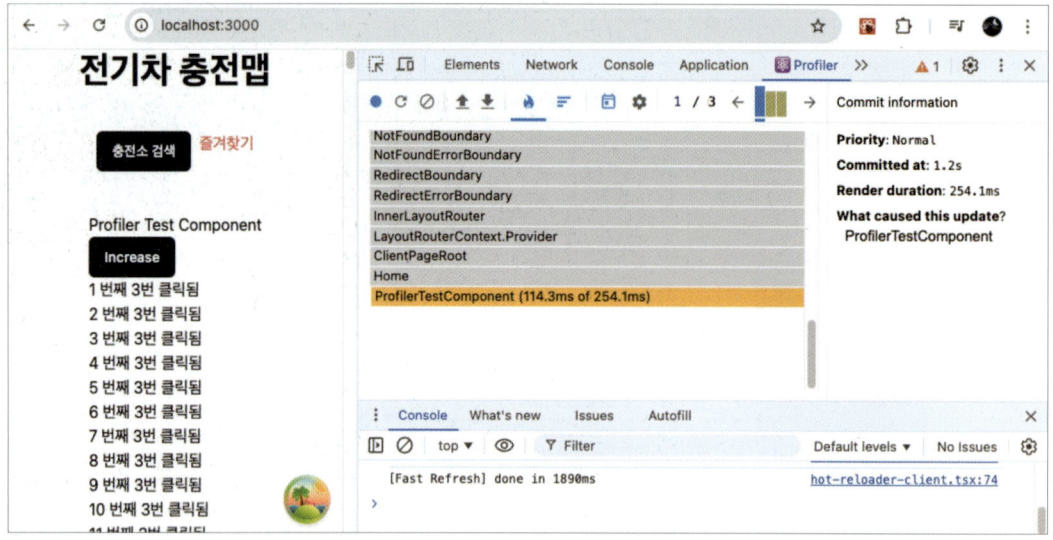

그림 13.19 녹화된 기능을 확인하는 화면

그 결과, 컴포넌트가 업데이트되면서 텍스트에 "N 번째 3번 클릭됨" 내용이 나타난 것을 확인할 수 있습니다.

그림 13.20처럼 Profiler 탭은 컴포넌트의 변화에 따라서 렌더링 정보를 제공합니다. 이번 녹화에서는 count 값을 세 번 변경했기 때문에 세 번의 기록이 생성되는 것을 확인할 수 있습니다.

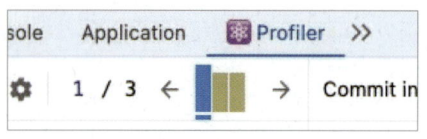

그림 13.20 상태 변화에 따라 녹화된 화면

따라서 상태 변화에 따라 각 렌더링 시점에서 어떤 컴포넌트가 얼마만큼의 시간을 소비했는지 확인할 수 있습니다.

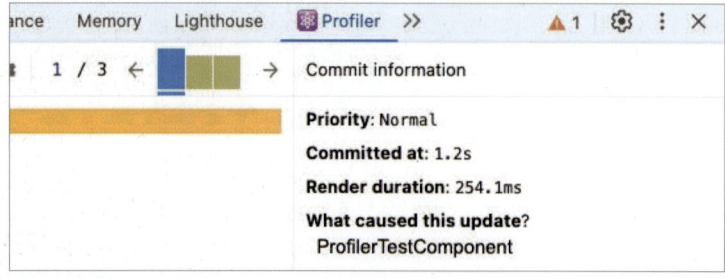

그림 13.21 각 상태 변화의 상세 정보를 확인하는 화면

ProfilerTestComponent를 렌더링하는 데 251.1ms, 즉 약 0.25초가 소요된 것을 확인할 수 있습니다. 일반적으로 렌더링에 0.1초 이하가 소요되는 것이 이상적입니다. 사용자 경험 측면에서 성능을 최적화하려면 다음과 같은 기준을 참고할 수 있습니다.

- **100ms 이하**: 대부분의 사용자는 거의 지연을 느끼지 못합니다. 이 정도의 렌더링 시간은 매우 빠르게 처리되는 것으로, 이상적인 목표입니다.
- **100ms ~ 300ms**: 사용자가 약간의 지연을 느낄 수 있지만, 큰 문제로 인식되지는 않습니다. 이 범위 내에서는 대부분의 상호작용이 자연스럽게 이루어집니다.
- **300ms 이상**: 사용자가 눈에 띄게 지연을 느끼기 시작합니다. 이 정도 시간이 걸리면 성능 최적화가 필요합니다.
- **1초 이상**: 사용자 경험에 큰 영향을 미치며, 앱의 반응성이 매우 떨어진다고 느낍니다. 이 경우 성능 문제가 심각할 수 있습니다.

따라서, 일반적인 웹 애플리케이션의 렌더링 시간은 0.1초 이하를 목표로 하고, 최대 300ms를 넘지 않도록 최적화하는 것이 좋습니다. 다른 페이지의 시간도 측정해 봤습니다.

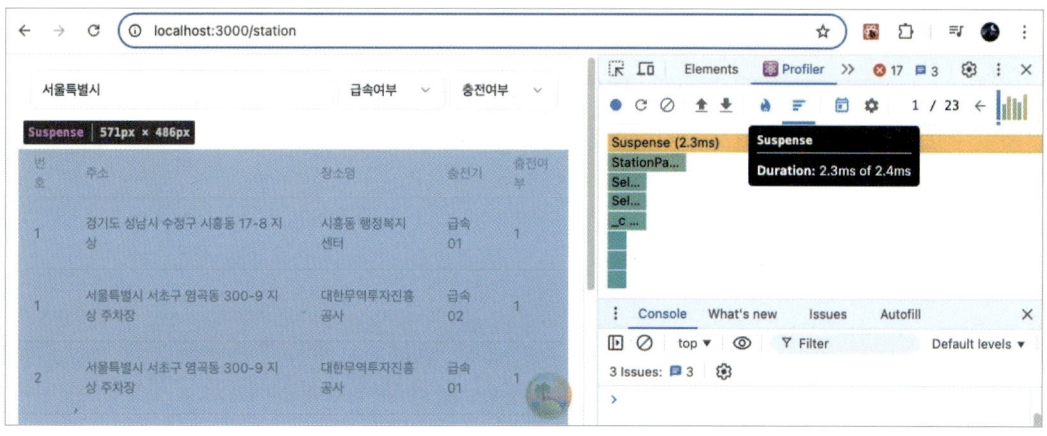

그림 13.22 특정 컴포넌트의 렌더링 시간을 확인하는 화면

그림 13.22와 같이, station 페이지에서 "서울특별시"로 검색하는 과정을 측정한 결과, 가장 오래 걸린 시간이 0.023초입니다. 이처럼 일반적으로 0.1초 이하를 기준으로 삼고 프로젝트를 진행하는 것이 바람직합니다.

크롬 개발자 도구의 Performance과의 차이점

우리가 다음에 바로 배울 크롬 개발자 도구에도 Performance 탭이 있습니다.

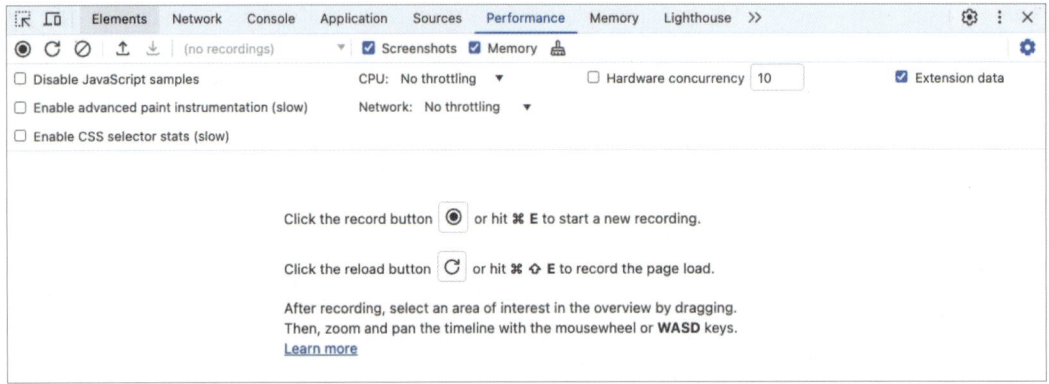

그림 13.23 크롬 개발자 도구의 Performance 탭 화면

Chrome Performance 탭은 브라우저 전체의 메모리 사용량, 프레임 렌더링, JavaScript 실행 시간 등을 분석하지만, 리액트의 상태 변화에 따른 컴포넌트 렌더링 추적에는 한계가 있습니다.

반면 Profiler 탭은 리액트 컴포넌트의 렌더링 단위별 시간 소비를 직접 측정할 수 있으며, 상태 변경에 따른 영향도 확인 가능합니다. 따라서 전반적인 성능 측정에서는 크롬 개발자 도구를 사용하고 리액트 컴포넌트의 최적화가 필요하다면 리액트 개발자 도구를 이용해 성능 측정을 해야 합니다.

추가 기능: 렌더링 하이라이트

리액트 개발자 도구는 기본 기능 외에도 설정(Settings)을 통해 활성화할 수 있는 유용한 추가 기능을 제공합니다. 특히 리렌더링 시 컴포넌트를 시각적으로 강조하는 기능은 리액트 개발자들이 가장 많이 활용하는 대표적인 디버깅 도구 중 하나입니다.

해당 기능은 Components 탭이나 Profiler 탭에서 설정(Settings) 아이콘으로 진입할 수 있습니다.

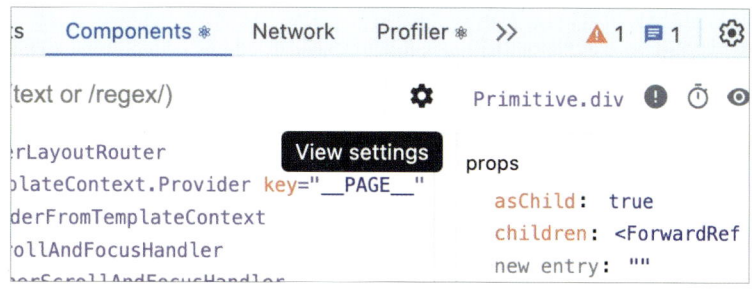

그림 13.24 리액트 개발자 도구의 추가 기능을 진입할 수 있는 화면

해당 버튼을 클릭하면 다음과 같이 설정을 할 수 있는 창이 뜹니다.

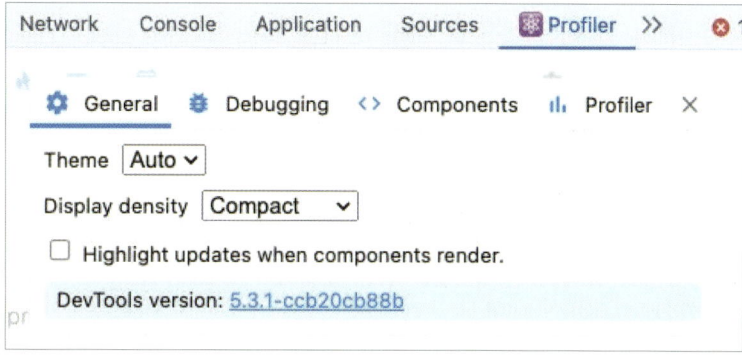

그림 13.25 리액트 개발자 도구의 추가 기능 화면

설정 창에서 "Highlight updates when components render" 옵션을 활성화시키면, 화면 내에서 렌더링이 발생할 때마다 해당 컴포넌트가 시각적으로 강조되어 표시됩니다.

번호	주소	장소명	충전기	충전여부
1	경기도 성남시 수정구 시흥동 17-8 지상	시흥동 행정복지센터	급속01	1
1	서울특별시 서초구 염곡동 300-9 지상 주차장	대한무역투자진흥공사	급속02	1
2	서울특별시 서초구 염곡동 300-9 지상 주차장	대한무역투자진흥공사	급속01	1
3	서울특별시 성동구 성수동2가 284-55 지하2층	서울숲SK V1 타워	급속04	1
4	서울특별시 성동구 성수동2가 284-55 지하2층	서울숲SK V1 타워	급속03	1
5	서울특별시 성동구 성수동2가 284-55 지하2층	서울숲SK V1 타워	급속06	1

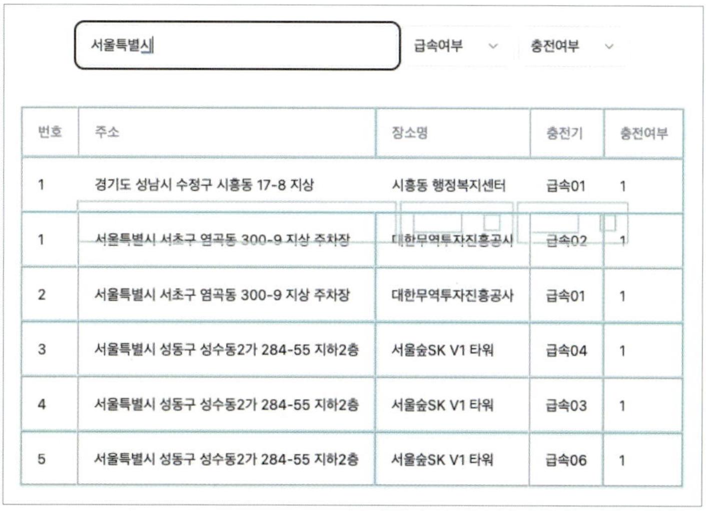

그림 13.26 컴포넌트가 렌더링됨에 따라 시각적으로 강조된 화면

이 기능은 렌더링 최적화 대상 컴포넌트를 식별하는 데 탁월하지만, 과도한 시각 강조로 인한 시야 피로가 생길 수 있습니다. 따라서 해당 기능은 상시 활성화하기보다는, 특정 렌더링 문제가 의심되는 시점에만 선택적으로 사용하는 것이 바람직합니다.

리액트 개발자 도구는 리렌더링 분석과 구조 파악에 매우 유용합니다. 하지만 렌더링 타이밍 외의 성능 병목(예: useEffect 지연, 리액트 외부 연산 부하 등) 까지는 상세히 분석하기 어렵습니다. 최근에는 이를 보완할 수 있는 다양한 외부 도구가 등장하고 있으며, 그중 하나가 바로 React Scan입니다.

React Scan은 컴포넌트 단위의 렌더링 시간, 의존성 그래프, 훅 실행 순서, useEffect/State 업데이트 경로 등을 시각적으로 보여주는 도구로, 개발 중에 복잡한 구조에서 "왜 느린가"를 코드 수정 없이 파악할 수 있게 도와줍니다. 특히 팀 단위 협업 환경에서 성능 회귀 분석이나 코드 리뷰에도 효과적으로 활용할 수 있습니다.

리액트 개발자 도구만으로 성능 분석이 부족하다고 느껴질 때, React Scan과 같은 도구를 병행해 사용하면 디버깅 시야가 한층 확장할 수 있습니다. 단일 렌더링 시점이 아닌 전체 흐름 기반의 병목 분석이 가능해져 디버깅 효율도 크게 향상됩니다.

> **시니어 코멘트**
> 리액트 개발자 도구와 React Scan 외에도, 접근성 검사를 지원하는 react-axe, 불필요한 리렌더링 원인을 추적할 수 있는 why-did-you-render 같은 도구들이 있습니다. 이처럼 다양한 도구를 목적에 따라 적절히 조합해 활용하는 것이 곧 실무에서의 디버깅 능력과 문제 해결력을 가늠하는 기준이 되기도 합니다.

13.2 개발자 도구

웹 애플리케이션의 디버깅과 성능 최적화를 위해서는 리액트 개발자 도구외에도 브라우저 개발자 도구를 능숙하게 활용할 필요가 있습니다. 리액트 개발자 도구가 리액트 컴포넌트의 상태(state), props, 렌더링 구조에 특화되어 있다면, 브라우저 개발자 도구는 웹 애플리케이션 전반(HTML, CSS, JavaScript, 네트워크 요청, 성능 분석, 메모리 사용 등)을 포괄적으로 진단할 수 있는 종합 디버깅 도구입니다.

리액트 개발자 도구만으로는 해결할 수 없는 문제들이 존재합니다. 예를 들어, API 요청이 실패하거나 외부 자원이 로딩되지 않는 문제, 혹은 특정 브라우저 환경에서만 발생하는 렌더링 이상 현상 등은 네트워크 탭, 콘솔 로그, 성능 탭과 같은 종합적인 분석 도구 없이는 원인을 파악하기 어렵습니다. 따라서 UI 중심의 리액트 디버깅에만 국한되지 않고, 웹 전체 동작 흐름을 관찰하고 통제할 수 있는 브라우저 개발자 도구 활용 능력을 갖추는 것이 필수입니다.

브라우저별 개발자 도구

브라우저 제조사(예: Google, Mozilla, Microsoft, Apple)는 각기 고유한 개발자 도구를 제공하며, 기본적인 구조는 유사하나 기능적 차이가 존재합니다. 이는 각 브라우저가 지원하는 렌더링 엔진의 차이, 보안 정책, 성능 분석 방식 등 기술 스택의 상이함에서 비롯됩니다.

- Chrome 개발자 도구는 가장 광범위하게 사용되며, 풍부한 학습 자료와 생태계를 갖추고 있습니다. React, Vue, Svelte 등 다양한 프레임워크의 확장 기능과의 연계성도 뛰어나 실무에서도 가장 보편적으로 활용됩니다.
- Firefox 개발자 도구는 CSS Grid, Flexbox 시각화, 접근성 검사(A11y) 등 프론트엔드 레이아웃 및 사용자 경험 개선에 특화된 기능에서 강점을 보입니다.
- Safari 개발자 도구는 iOS 및 macOS 환경에서의 디버깅에 적합하며, 특히 WebKit 기반 렌더링 이슈를 검토할 때 유용합니다.
- Microsoft Edge 개발자 도구는 크롬 기반(Chromium)으로 동작하지만, 자체적으로 성능 진단 도구를 강화하고 있어 윈도우 환경에 최적화된 디버깅을 제공합니다.

다음 그림은 Firefox 개발자 도구를 활용해 구글 메인 페이지의 접근성 진단 결과를 표시한 예시입니다. 키보드 접근성, 명도 대비, ARIA 속성 누락 여부 등을 검사하여 UI의 접근성 품질을 평가할 수 있습니다.

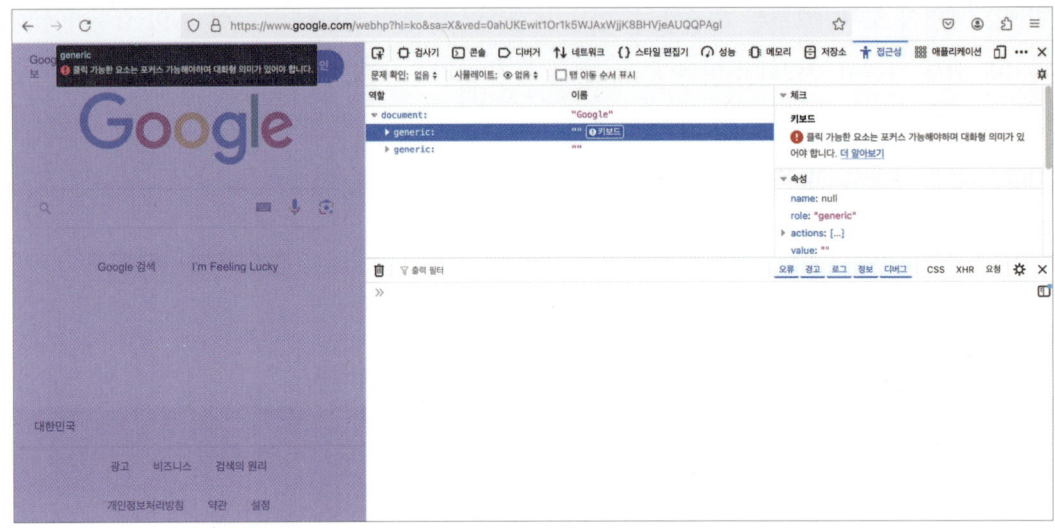

그림 13.27 Firefox의 개발자 도구 화면

이 책에서는 실습과 설명의 일관성을 위해 Chrome 개발자 도구를 기준으로 설명을 진행합니다. 가장 널리 사용되는 개발 환경이며, 다양한 디버깅 사례와 확장 도구가 Chrome을 기반으로 제공되기 때문입니다.

다만, 각 브라우저의 개발자 도구는 서로 다른 강점을 보유하고 있으며, 프론트엔드 개발은 어떤 브라우저에서도 정상적으로 작동하는 호환성을 전제로 합니다. 따라서 특정 브라우저 도구에만 의존하지 않고, 상황에 따라 다양한 도구를 유연하게 활용하는 것이 바람직한 접근입니다.

크롬 개발자 도구

다양한 접근 방법이 존재하지만, 대표적인 두 가지 방법은 다음과 같다

1. 웹 페이지에서 특정 요소를 우클릭한 후 "검사(Inspect)"를 선택하면 해당 요소가 개발자 도구 내에서 바로 포커스됩니다.
2. 단축키 사용

Windows / Linux: F12 또는 Ctrl + Shift + I

macOS: Command + Option + I

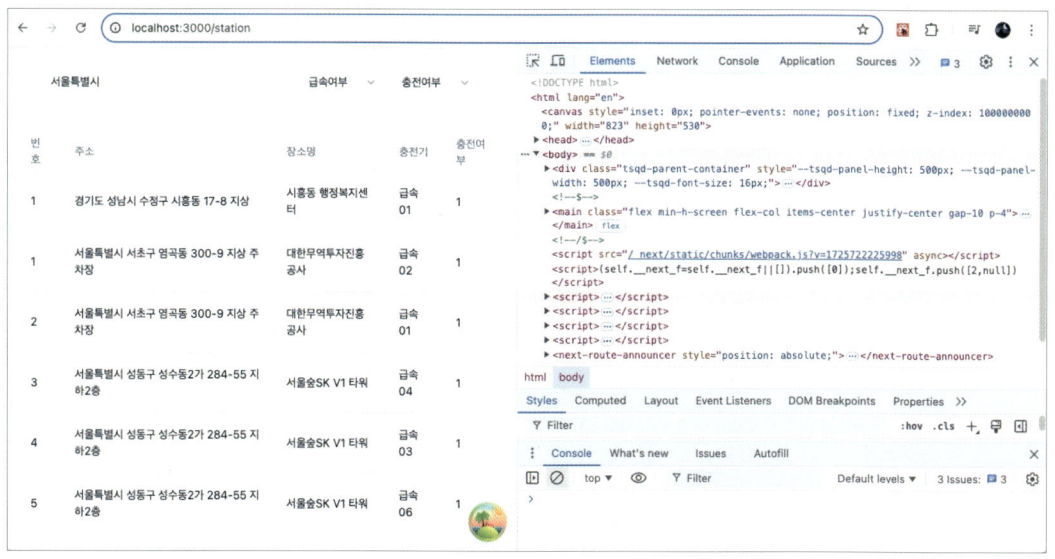

그림 13.28 크롬 개발자 도구가 열려있는 화면

기본적으로 개발자 도구를 열면 Elements 탭이 기본 포커스로 활성화되며, Console 탭은 하단에 분할된 형태로 함께 표시됩니다.

Elements 탭

Elements 탭은 크롬 개발자 도구에서 가장 기본이 되는 기능으로, 웹 페이지의 실제 DOM 구조와 스타일(CSS)을 실시간으로 확인하고 직접 수정할 수 있습니다. 이 탭은 주로 퍼블리싱 작업 중 구조나 스타일을 빠르게 조정할 때 매우 유용하게 사용됩니다.

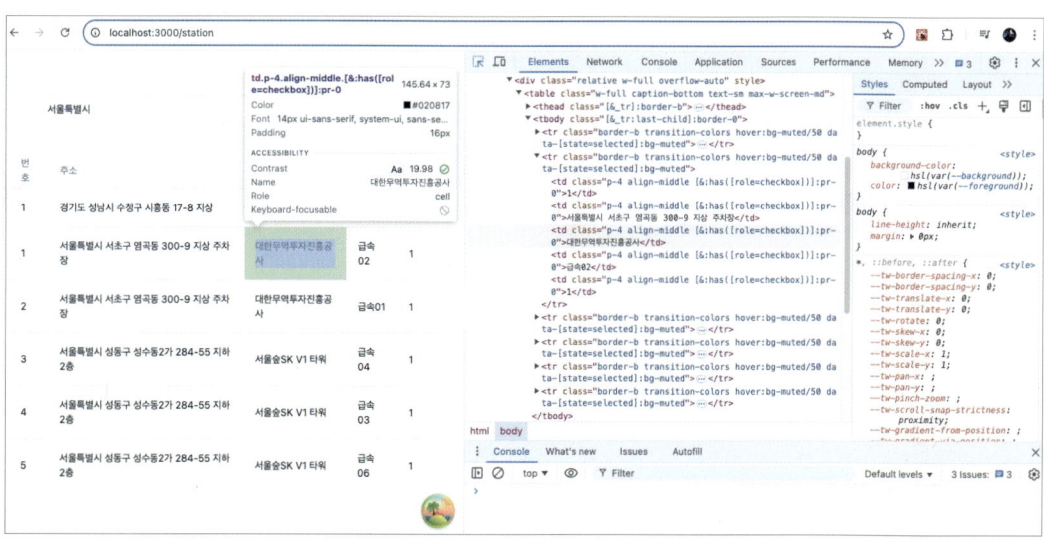

그림 13.29 특정 DOM 요소의 구조와 스타일을 확인하는 화면

Elements 탭에서는 선택한 DOM 요소에 직접 CSS를 추가하거나 수정할 수 있습니다. 이를 통해 코드 수정 없이 브라우저에서 바로 결과를 확인하고, 원하는 스타일을 실험적으로 적용해볼 수 있습니다.

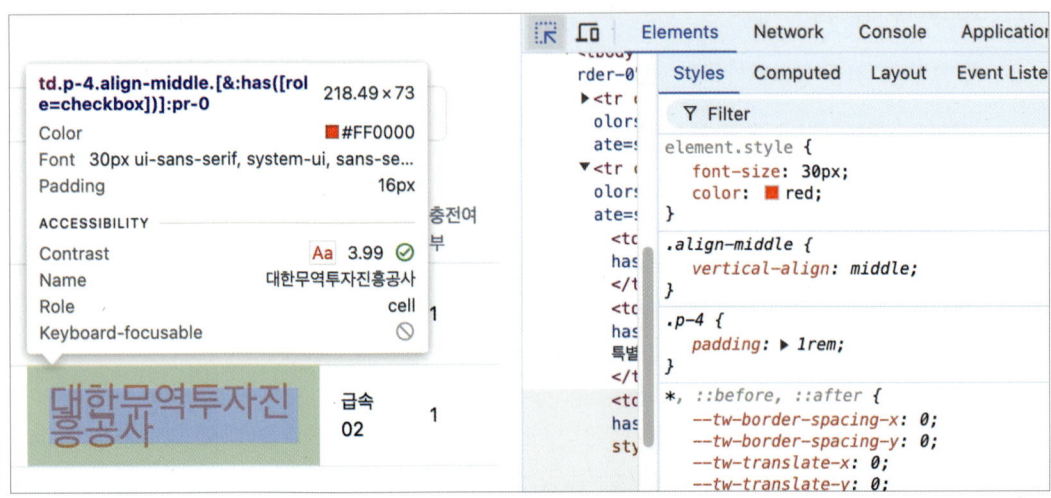

그림 13.30 개발자 도구를 활용한 CSS 수정 예시

또한 Elements 탭은 특정 요소의 상태(pseudo-state)를 강제로 시뮬레이션할 수 있는 기능도 제공합니다. 예를 들어 :hover, :active, :focus 상태를 체크박스로 강제로 적용해볼 수 있어, 마우스 인터랙션 없이도 스타일 변경을 쉽게 테스트할 수 있습니다.

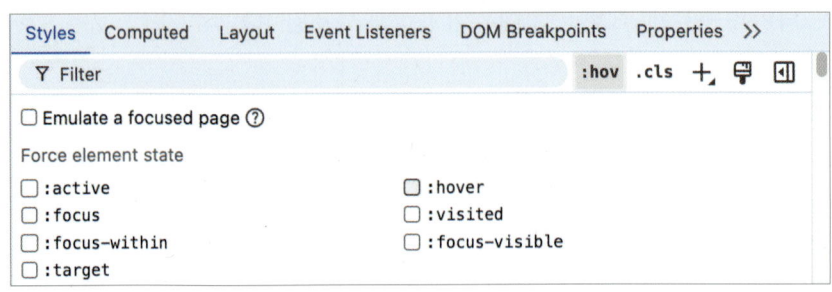

그림 13.31 요소 상태 강제 적용 기능 화면

이 기능은 특히 마우스 이벤트 기반 스타일링(:hover, :focus-visible)을 확인할 때 매우 유용합니다.

동일한 요소에 여러 CSS 클래스나 인라인 스타일이 적용되어 최종 결과를 판단하기 어려울 경우, Computed 하위 탭을 활용하면 브라우저가 해석한 최종 스타일 값을 확인할 수 있습니다. 충돌된 스타일의 우선순위(CSS Specificity)도 함께 표시되어, 복잡한 스타일 이슈를 쉽게 분석할 수 있습니다.

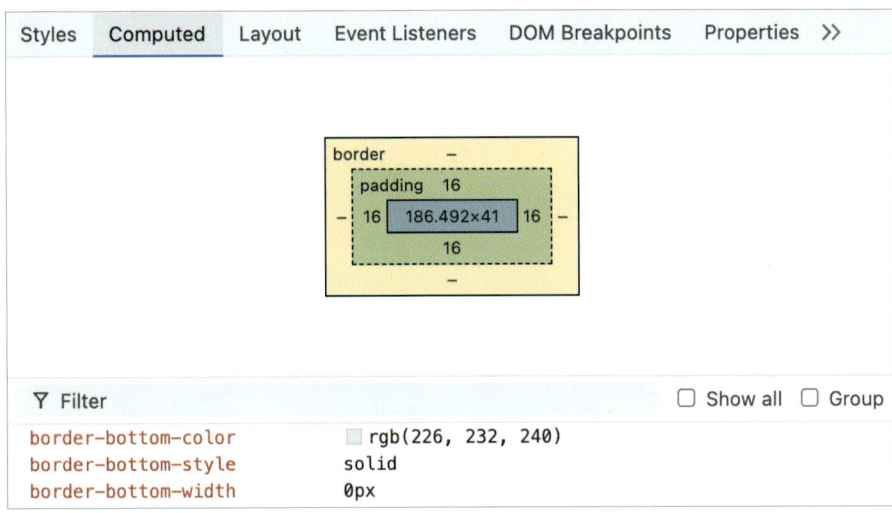

그림 13.32 Computed 탭에서 최종 렌더링된 스타일 확인

마지막으로 Elements 탭에서는 DOM 요소를 우클릭하여 다양한 조작이 가능합니다.

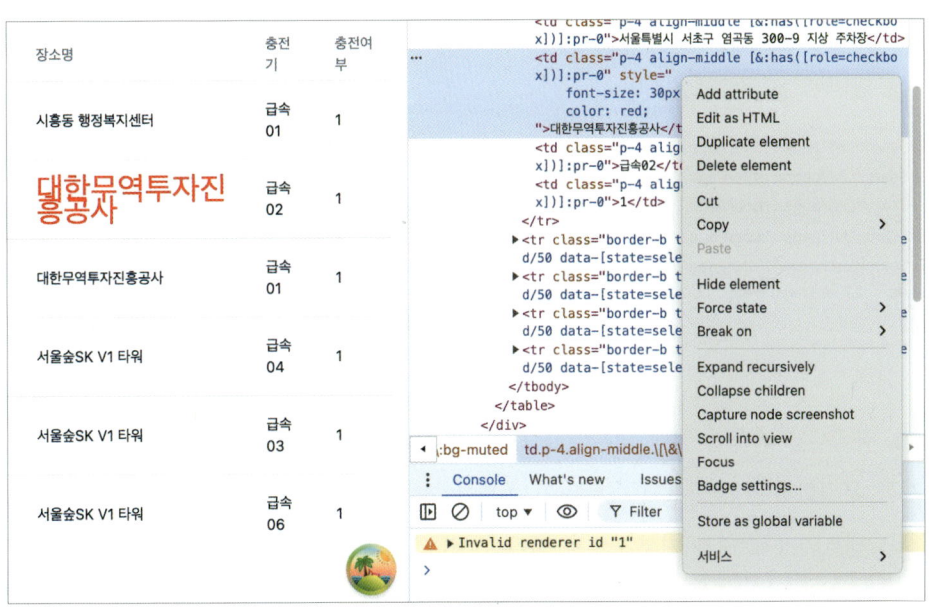

그림 13.33 우클릭 시 노출되는 요소 조작 기능 예시

이처럼 Elements 탭은 구조 확인부터 스타일 실험, 상태 변경, 렌더링 확인, 요소 조작에 이르기까지 프론트엔드 개발의 거의 모든 단계에서 활용되는 핵심 도구입니다. 퍼블리싱을 비롯해, 레이아웃 이슈나 스타일 충돌 디버깅에도 매우 강력한 도구로 활용됩니다.

Network 탭

Network 탭은 웹 브라우저가 서버와 주고받는 모든 네트워크 요청을 실시간으로 모니터링할 수 있는 기능을 제공합니다. 이 탭을 통해 웹페이지 로딩 과정에서 발생하는 다양한 요청(예: HTML, CSS, JavaScript 파일, 이미지, API 호출 등)의 세부 정보를 확인할 수 있습니다.

> 💡 **시니어 코멘트**
>
> Network 탭에서 관찰 가능한 네트워크 요청은 브라우저에서 발생한 요청에 한정된다는 것을 기억하시기 바랍니다. 예를 들어, Next.js의 SSR(Server-Side Rendering) 에 의해 서버에서 먼저 수행된 데이터 요청은 브라우저 Network 탭에 나타나지 않습니다. 이러한 요청 결과를 확인하려면 서버 터미널 로그, 또는 외부 로그 수집 도구를 병행해 분석해야 합니다.

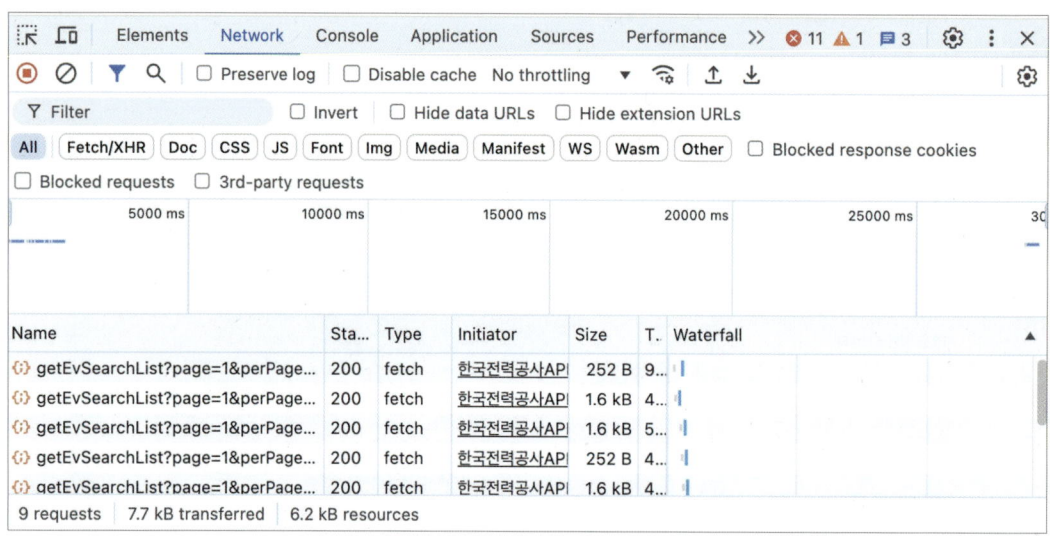

그림 13.34 크롬 개발자 도구의 Network 탭

Network 탭에서는 이렇게 전체 네트워크 요청 수와 네트워크 I/O를 확인할 수 있습니다. 그 밖에 캐시를 무력화하는 방법부터 네트워크 속도를 제한하는 기능도 사용할 수 있습니다. 우리나라의 경우 네트워크 속도가 기본적으로 빠르다 보니, 실제로 저속 환경에서의 웹 페이지 로딩 시간을 테스트하기 어렵습니다. 이러한 경우 크롬 개발자 도구의 네트워크 속도 제한 기능을 사용하여 3G나 2G와 같은 느린 네트워크 환경을 시뮬레이션할 수 있습니다.

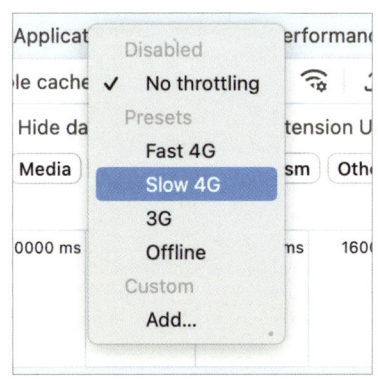

그림 13.35 Network 탭에서 네트워크 속도를 조작하는 화면

그리고 특정 네트워크 요청에 대한 상세 값을 확인하는 것도 가능합니다.

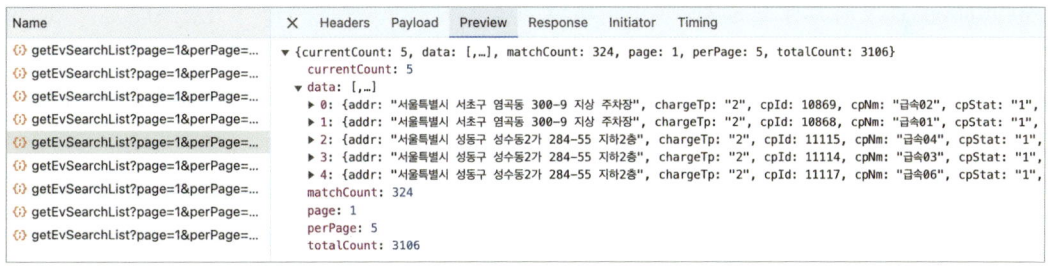

그림 13.36 Network 탭에서 네트워크 응답을 preview로 보여주는 화면

이렇게 Network 탭은 API 연동 디버깅, 인증 흐름 검증, 캐싱 이슈 분석, 성능 병목 식별 등 다양한 상황에서 핵심적인 역할을 합니다. 특히 상태 코드, 응답 지연, 헤더 구성 오류 등은 UI 오류보다 더 치명적인 문제를 발생시킬 수 있기 때문에, 프론트엔드 개발자라면 이 탭을 능숙하게 능력이 다룰 줄 알아야 합니다.

Application 탭

Application 탭은 웹 애플리케이션의 클라이언트 측 저장소와 고급 브라우저 기능(예: 서비스 워커, 캐시, 쿠키, 로컬 스토리지 등)을 직접 확인하고 관리할 수 있는 도구입니다. 이 탭을 통해 브라우저가 웹 애플리케이션과 어떤 방식으로 데이터를 주고받고 저장하는지를 명확하게 파악할 수 있으며, PWA(Progressive Web App) 구현, 사용자 인증 흐름 점검, 오프라인 전략 디버깅 등 고급 기능을 분석할 때도 필수적입니다.

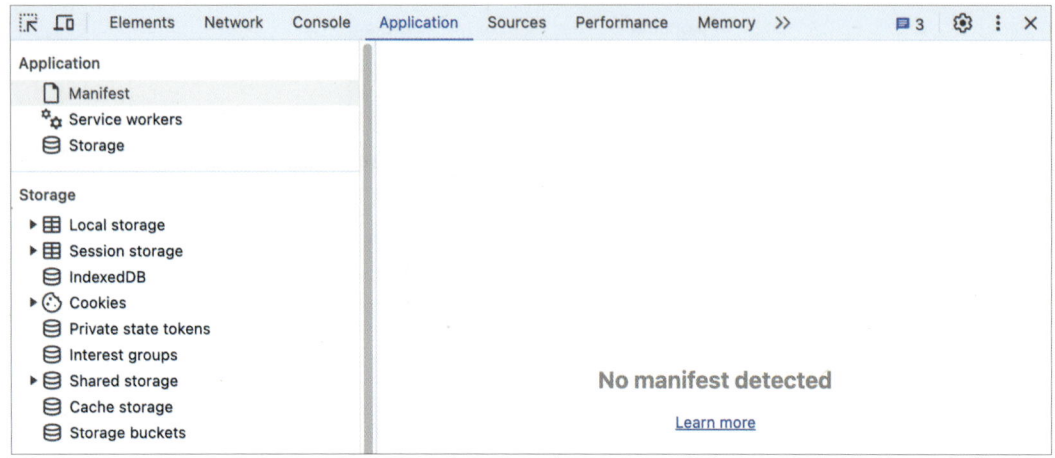

그림 13.37 크롬 개발자 도구의 Application 탭

Application 탭은 다음과 같은 네 가지 주요 섹션으로 나뉘며, 각 영역은 고유한 역할을 가진 하위 기능들을 포함하고 있습니다.

- **Application(애플리케이션) 섹션**
  - **Manifest**: 웹 애플리케이션의 메타 정보를 담고 있는 manifest 파일을 확인하고 디버깅할 수 있습니다. PWA(Progressive Web App)를 지원할 때 필수적으로 확인해야 합니다.
  - **Service Workers**: 웹 페이지에서 서비스 워커의 등록, 설치 상태, 활성 상태를 확인하고 관리할 수 있습니다. 백그라운드에서 캐싱 및 푸시 알림을 처리하는 데 매우 중요합니다.

- **Storage(저장소) 섹션**
  - **Local Storage**: 클라이언트 측에서 데이터를 영구적으로 저장할 수 있는 API로, 이 섹션에서는 저장된 키-값 쌍 데이터를 볼 수 있고, 직접 데이터를 추가하거나 수정, 삭제할 수 있습니다.
  - **Session Storage**: 현재 세션 동안만 유지되는 데이터를 확인할 수 있습니다. 세션이 끝나면 데이터는 삭제됩니다.
  - **IndexedDB**: 클라이언트 측에서 더 큰 데이터베이스를 제공하는 스토리지 시스템입니다. 구조화된 데이터와 트랜잭션이 가능하며, 이곳에서 데이터베이스의 상태를 확인하고 조작할 수 있습니다.
  - **Cookies**: 웹 애플리케이션이 설정한 쿠키를 보고 수정하거나 삭제할 수 있습니다. 쿠키는 작은 데이터 덩어리로, 사용자 인증 및 세션 정보 등을 저장할 때 사용됩니다.

- **Background Services(백그라운드 서비스) 섹션**
  - **Push Messages, Background Sync**: 브라우저에서 푸시 알림이나 백그라운드 동기화 관련 상태를 확인하고, 동작을 테스트할 수 있습니다.

- **Frames(프레임) 섹션**
- 웹 애플리케이션이 사용하는 각 프레임이나 iframe에서 실행 중인 스크립트나 자원을 관리하고 디버깅할 수 있습니다.

각각의 섹션의 설명에서 알 수 있듯이 고급 웹 기술의 디버깅을 위한 탭입니다.

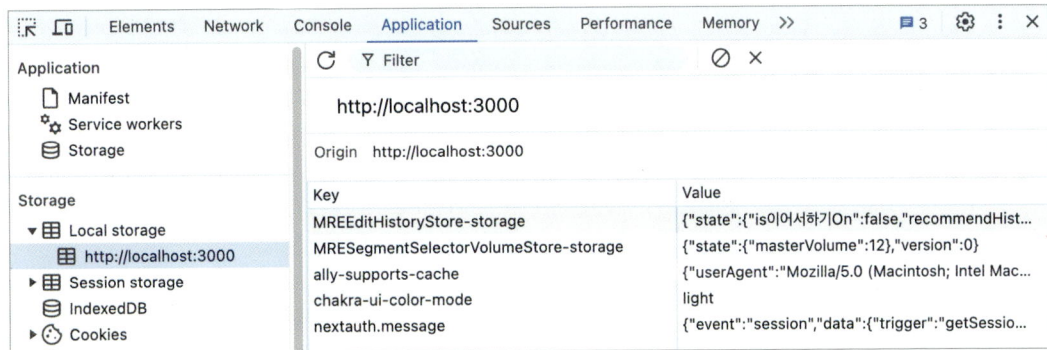

그림 13.38 localhost:3000에서 로드된 Local Storage 정보 예시

그림 13.38을 보면 localhost:3000에 적용되어있는 Local storage 정보를 보여줍니다. 일반적으로 해당 URL은 개발을 위한 기본 포트이기 때문에 여러 프로젝트에서 추가된 Local storage 정보가 섞여 있을 수 있습니다.

이처럼 Application 탭은 다른 탭에 비해 접근 빈도는 낮지만, 웹 애플리케이션의 데이터 저장 전략, 세션 흐름 관리, 서비스 워커 구현 등 고급 기능을 디버깅하는 데 핵심적인 역할을 수행합니다. 특히 클라이언트 측 저장소나 PWA와 같이 프론트엔드에 특화된 기능 대부분은 이 탭을 통해 확인하고 제어할 수 있습니다.

따라서 개발 과정에서 이 탭을 자연스럽게 다루게 되는 시점은, 프론트엔드 개발자로서 한 단계 성장했음을 실감할 수 있는 순간이기도 합니다. 이 탭을 마주쳤을 때는 당황하기보다는, 자신의 실력이 확장되고 있다는 긍정적인 신호로 받아들이길 바랍니다.

Sources 탭

Sources 탭은 웹 애플리케이션을 구성하는 HTML, CSS, JavaScript 등의 소스 코드를 직접 확인하고, 브레이크포인트를 설정하여 디버깅을 수행할 수 있는 탭입니다. 실시간 코드 점검뿐 아니라, 특정 시점에서 실행을 중단하고 로직의 흐름을 추적하는 실제적인 디버깅 작업에 핵심적으로 사용됩니다.

그림 13.39 크롬 개발자 도구의 Sources 탭

이 탭에서는 현재 로딩된 웹페이지를 구성하는 전체 소스 파일 목록이 좌측 패널에 표시되며, 원하는 파일을 탐색해 내용을 확인하고 수정할 수 있습니다.

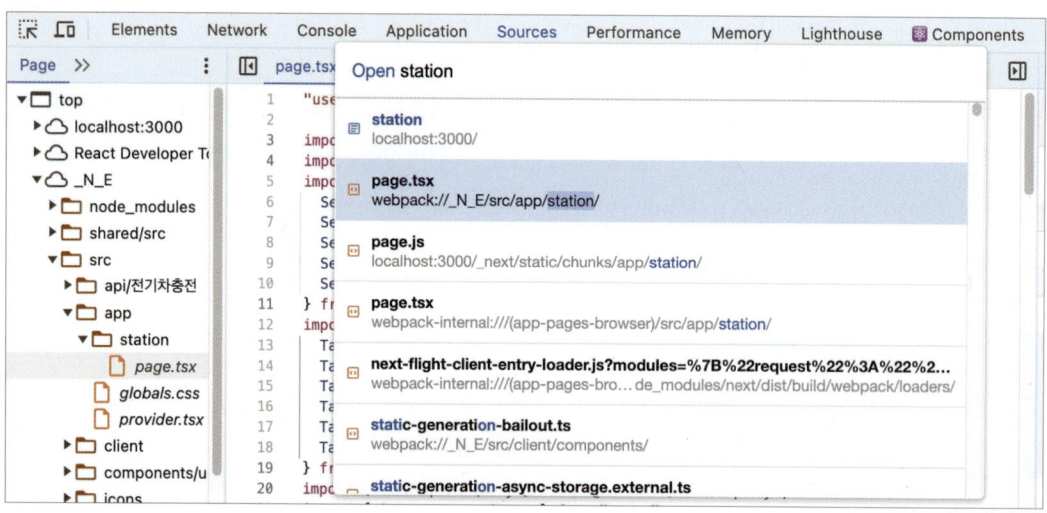

그림 13.40 Sources 탭에서 원하는 파일을 확인하는 화면

그리고 실제 코드의 모습을 확인할 수 있습니다.

그림 13.41 Sources 탭에서 page.tsx를 확인하는 화면

Sources 탭에서는 직접 브레이크포인트를 지정하거나, 코드 내부에 debugger 키워드를 삽입하여 의도적인 중단 지점을 설정할 수 있습니다. 예를 들어, 다음과 같이 Select 컴포넌트 내부에 debugger 구문을 추가하면, 해당 로직이 실행되는 순간 코드가 자동으로 멈추게 됩니다.

```
<Select
  value={충전 가능 여부}
  onValueChange={(value) => {
    debugger; // 추가
    set충전 가능 여부(value);
  }}
>
  <SelectTrigger className="w-[180px]">
    <SelectValue placeholder="충전여부" />
  </SelectTrigger>
  <SelectContent>
    <SelectItem value="충전가능">충전가능</SelectItem>
    <SelectItem value="충전불가">충전불가</SelectItem>
  </SelectContent>
</Select>;
```

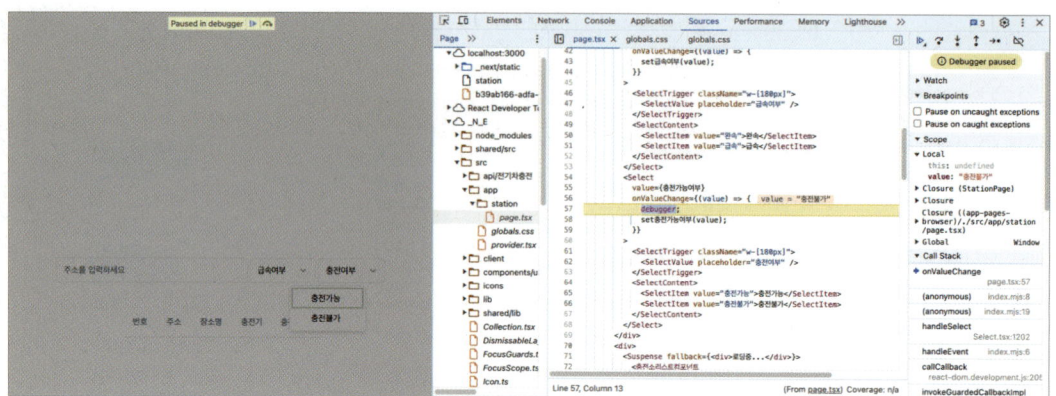

그림 13.42 Sources 탭에서 debugger에 의해 중단된 화면

실제 Select 컴포넌트를 수정하면 debugger에 코드가 걸리고 이때 화면은 정지됩니다.

특히 특정 로직이 예상과 다르게 동작할 경우, Sources 탭을 활용해 문제가 발생하는 위치에 브레이크 포인트를 설정하고 Call Stack을 따라가며 원인을 추적할 수 있습니다. 특히 복잡한 상태 업데이트나 이벤트 흐름을 이해하고자 할 때 매우 유용합니다.

Sources 탭은 단순한 코드 뷰어를 넘어, 프론트엔드 개발자가 자바스크립트 로직을 정확히 파악하고 수정하는 데 핵심적인 디버깅 도구라는 점을 기억하시기 바랍니다.

Performance 탭

Performance 탭은 브라우저의 렌더링 성능, 네트워크 활동, 자바스크립트 실행 등 웹 애플리케이션의 전반적인 실행 흐름과 리소스 사용 상태를 정밀하게 분석할 수 있는 도구입니다. 앞서 소개한 React Profiler가 리액트 컴포넌트의 렌더링 비용에 집중하는 도구라면, Performance 탭은 브라우저 레벨에서의 전체적인 성능 흐름을 확인할 수 있다는 점에서 그 범위가 더 넓습니다.

사용 방법은 간단합니다. 녹화(Record) 아이콘을 클릭한 뒤 웹 페이지를 조작하고, 측정을 마치면 다시 아이콘을 눌러 녹화를 종료하면 됩니다.

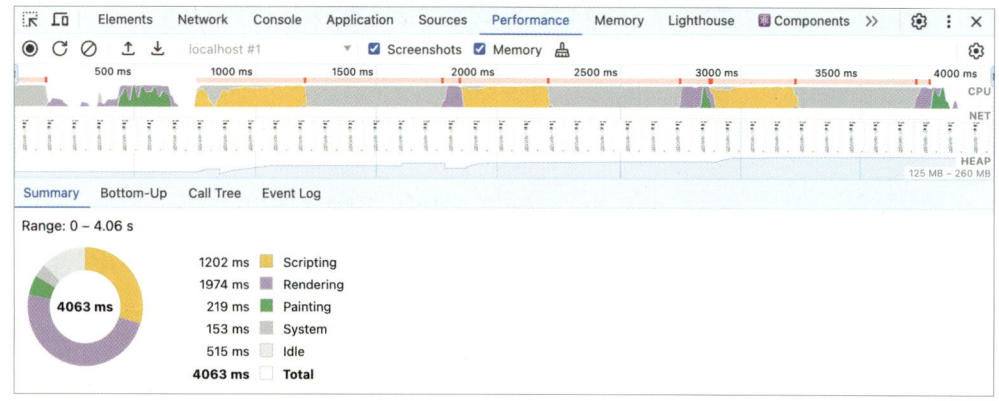

그림 13.43 크롬 개발자 도구의 Performance 탭

예를 들어, ProfilerTestComponent를 측정한 결과는 그림 13.43과 같습니다.

이 측정 결과에 따르면 전체 4,063ms의 녹화 시간 중 대부분 자바스크립트 실행(1,202ms)과 화면 렌더링(1,974ms)에 소요되었습니다.

- **Scripting(자바스크립트 실행): 1,202ms**

자바스크립트 연산이 비정상적으로 오래 수행되었으며, 로직 최적화가 필요한 지점임을 시사합니다.

- **Rendering(화면 렌더링): 1,974ms**

전체 시간의 약 절반이 렌더링에 소비되었으며, 불필요한 렌더링 최소화, 리플로우 방지, Virtualization 기법 활용 등의 성능 개선이 필요합니다.

이번에는 station 페이지에서 실제 검색하는 프로세스를 테스트해 봤습니다.

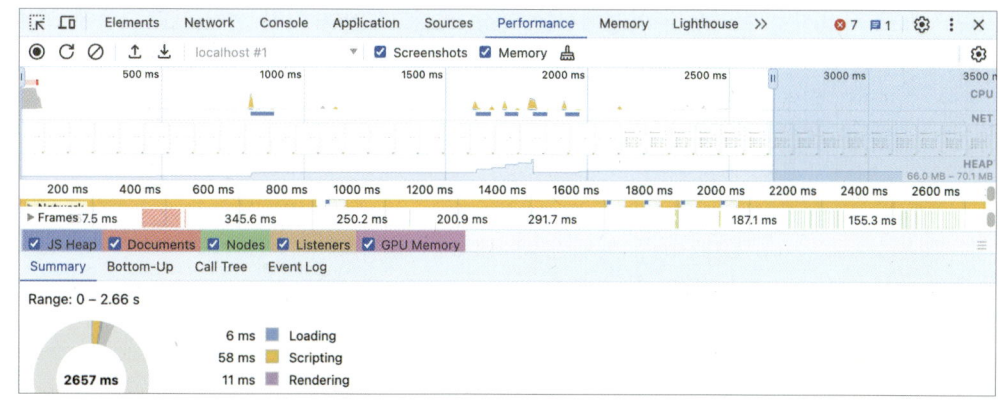

그림 13.44 Performance 탭에서 녹화 후 결과를 확인하는 화면

13장 개발자 도구와 디버깅

이전과 달리 Idle(유휴 시간)의 비중이 매우 높은 것으로 나타났습니다. 이는 측정 시간 동안 사용자의 직접적인 인터랙션이 거의 없었으며, 대부분의 시간 동안 브라우저가 대기 상태라는 것을 의미합니다.

이처럼 Performance 탭은 브라우저의 렌더링, 자바스크립트 실행, 네트워크 활동 등을 종합적으로 분석하여 성능 병목 지점을 시각화해주는 도구입니다. 리액트 Profiler보다 범용적이며, 실사용 시나리오에서 전체 성능 흐름을 정밀하게 추적하는 데 적합합니다.

Lighthouse 탭

Lighthouse 탭은 웹 애플리케이션의 성능(Performance), 접근성(Accessibility), 검색 엔진 최적화(SEO), PWA 등 다양한 품질 항목을 자동으로 분석하고, 개선이 필요한 부분을 구체적으로 제시해주는 도구입니다. 이 탭은 Google Lighthouse 엔진을 기반으로 하며, 웹 페이지의 전반적인 품질 수준을 점검하는 데 매우 유용합니다.

> 💡 **시니어 코멘트**
> 성능 분석은 가능한 한 외부 요인이 배제된 환경에서 수행하는 것이 정확합니다. 특히 Lighthouse나 Performance 탭과 같이 브라우저 단의 리소스 소비를 측정하는 도구들은 확장 프로그램, 로그인 세션, 캐시, 백그라운드 탭 등의 영향으로 인해 결과가 왜곡될 수 있습니다.
> 그래서 필자는 성능 측정을 진행할 때 항상 시크릿 모드(Incognito Mode)를 사용합니다. 이 모드에서는 확장 프로그램이 비활성화되고, 쿠키나 로컬 스토리지 등도 초기화된 상태로 시작되기 때문에 보다 객관적이고 재현 가능한 성능 측정이 가능합니다.

사용법은 간단합니다. 원하는 모드와 기기, 카테고리를 선택하고 'Analyze page load'를 실행하면 됩니다. 다만 개인적으로 추천하기를 Lighthouse는 시크릿 모드에서 실행하기를 권고합니다. 우리가 일반적으로 사용하는 브라우저 환경에서는 확장 프로그램이나 여러 설치 프로그램에 의해서 성능이 정확하게 측정되지 않을 수 있습니다. 따라서 상대적으로 별다른 프로그램이 설치되어있지 않은 시크릿 모드에서 한다면 더욱 정확한 값을 얻을 수 있습니다.

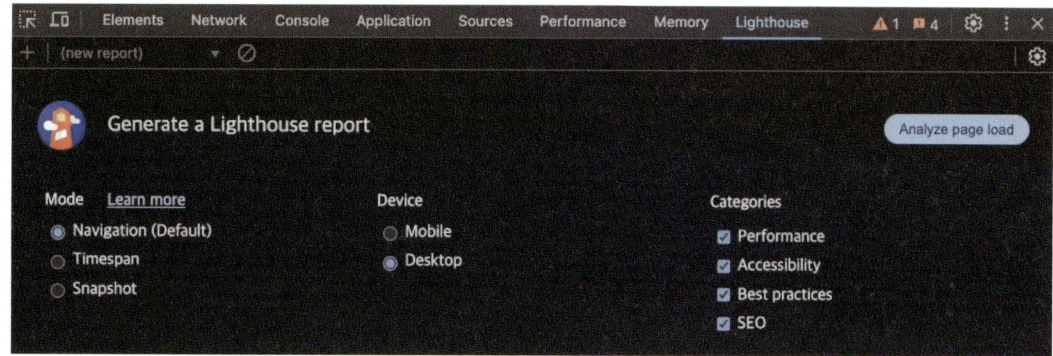

그림 13.45 크롬 개발자 도구의 Lighthouse 탭(시크릿 모드에서 실행된 예시)

'Analyze page load'를 실행하게 되면 크롬 브라우저가 제어권을 가지고 해당 웹페이지를 탐색하기 시작합니다. 그리고 분석이 완료되면 Lighthouse는 각 카테고리에 대해 점수와 함께 세부적인 진단 결과를 제공합니다.

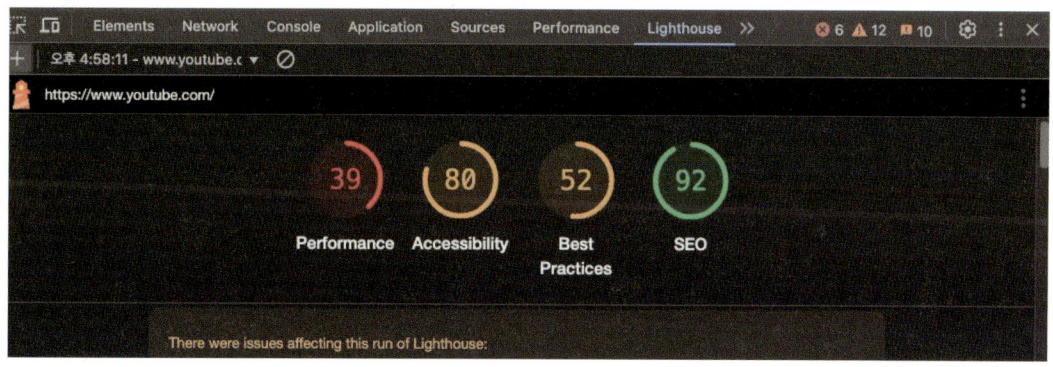

그림 13.46 Lighthouse 탭으로 분석해 본 결과 화면

예를 들어 YouTube를 분석한 결과, 그림 13.46과 같이 Performance 점수가 상대적으로 낮게 측정되었고, 이에 영향을 미치는 요인(예: 이미지 최적화 부족, 자바스크립트 실행 지연 등)이 항목별로 나열된 것입니다. 이러한 목록은 수정 가능한 개선 지점부터 단계적으로 대응할 수 있도록 구성되어 있습니다.

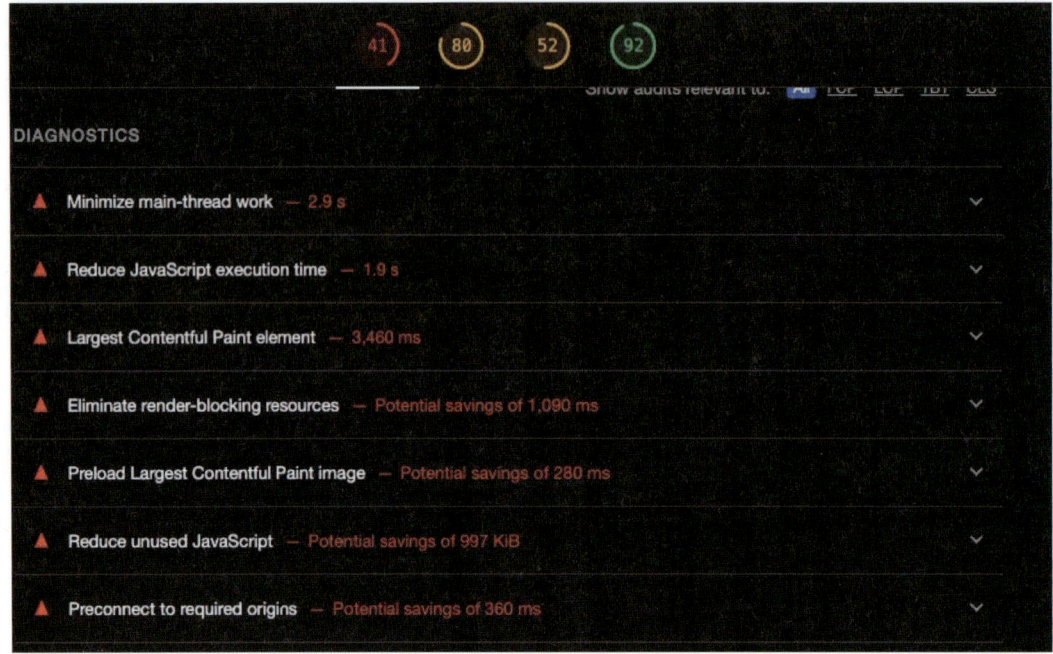

그림 13.47 Lighthouse 탭에서 각각의 분석 결과를 확인하는 화면

Lighthouse 점수는 웹사이트의 품질을 객관적으로 측정할 수 있는 유용한 지표이지만, 절대적인 기준은 아닙니다. 특히 다음과 같은 점을 유의할 필요가 있습니다.

- 모든 웹사이트가 반드시 100점을 받을 필요는 없습니다.
- YouTube와 같은 대형 서비스조차 모든 항목에서 100점을 기록하지는 않습니다.
- 실사용자의 경험, 비즈니스 목표, 복잡한 사용자 흐름 등은 점수 외적으로 고려해야 할 요소입니다.

Lighthouse는 성능 개선을 위한 가이드라인 도구로 활용하되, 실제 프로젝트에서는 UX, 사용자 환경, 유지보수성 등을 종합적으로 고려한 현실적인 최적화 전략이 필요합니다.

크롬 개발자 추가 기능

마지막으로 탭별 기능을 제외하고 다른 추가 기능을 살펴보겠습니다.

Device Toolbar

Device Toolbar는 현재 브라우저의 뷰포트를 다양한 디바이스 환경으로 시뮬레이션할 수 있도록 도와주는 도구입니다. 이 기능을 통해 웹 페이지가 모바일, 태블릿, 데스크톱 등 다양한 해상도와 화면 비율에서 어떻게 표시되는지 확인할 수 있으며, 반응형 디자인(responsive design)을 검증하는 데 매우 유용합니다.

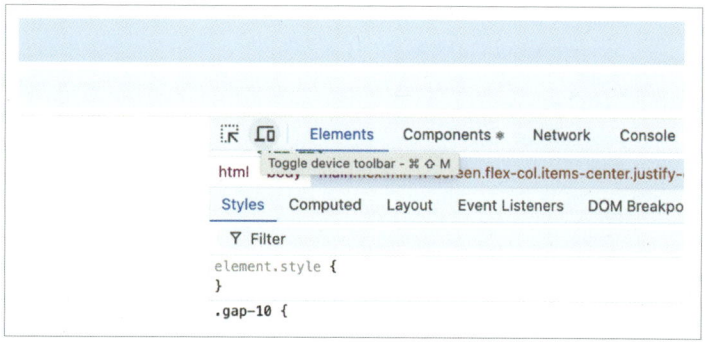

그림 13.48 Device Toolbar 버튼 위치

해당 기능을 활성화해 보면 다음 그림처럼 됩니다.

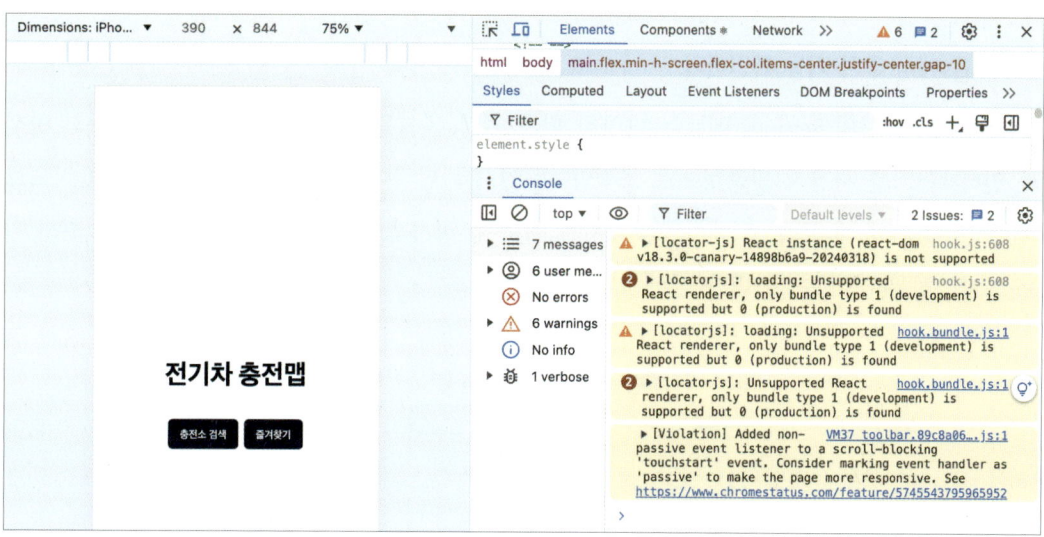

그림 13.49 device toolbar를 활용해 모바일 뷰로 전환한 화면

여기에서 모바일 화면에서의 UI를 확인해 볼 수 있습니다.

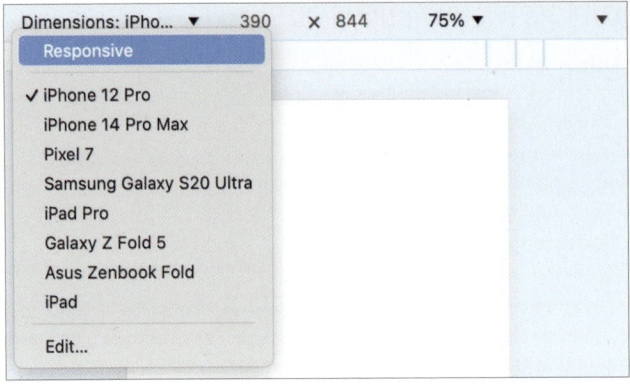

그림 13.50 device toolbar에서 다양한 기종의 디바이스로 전환하는 화면

이처럼 Device Toolbar는 단순한 화면 크기 조절을 넘어서, 현실적인 사용자 환경을 가상으로 체험하고 디버깅할 수 있는 강력한 도구입니다. 반응형 웹 개발과 QA에서 반드시 숙지하고 활용해야 할 기능 중 하나입니다.

Settings에서 추가 기능 확인하기

크롬 개발자 도구의 Settings 메뉴는 다양한 환경 설정 옵션을 제공해, 개발자 도구의 동작 방식과 인터페이스를 사용자 맞춤형으로 조정할 수 있도록 합니다. 크롬 개발자 도구는 지속적으로 기능이 추가되고 제거되는 업데이트를 거치기 때문에, 정기적으로 설정 메뉴를 확인하고 최신 기능을 파악하는 것이 중요합니다.

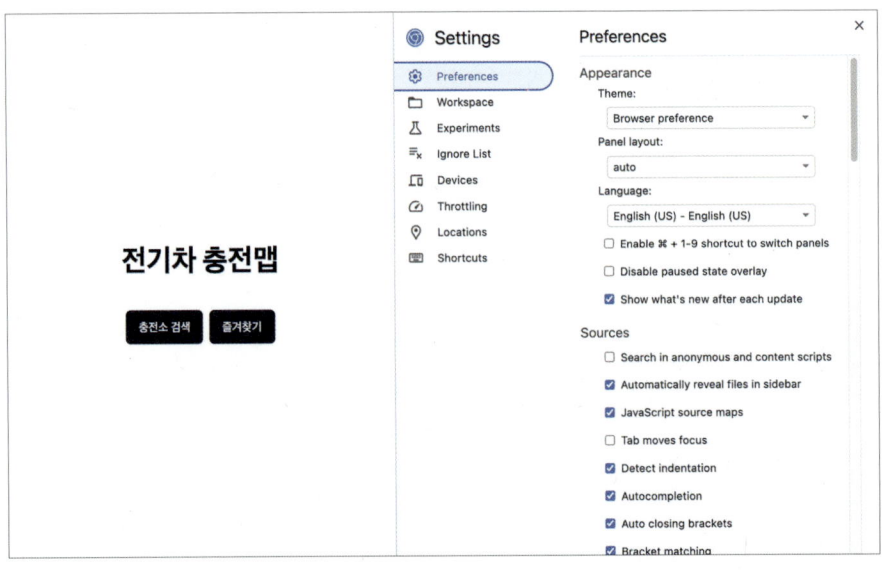

그림 13.51 크롬 개발자 도구의 Settings 화면

예를 들어, Appearance 섹션에서는 테마를 변경하거나 패널 레이아웃을 설정할 수 있으며, Sources 섹션에서는 코드 자동 완성, 들여쓰기 감지, 괄호 매칭과 같은 편집기 관련 설정을 조정할 수 있습니다. Devices나 Throttling 섹션을 사용하면 특정 디바이스 환경을 시뮬레이션하거나 네트워크 속도를 제한하여 다양한 시나리오를 테스트할 수 있습니다.

하지만 다양한 기능이 있는 만큼 모든 기능을 한 번에 익힐 필요는 없습니다. 상황에 맞춰 필요한 기능을 선택적으로 익히는 것이 좋습니다. 특히 새로운 API나 브라우저 기능이 출시될 때는, Settings에서 해당 기능을 수동으로 활성화해야 테스트가 가능한 경우도 있습니다. 개발자 도구는 단순한 콘솔 도구를 넘어, 다양한 실험적 기능을 통합해 나가는 플랫폼으로 진화하고 있다는 점을 염두에 두면 좋습니다.

추가 학습

사이트 - https://developer.chrome.com/docs/devtools/overview?hl=ko

개발자 도구와 디버깅 정리

이 장에서는 웹 개발에서 필수적인 디버깅 도구인 리액트 개발자 도구와 크롬 개발자 도구의 핵심 기능과 활용법을 살펴보았습니다. 리액트 개발자 도구는 컴포넌트 구조를 시각적으로 탐색하고, props와 state, 그리고 훅 상태를 실시간으로 추적하고 수정할 수 있는 기능을 제공합니다. 또한 Profiler 탭을 활용해 컴포넌트 단위의 렌더링 성능을 분석하고 불필요한 리렌더링을 탐지할 수 있습니다. 이외에도 업데이트 시각화, 콘솔 출력, Suspense 시뮬레이션 등 실무에 유용한 다양한 고급 기능도 지원합니다.

크롬 개발자 도구는 UI 문제 해결을 넘어 네트워크 흐름 추적, 자바스크립트 디버깅, 성능 측정 등 웹 애플리케이션의 동작 전반을 통합적으로 분석할 수 있는 도구입니다. Elements 탭에서는 DOM 구조와 CSS 스타일을 실시간으로 확인하고 수정할 수 있으며, Network 탭을 통해 API 요청과 응답을 모니터링하고 서버 통신 상태를 점검할 수 있습니다. Application 탭에서는 Local Storage, 쿠키, IndexedDB 등 클라이언트 저장소 상태를 확인하고 관리할 수 있고, Performance 탭에서는 브라우저 수준에서 스크립트 실행, 레이아웃 계산, 렌더링 시간 등을 시각화하여 병목 지점을 파악할 수 있습니다. Lighthouse 탭은 페이지의 성능, 접근성, SEO 등 웹 품질 요소를 자동 분석하여 명확한 개선 가이드를 제공합니다.

개발자 도구는 단순히 오류를 추적하는 것을 넘어, 애플리케이션의 품질을 높이고 개발 생산성을 끌어올리는 데 핵심적인 역할을 합니다. 웹 애플리케이션의 복잡성이 증가할수록 이 도구들의 중요성은 더욱 커지며, 실무에서는 문제 해결뿐 아니라 성능 최적화와 코드 유지보수의 효율성을 확보하기 위한 필수 도구로 자리 잡고 있습니다. 따라서 다양한 기능을 상황에 맞게 유연하게 조합해 사용하는 것이 곧 실무 역량을 판가름하는 기준이 되며, 이를 적극적으로 익히고 활용해 나가는 것이 중요합니다.

추가 학습
키워드 - 리액트 개발자 도구 추가 기능: 커스텀 훅 디버깅, 메모리 분석
키워드 - 크롬 개발자 도구 심화: 타임라인 분석, CPU 프로파일링, JavaScript 디버깅

14장
AI와 개발자

14.1 AI
14.2 에필로그

14.1 AI

프로그래밍의 본질이 변화하고 있습니다. 과거의 소프트웨어 개발은 '얼마나 빠르게 코드를 작성할 수 있는가', '얼마나 버그 없이 정확하게 구현할 수 있는가'가 개발자의 핵심 역량이었습니다. 하지만 최근 몇 년간 AI 기술의 눈부신 발전은 이러한 기준이 흔들리고 있습니다. GitHub Copilot, 챗GPT, Cursor, Cody 등 다양한 도구들이 코드 작성, 디버깅, 문서화까지 자동으로 수행하면서, 이제 개발자의 역할은 단순한 코드 작성자를 넘어 '문제를 정의하고, 도구를 조율해 최적의 결과를 끌어내는 사람'으로 진화하고 있습니다.

프로그래밍의 본질이 단순 구현에서 문제 해결, 구조화, 기술적 의사결정으로 옮겨가고 있다는 것은 단순히 도구 하나의 등장이 아닌, 개발 문화 전체의 전환을 의미합니다. 이 장에서는 AI의 부상으로 인해 개발자의 역할이 어떻게 변화하고 있으며, 앞으로 어떤 역량이 더욱 중요해질 것인지를 구체적으로 살펴보겠습니다.

AI 시대의 개발자

AI는 이제 더 이상 개발자의 업무를 '보조'하는 수준에 머물지 않습니다. 이제는 실제 코드를 작성하고, 문제를 분석하며, 반복 작업을 줄여주는 공동 작업자의 자리에 올라섰습니다. 앞으로 개발자는 키보드 앞에서 코드를 줄줄이 써내는 대신, 무엇을 만들고 왜 만드는지를 정의하고, 그에 맞는 구현 방식을 설계하는 데 집중하게 될 것입니다.

물론 여전히 코드를 직접 짜는 순간은 존재하지만, 그 빈도와 성격은 점점 바뀌고 있습니다. 특히 단순 반복 작업이나 패턴화된 코드, 템플릿 기반의 UI 요소는 이제 AI가 제안하거나 대신 처리하는 것이 자연스러워지고 있습니다. 반면, 도메인 로직 설계, 상태 흐름 정의, 팀 간 기술 인터페이스 설계처럼 더 높은 수준의 의사결정 영역이 개발자의 주 업무로 떠오르고 있습니다.

> 💬 **시니어 코멘트**
> 안타깝게도 고차원의 의사결정과 문제 정의는 여전히 시니어 개발자들의 전유물에 가깝습니다. AI는 주니어 개발자가 익숙해질 기회를 얻기도 전에 반복적인 구현 작업을 대체하고 있습니다. 그만큼 주니어 개발자들이 설 자리가 좁아지고 있다는 위기의식도 커지고 있습니다. 이런 변화 속에서 살아남기 위해선 단순히 기술을 배우는 것만으로는 부족합니다. 문제의 본질을 꿰뚫고, 도구를 정확하게 지시할 수 있는 능력을 먼저 길러야 합니다.

이런 변화 속에서 중요한 질문은 "AI가 코드를 짜주니까 개발자는 필요 없는 것 아니냐"가 아닙니다. 오히려 "이제 개발자는 어떤 가치를 제공해야 하는가?"가 진짜 질문입니다. AI는 능숙한 도구지만, 목적을 정의하거나 복잡한 비즈니스 요구사항을 해석하는 일까지 대신할 수는 없습니다. 따라서 앞으로의 개발자는 단순 구현자가 아닌 기술 기획자이자 통합적 문제 해결자로서의 면모를 갖추어야 합니다.

개발자의 역할은 '코드를 작성하는 사람'에서 '문제를 정의하고, 도구를 활용해 해답을 설계하는 사람'으로 전환되고 있습니다. 이 흐름을 빨리 받아들인 사람일수록 더 빠르게 성장하고, 더 오래 살아남을 수 있습니다. 지금이 바로 그 전환점입니다.

AI 도구의 등장과 확산

다음 이미지는 Stack Overflow에서 매년 발표하는 개발자 설문조사 결과 중 하나로, 개발 과정에서 AI 도구를 얼마나 활용하고 있는지를 보여줍니다.

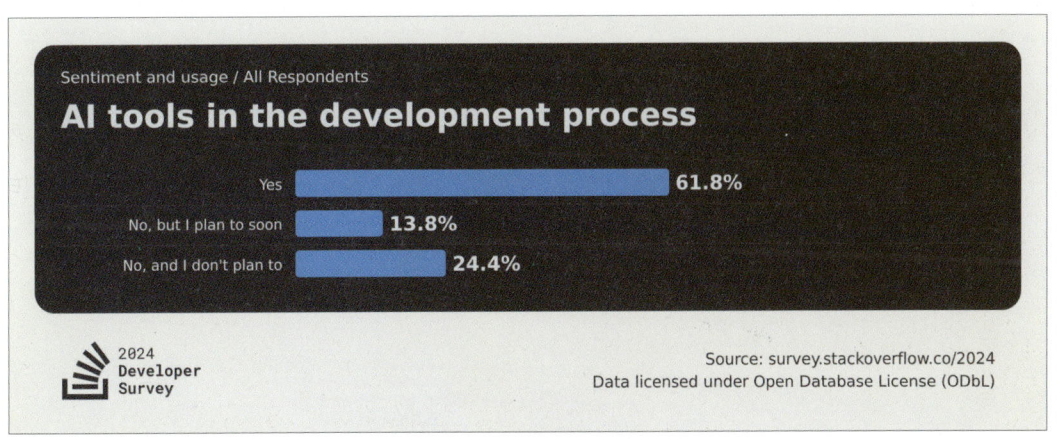

그림 14.1 Stack Overflow 2024 Survey 결과

그림 14.1을 보면, 이미 전 세계 개발자의 60% 이상이 AI 도구를 실무에 사용하고 있으며, 그 수치는 해마다 가파르게 증가하고 있습니다. 이러한 추세를 보면, 머지않아 거의 모든 개발자가 어떤 형태로든 AI 도구를 활용하게 될 것으로 보입니다. 필자는 개인적으로 이 비율이 몇 년 내에 100%에 근접할 것이라 생각합니다.

이처럼 AI의 등장은 단순한 기술의 진보 수준에 머물지 않습니다. 이는 개발자 도구 생태계 전반을 구조적으로 재편하는 변곡점이자, 개발 문화와 생산 방식 자체를 변화시키는 계기입니다. 특히 2020년대 초반부터 GitHub Copilot, 챗GPT, Cursor, Cody, Codeium, Amazon CodeWhisperer 등 다양한 AI 기반 도구들이 연이어 등장하며, 개발자의 일하는 방식은 더욱 빠르게 바뀌고 있습니다.

이러한 도구들은 단순한 자동 완성 수준을 넘어서, 함수 전체를 제안하고, API 명세를 이해하며, 테스트 코드나 문서까지 자동으로 생성해 줍니다. 특히 프론트엔드 개발에서 자주 반복되는 작업(예를 들어 Form 유효성 검사 코드 작성, 페이지 라우팅 구성, 스타일링 보완, 컴포넌트 리팩터링)과 같은 작업에 있어 AI는 생산성과 품질 모두를 높여주는 실질적인 조력자 역할을 합니다.

다음은 필자가 실제로 실무에서 사용 중인 Cursor의 예시입니다. Cursor는 기존 코드의 맥락을 이해하고 리팩터링하거나 설명을 덧붙여주는 기능까지 제공하며, 더 이상 단순한 자동 완성 도구가 아닌 '함께 개발하는 동료'에 가까운 사용자 경험을 지향하고 있습니다.

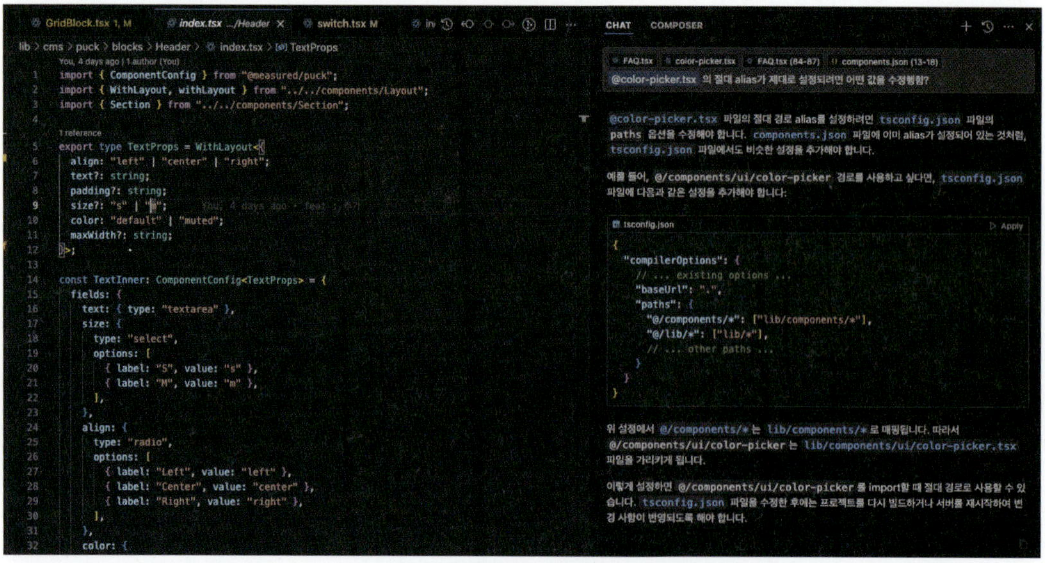

그림 14.2 Cursor를 사용하는 실제 예시

2025년 현재, Cursor 외에도 GitHub Copilot, WindSurf 등 AI를 개발 도구에 깊이 통합한 새로운 IDE 기반 도구들이 빠르게 등장하고 있으며, AI를 적극적으로 활용하는 개발 방식은 이제 더 이상 실험이 아닌 선택 가능한 '실무 전략'이 되고 있습니다. 물론 아직은 완전한 동반자 수준이라 보긴 어렵지만, 그 시점은 머지않았습니다.

여기서 중요한 점은, 어떤 도구가 더 낫고 우수한가를 따지는 것이 아닙니다. 현재 AI 도구들은 기능 측면에서 서로를 모방하며, 빠르게 발전하고 서로 영향을 주고받고 있는 과도기에 있습니다. 따라서 특정 도구의 세부 기능에 집착하기보다, 어떤 도구든 받아들이고 실험해 보려는 태도가 훨씬 중요합니다.

기술은 계속 진화합니다. 중요한 건 특정 기술에 대한 집착이 아니라, 변화 자체를 유연하게 수용할 수 있는 개발자의 포용성과 열린 자세입니다. 이 시대의 개발자는 '도구를 평가하고 정제해 내는 사람'이어야 합니다. 도구를 선택하는 것이 실력이고, 도구에 끌려가지 않고 활용할 줄 아는 것이 진짜 경쟁력입니다.

AI와 개발자의 역할 변화

2025년, 국내 주요 IT 커뮤니티에서 큰 반향을 일으킨 기사가 하나 있었습니다.

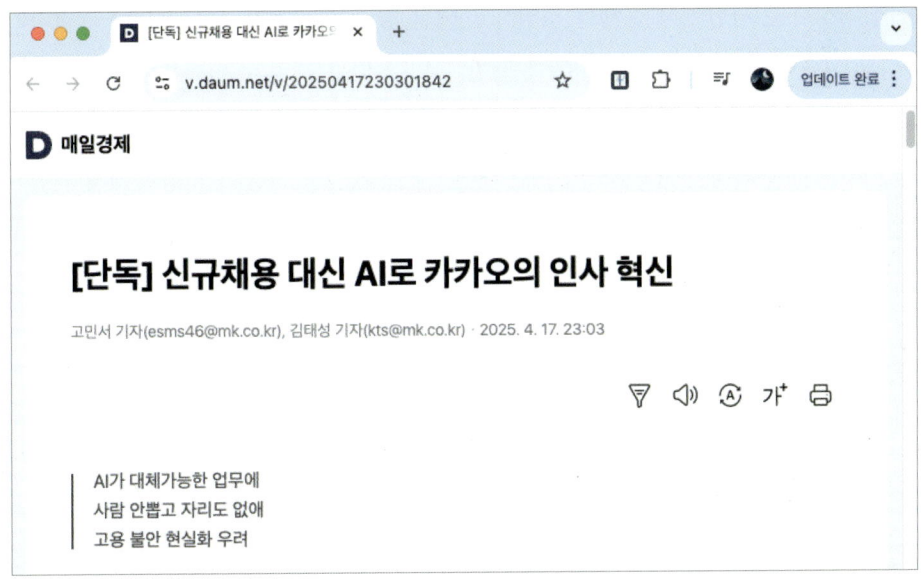

그림 14.3 'AI와의 취업 경쟁' 기사

이 기사에서 언급된 발언은 곧바로 해당 기업의 공식 입장이 아니라는 해명과 함께 수정되었지만, 필자와 주변 개발자들이 체감하는 분위기는 그리 다르지 않습니다. 실제로 많은 팀에서 주니어 개발자 채용을 유보하거나, '필요 없다는 것까진 아니지만 없어도 괜찮다'는 태도를 보이기 시작한 것도 사실입니다.

전통적인 개발 조직에서는 시니어 개발자가 아키텍처를 설계하고, 주니어 개발자가 세부 구현과 반복적인 작업을 수행하는 구조가 일반적이었습니다. 하지만 이제는 상황이 달라지고 있습니다. 고성능 AI 도구들이 등장하면서 시니어 개발자 한 명과 AI만으로도 일정 수준 이상의 프로젝트를 충분히 소화할 수 있는 환경이 조성되고 있기 때문입니다. 그리고 AI는 주니어와는 달리 24시간 대기 중이며, 피로도 없고, 요구사항에 즉각 반응합니다. 게다가 그 결과물 역시 상당히 높은 수준을 유지합니다.

이러한 흐름 속에서 우리는 자문하게 됩니다. "만약 당신이 팀장이라면, 같은 비용으로 AI 도구를 선택하겠습니까? 아니면, 성장 가능성이 있지만 아직은 경험이 부족한 주니어 개발자를 선택하시겠습니까?"

결론부터 말하자면, AI의 확산은 단순히 개발자의 업무를 '편하게' 만드는 도구의 발전을 의미하지 않습니다. 그것은 개발자의 역할 자체를 근본적으로 재정의하는 과정입니다.

즉, 코드를 작성하는 사람에서 문제를 정의하고 해결 방안을 설계하는 사람으로 개발자의 위치가 이동하고 있습니다. 이는 단순 기술의 문제가 아니라 업무 책임의 재조정을 의미합니다. 예를 들어, 과거에는 프론트엔드 개발자가 API 문서를 해석하고, 수동으로 데이터를 연결해 UI를 구성했다면, 이제는 그 과정을 AI가 도와주는 대신, 개발자는 그 기능이 사용자에게 어떤 경험을 제공하는지 고민하는 역할을 맡게 됩니다.

또한 코드 리뷰, 테스트 작성, 리팩터링 등 과거에는 번거롭고 시간이 많이 드는 작업들도 AI가 1차적으로 수행하고, 개발자는 그 결과를 평가하고 결정하는 식으로 업무의 패러다임이 바뀌고 있습니다. 이로 인해 점차 "판단력과 책임감"이 개발자의 주요 역량으로 부상하고 있습니다.

특히 협업 구조에서도 변화가 나타나고 있습니다. 디자이너와 기획자의 요구사항을 받아 단순 구현만 하던 개발자는 점점 "기술적 피드백과 설계 논의를 주도하는 파트너"로 진화하고 있습니다. AI 도구는 반복 작업을 대신하지만, 비즈니스 맥락을 읽고 기술적 판단을 내리는 것은 여전히 인간 개발자의 몫이기 때문입니다.

앞으로의 개발자는 단순히 코드를 빠르게 쓰는 사람보다는, 복잡한 문제를 정의하고, 팀과 함께 해결 전략을 수립할 수 있는 사람, 그리고 AI를 효과적으로 활용하여 전체 생산성과 품질을 끌어올리는 사람으로 평가받게 될 것입니다.

AI 시대 개발자의 성장 전략

AI의 부상은 일부 개발자의 영역을 잠식하는 것이 아니라, 개발자의 역할과 책임을 재구성하는 과정입니다. 중요한 것은 이 변화의 흐름 속에서 도태되지 않고, 오히려 주도권을 쥘 수 있는 성장 전략을 세우는 일입니다.

첫째, AI 도구에 대한 학습과 실전 적용이 필수입니다. 단순히 Copilot의 자동 완성 기능에 감탄하고 끝낼 것이 아니라, 실제 프로젝트에 어떤 도구를 어떻게 도입하고 통합할 수 있을지 적극적으로 실험해봐야 합니다. 예를 들어, 반복되는 테스트 코드 생성을 Copilot이나 챗GPT에게 맡기고, 자신은 로직 설계와 사용자 흐름에 집중하는 방식처럼, 도구의 역할을 분명히 정의하고 분업하는 역량이 중요해졌습니다.

둘째, 문제를 정의하고 구조화하는 능력을 길러야 합니다. AI는 지시를 받아 움직이는 도구이기 때문에, 어떤 문제를 해결해야 하는지, 어떤 조건과 제약이 있는지를 명확히 설명하지 못하면 효과적으로 활용할 수 없습니다. 결국 '문제를 잘 설명할 수 있는 사람'이 좋은 개발자가 되는 시대입니다. 요구사항 분석, 도메인 이해, UI 흐름 구성과 같은 상위 의사결정에서 실력을 갖추는 것이 핵심입니다.

셋째, 문서화와 커뮤니케이션 역량을 강화해야 합니다. AI와 협업하는 시대가 되면서 문서 기반의 정보 전달과 명확한 요구사항 정의가 중요해졌습니다. 실무에서는 코드보다 더 많은 시간을 요구사항 명세서, 기술 설계서, PR 메시지, 테크니컬 문서 작성에 쓰는 경우도 많습니다. 문서화는 단순한 기록이 아닌, 문제를 명확히 인식하고 구조화할 수 있는 사고력의 반영입니다.

넷째, AI에 의존하되, 휘둘리지 말아야 합니다. 도구가 아무리 편리하더라도, 그 결과물을 비판적으로 검토하고 개선할 줄 아는 태도가 필요합니다. AI의 제안은 '정답'이 아니라 '초안'일 뿐입니다. 초안을 리뷰하고 맥락에 맞게 다듬는 능력이 곧 개발자의 실력이며, 이 작업은 아직까지 AI가 대신할 수 없으며, 개발자가 반드시 주도해야 하는 영역입니다.

마지막으로, 학습의 우선순위를 새롭게 설정할 필요가 있습니다. AI로 대체 가능한 부분에 지나치게 시간을 투자하기보다는, AI가 접근하기 어려운 '복합적인 문제 해결력', '맥락 해석력', '기술 선택과 아키텍처 설계 능력'에 집중하는 것이 장기적으로 훨씬 유리합니다.

AI와 함께 일하는 시대, 개발자의 진짜 경쟁력은 도구를 얼마나 잘 쓰느냐가 아니라, 무엇을 만들고 왜 만드는지를 명확히 설명할 수 있는 능력에 달려 있습니다. 그리고 그것은 결국, 기술 그 자체가 아닌 사고력과 태도에서 비롯됩니다.

신입 개발자를 위한 조언: 실무 흐름을 직접 경험하라

AI의 발전으로 가장 큰 수혜를 얻는 개발자는 신입보다는 일정 수준의 실무 경험을 갖춘 중니어~시니어 개발자라는 것이 업계의 공통된 인식입니다. 이는 단순한 코딩 실력 때문이 아니라, 이들이 이미 기획, 요구사항 정의, 문서화, 기술 의사결정 등 개발 전반의 프로세스를 경험하며 문제 해결 능력과 구조적 사고를 갖추었기 때문입니다.

AI는 이런 배경 지식을 바탕으로 활용할 때 훨씬 더 강력한 성과를 만들어냅니다. 단순히 코드를 대신 써주는 수준을 넘어, 설계안에 맞게 코드 뼈대를 생성하거나, 기술적 대안을 비교 분석하고, 테스트 코드까지 생성하는 수준으로 발전했기 때문입니다.

그렇다면 신입 개발자나 예비 개발자는 어떻게 대비해야 할까요?

바로 지금부터 실무 전반의 흐름을 스스로 경험해보는 것이 무엇보다 중요합니다. 프로젝트의 기획부터 설계, 구현, 문서화, 배포까지의 전 과정을 혼자서 또는 작은 팀 단위로 시도해보는 경험은, 연차 이상의 가치를 제공합니다. 이 과정에서 AI는 단순한 도우미를 넘어, 때로는 방향을 제시하는 멘토처럼 여러분의 의사결정을 보완해 줄 수 있는 든든한 동료가 되어줄 것입니다.

최근에는 신입 개발자들이 작은 팀을 이루어 서비스를 직접 만들어보는 소규모 창업 사례도 점점 많아지고 있습니다. 이러한 시도는 단순한 포트폴리오를 넘어, 실제 사용자와 시장을 고려한 실전형 성장 과정으로 매우 가치 있는 경험입니다.

필자 역시 처음 개발자의 길을 시작할 때, 스타트업 창업을 통해 직접 기획하고 제품을 만들며 실무를 몸으로 익혔습니다. 그 경험은 이후의 커리어 전반에 강력한 기반이 되어 주었고 그리고 모든 삶 중에서 가장 즐겁고 열정적이던 시기였던 것 같습니다.

창업이 아니더라도, 제품을 스스로 기획하고 끝까지 만들어보는 과정은 언제나 강력한 학습의 경험입니다. 이런 도전을 이어가고 있는 모든 예비 개발자와 신입 개발자들을 진심으로 지지하며 응원합니다.

AI 시대에 진정한 실력을 갖춘 개발자로 성장하는 가장 좋은 방법은, 크든 작든 내가 만든 제품 하나를 끝까지 완성해 보는 것에서 시작됩니다.

14.2 에필로그

이 책에서는 자바스크립트와 타입스크립트의 기초부터 시작하여, 리액트와 Next.js를 활용한 웹 서비스 개발과 배포까지의 여정을 함께했습니다. 이러한 학습은 여러분이 실무에서 프로젝트를 수행할 때 충분한 기반이 되어줄 것입니다. 그러나 실무는 책과 다르며, 개발자의 성장은 여기서 멈추지 않습니다. 이 에필로그에서는 실제 개발자로서 마주하게 될 선택의 순간과 태도에 대해 조언하고자 합니다.

다양한 선택지의 중요성

리액트, Next.js는 만능이 아닙니다.

리액트와 Next.js는 웹 애플리케이션 개발에서 중요한 역할을 하는 기술 스택으로, 성능 최적화, 개발 생산성 향상, 그리고 사용자 경험 개선에 큰 가치를 제공합니다. 이러한 이유로 두 기술은 프론트엔드 개발에서 핵심적인 도구로 자리 잡았지만, 이들이 항상 최선의 선택은 아닙니다. 두 기술은 특정 문제를 해결하기 위한 최적화된 솔루션을 제공하지만, 프로젝트의 성격, 규모, 요구 사항에 따라 다른 기술이 더 적합할 수도 있습니다. 예를 들어, 단순한 정적 웹사이트나 마이크로 프론트엔드 구조를 필요로 하는 경우, 리액트와 Next.js보다 더 가벼운 솔루션이나 맞춤화된 도구가 더 나은 선택일 수 있습니다. 따라서 다양한 기술 스택의 장단점을 이해하고, 프로젝트에 맞는 최적의 도구를 선택하는 능력이 중요합니다. 그리고 최적의 도구를 선택하기 위해선 어떤 도구가 있는지 끊임없이 학습하고 익히는 습관이 필요합니다.

끊임없이 학습과 트렌드

필자가 리액트를 본격적으로 사용하기 시작한 시기가 2020년이었는데, 그때만 해도 Next.js는 가끔 우대사항으로 언급될 정도였습니다. 당시에는 리액트 외에도 Vue, Angular 등 다양한 프레임워크나 라이브러리가 필수 사항으로 요구되던 시기였습니다. 그리고 이러한 기술들은 현재에도 유지보수나 서비스 확장에 의해서 실제로도 여전히 많은 프로젝트에서 도입되어 사용되고 있습니다. 이는 기술 트렌드가 빠르게 변화하며, 특정 기술에만 의존하지 않고, 지속적인 학습과 트렌드를 따라가는 것이 중요함을 알려주고 있습니다.

프론트엔드 개발자로서 성장하기 위해서는 자신이 사용하는 기술 스택에 대한 깊은 이해와 함께, 새로운 기술을 수용하는 유연한 태도가 필요합니다. 특히, 대형 라이브러리나 프레임워크는 지속적인 업데이트와 새로운 기능을 발표하므로, 관련 컨퍼런스나 매체를 통해 최신 정보를 빠르게 습득하고 적용할 수 있어야 합니다.

언젠가는 레거시가 될 라이브러리

리액트와 Next.js라는 기술 스택은 현재 프론트엔드 개발의 주류이자, 매우 강력한 도구로 자리잡고 있습니다. 그러나 이 기술들이 영원히 표준으로 남을 것이라고 확신할 수는 없습니다. 기술은 끊임없이 진화하며, 새로운 철학과 패러다임을 가진 도구들이 등장하면서 기존 기술을 레거시로 밀어내는 일은 지금까지 수없이 반복되어 왔습니다. 리액트와 Next.js 역시, 언젠가는 시대의 흐름에 따라 그 자리를 내어줄 가능성도 충분히 존재합니다.

필자의 주변에는 공식 문서를 정독하며 사용하는 기술을 마치 신념처럼 외우는 개발자가 있습니다. 물론 공식 문서를 통해 기술을 익히고 정확한 동작 원리를 이해하려는 자세는 매우 바람직합니다. 필자 역시 이를 강력히 권장합니다. 다만, 공식 문서의 모든 내용을 완벽하게 암기하려 하거나, 매번 사소한 부분까지 지나치게 집착하는 태도는 오히려 시간 낭비가 될 수 있습니다. 개발자는 효율이 생명이며, 한정된 시간 안에서 최대한 많은 것을 흡수하고 실제로 활용하는 능력이 더 중요합니다.

기술은 늘 새롭게 등장하고, 빠르게 진화합니다. 우리가 해야 할 일은 하나의 기술에 몰입하는 것이 아니라, 전체 기술 생태계의 변화 흐름을 감지하고, 그에 유연하게 대응할 수 있는 태도를 갖추는 것입니다. 공식 문서는 새로운 기술을 익힐 때 한 번 정독하면 충분합니다. 이후에는 릴리즈 노트나 커뮤니티 소식 등을 통해 변경된 부분만 효율적으로 따라가면 됩니다.

실제로 이 책의 집필을 시작한 2024년 초부터 원고를 마무리한 2025년 중순까지, 본문에 언급한 기술 중 두 개는 더 이상 유지되지 않거나 주요 커뮤니티에서 사용되지 않게 되었고, 네 개는 핵심 업데이트를 겪었습니다. 불과 1년 반 만에 벌어진 일입니다. 이처럼 기술의 변화는 예측보다 빠르고, 그 폭은 점점 더 커지고 있습니다.(참고로, 이로 인해 본문 수정을 수차례 반복해야 했습니다.)

결국 중요한 것은 기술 그 자체가 아니라, 변화에 적응하는 능력입니다. 특정 기술을 맹신하기보다는, 언제든지 새로운 도구를 받아들일 수 있는 열린 사고와 학습 전략이 더 큰 자산이 됩니다. 기술은 도구일 뿐이며, 진짜 실력은 도구를 선택하고, 그 도구를 어떻게 활용할지 판단하는 능력에서 비롯됩니다.

> 💡 **시니어 코멘트**
> 대표적으로 리액트 메타 프레임워크였던 Remix.js는 최근 들어 '리액트에 대한 종속성에서 벗어나겠다.'는 방향성을 공개적으로 드러냈습니다. 이는 단순한 기술 스택 변경이 아니라, 웹 프레임워크 자체가 더 유연하고 중립적인 플랫폼으로 진화하려는 흐름의 일환입니다. 그리고 리액트, Next.js에 피곤함을 느끼던 많은 개발자들이 이를 열렬히 환영하고 있습니다.

상태 관리의 중요성

프론트엔드 개발자에게 가장 중요한 역량이 무엇이냐는 질문을 받을 때, 필자는 늘 상태 관리의 중요성을 강조합니다. 이는 단순히 기술적 선택의 문제가 아니라, 프론트엔드 개발이라는 특수한 환경에서 반드시 마주하게 되는 현실적인 과제이기 때문입니다.

백엔드 개발자들은 보통 명확하게 정의된 입력(Input)과 출력(Output)에 따라 작업을 수행합니다. 이들은 대부분 서버 내부에서 발생하는 예측 가능한 상태 변화를 다루며, 이를 잘 구조화된 아키텍처와 정형화된 패턴 속에서 처리합니다. 이런 환경에서는 클린 코드나 특정 디자인 패턴을 유지하는 것이 큰 효과를 발휘합니다.

하지만 프론트엔드는 다릅니다. 프론트엔드 개발자는 단순히 서버에서 전달받은 데이터를 렌더링하는 역할을 넘어서, 사용자(User)라는 예측 불가능한 존재와의 복잡한 상호작용을 실시간으로 처리해야 합니다. 사용자는 버튼을 클릭하고, 폼을 수정하며, 페이지를 이동하고, 때로는 비동기적인 흐름을 중첩시켜 예기치 못한 상태 변화를 발생시킵니다.

즉, 프론트엔드는 서버 상태뿐 아니라 사용자 상태까지 동시에 관리해야 하며, 그 변화는 동기적일 수도, 비동기적일 수도 있습니다. 이 복잡한 상태 흐름을 정교하게 통제하지 않으면, 애플리케이션은 쉽게 불안정해지고, 예기치 않은 버그와 퍼포먼스 이슈로 이어지게 됩니다. 그래서 상태 관리는 프론트엔드 개발의 본질적인 과제이자 핵심 실력이라 할 수 있습니다.

리액트 상태 관리에 대한 논쟁

일부 리액트 개발자들은 상태 관리 라이브러리가 불필요하다고 주장합니다. 그 근거로 리액트 자체가 이미 useState, useReducer, useContext 등 강력한 내장 상태 관리 기능을 제공하고 있기 때문입니다. 실제로 규모가 작고 기능이 단순한 애플리케이션에서는 이러한 내장 기능들만으로도 충분히 상태 관리가 가능합니다.

그러나 필자는 이 주장에 전적으로 동의하지 않습니다. 리액트는 기본적으로 UI 컴포넌트 렌더링을 위한 라이브러리이며, 복잡한 상태를 체계적으로 다루는 데에는 분명한 한계가 존재합니다. 애플리케이션이 커지거나 전역 상태, 비동기 흐름, 상태 간 의존성 등이 얽히기 시작하면, 내장 상태 관리만으로는 유지보수성과 확장성이 급격히 떨어질 수 있습니다.

더불어 상태가 컴포넌트 트리 깊숙이 퍼지기 시작하면, props drilling, context overuse, 렌더링 최적화와 관련된 문제들이 동시다발적으로 발생하게 됩니다. 이런 복잡성을 해결하려면, 애초에 상태를 어떻게 설계하고, 어떤 도구로 관리할 것인지에 대한 명확한 전략이 필요합니다.

상태 관리 도구 선택의 중요성

따라서 프로젝트 초기 단계에서부터 상태 관리 전략을 어떻게 가져갈 것인지에 대한 고민은 필수입니다. 단순히 도구를 선택하는 것이 아니라, 해당 프로젝트의 규모, 도메인 특성, 상태 복잡도, 팀의 기술 역량 등을 모두 고려한 판단이 필요합니다.

예를 들어, 전역 상태와 비동기 작업이 빈번하게 발생하는 대형 애플리케이션이라면 Redux, Recoil, Jotai, Zustand 같은 상태 관리 라이브러리를 도입하는 것이 더욱 바람직할 수 있습니다. 이러한 도구들은 상태의 흐름을 명확히 추적하고 구조화할 수 있게 해주며, 디버깅이나 테스트 측면에서도 뛰어난 확장성을 제공합니다.

최근 필자는 객체 중심의 복잡한 도메인을 다루는 미디어 서비스나 게임 플랫폼에서 MobX가 널리 사용되고 있다는 사례를 직접 확인했습니다. MobX는 observable 기반으로 객체의 변경 사항을 자동으로 감지하고, 리액트 렌더링과 자연스럽게 연동할 수 있습니다. 개인적으로 MobX보다는 Jotai나 Zustand를 선호하지만, 중요한 것은 상황에 따라 어떤 상태 관리 도구가 더 적합한지를 선택할 수 있는 판단력입니다.

이 지점에서 자주 나오는 질문이 하나 있습니다.

"글로벌 상태가 꼭 필요합니까?"

이에 대한 필자의 대답은 간단합니다.

"글로벌 상태가 필요 없다고 말하는 개발자는, 단지 글로벌 상태가 필요 없는 프로젝트를 하고 있을 뿐입니다."

글로벌 상태가 필요하지 않다는 말은 틀린 것이 아닙니다. 하지만 그것이 보편적인 진실도 아닙니다. 서비스가 확장되고, 사용자 시나리오가 복잡해지며, 데이터가 여러 컴포넌트에 걸쳐 공유되기 시작하면 글로벌 상태는 거의 필수가 됩니다. 그리고 그때가 되어서야 도구를 급하게 도입하면 이미 늦은 경우가 많습니다. 상태 관리는 선제적으로 설계되어야 하며, 이를 위한 준비는 프로젝트 초기에 이뤄져야 합니다.

공식 문서와 문서화

프론트엔드든 백엔드든, 초보든 시니어든, 개발자라면 반드시 갖춰야 할 기본 역량이 있습니다. 바로 기술 문서를 읽고 쓰는 능력입니다. 특히 주니어 개발자들이 자주 실수하는 부분 중 하나는 '문서의 힘'을 과소평가하는 것입니다. 많은 개발자들이 실제 구현된 코드를 보며 기술을 익히려 하지만, 그 코드가 반드시 모범 사례이거나 최신의 방식으로 작성된 것은 아닙니다. 더 나아가, 해당 코드를 작성한 개발자조차 '왜 그렇게 썼는지' 명확히 설명할 수 없는 경우도 존재합니다.

반면, 모든 라이브러리와 프레임워크의 진정한 전문가는 그것을 만든 사람들이며, 이들이 제공하는 공식 문서는 그 기술의 의도와 동작 원리, 사용 목적을 가장 정확하게 전달하는 '정보의 원천'이라 할 수 있습니다. 공식 문서는 단순한 API 목록을 나열한 것이 아니라, 그 기능이 왜 존재하는지, 어떻게 써야 하고 무엇을 피해야 하는지를 알려주는 구조화된 지식 체계입니다. 특히 문서에는 모범 사례(Best Practice)가 포함되어 있어, 신뢰할 수 없는 블로그나 포럼의 정보보다 훨씬 더 신뢰도 높은 학습 자원이 됩니다.

많은 주니어 개발자들이 구글 검색, 블로그, Stack Overflow 같은 자료에 의존해 학습하는 경우가 많습니다. 이러한 방법은 빠른 문제 해결에는 유용할 수 있으나, 기술의 본질적인 이해를 제공하지 못하는 경우가 많습니다. 더 나아가 비공식 자료들은 오래된 방식이나 비효율적인 패턴을 담고 있을 위험도 있습니다. 반면 공식 문서는 새로운 기능이 도입될 때마다 유지보수되며, 실시간으로 최신 정보를 제공하고 있다는 점에서 가장 안전하고 권장되는 학습 경로입니다.

문서화가 중요한 이유

많은 개발자들이 간과하지만, "잘 정리된 문서"는 그 자체로 하나의 제품이자 자산입니다. 개발자들 사이에서 자주 언급되는 말 중 하나가 "코드는 쓰는 것보다 읽는 시간이 더 많다"는 것입니다. 이 말은 곧, 개발자라면 자신이 쓴 코드뿐만 아니라, 다른 사람이 작성한 코드를 읽고 이해해야 할 순간이 반드시 온다는 의미이기도 합니다. 그때 필요한 것이 바로 문서화입니다.

문서화는 단순한 기록의 행위를 넘어서, 협업을 위한 의사소통 도구이자, 후속 작업을 위한 네비게이션 시스템입니다. 잘 정리된 문서 하나는 새로운 팀원이 프로젝트에 빠르게 적응하는 데 큰 도움이 되며, 유지보수 기간 동안 일관성을 유지하고, 실수나 중복 작업을 방지하는 데 결정적인 역할을 합니다. 특히 팀 단위 협업에서는 문서가 존재하느냐의 여부에 따라 업무 효율과 커뮤니케이션 품질이 크게 달라지기도 합니다. 그리고 이 중요성은 AI 시대에 들어 더욱 부각되고 있습니다.

AI 시대, 문서는 '컨텍스트'다

최근에는 챗GPT, GitHub Copilot, Cursor 등의 AI 도구가 개발 환경에 본격적으로 도입되면서, 개발자들은 AI와의 협업을 점점 더 일상화하고 있습니다. 그런데 여기에는 중요한 전제가 있습니다. AI는 문맥(Context) 없이 작동하지 않습니다. 질문자가 무엇을 원하는지, 어떤 흐름에서 문제를 설명하고 있는지, 어떤 시스템 안에서의 논리인지에 대한 '배경 정보' 없이는 정확한 도움을 제공할 수 없습니다. 이 배경 정보, 즉 컨텍스트를 가장 명확하고 구조적으로 전달할 수 있는 수단이 바로 문서입니다.

문서에는 데이터 흐름, 의도된 구조, API 설계 철학, 주요 컴포넌트 설명, 예외 처리 방식 등 AI가 이해해야 할 대부분의 정보가 담겨 있습니다. 따라서 문서가 잘 작성된 프로젝트일수록 AI는 더 정확하고 정교한 제안을 할 수 있고, 개발자는 더 높은 수준의 자동화와 지원을 경험할 수 있습니다.

이제는 AI를 활용해 문서를 작성하는 일도 쉬워졌습니다. 예전에는 주석 하나 작성하기도 귀찮았던 개발자들이 이제는 한 문단의 설명을 AI의 도움을 받아 빠르게 작성할 수 있습니다. 구조화된 문서화는 더 이상 부담이 아니라, '개발자의 효율과 AI 활용도를 동시에 높여주는 지렛대'가 되고 있습니다.

> **시니어 코멘트**
> 잘 정리된 문서는 단순한 참고 자료를 넘어, 실력 있는 개발자라는 인상을 주는 지표가 되기도 합니다. 이는 단순히 '코드 잘 짜는 사람'이 아닌, '팀 전체의 생산성을 높이는 사람'이라는 평가로 이어지며, 실무 현장에서 당신의 가치와 협업 능력을 보여주는 중요한 수단이 됩니다. 그래서 필자 또한 AI와 함께 개인 프로젝트의 공개 저장소에 README를 전부 재작성했습니다.

마무리 인사말

여기까지 따라온 당신, 정말 고생 많았습니다. 이 책은 자바스크립트와 타입스크립트의 기초부터 시작해, 리액트와 Next.js를 활용한 실제 서비스 구축, 그리고 배포와 실무 감각까지 함께 짚어보는 여정을 담았습니다. 쉽지 않은 길이었을 것입니다. 낯선 문법에 부딪히고, 동작하지 않는 코드에 답답함을 느끼고, 이해되지 않는 개념 앞에서 다시 페이지를 넘겨야 했던 순간도 분명 있었을 것입니다.

하지만 그 모든 과정 하나하나가 당신을 성장시키는 값진 경험이 되었기를 바랍니다. 이 책 한 권에 개발자로서의 모든 것을 담을 수는 없지만, 이 책에 실리지 않은 수많은 기술과 패턴, 문제 해결 방식들이 세상에는 여전히 존재합니다. 그럼에도 불구하고 이 책의 내용이 당신이 앞으로 마주하게 될 새로운 기술과 도전에 조금이라도 자신감을 갖게 해주는 작은 양분이 되었기를 진심으로 바랍니다. 그리고 그 자신감이 당신을 더 깊이, 더 넓은 세계로 이끌어주길 진심으로 바랍니다.

개발자의 길은 결코 혼자 걷는 길이 아닙니다. 각자의 자리에서 고군분투하는 수많은 개발자들과 함께 배우고, 공유하고, 성장하는 것이야말로 개발자로 살아가는 가장 큰 기쁨이자 보람입니다. 이 책을 통해 당신과 잠시나마 함께 걸을 수 있어 기뻤고, 언젠가는 진짜 현장에서, 컨퍼런스에서, 혹은 오픈소스 커뮤니티에서 우리가 마주쳐 반갑게 인사할 수 있는 날이 오기를 고대합니다.

그날이 오면, 부디 이렇게 인사해 주세요.

"저 이 책 봤어요. 덕분에 프론트엔드를 더 잘하게 됐어요."

그 한마디면, 이 책을 쓴 의미는 충분합니다.

고맙습니다. 그리고 다시 한 번, 수고 많으셨습니다.

찾아보기

한글(ㄱ~ㅎ)

가상 DOM	017
개발자 도구	528
검색 엔진 최적화	014
고차 함수	037
구조 분해 할당	041
깊은 복사	046
단위 테스트	331
덕 타이핑	103
동적 타입	083
동적 타입 시스템	083
디자인 시스템	284
라이브러리	020
멱등성	261
문법적 설탕	048
배포 자동화	501
변수	028
불변성	162
브라우저 전쟁	017
브랜치 관리 전략	488
서버 사이드 렌더링	311
소프트웨어 개발 방법론	333
순수함수	261
스프린트	331
싱글 스레드	053
애자일 방법론	331
얕은 복사	046
엄격 모드	260
에러 경계	151
유틸리티 타입	106
이벤트 루프	054
인터페이스	092
일급 객체	036
재귀 컴포넌트	254
정적 사이트 생성	304
정적 타입 시스템	083
제네릭	100
즉시 실행 함수 표현식	033
지속적 통합/지속적 배포	499
참조 타입	045
컨텍스트 API	155
컴파일러	144
컴포넌트	120
쿼리 스트링	362
클라이언트 사이드 렌더링	311
클래스 컴포넌트	149
타입 별칭	092
타입 추론	080
통합 테스트	501
트랜스파일러	144
폭포수 모델	330
풀스택 개발자	026
프레임워크	020
프로토타입 체이닝	049
하이드레이션	320
함수 선언식	031
함수 스코프	028
함수 컴포넌트	148
함수 표현식	032

호이스팅	028
화살표 함수	032
환경 변수	381
훅	129

영어(A~Z)

Agile Methodology	331
Arrow Function	033
async/await	059
Babel	145
Barrel Pattern	069
BEM(Block Element Modifier)	270
blocking	055
Browser war	017
CI/CD	498
Class Component	149
common js	066
Compound Component pattern	210
Container-Presenter	206
Context API	155
CSR	311
CSS Cascading	263
CSS Modules	272
CSS-in-JS	274
Custom Hook	180
Custom Hook pattern	209
Deep copy	046
Destructuring Assignment	041
DO (Domain Object)	433
DTO (Data Transfer Object)	433
ECMAScript	027
Error Boundary	151
Event Loop	054
First Class Citizen	036
Flux	203
Fragment	256
Framework	020
Function Component	148
Function Declaration	031
Function Expression	032
Generic	100
Git	468
Git Flow	489
Github	474
GitHub Flow	491
Hooks	159
Hot Module Replacement	120
Hydration	320
Idempotency	261
IIFE	033
Jotai	234
jQuery	197
JSX	135
Library	020
Material UI(MUI)	286
MobX	223
MPA	305
MVC	196

MVVM	199	Type Annotation	087
Object.freeze()	030	Type Inference	094
PoC	399	Type System	083
private field	050	Utility-first CSS	268
Promise	059	Valtio	238
props	132	Virtual DOM	186
Props Drilling	154	Vite	116
Prototype Chaining	049	Waterfall Model	330
Pull Request (PR)	477	Webpack	015
Pure Function	261	Zustand	230
Query String	362		
React Fiber	189		
Recoil	219		
Reconciliation	188		
Redux	213		
Render Props pattern	211		
Scoped CSS	281		
Shallow copy	046		
Single threaded	053		
SPA	305		
SSG	115		
SSR	311		
State	131		
StrictMode	259		
Styled Components	274		
Subversion(SVN)	466		
Suspense	248		
Syntactic Sugar	048		
Tailwind CSS	277		
Trunk-Based Development	493		

리액트, Next.js로 완성하는 프론트엔드

1판 1쇄 발행 2025년 10월 20일

저　자 | 강경석
발행인 | 김길수
발행처 | ㈜영진닷컴
주　소 | (08512) 서울특별시 금천구 디지털로9길 32
　　　　　갑을그레이트밸리 B동 10F
등　록 | 2007. 4. 27. 제16-4189호

ⓒ2025. ㈜영진닷컴

ISBN 978-89-314-8110-5

이 책에 실린 내용의 무단 전재 및 무단 복제를 금합니다.
파본이나 잘못된 도서는 구입하신 곳에서 교환해 드립니다.